우리말 어원 산책

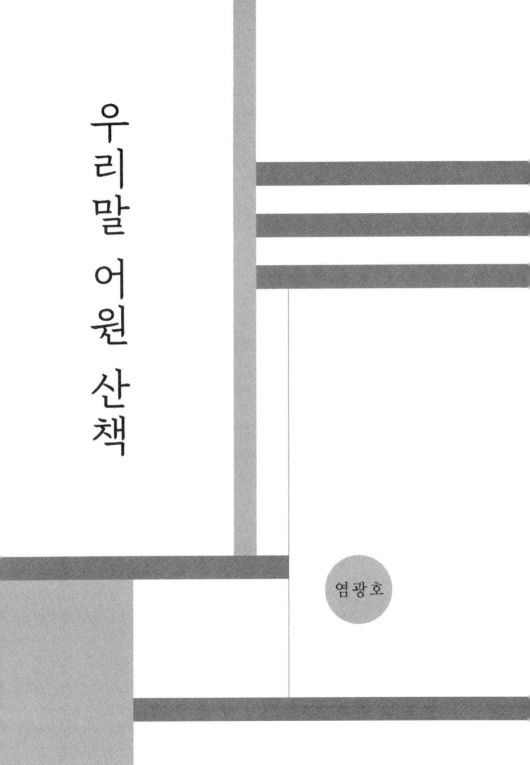

우리말 어원 산책

염광호

역락

　오늘 염광호 선생의 『우리말 어원 산책』이 한국에서 출간되게 된다. 참으로 축하할만한 일이라 생각한다.

　선사시대로부터 써왔던 우리 조상들의 언어가 어떤 모습으로 변화 발전되어 왔는가를 밝히는 어원 연구는 우리 민족어 연구에서의 불가결의 한 부분으로서 언어학 연구의 중요한 분과의 하나로 된다.

　그런데 참 가슴 아프게도 우리말 어원 연구는 다른 언어학 분과의 연구에 비해 훨씬 뒤떨어지고 있는데 그 주요 원인은 무엇보다도 그 연구의 어려움에서 기인된 것이 아닐까 생각된다. 주지하는 바와 같이 어원 연구는 대량의 문헌 자료에 대한 고증을 중심으로 방언 자료 등 기타 자료들의 방증을 전제로 하는데 우리말의 경우에는 문자 창제의 역사가 너무나도 짧아 선사시대는 더 말할 것도 없고, 15세기 이전에 생겨난 말까지도 그 역사를 고증할만한 우리말로 기록된 문헌 자료가 없다는 것이다. 그러니 기록에도 없는 선사시대의 우리 조상들의 언어까지 밝혀내야 하는 어원 연구가 어렵다는 것은 너무나도 자명한 일이다. 또 다른 한편 어원 연구는 따분하고 무미건조할 뿐만 아니라 만족스러운 성과를 내놓기가 상당히 어렵다는 것이다. 바로 이러한 원인으로 어원 연구에 뜻을 둔 학자들이 얼마 안 되며, 만족스러운 성과도 지금까지 얼마 나오지 못하고 있는 것이 오늘의 현실이다.

이러한 시점에서 염광호 선생이 이 책을 세상에 내놓게 된다는 것은 참으로 축하하고 높이 평가해야 할 일이라 생각된다. 내가 염광호 선생의 부탁으로 이 서문을 쓰게 된 동기도 바로 여기에 있다. 수많은 역사문헌 자료도 별로 갖추어지지 않은 중국 땅에서 한국이나 조선의 학자들마저 저어하는 난공불락의 어원 연구에 뜻을 두고 그것을 정복하기로 한 그 학구적 정신은 마땅히 높이 평가되어야 할 것이다.

내가 이 책의 출간을 높이 평가하게 되는 다른 한 원인은 어원 해석에서 많은 사람들이 회피하는 적지 않은 어려운 어휘들에 대해서도 처음으로 과감하게 다루면서 비교적 설득력이 있는 해석을 가했다는 점이다. 이 책에서는 우리말의 기본어휘 중에서 핵심으로 되는 주요 어휘 1,500여 개를 주제별로 분류하여 올림말로 올리고 그 어원을 밝혀냈는데, 많은 새로운 견해들을 내놓았다. 예를 들면 "딸, 시앗, 얼굴, 주둥이, 혀, 허리, 볼기, 피, 아주까리, 별, 재, 늑대" 등 160여 개의 어휘에 대한 해석은 비교적 객관적이며 언어의 발전 법칙에도 맞는 비교적 설득력이 있는 해석이라 생각된다.

이 책에서는 또 주관적인 편견과 협소한 민족 관념을 극복하고 객관적인 역사 사실에 기초하여 어원을 과학적으로 밝히기에 노력을 경주했는데 이 역시 높이 평가되어야 할 부분이라 생각된다. 지금까지의 어원 연구를 살펴보면 지나치게 민족주체성을 강조하다보니 "곤두박질, 야단, 서방, 시금치" 등 한자어 기원이 명확한 어휘를 고유어 기원으로 해석하는 경우가 있는가 하면, 또 지나치게 알타이어 기원설을 주장하다보니 많은 고유어 또는 한자어 기원의 어휘를 만주어, 몽골어 등의 친족어 기원으로 해석하는 경우도 있다. 이러한 점을 감안한 저자는 이 책에서 그 기원이 한자어인지 고유어인지 학계에서 아직까지 계속 쟁론되고 있는 "갓, 성에, 요, 홰나무, 천, 선비, 삽, 토시, 중, 철, 바자, 절, 엿, 국, 묵, 붓, 먹, 국자, 접시, 종이, 대야, 소래, 보시기, 종지, 함지, 독, 동이, 키, 체, 초, 개, 말, 약대, 단추, 잉어, 붕어" 등의 어휘들을 한자 상고음과 고전 문헌에 의거하여 그 기원을 밝혀냈다. 그뿐만 아니라 중국 문헌에서 "등신, 오리무중, 기별, 조카, 시(집), 폐하, 생원, 총각, 점심, 각설이, 청사, 산책, 개숫물, 안주, 해정, 사발, 호랑이, 승냥이" 등 한자어 어원의 출처도 밝혀냈다.

한마디로 염광호 선생의 『우리말 어원 산책』은 우리말 어원 연구 역사에서 빛나는 한 페이지를 기록하게 될 것이다.

"기록에도 없는 선사시대의 우리 조상들의 언어, 사고, 생활 등 참모습을 알고 싶은 것은 우리들의 간절한 소망이 아닐 수 없다. 이 원초세계에 대한 동경, 자기 민족의 기원을 알고 그 민족어의 형성 과정을 아는 민족은, 그런 것을 모르는 민족보다 오늘의 삶을 사는데 얼마나 힘을 얻을 것인가, 그것은 참으로 하늘과 땅 사이만큼이나 차이가 나는 일이다."(이남덕, 1985)

우리 민족의 삶에 새로운 활력소를 불어넣어준 염광호 선생에게 고맙다는 인사를 드린다.

끝으로 이 책의 출간을 기회로 그 어려운 여건 속에서도 해외에 살고 있는 우리 젊은 학자들의 책까지 꾸준히 출간해 주고 있는 역락 출판사의 이대현 대표님께도 함께 감사의 인사를 드린다.

복단대학교 강은국

## 머리글

　인류의 초기 원시언어들은 어휘량이 아주 보잘 것 없이 적었습니다. 현대에 발견된 태평양 섬, 남미, 아프리카 등지의 원시 부락민들의 언어는 그 어휘 수가 몇 천개에 불과하다고 합니다. 우리말도 원시언어의 보잘 것 없는 몇 십, 몇 백, 몇 천개의 단어들로부터 오늘의 몇 십만에 이르는 방대한 어휘로 발전해 왔습니다. 어원이란 어느 한 말의 생긴 유래를 말합니다. 예를 늘면 엄마, 아빠란 말은 어디서 왔는가 하는 것입니다. 중국말과 같이 뜻글자인 경우에 가장 처음 생긴 글자부터 그 변화 과정을 찾아보면 알 수 있거든요. 그러나 우리말은 소리글자라 그 말이 생겨났을 때 무슨 뜻이었겠는가를 밝히기 쉽지 않습니다. 게다가 세종대왕이 학자들과 같이 훈민정음을 만든 시기가 1444년이니 지금으로부터 기껏해야 600년도 채 안 되지요. 그 전에는 모두 한문으로 기록하거나 또는 한자의 음과 뜻으로 우리말을 기록한 것이 좀 있지요. 그러므로 우리말 어원을 캐자면 부득불 아래의 몇 가지 방법 외에 없습니다.

　우선 고유어 기원을 고려해야 합니다. 여느 언어든지 그 어휘들의 뿌리로 되는 근간(根幹)적인 단어들 이를테면 "엄마, 아빠, 하늘, 땅" 따위가 있습니다. 이런 말들은 응당 고유어 기원으로 보고 연구해야 합니다. 그러자면 지금 말과 중세문헌에 (훈민정음이 만들어 진 전후 시기 약 14세기부터 17세기까지) 나타나는 같은 말을 찾아봐야 합니다. 만약 될 수 있으면 그 전 시기의 기록도 찾으면 더 좋지요. 다음은 그와 비슷한 의미를 가진 다른 단어들을 찾아보지요. 우리말은 동사, 형용사와 명사가 같은 어근에서 나온 것들이 많지요. 그리고 방언이나 지금 쓰는 말에서 옛날 말의 흔적을 찾아보지요. 하지만 삼가야 할 것은 지나치게 고유어 기원에 집착하면 안 됩니다. 그러면 많은 억지 해석이 나오고 역사적인 사실에 부합되지 않고 비과학적일 수 있습니다.

그 다음 방법은 친족어 기원을 따지는 것입니다. 이 연구 방법은 이미 19세기 말부터 시작된 것인데 우리말이 알타이어족에 속한다는 주장입니다. 그러나 아직까지 충분한 근거를 제시하지 못하고 있습니다. 물론 우리말의 "엄마"를 만주어에서 [eme]라 하고 [namu](나무)를 "부추"라 하는 등 개별적인 예들은 더 깊이 연구해 볼 필요가 있습니다. 그러나 "선지(피)", "순대", "시치미" 같은 것은 차용으로 봐야 하지 친족관계와 상관없다고 봅니다. 역시 친족관계에 너무 집착하면 쉽게 자기 언어의 뿌리를 말살할 수 있습니다.

마지막으로 홀시할 수 없는 것이 중국의 한자어 영향입니다. 2천여 년의 문화 접촉으로 우리말에는 수많은 한자 어휘가 생겨났지요. 이 가운데 지금 뚜렷이 가려낼 수 있는 것들이 많지만 적지 않게 오래 사용되는 과정에서 발음과 뜻이 달라진 말도 엄청 많지요. 이 기나긴 세월에 오직 중국 대륙을 통한 문화전파를 일방적으로 받아왔습니다. 따라서 한자문화의 영향이 절대적으로 우세였습니다. 특히 신라 경덕왕 16년(서기 757년)에는 주(州)·군(郡)·현(縣)의 명칭과 행정체계를 대대적으로 정비하면서 전국의 고유한 지명(地名)을 몽땅 한자어로 바꿔버렸습니다. 그 후부터 사람이름, 벼슬이름도 한자어로 바꾸도록 하였습니다. 그리하여 점차 새로운 어휘는 더 말할 것 없고 이미 있는 말도 될 수 있으면 한자 어휘로 표현하는 것이 사회기풍이 되고 자랑으로 여겨왔습니다. 하지만 어쨌든 한자를 아는 사람이 소수이다 보니 별 엉뚱한 일도 생기게 마련입니다. 이를테면 어느 엉터리 훈장이 제멋대로 "자체로 만든 한자어"를 쓰면 그것이 점차 대중에 보급되어 일상화 되는 경우도 많았습니다. 한자의 발음은 상고음, 중고음, 근고음으로 나눕니다. 상고음은 고대로부터 양한(兩漢) 말까지(기원 3세기까지) 주로 <시경>(詩經)의 음운체계를 말합니다. 중고음은 당나라 말까지(기원 9세기까지) 시기를 말하는데 <절운>(切韻)의 음운체계를 말합니다. 근고음은 청나라(19세기까지)까지의 <중원음운>(中原音韻) 체계를 말합니다. 우리말 한자어에는 대부분은 상고음을 반영하는 것들이 많고 중고음도 적지 않습니다. 이러는 과정에 아래와 같은 현상이 발생하게 되었습니다.

첫째, 한자어가 완전히 고유어로 돼 버렸습니다. 어떤 한자어는 너무 오래 사용하면서 나중에 고유어로 인식되기까지 하여 다시 새로운 한자음을 받아들였습니다. 예를 들어 "墨"의 상고음 "먹"을 고유어로, 중고음 "묵"을 한자음으로 인식하고 있습니다. 이외에도 "筆"의 "필"과 "붓", "槐"의 "괴"와 "홰", "竹"의 "죽"과 "대", "眞"의 "참"과 "진", "假"의 "거(짓)"과 "가" 등인데 기실 이들은 모두 한자어였습니다.

둘째, 한자어의 음과 뜻이 모두 변하여 고유어로 인식되고 있습니다. 이를 테면 "강냉이"는 "강남미(江南米)"로서 본래 중국 남방의 입쌀을 가리키던 데로부터 "옥수수"로 되었습니다. "감자"는 고구마인 "감저(甘藷)"로부터 온 말입니다.

셋째, 한자어의 발음이 완전히 달라져 고유어로 인식하고 있습니다. 이를테면 "배추, 시금치" 등 따위입니다. 이런 말들은 본래 한자어 "백추(白菜)", "적근채(赤根菜)"입니다.

넷째, 한자어의 뜻이 완전히 달라져 고유어로 인식합니다. 이를 테면 본래 "放送(죄범을 석방)", "童山(민둥산)", "總角(사내애)" 등은 원래 뜻과 완전히 다르게 씁니다.

다섯째, 우리말에서 자체로 만든 한자 어휘입니다. 예로 "삼촌(三寸)", "가게(假家)", "동네(洞內)", "서방(西房)" 등입니다. 이 가운데 절대 대부분은 기록에 남지 않고 구두로 전해졌기 때문에 어원 연구에 큰 곤란으로 됩니다. 이를테면 "홍두깨"를 "弘搗개"로, "반두"를 "扳搭"로, "장국"을 "醬焗"으로 어원 해석을 하면 쉽게 풀리지만 증명할 근거가 없어 그저 추정할 수밖에 없습니다.

물론 이상의 분류는 어원 연구 각도에서 한자어라 할 뿐이지 화용론적으로나 사회언어학적으로 봐도 고유어로 되었다고 해야 할 것입니다. 개화기 이전까지 한자문화권 영향아래 지나칠 정도로 한문숭배와 한자어범람이 우리말을 어지럽혔습니다. 때문에 역사에서 얼마나 많은 고유어가 사라졌는지 알 수 없습니다. 그러나 어원 연구는 과학적인 학문으로서 반드시 역사와 객관적인 사실을 존중하고 주관적인 편견과 개인의 감정을 배제해야만 제대로 할 수 있습니다.

모아 말하면 어원 연구는 따분하고 무미건조한 고증과 방증을 반복해야 합니다. 이렇게 해도 여러 사람들이 승인하는 성과를 내놓기 힘들며 또 대부분의 고유어 어원은 그 갈피를 전혀 잡을 수 없습니다.

본 저서에서 어원 산책이라 이름 붙인 것은 산책할 때 동서고금, 천하대사부터 일상생활사까지 두서없이 주고받는 다는 뜻입니다. 또 굳이 출처, 사실여부 등을 엄격히 따지지 않고 편안하게 자기 생각을 털어놓는 다는 의미도 있습니다.

본 저서는 우리말 어원 연구와 어원 지식 보급을 목표로 합니다. 그리하여 다음과 같은 특점이 있다고 봅니다.

우선, 본 저서는 주제별로 올림말을 선정하였으며 우리말의 기본어휘 중에서 핵심으로 되는 주요 어휘 1,500여 개를 다루었습니다. 어원 해석에서 종래로 선인들이 취급하지 않았던 많은 것에 대해 대담하게 생각하고 조심스럽게 추정하는 것을 원칙으로 과감한 해석을 시도했습니다.

다음으로, 주관적인 편견은 버리고 객관적인 역사 사실에 기초하여 어원을 과학적으로 밝히기 위해 노력했습니다. 기왕에 어원이 고유어인가 한자어인가 명확치 못하던 단어들을 한자 상고음과 중고음의 고전 문헌을 들추어 적지 않게 그 기원과 출처를 밝혀냈습니다.

그 다음으로, 알타이어족의 친족관계를 증명하는데 필요한 어휘와 만주어 기원의 차용어를 적지 않게 찾아 밝혔습니다. 또한 타인의 연구 성과와 기존 문헌 자료는 일률로 인용출처를 밝히고 중세 예문도 현대어 해석을 달았습니다. 될 수 있는 한 중국의 역사 문헌 자료와 한국, 조선의 최근 연구 성과를 반영하기 위해 힘쓰면서 다년간의 피나는 노력의 결실로 본 저서가 완성 될 수 있었습니다. 하지만 필자의 지식 깊이와 넓이의 제한과 더구나 중국에서 우리말 어원 문헌 자료와 연구 성과의 요해 부족 등 곤란으로 틀리고 잘못된 해석이거나 미숙한 점이 많으리라 믿으면서 독자 여러분들의 편달과 지적을 바랍니다.

마지막으로 이 기회를 빌려 저한테 특별한 관심과 방조를 주신 몇 분 교수님들한테 인사드리고 싶습니다. 먼저 중국 조선어연구의 대표학자이시며 연변대학의 원로이신 최윤갑 교수님께서 저를 학부생부터 석사, 박사과정까지 줄곧 직접 가르치시고 논문을 지도해주셨으며 학문의 길로 이끌어 주신 은혜에 깊은 감사를 드립니다. 그리고 조선의 우리말 대표학자이신 김영황 교수님께도 고맙다는 인사를 올립니다. 김영황 교수님은 중국과 평양에서 세 번이나 자신의 저서를 직접 저한테 선물하시면서 고무 격려해 주셨습니다. 다음으로 유명한 국어학자이시며 어휘론 분야의 최고 권위이신 서울대학교 원로 심재기 교수님께 고맙다는 인사를 드립니다. 심재기 교수님과 저는 운이 좋게 근 30여 년 전부터 학술인연으로 뵙게 되면서 교수님의 특별한 관심과 배려를 받아왔습니다. 일찍이 중한 수교 전에 저를 자신의 박사생으로 받겠다고 하셨지만 당시 여건이 구비되지 못해 기회를 놓쳤습니다. 하지만 제가 서울에 가면 번 마다 찾아 주시고 지어 자택에 초대해주셨으며 장서 근 500여 권을 한국어학과를 꾸리는데 쓰라고 증정해 주셨습니다. 또 유명하신 한국의 국어학자 홍윤표 교수님께서는 자신이 갖고 계시던 각가지 사전의 전자파일을 무료로 저한테 주셨습니다. 이와 같이 비록 서로 다른 나라에 계시지만 우리말 연구에 큰 기여를 하시는 존경스러운 스승님들의 사랑과 배려가 있었기에 오늘의 이 저서가 태어나게 되었습니다. 아무쪼록 네 분 교수님께서 내내 장수하시고 만년을 즐겁게 보내시기를 기원합니다.

끝으로 본 저서의 출판을 흔쾌히 맡아주신 역락 출판사의 이대현 대표님과 이태곤 편집이사님, 강윤경 대리님을 비롯한 편집진께 고마운 인사를 드립니다.

2021년 10월
중국 칭도우 노산자락의 자택에서 저자

# 차례

우리말 어원 산책

# 1. 친척

## ▌엄마

"엄마"의 어원을 <네이버국어사전>에서 "어(御)"+마(孃) → 어마(御孃)+
이(爾) → 어마+ㄴ이 → 어머니'로 되었다고 하지요. 이 해석의 옳고 그름
을 떠나서 먼저 우리말의 가장 기본으로 되는 친척용어 "엄마"를 한자어
기원으로 해석하는데 대해 동의할 수 없습니다. 왜냐하면 이런 기본어휘
는 우리말에서 가장 오래된 단어들로서 고유어의 핵심으로 된다고 봅니다.
"어머니"의 고형은 "어미/엄"이며 역시 성별을 나타내는 "암"과 같은 기원
이라고 봅니다. 그러면 "엄"은 무슨 뜻일까요? 한자 "모(母)"는 "象裹子形。
一曰象乳子也"<說文解字>(애기를 안은 형상 또는 젖 모양이다)고 했어요. 우리말
에서 "암, 엄, 움"은 같은 어근에서 나온 말이라 할 수 있습니다. "암"은
암수(雄雌)의 "암"이며 그것은 생명의 시작이지요 이것은 어머니를 가리키
는 "엄"과 상통하는 말이며, 거기서는 생명이 태어납니다. "암"은 여성을
뜻하며 생명의 근원을 말합니다. 중세어에서(일반적으로 훈민정음 창제 전후로
14세기부터 17세기까지 시기를 말합니다) 새싹을 나타내는 말 맹아(萌芽), 즉 "움"
이 곧 "엄"이었습니다. <法華經>에서는 "맹(萌)은 픐 어미라"고 하였고, 최
세진의 『訓蒙字會』에서는 "아(牙)" 자를 "엄 아"라고 읽었습니다. "움"은 지금

"김치 움, 감자 움" 등과 같이 저장한다는 뜻도 있다고 봅니다. 즉 "어머니"는 "엄"에서 나온 말이며 "엄니/어멍/어메/엄마/에미/에미나이" 등의 말도 모두 "어머니"의 이형태(異形態)의 어휘들입니다. 그러니까 "엄마"는 "엄"에 호격조사 "아"가 붙어서 "엄아"가 되었고 마침내 "엄마"가 된 것으로 볼 수 있습니다. 그리고 "엄+어니(접미사)"의 결합으로 "어머니"가 되었습니다. 지금도 우리말에 "엄지", "엄니(어금니)" 등에서 흔적을 볼 수 있듯이 "엄"은 제일 크다는 뜻을 나타냅니다. "어머니"가 모계사회에서 당연히 으뜸이었음은 더 말할 필요도 없습니다. "엄"의 호칭 형이 "엄마", 주격 형이 "어미"로 되었을 것이며 거기에 존경을 표시하여 "어머니, 어머님"이 쓰였다고 봅니다. 만주어에서 "어머니"를 [eme]라 합니다.[1] 알타이어계통에서 이는 혹시 할 수 없는 일치의 한 예라 하겠습니다. 그리고 세계적으로 대다수 언어들에서 "엄마"라는 말이 입술소리와 연관된다고 합니다. 이는 아기가 처음 젖을 먹으려고 입을 벌리면 당연히 입술소리가 먼저 발음되기 마련이며 따라서 먹는 것과 연관되는 어휘들이 입술소리로 될 확률이 높게 됩니다. 우리말에서 "엄마"의 입술소리는 이와 우연한 일치로 봅니다.

- ○ 母曰 丫秘 <鷄林類事>
- ○ 아드론 어믜 일후믈 니스니라(子連母號) <心經25> (아들은 어미의 이름을 잇느니라. ─ 필자 역. 이하 마찬가지임)
- ○ 엄마 乳兒呼母 阿媽 <1895 국한 213>

## ▌아비

"아비"란 말도 아주 오래 쓰인 고유어이지요. 일찍 신라향가에도 "處容아바"라 나오며 고려가요에도 쓰였습니다. 한자 "부(父)"는 "家長率敎者。從

1) 羽田亨 編, 『滿和辭典』, 今泉誠文社, 昭和47年7月, 111면.

父擧杖。"<說文解字>(자식을 가르치는 자, 몽치를 처든 모양이다)라고 했습니다. 우리말에서 앞에서 "엄/어미"의 기원과 마찬가지로 "부(父)"의 의미로 "업/어비"이 있었겠다고 봅니다. 옛날 아이들의 울음을 그치게 할 때 "어베 온다"라고 어른들이 위협을 주던 일이 생각납니다. 당시 무슨 뜻인지 몰랐지만 아무튼 무서운 존재라고 인식되었습니다. 그러면 이 말이 언제부터 "압/아비"로 바뀌었는가 하는 것은 고증할 바 없지만 오래전부터 쓰인 것은 사실입니다. "압/아비"가 "엄/어미"보다 후에 쓰이었다는 증거는 모계사회로부터 부계사회로의 변화된 역사 뿐 아니라 우리말에서 성별을 나타내는 말에 "암, 수"(중세에는 이 두 단어가 'ㅎ' 말음을 가졌음)가 있는데 이것들이 어음대칭이 안 된다는 데서도 볼 수 있습니다. 도리대로 하면 "암"에 대칭되는 말은 "압"이여야겠는데 "압"이 "부(父)"를 뜻하게 되자 "처음 또는 새로운" 의미를 가진 "숫(예: 숫처녀, 숫음식)"이 성별을 나타내는 단어로 등장했다고 봅니다. "아버지"의 옛날 언어형태는 "압"이고 호격 형 "아바"에 사람을 존대하는 접미사 "−지"가 결합되었습니다. 이를테면 신라향가의 <처용가>에서 "처용아바"라 하고 『삼국유사』(황룡사 9층탑)에 장인바치 우두머리를 "아비지(阿非知)"라 했습니다. "압"의 주격 형이 "아비"로 되며 존칭 형으로 "아바니"가 있었는데 근대에 와서(20세기 전반) "아버님"에 밀려나게 되었습니다. 지금 "아바니"는 '아버지'의 방언(전남, 평안)으로 존재합니다. "아빠"는 20세기 30년대부터 등장한다고 합니다. 그리고 "아바지"가 "아버지"로 변화된 것이지요. "아비"는 옛날 존귀한 사람도 가리켰고 책임자도 말했습니다. 그 잔재로 "장물아비, 함진아비" 등이 있습니다.

○ 天下大平 羅候德 處容아바 <악학궤범, 처용가>
○ 父는 아비오 <月釋 序 14>
○ 어비 아드리 사루시리잇가(父子其生) <龍歌 52章>
○ 젼능흐신 아바지는 내 ᄆᆞ음과 눈을 붉게 ᄒᆞ샤 <1894 천로역정 174>
○ 아버지 父 <1880 한불 8>

## ▌어버이

"어버이"는 아버지와 어머니를 아울러 이르는 말입니다. 중세에 "어버시, 어버이, 어버싀, 어싀"로 나타납니다. "어비"[父]와 "어시"[母]가 어울려 이루어진 말입니다. 지금도 함경도방언에서 "어시"라 합니다.

> ○ 머글 것 빠다가 어버시 머기몰 붓그레 너기니(應買饌物 供養尊親 每詐羞慙) <恩重 17>
> ○ 穀食을 주어 어싀롤 머기거늘 <月釋 2:12> (곡식을 주어 어버이를 먹이거늘)

## ▌오빠

"오빠"는 일찍 『두시언해』에 "오라비"가 쓰이고 『華音方言字義解』에 "올아바"로 등장합니다. "東俗女弟呼男兄曰올아바"(동방 풍속에 여동생이 남자형을 '올아바'라 한다.) "올아바/오라바"란 "올–"과 "아바(父)"의 합성이며 "올"이란 지금도 "나이에 비하여 발육이 빠르거나 철이 빨리 들다"로 쓰이므로 본래는 "나이 어린 아버지"로 분석됩니다. 후에 "남형제(男兄弟)"도 가리키게 되었습니다. 오빠는 "올[뮈]+압[父]+아(호격 조사) → 옵아 > 옵바 > 오빠"로 형성된 호칭어입니다. 손아래 오빠를 "오랍동생"이라 하고, 오빠(오라버지)와 누이를 "오랍누이(오누이/오뉘)"라 부릅니다. 외삼촌을 17세기 『노걸대언해』에 "어먹오라비(어머니의 오라비)"라고 했습니다. 여기에서 "오라비, 오라버니"란 말도 생겨났으며 의미 분화되어 "옵바/오빠"가 생겨났다고 봅니다. 이 역시 20세기 이후에 일어난 것으로 추정됩니다. 최근에는 자기 젊은 연인이나 남편을 "오빠"라고 합니다.

> ○ 文帝 皇后 ㅅ 四寸 오라비 아드리라 <內訓 2:46> (문제 황후의 사촌오라비 아들이라)

## ▌올케

"올케"는 오라비의 아내를 부르는 말입니다. 문세영의 『조선어사전』 (1938년)에 "올캐: 오라범댁과 같은 말"로 처음 나온다고 합니다. 함경도에서 "올찌세미", 평안도에서 "오리미/오러미", 경상도·강원도에서 "올게"라고도 합니다. "올-"은 "오라비"를 이르고 "-찌세미"는 "지아비"와 대응되는 "짓어미(집어미)"의 변화형이며 "오리미/오러미"는 "올 어미"란 뜻입니다. "올캐/올케"는 "올(오라비)"와 "아무개"의 사람을 나타내는 접미사 "-개"의 결합입니다. 접미사 "-개"는 18세기 "아모가히(아무개)"처럼 "-가히"로 나타납니다. "-가히"의 "ㅎ" 음이 탈락되면서 위치이동을 하여 "올(오라비)" 뒤에 쓰였다고 봅니다. 이처럼 어음이화 현상은 "빗복→배꼽, 붑→북"처럼 역사적으로 나타나는 현상입니다. 즉 경상도·강원도의 "올게"는 "올+게"의 결합이며 "올캐/올케"는 "올+ㅎ+개/게"의 결합으로 어원적 의미는 "오라비의 사람"이란 뜻입니다.

## ▌누나

"누나"는 중세에 "누의, 누위"로 나타납니다. "누나"는 근대어 이후에 조어된 단어로 추정됩니다. "누니"에 호격의 "아"가 결합된 "누니아"가 축약된 형태로 간주됩니다. "누나"의 본래 의미는 "여형제(女兄弟)"이며, "여형(女兄)"과 "여제(女弟)"의 의미도 갖습니다. 그런데 지금은 의미가 축소되어 "여형(女兄)"의 의미만 보입니다. "여제(女弟)"의 의미가 20세기 초반의 문헌에서 확인되므로 의미 축소는 20세기 이후에 일어난 것으로 볼 수 있습니다. "누나"는 『한영자전』(1897년)에 처음 나오고 있는데 "누님"에서 "-ㅁ"이 떨어져 나가고 "누니"의 호격 형이 "누나"로 되었다고 봅니다. "누니"는 문세영 『조선어사전』(1938년)에 표제어로 등장했습니다. "누나"를 함경도에서 "누비"라 하는데 이 말은 "(옷을) 누비다"와 어원을 같이 한다고 봅니다. 옛날 계집애들이 집에서 어머니를 도와 집안일을 하며 "옷을 누비"는 따위의 길쌈도 자주하다 보니 "누비"라 불렀다고 봅니다. "누비 > 누뵈 > 누위 > 누이"로 된 것입니다.

○ 아ᄋ와 누위왜 蕭條히 제여곰 어드러 가니오(弟妹蕭條各何往) <重杜解 11:28>
○ 누의님내 더브러 즉자히 나가니 <月釋 2:6> (누님 네 같이 즉시 나가니)
○ 집과 동셩과 누이과 어맘과 자식과 뎐답과 ᄯᅩ한 군박ᄒᆞ나 <1887 성전>

# ▌언니

"언니"란 말은 19세기 말 『한영자전』(1897)에서 처음 등장하는데 "어니"로 씌었습니다. 20세기 초에 "언이 또는 언니"로 쓰이면서 초기에는 남녀 모두의 손윗사람에게 쓰이다가 후에 여성에게만 한정되어 쓰이게 되었습니다. 어떤 사람은 일본말의 "형(兄)"을 뜻하는 "아니(ぁに)"에서 왔다고 보는데 믿기 어렵습니다. "언니"는 "어머니"의 방언인 "엄니"(경기, 경남, 전라, 충청)가 변한 것으로 봅니다. 즉 발음이 "엄니 > 어니 > 언니"로 되고 의미도 변화되었습니다. 앞에서 보다시피 호칭의 대상이 바뀌는 일은 자주 볼 수 있습니다. 이를테면 "아배[父] → 아바이[爺]" 등입니다.

# ▌할아버지, 할머니

한자 "야(爺)"는 본래 부친 또는 웃어른을 가리키고 "파(婆)"는 노년의 여자 또는 남편의 모친을 말했습니다.[2] 우리말 "할아버지, 할머니"의 어원은 "한아비, 한어미"로 소급되며 이 "한-"은 고대에 "크다 또는 많다"란 뜻으로 씌었습니다. 그런즉 모계사회 때 만들어진 말이 아닌가 싶습니다. 즉

---

2) 爺 : ❶ 用以称父親。南朝梁 · 无名氏 <木蘭詩> 二首之一 : 「愿爲市鞍馬, 從此替爺征。」(부친을 가리켰다. <木蘭詩>에 '안장과 말을 사서 부친을 대신해 출정하리라'고 했다.)

당시 아버지, 어머니 중에서 나이 또는 지위에 따라 제일 어른이 되는 분을 가리키던 것이 후에 혈연관계를 나타내는 것으로 바뀌었다고 생각합니다. "할아버지"는 "하+ㄴ+아버지"로, "할머니"는 "하+ㄴ+어머니"의 결합으로 된 말들입니다.

○ 祖 曰 漢丫秘 姑曰 漢了彌 <鷄林類事>
○ 늘근 한아비롤 주놋다(付老翁) <杜解 10:14>
○ 늘근 할미 히미 비록 衰殘ᄒ나(老嫗力雖衰) <杜解 4:8>
○ 할미 파 婆 할미 마 媽 <訓蒙 上 31>

## ▌아바이

"아바이"는 참 웃기는 말입니다. 같은 말이 "아버지"의 방언(경북, 평안)과 "할아버지"의 방언(함경도)으로 각각 서로 다른 대상을 가리키게 되었지요. 그 원인은 이 말은 본래 "아비"의 호격 형 "아바"가 그대로 이름이 되었기 때문입니다. 그리하여 함경도에서는 의미 전이까지 하여 "할아버지"를 말한다 하지만 또 "할아버지"란 말도 있기 때문에 부득불 의미 분담을 하여 "나이 지긋한 남자를 친근하게 부르는 말"이라고 해석했습니다. 그러니 도대체 몇 세부터 "아바이"라 불러야 할지 그저 각자 알아서 처리해야 하겠습니다.

## ▌아매

"아매"는 함경도방언 "할머니"의 방언이며 연변에서도 사투리로 사용합니다. 조선에서 "아바이"는 문화어로 올렸지만 "아매"는 안 올렸습니다. "아매"의 의미도 "나이 지긋한 여자를 친근하게 이르는 말"로 이해됩니다. 그 사용이 "아바이"처럼 "할머니"와 의미 분담을 할 수 밖에 없습니다.

## ▌ 맏아바이, 맏아매

"맏아바이", "맏아매"는 함경도방언으로서 특히 연변 지구에서 많이 씁니다. 문제는 앞에서 보나시피 "아바이, 아매"가 이 지역 방언에서 "할아버지, 할머니"를 가리킨다 하면 "맏아바이, 맏아매"는 응당 "큰할아버지, 큰할머니"를 일컬어야 맞지요. 왜냐하면 "맏-" 접두사는 우리말에서 "맏형, 맏손자" 같이 "제일, 첫 번째"이란 뜻이요. 그런데 우습게도 "맏아바이, 맏아매"는 "백부, 백모"를 말한답니다. 언제부터 이렇게 의미 변화되었는지 알 수 없습니다. 한자 "백(伯)"은 본래 형제가운데 맏형을 말했습니다.

## ▌ 아저씨, 아주머니

"아저씨", "아주머니"의 어원은 고대의 "아ᅀᆞ아비, 아ᅀᆞ어미"에서 온 말입니다. "아ᅀᆞ"란 "버금"이란 의미로서 "아우"를 말합니다. 그러므로 "아ᅀᆞ아비, 아ᅀᆞ어미"란 버금기는 아버지와 어머니를 가리켰는데 지금 "아주버니, 아즈바이, 아재, 아저씨"와 "아주머니, 아줌마, 아즈마이" 등으로 변형되어 쓰이고 있습니다. 중국 연변에서는 "형부"를 "아저씨"라 하고 "이모"를 "아재"라고도 합니다.

> ○ 伯叔亦祖皆曰 丫査秘 叔伯母皆曰 丫子彌 <鷄林類事>
> ○ 아ᅀᆞ아자비 슉 : 叔 <訓蒙 上 31>
> ○ 아ᅀᆞ마니몬 大愛道를 니르시니 <釋譜 6:1> (아주머님은 대애도를 이르시니)

## ▌ 형님, 동생

"형님", "동생"은 한자어 "형(兄)"과 "동생(同生)"에서 왔습니다. 중국 고전에 "咨爾煢煢一夫 曾無同生相依"<後漢書·鄭玄傳>(그대 홀로 고독하여 일찍부터 의지할 동생 없음을 탄식하노라)에 "동생(同生)"이 나타나고 이두문헌 『大明律直解』(1395)에도 "동생형제(同生兄弟)"가 보이지요. 이로 보아 "동생"은 본래 "같은 부모에게서 태어난" 관계를 통틀어 말하던 것이 "형(兄)"이 갈라져나가면서 의미가 축소된 것입니다.

## ▌삼촌

"삼촌"은 우리말 친척호칭에서만 나타나는 독특한 문화현상이지요. 한자 "숙(叔)"은 본래 형제가운데 셋째를 일컬었습니다. 물론 후에 숙부를 가리키게 되었지요.[3] 옛날부터 우리 선조들은 혈연관계를 중시하여 이에 따라 촌수(寸數)를 매겼지요. 즉 부모 자식사이는 1촌이고 형제자매 사이는 2촌이 되지요. 이대로 뻗어나간다면 숙질(叔姪)사이는 3촌이고 형제자매 자식들 사이는 4촌이 되지요. 외가 편은 촌수 앞에 외(外)를 더 붙이면 되지요. 숙(叔)을 본래 우리말로 "아저씨, 아주버니, 아즈바이, 아재" 등으로 불렀는데 후에 이 호칭이 대중화되면서 친 숙부(叔父)를 특별히 구별하여 "삼촌(三寸)"이라 부르게 되었지요. 촌수(寸數)가 직접 호칭으로 쓰이는 말은 "삼촌(三寸)" 외에 더 없고, 다른 언어들에서도 이런 현상을 볼 수 없지요.

## ▌아들

"아들"을 한자 "아(兒)"는 갑골문에 아래는 사람 인(人) 자이고 위는 어린애가 입을 벌려 울고 있는 모양입니다. 우리말에서는 중세에 "아돌"이라 했어요. "아돌"은 "가닥, 가락" 등은 "갈라서 나온" 뜻이거든요. 즉 고대에 갈래란 뜻으로 "*가돌"이 있었을 수 있으며 이것이 자음 "ㄱ"이 떨어져 "아돌"로 되었다고 추측합니다. 함경도방언에 "나무 가지"를 "나무아치"라고도 합니다. 그러니 "*가돌"이 "아돌"로 될 수도 있다고 봅니다.

○ 호 婆羅門이 아들 優陁夷라 호리 聰明호며 말 잘호더니 <1447 석상 3:18>

---

3) 叔兄弟中排行第三的。(아버지 벌에서 셋째를 叔이라 한다.) 《儀礼·士冠礼》: 「伯某甫, 仲、叔、季, 唯其所當。」(伯은 남자 중에 仲 叔 季의 맏이다.)

(한 파라문의 아들 우타이라 하는 이 총명하며 말 잘하더니)

○ 아비ᄂᆞᆫ 어엿비 너교ᄃᆡ 굴ᄋᆞ치며 아ᄃᆞᄅᆞᆫ 효도ᄒᆞᄃᆡ 간ᄒᆞ며 <1588 소언 2: 74> (아비는 예쁘게 여기되 가르치며 아들은 효도하되 간하며)

○ 그 아들 함과 밋 그 죵 긔산이 죽기ᄅᆞᆯ ᄃᆞ토와 <1617 동신속 열7:48> (그 아들 함과 및 그 종 긔산이 죽기를 다투어)

## ▌아우

"아우"는 같은 부모에게서 태어난 사이거나 일가친척 가운데 항렬이 같은 남자들 사이에서 손아랫사람을 이르는 말입니다. 한자 "제(弟)"의 본 뜻은 차례를 나타냅니다. 우리말 "아우"를 중세에 "아ᅀᆞ, 아ᄋᆞ"라고 했어요. "아ᅀᆞ"란 "버금, 작다"란 뜻이지요. 즉 자기보다 작으니 "아우"가 되지요. "아ᅀᆞ > 아ᄋᆞ > 아우"의 변화를 했습니다.

○ 阿育王이 아ᅀᆞ 善容이 뫼해 山行 갯다가 보니 <1447 석상 24:25> (아육왕의 아우 선용이 산에 산행 갔다가 보니)

○ 兄 몯 형 弟 아ᄋᆞ 뎨 <1583 천자─석 15>

○ 형은 심히 가난ᄒᆞ고 아우는 젹이 요부ᄒᆞ더라 <1852 태상 4:25> (형은 심히 가난하고 아우는 좀 부유하더라)

## ▌딸

"딸"을 "소애(小艾)·여식(女息)"이라고도 했어요. "여(女)" 자는 갑골문에서 손을 마주 잡고 꿇어앉은 모습입니다. 그러니 이미 부계(父系)사회로 바뀐 후에 나온 글자입니다. 우리말로 중세에 "ᄯᆞᆯ"이라 표기했어요. 『鷄林類事』에 "女兒曰寶妲"라 했는데 "寶妲"이란 우리말로는 "보달"로 되지요. 오늘날 음부(陰部)를 비속하게 이르는 말로 "보지"라고 합니다. 함경도에서는 "보대"라고 하거든요. 그러니 "보달"과 발음이 아주 비슷하지요. 의미도 물론 서로 연관되지요. 중세에 "ᄯᆞᆯ"로 나타나서 "딸"만 가리키는 것이 아니라 근원(根源)이란 뜻도 가지고 있었답니다. 그리고 "ᄯᆞᆯ"은 "ᄲᆞ다, ᄯᆞ다, ᄲᆞ로, ᄶᆞ따다,

다르다, 따로, 또)" 등과 같은 어원이라 봅니다. "딸"이 시집가면 "딴 집"이 생기고 "엄마"가 되기에 여전히 "생명의 근원"이 됩니다. 안병호는 "'딸'은 15세기의 '똘'과 고려시기의 '寶妲'과 계통을 이으면서 이로부터 변화하여 오늘에 이르렀다"[4]고 지적했습니다. 그러면 이 변화 과정을 다시 다음과 같이 정리할 수 있습니다. 즉 "寶妲"은 두 갈래로 변화되었다 할 수 있습니다. 하나는 "寶妲 > 보달 > 똘 > 쫄 > 딸"로 되고 다른 하나는 "寶妲 > 보달 > 똘 > 보디 > 보대 > 보지"로 되었다고 봅니다.

○ 女兒曰寶妲 <鷄林類事>
○ 婆羅門이 그 말 듣고 고본 똘 얻니노라 <1447 석상 6:13> (파라문이 그말 듣고 고운 딸 얻어가노라)
○ 싀어미는 그 며느리를 혐의ᄒᆞ고 어믜는 그 쫄을 달죠ᄒᆞ며 <1883 이언 4:63> (시어미는 그 며느리를 혐의하고 어미는 그 딸을 撻楚하며)
○ 딸 女息 <1895 국한 74>

## ▌조카

"조카"는 형제자매의 자식을 이르는 말입니다. "종자(從子)·질아(姪兒)·질자(姪子)"라고도 했어요. "조카"의 어원은 본래 중국말 "족하(足下)"로서 옛날에 "아랫사람이 윗사람을 공경할 때 부르는 2인칭 호칭"이었어요. 이 말은 춘추시대 진(晉)나라 때 있은 이야기에서 유래됩니다. 진헌공(晉獻公)은 애첩 여희(驪姬)의 간계에 빠져 태사 신생(申生)을 폐하고 여희의 아들 해제(奚齊)를 세웠습니다. 태자는 개자추(介子推)를 포함한 다섯 부하를 데리고 도망갔으나 여희가 사람을 파견하여 죽이려했기 때문에 부득불 숨어 살았습니다. 먹을 것을 구할 수 없어 나중에 굶어죽을 지경에 이르렀습니다. 이 때 개자추가 자기의 허벅지살을 베어 산나물에 섞어 태자를 끓여먹여 살렸습니다. 후에 왕위에 오른 태자, 즉 진문공(晉文公)이 다른 부하들을 다

---

4) 안병호, 『계림류사와 고려시기 조선어』, 흑룡강 조선민족출판사, 1985, 210면.

중용했지만 개자추를 잊고 부르지 않았습니다. 진문공 주위에 소인배들만 득세한 것을 보고 분개한 개자추는 시 한수를 써서 성문에 붙이고 자기는 금산(錦山)에 들어가 은거생활을 했습니다. 이 소식을 들은 진문공은 급히 부하들을 시켜 금산에 가서 개자추를 모셔 오게 했습니다. 하지만 개자추가 끝내 나타나지 않으니 진문공은 금산을 불태워 개자추가 나오도록 했습니다. 온 산이 불에 탔지만 개자추는 끝내 나오지 않고 나무 한 그루를 끌어안고 불에 타 죽었는데 그의 시신이 나무구멍을 막고 있었습니다. 그 구멍 속에 "割肉奉君盡丹心, 但愿主公常清明。柳下作鬼終不見, 强似伴君作諫臣。倘若主公心有我, 憶我之時常自省。臣在九泉心无愧, 勤政清明夏清明。臣在九泉心无愧, 勤政清明夏清明。"(살점 떼여 님을 일편단심 모시면서 다만 주공께서 항상 청명하시기 바랐어요. 버드나무아래 귀신 되어 뵙지는 못해도 주공 옆에서 간신 질 하기만 나아요. 주공께서 저를 잊지 않으시면 지난날 그릴 때마다 자성하셔 주세요. 신하는 구천에서 부끄러울 것 없으니 주공께서 정사에 부지런하셔 청명하고 또 청명하시길 바라나이다)란 글귀를 혈서로 남겨놓았습니다. 그때서야 후회한 진문공은 개자추가 끌어안고 죽은 나무를 베어 나막신을 만들어 신고는 "족하(足下)! 족하!"하고 애달프게 불렀습니다. 뜻인즉 자신의 사람됨이 개자추의 발아래 있다는 말이었습니다. 이로부터 개자추가 죽은 날을 청명(清明)이라 칭하여 기념하고 그 전날에는 더운 음식을 먹지 말라 하여 "한식(寒食)"이라 했습니다. "족하"란 말은 이로부터 상대방을 존중할 때 사용하는 호칭으로 씌었습니다. 이를 테면 "大將軍足下(대장군족하)"<史記·項羽本紀>, "大王足下(대왕족하)"<史記·陳涉世家> 등의 경우입니다. 우리말에서는 17세기에 "족하"가 쓰이기 시작했는데 의미 변화를 하여 숙(叔)이 질(姪)을 부르는 호칭으로 되었어요. 아마 한자어 족하(足下)를 쓰면서 그 뜻을 "발아래 사람"이라 생각하여 이렇게 뜻이 변한 것 같습니다. 심지어 어떤 이는 자체로 만든 한자어 "족하(族下)"를 주장하기도 합니다.

○ 형뎨롤 ᄉ랑ᄒ며 족하롤 어엿쎄 너기며 <1617 동신속 열3:58> (형제를 사
랑하며 조카를 예쁘게 여기며)
○ 그 형 복희와 밋 그 족하 경빈으로 더브러 의논이 회샤ᄒ고 <1777 명의
2:4> (그 형 복해와 및 그 조카 경빈으로 더불어 의논이 합의되고)
○ 족하 질 侄 <1895 국한 266>

# ▌사위

"사위"는 딸의 남편을 이르는 말입니다. 한자 "서(壻)"는 "夫也。夫者丈夫
也。"(壻는 지아비이다. 지아비는 남편이다<說文解字>고 했어요. 후에 여서(女壻)로
의미 바뀌었지요. 우리말 "사위"를 중세에 "사회"라 했어요. 이 말은 이두표
기 "사회(沙會)"에서 왔지요. 『鷄林類事』에도 "自稱其夫曰沙會"(스스로 자기 지
아비를 '사회'라 부른다)라 했고 옛 기록에 의하면 "고려국 여인들은 자기 남편
을 '사회'라 한다"고 했어요. "沙會 > 사회 > ᄉ회 > 샤회 > 사위"의 변화
를 했습니다.

○ 自稱其夫曰沙會 <鷄林類事>
○ 花箋錄高麗國方言自稱其夫曰沙會(화전록에 고려국 방언에서 자기 지아비를
'사회'라 부른다고 했다) <稱謂錄>
○ 우리 家門앤 직조 골히야ᅀᅡ 사회 맛ᄂ니이다 <1447 석상 3:12> (우리가문
에서는 재주 분별하여 사위 맞이합니다)
○ 사회 셔: 壻 <訓蒙 上 32>
○ 사위 서 婿 女之夫 倩 <1880 국한162>

# ▌아내

"아내"를 "규실(閨室)·내권(內眷)·처(妻)·처실(妻室)"이라고 합니다. 중세
에 "안해"라 했습니다. 한자 "처(妻)"는 여자가 손에 가정 기물을 쥐고 일하
는 모습입니다. 옛날 봉건 사회에서 부녀자는 유교문화의 영향으로 집안
의 살림을 주로 맡아보았습니다. 지금도 "안노인, 안사람, 아내" 등에서 그

잔재를 알 수 있습니다. 조선이나 중국조선어에서 지금도 "안해"라 하며 심지어 함경북도방언에서 "안깐"이라 합니다.

○ 呂榮公의 안해 張夫人는 待制 벼슬 ᄒᆞ엿는 일후믄 溫之의 아기ᄯᆞ리니 <1518 번소 9:6> (여영공의 아내 장부인은 대제벼슬 하고있는 이름은 온지의 아기딸이니)
○ 셜흔이어든 안해롤 두어 비로소 스나히 이를 다스리며 <1588 소언 1:6> (서른이거든 아내를 두어 비로서 사나이 일을 다스리며)
○ 正娘子 안해 <1690 역해 상:26-27> (정낭자 아내)
○ 貴眷 눔의 안히 공경ᄒᆞ는 말 <1690 역해 상:30> (貴眷 남의 아내 공경하는 말)

## ▌아낙네

"아낙네"란 남의 집 부녀자를 통속적으로 이르는 말입니다. "내인(內人)·아낙"이라고도 했습니다. "아낙네"는 "안"[內]과 "뜰악, 다락" 등에 쓰인 장소를 나타내는 접미사 "악"이 결합하여 "안악"이 된 후에 다시 "같은 처지나 부류 사람"의 뜻을 더하는 접미사 "-네"가 붙은 것입니다. 그리하여 "집에 있는 사람"의 뜻으로 썼습니다.

## ▌여편네

"여편네"란 결혼한 여자를 낮잡아 이르는 말입니다. "여편네"는 한자어 "여편(女便)"에서 온 것이며 여기의 "-네"는 복수접미사입니다. 중세부터 "녀편네"로 나타납니다.

○ 녀편네는 잠깐도 사괴여 놀옴이 업서 <1588 소언 5:68> (여편네는 잠간도 사귀어 노름이 없어)
○ 녀편은 남편의 長幼로써 ᄎᆞ례ᄒᆞ고 <1632 가언 2:18> (여편은 남편의 장유로써 차례하고)

## ▌ 가시

"가시"는 중세에 "처(妻)"를 뜻했습니다. 이 말은 "갓"[女]에서 왔는데 이를테면 "갓"은 "곳갓, 갓시, 갓어리, 갓나이, 가시내", "가싀어미, 가싀아비", "가시버시" 등 말에서 볼 수 있습니다. 16세기 이후는 "갓"을 대신해서 "겨집"이나 "안해"라는 단어가 "처(妻)"의 의미 기능을 수행하였습니다. "가시"란 본래 "여자, 아내"란 뜻이었습니다.

○ 妻는 가시라 <月釋 1:12>
○ 가시며 子息이며 도라ᄒ여도 <月釋 1:13> (아내며 자식이며 달라하여도)
○ 가시아비 聘父 <1895 국한 3>
○ 俗號姬妾爲加氏 <睿宗實錄 元年條> (세속에서 희첩을 '가시'라 한다)

## ▌ 각시

"각시"란 아내를 달리 이르는 말입니다. 한자를 빌려 각씨(閣氏)로 적기도 했지만 이두 표기에 불과합니다. "각시"는 중세에 "각시, 갓시, 각씨"로 나타납니다. 15세기에 "각시"가 일반적이었는데 "갓시"로 쓰인 예도 보입니다. "각시"는 한자어가 아니라 "여자" 혹은 "아내"를 뜻하는 "갓, 가시"에서 온 말입니다.

○ 太子ㅣ 굽죡도 아니ᄒ야 보신대 그 각시 도로 글어 밧긔 내야 더디니라 <1447 석상 3:24> (태자가 깜작도 아니하여 보신즉 그 각시 도로 끌어 밖에 내 던지더라)
○ 이 각시 당다이 轉輪聖王을 나ᄒ시리로다 <1459 월석 2:23> (이 각시 마땅히 轉輪聖王을 내시로다)
○ 氏 각시 시 <1527 훈몽 상:17>
○ 姬 각시 희 <1576 신합 하:21>

## ▌색시

"색시"는 갓 결혼한 여자를 말합니다. 이 말은 17세기 문헌에서부터 나타나는 "새각시"에서 온 것입니다. 이 단어는 "새"와 "각시"가 결합한 것으로서 19세기에 들어서는 "각시"의 "ㄱ"이 약화되어 "새악시"가 나타나게 되고 이후 "색시"로 줄어 하나의 단어로 되었습니다. 그러니 "새각시 > 새악시 > 새악씨 > 색시"로 변화한 것입니다. 지금 "색시"에 또 "새"를 붙여 "새색시"란 말도 씁니다.

○ 새각시러냐 니믈리기러냐 올희 ㄱ 十六 歲엣 새각시러라 <1677 박언 상: 40> (새각시더냐 이혼자더냐 올해 갓 열여섯 새 각시더라)
○ 이 새각시러냐 당시롱 뎌니 믈리기러냐 <1765 박신 1:43> (이 새각시더냐 오히려 저기 이혼한 여자냐)
○ 졂은 익히와 어린 새악시롤 몹시 굴어도 능히 그 비교롤 식이지 못ᄒ니 <1892 성직 8:18> (젊은 아내와 어린 색시를 몹시 굴어도 능히 그 배교를 식히지 못하니)
○ 새악씨 新婦 <1880 한불 367>

## ▌첩

"첩"이란 말은 한자어 "첩(妾)"인데 "妾" 자는 갑골문에서 머리위에 칼이 있고 형벌을 받는 죄지은 여자입니다. 즉 본래는 여노(女奴)를 가리켰다고 합니다. 우리말에서 "첩"을 중세에는 "고마"라 했어요. 이 말은 "고마ᄒ다 (고맙다)"와 어원을 같이한다고 봅니다. 중세에 첩이란 뜻으로 "곳겨집", "곳갓", "싀앗" 등이 쓰였습니다. "곳겨집"은 "꽃 계집"이란 뜻으로 첩을 이르는 옛날 말입니다. 17세기의 『語錄解』(1657년)를 끝으로 문헌에 보이지 않습니다. "곳갓" 역시 "꽃 여자"란 의미로 "곳겨집"과 같은 고유어였습니다. 이상의 고유어 명칭들이 점차 한자어 "첩(妾)"에 밀려났습니다.

○ 곳겨지븨그에 자본 것 만히 보내더니(賂遣外妻甚厚) <三綱.四女>

○ 곳갓 첩: 妾 <光州千字文 35>
○ 고마 첩: 妾 <訓蒙 上 31>
○ 그 고마ᄒᆞ시던 바롤 恭敬ᄒᆞ며(敬其所尊) <內訓 1:37>

## ▌시(媤)

"시"는 한자어 "싀(媤)"의 차용어입니다. 한자 "시(媤)"는 "媤者, 女字也。古婦人笄而字以稱, 舅家曰媤父, 姑曰媤母類"<雅言覺非>(媤는 계집이다. 옛날 부인들의 머리에 꽂는 笄로 이름 지었다. 舅家를 媤父라하고 姑를 媤母라 했다)고 합니다. 이처럼 처음에는 "관계가 직접적이지 않은" 외숙이나 고모를 가리키던 데로부터 "남편의 집"의 의미를 가졌습니다. 옛날에 친척사이에 근친결혼이 허용됐기에 "외숙이나 고모"가 시집일 수 있었습니다. 우리말로 중세에 "싀"로 나타납니다. "시집", "시어미", "시아비", "시집살이" 등에 광범위 쓰이었습니다.

○ 싀아비 구 舅 싀어미 고 姑 <類合 上 20>

## ▌시앗

"시앗"은 남편의 첩을 본처가 일컫는 말입니다. 중세에 "싀앗"이라 했습니다. "싀앗"은 "시집"이란 "싀"[媤]와 "앗"[奪: 앗다]의 결합으로 "시집을 앗다"란 뜻입니다. 그러니 결국 "지아비의 사랑을 앗다"란 의미가 됩니다. "싀앗 > 시앗"으로 되었다고 봅니다.

○ 녜도 싀앗ᄃᆞᆯ 디내디 이제는 하 내 몸ᄶᅵ 되니 이리 셜오니 <順天金氏墓出土簡札> (옛날에도 첩들과 지내되 이제는 많이 내가 못쓰게 되니 이렇게 섧으니)

## ▌마누라

"마누라"는 "중년이 넘은 아내를 허물없이 이르는 말"입니다. 중세에 "마노라"라고도 했는데 노비가 자기 주인을 부르는 호칭이었어요. 신라 때 "말루하(抹樓下)" 또는 "마루하(瑪樓下)"라 했다는데 후에 이두로 이렇게 표기되었습니다. 언제부터 뜻이 바뀌어져 남편이 자기 아낙네를 부르는 말로 되었지요.

○ 抹樓下 마노라 奴婢稱其主曰抹樓下 遂爲卑賤者號尊貴之稱(抹樓下 마노라 노비가 자기 주인을 '抹樓下 마노라'라 부른다. 드디어 비천한자가 존귀한자를 부르는 칭호로 되었다) <吏讀>
○ 제 종이 쏘 닐오디 마노랏 父母ㅣ 늘그시니 <1460년경 삼강-런던 충:18> (자기 종이 또 이르되 마노라의 부모가 늙으시니)
○ 마누라 抹樓下 <1880 한불 218>

## ▌며느리

"며느리"를 한자어로 "식부(息婦) · 자부(子婦)"라고 합니다. 중세에 "며늘이, 며느리"라 했는데 오늘과 같은 의미로 쓰였습니다. 며느리의 사투리에 "메나리, 메누리, 메늘" 등이 있습니다. "메나리"는 "메(진지 · 밥)+나릭[獻]+이(사람)"로 결합되었습니다. "뫼"는 "모이(닭의 먹이)"와 동원어휘입니다. 며느리는 모계 중심사회에서 정성스레 제사 음식을 만들어 받드는 일을 하는 사람입니다. "며느리"의 어원적 의미는 "뫼(진지)를 나르는 사람"입니다.

○ 아바님 니릭샤더 뉘 뚤올 굴히야사 며늘이 드외야 오리야 <1447 월곡 14> (아버님 이르시되 누구 딸을 선택하여야 며느리 되어 오겠느냐)
○ 싀어버이를 셤교더 ᄀ장 며늘의 道롤 어덧더니 <1588 소언 6:59> (시부모를 섬기되 가장 며느리 도를 얻었더니)

## ▌사돈

"사돈"이란 혼인한 두 집안의 부모들 사이 또는 그 집안의 같은 항렬이 되는 사람들 사이에 서로 상대편을 이르는 말로서 혼인으로 맺어진 관계를 이릅니다. "인친(姻親)"이라고도 합니다. "사돈"이란 말은 만주어 "사돈(査頓)"에서 왔다고 보는 견해가 보편적이지요. 만주어에서 [Sadun]에 대해 "異姓親戚"[5]이라고 해석했습니다.

> ○ 사돈 혼: 婚 사돈 인: 姻 <訓蒙 上 33>
> ○ 사돈 査頓 婚姻家 <1895 국한 161>

## ▌남편

"남편"은 혼인을 하여 여자의 짝이 된 남자입니다. "부서(夫壻)·장부(丈夫)"라고도 합니다. 한자 "부(夫)"는 서있는 남자 머리에 비녀가 꽂혀 있습니다. 뜻인즉 이미 성인 된 남자란 말입니다. "남편"을 우리말에서 중세에 "남진, 남편"이라고도 했습니다. "남진"은 한자어 "남신(男人)"에서 왔는데 "남신 > 남진"으로 되었습니다. "남편"은 한자어 "남편(男便)"에서 온 말입니다.

> ○ 男子는 남지니라 <月釋 上 1:8> (남자는 남진이라)
> ○ 王과 즁님과는 남편 氣韻 이실씨 길흘 궃디 아니커시니와 <1459 월인석보 8:93> (왕과 즁님과는 남편의 기운으로 이기므로 길을 같지 않거니와)
> ○ 人 신은 사로미라 <訓正諺解 序>

## ▌지아비

"지아비"는 웃어른 앞에서 자기 남편을 낮추어 이르는 말입니다. 중세에 "집아비, 짓아비"라고 했습니다. "집아비, 짓아비"는 모두 "집"과 "아

---

5) 羽田亨 編, 『滿和辭典』, 今泉誠文社, 昭和47年7月, 354면.

비"가 결합된 것입니다. "집+아비 > 집아비 > 지아비"로 되었습니다.

○ 흔갓 집아븨게 스랑히오져 ᄒ여 <1518 정속-이 6> (한갓 지아비께 사랑
받고자 하여)
○ ᄒ나 민얼운니 짓아비 도이여셔 <1518 이륜-옥 30> (한 순수한 어른이
지아비 돼서)

## ▌동서

"동서"란 "시아주버니의 아내를 이르는 말, 시동생의 아내를 이르거나 부르는 말, 처형이나 처제의 남편을 이르는 말"이라고 합니다. 본래는 한자어 "동서(同壻)"에서 유래되었습니다. 한자 "서(壻)"와 "서(婿)"는 같은 글자입니다. 본뜻은 밖에서 바삐 보내며 집을 돌볼 새 없는 남자를 가리킵니다. 후에 남편을 가리키게 되면서 남자의 미칭(美稱)으로 쓰이었습니다.[6] 그러므로 "동서(同壻)"란 "각각 아내를 둔 남자"란 의미였습니다.

## ▌친척

"친척"이란 "친족과 외척을 아울러 이르는 말"이지요 한자어 친(親)은 친족을, 척(戚)은 성이 다른 겨레 즉 외척을 말하지요 그러나 중세까지만 해도 순우리말 "아ᅀᅮᆷ"이 있었어요 그 후에 점차 친척(親戚)에 밀려 이젠 자취마저 사라졌습니다.

○ 아ᅀᆞᆷ 친 親 아ᅀᆞᆷ 척 戚 <訓蒙 上 32>
○ 아ᅀᆞᆷ 족 族 <訓蒙 上 31>

---

6) (壻)夫也。夫者丈夫也。然則壻爲男子之美稱。因以爲女夫之稱。釋親曰。女子之夫爲壻。<說文解字注>(壻는 지아비이다. 지아비란 남편이다. 그런즉 壻란 남자의 美稱으로 여자의 남편을 일컫는다. 釋親왈: 여자의 남편을 壻라 한다.)

## ■ 서방

"서방"은 자체 한자 어휘 "서방(西房)"에서 온 말입니다. 옛 문헌 기록에 의하면 혼인 전에 여자 집에 가서 남자는 반드시 "서방(西房: 서쪽 사랑채)"에 있다가 장가를 들어야 했습니다. 후에 장가드는 것을 "서방가다"라고 했으며 서민들은 남편도 서방이라 불렀답니다.[7] 중세에는 "셔방"이라 했습니다.

  ○ 셔방마칠 가 嫁 <倭語 上 41>
  ○ 셔방ᄒ게 ᄒ더라(嫁之) <飜 小學 10:15>

## ■ 장가들다

"장가들다"는 사내가 아내를 맞는 일입니다. "장인(丈人)" 집에 간다는 의미입니다. "장인(丈人)"은 고대 중국에서의 노인에 대한 존칭으로부터 온 말입니다. "장가(丈家) 들다"는 앞의 "서방 가다"와 같은 의미로 씌었습니다. 중세에 "댱가들다"라 했습니다. "장가(丈家)"란 단어는 자체로 만든 한자 어휘입니다.

  ○ 댱가들며 셔방마조믈 다 婚姻ᄒ다 ᄒᄂ니라 <釋譜 6:16> (장가들며 서방 맞이함을 다 혼인한다 하니라)

7) "叔舟曰 外間傳言非舍方知乃西房的也 俗館甥於西房因 號女婿爲西房"<世宗實錄 42:2>(숙주가 아뢰기를 '외간에서 전해지기를 사방지가 아니고 서방이다. 속담에 관생이 서방에 묵으니 사위를 서방이라 한다.) "東俗中古 卯婚必處之西房 若無西房 則設屛廳事 名曰西房 稱其婚仍曰西房 今俗稱賤人之夫曰西房 蓋本於此古所謂東床也"<菊圃瑣錄>(동방 세속에 卯壻는 반드시 書房에 거주해야 한다. 만약 書房이 없으면 병풍으로 대청에 둘러 書房이라 부른다. 혼인 하는 날 書房에서 여전히 한다. 지금 천민들이 자기 남편을 서방이라 하는데 모두 옛날 東床에서 온 것이다.)

# 2. 사회

**▌ 사람**

　"사람"이란 말을 중세에 "사룸, 살음, 살옴"이라 했어요. 한자 "인(人)"은 사람이 서 있는 모습입니다. 우리말 "사람"은 "술다"와 어원을 같이합니다. 살아가니 당연히 "살옴, 살음"이라 하고 그 생활을 "사리, 살옴(살림)"이라 부르게 됐지요.

○ 사룸 뜨디리잇가(豈是人意) <龍歌 15章>
○ 살음이 처자와 화동ᄒ여아 어버이 즐겨ᄒ리니 <正俗 7> (사람이 처자와 화동해야 어버이 즐거워하리니)
○ 가ᄋᆷ여롬ᄋᆫ 사람의 ᄒ고져 ᄒᄂᆫ 배어늘 <1588 소언 4:9> (부요함은 사람의 하고자 하는 바거늘)
○ 이 ᄀᆮ튼 살음이 디장 일훔을 듯거나 <地藏解 下 15> (이 같은 사람이 지장 이름을 듣거나)
○ 뭇 몬져 瞻婆城을 쓰니 城 싸 사리를 始作ᄒ니라 <月釋 1:44> (제일 먼저 瞻婆城을 사니 城을 쌓고 살림을 시작하니라)

**▌ 임금**

　"임금"은 "군상(君上)·군왕(君王)·군장(君長)·성의(聖儀)·왕(王)·왕자(王者)·

인군(人君)·인주(人主)·주공(主公)·주군(主君)" 등 다양한 칭호가 있었습니다. "군(君)" 자는 입으로 영을 내리는 사람이란 뜻으로서 나라의 통치자를 일컫습니다. "임금"을 중세에 "님금"이라 했습니다. "임금"이란 말은 고대에 "尼師今"이라 표기되었습니다. 그 유래를 보면 다음과 같습니다. "儒理尼師今立…… 初南解薨, 理當立, 以大輔脫解素有德望, 推讓其位, 脫解曰: 新器大寶非庸人所堪, 吾聞聖智人多齒, 試以餅之. 儒理齒理多, 乃與左右奉立之, 號尼師今, 世傳如此. 金大問則云: 尼師今, 方言也謂齒理"<三國史記. 券一 儒理尼師今>(유리 니사금을 추대했다…… 처음에 남해가 세상 뜨자 理가 당연히 왕이 되어야 했다. 大輔 탈해가 소박하고 덕망이 있어 그한테 왕위를 추천하려 했다. 탈해가 말하기를 新器大寶는 용렬한 사람이 감당할 바 아니다. 내가 듣기로 성인과 지혜로운 사람은 齒가 많다고 한다. 떡을 씹게 하면 알아낼 수 있다. 과연 유리가 이 제일 많았다. 좌우가 그를 왕위에 옹위하고 호를 니사금이라 했다. 세상에 이렇게 전해지고 있다. 김대문이 해석하기를 니사금이란 방언인데 이가 많다는 뜻이다.) 이상의 역사 기록을 보면 "임금"이란 말은 다음과 같은 변화를 거쳐 왔습니다. "尼師今 > 닛금 > 님금 > 임금". 중세에는 "님금"이라 했습니다. 다시 말하면 "임금"이란 어원은 "잇자국"인 "닛금"에서 온 말입니다.

○ 君臣ㅅ 法은 님금 臣下ㅅ 法이라 <1447 석상 9:38> (군신의 법은 임금 신하의 법이라)
○ 님굼 셤규믄 ᄆᆞᄎᆞ매 資賴홀 ᄃᆡ 업스니 <1481 두시-초 3:67> (임금 섬김은 마침에 資賴할 데 없으니)
○ 皇 님굼 황 帝 님굼 뎨 <1527 훈몽 중:1>

# ▌나라

"나라"란 일정한 영토와 거기에 사는 사람들로 구성되고, 주권(主權)에 의한 하나의 통치 조직을 가지고 있는 사회 집단입니다. "국가(國家)"라고도 합니다. 한자 "국(國)"의 "ㄱ"은 나라의 국경이고 "或"은 영토를 말합니다. 우리말의 "나라"의 어원은 "낟(곡식)"과 연관된다고 봅니다. 즉 "낟알"을 바치거나 관장하는 곳이 "나라"가 된 것입니다. 그리고 "벼"를 조선에서 "나락"이라고도 부릅니다. 그러므로 "낟알→나락 > 나라"로 되었다고 봅니다.

○ 國ᄋᆞᆫ 나라히라 <1446 훈언 1> (國은 나라라)
○ 그 부텻 나라토 ᄯᅩ 이 ᄀᆞᆮᄒᆞ리라 <1459 월석 12:13> (그 부처의 나라도 또 이 같으리라)
○ 나라마다 ᄒᆞᆫ 釋迦ㅣ 나실ᄊᆡ <1459 월석 2:54> (나라마다 한 석가가 나시므로)
○ 나디라 ᄒᆞᆫ 거슨 人命에 根本이니 <杜解 7:34> (낟알이라 한 것은 인명의 근본이니)

## ▌폐하, 전하, 각하

"폐하"란 황제에 대한 경칭입니다. 본래는 황궁 뜰의 층계를 가리켰습니다. 제일 처음 이 말이 <戰國策 · 燕策>에 나오는데 "秦武陽奉地圖匣, 以此進至陛下"(진무양이 지도를 넣은 갑을 받쳐 들고 폐하에 이르렀다)고 했습니다. "荊軻刺秦王"(형가가 진왕을 찌르는) 사건 이후부터 황제 좌석아래의 층계에 위사(衛士)들이 호위하여 서있고 신하들은 반드시 층계아래에서 황제를 알현하도록 했습니다. 그리고 신하들의 여쭐 일은 위사를 통해 황제한테 청시하게끔 되었습니다. 이로부터 황제에 대한 경칭으로 "폐하(陛下)"를 쓰게 되었습니다. "전하(殿下)"는 태자, 친왕, 황태후, 황후 등에 대한 경칭인데 남북조시기 구지(丘遲)의 <答陳伯之書>에 처음 나옵니다. 황태자 등이 궁전(宮殿)에서 생활하기 때문에 "전하(丈家)"라 부르게 되었습니다. "각하(閣下)"란 말은 당나라 때부터 성행했는데 고급관리들의 관청을 용도각(龍圖閣), 천녹각(天祿閣), 동각(東閣) 등으로 "각(閣)"이라 칭하던 데로부터 고관에 대한 경칭으로 씌었습니다. 그 외 부모 앞에서 "슬하(膝下)", 장군 밑에서 "휘하(麾下)", 특별히 존대할 때 "족하(足下)" 등 말들을 썼습니다.

# ▌님

"님"이란 말은 지금도 아주 많이 쓰는데 주로 존대하는 대상에 붙이거나 사랑하는 대상을 말하지요. 이 말은 어디서 왔을까요? 일찍 신라향가 <薯童謠>에 나오는데 "善花公主主隱(선화공주님은)"이라 했어요. 즉 "主(주인)"이란 말이지요. "쥬(主)" 자는 갑골문에서 위에는 횃불이고 아래는 홰로서 본래 뜻은 등심(燈心)입니다. 이로써 재물의 주인을 표시합니다. 우리말 "님"도 "주인"이란 의미로 쓰이면서 중세에 "쥬(主)"를 가리켜 주로 임금님을 나타냈습니다. 이를 테면 고려말기 정몽주의 "님向흔 丹心이야 가실줄 이시랴"<단심가>나 "님 ᄒ나 날 괴시니"<송강가사> 등에서 마찬가지입니다. 근대 이후부터 차츰 존대하는 사람한테 "주인님, 대감님" 등으로 씌었으며 현대에서는 "사랑하는 대상"에 "서방님"과 같이 씌었습니다. 지금은 자기가 붙이고 싶은 사람에 존대를 붙여 "주인님, 사장님, 선생님, 고객님, 손님" 등으로 쓰이고 있지요.

○ 數萬里 △ 니미어시니(數萬里主) <龍歌31章>
○ 고ᄫᆞᆫ 님 몯 보ᅀᆞᄫᅡ 울웃 우니다니 <1459 월인석보 8:87> (고운 님 못봐 슬피 울며 다니더니)

# ▌겨레

"겨레"란 "같은 핏줄을 이어받은 민족"을 이릅니다. 그러나 이 말은 쓰인지 얼마 되지 않습니다. 자료에 의하면 『新增類合』(柳希春, 1576년)에 처음으로 "결에"가 나오는데 "아ᅀᆞᆷ(친척)"과 같은 의미였습니다. "바늘겨리(바늘겨레)"는 18세기 문헌에서부터 나타나고 우리말에 "겨릿소"란 말이 있습니다. 주요한(朱耀翰, 1900-1979)의 『외로움』(1923년 작)에 "멧 천년 인류의 모든 겨레가 입으로 부르던"에서 처음으로 "민족"의 의미로 쓰였습니다.[1]

---

1) 참조: <가게저널> "우리말 어원" 겨레.

○ 그 시절 넷 가문과 오란 겨레들히 다 能히 이 곹디 몯ᄒ더라 <1588 소언 6:75> (그 시절 옛 가문과 오랜 겨레들이 디 능히 이 같지 못하더라)
○ 내 결에 다 죽고 내 홀로 예 이시니 <1617 동신속 열7:26> (내 겨레 다 죽고 내 홀로 여기 있으니)

## ▌ 양반

"양반"은 국왕이 조회(朝會)를 받을 때, 남향한 국왕에 대하여 동쪽에 서는 반열(班列)을 동반(東班: 문반), 서쪽에 서는 반열을 서반(西班: 무반)이라 하고, 이 두 반열을 통칭하여 양반(兩班)이라 하였습니다. 이러한 관제상의 문·무반이라는 의미의 양반 개념은 이미 양반관료체제가 처음으로 실시된 고려 초기부터 사용되었습니다. 처음에는 관제상의 문반과 무반을 지칭하는 개념으로 사용되다가 고려 말 조선 초기부터는 관제상의 문·무반뿐 아니라 점차 지배 신분층을 지칭하는 경우가 많아지게 되었습니다. 그 후에부터 점차 그 가족이나 후손까지 포괄하여 이르게 되었습니다. 지금은 점잖고 예의 바른 사람에 대해 존대하는 칭호로 쓰입니다.

## ▌ 선비

"선비"란 예전에, 학식은 있으나 벼슬하지 않은 사람이나 또는 학문을 닦는 사람을 예스럽게 이르는 말입니다. 『鷄林類事』에 "士曰進"이라 하고 중세에 "션ᄫᅵ, 선비"로 나타납니다. "선비"의 어원은 중국 서주(西周)시기 "주왕의 명을 전달하는 근시(近侍)를 가리키는 벼슬이름"인 "선부(善夫)"에서 왔습니다. 공자가 『논어』에서 "子曰: 南人有言曰人而無恒, 不可以作巫醫. 善夫"(공자 왈: 남인들이 말하기를 사람이 恒이 없으면 巫醫를 할 수 없다고 했다. 善夫다)라 했습니다. 이로부터 찬양하거나 기쁠 때 사람들이 이 말을 자주 썼습니다. 당나라 유종원(柳宗元)의 <种樹郭橐駝傳>에서도 "問者嘻曰:不亦善夫"(물은 자 기뻐하며 '이 아니 좋으냐'고 했다)로 "선부(善夫)"가 나타납니다. 본래

감탄사로 쓰이던 "선부"가 우리말에 차용되어 "서생(書生)"을 가리키는 뜻
으로 "선비"로 되었다고 봅니다. 그리하여 "선부 > 선븨 > 선비"로 변화
되었습니다.

## ▌ 아기

"아기"는 옛 문헌에 "閼智", "阿只", "ㅏ加"로 기록되어 있습니다. 여기
에서 고대부터 "아기"란 "소아(小兒)"를 말했다는 것을 알 수 있습니다. 그
러면 이 말의 어원은 어디에서 왔을까요? 20세기 초 양주동은 "內"의 古俗
訓이 "악"이라고 주장하였고,[2] 그 근거로 "內內人(안악네), 뜨락(뜰악), 그악
(該附近)"을 제시하고 있습니다. 따라서 "아기"는 "악[內]+-이(인칭접미사)"로
형태소 분석이 가능하지요. 즉 "엄마 뱃속의 사람"이란 의미로 볼 수 있다
고 여겨집니다. 이로부터 "아기"(사람의 영유아), "-아지"(동물의 새끼, 즉 강아
지, 망아지, 송아지 등)으로 분화 되었다고 봅니다. 만주어에서 [asihan](幼子, 少
年)이라 하는데[3] 기원적으로 "아기"와 비슷합니다.

○ 閼智卽鄕言小兒之稱也 <三國遺事>
○ 阿只方言小兒之稱 <高麗史 132:18>
○ 父呼其子曰ㅏ加 <鷄林類事>
○ 아기와 서르 보관뎌 <月釋 23:87> (아기와 서로 보니깐)

## ▌ 갓나이, 가시내

"갓나이", "가시내" 등은 그 기원이 "가ᄉ나히"에서 온 것입니다. "갓,
가시"가 여자를 말하므로 "가ᄉ나히"란 "아기를 낳을 여자"로 해석됩니다.
지금 "가시내"는 남부방언에서 쓰이고 "갓나이"는 함경북도방언으로 쓰이

---

2) 양주동, 『고가연구』, 박문출판사, 1965, 155면.
3) 羽田亨 編, 『滿和辭典』, 今泉誠文社, 昭和47年7月, 28면.

고 있습니다.

○ 少女ㅣ라 ᄒᆞ논 마리니 少女ᄂᆞᆫ ᄀᆞᆺ난 가ᄉᆞ나ᄒᆡ라 <七大萬法 14> (소녀라 하ᄂᆞᆫ말이니 소녀는 어린 여자애라)

○ 겨지븨 소리 ᄊᆞ히 소리 갓나ᄒᆡ 소리 <釋譜詳節 19:14> (계집의 소리 사나이 소리 갓나이 소리)

○ 넷말에 닐러시디 안해가 첩만 못ᄒᆞ고 첩이 죵만 ᄀᆞᆮ디 못ᄒᆞ고 죵이 ᄀᆞᆺ나ᄒᆡ만 ᄀᆞᆮ디 못ᄒᆞ다 ᄒᆞ니(古語說得好妻不如妾妾不女婢婢不如娼娼不如偸) <醒風流 6:6>

## ▌사나이

"사나이"란 고유한 우리말로 남자를 "한창 혈기가 왕성할 때의 남자를 이르는 말"이라 합니다. "남(男)"이란 글자는 밭에서 힘내는 사람으로서 뜻인즉 남자를 말합니다. "사나이"는 중세에 "ᄊᆞ히, ᄉᆞ나희, ᄉᆞ나ᄒᆡ"로 나타납니다. "사나이"의 어원은 "손"과 "아희/아ᄒᆡ(아이)"의 합성어입니다. "손"은 중세에 "장정(壯丁)"을 가리켰습니다. "손아ᄒᆡ > ᄉᆞ나희/ᄉᆞ나ᄒᆡ > 사나이"로 되었습니다.

○ 손 뎡 丁 <訓蒙 中 2>

○ 손아ᄒᆡ 오좀(男兒尿) <救急簡易方 1:105>

○ 겨지븨 소리 ᄊᆞ히 소리 갓나ᄒᆡ 소리 <釋譜詳節 19:14> (계집의 소리 사나이 소리 갓나이 소리)

○ ᄉᆞ나ᄒᆡ둘히 다 東 녀크로 征伐 가니라(見童盡東征) <杜解 2:67>

## ▌암

"암"은 지금 동물의 성별을 표시할 때 씁니다. 이 말의 어원은 앞에서 말하다시피 "엄"[母]과 같이 한다고 봅니다. 중세에 "암"은 성별 뿐 아니라 "겨집"을 직접 가리켰습니다. 이것은 "암"과 "엄"[母]이 같은 어원임을 증명합니다.

○ 제 겨지비 죽거늘 다룬 암홀 어론대 <月釋7:16> (자기 계집이 죽거늘 다른 여자를 얻으니)

○ 암히 수흘 좃놋다(雌隨雄) <杜解 17:5>

## ▌수

"수"도 마찬가지로 동물의 성별의 수컷을 말합니다. 그러나 처음에는 "숫"으로 "더럽혀지지 않아 깨끗한"의 뜻이었는데 "새끼를 배지 않는"의 뜻을 더하게 되어 수컷[公]도 가리키게 되었습니다. 한자 "공(公)"은 "平分也(고루 나누다)"<說文>로서 공정(公正), 무사(無私)를 뜻합니다. 원시 모계사회에서 인류도 동물사회와 마찬가지로 암컷을 중심으로 집단이 형성되고 수컷이 제 기능을 하면 더는 "깨끗한" 의미가 아니라 "새끼를 배지 않는" 의미로 되어 집단에서 쫓아내거나 먹잇감을 구하는 노동력으로 되고 말았지요. 당연히 수컷의 기능도 자기 능력에 따라 어느 정도 발휘하겠지요. 중세에 "수"는 성별을, "숫"은 "더럽혀지지 않아 깨끗한" 뜻이었습니다.

○ 수웅 雄 수 모 牡 <訓蒙 下 7>
○ 수기 公狗 <華語 55>
○ 숟갓나희가 니믈리기가(女孩兒那後婚) <初朴通事 上 45>

## ▌영감

"영감"이란 급수가 높은 공무원이나 지체가 높은 사람을 높여 이르는 말 또는 나이 든 부부 사이에서 아내가 그 남편을 이르거나 부르는 말입니다. "영감"은 조선시대 고관을 부른 호칭이었지요. 본래는 정2품 이상의 판서(判書)나 의정(議政) 등 당상관(堂上官)을 대감(大監)이라 부르고, 종2품 정3품의 당상관을 영감(令監)이라 불렀으나 후에 대중화되면서 일반 서민들한테도 쓰이기 시작했어요.

○ 녕감 말이 다 됴타 ᄒ고 <1756 천의 2:50> (영감 말이다 좋다 하고)
○ 네 령감으로 ᄒ여곰 노히여 도라오게 ᄒ리니 <1778 속명의 1:21> (너의영
감으로 하여금 풀리어 돌아오게 할 것이니)
○ 령감 令監 <1880 한불 279>

## ▌노친

"노친"은 함경북도에서 자주 쓰는 말로서 "늙은 부모", "나이가 지긋한
부인"을 말하는데 한자어 "노친(老親)"에서 온 말입니다. 당나라 잠참(岑參,
약 715~770)의 <送楊瑗尉南海> 시에서 "不擇南州尉 高堂有老親(남주 위로 선
택하지 않은 것은 고당이 노친이기 때문이라)"에서 처음 나오는데 "연로한 부모"
를 말했습니다. 원나라 때부터 "오랜 친척"도 가리켰습니다. 연변에서는
늙은 부부사이의 호칭으로 잘 쓰입니다.

## ▌생원

"생원"이란 조선시대 소과인 생원시에 합격한 사람을 부르는 호칭이었
지요. 조선 후기로 넘어오면서 나이 많은 선비에 대한 존칭어로 성씨에 붙
여 사용하기도 하였습니다. 기실 "생원"은 중국 『北史』(386~618)에서 나타
납니다.[4] 지금 일부 지방에서는 시동생을 "생원(生員)"이라고도 하지요.

## ▌도련님

"도련님"은 본래 한자 어휘 "도령(道令)"으로서 "총각을 대접하여 이르는
말"로서 "도령(徒領)"으로도 썼습니다. "도령"이란 말은 고려시대 중앙 군
대와 지방 주진군(州鎭軍)의 지휘관이었던 "도령(都領)"으로부터 기원된 말입

---

4) 《北史·儒林傳序》: "魏 道武 初定中原…… 便以經術爲先。立太學, 置五經博士, 生員千有餘
人。"(위나라에서 道武를 중원에서 보기로 처음에 결정했다… 그리하여 經術을 먼저하고
태학을 세워 오경박사를 두고 생원 천여 명이 있었다.)

니다. 후에 표기가 다르게 쓰이면서 대중화 되었습니다. 그리하여 결혼하지 않은 시동생을 높여 이르거나 부르는 말로도 됐지요.

○ 도령 道令 <1880 한불 494>
○ 도령 道令總角非兒 <1895 국한 79>

## ▌마님

"마님"이란 본래 한자어 "마(媽)"에 "님"이 결합된 형태로서 "지체가 높은 집안의 부인을 높여서 이르는 말" 또는 "상전(上典)을 높여 이르는 말"로 쓰입니다. 또 옛날 벼슬아치의 첩을 높여 "마마님"이라고도 했답니다.

## ▌나리

"나리"란 지체가 높거나 권세가 있는 사람을 높여 부르는 말입니다. 이 말은 "나ᅀᆞ다(낫다)"에서 기원한 단어입니다. 즉 "나ᅀᆞ리 > 나으리 > 나리"로 변화되었습니다. 뜻인즉 "(일반인 보다) 나은 이", "(벼슬에) 나선 이"라 봅니다.

○ 進賜 나ᅀᆞ리 堂下官尊稱也('진사나리'란 당하관의 존칭이다) <吏讀>
○ 나ᅀᆞ면 어루 큰 法 니르며(進可語大) <法華 2:216>

## ▌벼슬

"벼슬"의 중세어형도 "벼슬"입니다. 벼슬의 어원은 닭·꿩 등의 머리 위에 세로로 붙은 톱니 모양의 납작하고 붉은 살 조각 곧 계관(鷄冠)인 "볏"입니다. 또 쟁기의 보습 위에 비스듬히 댄 쇳조각인 "볏", 햇볕의 준말인 사투리 "볏(볕)"과도 동원어휘입니다. "벼슬"은 머리 위에 빛(볕)나는 관(冠)을 쓰고 여러 사람의 우두머리를 뜻한다는 말입니다.

## ▌ 아가씨

"아가씨"란 "시집갈 나이의 여자", "손아래 시누이", 예전에 "미혼의 양반집 딸을 높여 이르거나 부르던 말"이라 합니다. "아가씨"의 어원을 한자어 "아가씨(阿哥氏)"란 주장이 있습니다. "아가씨(阿哥氏)"는 본래 청나라 황실에서 미혼의 남자를 불렀다고 하는데 이 말이 들어와 의미 변화를 했다고 보지요. 다른 한 가지 해석은 "아기"의 호격형인 "아가"에 접미사 "씨(氏)"가 붙은 것으로 봅니다. "아가씨"는 지금은 "술집아가씨"와 같이 천한 의미로도 쓰이지요. 두 번째 해석이 그래도 더 신빙성이 있습니다.

○ 아기씨여 알픠 부텨 업스시고 <1459 월석 23:74> (아기 씨 앞에부터 없으시고)
○ 아기씨 阿兄氏 <1895 국한 202>
○ 새 아기씨 新婦 <1895 국한 171>
○ 아씨 兒氏 <1880 한불 10>

## ▌ 우두머리

"우두머리"는 "물건의 꼭대기" 또는 "일정한 집단의 윗자리에 있는 사람"을 말합니다. "괴공(魁公)·대괴(大魁)·두인(頭人)·두취(頭取)·우이(牛耳)" 등 이라고도 했습니다. "우두머리"의 어원은 한자어 "위두(爲頭)"와 "머리"가 결합한 것이죠.

○ 爲頭 도즈기 나롤 자바다가 <1459 월석 10:25> (위두한 도적이 나를 잡아다가)
○ 大迦葉이 爲頭머릿 弟子ㅣ로더 <1463 법화 2:175> (대가엽이 우두머리 제자로되)
○ 迦葉은 衆의 웃머리 드외야실씬 <1463 법화 4:28> (가엽은 여럿의 우두머리 되었으므로)

## ▌ 건달

"건달"이란 하는 일 없이 빈둥빈둥 놀거나 게으름을 부리는 짓이나 또는 그런 사람입니다. 이 말은 불교에서 음악을 책임지는 신인 "건달파(乾闥婆)"에서 유래한 것으로 봅니다. "건달파"는 고대 인도의 본래 악신(樂神)을 뜻하는 [Gandharva]를 음역한 것입니다. 후에 "건달파"의 "파"가 떨어져 나가 지금의 "건달"로 되었습니다.

## ▌ 꼬마

"꼬마"의 의미를 보면 "어린아이를 귀엽게 이르는 말, 조그마한 사물을 귀엽게 이르는 말, 키가 작은 사람을 놀림조로 이르는 말"로 쓰입니다. 이들의 공통한 의미는 "작은 대상"을 가리키는데 중세에 "고마"[妾], "고모도적(좀도적)"이란 말도 있어요. 이로부터 "꼬마"란 말은 "작고 귀여운 사람"이란 의미에서 왔다는 것을 알 수 있습니다. 문세영 『조선어사전』(1938년)에서 "꼬마동이"가 처음 등장한다고 합니다.

## ▌ 스승

"스승"은 "자기를 가르쳐서 인도하는 사람"으로서 오늘 사회에서 광범위하게 쓰이고 있습니다. 자기를 가르친 교사, 사부(師父), 스님, 무당(巫堂)을 다 일컬을 수 있지요. "스승"은 중세에도 많이 씌었는데 주로 "사(師)"와 "무(巫)"를 가리켰습니다. 이 말은 한자어 "사승(師僧)"에서 온 것으로 봅니다. "스승"을 "스님"이라고도 합니다. "스님"은 "승려가 자신의 스승을 이르는 말"로서 "사(師)"를 중국어 입말 [shī](스)로 그대로 사용하여 "님"을 붙인 말입니다.

○ 법 ᄀᆞ르치ᄂᆞ닌 스승이오 <月釋 1:9> (법 가르치는 사람은 스승이오)
○ 녜 님구미 스승 ᄉᆞ로몰 삼가시고(前聖愼焚巫) <杜解 10:25>

## ▌벗

"벗"이란 "비슷한 또래로서 서로 친하게 사귀는 사람"을 말합니다. 중세에 "벋, 벗"으로 나타납니다. 이 말은 "벋다(뻗다)"에서 기원된 것입니다. 즉 자신으로부터 주위의 다른 사람에게로 인간관계가 뻗어나가는 것을 "벋(벗)"이라 부릅니다.

○ 그 세 버디 道 得ᄒᆞ야 그 허므를 救코져 ᄒᆞ야 <1463 법화 7:125> (그 세 벗이 道 得하여 그 허물을 구하고저 하여)
○ 벋디란 거슨 그 덕글 벗 삼ᄂᆞ니 <1518 정속-이 14> (벗이란 것은 그 덕을 벗 삼나니)

## ▌친구

"친구"란 "가깝게 오래 사귄 사람"입니다. 한자어 "친구(親舊)"는 <삼국지(三國志)·위지(魏志)·하기전(何夔傳)>에 "盖禮賢親舊 帝王之常務也"(친구를 예의로 어질게 대하는 것이 제왕의 근본 일이다)고 처음 나옵니다. 당시 "친구"는 "오랜 신하"란 뜻이었습니다.

## ▌동무

"동무"는 "늘 친하게 어울리는 사람"을 말하지요. <훈몽 중:2>에 "火伴 동모"로 나타납니다. 중세의 "공ᄌᆞ 삭기 어미와 동모ᄒᆞ여 태ᄌᆞ 그블 주기오(공자 삭이 어머니와 동무하여 태자 급을 죽이고)"란 예문을 보면 한자어 "同謀(어떤 일을 함께 꾀함)"에서 온 것임을 보여줍니다. "同謀"가 지금 부정 의미로 쓰이지만 고대 중국어에서는 중성적 의미였습니다.

## ▌중

"중"은 절에서 살면서 불도를 닦고 실천하며 포교하는 사람입니다. 본래는 그런 단체를 이르던 말이었으나 근래에는 비하하는 말로 많이 사용되며, 그 대신 "승려"나 "스님"의 호칭이 일반화되어 있습니다. "걸사(乞士)·납승(衲僧)·납자(衲子)·범납(梵衲)·부도(浮屠)·불승(佛僧)·상문(桑門)·석씨(釋氏)·승(僧)·화합승(和合僧)" 등 다양한 칭호가 있습니다. 범어(梵語)로 [Sangha]라 하며 우리말 "중"은 한자 "승(僧)"의 발음이 그대로 차용된 것입니다. "僧"은 상고음으로 [*səng]이라 하고 월어(粵語 莞宝片香港)에서 [tsəŋ]이라 한다합니다. 가능하게 남방의 입말로부터 차용되었을 수 있습니다.5) 중세에 "즁"이라 했습니다. 그리하여 "[tsəŋ] > 졍 > 즁 > 중"으로 되었다고 봅니다.

○ 護彌 닐오디 그리 아니라 부텨와 즁과롤 請ᄒᆞ᠊ᅀᆞᆸ보려 ᄒᆞᄂᆢ다 <1447 석상 6:16> (호미 이르되 그리 아니라 부처와 중을 청하려 합니다)
○ 조흔 힝뎍 더러ᄫᅵ며 즁 소기릴 맛나ᄃᆞᆫ 畜生애 오래 이싫 報롤 니르고 <1459 월석 21:67> (깨끗한 행덕을 더럽히며 중 속이는 일을 만나거든 축생에 오래 있을 보를 이르고)

## ▌선생

"선생"은 지금 보통 "先生님"이라 칭하여 보편적으로 사회에서 많이 쓰입니다. 본래 문자 의미대로 하면 자기보다 먼저 출생한 사람을 말하지요. 그런데 이로부터 뜻이 변화하면서 먼저 출생했으니 당연히 견식이 더 많고 넓다는 대명사로 되었지요. 그리하여 상대방에 대한 존중을 말하며 "達者爲先, 師者之意"(먼저 습득하였으므로 스승으로 모셔야 한다)란 뜻이 생겼습니다. "선생"이 제일 먼저 출현할 때는 연장자를 말했어요. 이를테면 <論語. 爲政>에서 "有酒食 先生饌"(酒食이 있으면 선생을 먼저 대접한다)고 했는데 여기에서 "선생"은 부형(父兄)을 가리켰습니다. <曲禮>에서부터 스승을 가리켰다고 합니다. "從于先生, 不越禮而与人言"(선생에게서 예에 어긋나지 않고 남

---

5) 상고음은 <漢典> https://www.zdic.net 사이트에서 검색한 것을 위주로 한다. 공인하는 표준음이 없을 때 王力선생의 견해를 주요 의거로 삼는다. 이하 마찬가지임.

을 대하는 도리를 배운다)고 했습니다.

## ▌어린이

"어린이"는 중세에 "어린 아히"로 나타납니다. "어린이"는 "어리다"의 의미가 "어리석다"[愚]에서 "나이가 적다"[幼]로 변화하면서, "어리다"의 관형사형 "어린"에 의존 명사 "이"가 결합되어 형성되었습니다. 중세에 "어린이"는 "우둔한 자, 미련한 사람"이란 뜻입니다. 세종왕의 <훈민정음> 머리글에 나오는 "어린 百姓이 니르고쟈 홇 바이셔도"에서의 "어린"도 "우민(愚民)"의 뜻입니다.

    ○ 어린이도 브린다ᄒ니(使愚) <三略 중 4>
    ○ 어릴 우 愚 <訓蒙 下 30>

## ▌어른

"어른"은 "다 자란 사람 또는 다 자라서 자기 일에 책임을 질 수 있는 사람"이거나 "나이나 지위나 항렬이 높은 윗사람"을 말합니다. 중세에 "얼운"으로 나타납니다. "얼우다(시집보내다, 혼인하다)"의 뜻으로서 "이미 성가(成家)한 성인"을 말합니다. 이로부터 "얼우신(어르신)"이란 말도 쓰이게 되었습니다.

    ○ 이 지븨 사ᄂᆞᆫ 얼우니며 아히며 <月釋 21:99> (이 집에 사는 어른이며 아이며)
    ○ 얼우신니라 ᄒ야(爲丈) <飜小學 10:12>

## ▌늙은이

"늙은이"는 나이가 많아 중년이 지난 사람입니다. "노인네"라고도 하지요. 중세에 "늘그니"로 나타납니다. "늙다"는 "늘근 소옴(낡은 솜)"과 같이 물건에 쓰이기도 했습니다. 그러니 "늙은이"는 "늙다(늙다)"와 같은 어원입니다.

> ○ 또 늘근 늘근 브리던 사르미 잇느니(亦有老弊使人) <法華 2:221>
> ○ 늘근 소옴 온 溫<訓蒙 中 24>

## ▌젊은이

"젊은이"는 나이가 젊은 사람 또는 혈기가 왕성한 사람입니다. "젊은이"의 "젊다"는 중세에 "졈다"[幼·少·稚]란 뜻입니다. "졈[幼]+은+이(접미사)"의 결합으로 "져므니 > 젊은이"로 되었습니다.

> ○ 아빈 졈고 아두른 늘거 世間이 다 信티 몯홀따니(父少而子老 擧世所不信 아비는 어리고 아들은 늙어 세상이 다 믿지 못할 것이니) <법화 5:120>

## ▌총각

"총각"은 "결혼하지 않은 성년 남자"를 말합니다. "총각(總角)"이란 말은 본래 "중국에서 옛날에 사내아이들이 미성년일 때 머리를 두 가닥으로 땋아 묶어 마치 양의 뿔 같은 모양"을 이르던 말입니다. 중국에서는 사내애를 일컬었지만 우리말에서는 "미혼 남성"을 가리키었습니다. 머리모양도 한 가닥으로 묶었으며 "총각김치"란 말까지 생겼습니다. "총각(總角)"의 어원은 중국의 고전에서 차용한 한자어입니다. <詩經·衛風·氓>에 "總角之宴, 言笑晏晏"(총각애들의 연회 웃음소리 명랑하다)고 "총각(總角)"이 나타납니다.

> ○ 總角애 草書 수미 쏘 神速ᄒ니 <1481 두시-초 8:30>
> ○ 열 설 넘도록 오히려 總角ᄒ여시리 적으니 <1588 소언 5:42> (열살 넘도록 오히려 총각으로 있을 자 적으니)

## ▌ -가(哥)

"-가(哥)"는 '그 성씨 자체' 또는 '그 성씨를 가진 사람'의 뜻을 더하는 접미사입니다. 본래 중국의 언어생활 영향으로 존대 뜻이 있었으나 보편화되면서 "가(哥)" 의미가 단순한 호칭(呼稱)이나 지칭(指稱)에 쓰입니다. 예로 "김가, 최가" 등의 경우입니다.

## ▌ -씨(氏)

"-씨(氏)"는 본래 "같은 성(姓)의 계통을 표시하는 말"로서 중국에서 전해 온 것입니다. 예를 들면 "씨는 김이고, 본관은 김해이다"의 경우입니다. 하지만 지금은 "그 사람을 높이거나 대접하여 부르거나 이르는 말이거나 또는 공식적·사무적인 자리나 다수의 독자를 대상으로 하는 글에서가 아닌 한 윗사람에게는 쓰기 어려운 말로, 대체로 동료나 아랫사람에게 씁니다." 예를 들면 "김 씨, 순희 씨" 등의 경우입니다.

## ▌ -군(君)

"-군(君)"은 본래 "임금 君"이란 뜻인데 일본어의 영향으로 "친구나 아랫사람을 친근하게 부르거나 이르는 말"로 쓰이고 있습니다.

## ▌ -양(孃)

"-양(孃)"은 "여자의 성이나 이름 뒤에 붙여 미혼 여성임을 나타내는 말" 인데 역시 일본어의 영향으로 "그 일을 직업으로 가진 여자"의 뜻을 더하는 접미사로도 쓰입니다.

## ▌ -장이

"-장이"는 "그것과 관련된 기술을 가진 사람"의 뜻을 더하는 접미사로서 한자어 "장(匠)"에서 온 말입니다. 이를테면 "감투장이, 갓장이, 고리장이, 그림장이, 놋갓장이, 담장이, 대장장이, 도림장이, 돌장이, 땜장이, 솔장이, 솥장이, 옥장이, 잿물장이" 등입니다. "-장이"의 변이형인 "-쟁이"는 어떤 특징이 있는 사람을 말합니다.

## ▌ -바치

"-바치" 역시 "그 물건을 만드는 일에 전문가"라는 뜻인데 낮잡아 하는 말입니다. 이 말은 "밭, 바탕"과 어원을 같이하는데 옛날 "밭, 바탕"은 "일터"라는 의미도 있었습니다. "밭이 > 바티 > 바치"의 어음 변화를 했어요. "-바치"가 붙은 말로 "갓바치, 동산바치, 옥바치" 등입니다.

> ○ 져근덧 날 됴혼제 바탕에 나가보자 <古時調 尹善道> (잠간이라도 날 좋을 때 밭에 나가보자)

## ▌ 구두장이

속담에 "구두장이 셋이 모이면 제갈량보다 낫다"는 말이 있습니다. 이 속담은 물론 중국에서 기원되었지요. 중국말로 "三个臭皮匠頂个諸葛亮"이라 합니다. 이 속담의 기원에 대해 세 가지 부동한 판본이 있습니다. 첫 번째는 "피장(皮匠)"은 "비장(裨將)"(중국말 발음으로 같음)이 잘못 전해진 것으로 "비장(裨將)"은 "부장(副將)"이란 의미입니다. 그 뜻인즉 "비장(裨將)" 셋의 지혜를 모으면 제갈량을 당한다는 말입니다. 두 번째는 제갈량이 오(吳)나라에 손님으로 머물 때 이야기입니다. 제갈량은 오나라 왕 손권(孫權)을 위해 보은사탑(報恩寺塔)을 설계했습니다. 제갈량의 속심은 오나라의 기술수준을 떠보자는 것이었습니다. 그는 탑을 엄청 높고 꼭대기에 구리로 만든 조롱

박을 없도록 설계했습니다. 구리 조롱박의 높이만 다섯 길이가 되고 무게
는 이천 근 되었습니다. 오나라에서 탑은 그런대로 쌓았는데 구리조롱박
을 만들 수 없었습니다. 그만큼 큰 주조(鑄造)모형을 하기 힘들었습니다. 손
권은 조급한 나머지 성문에 방문(榜文)을 붙였습니다. 세 피색장(皮色匠)이
이 소식을 듣고 밤낮 사흘 노력 끝에 만들어냈습니다. 그들은 소가죽을 오
려붙여 모형을 만든 후 큰 모래 웅덩이에 넣고 녹인 구리물을 붓게 했던
것입니다. 오나라에서 구리조롱박을 만들었다는 소식을 들은 제갈량은 손
권에게 하직하고 귀국한 후 다시 오나라를 가볍게 보지 못했답니다. 세 번
째는 제갈량이 군사를 이끌고 강을 건널 때 이야기입니다. 강의 물살이 너
무 세서 배나 떼 목은 강에 들여 놓으면 금방 밀려가 바위에 부서져버렸습
니다. 제갈량이 속수무책으로 어쩔 바를 모를 때 세 피색장이 찾아와서 계
책을 드렸습니다. 그들은 소 한 마리를 통째로 가죽을 벗겨 큰 주머니를
만들고 군사들로 하여금 그 속에 공기를 채우게 했습니다. 그리하여 제갈
량은 도강(渡江)에 성공했다고 합니다. 어느 것이 진짜 기원설인지 알 수 없
지만 "三个臭皮匠頂个諸葛亮"란 이 속담이 우리말에 전해진 후 "피색장(皮
色匠)"이 "구두장이"로 바뀌었습니다. 그러므로 김인호는 "구두"는 일본어
에서 20세기 초에야 들어온 말이기에 속담의 "구두장이"는 본래 구들을
고치는 "구들+장이(접미사) > 구두장이"의 결합이라 했습니다.[6] 하지만 이
속담의 본래 뜻을 고려하면 "구두장이"는 "'구두'를 만드는 장인"으로서
즉 피색장(皮色匠)이 바뀐 말이라 봐야 합니다. "구두장이"는 조선과 중국조
선어에서 "구두쟁이"라 합니다.

# ▌마름

"마름"은 "지주를 대리하여 소작권을 관리하는 사람"으로서 중세에 "ᄆ

---

6) 김인호, 『조선어어원편람』(상), 박이정, 2001, 81면.

름"으로 나타납니다. 이두에서는 "畓音(마름)"으로 표기하였습니다. 이 말은 "ᄆᆞᆯ다(裁: 마르다)"와 같은 어원이라 봅니다. 뜻은 관리 혹은 기획(企劃)이라 할수 있습니다.

○ ᄆᆞᆯ 지 裁 <訓蒙 下 19>
○ 莊은 ᄆᆞᆯ미라 <月釋 21:92>
○ ᄆᆞ름 莊頭 <同文解 上 14>

## ▌머슴

"머슴"은 "주로 농가에 고용되어 그 집의 농사일과 잡일을 해 주고 대가를 받는 사내"입니다. 제주도 사투리로 "맏아들"을 가리키고 남자아이를 낮잡아 이르는 말로도 쓰입니다. 다시 말해서 남부 지방에서 "사내"를 옛날부터 "머슴/머섬"이라고 했는데 이 말이 후에 고공(雇工)을 가리키기도 했습니다.

○ 겨집 子息은 제 ᄆᆞᄉᆞᄆᆞ로 ᄃᆞ니다가 이븟짓 머섬 사괴야 <1569 칠대 21>
(계집 자식은 제 맘대로 나다니다가 이웃집 남자애 사귀어)
○ 머섬 雇工 <1880 한불 232>

## ▌시중

"시중"이란 옆에서 보살피거나 여러 가지 심부름을 하는 일입니다. 18세기문헌에 "슈죵, 시죵"이 나옵니다. "시중"은 한자어 "시종(侍從)"에서 차용한 말입니다. 후에 "슈죵 > 시죵 > 시중"으로 변화되었습니다. "시중꾼, 시중들다, 물시중, 술시중, 약시중" 등으로 쓰입니다. "시종(侍從)"은 처음에 군왕의 좌우에서 봉사하는 사람을 가리켰습니다. <漢書 · 史丹傳>에 "自元帝爲太子時, 丹以父高任爲中庶子, 侍從十餘年。"(원제가 태자일 때 丹은 부친이 높은 지위에 있었기에 중서자로서 10여 년간 시종으로 있었다)라는 기록이 있습니다.

○ 슈죵 여슷의게ᄂᆞ <1677 박언 중:5> (시종 여섯에게는)

○ 이 小童은 人物도 어엿부시고 시죵도 잘ᄒᆞ니 <1790 인어 2:6> (이 아이는 인물도 예쁘고 시중도 잘하니)

## ▌더부살이

"더부살이"란 "남의 집에서 먹고 자면서 일을 해 주고 삯을 받는 일 또는 그런 사람"을 말하는데 "더불어 살다"라는 뜻에서 온 말입니다. 이와 비슷한 말로 "담살이"가 있는데 중세에 "다뭇"[與]과 "살이"의 결합으로 봅니다.

○ 더부살이 雇工 <1880 한불 470>

## ▌대머리

"대머리"는 머리털이 많이 빠져서 벗어진 머리를 말합니다. "독두(禿頭)· 독로(禿顱)· 독발(禿髮)· 독정(禿頂)· 돌독(突禿)· 맨머리 · 올두(兀頭)" 등 다양한 이름이 있습니다. "대머리"의 어원에 대해 "고디머리"에서 제1음절이 탈락한 것으로 추성하기도 하는데 설복력이 부족합니다. "대머리"란 말은 말 그대로 "대[竹]+머리"의 합성이라 봅니다. 중세의 "믠머리"는 맨머리이고 "고디머리"는 "곧은 머리(머리카락이 없는 머리)"로 분석됩니다.

○ 禿子 믠머리 <1690 역해 상:29>
○ 禿頭 고디머리 <1690 역해 상:61>

## ▌벙어리

"벙어리"는 언어 장애인을 말합니다. "벙어리"를 중세에 "버워리"라고 했습니다. 이 말은 "벙어리가 되다"의 의미를 지닌 동사 "버우"와 "-어리 (접미사)"의 결합입니다. 즉 "버우+어리(접미사) > 버워리 > 벙어리"로 되었습니다. 함경도방언에서 "버버리"라고 합니다.

○ 瘖 버워리 암 瘂 버워리 아 <1527 훈몽 중:16>

## ▌거지

"거지"는 "개걸(丐乞) · 걸개(乞丐) · 걸인(乞人) · 유개(流丐) · 유걸(流乞) · 화자 (花子) 등 여러 가지 이름이 있습니다. "거지"를 중세에 "것바싀, 겅와싀"라 했는데 한자어 "걸(乞)"과 접미사 "-바싀, -와싀('-바치', '-아치')"가 결합한 것입니다. "걸인(乞人)", "거렁뱅이", "거렁뱅이" 다 여기서 생긴 말입니다. "알거지"는 "거지"에 "진짜"라는 의미 접두사 "알-"이 붙어 된 말입니다. 우리말로 "비렁뱅이"가 있는데 이는 "빌어먹다"에서 온 이름입니다.

○ 太子ㅣ 것바싀 드외야 빌머거 사니다가 마초아 믿나라해 도라오니 <1447 석 상 24:52> (태자가 거지가 되어 빌어먹으며 살다가 마침 본국에 돌아오니)
○ 蕩子ᄂᆞᆫ 겅와싀라 <1482 금삼 4:22> (탕자는 걸인이라)

## ▌망나니

"망나니"란 "예전에, 사형을 집행할 때에 죄인의 목을 베던 사람"을 말 합니다. 지금 "언동이 몹시 막된 사람을 비난조로 이르는 말"이기도 하지 요. 이 말의 어원은 "막+낳은+이"로 풀이 할 수 있어요. 즉 "되는대로 막 낳은 사람"이란 뜻에서 왔지요. 그리하여 "막+낳은+이 > 막난이 > 망나 니"로 되었습니다.

○ 막난이 斬刀漢 희광이 <1880 한불 217>
○ 망난이 亡難者 <1895 국한 109>

## ▌어릿광대

"어릿광대"는 "곡예나 연극 따위에서, 얼럭광대의 재주가 시작되기 전 이나 막간에 나와 우습고 재미있는 말이나 행동으로 판을 끄는 사람"을 말하지요. 그리고 "무슨 일에 앞잡이로 나서서 그 일을 시작하기 좋게 만 들어 주는 사람을 비유적으로 이르거나 우스운 말이나 행동을 하여 남을 웃기는 사람"도 가리키기도 합니다. 이 말은 중세의 "어럽다(미치다)"와 "광대"가 결합한 말입니다. "광대"는 "가면극, 인형극, 줄타기, 땅재주, 판소리 따위를 하던 직업적 예능인을 통틀어 이르던 말"이지요. "광대"란 말은 가능하게 자체로 만든 한자 어휘 "광대(狂隊)"라 짐작됩니다. "어럽다"는 "얼없다"로 분석되며 결국 "어릿광대"란 "미친 듯이 행동하는 무리"란 뜻에서 기원했다고 봅니다.

## ▌아낙군수

"아낙군수"란 늘 집 안에만 있는 사람을 놀림조로 이르는 말입니다. "아낙군수"는 "부녀자가 거처하는 곳"을 말하는 "안악"과 "군수(郡守)"의 합성어로 된 말입니다. 조선에서는 "안악군수"라 표기합니다.

## ▌놈

"놈"이란 남자를 낮잡아 말하거나 남자아이를 귀엽게 이르는 말 또는 적대 관계에 있는 사람이나 그 무리를 이르는 말입니다. "놈"의 본래 형태는 지금의 "남"과 같이 다른 사람을 가리키는 말 "놈"입니다. 중세에 "놈"은 "사람일반"을 나타냈습니다. "놈 > 놈"으로 된 것입니다.

  ○ 叛ᄒᆞᄂᆞᆫ 노물(叛亂之徒) <龍歌 64章>
  ○ ᄆᆞᄎᆞᆷ내 제 ᄠᅳ들 시러 펴디 몯홇 노미 하니라(終不得伸其情者多矣) <訓正註解>

## ▌년

"년"은 여자를 얕잡아 이르는 말입니다. 이 말은 17세기 이후에 이루어진 것입니다. "녀느(여느)"이 줄어들어 "년"으로 되었습니다.[7] 중세에 쓰일

---

7) 김인호, 『조선어어원편람』(상), 박이정, 2001, 64면.

때는 얕잡는 의미가 없었습니다. 쓰인 상대가 대부분 어린 계집이거나 천한 신분이다 보니 점차 얕잡는 의미가 생겼습니다.

   ○ 妮子 계집 년 <1690 역해 상:27ㄴ>
   ○ 어린 년아 <1721 오륜전비 2:37> (어린 년아)

## ▌화냥년

"화냥년"이란 서방질을 하는 여자를 말합니다. 이 말의 어원에 대해 세 가지 설이 있습니다. 첫째는 신라의 화랑(花郎)에 뿌리를 둔 말(화랑 초기에는 여자들이 있었음)로 보기도 하고, 둘째, 병자호란 때 오랑캐에게 끌려갔던 여인들이 다시 조선으로 돌아왔을 때 그들을 "고향으로 돌아온 여인"이라는 뜻의 환향녀(還鄕女)라고 부르던 데서 유래했다는 것입니다. 사람들은 적지에서 고생한 이들을 따뜻하게 위로해주기는커녕 그들이 오랑캐들의 성(性)노리개 노릇을 하다 왔다고 하여 아무도 상대해주지 않았을 뿐더러 몸을 더럽힌 계집이라고 손가락질을 했다고 합니다. 셋째, 이 말은 만주어 [hayan]을 차용한 "화냥"[花娘]에 "년"이 결합하여 이루어진 말이란 것입니다.[8] 비교적 설복력이 있다고 보는 것은 세 번째 설입니다. 만주어 [hayan]은 "(淫婦)방탕한 사람"이란 의미입니다.[9]

   ○ 환양년 歡兩女 <1880 한불 100>

## ▌갈보

"갈보"란 남자들에게 몸을 파는 여자를 속되게 이르는 말입니다. 19세기 문헌에서부터 나타나는데 "갈보"는 "갈(蝎)"과 "-보" 접미사의 결합으

---

8) <네이버 지식백과> 화냥년(뜻도 모르고 자주 쓰는 우리말 어원 500가지, 2012.1.20, 이재운, 박숙희, 유동숙).
9) 羽田亨 編, 『滿和辭典』, 今泉誠文社, 昭和47年7月, 198면.

로 봅니다. 『朝鮮解語花史』(이능화, 1869.1.19-1943.4.12)에서 “유녀(遊女)를 통털어서 갈보(蝎甫)라 일컫는다”고 했습니다. “蝎甫”는 도종의(陶宗儀)가 지은 『설부』에 나오는 『계림유사』 초록에서 빈대를 뜻하는 고려 말이라고 적었다 합니다. 따라서 피를 빨아먹는 여성이라는 뜻으로 창녀를 갈보라고 불렀다 봅니다. “갈보”를 “더벅머리”라고도 했습니다.

○ 갈보 娼女 <1895 국한 8>

## ▌언청이

“언청이”란 “입술 갈림증이 있어서 윗입술이 세로로 찢어진 사람을 낮잡아 이르는 말”입니다. 17세기 말의 『역어유해』에 “엇텽이”로 나타나는데 이 말은 “엇”[斜]과 접미사 “-덩이”가 결합된 것으로 봅니다. 즉 “엇뎡이 > 어텽이 > 언청이”의 변화 과정을 거쳤다고 봅니다.

○ 齼脣子 엇텽이 <1690 역해 상:29>

## ▌입씨름

“입씨름”을 “입다툼”이라고도 하지요. 중세에 “입힐훔”이라 했어요. “입”과 “힐후다(힐난하다, 말썽부리다)”가 어울려 된 말입니다. 다시 말해서 “씨름”과 상관없는데 이렇게 어음이 변화되었습니다. 그리하여 “입힐훔 > 입실훔 > 입씨름”으로 되었습니다.

○ 므슴 아라 입힐훔 ᄒ리오(要甚么合Ⅼ1) <老解 上 59>
○ 世間과 힐후디 아니홀씨라 <月釋 7:6> (세간을 힐난하지 않을 것이라)

## ▌나그네

“나그네”는 “자기 고장을 떠나 다른 곳에 잠시 머물거나 떠도는 사람”

이나 "낯선 남자 어른을 예스럽게 이르는 말"입니다. 16세기의 문헌 『正俗諺解』에는 "나ᄀ내"로 썼습니다. "나ᄀ내 > 나ᄀ-이"로 이루어진 것으로서 본래 "나간 사람"이라는 뜻을 말합니다.

○ 旅 나ᄀ내 려 <訓蒙 中:2>

## ▌숙맥

"숙맥"은 콩과 보리입니다. "菽麥不辨(숙맥불변)"의 준말로서 콩인지 보리인지를 구별하지 못한다는 뜻으로 "사리분별을 못하는 어리석은 사람"을 비유하여 이르는 말입니다. 중국 고전 <좌전 · 성공 18년(左傳 · 成公十八年)>에 "周子有兄而無慧, 不能辨菽麥, 故不可立。"(주자의 형이 똑똑하지 못해 숙맥을 구분 못하므로 태자로 세우지 않았다)는 말로부터 나온 성구입니다.

## ▌백정

"백정"은 소나 개, 돼지 따위를 잡는 일을 직업으로 하는 사람입니다. 한자어 "白丁"인데 본래 "백정평민(白丁平民)"을 말했는데 후에 "무식한 남성, 군졸" 등을 가리키기도 했습니다.

# 3. 세월

## ▌오늘, 내일, 모레, 글페, 그글페

"오늘"은 중세에 "오ᄂᆞᆯ"이라 했는데 이는 "오는 날, 또는 온날"에서 기원했다고 봅니다. "내일"은 당연히 "내일(來日)"에서 온 것이며 "모레"는 중세에 "모뢰, 모리, 모릐"로 나타나는데 "모ᄅᆞ다(모르다)" 혹은 "멀다"에서 왔다고 생각됩니다. 즉 "아직 오지 않은 모르는 날"이란 뜻입니다. "글페"는 "글픠, 글픠"라 했는데 "그 앞의 날"이라고 봅니다. "그글페"는 당연히 "글페의 앞날 즉 먼저 날"이지요.[1] 우리말에서 중국말과 달리 시간 개념을 표현 할 때 모호한 점이 많지요. 중국말에서 "전천(前天)"은 "지나간 날"이고 "후천(後天)"은 "돌아 올 날"이지요. 다시 말해서 시간을 향해 뒷걸음질해 가는 모양이 됩니다. 우리말에서 "앞날"이나 "뒷날"은 모두 장래(將來)를 말할 수 있습니다.

○ 今日 曰 烏捺, 明日 曰轄載,[2] 後日 曰母魯 <鷄林類事>

---

[1] 최창렬 "우리말 시간 계열의 어원적 의미", 「한글」 제188호, 1985에서 '어제, 그제, 긋그제, 올제, 글픠'는 '어적의, 그적의, 그ᄉ 그 적의, 올적의, 그앎의'로 분석했고, '오늘'은 '이미 다가 온 날,'로 '모레'는 '멀'(遠)+'익'(日)로 분석했다.

[2] 안병호, 『계림류사와 고려시기 조선어』, 흑룡강 조선민족출판사, 1985, 116면에서 "고려어에서까지 轄載로 활발히 쓰이던 이 단어는 한자 어휘가 조선어의 고유어휘를 대체하는 현

○ 니일은 모리 미뤄니(明日推後日) <朴新解 1:35>
○ 모리: 後日 <譯語上3>
○ 글픠: 外後日 <齊諧物名攷>

## ▌어제, 그제

"어제"의 "-제"는 지금도 쓰이는 "언제, 이제"의 "-제"로서 시일을 나타냅니다. 중세에 "어저긔"로 나타나는데 "갈 적, 올 적"의 "-적"과 기원을 같이 한다고 보지요. 그러니 "어제"는 "지난 간 시일", "그제"는 "그때의 시일"에서 기원됐다는 말입니다. 여기의 "어"는 "어느"와 동일한 뜻으로 "어제"는 본래 "어느적(어느결)"이란 의미이며 "그제"는 "그적의(그때의)" 의미라고 봅니다.

○ 내 어저긔 다숫가짓 꾸믈 꾸우니 <月釋 1:17> (내 어제 다섯가지 꿈을 꾸니)
○ 그저긧 燈照王이 普光佛을 청ㅎᅀᄫᅡ <月釋 1:9> (그 적에 등조왕이 보광불을 청하여)
○ 昨日 日訖載, 前日 日記載(어제를 '흘재', 그제를 '기재'라 한다) <鷄林類事>

## ▌하루

"하루"를 중세에 "ᄒᆞᄅᆞ"라고 했는데 "홀놀, 홀롤"이 변화된 것으로 봅니다. "ᄒᆞᄅᆞ+눌"의 합성으로 즉 "하나의 날"로 해석되지요. "홀"은 "혼"과 동원어휘로 됩니다.

○ 世尊이 ᄒᆞᄅᆞ 몃 里를 녀시ᄂᆞ니잇고 <1447 석상 6:23> (세존이 하루 몇리를 가십니까)
○ 홀리어나 이트리어나 사ᄋᆞ리어나 나ᄋᆞ리어나 <1447 석상 21:30> (하루거나 이틀이거나 사흘이거나 나흘이거나)

---

상이 확대됨에 따라 원래 사용하던 鞾藏는 자취를 감추어 버리고 '래일'이라는 한자 어휘가 우세를 차지하여 오늘에 이르게 되었다"고 지적했다.

## ▌ 이틀, 이튿날, 이태

"이틀"은 "이튿날"과 같은 말이지요. 또 "이듬해"란 말도 있는데 "다음 해"란 뜻입니다. 여기서 "이틀, 이듬"은 무슨 뜻일까요? 바로 "다음"이란 의미라고 봅니다. "이태"란 말도 있는데 2년을 말하지요.

○ 홀리어나 이트리어나 사ᅌᆞ리어나 나ᅀᆞ리어나 <1447 석상 21:30>
○ 인히롤 東都애 나그내 ᄃᆞ외아(二年客東都) <杜解19:46> (이태를 동도에서 나그네 되여)

## ▌ 사흘, 나흘, …

"사흘, 나흘, 닷새, 엿새, 이레, 여드레, 아흐레, 열흘" 등은 "셋, 넷, 다섯, 여섯, 일곱, 여덟, 아홉, 열"과 어느 정도 어음상 연관성이 있기에 역사적인 변화로 해석할 수 있습니다. 그러니 고유어 수사에 날짜를 나타내는 단어의 결합이라 봅니다.

○ 홀리어나 이트리어나 사ᅌᆞ리어나 나ᅀᆞ리어나 <1447 석상 21:30>

## ▌ 철

"철"은 "계절(季節)"을 우리말로 표현한 것이지요 또 "사리를 분별할 수 있는 힘"도 가리키며 "철이 들다, 철부지" 등 표현도 씁니다. 이 말의 어원은 한자어 "절(節)"에서 왔다고 봅니다. 한자 "절(節)"은 참대의 마디를 말합니다. 점차 의미가 넓어져 "계절(季節)"도 가리키게 되었습니다. "節"의 상고음과 중고음이 모두 (正力)[tsiet]입니다. 그러니 "[tsiet] > 쳗 > 쳘 > 철"로 되고 "[tsiet] > 쳗 > 뎔 > 뎔 > 졀 > 절"로 "節"의 한자음으로 되었겠다고 봅니다.

○ 철 <가례언해(1632)>

## ▌봄

"봄"은 "봄놀다(뛰놀다)"에서 기원했다고 봅니다. 기후가 따뜻하여 밖에 나와서 "뛰놀다"는 뜻에서 왔지요. 옛날에 야외에서 소풍하는 것도 "봄놀다"라 말했거든요. 후에 "봄"이 춘천(春天) 계절을 말하는 전문용어로 된 것 같아요.

○ 믌겨리 드위부치니 거믄 龍ㅣ 봄놀오(濤翻黑蛟曜) <杜解 1:49>
○ 似量이 나비 ᄆᆞᅀᆞᄆᆞᆯ 봄놀이고(似量騰於猿心) <圓覺 序64>

## ▌여름

"여름"은 "여룸, 녀름"이라 했는데 "열매"와 "여름(夏)"의 두 가지 뜻으로 중세에 쓰였습니다. 그러므로 "열매가 맺히는 계절"이라고 하여 이름 지은 것 같습니다. 뿐만 아니라 옛날에 농사짓는 것도 "녀름"이라 했어요. 이 계절에 열매가 맺기 시작한다고 생각하여 이름 지었다고 추측합니다. "열다, 여물다, 여름" 등이 같은 어원으로부터 나왔다고 봅니다.

○ 여룸이면 벼개와 자리에 부치딜ᄒᆞ며 <五倫1:29> (여름이면 베개와 자리에서 부채질하며)
○ 여룸 여는 거시여(結子) <朴解 上 36>

## ▌가을

"가을"은 "ᄀᆞ술, ᄀᆞ슬, ᄀᆞ올" 등으로 표시했는데 중세의 "ᄀᆞᅀᆞ말다, ᄀᆞᄋᆞ말다(가말다, 헤아려 처리하다)"와 같은 어원입니다. "ᄀᆞᅀᆞ말다"는 "ᄀᆞ슴(감, 재료)"와 "알다"의 합성입니다. 가을이 되니 곡식을 제때에 거두어 들어야 합니다. 따라서 가을이란 말은 바삐 보낸다는 뜻입니다. "ᄀᆞ슴올 > ᄀᆞ슬"로 변화되어 "가을"을 표시했다고 봅니다.

○ 三時殿은 세 時節에 사ᄅᆞ싫 지비니 봄 ᄀᆞ술히 사ᄅᆞ싫 집과 녀르메 사ᄅᆞ싫

집과 겨스레 사롤싫 지비라 <1447 석상 3:5> (三時殿은 세 시절을 사실
집이니 봄 가을에 살 집과 여름에 살 집과 겨울에 살 집이라)
○ 봄과 ᄀᆞ올히는 례도와 음악으로써 ᄀᆞᆯ치고 <1588 소언 1:13> (봄과 가을
에는 예도와 음악로 가르치고)
○ 봄과 겨을애는 녹두늘 먹기고 녀롬과 ᄀᆞ을혼 푸른 플을 믈의 돔가 먹기라
<17세기 마경 상:101> (봄과 겨울에는 녹두를 먹이고 여름과 가을에는 푸
른 풀을 물에 담가 먹이라)
○ 뫼히며 ᄀᆞᄅᆞ몰 ᄀᆞ슴마라(宰割山河) <內訓 3:52>

## ▌겨울

"겨울"은 "겨올, 겨을, 겨올, 겨슬, 겨슬, 겨슬" 등으로 표시되었는데 "추
워서 집에 계신다" 하여 이름 지었습니다. 중세어에서 "겨시다"는 존대의
뜻이 없었지요. "겨실 > 겨슬 > 겨슬 > 겨슬 > 겨올 > 겨을 > 겨울"로 되
었을 수 있습니다.

○ 겨ᅀᆞ래 어러 주그니라(冬月凍死) <救急簡易方 1:86>
○ 도ᄌᆞ기 겨신딜 므러(賊間牙帳) <龍歌 62章>

## ▌해

"해"는 중세에 "ᄒᆡ"라 했는데 "일(日), 년(年)"의 뜻을 가지고 있었어요.
"ᄒᆡ"는 "희다"에서 기원했다고 봅니다. 한자 "일(日)"은 태양 그 자체를 가리
키고 "일(日)"과 "천(天)"이 날짜를 나타낼 때 쓰입니다. 그리고 "해(年)"은 "秊,
谷熟也"<說文>(秊은 곡식이 무르익다)의 뜻입니다. 하지만 우리말에서는 "해
(日)"는 "년(年)"을 나타낼 때 쓵니다. 왜 그럴까요? 우리말에서 일년은 "천
(天)"의 변화이며 따라서 "해"가 "하늘"을 대표한다고 보았습니다.

○ 세ᄒᆡ롤 奔走ᄒᆞ야 돈뇨매 <杜解 21:5> (세해를 奔走하여 다니며)

## ▌달

"달"의 한자 "월(月)"은 반달모양을 본떴습니다. 우리말에서 "달"을 중세에 "둘"이라 했는데 "둗다(닫다, 달리다)"와 기원을 같이 하며 "둘엿다"[懸:달렸다]와도 연관된다고 봅니다. 즉 하늘에 매달려서 빨리도 달려간다고 생각되어 "둘"이라 하지 않았는가 생각해 볼 수 있습니다. 역시 다른 언어들처럼 "한달, 두달"과 같이 시일을 나타내기도 하지요. 그것은 한달 주기로 달의 변화를 관찰한데서 생긴 지식이지요.

○ 둘 爲 月 <訓正解例.用字例>
○ 하ᄂᆞᆯ 가온ᄃᆡ 볼ᄀᆞᆫ ᄃᆞ리 둘엿ᄂᆞ니(中天懸明月) <杜解 5:31>

## ▌보름

"보름"은 음력으로 그 달의 열 닷새째 되는 날이거나 열닷새 동안을 말합니다. "보름"의 어원은 말 그대로 "보름달"에서 온 것이지요. 중세에 "보롬"이라고도 했는데 "바라보다"는 뜻에서 온 말입니다.

○ 어마님 短命ᄒᆞ시나 열 ᄃᆞ리 ᄌᆞ랄ᄊᆡ 七月ㅅ 보로매 天下애 ᄂᆞ리시니 <1447 월곡 12> (어머님 단명하시나 열 달이 자라므로 칠월보름에 천하에 내리시니)
○ 및 보롬 망 <1527 훈몽 상:1>

## ▌그믐

"그믐"은 음력으로 그달의 마지막 날 "그믐날"이라고도 합니다. 동사 "그믈다(꺼지다, 끝나다)"라는 말과 같은 어원입니다. 한 달의 끝나는 날이니까 "그믐"이 된 것이지요.

○ 이ᄃᆞ리 커 그므ᄂᆞ냐 져거 그므ᄂᆞ냐(這月是大盡是小盡) <朴新解 2:58>
○ 燈盞 블 그므러 窓틱 집고 드는 님과 <古時調.類聚>

# ▌낮

"낮"을 중세에도 마찬가지로 표기했는데 이들의 어원은 무엇일까요? 한
자 "주(晝)"는 "日之出入, 與夜爲界。"<說文解字>(해가 뜨고 지며 밤과의 계선이다)
라고 했습니다. 우리말 "낮"은 "늘"과 연관된다고 생각됩니다. 즉 "늘"이
란 "날마다, 나날이" 등에서 보이는 "매일"을 말하며 이것이 후에 "날"로
되었습니다. 그리고 "낮"도 중세에 "낫"으로도 표기했는데 발음상 "낟/날"
과 비슷합니다. 다시 말하면 "낮"은 어원상 "날"[日]과 같은 것으로 "해가
있을 때"를 말합니다. 이로부터 시간적으로 "나조", "나중", "늦다" 등 말
들도 파생되었다고 봅니다.

○ 낫 듀 晝 <訓蒙 上 1>

# ▌밤

"밤"은 일찍 신라향가에서도 보일만큼 오래전부터 쓴말입니다. 한자 "야
(夜)"는 "날이 어두워서 밝을 때까지 시간"을 말합니다. "밤"의 어원을 "밤이
다, 밤븨다(뒤얽히다, 마비되다)"와 같은 것이라 볼 수 있습니다. 왜냐하면 옛날
에 어두운 밤이 되면 진짜로 모든 일을 할 수 없었습니다. 또 어원을 한자
"만(晩)"에서 찾기도 합니다. 일본 사람들은 밤 인사를 "今晩は!"라 하면서
"晩"을 "ばん(반)"이라 발음합니다. 상고음으로 (黃侃系統: 明母 寒部; 王力系統: 明
母 元部)[*miăn]이라 합니다. 최창렬은 "밤"은 "만시(晩時)"를 가리키는 우리
말이라 했습니다.[3] 한자어 "晩"[*miăn]이 어음이 변하여 "밤"이 되었을 수
도 있습니다.

○ 새 벼리 나지 도드니 <龍歌 101章> (샛별이 저녁에 돋으니)
○ 밤 나줄 조차(遂日夜) <佛頂 下 11>

---

3) 최창렬, "우리말 시간 계열의 어원적 의미", 「한글」 제188호, 1985.

## ▌ 땅거미

"땅거미"는 "해가 진 뒤 어스레한 상태"를 말하는데 "박야(薄夜)·석음(夕陰)·훈일(嚯日)"이라고도 합니다. "땅"과 "검다"가 결합된 말입니다. 즉 날이 어두워지니 "땅+검이 > 땅거미"라 한 것입니다.

## ▌ 돌날

"돌날"은 "어린아이의 첫돌이 되는 날"을 말하는데 "돌"은 "돌다(回)"에서 온 말입니다. "돌날"이란 "돌아온 첫 번째 날"이란 뜻입니다.

## ▌ 나절

"나절"은 "낮"에서 파생된 말로서 "하룻 낮의 절반쯤 되는 동안이나 낮의 어느 무렵이나 동안"을 말한다 합니다. "낮+얼[合]"의 합성으로 봅니다. "얼다"는 "얼음이 얼다"에서처럼 "합쳐지다"란 뜻이 있습니다. 그러니 "나절"은 즉 "낮이 줄다"란 말로 됩니다.

○ …晌田 혼 나잘 가리 <1748 동해 하:1>
○ 나줄 午 나절 午 <1880 한불 270>

## ▌ 새벽

"새벽"을 중세에 "새박, 새배, 새볘" 등으로 표기했어요. 한자 "신(晨)"은 방성(房星)의 이칭(異稱)으로 천마(天馬)를 가리켰는데 후에 날이 새는 것을 말하게 되었습니다. 우리말 "새벽"의 "새"는 동녘을 말하는데 "날이 새다"의 "새다"와 같은 어원입니다. "꼭두새벽"은 "새벽"에 "꼭두"가 붙어 "첫새벽"이란 말입니다. "샛별(金星)"이란 "새벽에 가장 밝은 별"이란 말이지요. "새"는 따라서 같은 시간인 "새벽"도 가리킵니다. 그리고 "-박, -배, -볘" 따위는 "별" 또는 "밝다"가 어음 변화한 것으로 봅니다. "새+박(밝다)"의 합성으로 "새로 밝는 시각"으로 해석합니다. "새+박(밝다) > 새배/새베/새볘 > 새벽"으로 되었다고 봅니다. "새"는 "새롭다"란 말도 만들어 냈지요.

○ 새배 省ᄒ며 나죄 定ᄒ야 <1464 영가 상:16>
○ 새박이어든 술피며 <1588 소언 2:8> (새벽이거든 살피며)
○ 새볘 신 (晨) <1664 유합-칠 2>
○ 새볘 효 (曉) <1664 유합-칠 2>

## ▌ 아침

"아침"을 중세에 "아ᄎᆞᆷ, 아젹"이라 했습니다. 그러면 이 말은 무슨 뜻일까요? 한자 "죠(朝)"는 "풀숲에 해가 솟고 달이 아직 있다"는 뜻입니다. 우리말 "아침"이란 중세에 "작은 설, 섣달그믐"을 "아ᄎᆞᆷ설"이라 했고 "조카"를 "아ᄎᆞ나ᄃᆞᆯ, 아ᄎᆞᆫ아ᄃᆞᆯ"이라 한데서 보다시피 "시간적으로 완전한 낮이 이르지 못함, 즉 아직 이르다"는 뜻입니다. 이와 비슷한 의미로 지금 부사 "아직"에서 그 흔적을 볼 수 있습니다. 서정범은 "'아젹'도 朝의 뜻을 지니고 있으며 현 경상도방언에서 '아직'이 아침의 뜻으로 쓰이고 있다"고 했습니다.[4]

○ 아ᄎᆞᆷ 단: 旦, 아ᄎᆞᆷ 됴: 朝 <訓蒙 上 2>
○ 아ᄎᆞᆫ설날경의(歲暮夕四更中) <瘟疫方4>
○ 아ᄎᆞ나ᄃᆞᆯ 딜: 姪 <訓蒙 上 32>

## ▌ 점심

"점심"이란 본래 배고플 때에 조금 먹는 음식을 이르는 말입니다. "점심"이란 유래는 중국 동진(東晉)시기 한 장군이 전장(戰場)의 병사들을 위로

4) 서정범, 『우리말의 뿌리』, 고려원, 1989, 226면.

하기 위해 만두를 보내면서 "점점심의(點點心意)"(사의를 간단히 표시한다는 뜻임)라고 한 말이 퍼지면서 "점심(點心)"으로 굳어졌습니다. 우리말에서 "점심"에 대해 "나라 세속에 오반(午飯)을 점심(點心)이라 한다"<星湖 券5>는 기록이 나옵니다.

- ○ 午日 稔宰 <鷄林類事>5)
- ○ 돈을 가도와 잠깐 다른 쓰히 가 뎜심ᄒ게ᄒ라(奉錢略設點心於他處) <呂約38>
- ○ 點心 도슭 부시이고 곰방디룰 톡톡 써러 <古時調 논밧 가라 靑丘> (접시 도시락 씻어 이고 곰방대를 톡톡 털어)

## ▮ 저녁

"저녁"을 중세에 "나조, 나죄"라 했습니다. 한자 "석(夕)" 자는 "달이 반쪽 보인다"는 뜻으로 황혼을 가리킵니다. 중세에 "나죄"란 "날이 진 것"을 말합니다. "저녁"이란 말은 결국 "(날이) 지다"와 "-녁"이 결합되어 "지녁 > 저녁"으로 변화되었다고 봅니다. 지금 강원, 경남, 충북, 함경 등 사투리에서 "지녁"이라 합니다.

- ○ 아츰 져녁의 샹식흠을 <1617 동신속 열6:1> (아침 저녁의 常食함을)
- ○ 家間애 뎌녁 희예 居喪홀 제 <1632 가언 9:32> (家間에 저녁 해에 居喪할 제)
- ○ 下晩 져녁 <1778 방유 신부:8>

## ▮ 요일

"요일"은 주(週)를 셀 때 붙는 단위인데 일본 한자어 "요일(曜日)"에서 왔지요. "월요일, 화요일, 수요일, 목요일, 금요일, 토요일, 일요일"도 마찬가지입니다.

---

5) 안병호, 『계림류사와 고려시기 조선어』, 흑룡강 조선민족출판사, 1985, 112면에서 다음과 같이 해석했다. 稔宰 > 넘직 > 녀직 > ᄂ직 > 낮

## ▌겨를

"겨를"은 어떤 일을 하다가 생각 따위를 다른 데로 돌릴 수 있는 시간적인 여유입니다. "틈"이라고도 합니다. 중세에 "겨롤"이라 했으니 "겨를ㅎ다(한가하다)"에서 기원된 말입니다. 이로부터 "잠결, 꿈결, 어느결" 등 말들도 있게 되었습니다.

○ 이제 어느 겨르레 ㅎ며 <諺簡集10> (이제 어느 겨를에 하며)
○ 고온 노는 나비는 겨르ᄅ윈 帳ᄋ로 디나가고(娟娟戱蝶過閑帳) <杜解 11:11>
○ 閑暇는 겨르리라 <1459 월석 1:月釋序17>

## ▌설, 살

"설"은 "살"[歲]과 어원을 같이한다고 봅니다. 한자 "세(歲)"는 본래 "삼백육십일 한 해"란 뜻입니다. 중세에 "살" 역시 "설"이라 표기했습니다. 다시 말해 새해 첫날에 한 살 더 먹게 되니 같이 "설"이라 부른 것입니다. "실", "살"은 "살다"와 동원어휘입니다.

○ 道士둘히 서레 님금 뵈ᅀᆞᄫᅩ라 모다 왯다가 <1459 월석 2:68-69> (도사들이 설에 임금 뵈려고 모아 왔다가)
○ 年節 설 年終 歲末 <1690 역해 상:4>
○ 세설 먹은 손ᄌᆞ롤 머기더니 <三綱 郭巨> (세살 먹은 손자를 먹이더니)

## ▌섣달

"섣달"은 "설이 드는 달"이란 말입니다. 옛날에 음력 12월에 "설"을 쇤 때도 있었답니다. "설"과 "선"은 발음이 서로 비슷합니다.

○ 섯ᄃ래 자본 도틱 기르메 ᄆᆞ라 브티라 <1489 구간 6:81> (섣달에 잡은 돼지기름에 말아 부치라)
○ 섯쫄 초여ᄃ랜날 산토의 피를 내여 <1608 언두 상:5> (섣달 초여드레날 산토끼 피를 내여)

# 4. 민속, 종교

## ▌단오

"단오"란 "단(端)" 자는 시작을 말하며 "단오(端五)"는 "초닷새"란 뜻입니다. 옛날 역법에 5월은 마침 "오(午)"에 속하기에 "단오(端五)"가 "단오(端午)"로 바뀌었습니다. "단오" 유래에 대해 여러 가지 기원설이 있지만 제일 역사적으로 영향력이 있는 것을 볼 때 기원 278년 음력 5월 5일, 중국에서 초나라 애국시인 굴원(屈原)이 초나라가 진나라에 의해 망하니 <회사(懷沙)>란 절필시를 쓴 후 먹라강(汨羅江)에 돌을 안고 자결한 날입니다. 이 날을 기념하는 여러 가지 행사가 있습니다. "단오"가 한반도에 전해진 것은 『三國遺事』에 "俗以端午爲車衣"라는 역사 기록을 봐서 오래전의 일입니다. 우리 민족은 "단오"를 한해 명절로 간주하고 이날에 단오떡을 해 먹고 여자는 창포물에 머리를 감고 그네를 뛰며 남자는 씨름을 했다고 합니다. 그러므로 단오(端午)란 말은 중국에서 전해 온 한자어이고 "수릿날"이 고유어라 할 수 있습니다. "수릿날"은 "쑥으로 수레 모양의 떡을 해서 먹기 때문에 생겨난 이름"이라는 설이 있습니다.

○ 五月五日애 아으 수릿날 먹는 아춤 藥은 즈믄 힐 長存ᄒ샬 藥이라 받줍노이다 <樂軌 動動> (오월오일에 아으 단오날 먹는 아침 약은 천년을 장존하

실 약이라 드립니다)

## ▌ 추석

"추석"은 우리말로 "한가위"라고 합니다. 추석(秋夕)을 쇠는 풍속은 『三國史記』에 "嘉俳"라 부르던 신라 유리왕 때에 궁중에서 하던 놀이부터입니다. "한가위"란 말은 신라 유리왕 때의 궁중놀이 가배(嘉俳)에서 유래하였다고 하며, 이날이면 햅쌀로 송편을 빚고 햇과일 따위의 음식을 장만하여 차례를 지냈다고 합니다. 그리고 음력 7월 16일부터 8월 14일까지 나라 안의 여자들을 모아 두 편으로 갈라, 왕녀 둘이 각각 한편씩 거느리고 밤낮으로 길쌈을 하여 그 많고 적음을 견주어, 진편에서 추석에 음식을 내고 춤과 노래 및 여러 가지 놀이를 하였다고 전합니다. 지금도 민간에서 추석을 여러 가지 형식으로 쇠는 풍속이 있습니다. "한가위"란 "한-"은 "한밤중, 한낮" 등에서 보다시피 "한창"이란 말에 "가위"란 옛날말로 "가운데"라는 뜻이 결합된 것입니다. 즉 "일 년 중에 가장 가운데 날"이란 말이지요. 옛날에 제왕들이 "봄에는 해를 제 지내고 가을에는 달을 제 지낸다"는 예의가 있어서 음력으로 매개 계절중의 매달 15일을 기준으로 맹(孟), 중(仲), 계(季)로 나눠 불렀고 8월 15일이 가을의 중간이니 자연 중추(仲秋, 中秋)라고 하였다는 "중추" 유래설도 있습니다. 또한 <주례(周禮)>에 "중추야영한(中秋夜迎寒)"이라는 말이 나오는데 추석날 밤, 북치고 악기를 연주하며 노래 부르면서 한기(寒氣)를 맞이한다는 내용도 있습니다. 이런 은(殷)의 연중(年中) 제사를 일러서 "가평(嘉平)"이라고 했는데 지금 일부 학자는 이것으로 추석의 유래를 설명하려 합니다. 즉 은나라 사람들이 말하는 큰 제사인 가평(嘉平)이 우리말 이두표기로 가배(嘉俳)가 됐다는 것입니다. 그리하여 "가배(嘉俳) → 가뷔 → 가위"로 변화된 것으로 봅니다. 이렇게 해석하면 "한가위"란 "큰제사"를 이르는 말로 풀이됩니다. "추석(秋夕)"이란 말은 기재에 의하면 중국 당나라 시인 두목(杜牧, 803-852년)의 지은 시편 <추석(秋夕)>에서 기원됐습니다.

○ 八月ㅅ 보르면 아으 嘉俳 나리마른 <樂軌 動動> (팔월 보름은 아으 한가위날이건만)

## ■ 까치설날

"까치설날"은 "어린아이의 말로, 설날의 전날 곧 섣달 그믐날을 이르는 말"이라고 합니다. 이 말의 유래는 "작은 설날"을 뜻하는 "아촌설"에서 왔습니다. "아촌"은 "아침"과 마찬가지로 "아직 완정하지 못한 시각"을 이르는데 후에 "앛"이란 단어가 소멸되면서 이와 비슷한 소리를 가진 다른 말인 "까치"를 붙여 현재의 "까치설"이 되었습니다.

○ 아촌 설날 ㅅ경의(歲暮夕四更中) <瘟疫方 4>
○ 아촌 설 暮歲 <譯語 上 4>

## ■ 강강술래

"강강술래"는 임진왜란 때 나온 말로서 남해 바닷가의 여인들은 산위에 올라가 보초를 서면서 왜적이 나타나면 "강강수월래(强羌水越來)", 즉 "강한 적이 물을 건너온다"라고 높이 외쳤다고 합니다. 지금은 "강강술래"로 불리어 "정월 대보름날이나 팔월 한가위에 남부 지방에서 행하는 민속놀이"로 되었습니다.

## ■ 숨바꼭질

"숨바꼭질"은 누구나 어렸을 적에 한 번쯤은 놀아본 유희입니다. 중세에 "숨막질"이라 했어요. "숨바꼭질"은 "숨[藏]+바꾸[換]+질(접미사)"의 결합이며 "숨막질"은 "숨[藏]+막질(접미사)"의 결합입니다. 다른 말로 "술래잡기"라고도 하는데 한자 어휘 "순라(巡邏)"가 변화된 말입니다.

○ 너름내 숨막질 ᄒᆞᄂᆞ니(夏里藏藏昧昧) <初朴通事 上 18>

## ▌설빔

"설빔"이란 설을 맞이하여 새로 장만하여 입거나 신는 옷, 신발 따위를 이르는 말입니다. "설빔"을 사투리로 "설비슴, 설비음, 설치레"라고도 합니다. 기실 "설빔"의 "빔"은 "비슴, 비음"이 줄어든 말입니다. 중세에 "빙다(빛내다, 꾸미다)"라 했어요. 즉 "설빔"은 "설을 맞이하여 빛나게 꾸미다"란 뜻입니다.

○ 비슬 반 扮 <訓蒙 下 20>

## ▌바라지

"바라지"란 "죽은 사람을 위하여 시식(施食)할 때 거들어 주는 사람"을 말합니다. 지금 뜻이 변하여 "음식이나 옷을 대어 주거나 온갖 일을 돌보아 주는 일"을 뜻하며 "뒷바라지하다"라고도 합니다. 함경도방언에서 "시발하다"라고도 합니다. "바라지"의 어원은 "바라(곁따라)"와 접미사 "-지"의 결합으로 "곁따라 거들어주는 사람"이란 뜻입니다.

○ 어미를 바라셔 ᄌᆞ오ᄂᆞ다(傍母眠) <杜解 10:8>

## ▌고수레

"고수레"란 "굿하기 전이나 산이나 들에서 음식을 먹을 때 음식을 조금 떼어 던지는 일"을 말합니다. 전설에 의하면 단군 시절에 고시(高矢)라는 사람이 백성들에게 농사짓는 법을 가르쳐주고는 그 대가로 음식을 받아먹었다합니다. 이로부터 백성들은 농사를 짓거나 제사 지내거나 야외에서 밥 먹을 때 고시(高矢)에게 대접하군 했습니다. 어음도 "고시례(高矢禮)"로부터 "고수레"로 변했습니다.[1]

## ▌넋

"넋"이란 "사람의 몸에 있으면서 몸을 거느리고 정신을 다스리는 비물질적인 것"이라 했습니다. 한자 "혼(魂)"도 "육체를 떠나 도는 정신"이라 합니다. 우리말 "넋"과 같지요. "넋"을 중세에 "넉"이라 했습니다. 이 말의 어원은 중세의 "너기다(여기다, 생각하다)"와 같다고 봅니다. "여기다"란 무엇을 "인정하거나 생각하는 것"을 말하지요. 그러자면 반드시 사유해야 하며 이 "넋"이 있어야 이루어집니다. 그래서 옛날 사람들은 사람이 죽으면 "넋"이 도처에 떠돌아다닌다고 여기고 반드시 불러들여 안위시켜야 한다고 생각했습니다.[2]

○ 넉 혼 魂 <訓蒙 中 35>

## ▌넋두리

"넋두리"란 "굿을 할 때에, 무당이나 가족의 한 사람이 죽은 사람의 넋을 대신하여 하는 말"이었는데 지금 "불만을 길게 늘어놓으며 하소연하는 말"로도 쓰입니다. "두리"란 "두르다"에서 온 말로 봅니다. 즉 "넋두리"란 "넋이 둘러있다"란 뜻입니다.

1) 안옥규, 『어원사전』, 동북조선민족교육출판사, 1989.
2) 김인호, 『조선어어원편람』(하), 박이정, 2001, 2면. 《넉(너기)/너기다》도 같은 형태의 단어였는데 《넉》은 《넋》으로 되고 동사 《너기다》는 《너기다→여기다》로 되 그 연관 관계가 멀어지게 되었다.

## ▌무당

"무당"은 "귀신을 섬겨 길흉을 점치고 굿을 하는 것을 업으로 하는 사람"으로 지금 주로 여자들이 많습니다. "무(巫)·무자(巫子)·사무(師巫)"라고도 합니다. "무(巫)" 자는 갑골문에서 굿할 때의 도구로 나타나고 또 여자가 춤을 추는 형상이라고 했습니다. "무당"은 한자어 "巫堂"에서 온 것입니다. 선령(善靈)·악령(惡靈)과 직접 통하며 그들을 다룰 수 있는 신비한 능력을 지녔다고 하는 원시적 샤머니즘의 한 형태로서, 인간과 신의 사이를 연결해 주는 일을 직업적으로 맡습니다. 인간의 모든 화복(禍福)은 신의 뜻에 따라 좌우되므로, 재화를 방지하기 위해서는 무당들을 통하여 신과 접촉하여 재난을 미리 탐지하고 방지합니다. 무당의 시조(始祖)에 대해서는 여러 설이 있는데, 일반적으로 지리산(智異山)의 성모천왕(聖母天王)이라는 성모전설, 고대 중국의 제녀(帝女)나 왕녀였다는 왕녀전설, 옛날 어느 귀족의 여성이라는 귀녀전설, 무녀가 왕명을 받들어 무사(巫事)를 시작했다는 왕무전설 등입니다. 한국에서 무당에 관한 가장 오래된 기록은 『삼국유사』에서 "김대문이 말한 차차웅이나 자충이라 함은 우리말로 무당을 말하며 사람들은 무당을 통하여 귀신을 섬기고 제사를 올린다(次次雄 或云慈充 金大門云 方言謂也 世人以巫事鬼神尙祭祀)"라는 대목이며, 이로 보아 신라 초기부터 무당이 있었음을 알 수 있습니다.

> ○ 무당과 화랑이와 즁과 스이 ㅎ논 할미 ㄱ티니룰 더욱 소히 ㅎ야 <1518 번소 7:27> (무당과 화랑 즁과 사이하는 할미 같은 자들을 더욱 멀리하여)
> ○ 巫 무당 무 <1576 신합 상:17>
> ○ 쏘 밧사람과 즁 거스와 무당을 일절히 문뎡의 드리디 말고 <17세기 두경 15> (또 밖의 사람과 즁 거사와 무당을 일절 門庭에 들이지 말고)

## ▌대신

"대신"이란 <성주풀이>에 항상 나오는데 이른바 "무서운 귀신으로서

천동대신이나 지동대신 따위"를 일컫던 것이 "무당"도 높여 이르는 말로
되었습니다. 한자어 "대신(大神)"입니다.

## ▌ 굿거리

"굿거리"란 "무속의 종교 제의. 무당이 음식을 차려 놓고 노래를 하고
춤을 추며 귀신에게 인간의 길흉화복을 조절 할 때 무당이 치는 9박자의
장단"입니다. 지금은 풍물놀이에 쓰이는 느린 4박자의 장단을 일컫습니다.

## ▌ 야단법석

"야단법석"이란 본래 "불교의 야외에서 크게 베푸는 대사(大師)의 설법(說
法)자리"를 말하며 한자어 "야단법석(野壇法席)"에서 왔습니다. 지금은 "많은
사람이 모여들어 떠들썩하고 부산스럽게 구는 것"을 말합니다. 심지어 "숙
제를 못해서 어머니한테 야단맞았어요"라고 쓰기도 하지요.

## ▌ 아수라장

"아수라장"은 끔찍하게 흐트러진 현장을 말합니다. 아수라(阿修羅)는 산
스크리트 [asur]의 음역(音譯)입니다. "아소라, 아소락, 아수륜" 등으로 표기
하며 약칭은 "수라(修羅)"라고 하는데, "추악하다"라는 뜻입니다. 아수라는
본래 육도 팔부중(八部衆)의 하나로서 고대 인도신화에 나오는 선신(善神)이
었는데 후에 하늘과 싸우면서 악신(惡神)이 되었다고 합니다. 그는 증오심
이 가득하여 싸우기를 좋아하므로 전신(戰神)이라고도 합니다. 아수라는 얼
굴이 셋이고 팔이 여섯인 흉측하고 거대한 모습을 하고 있습니다. 인도의
서사시 <마하바라타>에는 비슈누신의 원반에 맞아 피를 흘린 아수라들
이 다시 공격을 당하여 시체가 산처럼 겹겹이 쌓여 있는 모습을 그리고 있
습니다. 피비린내 나는 전쟁터를 아수라장이라 부르는 것도 여기에서 유

래되었습니다.

## ▌부처

"부처"란 불교에서 "불도를 깨달은 성인, 즉 '석가모니'의 다른 이름"입니다. 불교에서 "불타(佛陀)"는 산스크리트어의 [Buddha]에서 기원된 말로서 중세에 "부텨"라 했습니다. "부처"는 한자어 "佛體"의 차용어입니다. 즉 "부톄 > 부텨 > 부처"로 되었어요.

○ 佛曰孛 <鷄林類事>
○ 佛은 부톄시니라 <釋譜 序 5>
○ 부텨 佛 <訓蒙 中 2>

## ▌석가모니

"석가모니(釋迦牟尼)"는 불교를 창시한 사람의 이름입니다. 석가는 샤카 [Sākya]라는 민족의 명칭을 한자로 발음한 것이고 모니[muni]는 성인이라는 의미를 가지고 있습니다. 즉 석가모니라 함은 본래는 '석가족(族) 또는 샤키아 족 출신의 성자'라는 뜻입니다.

## ▌보살

"보살"이란 산스크리트어 보디사트바[Bodhisattva]의 음사(音寫)인 보리살타(菩提薩埵)의 준말입니다. 그 뜻은 일반적으로 "깨달음을 구해서 수도하는 중생", "구도자(求道者)", "지혜를 가진 자" 등으로 풀이됩니다. 사람들에게 널리 알려진 보살은 관음보살, 보현보살, 문수보살, 지장보살, 미륵보살 등입니다. 신라왕자 김교각(金喬覺, 696-794년)이 당나라 때 중국 안휘성(安徽省) 구화산(九華山)에 와서 불도를 닦으면서 나중에 지장보살(地藏菩薩)로 되었습니다. 구화산(九華山)은 중국 4대 불교 명산의 하나입니다.

## ▌장승

"장승"은 돌이나 나무에 사람의 얼굴을 새겨서 마을 또는 절 어귀나 길가에 세운 푯말입니다. 10리나 5리 간격으로 이수(里數)를 나타내 이정표 구실을 하거나, 마을의 수호신 역할을 합니다. 대개 남녀로 쌍을 이루어 한 기둥에는 "천하대장군(天下大將軍)", 또 한 기둥에는 "지하여장군(地下女將軍)"이라고 새깁니다. 한자어 "장생(長栍)"으로부터 온 말입니다.

## ▌노래

"노래"는 중세에 "놀애"로 나타납니다. "놀다"란 뜻인 "놀"과 접미사 "-애"의 결합으로 된 말입니다. 옛날에 "노는 것" 일반을 모두 "놀애"라 했습니다. 지금도 "일하기 싫어하는 것"을 "노랑지다"라 하며 함경방언에서 "노라리를 치다(일하지 않고 놀다)"란 말이 있습니다.

- ○ 놀애를 부르리 하되 <龍歌 13章> (노래를 부를 이 많되)
- ○ 수울 반만 취하야 가지고 음심 내여 놀애 브르는 사르믜 지븨 가 <1510년대 번노 하:53> (술 반만큼 취하여 가지고 음심 나서 노래 부르는 사람의 집에 가)
- ○ 놀애 곡 曲 놀애 가 歌 <訓蒙 下 15>

## ▌그네

"그네"를 중세에 "글위"라 했어요. "그네"를 "추천(鞦韆)"이라고도 하는데 옛날 아이들이 놀도록 대문에다 추천(鞦韆)을 매주었습니다. 이것이 후에 "그네"로 되었습니다. 지방에 따라 "굴리, 굴기, 궁구, 군디" 등 다양한 사투리가 있는데 그 뜻인즉 두 발에 힘을 주어 들었다 놓았다 하는 "구르다"란 말입니다. 그런즉 "굴위 > 글위 > 글의 > 그네"로 변화되었습니다.[3]

---

3) 김인호, 『조선어어원편람』(하), 박이정, 2001, 149면: 그네는《건너+이》로 이루어진《건네》

○ 열 히롤 蹴踘호매 삿기 더브러 머리 왓노니 萬里옛 글위 쁘긴 習俗이 혼 가지로다 <1481 두시-초 11:15> (열 해를 蹴踘함에 새끼 더불어 멀리 왔 나니 만리에의 그네 뛰는 습속이 한가지로다)

○ 鞦 글위 츄 韆 글위 쳔 <1527 훈몽 중:10>

○ 鞦韆 그릐 <1690 역해 하:24>

## ▌소꿉놀이

"소꿉놀이"란 "아이들이 자질구레한 그릇 따위의 장난감을 가지고 살림 살이하는 흉내를 내는 짓"을 말하지요. "소꿉질"이라고도 합니다. 어원에 대해 문헌적 자료는 없지만 자체로 만든 한자 어휘 "소구(小具)"일 가능성 이 많다고 추정합니다. 옛날에 아이들의 장난감이란 지금처럼 풍부하지 못했을 것이니 그저 자그마한 도구로 흉내 내며 놀았겠지요. 이를테면 베 개를 애기라 한다든지, 빗자루를 말이라 한다든지 상상으로 모방했지요. 그러니 "소구놀이 > 소꿉놀이"로 될 수도 있습니다. 함경도방언에서 "바 꿈질"이라 하는데 이는 "배역을 바꾸는 놀이"란 뜻입니다.

## ▌씨름

"씨름"을 중세에 "실흠"이라 했어요. 지금의 "입씨름"을 중세에 "입힐흠" 이라 했어요. "힐흠"이란 "힐난하다, 말썽부리다"란 뜻입니다. 그러니 "씨 름"이 본래 뜻은 서로 "말싸움"을 하는 정도였다고 봅니다. 물론 후에는 진 짜 상대방을 넘어뜨려야 승리를 얻게 되었습니다. "힐흠 > 실흠 > 씨름"으 로 되었습니다.

○ 世間과 힐후디 아니 홀씨라 <月釋 7:6> (세간과 싸우지 아니 할것이라)

○ 므슴 아라 입힐훔 호리오(要什么合口) <朴解 上 22>

○ 실흠ᄒ다(對撩跤) <漢淸文鑑 4:47>

---

란 말에서 왔다고 추정했다.

## ▎아리랑

　"아리랑"은 19세기부터 전해오는 우리 민족의 대표적 민요입니다. 지방에 따라 다양한 변형들이 많은 데 "서도아리랑, 강원도아리랑, 단천아리랑, 밀양아리랑, 진도아리랑, 긴아리랑" 등입니다. 아리랑의 어원도 여러 가지 해석이 있는데 모두 한자로 "我離郎", "我理郎" 또는 "啊 李郎" 등이 있습니다. 따라서 아리랑 전설도 다양한바 그 중 강원도 정선 아리랑에서 처녀 총각의 애절한 사랑 이야기의 노래가 많이 전해집니다. 일찍 <시경(詩經)>의 <정풍(鄭風) · 장중자(將仲子)>에 "將仲子兮, 無逾我里(둘째 오빠 아리를 넘지 마소)"가 나옵니다. "아리(我里)"란 "우리 마을, 내 동네"로 해석하기도 합니다.[4] 이러면 해석은 원만하게 되는데 "아리(我里)"란 말이 중세에 보이지 않고 또 시경어휘가 19세기 민간에서 갑자기 튀어나왔다고 보기 어렵습니다. "아리"를 형태를 나누면 "알 이(知人: 아는 이, 아는 사람)"으로 분석됩니다. 그러므로 "아리랑"이란 한자어로 보면 "我里郎", 즉 "우리 마을 총각, 우리 마을 젊은이"가 되고 고유어와 한자어 결합으로 보면 "알이郎"으로 "아는 총각, 아는 젊은이"란 뜻으로 해석할 수 있습니다. "아라리"는 중세에 쓰인 "아로리(知人, 지식인)"의 변형으로 봅니다. 모아 말하면 "아리랑"은 한자어로든지 고유어로든지 간에 "(내가) 잘 아는 남자 혹은 사랑하는 남자"로 해석되며 이러면 "아리랑"의 애정가사내용과 일치해집니다. 그렇지만 전통 민요라는 점을 고려하면 "알이郎" 해석이 더 적절하다고 생각합니다.

　　○ 어버싀며 아ᅀᆞ미며 버디며 아로리며 두루 에ᄒᆞ야셔 울어든 <석상 9:29>
　　　(어버이며 친척이며 친구이며 지인이며 두루 에워싸서 울거든)
　　○ 善知識ᄋᆞ 이든 아로리라. <월석 8:58> (선지식은 좋은 지식인이다.)

---

4) 김성우, "아리랑어원에 대한 새로운 견해", 「문화시대」, 2020년 6호.

## ▌타령

"타령"이란 어떤 사물에 대한 생각을 말이나 소리로 나타내 자꾸 되풀이하는 일을 말합니다. 한자를 빌려 "타령(打令)"으로 적기도 합니다. "장(場)타령"은 동냥하는 사람이 장이나 길거리로 돌아다니면서 구걸을 할 때 부르는 노래입니다. 지금은 구전 민요의 하나로 되었습니다. "타령"이란 말은 머리에 쓰는 "탈"과 소리를 한다는 "읊을 영(咏)"이 결합한 "탈영(咏)"에서 왔다고 추측합니다. 즉 "탈영 > 타령"으로 되었다고 봅니다.

## ▌각설이

"각설이"란 "예전에, 장이나 길거리로 돌아다니면서 장타령을 부르던 동냥아치"를 낮잡아 부르던 말입니다. "각설이"란 이름은 한자어 "각설(却說)"에서 왔습니다. 중국에서 옛날 <삼국지> 같은 이야기를 할 때 말 중간에 끼어 앞에서 말한 내용을 다시 끄집을 때 "각설(却說)" 했습니다. 이런 표현 수법이 우리말에 전해져 장타령을 할 때 말 중간에 끼어 넣는 말로서 "각설" 했답니다. 후에 아예 이런 타령을 부르는 사람들의 이름으로 돼 버렸습니다.

## ▌두레

"두레"는 "농민들이 농번기에 농사일을 공동으로 하기 위하여 부락이나 마을 단위로 만든 조직"으로서 중세에 "들에다(들레다, 떠들썩하다)"란 말에서 유래했다고 봅니다. 즉 "들에 > 드레 > 두레"로 되었다고 생각합니다. 두레놀이는 백중날 농사가 가장 잘된 집의 머슴을 두레장원이라 하여 소 등에 태우고 풍물놀이를 하며 마을을 돌고 주인집에 가서 술을 마시고 음식을 먹으며 즐기는 놀이라고 합니다.

○ 邪훈 무른 들에며(邪徒喧擾) <永嘉 下 109>

○ 들에논 뎌란 호마 사른미 무를 벙으리왇도다(暄已去人群) <杜解 7:31>

## ▌노다지

　"노다지"란 "캐내려 하는 광물이 많이 묻혀 있는 광맥"이거나 "손쉽게 많은 이익을 얻을 수 있는 일감을 비유적으로 이르는 말"입니다. "노다지"는 옛 문헌에서 발견되지 않고 문세영 『조선어사전』(1938)에서 처음으로 확인된다고 합니다. 이 말의 유래에 대해 일반적으로 20세기 초 황금 개발에 나선 서양인들은 금광을 발견하면 "다치지 말라"란 뜻으로 [no touch](노 터치)란 영어가 민간에 와전되어 생긴 말이라 합니다. 광맥(鑛脈), 암석이나 지층, 석탄층 따위가 지표(地表)에 드러난 부분으로 광석을 찾는 데에 중요한 실마리가 되는 것을 "노두(露頭)"라 합니다. "노다지"는 자체 한자 어휘 "노두지(露頭地)"에서 온 말입니다. 그리하여 "노두지 > 노다지"로 변화된 것입니다.[5]

## ▌청사

　"청사에 기록하다"란 옛날 종이가 없을 때 푸른 대쪽에 기록한다는 뜻에서 역사기록을 "청사(靑史)"라고 하였으며 뒤에 내려오면서 종이에 기록하는 역사도 "청사"라고 합니다. 당나라 시인 두보(杜甫)의 시 <贈鄭十八賁>에서 "古人日以遠 靑史字不泯"(옛사람은 이미 멀리 떠났으니 청사에 기리 남으리)에서 "청사(靑史)"가 처음 나타납니다.

## ▌배달민족

　"배달민족"의 배달의 연원은 단군(檀君)의 단을 박달 혹은 배달로 부르는

---

[5] <네이버 지식백과> 노다지-'노다지'는 '노 터치'에서 나왔나(정말 궁금한 우리말 100가지, 2009.9.25, 조항범).

데 기원하고 있습니다. 우리 민족을 지칭하는 "배달"과 관련하여 주목되는 책『규원사화(揆園史話)』(北崖老人, 1675년)에서 다음과 같이 서술했습니다. "'단군'이라 함은 '박달나라의 임금[檀國之君]'을 말하는 것이다. 우리말에 '단(檀)'을 '박달(朴達)' 혹은 '백달(白達)'이라고 하며, '군(君)'을 '임금'이라고 한다. 당시에는 한자가 없었던 까닭에 단지 '백달임검(白達王儉)'이라고 하였던 것을, 뒤에 역사를 서술하던 자가 번역하여 '단군(檀君)'이라 하였고, 다시 후세에 전해지며 단지 '단군(檀君)'이라는 글자만 기록하게 되었기에 '단군(檀君)'이 '백달임금'의 번역인 줄을 알지 못하게 되었으니, 이는 한자의 공과 죄가 반반이다." 1915년 어윤적(魚允迪)이 자신의 저술인『동사연표(東史年表)』에 "<산보(山譜)>에 말하기를 백두산은 일명 태백산이다.『계림유사(鷄林類事)』에 단(檀)은 '배달(倍達)'이요 국(國)은 '나라(那羅)'이며 군(君)은 '임검(王儉)'이라 한다. 이것을 살피건대 단군은 곧 '단국군(檀國君)'으로, 속칭 '배달나라임금'이다"라고 했습니다. 어윤적이 인용한『계림유사』는 중국 북송 때 책으로 김교헌도 인용한 바가 있지만 중국 명나라 때 책인『설부(說郛)』에 인용되어 전하는『계림유사』에 위와 같은 내용이 언급되어 있지 않아 확실한 근거를 찾기는 힘들다합니다. 하지만 어윤적이 인용한 위 구절은 후대 배달의 뜻을 추적하는데 많은 영향을 끼쳤습니다. 배달[倍達] 배달이라는 용어가 정확하게 등장하는 시기는 근대 대종교의 성립과 관련된다합니다. 특히 일제강점기 우리 민족 정체성의 핵심어이자 독립투쟁을 위한 정신적 가치의 중심으로, 조국광복의 염원과 그 당위성을 한층 고무시켜준 단어가 배달이었습니다.[6]

안옥규는 "옛날책들에 고조선을 '발조선'이라고 한 것은 고조선족을 발달족이라고 하였다는 것을 보여준다. … '발조선'의 '발'은 고조선족이 자기 종족을 표시하여 부르던 박달에서 온 이름이다. '배달'은 밝은 산 곧 큰

---

6) <네이버 지식백과> 배달[倍達](한국민족문화대백과, 한국학중앙연구원)에서 인용.

산을 뜻하는 '박달'의 말소리가 변한 것이다"[7]라고 해석했습니다. 역사적으로 고찰할 때 그래도 "배달"이 단(檀)을 "박달(朴達)" 혹은 "백달(白達)"에서 왔다는 설이 더 설복력이 있습니다. 그러면 "배달"과 "박달"은 동언어휘가 될 수 있습니다.

## ▌누리

"누리"란 세상을 예스럽게 부르는 말입니다. 중세이전의 비교적 오래전부터 쓰인 것으로 봅니다. 김영황은 삼국시기의 지명 표기에 나오는 "世谷"을 "누리실"이라고 해석하면서 고구려 제2대왕 류리왕의 이름을 "儒留, 瑠璃, 儒禮"라고 부동하게 표기했는데 모두 "누리"란 말이며 뜻인즉 "세상", "계승자"란 뜻도 있다고 했습니다.[8] 그리고 "동북방언에서 아들을 낳으면 '뉘 보았다'라고 하는데 '뉘'는 '누리'의 변화형이다"고 했습니다. 확실히 함경도방언에서 "한뉘 고생(한평생 고생)"이라고도 합니다. 이럴 때 "뉘"는 "일생"을 뜻하기도 합니다.

○ 누리 세 世 <訓蒙 中 1>
○ 누릿가온더 나곤 몸하 호올로 녈셔 <樂範. 動動> (세상가운데 나서 몸이여 홀로 살아갈 것이로구나)

## ▌윷

"윷"은 작고 둥근 통나무 두 개를 반씩 쪼개어 네 쪽으로 만든 것으로 도, 개, 걸, 윷, 모의 다섯 등급을 만들어 승부를 가릅니다. 우밀 민족의 전통놀이의 하나입니다. 중세에 "슻"이라 했는데 이 이름은 윷말의 찌 윷을 그대로 이름을 한 것입니다. 윷말의 "도, 개, 걸, 윷, 모"란 각각 "돼지, 개,

---

7) 안옥규, 『어원사전』, 동북조선민족교육출판사, 1989, 206면.
8) 김영황, 『조선어사』, 김일성종합대학출판사, 1997, 21~22면.

양, 소, 말"을 대표한다고 합니다. "도"는 "돋(돼지)", "개", "모"는 "말"과 어음이 같거나 비슷한 점이 있지만 "걸, 윷"은 "양, 소"와 어음차이가 있습니다. 그러나 따져보면 "걸"을 양이라 하는 것은 "불알 깐 양 갈(羯)"에서 차용한 것이고 "윷"은 방언에서 "소"를 "슛, 슝, 즁, 즁"이라한다는 데서 이해됩니다. 그러므로 윷말은 그 가축의 명칭과 더불어 그 체대(體大)와 보속(步速)을 이 놀음에까지 이용하였던 것입니다. 즉 체대의 차이를 보거나 속도를 보면 돼지보다는 개가, 개보다는 양이, 양보다는 소가, 소보다는 말이 더 크고 속도도 더 빠릅니다. 몇 가지 고문헌에 나타난 것으로 보아, 이 놀이는 이미 신라 때부터 있었다는 것을 추측할 수 있습니다. 또 이 윷놀이는, 현재는 단순한 오락의 하나에 불과하지만, 본래는 농민들이 산농(山農)편과 수향(水鄕)편으로 갈라서 이 놀이의 승부로써 그 해의 농사가 높은 땅에 잘 되겠는지 낮은 땅에 잘 되겠는지를 예측하던 점법(占法)의 하나였다고 합니다.

○ 捵 윷 뎌 捕 윷 포 攦 윷 놀 탄 <1527 훈몽 하:10>
○ 윷 捵捕 <1810 몽유 상:11>
○ 윷 柶 윷 놀다 棋柶 <1895 국한 230>

## ▌바둑

"바둑"은 이미 삼국시기 백제의 개로왕이 바둑을 즐기며 허송세월을 보냈다는 기록이 있습니다. 중세에 "바독"이라 했어요. "바둑"의 어원은 "돌을 벌려놓는다는 뜻"의 말인 "배돌"에서 기원하였습니다. 때문에 한때에 바둑을 "배자(排子)"(돌을 배열한다는 뜻)라고도 하였습니다. "배돌 > 바돌 > 바독 > 바둑"으로 되었습니다.[9]

○ 바독쟝긔 博奕 <飜小學 10:23>

---

9) 김인호, 『조선어어원편람』(하), 박이정, 2001, 163면.

○ 바독 긔 棊 <訓蒙 中 19>

# ■ 탈

"탈"이란 얼굴을 감추거나 달리 꾸미기 위하여 나무, 종이, 흙 따위로 만들어 얼굴에 쓰는 물건입니다. "가면(假面)·면구(面具)"라고도 합니다. 옛날 사람들은 무서운 질병이나 전쟁, 이른바 "귀신" 등에 대처할 때 자신의 두려움을 극복하고 적을 위협하기 위해 탈을 쓰기 시작했습니다. 기실 세계상의 모든 민족이 많건 적건 탈을 쓴 역사가 있습니다. 탈은 원시시대의 집단생활에서 여러 가지 종교의식에서 신령·악귀·요괴·동물 등 비인간적인 것으로 가장하여 주술(呪術)을 행할 필요에서 요구되었습니다. 그 하나는 외적이나 악령을 위협하기 위하여, 두 번째는 신의 존재를 표시하기 위하여, 세 번째는 죽은 사람을 숭배하고 죽은 사람과 비슷하게 만들기 위하여, 네 번째는 토테미즘(totemism)의 신앙에서 여러 가지 동물로 가장하기 위한 의태(擬態)에서 발생한 것 등입니다.[10] "탈"의 어원은 "털(毛)"이 어음 변화하여 "탈"이 되었다 봅니다. 그리고 동사 "투다(和)"와도 연관된다고 봅니다. 다시 말하면 가면(假面)과 인간이 하나로 어울려 합쳤다고 생각하여 "(약을 물에) 타다"의 뜻도 있다고 추측합니다.

○ 투다 : 和攪 <同文解 60>
○ 내 바랫 흔 터리를 몯 무으리니 <釋譜 6:27> (내 발의 한 털도 못 움직이리니)

# ■ 금줄

"금줄"은 부정한 것의 침범이나 접근을 막기 위하여 문이나 길 어귀에 건너질러 매거나 신성한 대상물에 매는 새끼줄입니다. 아이를 낳았을 때,

---

10) <네이버 지식백과> 탈(한국민족문화대백과, 한국학중앙연구원).

장 담글 때, 잡병을 쫓고자 할 때, 신성 영역을 나타내고자 할 때에 사용합니다. 이 말은 한자 "금(禁)+줄"의 합성어입니다.

## ▌소복단장

"소복단장"이란 아래위를 하얗게 차려입고 곱고 맵시 있게 꾸밈이거나 또는 그런 차림입니다. 한자어 "소복단장(素服丹粧)"에서 온 말입니다.

## ▌사모관대

"사모관대"란 사모와 관대를 아울러 이르는 말로서 본디 벼슬아치의 복장이었으나, 지금은 전통 혼례에서 착용합니다. 한자어 "사모관대(紗帽冠帶)"에서 온 말입니다.

## ▌절

"절"은 남에게 공경하는 뜻으로 몸을 굽혀 하는 인사하는 것입니다. 공경정도에 따라 큰절, 반절, 선 절이 있습니다. 중세에 "저, 절"로 나타납니다. 이 말의 어원은 "저타(두려워하다)"와 동원어휘라 봅니다. 의미적으로 보나 어음으로 보나 이들은 서로 밀접한 연관이 됩니다. 그리하여 "저흐다 > 저타 > 절하다"로 변화되었다고 봅니다.

> ○ 부텨를 맛즈바 저숩고 <月釋 1:13> (부처를 만나 절하고)
> ○ 쥬샤물 저슥오며(拜賜) <內訓 1:10> (주심을 두려워하고)
> ○ 獅子ㅣ 위두ᄒᆞ야 저호리 업슬씬 <月釋 2:38> (사자가 위두하여 무서울 것 없으므로)

## ▌되놈

"되놈"은 예전에, 만주 지방에 살던 여진족을 낮잡는 뜻으로 이르던 말이었으며 후에 중국 사람을 낮잡아 이르는 말로도 쓰입니다. 여진족은 함경도 뒤쪽에서 살았으므로 "되"의 어원은 "뒤"입니다. "뒤"쪽은 중국 뿐 아니라 우리말에서도 "북쪽"이나 "뒷간"을 가리키며 낮잡는 뜻이 있습니다. "되놈"은 "뒤"와 "놈"의 합성어로 된 것입니다. 즉 "뒤놈 > 되놈"으로 변화했습니다.

## ▌ 오랑캐

"오랑캐"란 예전에, 두만강 일대의 만주 지방에 살던 여진족을 멸시하여 이르던 말입니다. 또 "이민족(언어·풍습 따위가 다른 민족)"을 낮잡아 이르는 말로도 사용했습니다. "오랑캐"를 달리 "되·만적(蠻狄)·번민(蕃民)·외이(外夷)·이적(夷狄)·호적(胡狄)이라고도 했습니다. "오랑캐"란 명나라 초기에 몽골 동부지역을 통틀어 "올량합(兀良哈)"이라 칭하던 데로부터 생긴 이름입니다. "오랑캐"의 어원에 대해 여러 가지 설이 있지만[11] 기실은 만주어 [ulhiaku](무지한 사람[12])에서 유래됐다고 봅니다. 그리하여 "ulhiaku → 울햑쿠 > 우랑쿠 > 오랑캐"로 변화되어 왔습니다.

> ○ 혹 예놈이 와 침노ᄒᆞ거나 오랑캐롤 왜거나 <1579 경민-중 2> (혹시 왜놈이 와 침략하거나 오랑캐를 오게 하거나)
> ○ 지믈 의론ᄒᆞ기는 오랑캐의 道ㅣ라 <1588 소언 5:63> (재물 의논하는 것은 오랑캐의 도리이라)

## ▌ 짱깨

"짱깨"는 중국 사람이 운영하는 식당 또는 중국 음식점을 속되게 이르는 말입니다. "짱깨"는 "주인장"을 뜻하는 중국어 입말 [zhanggui](掌櫃)에

---

11) 강재철, "오랑캐(兀良哈) 語源說話 研究", 「비교민속학」, 22권, 2002.
12) 羽田亨 編, 『滿和辭典』, 今泉誠文社, 昭和47年7月, 448면.

서 온 말입니다. 즉 "zhanggui → 짱궤이 > 짱깨"로 되었습니다.

## ▌도깨비

"도깨비"는 동물이나 사람의 형상을 한 잡된 귀신의 형상을 말합니다. 중세에 "돗가비"라 했습니다. 귀신과는 다른 점이 있는데 도깨비는 인체가 죽은 후에 생기는 것이 아니고 사람들이 일상생활 용구로 쓰다가 버린 물체에서 생성된다고 합니다. 즉 사람의 피가 묻은 헌 비·짚신·부지깽이·오래된 가구(家具) 등이 밤이 되면 도깨비로 변하여 나타나는데 그 형체는 알 수 없으나 도깨비불이라는 원인 불명의 불을 켜고 나타난다는 것입니다. 또 이 귀신은 다른 귀신과는 달리 사람에게 악한 일만 하는 것이 아니라 장난기가 심하여 사람을 현혹시키고 희롱도 하는 한편 잘만 사귀면 그 신통력(神通力)으로 기적적인 도움을 주고 금은보화를 갖다 주기도 한다고 합니다. 우리 민족의 도깨비는 다른 민족의 귀신과 달리 귀여운 점이 있고 인정도 많습니다. 전형적인 것은 "도깨비 방망이" 같은 설화입니다. 그러므로 이 말은 "돗갑다(도탑다: 서로의 관계에 사랑이나 인정이 많고 깊다)"에서 기원된 것으로 봅니다. "돗갑+이(접미사)"의 결합입니다. 그리하여 "돗갑이 > 도까비 > 도깨비"로 되었습니다.

> ○ 돗가비 請ᄒ야 福을 비러 목숨 길오져 ᄒ다가 <釋譜 9:36> (도깨비 청하여 복을 빌어 목숨 길게 하고자 하다가)
>
> ○ 양지 돗갑고 ᄠᅳ디 멀오 ᄆᆞᆰ고 眞實ᄒ니(態濃意遠淑且眞) <杜解 11:17>

## ▌귀신

"귀신"은 "사람이 죽은 뒤에 남는다는 넋"이거나 "사람에게 화(禍)와 복(福)을 내려 준다는 신령(神靈)"을 말합니다. 다른 말로 "신(神)·신귀(神鬼)"라고도 합니다. 한자 "귀(鬼)"는 갑골문에서 사람 위에 괴상한 머리가 놓여 있는 형상입니다. 뜻인즉 죽은 후의 영혼이라 합니다. 우리말 "귀신"이란 말은 한자어 "귀신(鬼神)"에서 온 것입니다. 중세에는 "귓것"이라 했습니다. 이 말 역시 "귀(鬼)＋것(의존명사)"의 결합으로 된 말입니다.

○ 바믹 가다가 귓것과 모딘 즁싱이 므싀엽도소니 <1447 석상 6:19> (밤에 가다가 귀신과 모진 짐승이 무서우니)
○ 鬼 귓것 귀 魔 귓것 마 <1527 훈몽 중:2>
○ 魅 귓것 믹 <1576 신합 하:33>

## ▌ 허깨비

"허깨비"란 기(氣)가 허하여 착각이 일어나, 없는데 있는 것처럼, 또는 다른 것처럼 보이는 물체입니다. "바람개비, 성냥개비"의 접미사 "–개비" 와 같은 부류인 "–깨비", 즉 "허(虛)＋깨비(접미사)"의 결합으로 봅니다.

# 5. 신체

## ▮ 머리

　"머리"는 "두부(頭部)"를 가리키는 고유어로서 지금 동물의 셈을 나타내는 "마리"와 어원을 같이 하지요. "머리"는 중세에 "마리"로 나타냅니다. 한자 "두(頭)"는 몸에서 목 위에 부분을 말합니다. 중세에 "ᄆᆞᄅᆞ(마루)"란 지금과 같이 "등성이를 이루는 지붕이나 산 따위의 꼭대기"를 말하고 "마리"는 셈을 세는 "낱, 개"도 가리켰습니다. 후에 동물의 머릿수를 말하면서 하늘의 새, 땅위의 짐승, 물속의 고기 지어 개미나 굼벵이까지도 중국말처럼 일일이 가리지 않고 통틀어 "마리" 속에 포함시켰습니다. 이를테면 "새 한 마리, 돼지 한 마리, 개미 한 마리" 등입니다. 심지어 물건을 셀 때에도 "쌀 한 말" 등으로 말했습니다. 그런데 이 "마리"가 『鷄林類事』에서는 사람의 머리도 나타냈습니다. 이를테면 "頭曰麻帝"라고 하는데 "麻帝"라 하면서 당시 사람의 "두부(頭部)"를 말하니 "마리"가 됩니다. 후에 짐승과 구분시켜 "머리"라고 발음을 고쳤고 의미도 "머리카락"으로부터 두부(頭部) 전체를 가리키거나 "골"로 대신해 쓰기까지 합니다. 예를 들면 "골이 좋다, 머리 좋다"라 할 때 "총명하다"란 뜻입니다. 그리고 우리말에서 "머리를 자르다" 하면 "감두(砍頭)"와 "전발(剪髮)"의 뜻입니다. 아직도 "머리"는 "두부(頭部)"와 "두발(頭髮)"을 같이 말합니다.

- ○ 太子ㅣ 왼소ᄂ로 마리를 자ᄇ시고 <1447 석상 3:31> (태자가 왼손으로 머리를 잡으시고)
- ○ 王이 太子ㅅ 머리예 브ᅀ시고 보ᄇ옛 印 받ᄌᄫ시고 <1447 석상 3:6> (왕이 태자의 머리에 부으시고 보배의 인 받아)
- ○ 머리 ᄭᆞᆸ고 옷 바사 ᄃᆞ니ᄂ니라 <1459 월석 20:14> (머리 뽑고 옷 벗어 다니니라)
- ○ 동희로 머리 우희 므를 이ᄂ니 <1510년대 번노 상:36> (동이로 머리 우에 물을 이니)

## ▌머리카락

"머리카락"은 "머리"와 "–가락"이 결합된 것이며 "가락"이 "카락"으로 나타난 이유는 분명하지 않습니다. 가능하면 "머리"가 "ㅎ" 말음을 가지고 있었기에 "머리ㅎ+가락 > 머리카락"으로 되었다고 봅니다.

- ○ 옷과 마리를 路中에 펴아시ᄂᆞᆯ <月釋 1:4> (옷과 머리를 노중에 펴시거늘)

## ▌터럭

"터럭"은 사람이나 길짐승의 몸에 난 길고 굵은 털이지요 결국 "털"과 같은 말입니다. 즉 옛날에는 사람이나 짐승이나 피부에 난 모발(毛髮)을 일률로 "털"이라 했었지요 "털"은 "털다"에서 왔으며 "터럭"은 "털+억(접미사)"의 결합입니다.

- ○ 如來ㅅ 모매 터럭 구무마다 放光ᄒᆞ샤 <1447 석상 11:1> (여래의 몸의 털구멍마다 방광하시어)
- ○ ᄒᆞᆫ 블근 터러기 잇거든 <1466 구방 하:71> (한 붉은 털이 있거든)
- ○ 毛 터럭 모 <1576 신합 상:14>

## ▌대가리

"대가리"는 "동물의 머리"거나 "사람의 머리를 속되게 이르는 말"입니다. "대가리"는 중세에 "껍질"을 가리키면서 사람한테 쓰이고 존경히는 대상에도 씌었습니다. 그리고 중세에 "딕골(머릿통)"이란 말이 또 있었는데 어원은 "딕"[大]와 "골(모양)"의 결합입니다. "딕골"은 "딕골 > 대골 > 대갈 > 대가리"로 변화되었습니다. 중세에 "대가리(껍질)"와 "딕골(머릿통)"은 서로 다른 말이었으나 후에 어음이 비슷하여 지금의 "대가리" 하나로 되었습니다.

○ 法身이 얼굴 대가릿 中에 수므며(法身隱於形殼之中) <圓覺 上 一之二 136>
○ 封애 미혹ᄒ며 대가리예 거리ᄭᅵ리니(迷封濡穀) <金三 2:12>
○ 뎡바깃 딕고리 구드시며 <月釋 2:55> (정바기의 대가리 굳으시며)
○ 딕골이 알ᄑᆞ고 머리 어즐ᄒ고(腦痛頭眩) <老解 下 36>
○ 딕골 로 顱 <訓蒙 上 24>

## ▌골

"골"은 "골수", 즉 뇌를 말합니다. 한자 "뇌(腦)"도 골수를 말합니다. 중세에 "골치"라 했습니다. 지금도 "머리" 또는 "머릿골"을 속되게 이르는 말로 쓰면서 "골치 아프다"라고 하지요. "고름"이나 우리가 화날 때 "골이 나다" 하는 표현도 여기서 기원되었습니다.

○ 골치 슈 髓 骨中脂 <訓蒙 上 28>
○ 골치 노 腦 俗稱頭腦 <訓蒙 上 28>

## ▌꼴

"꼴"이란 "겉으로 보이는 사물의 모양"이나 "사람의 모양새나 행태를 낮잡아 이르는 말"로 쓰입니다. 15세기 문헌에서 정음글자 왼녘에 점으로 사성표기를 했습니다. "골수"의 "골"[腦]은 점이 하나인 거성이고 "골(꼴)"은 점이 없는 평성이었습니다. "골"은 "모양, 형체"를 가리켰는데 지금의

"꼴"로 되었습니다.

○ 세 受의 골이 덛더디 그러호더(三受之狀固然) <永嘉 下 73>
○ 起踊振吼聲도 다 잇골로 니러 세코미라 <月釋 2:14> (起踊振吼聲도 다 이 꼴로 일어 세움이라)

## ■ 얼굴

"얼굴"은 옛날 "얼골"이라 하여 "꼴, 형상"을 가리켰는데 "얼이 들어 있는 골", 즉 "영혼이 들어 있는 꼴"이라는 뜻에서 왔지요. 여기의 "골"은 점이 없는 평성으로서 지금은 용모를 나타내는 것으로 바뀌었습니다. 안옥규는 "얽다"[1])에서 기원한 것으로 보았습니다. "얼"은 지금과 마찬가지로 영혼을 가리켰습니다. 이를테면 "얼빠지다, 어리버벙, 어리둥절" 등 말에 남아 있습니다.

○ 얼굴 : 狀 <訓蒙 上:35>
○ 얼구를 밍ㄱ라 모든 呪術로 빌며 <釋譜 9:17> (모양을 만들어 모든 주술로 빌며)

## ■ 꼭뒤

"꼭뒤"를 중세에 "곡뒤"라 했어요. "곡지(꼭지)"와 "곡-"의 어원이 같다고 봅니다. 즉 "어느 대상을 잡을 때 가장 잡기 쉬운 부분"이 되거든요. "곡-"에 "뒤"[後]가 결합된 것으로 봅니다. 함경도방언에서는 "꼭대기"도 "꼭뒤"라 합니다. 이로부터 "꼭두각시"란 인형을 가리키는 말도 나오기도 했습니다.

○ 곡뒤 後腦 <訓蒙 上:28>
○ 춤외곡지(瓜蒂) <方藥 42>

---

1) 안옥규, 『어원사전』, 동북조선민족교육출판사, 1989, 427면.

## ▌낯

"낯"을 중세에 "ᄂᆞ치"이라 했어요. 이 "ᄂᆞ치"은 "낱다(나타나다)"와 어원이 같다고 봅니다. "낯"은 "남에게 쳐들고 보이는 얼굴"이니깐요. 이렇게 보면 "낯"과 "얼굴"은 서로 기원이 다른 동의어임을 알 수 있습니다.

○ 面曰捺翅 <鷄林類事>
○ ᄂᆞ치 두렵고 조흐며 <월석 2:56> (낯이 동글고 깨끗하며)

## ▌눈

"눈"은 동사 "(똥·오줌) 을 누다"의 "누다"와 어원을 같이한다고 봅니다. 고대에는 명사와 동사가 같은 어근에서 기원된 것들이 지금보다 훨씬 많았지요. 이를 테면 지금 "신-신다, 띠-띠다"와 같은 유형들입니다. "누다"와 비슷한 말로 "나다"가 있지요. 이들의 공통점은 출(出)이란 의미이지요. 어느 것이 먼저 있었는지는 말하기 어렵지만 기원이 같다고 봅니다. 중세에도 마찬가지로 "눈"이라 했습니다. 다시 말하면 "눈"은 "눈곱, 눈물" 따위가 나온다고 하여 "누다", "나다"에서 기원했습니다.

○ 眼曰嫩 <鷄林類事>

## ▌눈굽

"눈굽"은 눈의 안쪽 구석이나 눈의 가장자리입니다. 중세에 "눈굿"이라 했습니다. "눈굽"의 어원은 "눈구석"이란 뜻입니다.

○ 눈굿 眼角 <訓蒙 上:25>

## ▌눈초리

"눈초리"는 "눈꼬리, 즉 귀 쪽으로 가늘게 좁혀진 눈의 가장자리"를 말합니다. 지금은 주로 "어떤 대상을 바라볼 때 눈에 나타나는 표정"을 말합니다. 이 말은 "눈꼬리"와 같은 어원에서 온 것으로 "-초리"는 "회초리, 나무초리"에서와 같이 "꼬리에서 가는 부분"을 나타냅니다. "초리"는 한자 "나무 끝 초(梢)"에서 차용한 말이라 봅니다.

## ▌눈썹

"눈썹"은 중세에 "눈섬, 눈섭"이라 했습니다. 여기의 "-섭"은 본래 "섶, 숲"과 같은 기원으로 합니다. "눈썹"의 어원은 "눈의 숲"이란 말입니다.

○ 눈섭 眉 <訓蒙 上:25>
○ 눈서베 디나는 디픈 막대 어르눅도다(過眉拄杖斑) <杜解 7:12>

## ▌눈곱

"눈곱"은 중세에 "눉곱"이라 했어요. "눈에서 곱이 나온다"는 뜻입니다. "곱"은 우리말로 "지방(脂肪)"을 말하지요.

○ 눈곱 두 胝 눈곱 치 眵 <訓蒙 上:29>
○ 믈 적신 깁슈건으로 눈곱을 스서 업시ᄒ고 <1608 언두 하:34> (물 적신 비단수건으로 눈곱을 씻어 없게 하고)
○ 눈꼽이 눈 쑤석에 흘러 ᄂ리되 <1677 박언 중:48> (눈곱이 눈구석에 흘러 내리되)

## ▌눈자위

"눈자위"는 "눈알의 언저리"입니다. 중세에 "눈ᄌᆞᄉ, 눈ᄌᆞᅀᅳ, 눈ᄌᆞᅀᅵ, 눈ᄌᆞᅀᅵ, 눈ᄍᆞᅀᅳ" 등으로 나타납니다. "눈"과 "ᄌᆞᅀᅳ(자위)"가 결합된 말입니다. "ᄌᆞᅀᅳ(자위)"는 "열매, 복판"을 의미합니다. 지금도 "노란자위"에 그 뜻이 남아 있습니다.

○ 눈ㅈㅅ 쳥 睛 <訓蒙 上:25>
○ 숩 ㅈㅅ는 二身佛性이니(內實二身佛性) <訓蒙 上:25>
○ 쟝수의 인긔는 ㅈ의로 본방의 안치고 <兵學指南> (장수의 인기는 자의로 본방에 안치하고)

## ▌눈동자

"눈동자"는 "눈알의 한가운데에 있는 빛이 들어가는 부분"입니다. "눈동자"의 옛말인 "눈엣동자"는 18세기 문헌에서부터 나타난다고 합니다. "눈엣동자"는 "눈"과 관형격 조사의 역할을 하는 "-엣"의 결합인 "눈엣"과 한자어휘 "동자(瞳子)"의 결합입니다.

## ▌눈망울

"눈망울"은 "눈알 앞쪽의 도톰한 곳. 또는 눈동자가 있는 곳"입니다. "망울·안주(眼珠)"라고도 합니다. 중세에 "눉망올"로 나타납니다. "눉망올"은 명사 "눈"과 관형격조사 "ㅅ", 그리고 명사 "망올"이 결합한 합성어입니다.

○ 眸 눉망올 모 <1527 훈몽 상:13>
○ 목이 고드며 눈망올이 알ᄒᆞ며 목이 쉬며 눈이 블그며 <1653 벽온 1> (목이 곧으며 눈망울이 아리며 목이 쉬며 눈이 붉으며)
○ 블근 빗치 눈망올의 잇고 눈망올이 분명ᄒᆞ고 <17세기 마경 상:4> (붉은 빛이 눈망울에 있고 눈망울이 분명하고)

## ▌코

"코"는 포유류의 얼굴 중앙에 튀어나온 부분으로서 호흡을 하며 냄새를 맡는 구실을 합니다. 한자 "자(自)"가 본래 코를 말했는데 후에 자기를 나타내니 "비(鼻)"가 코를 가리키며 숨을 쉰다는 뜻을 나타냅니다. 우리말에서

"버선이나 신 따위의 앞 끝이 오뚝하게 내민 부분"도 "코"라 합니다. "코"란 말의 어원적 의미는 "둥근 것, 맺힌 것"입니다. 그러므로 중국말의 "망안(網眼)"을 우리말로 "그물코"라 합니다. 중세에 "공, 고, 콩, 코"라 했어요.

○ 諸根은 여러 불휘니 눈과 귀와 고과 혀와 몸과 뜯괘라 <1447 석상 6:28> (제근은 여러 뿌리니 눈과 귀와 코와 혀와 몸과 뜻이라)
○ 世尊이 날와 俱絺羅롤 ᄀᆞ르치샤 곳 그텟 흰 거슬 보라 ᄒᆞ야시ᄂᆞᆯ <1461 능엄 5:56> (세존이 나와 구희라를 가르치시어 코끝의 흰 것을 보라 하시거늘)
○ 뎌 고해 고 흐르ᄂᆞ니 고 내ᄂᆞᆫ 무리로고나 <1510년대 번노 하:19> (저 코에 코물 흐르는 건 코 내는 말이로구나)

# ▌귀

"귀"는 사람이나 동물의 머리 양옆에서 듣는 기능을 하는 감각 기관입니다. 그 외에 귀때거나 "모, 모퉁이" 같은 것도 비유합니다. "귀퉁이, 구석" 등에서도 이와 비슷한 뜻이 남아있습니다. 하긴 위치적으로도 오관 중에서 제일 구석진 곳에 귀가 있거든요. 한자 "이(耳)"는 귀 모양을 본떴다 합니다. 중국말에서 "침안(針眼)"이란 말을 우리말에서는 "바늘귀"라 합니다. 우리말에서는 "바늘구멍"보다 그 테두리를 강조하여 말하지요. "귀"는 "구석"이란 의미에서 왔다고 봅니다.

○ 耳曰愧 <鷄林類事>
○ 닐굽차힌 귀 두텁고 넙고 기르시고 귓바회 세시며 <1459 월석 2:56> (일곱째는 귀 두껍고 넓고 기시고 귓바퀴 세우시며)
○ 耳 귀 싀 <1527 훈몽 상:13>

# ▌정수리

"정수리"는 머리 위의 숫구멍이 있는 자리입니다. "꼭대기·뇌천(腦天)·신문(囟門)·정문(頂門)·정심(頂心)"이라고도 합니다. 이 말은 "정(頂)"에 "수리"가 합친 것입니다. "수리"는 "수리개, 수리봉"에서 보이다시피 "꼭대기"라는 의미가 있어요. 하늘에서 제일 높이 나는 새를 "독수리"라고 하지요. 그러니 사람의 신체에서 제일 꼭대기부분이 "정수리"가 되지요.

## ▌ 가리마

"가리마"는 "머리카락을 양쪽으로 가른다"는 의미로 이름을 지은 것이지요 그리고 "머리카락"의 "-카락"은 "발가락, 손가락"의 "-가락"과 기원을 같이한다고 보지요.

## ▌ 비듬

"비듬"은 "살가죽에 생기는 회백색의 잔 비늘로서 특히 머리에 있는 것을 이른다"고 했어요. 그러니 당연히 "비늘"과 어원이 같다고 봐야 하지요 일부 방언에서 "비름"이라고도 합니다.

○ 비눌 린 鱗 <石千 4>
○ 비늘 린 鱗 <訓蒙 下 3>

## ▌ 이마

"이마"는 중세에 "니마"라 했는데 "앞에 두드러진 부분"이라는 뜻에서 왔어요 "뱃이물"은 배의 앞부분을 가리키고 "뱃고물"은 배의 뒷부분을 가리킨다는 데서도 알 수 있어요 "머리에 짐을 이다"하는 말도 "이마"에 올리니 생긴 말이라 봅니다.

○ 눈서비 놉고 길며 니마히 넙고 平正ᄒᆞ야 사르미 相이 ᄀᆞ고 <1447 석상 19:7> (눈섭이 놉고 길며 이마가 넓고 평정하여 사람의 상 같고)
○ 額 니마 익 <1527 훈몽 상:13>

## ▍관자놀이

"관자놀이"는 귀와 눈의 사이에 있는 태양혈이 있는 곳에 머리에 쓰는 관자가 그 곳의 맥이 될 때 움직인다는 뜻에서 생긴 이름입니다. 관자(貫子) 란 옛날 망건에 달아 당줄을 꿰는 작은 단추 모양의 고리인데 신분에 따라 금(金), 옥(玉), 호박(琥珀), 마노(瑪瑙), 대모(玳瑁), 뿔, 뼈 따위의 재료를 사용하였습니다. 즉 봉건사회의 신분표시라고 할 수 있지요.

## ▍보조개

"보조개"는 "말하거나 웃을 때에 두 볼에 움푹 들어가는 자국"입니다. 달리 "볼우물"이라고도 하는데 "보조개"는 원래 "볼조개"로서 "볼에 조개의 조가비를 뒤집어엎은 모양"을 말하며 "볼우물"은 "볼에 우물이 패인 모양"을 말합니다. 몸에서 반드시 드러내놓아야 하는 "볼"로부터 또 가장 드러 내놓기 부끄러워하는 "볼기"[臀部]란 말도 생겨났지요. 양쪽의 도드라진 모양새 때문일 수 있지요.

> ○ 頰 보조개 협 <1527 훈몽 상:13>
> ○ 입과 혜 헐며 튁 아래와 보조개 블거 브으며 열호 담이 마키믈 고티고 <17세기 납약증치방 7> (입과 혀 헐며 턱 아래와 보조개 붉어 부으며 열이 나는 담이 막힘을 고치고)

## ▍수염

"수염"은 고대 한자어 "수염(鬚髥)"을 그대로 쓰고 있어요. 본래 우리말로 "수염"을 중세에 "날옷, 날웃"이라 했거든요. 그리고 지금 "구레나룻"이란 말도 있는데 이는 "굴레"를 의미하는 "굴에"와 "수염"을 의미하는 "날웃"이 결합한 것입니다. 아주 형상적인 비유로 된 이름이지요. 그 외 "거웃"은 중세어에서 "수염(鬚髥)"의 뜻으로도 썼었어요. 지금 사라지고 음모(陰毛)란 뜻만 있는데 함경도방언에서는 아직도 "거부지"라고도 합니다. "거웃"은 앞에서 본 "나롯"과 마찬가지로 한자어 "수염"에 밀려나서 지금은 소실되었습니다.

- ○ 반ᄃᆞ시 친히 블 디뎌 죽을 글히더니 브레 날오지 븓거눌 <1518 번소 9:79> (반드시 친히 불 지펴 죽을 끓이더니 불에 수염이 붙거늘)
- ○ 髥 날옷 염 <1576 신합 상:21>
- ○ 괴 입거웃 ᄒᆞᆫ 낫 ᄉᆞ론 지ᄅᆞᆯ 브티라 <구급방언해 하:64> (고양이 입가죽한 개 태운 재를 부치라)
- ○ 블ㅅ거웃(卵毛) <역어유해 상:35>
- ○ 鬚髥 ᄶᆞ다 <역어유해 상:48>

## ▌목

"목"은 동사 "먹다"에서 기원되었을 가능성이 많아요. 후에 모음의 전이로 "어떤 통로로 가는 길"의 의미로 되었다고 봅니다. 이로부터 "마시다"란 말도 있고 "녁"도 있으며 또 "먹다"의 반의어인 "막다"[堵]도 생겼다고 봅니다. "목"은 엄청난 새로운 단어들을 만들었거든요. "손목, 발목, 길목……" 등이지요.

## ▌고개

"고개"는 "목의 뒷등이 되는 부분"이나 "사람이나 동물의, 목을 포함한 머리 부분"도 가리킵니다. 중세에도 "고개"로 나타납니다. "꼭뒤"를 중세에 "곡뒤"라 했지요. 그러니 바로 "곡뒤"가 숙여지면 "고개"로 됩니다. 즉 "곡뒤"의 곡과 명사조성접미사 "애"가 결합된 "곡+애(접미사) > 곡애 > 고개"로 된 말입니다.

- ○ 俱夷ᄂᆞᆫ 몰 고개를 안고 우르시더라 <1447 석상 3:34> (구의 말고개를 안고 우시더라)

○ 곡뒤 後腦 <訓蒙 上:28>
○ 搖脖子 고개 흔드다 <1790 몽보 32>
○ 고개 項 <1895 국한 24>

## ▌아가리

"아가리"는 지금도 비속어로 "입"을 대신해 쓰일 때 많지요. 옛날에 "아귀"라고도 했고 "손아귀"라는 말을 지금 쓰지요. 도리대로 말하면 이 "아가리"는 "문어귀"의 "–어귀"와 기원을 같이 한다고 보아야 할 것입니다. 후에 "입"에 밀려나게 되었지요. 이로부터 알 수 있는바 우리말로 본래 "구(口)"를 "아귀/어귀"라 했는데 후에 "입"에 밀려나 비속어로 전이돼 버렸지요.

○ 아귀 므른 믈(口軟馬) <老解. 下8>
○ 어귀 ᄂᆞ릭 ᄀᆞ암아는 구의(守口渡江處官司) <老解. 上46>

## ▌입

"입"은 중세에 "구(口)"도 가리키고 "대문"을 나타내기도 했지요. 그런데 12세기 『鷄林類事』에는 "口曰㕦"(입을 '㕦'이라 한다)이라 기록했어요. "입"의 어원은 중세의 "입다, 잎다, 읊다(읖다)"와 동원어휘라 봅니다. 물론 입의 주요 기능이 "시를 읊는 것"은 아니지만 "읊다"란 "입"에서 기원된 것만 틀림없습니다. "입"의 기원에 대해 고대에 "㕦"이 변하여 한 갈래는 "악(아가리)"이 되고 다른 하나는 "입"이 되었다 보는 견해도 있어요.[2] 그 보다도 "입다, 잎다, 읊다(읖다)"로 보는 주요 의거는 입의 먹는 기능 외에 다른 한 주요 기능 "표현(表現)"을 가리킨 점입니다. 중세에 "문호(門戶)"도 "입, 잎"이라 했는데 "입"[口]과 같은 어원입니다.

○ 도ᄌᆞ기 입과 눈과(與賊口目) <龍歌 88章>

---

2) 안옥규, 『어원사전』, 동북조선민족교육출판사, 1989, 406면.

○ 기픠 글 입고 西軒에 안자셔 <1481두시초 11:25> (깊이 글 읊고 西軒에 앉아서)

## ▌주둥이

"주둥이"는 "입"을 속되게 부르는 말입니다. 한자 "취(嘴)"는 본래 부엉이 따위 새의 머리털을 가리키다가 새부리를 말했습니다. 때문에 동물에 많이 쓰입니다. "주둥이"란 말은 취(嘴)의 상고음 [tziŭě]와 연관된다고 봅니다. 물론 지금 한자음으로 "취"이지만 중국의 상고음이 그대로 전해져 "嘴[tziŭě]+둥이(접미사) > 쥐둥이 > 주둥이"의 변화를 했다고 봅니다. 그러니 당연히 "입"을 속되게 부르는 말이 되지요.

## ▌이(齒)

"이(齒)"를 『鷄林類事』에서 "你"라 하고 중세에도 "니"라 했어요. 당연히 "니마(이마)"와 마찬가지로 "앞"을 나타내는 뜻으로 같은 어원일 것입니다. 공통성은 양자가 모두 몸의 제일 앞 위치라는 점이지요. 때문에 물건을 머리위에 올려놓는 행위를 "머리에 이다"라 하지요.

○ 齒曰你 <鷄林類事>
○ ㅈ 는 니쏘리(ㅈ 齒音) <訓正解例.注>

## ▌혀

"혀"는 맛을 느끼며 소리를 내는 구실을 합니다. 한자 "설(舌)"은 "舌在口 所以言也，別味也。"<說文>(혀가 입안에 있으니 말하고 맛을 가린다)고 했어요. "혀"란 말은 "혀다"[引]와 기원을 같이 한다고 봅니다. 즉 "혀"는 "끌다"라는 의미로서 우리가 음식을 먹을 때 혀의 기능으로 이름 지은 것이지요.

○ 舌曰蝎 <鷄林類事>

○ 蛟龍은 삿기를 혀 디나가고(蛟龍引子過) <杜解 7:8>
○ 引온 혈씨니 經 뜨들 혀낼씨라 <능엄 1:5> (인은 이끄는 것이니 경 뜻을 끌어내는 것이다)

## ▌주름

"주름"은 피부가 쇠하여 생긴 잔줄 또는 옷의 폭 따위를 접어서 잡은 금입니다. 중세에 "주룸"으로 나타납니다. 이 말은 "줄[縮]＋움(접미사)"의 결합입니다. 얼굴의 주름을 "주름살"이라고도 합니다.

○ 襞 주룸 벽 襀 주룸 적 襇 주룸 간 <1527 훈몽 중:11>

## ▌마음

"마음"은 사람이 본래부터 지닌 성격이나 품성입니다. 그래서 타고난 것으로 여기고 "심장(心臟)"에 있다고 생각했어요. 한자 "심(心)"도 본래 심장을 가리킵니다. 옛날 사람들은 사유를 두뇌로 하는 것이 아니라 가슴으로 한다고 여겼습니다.

○ 心曰心音尋 <鷄林類事>
○ 비를 빠고 ᄆᆞᅀᆞᄆᆞᆯ 쌔혀내야 <월인석보 23:73> (배를 타고 염통을 빼내어)
○ ᄆᆞᅀᆞᆷ 심 렴통 심 <신증유합 하: 1> (마음 심 염통 심)

## ▌심장

"심장"은 중세에 고유어로 "렴통, 넘통, 염통"이라 했어요. 물론 문헌상으로 아직 고증할 바 없지만 이 말은 자체로 만든 한자어 "넘통(念桶)"에서 온 말인 것 같아요. 즉 "생각을 담는 그릇"이란 뜻이지요.

○ ᄆᆞᅀᆞᆷ 심 렴통 심 <신증유합 하: 1>
○ 넘통 심: 心 <訓蒙 上 27>

## ▌콩팥

　"콩팥"은 사람의 경우 강낭콩 모양으로 좌우에 한 쌍이 있으며, 체내에 생긴 불필요한 물질을 몸 밖으로 배출하고 체액의 조성이나 양을 일정하게 유지하는 작용을 합니다. "내신(內腎)·신(腎)·신장(腎臟)"이라고도 합니다. 중세에 "콩풋"이라 했어요. 아마 "콩"과 "팥"의 모양과 비슷해서 이름진 것 같습니다.

　　○ 콩풋 爲 신: 腎 <訓蒙 上 27>
　　○ 살 긔(肌) <자류주석 상:41>

## ▌부아

　"부아"란 허파, 즉 폐(肺)를 말합니다. 그리고 "노엽거나 분한 마음"을 "부아가 나다"고 합니다. 중세에 "부화"라 했어요. "붓다"란 말과 어원을 같이 한다고 봅니다. 호흡을 하자면 당연 부아가 부풀어 나야 합니다.

　　○ 부하와 콩풋기라 <1459 월석 4:7>
　　○ 肺 부화 폐 <1527 훈몽 상:14>
　　○ 肺子 부하 <1690 역해 상:35>

## ▌배알

　"배알"은 "창자"를 비속하게 이르는 말입니다. 중세에 "비술"이라고도 했는데 원래는 "내장(內臟)"을 가리켰다고 합니다. 즉 "배의 살"이란 뜻이라 해요. 후에 대장(大腸), 소장(小腸)을 전문 가리키게 되었지요. 우리말에서 "배알이 나다"를 중국 사람들은 "생기(生气: '氣'가 나다), 발화(發火: 불이나다)"라고 표현하고 일본 사람들은 "腹が立つ(배를 세우다)"라고 표현합니다. 여기서 재미있는 것은 바로 우리말에서 "화나다"를 "배알"[腸]과 연관시켜 말한다는 점입니다. 배알을 다른 말로 "창자"라고도 하는데 이는 중국말

"腸子"[changzi]에서 왔고 "화나다" 역시 "발화(發火)"를 차용한 것입니다.

○ 쏘 구리토빈 거시 비슬홀 쌔혀며 사홀며 버히며 <1459 월석 21:43ㄴ> (또 거꾸로 타고 빗겨 있는 것이 뱀을 빼며)
○ 비알 腸 <1880 한불 309>

## ▌창자

"창자"는 중국말 "腸子"의 발음 [changzi]에서 차용한 말입니다. 우리말 로 "애"라 했어요. 지금도 "애를 태우다, 애먹다" 등에 남아 있습니다.

○ 毒氣이 사름미 챵ᄌ롤 석게 홀가 저헤니 <1466 구방 하:77> (독기가 사람 의 창자를 썩게 할가 두려워)
○ 창자 쟝(腸) <1884 정몽 2>
○ 애 댱 腸 <訓蒙 上 27>

## ▌쓸개

"쓸개"란 "담(膽)"을 우리말로 부르는 이름이지요. 중세에 "쓸개, 쓸기, 쓸게"라 했는데 "쓰다"[苦]와 어원을 같이합니다. "쓸/쓸+게/개(접미사) > 쓸개"로 된 것입니다.

○ 膽ᄋᆫ 쓸게라 <1482 금삼 2:60>
○ 肚子膽 쓸개 <1690 역해 상:35>
○ 곰의 쓸기(熊膽) <1799 제중 8:17>
○ 간과 쓸기롤 거두어 두면 <1865 주년 41>

## ▌몸

"몸"을 『계림유사』에서 "身曰門"이라 하였고, 『조선관역어』에는 "身 麿" 로 적었습니다. "몸"의 유래를 말하기 어렵지만 "모이다"와 의미적 연관성 이 있어 보입니다. "ᄆᆞ음"을 감싼 전체가 "몸"이라고 여겼을 수 있습니다.

그리하여 중세에 벌써 "몸소, 몸삐(몸매), 몸알리(知己), 몸얼굴(몸모양), 몸꼴 (몸맵시)" 등 어휘들을 사용했습니다. 중세에 "잇몸"을 "닛므윰(齒齦)"이라 하였는데 "므윰" 역시 "모임"에서 온 것이라 봅니다.

○ 닛믜임 흔 齗 <訓蒙 上 26>
○ 몸삐 호민ᄒ다(貌寯) <漢淸文鑑 6: 10>
○ 훤히 몸알리롤 만나니(洗然遇知己) <杜解 8:6>

■ 활개

"활개"는 "사람의 어깨에서 팔까지 또는 궁둥이에서 다리까지의 양쪽 부분"이라 하는데 지금은 "두활개"하면 "팔"만 말하고 "네 활개"하면 "사지(四肢)"를 말합니다. 중세에 "활기"라 했는데 "사지(四肢)"를 가리켰습니다. 원래 "새의 활짝 편 두 날개" 것을 "활개를 펴다"고 합니다. "미끄러울 활 (滑)"과 "날개"에 쓰인 "-개(접미사)"의 결합으로 봅니다.

○ 네 무더 무더 활기 ᄠᅳ즐 쩨(往昔節節支解時) <金剛 三 79>
○ 네 활기 몯 ᄡᅳ며(四肢不收) <救急簡易方 1:14>

■ 기지개

"기지개"란 피곤할 때에 몸을 쭉 펴고 팔다리를 뻗는 일을 말합니다. 이 말은 "기리혀다(연장하다)"와 연관된다고 봅니다. 즉 몸을 쭉 편다는 것은 결국 몸을 "길어지게 하다"란 뜻입니다. 즉 "길+지+개(접미사) > 기지개"로 된 것입니다.

○ 기지게 ᄒ며 기춤ᄒ몰 다ᄅ닉 히믈 비디 아니ᄒ느니라 <金三 2:11> (기지개 하며 기침함을 다른 이의 힘을 빌지 아니하느니라)
○ 伸 기지게 신 <訓蒙 上:15>

## ▌손

　"손"은 인간의 진화에서 제일 중요한 부분의 하나입니다. 한자 "수(手)"는 손 모양을 본떴습니다. 우리말 "손"은 "소다(쏘다)"와 어원을 같이 합니다. 고대에 사냥은 아주 중요한 생산수단으로서 활을 쏠 줄 모르면 먹잇감을 구할 수 없었을 것입니다. 이 "손"으로부터 "손삐(솜씨)", "손소, 손오, 손죠(손수)"란 말들이 있게 되었습니다. 또 "손"은 "덩굴손"과 같이 다른 물건을 감아서 자기 몸체를 버티는 실같이 가느다란 식물의 줄기도 말하며 일반적으로 "오이순, 호박순"과 같이 "순"으로도 쓰입니다. 이 "손"은 "솟다"[湧]에 어원을 둔 말로 "돋아나 잡는 것"이란 뜻입니다.

　○ 手日遜 <鷄林類事>
　○ 그 겨집의 손삐과 叉거늘 <太平廣記 1:9> (그 계집의 솜씨와 같거늘)
　○ 손소 마리를 갓더니 <內訓 2:60> (손수 머리를 깎더니)

## ▌손톱, 발톱

　"손톱, 발톱"은 중세에 "솚돕, 밠돕"이라 했습니다. 이 "돕"이란 "톱"과 같은 어원이라 짐작합니다.[3] 긁거나 허비는 도구의 공통성으로 이름이 이루어진 전형입니다.

　○ 솚돕 조: 爪 <訓蒙 上 26>
　○ 머리 긁빗고 발돕 다둠고(梳刮頭修了脚) <杜解 上 47>

## ▌주먹

　"주먹"은 중세에 "주머귀, 주머괴"로 나타납니다. 이는 "한줌, 두줌"의 "줌"과 접미사 "-어귀"가 결합된 것으로 봅니다. "줌"은 "줏다"와 같은 어

---

3) 서정범, 『우리말의 뿌리』, 고려원, 1989, 197면에서 "'손톱'의 '톱'은 爪의 뜻이지만 그냥 '톱'은 鋸의 뜻을 지니는 名詞다"고 했다.

원으로 봅니다. "주먹"의 어원은 "줌+억(접미사)"의 결합으로 봅니다.

○ 소니 제 주먹 쥐면 이 주먹 아닌 소니 아니롬 굳ᄒ니라 <1464 영가 상: 66> (손님이 제 주먹 쥐면 이 주먹 아닌 손님의 것 아닌 것 같으니라)
○ 難陁ㅣ 怒ᄒ야 머리 갓ᄂ 사ᄅᆞ믈 주머귀로 디르고 닐오더 迦毗羅國 사ᄅᆞ믈 네 이제 다 갓고려 ᄒᄂ다 <1459 월석 7:8> (難陁 노하여 머리 깎는 사람을 주먹으로 찌르고 이르되 迦毗羅國 사람을 네 이제 다 깎으려 하느냐)
○ 拳 주머귀 권 <1527 훈몽 상:13>
○ 두 줌억 불근 귀다(脹之兩拳猛握兩拳) <1895 국한 86>

# 팔

"팔"을 옛날에 "불"이라 했는데 동사 "받다"에서 왔다고 생각합니다. 왜냐하면 팔은 무엇을 주고받을 때 반드시 참여해야 하는 인체의 중요한 한 부분이지요. 따라서 "불"과 연관되는 "뻗다", "받다" 등이 생겼다고 봅니다. 지금도 "한 발, 두 발"이라고 길이를 잴 때 말합니다. 고대에 "발"과 "팔"을 구분 없이 같은 이름으로 말했습니다. 중세에는 "발"[足]과 "불"[臂]의 약간의 구분이 있었을 뿐입니다.

○ 펴옛던 불홀 구필 ᄊᆞᅀᅵ예 <1447 석상 6:2> (폈던 팔을 굽힐 사이에)
○ 불 爲臂 <1446 훈해 55>
○ 肱 ᄑᆞᆯ 굉 臂 ᄑᆞᆯ 비 <1527 훈몽 상:13>
○ 도적이 노히여 칼ᄒ로 ᄑᆞᆯ홀 베히고 녑ᄑᆞᆯ 띠ᄅᆞ되 종시예 굴티 아니ᄒ고 <1617 동신속 열5:55> (도적이 노하여 칼로 팔을 베고 옆구리 찌르되 종시 굴하지 않고)
○ 스스로 문서를 써 ᄯᆞᆯ의 ᄑᆞᆯ의 미고 가니 <1852 태상 1:10ㄴ-11> (스스로 문서를 써 딸의 팔에 매고 가니)
○ ᄇᆞᄅᆞ믈 바다 빗기 ᄂᆞ놋다(受風斜) <杜解 10:3>

## ▌ 팔뚝

"팔뚝"은 "팔"에 "-뚝"이 결합된 것이지요. "팔뚝"을 중세에 "불독"이라 했거든요. 즉 "팔"과 "독(櫝)"이 결합된 말로서 "팔에 독처럼 생긴 부분"을 말하지요.

    ○ 肚는 불독이니 <內訓 1:15> (肚는 팔뚝이니)

## ▌ 팔굽

"팔굽"은 "팔꿈치"라고 합니다. "팔"에 "굽다(구부리다)"가 결합되어 만들어진 말입니다. 즉 "풀+굽 > 팔굽"으로 되었습니다.

    ○ 풀구부렁 듀 肘 <訓蒙 上 26> (팔 구부릴 두)

## ▌ 허리

"허리"는 중세에도 "허리"로 나타나는데 "허리다(헐게 하다, 상하게 하다)"와 같은 어원입니다. "허리"는 사람이나 짐승이나 신체를 지탱하는 관건부위이지요. 허리가 상하면 몸이 허물어지기 마련이지요. 이와 비슷한 말들인 "허물", "허물다", "할다(참소하다, 헐뜯다)"란 말들이 있거든요. 그러니 "헐+이(접미사) > 허리"로 되었다고 봅니다.

    ○ 노푼 바회에 뻐디거나 므리어나 브리어나 가시 남기어나 업더디어 제 모몰 허리느니 <석보 11:35> (높은 바위에서 떨어지거나 물이거나 불이거나 나무에 엎어져 자기 몸을 상하게 한다)
    ○ 허리나모 례: 椴 <訓蒙 下 16>

## ▌ 배

"배"는 "아기를 빈다"의 "빈다(배다)"에서 왔지요. 다시 말하면 임신하니

배가 불어나기 마련이며 이로부터 아예 복부를 "배"라 불렀다 봅니다. "腹
曰擺"<鷄林類事>의 기록을 봐도 비슷한 발음으로 했습니다.

○ 그 샹재 그런 한 차바놀 즉자히 다 먹고 순지 비룰 몯 최와 조츤 귓거슬
자바 次第로 다 숨끼니 <1447 석상 24:22> (그 샹자가 그 많은 차반을 즉
시 다 먹고 아직 배를 못 채워 따라온 귀신을 잡아 차례로 다 삼키니)
○ 腹온 비라 <1461 능엄 9:64>
○ 배 복 腹 <1884 정몽 2>
○ 겨집돌히 시혹 모매 아기 비아(諸女人或身懷) <佛頂中7>

## ▎배꼽

"배꼽"은 중세에 "빗복/빗복"이라 했어요. 이는 "배의 복판", 즉 배의 한
가운데란 의미로 쓰인 것 같습니다. 후에 어음 이화(異化)되어 "배꼽"으로
변해 버렸어요. 어음이화란 본래 같은 음이던 것이 그 중 하나가 다른 음
으로 변한 현상입니다. 즉 "빗복"에서 두 음절 모두 'ㅂ' 음이 있던 것이
뒤의 음이 'ㄲ'로 변한 것입니다.

○ 빗보글 셜흔 붓글 쓰라 <牛疫方 8> (배꼽에 뜸 설흔 개를 뜨라)
○ 빗보그로 放光ᄒ샤 <月釋 2:29> (배꼽으로 放光하샤)

## ▎젖

"젖"의 한자 "유(乳)"는 아기를 안고 젖먹이는 형상입니다. "젖"을 중세
에 "졋, 졎"이라고 했어요. 이는 "저지다(적시다)"와 어원을 같이한다고 봅
니다. 아기를 젖먹이는 것은 단비가 땅을 적셔주는 것과 같기에 "졎"이라
했다고 봅니다. 음식 "젓"과 동원어휘입니다. "젖"의 어원적 의미는 "적셔
진 것"이라 봅니다.

○ 潤沾은 저질씨라 <月釋 序 7>
○ 王이 大愛道익그에 가샤 졋 머겨 기르라 ᄒ야시놀 <1447 석상 3:3>

## ▌ 가슴

"가슴"을 중세에 "가슴, 가슴"이라고 했어요. 옛날에 여자를 "가스, 갓" 이라 말한 데 비추어 이 말도 여성과 연관된다고 봅니다. 즉 "가스"와 "옴" 의 결합으로 보는데 이 "옴"은 "옳, 앐(앒)"에서 왔다고 봅니다. 다시 말하 면 "여성의 흉부"를 "가슴, 가슴"이라 했다고 봅니다. 그리고 "앙(央)가슴" 이란 "두 젖사이 가운데"란 것도 이를 방증합니다. "胸日柯"<鷄林類事>에 서 보이다시피 왜서 흉(胸)을 "가(柯)"라고만 기록했겠는가 하는 궁금증을 해석할 수 있습니다. 그것은 당시 "가슴"을 "*갓"이라고도 말했을 수 있었 기 때문이라고 말입니다.[4]

○ 아바넚 가슴 우희 부텻 손 연즈샤도 날올 몯믈려 淨居에 가시니 <1459 월석 10:2> (아버님 가슴 위에 부처 손 얹으셔도 날을 못 물려 淨居에 가시니)
○ 가슴 흉: 胸 <訓蒙 上 27>
○ 네 긔걸리란 소니 가슴 미어늘 제 겨집비 슈반 머교디 공경ᄒᆞ야 손ᄀᆞ티 서 르 딥접ᄒᆞ거늘 <1518 정속언해 5> (옛 긔걸리란 손님이 가슴이 막히거늘 제 계집의 水飯 먹이되 손님같이 서로 대접하거늘)

## ▌ 가죽

"가죽"은 동물의 몸을 감싸고 있는 질긴 껍질입니다. 한자 "피(皮)"는 사 람이 짐승의 가죽을 벗기는 형상입니다. "가죽"의 어원은 "갓/갖"에서 왔는 데 후에 분화되어 "가죽", "겉"으로도 되었어요. 그 외에도 이로부터 "꺼풀, 껍질, 껍데기" 등 어휘들도 있게 되었지요. "가죽"은 "갖"에 "-욱" 접미사 가 결합된 말입니다.

○ 갓과 술쾌 보ᄃᆞ랍고 밋밋ᄒᆞ샤 <월인석보2:40> (가죽과 살이 보드랍고 매 끈하여)

---

4) 前間恭作,『鷄林類事麗言攷』, 東洋文庫, 대정 14(1925)에서는 잘못된 기록이라 보고 교정하 여 胸日柯心으로 고쳤다.

○ 鹿皮는 사사민 가치라 <월인석보1:16> (鹿皮는 사슴의 가죽이라)

## ▌겨드랑이

"겨드랑이"의 어원은 "곁"이며 여기에서 분화되어 "곁"[側]도 생겨났다고 봅니다. "겨드랑이"이는 "곁"에 "-(으)랑이" 접미사가 붙은 형태입니다.

○ 곁 아래 뚬 나며 뎡바기옛 光明이 업스며 <月釋 2:13> (겨드랑이 아래서 땀이 나며 정수리에 광명이 없으며)

## ▌옆구리

"옆구리"는 가슴과 등 사이의 갈빗대가 있는 부분입니다. "옆구리"를 중세에 "녑구레"라 했어요. "녑"이란 "옆"을 말하지요. 다시 말하면 "옆구리"란 "옆쪽의 굴"입니다. "굴(窟)"은 자연적으로 땅이나 바위가 안으로 깊숙이 패어 들어간 곳도 말하지만 여기서 비유적으로 쓰었다고 봅니다. 즉 "녑+굴+에(접미사)"의 합성으로 되었습니다.

○ 녑구레 협: 脅 <訓蒙 上 25>
○ 입으로 물근 춤을 비왓트며 코와 귀과 츠며 녑구리 거두혀고 터럭이 브스스ᄒᆞᄂᆞ니 <17세기 마경 상:110> (입으로 맑은 침을 흘리며 코와 귀가 차며 옆구리 걷어 땅기며 터럭이 보스스하나니)

## ▌자개미

"자개미"는 "겨드랑이나 오금 양쪽의 오목한 곳"을 말하는데 함경북도 방언에서는 겨드랑이를 말합니다. 중세에 "쟈개얌, 쟈긔야미"라고 했습니다. 오목하게 패인 모양이 "자개"[貝]와 비슷하다고 이름 진 것 같습니다.

○ 쟈개얌 익 腋 <訓蒙 上 25>

## ▌살

"살"은 중세어에서 "기(肌)"와 "육(肉)"의 의미를 가졌습니다. 본래 한자 "기(肌)"는 사람의 살점을 말하고 "육(肉)"은 짐승의 살점을 말했답니다. 물론 지금에는 구분이 없습니다. 중세에 "술(살)"이라 했는데 "스다(쌓다)"와 어원이 같다고 봅니다. "술(살)"은 현대에 와서 "육(肉)"의 의미로 더 많이 쓰이지요. 또 경음화 되어 "눈쌀, 주름쌀, 이맛살"로 발음되며 피부(皮膚) 의미도 남아 있어요. 우리말에서 지금 "육(肉)"의 의미로 "돼지고기, 쇠고기"처럼 "고기"도 잘 쓰고 있습니다.

○ 太子ㅣ 苦行 오래 ᄒᆞ샤 술히 여위실ᄲᅥᆼ 金色光ᄋᆞᆫ 더욱 빗나더시다 <1447 석상 3:39> (태자가 고행 오래 하시어 살이 여위셨을 뿐 금색광은 더욱 빛나시더라)
○ 미실 이러ᄐᆞᆺ시 브즈러니 머기면 므슴 술히 오ᄅᆞᄃᆡ 아니ᄒᆞ리오 <1510년대 번박 22> (매일 이처럼 부지런히 먹이면 어찌 살이 오르지 않으리오)
○ 膚 술 부 <1527 훈몽 상:14>
○ 술 긔(肌) <왜어유해 상:18 >

## ▌사타구니

"사타구니"란 "두 다리의 사이를 낮잡아 이르는 말"입니다. 중세에 "스시, 스싀(사이)"란 말이 있었습니다. "ᄉᆞᆺ"은 "샅"과 통하는 말인데 결국 "샅"과 접미사 "-아구니"가 결합된 것으로 해석됩니다.

○ 사타군리 腰肉腹間 <1895 국한 163>
○ 삿타기 兩服間 <1895 국한 168>

## ▌어깨

"어깨"는 중세에 "엇게"로 표시되었어요. 아마 "얻다"[獲]와 연관되지 않았을까 생각합니다. 옛날에 사냥을 나가서 사냥감을 포획하면 어깨에 둘러

메고 오기 일쑤거든요. 그러니 "얻다"에 접미사 "개/게"가 결합되어 "엇게"로 될 수 있거든요. 아이블 아이베스펠트는 "많은 털로 덮여진 인류의 선조는, 모류(毛流)의 방향과 결과, 어깨의 털이 거꾸로 서서 어깨 폭을 넓어 보이게 했다고 한다(『비교행동학』). 현재도 체모가 많은 사람에게는 어깨에 털이 많으며, 체모가 없어진 후에도 남성은 어깨를 과장하려고 복장에 신경을 쓴다. 와이카 인디언의 어깨 장식, 일본 무사의 복장, 군인의 견장 등이 그 예인데, 어깨 폭이 넓은 것이 남성적이라는 생각이 그 근저에 있다"[5]고 했습니다. 중국의 고전문헌에도 서로 비길 때 어깨를 견준다는 기록이 있습니다. "北方有比肩之民焉。"<爾雅>(북방에 어깨를 견줄만한 민족이 있다.) 그러니 남성에게서 "어깨"는 자기 자랑의 가장 중요 부위 하나입니다. "엇게 > 엇개 > 어깨"로 되었습니다.

○ 太子를 몯 어드실씨(靡有太子) <龍歌 84章>
○ 伕羅騫馱는 엇게 넙다 혼 마리니 <1447 석상 13:9> (伕羅騫馱는 어깨 넙다 하는 말이니)
○ 肩 엇개 견 <1527 훈몽 상:13>

## ▌뼈

"뼈"는 신체를 지탱하는 기본 구조입니다. 한자의 "골(骨)"은 살점을 발라낸 뼈 모양입니다. 중세에 "뼈, 쎠"로 표기했습니다. 중세에 "술윗 바회를 훈 ᄒ마 쎠홀 쑤니로다(車輪徒已斲)"<初杜解 16:9>와 같이 "쎠ᄒ다(뼈개지다)"란 말이 있었는데 "쎠ᄒ다"는 "단(斲)"에 대역되었습니다. 또 동사 "뼈다"의 어근으로서 "뼈"란 "골격(骨格)"이나 수레바퀴 같이 "부러질" 수 있는 것을 가리켰습니다. 즉 이 말의 어원은 "부러질 수 있는 것"에서 왔습니다.

○ 얼믠 뵈 이운 뼈에 가맛ᄂ니(踈布纏枯骨) <杜解 2:65>

---

5) <네이버 지식백과> 어깨(『종교학대사전』, 1998.8.20)

○ 서늘호 돐비치 흰 뼈에 비취엿도다(寒月照白骨) <杜解 1:4>
○ 슐읫 바회롤 혼 흐마 뼈홀 쑤니로다(車輪徒已斷) <初杜解 16:9>

## ▌등

"등(背)"은 아주 오랜 단어로서 고증하기 어렵지만 "뒤(後)"와 기원상 연관이 있다고 봅니다. 한자의 "배(背)"도 몸의 뒷부분을 가리킵니다. 신체의 뒷부분인 등은 바로 뒤로 되거든요. 더구나 12세기 "背曰腿馬末"<鷄林類事>라 했어요. 어떤 학자는 "뒤마루"라 해석하는데 "뒷 물"로 해석하는 것이 더 순통하다고 봅니다. 그 이유는 "퇴(腿)"를 음차한 "뒤" 표기로, "馬末" 역시 "물"을 중복 표기한 것으로 봅니다.6) 즉 "뒷물 > 등물 > 등마루"의 변화를 했습니다. 그런즉 "등"은 결국 "뒤"에서 기원된 것입니다.

○ 둥물 쳑 脊 <類合 下 51>

## ▌볼기

"볼기"는 뒤쪽 허리 아래, 허벅다리 위의 양쪽으로 살이 불룩한 부분을 말합니다. "볼기"란 말이 17세기부터 쓰여 현재까지 형태의 변화 없이 쓰이고 있습니다. "뺨의 가운데를 이루고 있는 살집"을 "볼"이라 했는데 "둔부(臀部)"의 "살이 불룩한 부분"과 또 얼굴처럼 양쪽에 각각 나뉘어 있는 모양의 유사성으로 해서 "볼+기(접미사)"의 결합으로 "볼기"라 했습니다.

○ 이예 볼기 술홀 버혀 뼈 머기다 <1617 동신속 효1:3> (이에 볼기 살을 베여 먹이다)
○ 股䐆 볼기딱 <1775 역보 22>
○ 볼기 臀 <1895 국한 148>

---

6) 안병호, 『계림류사와 고려시기 조선어』, 흑룡강 조선민족출판사, 1985, 229면에서 "뒤마루"로 해석했다.

## ▌엉덩이

"엉덩이"란 볼기의 윗부분입니다. "둔부(臀部)"라고도 합니다. 함경도방 언에서 "엉치"라고도 합니다. 이 말은 "엉터리, 엉성하다" 등에 쓰인 "엉" 과 접미사 "-덩이"의 결합입니다. 그 의미는 "허리와 볼기의 중간에 대충 짐작되는 부분의 살덩이"라 봅니다. "엉"은 "얽다"와 동원어휘라 봅니다.

○ 엉덩이 臀骨 <1895 국한 214>
○ 엉둥이 臀 <1880 한불 21>

## ▌궁둥이

"궁둥이"는 볼기의 아랫부분입니다. 앉으면 바닥에 닿는, 근육이 많은 부분, 즉 옷에서 엉덩이의 아래가 닿는 부분이라 합니다. "궁둥이"란 말은 "구멍"과 접미사 "-둥이"가 결합한 것으로 봅니다. 왜냐하면 이곳에 밑구 멍이 있기 때문입니다. 17세기부터 문헌에 "궁동이"로 나타납니다. "궁둥 이"는 "구멍+동이 > 궁동이 > 궁둥이"로 되었다고 봅니다.

○ 가리쎠 뎌르면 네 노티마오 볼기 스이 엿고 궁동이 열오면 다슷 노티마니 라 <17세기 마경 상:10> (갈비뼈 짧으면 네 개 놓지 말고 볼기 사이에 넣 고 궁둥이 엷으면 다섯 놓지 말라)
○ 外胯 궁둥이 <1775 역보 22>

## ▌가달

"가달"은 아직도 함경도방언에서 "다리"를 가리키고 있어요 또는 "가 랭이"라고도 하지요 예를 들면 "가랑이 찢어진다"를 "가달이 찢어진다"라 고도 말 할 수 있지요. 이 "가달"은 동사 "가르다"에서 왔다고 보지요. "발 가락" 또는 "손가락"의 "가락"도 이와 기원을 같이합니다. 고대에 신라향 가 "脚烏伊四是良羅"<처용가>에서 "가롤"이라고 나오지요. 올기강 하류에 두 갈래로 갈라진 곳을 당지 사람들은 "두 가달"이라 불렀어요. 그 외에도 "가르다"로부터 "갈래, 가롬, 가리다" 등 많은 어휘들이 생겨났어요. "가달"은 중세에 "가롤"이라 했는데 "ㄹ→ㄷ"의 어음교체에 따라 "가둘"이 충분히 될 수 있으며 어근 "*갇"을 재구할 수 있어요. 이는 "걷다"의 "걷"과 기원이 같다고 봅니다.

○ 가르리 네히로새라 <악학궤범. 처용가> (가랭이 넷이여라)

## ▌다리

"다리"를 중세에 "허튀"라고도 했어요. 이 말은 "다리, 종아리, 장딴지"를 두루 가리켰어요. "다리"란 "달이(달린 것)"에서 기원됐다고 봅니다. 즉 "몸에 달린 부분"이란 뜻에서 왔다고 봅니다. 고대에 "각(脚)"은 다리를 가리켰습니다. "닫다"[走], "다니다"란 말도 결국 "다리"와 같은 어원이라 할 수 있습니다.

○ 病든 허튀롤 몯 쓸가 시룸ㅎ야(愁病脚廢) <杜解 6:50>
○ 말솜호미 淮湖ㅁ리 돋논듯 ㅎ도다(談論淮湖斧) <重杜解 8:6>

## ▌종아리

"종아리"는 무릎과 발목 사이의 뒤쪽 근육 부분입니다. "하퇴(下腿)"라고도 합니다. "종아리"는 "발꿈치"를 의미하는 한자어 "종(踵)"과 접미사 "-아리"가 결합한 것입니다. 중세에 "죵아리, 죠아리"라고 했습니다.

○ 小腿 죵아리 <1690 역해 상:35>
○ 죵아리 구놀고 굽이 크면 <17세기 마경 상:9> (종아리 가늘고 굽이 크면)

## ▌장딴지

"장딴지"는 "종아리의 살이 불룩한 부분"입니다. 이 이름은 "종(踵)"과 모양의 비슷함에 따라 "단지"[甔子] 이름을 빌어 "종(踵)+단지 > 장단지 > 장딴지"로 된 것 같습니다.

## ▌ 발

"발"은 중세에 역시 "발"이라 했어요. 한자 "족(足)"은 무릎아래 부분인 다리와 발을 형상한 것입니다. 우리말 "발"이란 말의 기원은 "받다"입니다. 또 "발다(발로 재다, 밟다)"란 말과 연관된다고 봅니다.[7] 땅을 밟고 사람의 몸을 받치고 있으니 당연히 "발"이 된 거고 또 이로부터 "받다, 바치다" 등 말도 생겼지요. 우리말에서 "ㄷ-ㄹ" 받침의 바뀌는 것은 자주 있는 일이지요. 이를테면 "걷다-걸으니, 듣다-들으니" 따위입니다.

○ 足曰潑 <鷄林類事>
○ 結加趺坐ᄂᆞᆫ 올ᄒᆞᆫ녁 밠드을 왼녁 무루페 엱고 왼녁 발드을 올ᄒᆞᆫ녁 무루페 연자 서르 겨러 안줄 씨라 <1447 석상 3:38> (結加趺坐ᄂᆞᆫ 오른 발등을 ᄃ 왼 무릎에 얹고 왼 발등을 오른 무릎에 얹어 서로 결어 앉는 것이라)
○ ᄠᅡ티 몯ᄒᆞ고 ᄂᆞᆺ과 입과 검프르고 발와 손쾌 왜트러 차 주거 가거든 <1466 구방 하:49> (토치 못하고 낯과 입이 검푸르고 발과 손이 외로 틀어 차 죽어가거든)
○ ᄒᆞ나흔 눈멀오 ᄒᆞ나흔 ᄒᆞᆫ 발 절오 ᄒᆞ나흔 굽 기울오 <1510년대 번노 하:10> (하나는 눈멀고 하나는 한 발 절고 하나는 굽 기울고)

## ▌ 밑구멍

"밑구멍"은 "물건의 아랫부분이나 아래쪽에 뚫린 구멍"입니다. 그리고 본래부터 "항문이나 여자의 음부를 속되게 이르는 말"로 쓰입니다. "밑구멍"을 중세에 "구무/구모"라 했습니다. 지금도 "귓구멍, 목구멍, 밑구멍, 콧

---

7) 서정범, 『우리말의 뿌리』, 고려원, 1989, 199면에서 "'밟다'의 어원은 '밟'인데 본 나중에 들어간 것이고 '발'이 어근이 된다"고 했다.

구멍, 숫구멍" 등으로 쓰이면서 "공(孔)"의 뜻으로 쓰입니다.

- ○ 밋구모 갓가온 더 혼 모디롤 브려 쓰디 말디니 <1632 가언 10:32> (밑구
  멍 가까운데 한 마디를 버려 쓰지 말지니)
- ○ 밋구녕 肛 <1880 한불 241>
- ○ 밋구멍 肛門 <1895 국한 128>

## ▌음경

"음경"은 "귀두, 요도구, 고환 따위로 이루어진 남자의 바깥 생식 기관"입니다. "신경(腎莖)·양경(陽莖)·양물(陽物) 또는 음경(陰莖), 남근(男根), 남경(男莖)" 등으로 불렀어요. 우리말로 "밑천"[밑錢] 혹은 "자지, 좆"이라고도 하지요. "음경"은 한자어 "음경(陰莖)"에서 온 말입니다.

## ▌좆

"좆"은 남성의 성기를 비속하게 이르는 말입니다. 중세에 "졷"으로 나타납니다. 이 말은 "좃다, 좇다(좃다, 따르다)"와 같은 어원이라 봅니다. 이로부터 "좃다, 좇다(좃다, 따르다)"가 더 주동적으로 되면 "뽓다, 뽗다(쫓다)"로 되지요. 기실 이들의 기원은 다 같다고 봅니다.

- ○ 졷 <마경초집언해(1623~49)>
- ○ 구루믈 좃놋다(隨雲) <杜解 12:32>
- ○ 坖츨 간 趕 <訓蒙字會 下 30>

## ▌불알

"불알"은 "고환(睾丸)"을 일상적으로 이르는 말입니다. 이 말은 "불"과 "알"의 합성이죠. "불"은 옛날 "불휘, 불위(뿌리)"란 말에서 왔다고 봅니다. 왜냐하면 가부장적 사회에서 남성이 권력을 가지고 있다는 것의 상징인 남성

성기를 남근(男根)이라 하지요.[8] "불알"을 "불쪽"이라 속되게 말하기도 하는데 이는 "불"에 "마늘쪽"과 같은 "-쪽"이 붙은 것입니다. "불두덩"이란 말도 있는데 "불"에 "-두덩"('밭두렁'의 '두렁'과 같은 접사)이 붙은 말입니다.

○ 무리 사ᄅᆞ미 불알홀 므러 ᄲᅡ디거든 고튜ᄃᆡ 미러 녀코 뽕ㅅ 겁츠로 ᄀᆞ느리 실 밍ᄀᆞ라 ᄒᆞ고 <1466 구방 하:16> (말이 사람의 불알을 물어 빠지거든 고쳐 되 밀어 넣고 뽕 껍질로 가늘게 실 만들어)
○ 천금혈의 손을 ᄀᆞ마니 급피 ᄲᅡ 불알홀 브르 집어내고 <17세기 마경 상: 44> (천금혈의 손을 가만히 급히 타 불알을 부르쥐어 집어내고)
○ 불아술 돈: 驐 <訓蒙 下 7>
○ 돌우희 불위 버덧도다(石上走長根) <杜解 1:27>
○ 불휘 근: 根 <訓蒙 下 3>

## ▌음부

"음부(陰部)"는 "음문(陰門), 음부(陰阜)"라고도 하지요. 옛날 고유어로 "구무(구멍)"라고도 했어요. 세계의 모든 언어들에서 문명사회로 들어서면서 언어의 타부현상이 생기게 됩니다. 즉 특정한 어휘들을 종교적 원인이나 부끄럽다거나 말하기 적절치 못하다는 원인으로 기피하는 현상이지요. 인간의 치부(恥部)거나 죽음 등을 나타내는 말들을 다른 말로 에둘러 말하지요. 우리말에서 인간의 생식기나 변비(便秘) 같은 말은 한자어거나 외래어 또는 다른 표현으로 바꾸어 말하는 습관이 있습니다.

○ 구무 공 孔 구무 혈 穴 구무 굴 窟 <訓蒙 下 18>
○ 구무 비 屄 <訓蒙 下 56>

## ▌피

"피"는 사람이나 동물의 몸 안의 혈관을 돌며 산소와 영양분을 공급하

---

8) 서정범, 『우리말의 뿌리』, 고려원, 1989, 215면에서 "種과 男根이 동원어가 된다"고 했다.

고, 노폐물을 운반하는 붉은색의 액체입니다. 한자 "혈(血)"은 옛날 제사 지낼 때 피를 그릇에 담은 모양이랍니다. 우리말 "피"는 동사 "피다(피다)"와 같은 어원이라 봅니다. "피다"는 "꽃이 피다" 등으로 쓰일 뿐 아니라 "얼굴이 피다"처럼 "사람이 살이 오르고 혈색이 좋아지다"에도 쓰입니다. 다시 말해서 피가 몸에 순환하여야 생명을 유지할 수 있기에 "피다"와 같은 기원을 했다고 보며 이로부터 "펴다" 등 의미도 생겨났다고 봅니다. "꽃이 피다"의 "피다"는 의미도 여기로부터 전이(轉移)된 것으로 봅니다.

○ 피 혈 血 <訓蒙 上 30>

## ▌침

"침"은 중세에 "춤"이라고 했는데 "추밀다(치밀다)", "치닫다"의 "치-"(위로)와 어원을 같이 한다고 봅니다. "침"을 옛 사람들은 "뱃속에서 올라오는 물"로 간주했다고 봅니다. "춤 > 침"으로 되었습니다.

○ 눉믈와 춤과 브터(從涕唾) <楞解 5:72>
○ 하늘의 추미러 므스 일을 스로리라 <松江. 關東別曲> (하늘에 솟아올라 무슨일을 아뢰리라)

## ▌가래

"가래"는 중세에 "ᄀ래"로 표기됐는데 "ᄀ래다(가래다, 맞서서 대항하다)"와 어원을 같이한다고 봅니다. 생리적으로 볼 때 가래는 "허파에서 후두에 이르는 사이에서 생기는 끈끈한 분비물로서 잿빛 흰색 또는 누런 녹색의 차진 풀같이 생겼으며 기침 따위에 의해서 밖으로 나온다"고 해석했는데 본래 있어야 할 자리에서 맞서 밖에 튀어나오니까 "가래"라 했다고 봅니다.

○ ᄀ래춤과 곳믈와 고롬과(唾涕膿) <圓覺 上 二之二 27>

# ▌고름

"고름"은 몸 안에 병균이 들어가 염증을 일으켰을 때에 피부나 조직이 썩어 생긴 물질이나, 파괴된 백혈구, 세균 따위가 들어 있는 걸쭉한 액체입니다. 한자어로 "농(膿)·농액(膿液)·농즙(膿汁)"이라고도 합니다. 중세에 "고롬"이라 했습니다. "고름"의 어원은 "골"[腦]에서 왔으며 "골+옴(접미사)"의 합성으로 되었습니다. 그러나 "골"은 의미 확대로 "곪다", "곯다" 등 단어를 만들었으며 "고름"은 당연히 "곪음 > 골음 > 고름"으로 된 것으로 봐야 합니다.

> ○ 고븐 디 고롬과 피와 똥 오줌과 雜 더러운 거시 フ득ᄒ니 <1463 법화 2: 105> (굽힌 곳에 고름과 똥 오줌과 잡것의 더러운 것이 가득하니)

# ▌땀

"땀"은 사람의 피부나 동물의 살가죽에서 나오는 찝찔한 액체이지요 별로 그리 기분이 그리 좋지 않는 이상한 냄새가 납니다. 한자어 "임한(淋汗)"이라고도 합니다. "땀"을 중세에 "ᄯᆞᆷ"으로 표기되었어요. "ᄯᅳ다, 쓰다"[浮]와 같은 어원이라 봅니다. 물론 땀이 나는 것과 "뜨다"는 차이가 많지만 모두 액체 상태에서 나타나는 현상이란 공통성이 있습니다. 만주어에서 "땀"을 [taran]이라 합니다.[9] 혹시 모종의 공동 기원일 수 있습니다.

> ○ 겯 아래 ᄯᆞᆷ 나며 <월석 2:13> (겨드랑이 아래 땀나며)
> ○ 紅疫 ᄡᅳ리 ᄧᅩ약이 후더침이 自然히 검고 <古時調 내얼골> (홍역이 땀띠를 후려치는 것이 자연히 검고)

# ▌똥

"똥"을 "분(糞)·분변(糞便)"이라고도 합니다. 한자 "분(糞)"은 "버리다"는

---

9) 羽田亨 編, 『滿和辭典』, 今泉誠文社, 昭和47年7月, 416면.

의미였습니다. 우리말 "똥"을 중세에 "쫑"으로 표기했어요. "위장(胃腸)"을 "똥집"이라고도 한 것을 봐서 "음식물 찌꺼기"란 뜻으로 분석됩니다. 중세에 유사한 발음인 "쏘(또)", "또로(따로)" 등과 연계시켜 볼 때 "똥"의 어원은 "위장(胃腸)"에 "또 있는 것, 나머지 혹은 찌꺼기"란 뜻에서 왔다고 봅니다.

○ 진은 쇠 일후미오 분은 쫑이라 <1459 월석 10:117> (진은 소의 이름이오 분은 똥이라)
○ 便利는 오좀 쫑이라 <1459 월석 13:62>

## ▌오줌

"오줌"을 "소수(小水)·소용(小用)·요(尿)"라고도 합니다. 한자 "요(尿)"는 몸에서 물이 나간다는 형상입니다. 중세에 "오좀, 오즘"이라 했어요. 이 말은 한자어 "오(汚)"와 "즐히다(지리다)"의 명사형 "즘"의 결합으로 봅니다. 즉 "오(汚)＋즘[癩]"의 합성으로 되었다고 봅니다. 그리하여 "오즘 > 오좀 > 오줌"으로 되었다고 봅니다.

○ 고 춤 흘리고 오좀 찌니 니르리 싼며 고 고으고 니 굴오 <1447 석상 3: 25> (괴춤 흘리고 오좀 눈 이 이를 이 빠르며 코 고은 이 이 가는 이)
○ 尿 오좀 뇨 脬 오좀깨 포 膀 오좀깨 방 <1527 훈몽 상:14>

## ▌오금

"오금"이란 "무릎이 구부려지는 다리 뒤쪽의 부분"으로서 "곡추(曲胠)· 뒷무릎"이라고도 합니다. 중세에 "오곰"이라 했어요. 이 말은 "옭다"에서 기원했습니다. 즉 "옭음 > 오곰 > 오금"으로 된 말입니다.

○ 曲 오곰 곡 胠 오곰 츄 <1527 훈몽 상:14>
○ 무릎ᄆ듸 안편 屈伸ᄒᄂᆞᆫ 곳 쇽칭 오곰 <1792 무원 1:65> (무릎마디 안 편 굴신하는 곳 속칭 오곰)

## ▌숨

　"숨"은 호흡을 말하지요. 중세에도 마찬가지로 나타납니다. 어원적 의미는 "숨다"[藏]와 "심다"[栽, 秭]에서 왔다고 봅니다. 공기가 허파에 숨었다가 밖으로 나오면 "(숨을) 쉬다"라고 인식했던 것입니다.

# 6. 자연

## ▌하늘

"하늘"을 "상천(上天)·창극(蒼極)"이라고도 합니다. "천(天)" 자는 사람의 머리 위라는 뜻입니다. "하늘"을 "하ᄂᆞᆯ"로 중세에 표시했습니다. "하늘"의 어원을 "한울(큰 울타리란 뜻)"에서 왔다고 보는 이도 있지만[1] 이런 결론보다 먼저 "ᄂᆞᆯ"에 대한 해석을 올바로 하는 것이 중요하다고 봅니다. 이 "ᄂᆞᆯ"은 "오늘(오늘)"의 "ᄂᆞᆯ"과 같은 것으로 보지요. 다시 말하면 "ᄂᆞᆯ"은 바로 "날씨"의 옛형태 아니였겠는가 의심됩니다. 옛날에 "하다"는 "큰 또는 아주 많은"이란 뜻이니까 "하늘"이란 바로 아주 크고 수 없이 많은 "날씨"에서 왔다고 봅니다. 그런즉 "하ᄂᆞᆯ"은 중세의 "하다"[大, 多]와 같은 어원이라 생각됩니다.

　○ 天曰 漢捺 <鷄林類事>
　○ 하ᄂᆞᆯ 뜨디시니(實維天心) <龍歌 8章>
　○ 여슷 하ᄂᆞ론 欲界 六天이라 <釋譜 6:35章>

---

1) 안옥규, 『어원사전』, 동북조선민족교육출판사, 1989.

## ▌해

"해"는 중세에 "히"라 했는데 "일(日), 년(年)"의 뜻을 가지고 있었어요. 한자 "일(日)"은 해 모양을 형상한 것입니다. 우리말 "히"는 "희다"에서 기원했다고 봅니다. 우리 민족을 백의민족이라 하는데 흰색을 즐겨 입는다고 해서 이렇게 부른답니다. 이것은 세상의 대부분 민족들처럼 태양숭배에서 생긴 풍속이지요.

  ○ 日曰 姮 <鷄林類事>
  ○ 日月은 히 드리라 <釋譜 9:4>
  ○ 세히롤 奔走ᄒᆞ야 ᄃᆞ뇨매 <杜解 21:5> (세해를 분주하여 나다님에)
  ○ 힌 쇠져즐 取ᄒᆞ야(取白牛乳) <楞解 7:5>

## ▌별

"별"을 "성두(星斗)·성신(星辰)"이라고도 합니다. 한자 "성(星)"은 "밝을 정 (晶)" 자의 모양을 본떴다고 했습니다. "별"은 "별"[光]과 기원을 같이 한다고 봅니다. 중국말로 "불꽃"을 "화성(火星)"이라 표현하는 데서도 유사한 점을 볼 수 있습니다. 우리말에서도 중세에 "별"을 "볃"으로 표기했는데 "ㄷ → ㄹ" 어음교체로 "별"이 될 가능성은 충분하지요. 따라서 "햇볕"의 "볕"과 같은 말인데 이것 역시 "빛"과 기원을 같이했다고 봅니다. 다시 말하면 "별", "볕"은 "빛"과 동원어휘라 할 수 있습니다.

  ○ 별 爲星 <1446 훈해 59>
  ○ 내 님금 그리샤 後宮에 드르싫 제 하ᄂᆞᆳ 벼리 눈 ᄀᆞᆮ 디니이다 <1447 용가 50> (내 임금 그리워 후궁에 드실제 하늘 별이 눈처럼 지나이다)
  ○ 별 양: 陽 <訓蒙 下 1, 類合 上 4>

## ▌불

"불"은 원시인이 인간으로 진화하는데 제일 중요한 공헌을 했습니다.

한자 "화(火)"는 불이 붙는 형상입니다. 우리말 "불"을 중세에 "블"이라 했
는데 "븥다(붙다)"와 기원을 같이합니다. 이 말은 불의 가장 기본적인 형상
을 이름으로 만들었다고 할 수 있습니다. "블"이 후에 "불"로 되었으며 불
의 뜻으로 "붉다", "밝다"란 말도 생겨났다고 할 수 있지요.

○ 火日 孛 <鷄林類事>
○ 火珠는 블 구스리니 블ㄱ티 붉ᄂ니라 <1447 석상 3:28> (화주는 불구슬이
니 불같이 밝으니라)
○ 쥬신하 블 혀 가져 오고려 우리 잘 디 서러 보아지라 <1510년대 번노 상:
25> (주인이여 불 가져오라 우리 잘 때 서로 보고싶다)

## ▌모닥불

"모닥불"은 "잎나무나 검불 따위를 모아 놓고 피우는 불"입니다. 이는
"모이다"의 의미인 "몯[集]-"에 접미사 "-악"이 결합한 "모닥"과 "불"이
재결합한 말입니다.

○ 모닥불 <1880 한불 247>
○ 모닥불 爇柴之火 <1895 국한 115>

## ▌숯불

"숯불"이란 "나무를 숯가마에 넣어 구워 낸 검은 덩어리의 연료로 하는
불"이지요. 중세에 "슛"이라 했어요. 지금 함경도방언에서 여전히 "숫기"
라 합니다. "숫기"는 처음에 맹수를 두려워 불을 지펴 오래가게 하기 위해
만든 것입니다. 그러므로 "숫그리다(두려워하다)"란 말에서 왔다고 봅니다.

○ 직와 숫근 觸이 類라(灰炭觸類也) <愣解 8:97>
○ 숫탄 炭 돌숫 민 煤 <訓蒙 中 15>
○ 터리 숫그려 날보고 노ᄒᆞ아(竪毛怒我) <類合 下 54>

## ▌ 횃불

"횃불"의 "홰"란 "싸리, 갈대, 또는 노간주나무 따위를 묶어 불을 붙인 것"으로서 옛날에 밤길을 밝히거나 제사를 지낼 때에 썼습니다. "홰"에 "불"의 의미가 있지만 지금 덧붙여 쓰고 있어요. 어원은 한자어 "화(火)"에서 왔습니다. 즉 "화(火)+이(접미사) > 홰"로 되었다고 봅니다.

> ○ 홰 거 炬 <訓蒙 中 15>
> ○ 브리 ᄃᆞ외며 홰 ᄃᆞ외오(爲火爲炬) <楞解 8:101>

## ▌ 화톳불

"화톳불"이란 "한데다가 장작 따위를 모으고 질러 놓은 불"을 말합니다. 이 말은 "화로(火爐)"의 어음과 의미가 전이되면서 "화로 > 화토"로 된 것으로 봅니다. 다른 말로 "모닥불"이라고도 합니다.

## ▌ 물

"물"을 중세에 "믈"이라 했어요. 한자 "수(水)"는 물의 흐름을 형상했습니다. "물"의 가장 시초적인 형태는 "마"였다고 합니다. 삼국시기의 지명들에는 "물"를 "마"로 불렸음을 보여주는 자료들이 많습니다. "매단홀(買旦忽): 수곡성(水谷城)", "복사매(伏斯買): 심천(深川)", "매구리(買仇里): 해도(海島)"와 같이 "물"[水], "시내"[川], "바다"[海]를 가리키는 말을 한자 "매(買)"자로 썼는데 이 글자의 옛날 우리말 발음이 "마"였다는 증거입니다.[2] 그러기에 지금 수재(水災)를 "장마"라 하는 데서도 그 잔재를 볼 수 있습니다.

> ○ 水曰 沒 <鷄林類事>
> ○ 如 믈 爲水 <1446 훈해 57>

---

2) 김인호, 『조선어어원편람』(하), 박이정, 2001, 64~65면.

○ 太子ㅣ 므레 드러 沐浴 ᄀᆞᆷ거시ᄂᆞᆯ 諸天이 種種 花香ᄋᆞᆯ 므레 비터니 樹神이
가지ᄅᆞᆯ 구펴대 <1447 석상 3:40> (태자가 물에 들어 목욕 감으시거늘 제
천이 여러 가지 화향을 물에 뿌리더니)

## ▌강

"강"의 어원은 한자 "강(江)"이지요. 고대 중국에서 "강(江)"은 "양자강(陽
子江)", "하(河)"는 "황하(黃河)"를 말하다가 후에 모두 강을 가리키게 되었습
니다. 원래는 남방의 강은 "강(江)"이라 하고 북방은 "하(河)"라 했는데 후에
서로 혼용되었습니다. 그 외에 또 하천을 말하는 "내 천(川)" 자가 있는데
강이 양안을 따라 흐르는 형상입니다. "강"을 옛날 우리말로 "ᄀᆞᄅᆞᆷ"이라
했습니다. 김소월의 시 <접동새>에도 "진두강 가람가에 살던 누나"가 나
오지요. 물론 근대에 한자어 강(江)에 밀려 크게 쓰이지 않지요. 이 "ᄀᆞᄅᆞᆷ"
은 "갈래, 즉 가르다"에서 기원했다고 봅니다. 이것은 "갈림길"을 "ᄀᆞᄅᆞᆷ
길"이라 한데서도 볼 수 있지요. 이로부터 "갈라지다, 가르다" 등 말도 있
게 되었다고 봅니다.

○ ᄀᆞᄅᆞ매 ᄇᆡ 업거늘(河無舟矣) <訓正解例.用字例>
○ ᄀᆞᄅᆞᆷ길 어귀(岔路口) <漢淸文鑑 9:23>

## ▌바다

"바다"는 『說文解字』에서 "天池也。以納百川者。"(천지이다. 백 갈래 강을 받
아들인다)고 했어요. "바다"를 중세에 "바ᄅᆞ, 바롤, 바리, 바다" 등으로 표기
했는데 그 어원은 "바당(바닥)"과 같이한다고 봅니다. 즉 온 세상의 모든 물
은 나중에 바다로 흘러들기에 "바닥"이라 느껴 이런 이름을 불렀다 봅니
다.[3]

---

[3] 김인호, 『조선어어원편람』(하), 박이정, 2001, 77면. 《바ᄅᆞ》는 《파랗다》의 옛날말 《바ᄅᆞ다》
의 줄기로서 《파란것》이란 뜻을 가지였다.

○ 바ᄅᆞ래 가ᄂᆞ니(于海必達) <龍歌 2章>
○ 그 鹽水 바다해 네 셔미 잇ᄂᆞ니 <月釋 1:24> (그 염수바다에 네 섬이 있나
  니)

## ▌못

"못"[池]은 "넓고 오목하게 팬 땅에 물이 괴어 있는 곳"으로 늪보다 작습
니다. "연못·지당(池塘)"이라고도 합니다. 한자 "지(池)"는 물이 고인 곳이라
했어요. "못"은 "몯다(모이다)"에서 온 말이라고 봅니다. 즉 "물이 모인 곳"을
말합니다.

○ 알ᄑᆡᆫ 기픈 모새(前有深淵) <龍歌30章>
○ 北狄이 모ᄃᆞ니(北狄亦至) <龍歌9章>

## ▌늪

"늪"은 한자 "호(湖)"에 해당하는 고유어인데 "호(湖)"를 "大陂也"<說文解
字>(큰 못이다)고 했어요. 그러나 중국의 호수와 우리말 "늪"은 같은 차원이
아닙니다. 이를테면 중국의 "파양호(鄱陽湖)"는 평소에 면적이 삼천 제곱킬
로미터 넘고, "동정호(洞庭湖)"는 팔백 리 동정이라 불립니다. 그러므로 이
처럼 큰물을 우리말로 늪이라 하지 않고 그냥 한자어 "호수(湖水)"라 합니
다. 우리말 "늪"은 "땅바닥이 우묵하게 뭉텅 빠지고 늘 물이 괴어 있는 곳
으로서 진흙 바닥이고 침수 식물이 많이 자란다"고 했습니다. "늪"의 옛말
인 "눕"은 17세기 문헌에서부터 나타난다고 합니다. 어원 의미상 "눕다"와
연관되어 있는 것 같습니다. 뜻인즉 "물이 누워 있는 모양"이라고 "눕 >
늪"이라 했다고 봅니다.

○ 눕 수 藪 <1664 유합-칠 4>
○ 늡 澤 <1880 한불 282>

## ▌도랑

"도랑"은 "매우 좁고 작은 개울"입니다. "물도랑·물돌·수거(水渠)"라고 도 합니다. "돓(돌다)"과 접미사 "-앙"이 결합한 "돌항"에서 "ㅎ"이 탈락한 것입니다. 즉 "돓+앙 > 돌앙 > 도랑"으로 된 것입니다.

> ○ 쥬인의게 아첨ᄒ야 이웃 밧 도랑 경계를 침졈ᄒ야 갈지 말며 <1796 경신 65> (주인에게 아첨하여 이웃 밭 도랑경계를 침점하여 갈지 말며)
> ○ 도랑 渠 <1880 한불 493>
> ○ 도랑 간 澗 <1884 정몽 5>
> ○ 도랑 溝澮 <1895 국한 79>

## ▌개울

"개울"은 "골짜기나 들에 흐르는 작은 물줄기"입니다. 16세기 후에 "개 올"로 나타난다 합니다. "거(渠)"에 접미사 "-올"이 붙은 것으로 분석됩니 다. "渠"의 상고음은 (黃侃系統: 溪母 模部; 王力系統: 羣母 魚部) [ghio]입니다. 물 론 후에 어음 변화되어 "[ghio] 교올 > 개올 > 개울"로 되었다고 봅니다. 전북방언으로 "개골창"이라고도 합니다.

> ○ 嘔 개올 구 <1527 훈몽 중:16>
> ○ 개울 川 <1880 한불 120>
> ○ 개울 澗溪 <1895 국한 13>

## ▌내

"내"란 "시내보다는 크지만 강보다는 작은 물줄기"입니다. 중세에 "내" [川]가 있었는데 고려가요에는 "나리"가 나타납니다. 이로 보아 옛날 "흘러 내리다"의 의미인 "*나리다(내리다)"에서 기원했다고 봅니다.

> ○ 正月 ㅅ 나릿므른 아으 어져녹져 ᄒ논디 <樂範. 動動> (정월 냇물은 아으 얼고자 녹고자 하는데)

○ 내히 이러 바르래 가느니 <龍歌9章> (내를 이루어 바다에 가나니)

## ▌시내

"시내"란 "시냇물"이라고도 하는데 "골짜기나 평지에서 흐르는 자그마한 내"라 했어요. 여기의 접두사 "시-"는 본래 "실"[絲]이었는데 "내"와 결합하면서 "ㄹ" 받침이 탈락된 것으로 봅니다. 마치 "불삽 > 부삽"으로 변화되는 것과 같습니다. 즉 "실내 > 시내"로 되었습니다.

## ▌개천

"개천에 용이 난다"란 말이 있지요. 그럼 "개천"은 도대체 얼마만한 물일까요? "강이나 내에 바닷물이 드나드는 곳"을 말합니다. 한자어로 "포(浦)"라 하지요. 중세에 "기천"이라 했어요. 이 말은 자체로 만든 한자 어휘 "開川"이라고 하는데 이 보다 "거천(渠川)"으로 추정합니다. "渠"의 상고음은 [ghio]이므로 "渠川"은 "교천 > 기천 > 개천"으로 되었다고 봅니다. 뜻인즉 "개골창 물이 흘러 나가도록 길게 판 내"로 해석되지요. "개천" 앞에 접두사 "실-"을 붙여 "실개천"이라도 합니다.

○ 기천에 쩌러뎌 죽은 거슨(落渠死) <無怨錄 3:10>
○ 渠 기쳔 거 <1583 천자-석 32>
○ 빅셩이 기쳔과 굴헝의 잇고 <1756 어훈 9>
○ 溝 기쳔 <1790 몽해 상:7>

## ▌샘

"샘"은 물이 땅에서 솟아 나오는 곳이나 또는 그 물입니다. 한자 "천(泉)"은 물이 바위틈에서 나오는 형상입니다. "샘"을 중세에 "심"이라 했어요. 이 말은 "심다(샘솟다)"와 기원이 같습니다. 뜻인즉 "물이 솟다"입니다. "시다"[漏: 새다]의 명사형이 "심(샘)"이 되었습니다.

○ 시미 기픈 므른(源遠之水) <龍歌 2章>
○ 玉 나ᄂᆞᄃᆞ셔 심ᄂᆞᆫ 믈 <東醫 湯藥篇 券一 水部> (옥이 나는데서 솟는 물)

## ▌우물

"우물"은 물을 긷기 위하여 땅을 파서 지하수를 괴게 한 곳이나 또는 그런 시설을 말합니다. 한자 "정(井)" 자는 우물 틀과 그 속의 물을 본떴습니다. "우물"을 중세에 "우믈, 움믈"이라 했는데 "움의 물"이란 말입니다.

○ 井曰烏沒 <鷄林類事>
○ 우믈 므를 ᄒᆞᄅᆞ 五百 디위옴 길이더시니 <月釋 8:91> (우물 물을 하루 오백번 긷게 하더니)

## ▌여울

"여울"은 "강이나 바다의 바닥이 얕거나 폭이 좁아 물살이 세게 흐르는 곳"을 말합니다. 중세에 "여흘, 여흘"이라 했어요 "여희다(여의다, 이별하다)"와 기원을 같이한다고 봅니다. 깊은 물을 여의었으니 "여울"이라 할 수 밖에 없지요 즉 "여흴 > 여흘 > 여을 > 여울"로 된 것입니다.

○ 므레 ᄀᆞᄆᆞᆫ ᄃᆞᆯ 비치 ᄀᆞᆮᄒᆞ야 여흘 믌결 中에 이셔 活潑潑ᄒᆞ야 <1467 몽법 43> (물에 가득한 달빛 같아 여울물결 중에 있어 활발하여)
○ 使君의 두 거믄 蓋ㅣ 여흘 녀튼 ᄃᆡ 正히 서르 브텃도다 <1481 두시-초 15:27> (사군의 두검은 덮개가 여울 옅은 데 바로 서로 붙었도다)
○ 여흘 탄 灘 여흘 뢰 瀨 <訓蒙 上 5>

## ▌옹달샘

"옹달샘"은 "작고 오목한 샘"을 말하지요 "옹달"이란 "옹"은 "오그라지다"와 같은 어원입니다. "-달"은 "음달"에서 "달"과 같이 "곳"이란 말입니다.

## ▌땅

"땅"을 중세에 "쌍, 쌍, 따, 싸"라 했는데 복자음(復子音)으로 된 말이었습니다. 한자 "지"[地]는 하늘에 상대하여 만물이 생존하는 대지입니다. 우리말 "땅"도 만물이 살아가는 삶의 터전이지요. 옛 문헌들에서는 고조선의 옛 지역이나 삼국시기의 옛 지역들에 대하여 쓸 때 "검은 산"을 "가마도", "높은 지대의 성"을 "다(달), 고로(골)라고 하였습니다. "다"는 산을 나타낸 "다라(달)"와 같은 말이었습니다. "싸(地)"는 신라·고구려어 "達"이 변한 말입니다. "달(達)"은 지금도 "양달(陽達), 응달(陰達), 비탈(斜地)"에서 보듯이 땅(地)을 나타냅니다. 14세기의 책인『조선관역어』에서는 '땅 지(地)' 자를 "다"[大]로 대역시키였습니다. 『訓蒙字會』,『類合』,『千字文』을 비롯한 자전류의 책들에서는 모두 한자 "지(地)"로 풀이하였습니다. 17세기 이후에는 'ㅇ' 받침이 생기여 "땅"이라 하였습니다. 이는 "가히야지 → 강아지, 고히 → 공 → 콩"과 같이 뒤에 따르는 "ㅎ"의 작용에 의하여 "따히"가 "땅"으로 되었습니다.[4] 15세기 문헌에 "벌레 문 자리"를 "믄 싸해"<1466 구방 하77>라 하고 그 후 20여년 뒤 문헌에서 "믄 디"<1489 구간 6:60>라 했습니다. 그러니 당시 "싸"는 "땅"이 아닌 "자리, 곳"이란 뜻도 있었다는 것을 증명합니다. 다시 말하면 "싸"는 본래 "구체적인 인간의 생활터전"을 가리켰다고 할 수 있습니다. 그리고 "싸"는 의존명사 "디"와 어음 의미적 연관도 있었다는 것을 보여줍니다.

○ 싸 爲地 <訓正 合字解>
○ 쏘 둘파니롤 눌러 汁 내야 믄 싸해 춧들이면 <1466 구방 하77> (또 달팽이를 손으로 눌러 즙을 내 문 곳에 떨구어)
○ 둘팽이롤 소ᄂ로 눌러 므를 싸 믄 디 처디여 <1489 구간 6:60> (달팽이를 손으로 눌러 물을 짜 문 곳에 떨구어)
○ 잠깐 다른 ᄯ히 가 뎜심ᄒ게ᄒ라(率錢略設點心於他處) <呂約38>

---

4) 김인호, 『조선어어원편람』(하), 박이정, 2001, 71면.

○ 짱을 포고 묻고져 ᄒᆞ더니(掘地欲埋) <東國新續三綱. 孝子圖>

## ■ 산

"산(山)" 자는 세 개의 산봉우리를 형상했습니다. "산"을 고유어로 "뫼"라 하는데 "모이다"에서 기원했다고 봅니다. 제주도방언에서 작은 산을 "오름"라는데 이것은 동사 "오르다"에서 기원했다고 보지요. 지금도 야생동물을 "멧돼지, 멧새"라고 "메-" 접두사 붙이는 것은 이 "뫼"에서 온 말입니다.

○ 山曰 每 <鷄林類事>
○ 뫼 爲 山 <龍歌 62章>
○ 내 그 ᄢᅦ 일훔난 뫼해 가 노녀(余時游名山) <杜解 9:1>

## ■ 산기슭

"산기슭"은 "산의 비탈이 끝나는 아랫부분"을 말합니다. "멧기슭·산각(山脚)·산록(山麓)·산족(山足)·초지(初地)"라고도 합니다. 기슭은 본래 "초가의 처마 끝"을 이릅니다. 그러니 "산기슭"은 "산의 비탈이 끝나는 곳"입니다.

○ 기슭 쳠 簷 기슭 밍 甍 <訓蒙 中 5>

## ■ 양달, 음달

"양달"은 볕이 잘 드는 곳이며 "음달"은 그늘지며 볕이 잘 들지 않는 곳을 말합니다. 이 말은 각각 "양(陽)+달", "음(陰)+달"의 합성어로 봅니다. "달"은 "높은 곳, 산"을 가리키는 고유한 우리말이었습니다.

## ■ 골

"골"은 "골짜기"거나 "물체에 얕게 팬 줄이나 금" 또는 "깊은 구멍"도 말합니다. 따라서 "골목"도 가리킵니다. "골"을 『鷄林類事』에서 "丁盖"라 했는데 "골"과 거리가 너무 멉니다. 중세에 "골"[谷, 洞]로 나타납니다. 당시 "골"의 뜻으로 보아 "굴"[洞]과 동원어휘입니다.

○ 골 곡: 谷 <訓蒙 上 3>
○ 골 호: 衚 골 동: 衕 <訓蒙 上 6>
○ 골 동 :洞 <類合 上 5>

## ▎굴

"굴"의 한자 "굴(窟)"은 본디 "窟兔堀也"<說文解字>(토끼굴)을 말합니다. 우리말 "굴"은 한자어 "굴(窟)"을 차용한 것으로 봅니다. 상고음으로 [*kuət]이라 하니 우리말에 와서 변화된 것을 봅니다. 지금 우리가 "굴뚝, 동굴" 등에서 쓰는 말이지요 "동굴(洞窟)"은 말 그대로 한자 어휘입니다.

○ 굴 총 凶 굴 돌 堗 <訓蒙 中 9>

## ▎구렁

"구렁"을 "구학(溝壑)·학곡(壑谷)이라고도 합니다. "구렁"은 중세에 "굴헝"이라 했어요. 이 말은 "굴(窟)"에 접미사 "-엉"이 결합한 것입니다.

○ 굴허에 ᄆᆞᆯ 디내샤(深巷過馬) <龍歌 48章>
○ 굴헝 학: 壑 <訓蒙 上 3>

## ▎구덩이

"구덩이"는 땅이 움푹하게 파인 곳입니다. 중세에 "굳"이라고도 했어요. "굴(窟)"의 상고음으로 [*kuət]이니 결국 "굳"과도 통하는 말입니다. 그러므로 "구덩이"의 어원은 "굳+엉이(접미사)"로 결합된 말입니다.

○ 굳 깅 坑 굳 감 坎 <訓蒙 下 17>
○ 큰 구데 가도고 음식 아니주더니 <三綱 蘇武> (큰굴에 가두고 음식 아니 주더니)

## █ 진펄

"진펄"이란 땅이 질어 질퍽한 벌입니다. 중세에 "즌퍼리"라 했어요. 이 말은 "즐다(질다)"와 "벌"의 합성어입니다. "즌벌 > 진벌 > 진펄"로 된 것입니다.

○ 즌퍼리 져 沮 즌퍼리 셔 洳 즌퍼리 와 洼 <訓蒙 上 5>
○ 즌퍼리 뎐 淀 즌퍼리 탕 蕩 <訓蒙 上 6>

## █ 골목

"골목"을 "골목길"이라고도 합니다. "골[衚]+목"이 합해서 이룬 말입니다. 여기의 "골"[衚]은 "골"[谷]의 뜻에서 의미가 넓어진 것입니다.

○ 골 호 衚 골 동 衕 <訓蒙 上 6>

## █ 막바지

"막바지"는 "길의 막다른 곳"입니다. "막다"와 "-바지" 접사가 결합 된 말입니다. "-바지"는 "올리받이, 이슬받이, 치받이"의 "-받이"와 같은 뜻으로 "곳"을 가리킵니다.

## █ 재

"재"는 중세에 "지, 재"로도 나타나는데 "높은 산의 마루를 이룬 곳"을 가리킵니다. 『三國史記』에 "知衣"로 기록되어 있습니다. 중세의 "지, 재"와 비슷합니다. 류렬은 백제시기 "分嵯", "分沙", "夫沙"로 부르던 지명을 후기신라에 "分嶺"으로 고친 『三國史記』의 자료를 예로 삼국시기 "嶺"을 "사"라고 했다고 추정했습니다.[5] 이로써 "재"가 삼국시기는 "사" 혹은 "자"였을 수

---

5) 류렬, 『세나라시기의 리두에 대한 연구』, 과학백과사전출판사, 1983, 354면.

있으며 중세에 "직/재"로 되었다고 볼 수 있습니다. 그리고 "직/재"에서 자란 나무는 "잣나무"가 되고 그곳에 건축한 성벽을 "잣"이라 했었습니다. 그러므로 "직/재"는 "잣"[城, 松]과도 같은 기원이라 할 수 있습니다. 지금 한자 어휘 영(嶺)에 밀려나고 "박달재" 같은 지명에 남아 있거든요.

○ 牛岑郡 一云首知衣(우잠군을 '쇠재'라고도 한다) <三國史記 券37>
○ 재 ᄂᆞ려 티샤 <龍歌 36章>

## ▌구름

　"구름"은 공기 중의 수분이 엉기어서 미세한 물방울이나 얼음 결정의 덩어리가 되어 공중에 떠 있는 것입니다. 한자 "운(雲)"은 "象回轉形。後人 加雨作雲"<說文解字>(회전하는 모양. 후에 雨를 보태 구름이 되었다)고 설명했어요. "구름"을 중세에 우리말로 "구롬, 구룸, 구름"으로 표시했는데 역시 "굴러 다닌다"고 생각되어 이름 지었다고 봅니다. "구르티다(거꾸러뜨리다)"의 "구르(거꾸러)"와 어원상 연관되는 것 같습니다. 『鷄林類事』에서 "굴림(屈林)"이라 했다는데 바로 "굴러다니다"는 모습을 말합니다.

○ 雲曰 屈林 <鷄林類事>
○ 雲은 구루미라 <月釋 序 18>

## ▌바람

　"바람"은 "ᄇᆞ룸"이라 하였는데 "불다"와 기원을 같이한다고 봅니다. 『鷄林類事』에서 "風曰 孛纜"이라 했습니다. 중세에는 "ᄇᆞ룸"으로 나타납니다. 이 말은 "불다"와 기원을 같이합니다. 즉 "불다 > 불+옴 > ᄇᆞ룸 > 바람" 과 같이 변화되어 왔다고 봅니다. 지금 일부 동사에서 접두사로 남아 있는 "바라(오르다), 바라(다니다)"의 "바라"(이동의 뜻)는 "바라다"[望]와 동원어휘입니다.

○ ㅂㄹ미 슬픠 불오 쁜 구루미 가ㄴ니(風悲浮雲去) <杜解 5:33>
○ 미햇 ㅂㄹ미 길 녀는 오슬 부ㄴ니(野風吹征衣) <杜解 9:17>

## ▎ 샛바람, 하늬바람, 마파람, 뒤바람

"샛바람", "하늬바람", "마파람", "뒤바람"은 바람을 고유어로 동서남북 방향에 따라 부른 이름입니다. "東西南北同"<鷄林類事>라고 한 것을 보아 당시 이미 한자 어휘 동서남북이 씌었다는 것을 알 수 있습니다. 그리고 "샛바람"의 "새"는 "날이 새는 쪽, 즉 동쪽"이며 "하늬바람"의 "하늬"는 "하늘의" 또는 "큰"으로도 해석되는데 "하늬바람"은 "서풍"을 말합니다. "마파람"의 "마"는 "해를 마주 서다"는 뜻으로 "남풍"을 말하고 "뒤바람" 은 "등뒤, 해를 뒤로 하다"는 의미로 "북풍"을 말합니다.6)

○ 東風謂之沙卽明庶風 爾雅謂之谷風也 <星湖塞說>
○ 西風謂之寒意卽閶闔風 爾雅謂之泰風也 <星湖塞說>
○ 南風謂之麻卽景風 爾雅謂之凱風也 <星湖塞說>
○ 北風謂之後鳴卽廣寒風 爾雅謂之涼風也 <星湖塞說>

## ▎ 손돌바람

"손돌바람"은 "손석풍"이라고도 하는데 "음력 10월 20일경에 부는 몹시 매섭고 추운 바람"을 말합니다. 손돌바람에 관한 민간설화에 의하면 고려 때 강화로 피난을 가던 임금이 탄 배의 사공인 손돌이 풍파를 피하여 가자 고 하다가 의심을 받고 억울하게 죽었답니다. 그 후로 음력 10월 20일 무 렵이면 차가운 바람이 불어와 이를 손돌바람이라 합니다. 그러나 이 말의 어원은 기실 "손(좁다)"과 "돌"[梁: 바다의 좁은 목]의 결합으로 된 이름입니 다. 지금도 "바지 솔다"라고 말하고 있지요. 그리고 옛 문헌에 "손돌"이란

---

6) 최창렬, "우리말 계절풍 이름의 어원적 의미", 「한글」 제183호, 1984.

곳을 "窄梁"이라고 기록했습니다. 또 음력 10월 20일 무렵의 심한 추위를 "손돌 추위"라고 한답니다.

○ 窄梁 손돌 在今江華府南三十里許 <龍歌 6:59>

## ▌비

"비"의 한자 "우(雨)"는 구름에서 물이 떨어지다는 의미입니다. 우리말 "비"는 동사 "빟다(뿌리다, 비를 오게 하다)"와 기원을 같이합니다. 즉 "하늘에서 뿌려지는 물"이니 "비"라고 했다고 생각됩니다.

○ 雨日 霏微 <鷄林類事>
○ 한비 사ᄋ리로딗(大雨三日) <龍歌 67章>
○ 諸天이 虛空애 ᄀᄃ기 ᄢᅧ 좃ᄌᄫ아오며 풍류ᄒ고 비터니 <月釋 2:19> (제천이 허공에 가득 끼어 따라오며 풍류하고 뿌리더니)

## ▌가랑비

"가랑비"란 "가늘게 내리는 비로서 이슬비보다는 좀 굵다"고 했어요. 중세에 "ᄀᄅ빅"라 했는데 "가루"[粉]와 "비"의 합친 말입니다. 왜냐하면 "ᄀᄅ"란 "가루"를 가리켰습니다.

○ 눖므리 ᄀᄅ빅 ᄀ티 ᄂ리다 <月釋 1:36> (눈물이 가랑비 같이 흐른다)

## ▌거품

"거품"을 중세에 "더품"이라 했어요. 이 말은 "덮다"에서 기원된 말입니다. 거품이 지면 수면을 덮게 되니 "더품"이 되었지요. 후에 "디새 > 기와", "딤치 > 김치"처럼 "더품 > 거품"으로 됐습니다. 지금도 함경도방언에서 "더품"이라 합니다.

○ 큰 바ᄅ랫 ᄒᆞᆫ 더푸믜(巨海──漚) <法華 6:59>

○ 이모미 모든 더품 곧ᄒᆞ야(是身如聚沫) <圓覺 上 二之二 24>

## ▌ 장마

"장마"를 중세에 "댱마, 마ㅎ"라고 했어요. "댱"에 대해 한자 "長"으로 보
는데는 일치하지만, "마ㅎ"의 어원에 대해 여러 가지 설이 있습니다. "장마
(長麻)"라는 민간 전설, 한자 "霂(목, 가랑비)" 또는 "霉(매, 흙비 오다)"에서, 산스
크리트어 [jhan]을 명사화하는 어미, "물"의 옛 형태 등입니다. 조항범은
"'마ㅎ'은 '雨'와 '霖(장마)'의 의미를 갖는다"고 합니다.[7] 어원적으로 한자
어휘 "장매(長霾)" 혹은 "장목(長霂)"일 가능성도 있지만 "마"는 옛날에 물을
나타냈습니다. 삼국시기의 지명들에는 "물"을 "마"로 불렀음을 보여주는 자
료들이 많습니다. 그리고 "남풍"을 "마파람"이라 하지요. 한반도의 장마철에
는 태풍의 영향으로 수재(水災)가 북상하기에 "물 또는 남쪽"이란 "마"와 "장
(長)"이 합쳐서 "장마"가 되었습니다.

○ 댱마ㅎ <新增類合 上:4> (1576)
○ 맛비 <救急簡易方 1:102> (1489)
○ 마히 ᄆᆡ양이라 장기 연장 다스려라 <占時調 尹善道 비오ᄂᆞ> (장마가 계속
되니 쟁기 연장 다스려라)

## ▌ 가뭄

"가뭄"은 오랫동안 계속하여 비가 내리지 않아 메마른 날씨입니다. 한자
"한(旱)"은 비가 없다는 뜻입니다. 우리말 "가뭄"을 중세에 "ᄀᆞ물"이라 했는
데 "ᄀᆞ물다(가물다)"와 같은 어원입니다. "그믐, 거미"와 동원어휘입니다.

○ 오래 ᄀᆞᄆᆞ다가 비오미 ᄯᅩ 됴토다(久旱雨亦好) <杜解 22:3>

---

7) 조항범, "'장마' 관련 語彙의 語源과 意味", 「國語學」 第61輯, 2011.

## ▋ 눈

"눈"은 대기 중의 수증기가 찬 기운을 만나 얼어서 땅 위로 떨어지는 얼음의 결정체입니다. 한자 "설(雪)"은 "本作䨮。凝雨"<說文解字>(䨮라 했나. 비가 엉키다)란 뜻입니다. 즉 비가 얼어서 내린다고 했습니다. 우리말 "눈"[雪]은 동사 "(오줌) 누다"와 기원을 같이합니다. 즉 "하늘에서 눈[雪]을 눈다"고 여겨 이름 지었다고 보지요. 고대인들은 자연현상을 관찰할 때 자기들의 생활과 인식 기준으로 판단했습니다. 이를테면 "월식(月食)", "일식(日食)"이란 말도 "하늘의 개가 달과 해를 먹는다"고 여겨서 부른 것입니다. 그러니 "눈"[雪]도 "하늘의 똥"이란 정도로 인식했을 수 있습니다.

○ 雪曰 嫩 <鷄林類事>
○ 조코 히요미 눈 곧흔 거시라 <1447 석상 21:46> (깨끗하고 흰 것이 눈 같은 것이라)
○ 雪 눈 셜 <1527 훈몽 상:1>

## ▋ 얼음

"얼음"은 물이 얼어서 굳어진 물질입니다. 한자 "빙(冰)"은 물이 얼어 부피가 커진 모양입니다. "얼음"은 당연히 "얼다"[凍]와 같은 어원이지요. 그리고 "얼다"[嫁]도 역시 같은 데서 기원했어요. 모두 "합치다"는 뜻입니다.

○ 언 시믄 ᄀᆞ는 돌해 브톗고(凍泉依細石) <杜解 9:25>
○ ᄆᆞᆯᄀᆞᆫ 서리예 큰 모시 어니(淸霜大澤凍) <杜解 21:36>
○ 얼 동 凍 <訓蒙 下 2>

## ▋ 무지개

"무지개"는 공중에 떠 있는 물방울이 햇빛을 받아 나타나는, 반원 모양의 일곱 빛깔의 줄로서 흔히 비가 그친 뒤 태양의 반대쪽에서 나타납니다. 한자 "홍(虹)"을 "螮蝀也, 狀似虫"<說文解字>(체동이다. 벌레 모양이다)고 해석했습니다. "무지개"는 보통 바깥쪽에서부터 빨강, 주황, 노랑, 초록, 파랑, 남색, 보라의 차례입니다. "분홍(雰虹)·채홍(彩虹)·체동(螮蝀)·홍예(虹霓)"이라고도 합니다. 중세에 "므지게"로 나타나는데 "물"과 "지게"(지게문 戶)의 합성으로 해석됩니다. 즉 "물로 이루어진 대문"이란 뜻이지요.

○ 西方애 흰 므지게 열 둘히 南北으로 ᄀᆞᄅ 뻬여 잇더니 <1447 석상 23:22>
   (서방에 흰무지개 열둘이 남북으로 가로 꿰여 있더니)
○ 虹 므지게 홍, 霓 므지게 예, 螮 므지게 톄, 蝀 므지게 동 <1527 훈몽 상:1>
○ 雙杠 굽션 므지개, 虹現 므지게 셔다 <1775 역해-보 1>
○ 무지개 홍 虹 <1884 정몽 4>

## ▍안개

"안개"는 지표면 가까이에 아주 작은 물방울이 부옇게 떠 있는 현상입니다. 한자 "무(霧)"는 땅위의 수증기를 가리킵니다. "안개"를 중세에 "ᄀᆞᄅ"라 했어요 『두시언해』초간본의 "늘근 나햇 고즌 ᄀᆞᄅ 소개 보ᄂᆞᆫ듯도 다(늙은 나이에 꽃은 안개 속에 보는듯 하도다)"에서 "ᄀᆞᄅ"는 "무(霧)"를 뜻하는 것으로 중간본에서는 "안개"로 고쳤습니다. "안개"란 말은 "안"[內]과 접미사 "-개"의 결합이라 봅니다. 우리는 "안개 끼다"라고 말하지요. 이로부터 알 수 있는바 옛사람들은 "안개는 떠있는 것이 아니라 골짜기에 끼어있다"고 생각했지요.

○ 비와 안개와 드외요ᄆᆞᆫ 水ㅣ 氣를 조차 變호미라 <1461 능엄 8:100> (비와 안개가 됨은 물이 氣를 따라 변함이라)
○ 霧 안개 무 <1527 훈몽 상:1>

## ▍아지랑이

"아지랑이"란 주로 봄날 햇볕이 강하게 쬘 때 공기가 공중에서 아른아른 움직이는 현상입니다. "야마(野馬)·양염(陽炎)·연애(煙靄)·유사(遊絲)"란 말도 있습니다. "아지랑이"란 말은 "아질아질하다"는 형용사와 어원을 같이 한다고 봅니다. 아지랑이가 피어오르는 것을 보면 사람을 아질아질하게 만든다고 이런 이름을 지었다고 보며 "아질+-랑이(접미사) > 아지랑이"로 되었다 생각합니다.

○ 머리 세오 아줄아줄히 오직 취호야셔 즈오ᄂᆞ다(頭白昏昏只醉眠) <杜解 9:27>

## ▌번개

"번개"는 구름과 구름, 구름과 대지 사이에서 공중 전기의 방전이 일어나 번쩍이는 불꽃입니다. "뇌편(雷鞭)·열결(列缺)·전정(電霆)"이라고도 했습니다. 한자 "전(電)"을 "陰陽相薄爲靁。陰激陽爲電。電是靁光"<說文解字注>(음양이 서로 싸우는 것을 靁이라 한다. 음이 양을 노하게 하면 電이 된다. 電은 靁의 빛이다)고 했습니다. 우리말 "번개"를 "번개, 번기, 번게" 등으로 중세에 표시되었는데 "번득시, 번드기, 번득ᄒᆞ다(환하다, 뚜렷하다)" 등의 "번-"과 기원을 같이 하며 "-개/-게/-기"는 명사조성 접미사라 할 수 있지요. 그리고 이 "번-"은 "불"과도 어원적인 연관이 있다고 봅니다. 그리하여 "번게 > 번기 > 번개"로 되었습니다.

○ 업던 번게를(有燁之電) <龍歌 30章>
○ 번드기 제 보리니(曉然自見) <金剛 序 13>

## ▌벼락

"벼락"은 "번개"의 한자 어휘 표현이라 보겠습니다. 물론 중세에도 "별악, 별학"으로 표기되었습니다만 한자어 "벽력(霹靂)"의 사용과정에서 어음이 변화한 것입니다. 즉 "벽력 > 벽락 > 벼락"으로 되었습니다.

○ 별악 : 霹靂火閃 <譯語 上 2>

○ 벌악티다(雷打 了) <譯語 上 2>

## ▌천둥

"천둥"이란 뇌성과 번개를 동반하는 대기 중의 방전 현상입니다. 한자어
에서 변형된 "우레"[雨雷]라고도 합니다. 이 말은 한자어 "天動"입니다. 중
국 한나라 때 양웅(揚雄) <우렵부(羽獵賦)>에 "洶洶旭旭, 天動地岋(흉흉한 물결
위에 아침 해 솟고 하늘과 땅이 뒤흔든다)"라는 구절이 나옵니다. "天動"은 당시
에 천체의 운행을 가리켰습니다.

○ 텬동ᄒ여든 온갓 거시 다 훔믜 <1588 소언 2:60> (천둥하거든 모든 것이
    다 함께)
○ 震 텬동 진 <1576 신합 하:56>

## ▌우박

"우박"을 "누리 · 백우(白雨)라고도 합니다. "우박"은 한자어 "우박(雨雹)"
이고 중세에 "믈위, 무뤼"란 말이 고유어이지요. "믈위, 무뤼"란 말은 당연
히 "물"과 어원이 같지요. 중부방언에서 "누리"라고도 한답니다.

○ 믈위 氷雹 <譯語 上 3>

## ▌서리

"서리"는 "대기 중의 수증기가 지상의 물체 표면에 얼어붙은 것"입니다.
한자 "상(霜)"은 이슬이 언 것이라 했습니다. "서리"는 중세에도 같은 말로
썼어요. 이 말은 수증기가 찬 기운을 받아 물방울을 지어 엉기는 "서리다"
와 어원을 같이 합니다.

○ 서리 상: 霜 <訓蒙 上 2>
○ 버텅에 서리딘 버드른 ᄇᆞᄅᆞ매 부치놋다 <初杜解 9:22> (증계에 서리진 버

들은 바람에 부치는구나)

## ▌서리꽃

"서리꽃"이란 유리창 따위에 서린 김이 얼어서 꽃처럼 엉긴 무늬입니다. "성에"라고도 합니다. "서리꽃"은 "서리+꽃"의 합성어입니다.

## ▌성에

"성에"는 "서리꽃"도 말하지만 물 위에 떠내려가는 얼음덩이 즉 "성엣장"도 가리킵니다. 중세에 "서에"라 했습니다. 이 말은 "시(凘: 성에)"의 상고음 [sĭe]를 차용한 말이라고 봅니다. 즉 "凘[sĭe]+에 > 셔에 > 서에 > 성에"로 되었습니다.

○ 서에 爲流凘 <訓正解例.用字例>
○ 氷筏子 성에 <1690 역해 상:7>

## ▌이슬

"이슬"이란 "공기 중의 수증기가 기온이 내려가거나 찬 물체에 부딪힐 때 엉겨서 생기는 물방울"이지요. 그리고 "여자의 월경이나 해산 전후에 조금 나오는 누르스름한 물"도 가리켰습니다. 한자 "노(露)"는 "露者, 陰之液也"(露는 음의 액체이다)고 했어요. 우리말 "이슬"이란 어원은 바로 여자의 "(몸에) 있다"란 의미에서 "이슬"이라 불렀고 이로부터 이와 유사한 자연현상인 "노(露)"도 같은 이름으로 지었다고 봅니다.

○ 이슬 느리다(下露) <漢淸文鑑 1:13>
○ 이슬 로 露 <訓蒙 上 2>

## ▌소나기

"소나기"는 중세에 "쇠나기"라 했어요. "쇠"는 중세에 "몹시, 심히"라는 뜻이니, 즉 "소나기"란 "몹시 내리는 비"라는 말이지요. "(힘이) 세다, (바람이) 세다"는 "세다"와 어원이 같다고 봅니다. 여기에는 재미있는 민간 전설이 있습니다. "옛날 한 마을에 고집이 센 두 영감이 해가 쨍쨍 내리쬐는 무더운 날에 소 한 마리씩 끌고 장마당으로 떠났습니다. 얼마쯤이나 안가 난데없이 먹구름이 끼기 시작하며 날씨가 몹시 흐려졌습니다. 한 노인이 당황해하며 '영감, 이제 비가 몹시 쏟아질 터이니 우리는 집으로 돌아가는 것이 어떻소?'라고 말하였습니다. 그러자 다른 영감은 '영감, 무슨 소리요, 이 구름은 흩어질 구름이요. 그냥 장마당으로 가는 것이 좋겠소'라고 대답하였습니다. 두 영감은 다 고집이 센 영감들인지라 누구도 자기의 의견을 되돌리려 하지 않았고 옥신각신하였으며 마침내 내기를 걸게 되었습니다. 한 영감이 먼저 '영감, 그럼 우리 소를 내기로 하기요. 비가 내리지 않으면 난 이 소를 영감에게 주겠소'라고 하였습니다. 다른 영감도 동의하며 '좋소. 그렇게 합시다'라고 하였습니다. 말을 마치고 조금 있는데 무더기비가 쏟아져 내리었습니다. 이긴 노인은 딩딩해서 다른 노인의 소고삐를 잡아당기며 '비가 내리니 이 소는 내 소요'라고 하였습니다. 다음 노인이 비는 얼마 오지 않았으며 날도 개어가니 자기가 이겼다고 하였습니다. 두 노인이 옥신각신하던 끝에 고을 원한테까지 가서 판결을 내려달라고 하였으며 이 소문이 인차 온 마을에 퍼졌다고 합니다." 그러나 이것은 어디까지나 민간어원이고 "쇠나기"는 그저 "세게 내린다"는 뜻입니다.

○ 쇠 치운 저기며 덥고 비 오는 저긔도(祁寒暑雨) <翻小學 9:2>
○ 쇠나기에 흐르는 지니 듣느니(凍雨落流膠) <杜解 18:19>

## ▌우뢰

"우뢰"는 한자어 "우레(雨雷)"이고 "천둥"이란 중세에 "텬동(天動)"이란 한 자어에서 왔어요. 가능하면 "우뢰" 대신에 옛날 고유어로 "울에(울다)"가 있 었을 수 있습니다.

  ○ 雷 뢰는 天 텬 動 동이오 <梵音集17>
  ○ 들을 제논 우레러니 보니논 눈이로다 <松江 關東別曲> (들을 때는 우레러 니 보니깐 눈이로다)

## ▌노을

"노을"은 해가 뜨거나 질 무렵에, 하늘이 햇빛에 물들어 벌겋게 보이는 현상입니다. "노을"은 중세에 "노올, 노올, 노을"로 나타납니다. 그리고 "나 올"로 나타나며 "불꽃"을 가리켰다고 합니다. "노을"을 방언(강원, 경상)에서 "나불"이라고도 합니다. 그러므로 "노을"의 어원은 "나불거리다"와 같이한 다고 봅니다. 즉 불꽃처럼 나불거리는 노을을 보고 "*나불"이라 했습니다. 그리하여 "*나불 > 나올 > 노올 > 노을"로 변화되었다고 봅니다.8)

  ○ 霞 노을 하 <1527 훈몽 상:1>
  ○ 무霞 아춤 노올 晩霞 저녁 노올 <1690 역해 상:2>

## ▌들

"들(野)"은 사전에서 "편평하고 넓게 트인 땅"이나 "논이나 밭으로 되어 있는 넓은 땅"이라고 해석합니다. 한자 "야(野)"는 성 밖을 말합니다. "들–" 은 지금도 '야생으로 자라는'의 뜻, '무리하게 힘을 들여', '마구', '몹시'의 뜻을 더하는 접두사로 쓰입니다. 중세에 "들ㅎ, 드르"라고도 합니다. 그러 니 "들"은 "인간이 다치지 않은 야생적인 넓은 땅"이란 뜻입니다. 그 외

---

8) 김인호, 『조선어어원편람』(하), 박이정, 2001, 63면.

"뜰(뜰)"도 역시 기원이 같은 말이라 봅니다.

○ 만일 거츤 벌과 빈 들희(若荒郊曠野) <無怨錄3:95>
○ 드르헤 龍이 싸호아(龍鬪野中) <龍歌69章>

## ▌벌

"벌"은 "넓고 평평하게 생긴 땅"입니다. 중세에 한자로 "벌"을 "성밧 郊"라 하고 "들"을 "들 野"라 번역했어요. 그러니 "벌"은 본래 "인가가 없는 넓은 땅"을 일컬었습니다.

○ 만일 거츤 벌과 빈 들희(若荒郊曠野) <無怨錄3:95>

## ▌언덕, 둔덕

"언덕"을 중세에 "언턱"이라고도 했어요. 한자어 "언(堰)"과 "턱"이 결합된 것으로 봅니다. 여기의 "턱"은 "문턱"에서와 같이 "평평한 곳의 어느 한 부분이 갑자기 조금 높이 된 자리"를 말하지요. "둔덕"이란 말도 있는데 "두드러진 언덕"이란 뜻이지요.

○ 지아비 왜적 만나 굴티 아니ᄒ고 언턱의 ᄣᅥ러뎌 죽거늘 <東國新續 三綱.烈女圖 4:64> (남편이 왜적 만나 굴하지 않고 벼랑에 떨어져죽거늘)

## ▌동산

"동산"은 "마을 부근에 있는 작은 산이나 언덕"입니다. 한자어 "동산(東山)"의 차용인데 뜻마저 변하여 동쪽 산을 가리키는 것이 아닙니다. 또 동산(童山)이라고 하여 "초목이 없는 황폐한 산"을 가리킨다고 합니다. 한반도에 초목이 없는 큰 산이 별로 없어 이런 이름이 있을 법도 합니다.

## ■ 민둥산

"민둥산"을 "벌거숭이산"이라고도 합니다. 이 말은 "민(맨, 순수한)"과 "동산"의 결합에서 생긴 말이며 "민동산 > 민동산 > 민둥산"으로 변화됐다고 봅니다.

○ 이런 민 흙구들에 엇디 자리오(這般精土坑上的睡) <老解 上 23>

## ■ 모래

"모래"는 잘게 부스러진 돌 부스러기입니다. "모래"를 중세에 "몰애"라고 했는데 "몯다"와 어원상 연관된다고 봅니다. "몰-"은 "몯"[集]이란 뜻이고 "-애"는 "노래, 마개, 나래"에서 쓰이는 접미사 "-애"입니다. 즉 "작은 알갱이가 모인 것"을 말하지요.

○ 그믈 미틔 금 몰애 잇ᄂ니 <月釋 1:24> (그 물밑에 금모래 있거니)

## ■ 돌(石)

"돌(石)"이란 흙 따위가 굳어서 된 광물질의 단단한 덩어리입니다. 바위보다는 작고 모래보다는 큰 것을 이릅니다. 한자 "석(石)"은 "右象岩角, 左象石塊(오른 편은 바위이고 왼 편은 돌덩이)"라는 모양입니다. "돌"의 어원을 역시 동사의 같은 어근에서 찾아봅니다. "돌다"[轉]는 "回轉"이란 의미 외에 "구르다" 뜻도 있습니다. 즉 구르니까 돌려지기 마련이지요. 그래서 "돌"이라 한 것 같습니다. 우리말에 "굴러 온 돌이 배긴 돌은 뽑는다"는 속담도 있거든요.

○ 石曰 突 <鷄林類事>
○ 石은 돌히오 壁은 ᄇᆞᄅᆞ미니 ᄇᆞ롬ᄀᆞ티 선 바회를 石壁이라 ᄒᆞᄂ니라 <1447 석상 9:24> (石은 돌이오 壁은 바람이니 바람같이 선 바위를 石壁이라 하느니라)

○ 石 돌 셕 <1527 훈몽 상:2>

## ▌곱돌

"곱돌"이란 "기름 같은 광택이 있고 만지면 양초처럼 매끈매끈한 돌"을 말하는데 "납석(蠟石)"이라고도 합니다. 때로는 "곱돌로 만든 자그마한 솥" 도 일컫습니다. "곱게 생긴 돌"이라고 이름 붙인 것 같습니다.

## ▌자갈

"자갈"이란 "강이나 바다의 바닥에서 오랫동안 갈리고 물에 씻겨 반질 반질하게 된 잔돌"입니다. "사력(沙礫)·석력(石礫)·역석·잔작돌" 또는 "조 약돌" 등 명칭이 있습니다. "자갈"은 "작(다)+알"의 결합입니다. 즉 "작알 > 자갈"로 된 것입니다. "조약돌"은 기실 "자갈"과 별 차이가 없어요 "작 고 동글동글한 돌"이라 하니 이름 진 각도가 다를 뿐입니다. 중세에 "지벽, 지역, 즈역"이라 했습니다. 즉 "지벽 > 지역 > 즈역 > 조약+돌"로 변화된 것입니다.

○ 디샛 지역 瓦礫 <永嘉 下 73>
○ 抱川滓甓洞 지벽골 <龍歌 1:49>
○ 디샛 지역을 나토고 <圓覺 上 2:124> (기와의 조약돌 낮추고)

## ▌흙

"흙"을 "토양(土壤)"이라고도 합니다. 한자 "토(土)"는 갑골문에서 위는 흙 덩이고 아래는 땅입니다. "土, 地之吐生物者也。"<說文解字>(土는 땅에서 생물 이 자라게 하는 것이다)고 했어요. "흙"을 중세에 "흙"으로 표시했어요. 그 어 원을 밝히기 어렵지만 눈에 띄는 것이 "흙"과 동사 "흐다(하다)"의 어근적 일치입니다. 동사 "흐다(하다)"는 우리말에 없어서는 안 될 기본 동사로 그

부담양은 엄청납니다. "하다"가 이렇게 절대적 우세로 쓰이는 원인은 그 뿌리가 "ᄒ"와 "흙"이 동원어휘이기 때문이라 봅니다. 다시 말하면 "흙"은 농경민족에게는 생명의 근원이며 모든 생활의 기초로 됩니다. 이런 의미의 공통성으로 하여 "훍(흙)"은 "홀+기(접미사)"로 분석됩니다. 어원적 의미는 "(일을) 할 곳"이라 봅니다.

○ 土曰轄希 <鷄林類事>
○ 土黑二 <朝鮮館譯語. 地理門>
○ 훍 爲土 <1446 훈해 49>
○ 土曰轄希 <鷄林類事>
○ 훌기 훈자히 나면(出土一尺) <愣解 3:87>

## ▌바위

"바위"는 "부피가 매우 큰 돌"입니다. "석암(石巖)"이라고도 합니다. "바위"를 중세에 "바회"라고 했어요. "바퀴"도 "바회"라 했으니 이들은 같은 어원입니다. "바회"란 말은 동사 "바퇴다(버티다)"에서 온 것이라 봅니다. 세상에서 비바람에 끄떡 없이 버티고 있는 것은 바위뿐이니깐 당연히 "바퇴다"와 어원을 같이했다고 보지요 "바퇴/받회 > 바회 > 바위"로 된 것이라 봅니다.

○ 구무바회 孔巖 <龍歌 3:13>
○ 바회 암 巖 <訓蒙 上 3>
○ 바퇼 듀: 柱 <訓蒙 下 17>
○ 서르 바퇴엇는 거시니 <初 杜解 16:2> (서로 받치고 있는 것이니)

## ▌너럭바위

"너럭바위"란 "넓고 평평한 큰 돌", 즉 반석(磐石)을 말하지요 중세에 "너러바회"라 했어요. 이 말은 "너르다"의 "너러"와 접미사 "-억"이 결합된 것입니다.

○ 圓通골 ᄀᆞᄂᆞᆫ길로 獅子峯을 ᄎᆞ자가니 그 알픠 너러바회 化龍쇠 되어셰라
<松江 關東別曲> (원통골 좁은 길로 사자봉을 찾아가니 그 앞에 너럭바위
화룡 沼 되었어라)

## ▌벼랑

"벼랑"은 "낭떠러지의 험하고 가파른 언덕"입니다. "벼랑"은 중세에 "별"
로 나타납니다. 이 단어는 특수한 곡용을 하여 조사와 결합할 때 "별→벼
로→별해→별헤"와 같이 불규칙적입니다. 그 어원을 따져보면 형태상 "베
티다(베다, 찍다)"와 관련된다고 봅니다. 벼랑 끝에 서면 그야말로 칼로 벤 듯
한 낭떠러지가 지척에 있습니다. "벼랑"은 "별+앙(접미사)"의 결합입니다.

○ 벼로 峭崖 <漢淸文鑑 1:39>
○ 六月 ㅅ 보로매 아ᄋᆞ 별해 ᄇᆞ론 빗 다호라 <樂範. 動動> (유월 보름에 아
 ᄋᆞ 벼랑에 버린 빗 같아라)
○ 즉재 돗긔로 풀홀 베티니 길넬 사ᄅᆞ미 보고(卽引斧自斷其臂路人見者) <三
 綱. 李氏>

## ▌낭떠러지

"낭떠러지"는 깎아지른듯한 언덕을 말합니다. 19세기 문헌에서부터 "넝
쩌러지, 랑쩌러지"가 나타납니다. "랑쩌러지"는 "절벽에서 떨어지다"란 의
미로서 "랑"은 "떨어질 락(落)"이 어음 변화된 것입니다. "낭떠러지"는 "락
(落)+떨어지"가 결합된 것으로서 "락떨어지 > 랑쩌러지 > 넝쩌러지 > 낭떠
러지"의 변화를 해 왔습니다.

## ▌쇠

"쇠"란 "철"[鐵]을 일상적으로 이르는 말입니다. 한자 "철(鐵)"은 "黑金也"

<說文解字>(검은 금이다)고 했습니다. "쇠"를 『鷄林類事』에서 "歲"라 했는데 이는 중세에 "쇠"라 한 것과 비슷합니다. "쇠"[鐵]는 "쇠(몹시, 심히)"와 동원어 휘라 봅니다.

○ 鐵曰歲 <鷄林類事>
○ 쇠붑 죵 鐘 <訓蒙 中 32>
○ 쇠병훈 저기 아니어든(非甚病) <飜小學 9:104>

## ▎구리

"구리"란 동(銅)을 말합니다. 『鷄林類事』에서는 "동(銅)"이라 했습니다. 류 렬은 "고구려"의 원래 이름 "고리"는 "금"이나 "구리(동)"이 옛날 말일 수 있 다고 했습니다.9)

## ▎금, 은

"금"은 당연히 "금(金)"의 차용어입니다. 그러면 그 이전에 고유어가 없을 수 없지요. 『鷄林類事』에서는 "金曰那論義"라 했습니다. 前間恭作은 "那論義" 를 "那論歲"의 오기로 보고 "누른쇠"라 해석했습니다.10) 그러면 "금(金)"의 우리말 고유어는 "누른쇠"입니다. "은"은 한자 "은(銀)"이지요. 『鷄林類事』에 서는 "銀曰漢歲"라 했습니다. 前間恭作은 "漢歲"를 "흰쇠"라 해석했습니다.

## ▎유리

"유리"는 석영, 탄산소다, 석회암을 섞어 높은 온도에서 녹인 다음 급히 냉각하여 만든 물질입니다. "초자(硝子)"라고도 합니다. 이 말은 한자어 "유 리(琉璃)"에서 온 말입니다. "유리(琉璃)"는 본래 칠보(七寶)의 하나인 보석이

---

9) 류렬, 『세나라시기의 리두에 대한 연구』, 과학백과출판사, 1983, 316면.
10) 前間恭作, 『鷄林類事麗言攷』, 東洋文庫, 대정 14(1925).

름이었습니다.

## ▮ 구슬

"구슬"은 보석이나 진주 따위로 둥글게 만든 물건으로서 흔히 장신구로 씁니다. 『鷄林類事』에서는 "珠曰區戌"이라 했고 중세에도 "구슬"이라 했습니다. 이 말은 한자어 "구(球)"와 "슳다(쓿다, 닳다)"의 결합으로 봅니다. 구슬을 만들자면 반드시 쓿고 닳게 하여야만 둥글게 만들 수 있지요.

## ▮ 숲

"숲"은 "수풀"의 준말입니다. 중세에 "숩, 수플"로 나타납니다. 이 말은 "풀숲"과 같은 뜻으로서 "섶", 즉 "잎나무, 풋나무, 물거리 따위의 땔나무를 통틀어 이르는 말"과 동원어휘라 봅니다. 즉 "땔나무"를 "섶"이라 할 진대 "숲"은 이런 땔나무를 할 만한 나무와 잡초가 우거진 곳을 말한다고 볼 수 있습니다.

○ 이 셤 우희 이 남기 잇고 그 숩서리예 므리 잇ᄂᆞ니 <月釋 1:24> (이 섬위에 나무 있고 그 숲 사이에 물이 있나니)
○ 뷘 수프리어나 <月釋 9:40> (빈 수풀이거나)

## ▮ 넌출

"넌출"은 길게 뻗어 나가 늘어진 식물의 줄기입니다. 예로 등의 줄기, 다래의 줄기, 칡의 줄기 따위이다. 중세에 "너출"이라 했습니다. 이 말의 어원은 "너출다(뻗쳐서 옮다)"에서 왔습니다. "넓히다"는 "너"와 "추다"의 결합으로 "너출"이 된 것입니다. "너출"은 "ㄴ" 받침이 첨가되어 "넌출"로 되었으며 같은 말로 "넝쿨"은 "넌출"이 어음 변화된 것으로 봅니다. "넝쿨"은 또 "덩굴"이란 말도 파생시켰습니다.

○ ᄯᅡᆺ 기르미 업거늘 버거 너추렛 여르미 나니 버혀든 ᄢᅮᆯ ᄀᆞᄐᆞᆫ 지니 흐르더라

<1459 월석 1:43> (땅 기름이 없거늘 다음 넌출에 열매 나니 베거든 꿀
같은 진이 흐르더라)
○ 藤 너출 둥 虆 너출 류 <1527 훈몽 하:2>
○ 닝쿨 蔓 <1895 국한 60>

## ▌덤불

"덤불"은 "어수선하게 엉클어진 수풀"을 말합니다. 중세에 "덤블"이라
고 했습니다. "딮다(덮다)"와 "플(풀)"이 합성된 말입니다. "덮플"이 어음 변
화되어 "덤불"로 되었습니다. 숲이 엉켜있으니 당연히 덮여 있게 되지요.
이로부터 "검불"이란 말도 생겼습니다.

○ 가싀덤블을 헤티고(披榛) <五倫 1:61>

# 7. 건축물

## ▌집

"집"은 사람이나 동물이 추위, 더위, 비바람 따위를 막고 그 속에 들어 살기 위하여 지은 건물입니다. 한자 "가(家)"는 집안에 돼지가 있는 형상입니다. "집"을 중세에 "집, 짓"으로 표기되었습니다. 여기서 흥미를 끄는 것은 "짓"이 "집"을 나타내기도 했다는 것입니다. 이러면 우리는 동사 "(집)짓다"와 연관시켜 같은 어원에서 왔다고 볼 수 있지요.

○ 술 푸는 짓 墟를 위ᄒ야 얻노라(爲覓酒家墟) <杜解 2:18>
○ 우리 ᄒᆞᆫ짓 사롬이오(咱們一家人) <老解 下 6>
○ 御制ᄂᆞᆫ 님금 지스샨 그리라 <訓正註解> (御製는 임금 지으신 글이라)

## ▌집기슭

"집기슭"은 '처맛기슭'의 옛말이며 지금 "처마"라고도 합니다. "기슭"은 "산이나 처마 따위에서 비탈진 곳의 아랫부분"입니다. 그러므로 중세에 "기슭믈(낙숫물)", "기슭집"[行廊]이란 말도 있었습니다.

○ 집기슭 그르메ᄂᆞᆫ 미미히 덧고(簷影微微落) <杜解 3:26>
○ 기슭 믈 류 溜 <訓蒙 下 18>

## ▌벽

"벽"은 집이나 방 따위의 둘레를 막은 수직 건조물입니다. 이 말은 한자어 "벽(壁)"에서 온 말입니다. 본래 "ㅂ룸"이라 했는데 "바람을 막다"는 의미로 이렇게 불렀다고 봅니다. 후에 한자어 벽(壁)에 밀려났어요.

> ○ 壁은 ㅂ르미니 <釋譜 9:24> (벽은 바람이라)
> ○ ㅂ룸애 걸라(壁子上掛着) <老解 上 22>

## ▌상

"상"은 "책상, 밥상"의 "상"인데 한자어 "상(床)"에서 온 것입니다. 이 "상(床)"은 지금의 침대를 말하는 것이 아니라 고대중국어에서는 "음식이나 책 따위를 올려놓는 가구"였어요. 당나라 때 이백의 유명한 시 "床前明月光 疑是地上霜"(상 앞의 밝은 달빛이 땅위의 서리 같구나)의 "상(床)"이 바로 이것을 말하는 것이지요.

> ○ 床曰床 <鷄林類事>

## ▌부엌

"부엌"을 중세에 "브섭, 브섭"이라고 했는데 "불을 때는 곳"이란 뜻입니다. "붗"은 "불"을 뜻하는 옛말이고 "섭/섭"은 "섶"과 동원어휘입니다. 이 말은 "브섭 > 브섭 > 브석 > 브억 > 부엌"으로 변화되었습니다. 방언에 따라 "부섭, 부어깨, 부석짝" 등으로 부릅니다. 어원적 의미는 "불을 때는 나무"입니다.

> ○ 브섭 니에 庖廚의 머로물 알리로다(廚煙覺遠庖) <重杜解 14:19>
> ○ 브석 포 庖 <訓蒙 中 9>

## ▌ 부뚜막

"부뚜막"은 아궁이 위에 솥을 걸어 놓는 언저리입니다. 18세기 문헌에 "붓두막"으로 나타납니다. "부뚜"의 옛말인 "붓두"는 19세기 문헌에서부터 나타나는데 곡식에 섞인 쭉정이나 티끌을 날리기 위하여 바람을 일으키는 데 쓰는 돗자리입니다. 본딧말은 "붖돗"입니다. "(바람을) 부치다"의 옛말 "붗다"의 어근에 돗자리를 뜻하는 "돗ㄱ"[席]이 결합된 말입니다. "붖돗 > 붓돗 > 부뚜"로 된 것입니다. "부뚜막"은 "부뚜+막"의 합성입니다. "막다"의 어근 "막"은 "오르막, 내리막"에도 쓰입니다. "부뚜막"의 어원적 의미는 "돗자리가 가마에 닿는 곳"이라 할 수 있습니다.

  ○ 竈臺 붓두막 <1775 역보 14>
  ○ 鍋臺 붓두막 <1790 몽보 15>

## ▌ 아궁이

"아궁이"는 "방이나 솥 따위에 불을 때기 위하여 만든 구멍"입니다. "분구(焚口)·아궁"이라고도 합니다. "아궁이"는 중세의 "아귀"에서 기원된 말입니다. 즉 "아귀+웅이(접미사) > 아구+웅이 > 아궁이"로 되었습니다.

  ○ 竈火門 부억 아귀 <1690 역해 상:18>
  ○ 竈門 솟 아귀 <1775 역보 14>
  ○ 鹿角으로 아궁이에 젼 메오고 <1765 박신 1:18>

## ▌ 바닥

"바닥"이란 "평평하게 넓이를 이룬 부분" 또는 "물체의 밑부분"을 말합니다. 중세에 "바당"이라 했어요 "바당+악(접미사) > 바닥"으로 되었습니다.

  ○ 合掌은 솞바당 마촐씨라 <月釋 2:29> (합장은 손바닥 맞추는 것이라)
  ○ 밠바닸 <月釋 2:28> (발바닥)

## ▌사립문

"사립문"을 "사립, 사립작, 사립짝"이라고도 했는데 "사립짝을 달아서 만든 문"을 말합니다. 쉽게 말하면 싸리나무, 대나무 가지 따위로 엮어 짐 승들을 막는 울바자 문이지요. "사립"의 옛말인 "살입"은 17세기 문헌에서 부터 나타납니다. 이 단어는 "가는 나무"의 뜻인 "살"과 "문"의 뜻인 "입" 이 결합한 것으로서 순수한 고유어입니다. 즉 여기에 또 "문(門)"이 결합하 여 "살+입+문"이 된 것입니다.

○ 사립 짝 : 笆篱 <語錄 23>
○ 샐별 디쟈 종다리 떳다 호믜 메고 사립나니 <古時調.李在> (샛별 지자 종 달새 떴다 호미 메고 사립문 나서니)

## ▌문호

"문호(門戶)"는 "출입문"입니다. 중세에 "잎, 입"이라고 했어요. "잎, 입"의 어원은 "입"[口]과 같다고 봅니다. "입"[口]도 음식이 들어오는 곳이니 사람 이 드나드는 "문호"와 이런 공통성에서 "잎, 입"이라 했다고 봅니다.

○ 입과 窓과 쯰메 <楞解 2:25> (대문과 창문 사이에)
○ 寢室 이페 안즈니(止室之戶) <龍歌 7章>

## ▌구들, 온돌

"구들"은 고래를 켜고 구들장을 덮어 흙을 발라서 방바닥을 만들고 불 을 때어 난방을 하는 구조물입니다. 이 말의 어원은 "굴(窟)+돌(埃)"의 합성 어입니다. "돌(埃)"은 "굴뚝"으로도 해석됩니다. 즉 "굴돌 > 구돌 > 구들" 로 되었다고 봅니다. "온돌"은 한자 온(溫)과 돌(埃)이 결합된 것입니다. 왜 냐하면 옛적에 구들은 방골을 판 후 납작한 돌을 펴서 만들었었지요. 그러 기에 여기서 고유어 "돌"[石]로도 설명할 수 있습니다. 온돌에 대한 최초의 기록인 <舊唐書. 高句麗傳>에 "冬月皆作長坑 坑下燃熅火 以取煖"(겨울에는 모두들 긴 구덩이를 만들어 그 밑에서 불을 때어 따뜻하게 하였다)라고 있는 것으로 보아, 이미 7세기 초에 고구려의 대부분의 민가에서 온돌을 이용했다는 것을 알 수 있습니다.

    ○ 굴 총 囱 굴 돌 堗 <訓蒙 中 9>

## ▮ 침대

"침대"는 사람이 누워 잘 수 있도록 만든 가구로서 "침상(寢牀)"이라고도 했습니다. 우리 민족은 본래 구들을 선호한 생활을 해왔기에 "침대"는 후에 받아들인 가구입니다. 이 말은 일본에서 만든 한자어 "침대(寢臺)"에서 온 것이지요.

## ▮ 정주간

"정주간"은 부엌과 안방 사이에 벽이 없이 부뚜막에 방바닥을 잇달아 꾸민 부엌을 말합니다. 함경도 지방에서 많이 볼 수 있습니다. "정주(鼎廚)"라고도 합니다. 이 말은 자체 한자 어휘 정주간(鼎廚間)에서 온 것입니다.

## ▮ 사랑채

"사랑채"는 바깥주인이 주로 거처하면서 외부의 손님들을 접대하는 생활공간입니다. "사랑방(舍廊房)"이라고도 합니다. 농촌 민가와 같은 작은 규모의 주택에서는 사랑을 두지 않거나 두더라도 생활 교육 접객 등을 겸하는 공간이 됩니다. 중류 민가에는 안채에 연결되어 대문에 가까운 부분에 설치되고 사랑채가 독립된 건물은 부농이나 중·상류계급의 주택에서 볼 수 있습니다. "사랑채"는 한자어 "사랑(舍廊)＋채(寨)"의 결합입니다.

## ▌ 아낙

"아낙"은 "부녀자가 거처하는 곳을 점잖게 이르는 말"입니다. "내성(內庭)"이라고도 합니다. "아낙"이란 말은 "안"[內]과 "뜰악, 다락"의 "-악"과 같은 접미사가 결합한 것입니다. 후에 "안악 > 아낙"이 사람도 가리켜 "아낙네"라고도 합니다.

## ▌ 담장

"담장"은 집의 둘레나 일정한 공간을 둘러막기 위하여 흙, 돌, 벽돌 따위로 쌓아 올린 "담"과 한자어 장(牆)이 어울려 된 말이지요. "담"은 "담다"에서 온 말입니다. 중국에서는 담장문화 역사가 엄청 오래고 지금도 여전합니다. 그러나 우리 민족은 예로부터 궁궐을 제외하고 일반 서민은 "담장"에 크게 익숙하지 못하기에 그저 돌담이나 바자 정도면 만족이었습니다.

> ○ 알픠 큰 地獄이 이쇼더 담 노픠 一萬丈이오 <1459 월석 23:83> (앞에 큰 지옥 있는데 담 높이 일만장이오)
> ○ 왼녁 피 딴 담고 올흔 녁 피 딴 다마두고 <月釋 1:7> (왼켠 피 따로 담고 오른 켠 피 따로 담아두고)

## ▌ 바자

"바자"란 "대, 갈대, 수수깡, 싸리 따위로 발처럼 엮거나 걸어서 만든 물건"으로 된 울타리를 말합니다. 이 말은 한자어 "파자(笆子)"에서 온 것입니다. 파(笆)가 상고음이나 중국의 남방 입말에서 [ba]인 걸 봐서 "바자(笆子)"가 일찍 차용되어 우리말에 쓰인 것으로 짐작됩니다.

> ○ 笆 바조 파 <1527 훈몽 중:4>
> ○ 籬 바조 리 <1527 훈몽 하:8>
> ○ 笆子 바조 笆籬 바조 <1690 역해 상:19>

## ■ 개바자

"개바자"는 "갯버들의 가지로 엮은 바자"를 말합니다. 마침 "개나 닭이 들어가지 못하게"하는 작용으로 사람들은 "개[狗]바자"로 오인하고 있습니다. 담장을 보통 쌓지 않기에 터 밭의 야채나 보호할 목적으로 "개바자"를 만들었습니다.

## ■ 개숫물

"개숫물"은 "음식 그릇을 썻을 때 쓰는 물"입니다. "개수·설거지물"이라고도 합니다. "개수"는 중세에 "갸소"로 나타나는데 황윤석(黃胤錫, 1729~1791)의 <이순신편>에서 "갸ᄉ > 갸스"는 중국에서 차용한 기물(器物)이라 했습니다. 그런즉 "개수"란 결국 "음식 그릇"을 가리킨다고 할 수 있습니다. "그릇"을 뜻하는 '갸슈'는 15세기에 "갸ᄉ", 즉 중국어 "家事"의 차용어로서 "가사(家事)"는 본래 고대부터 "대가족의 내부 사무"를 말했는데 송나라 때 문헌에 기물(器物)로도 씌었습니다.[1] "개수"를 고대 터어키어 [kasïg](사발·공기·접시·술잔)을 중국에서 "家事"로 음차(音借)하여 쓴 것을 우리가 빌린 말이라 합니다.[2] 도대체 어디서 기원되었는지는 아직 더 연구해봐야 알 수 있습니다. 그러니 "개숫물"이란 "kasïg → 家事 → 갸소(家事) > 개수"로 되었거나 "家事 → 갸소(家事) > 개수"로 되어 여기에 "물"이 합성된 것입니다.

---

1) 宋 孟元老《東京夢華彔·防火》: "樓上有人卓望, 下有官屋數間, 屯駐軍兵百餘人, 及有救火家事, 謂如大小桶、洒子、麻搭、斧、鋸、梯子、火叉、大索、鐵猫儿之類。"(누상에는 망보는 사람 있고 아래에 관사 여러 칸 있으며 주둔군졸 백여 명이 있었다. 불 끄는 가사(家事) 크고 작은 통 쇄자, 마탑, 도끼, 톱, 사다리, 화차, 대삭, 철묘 따위들이었다.)《朱子語類》卷七九: "且如而今人, 其父打碎了个人一件家事, 其子買來塡還, 此豈是顯父之過?"(지금에 이르러 그 아비가 남의 가사(家事) 하나 깨뜨렸다. 그 아들이 새로 사서 갚았으니 어찌 아비의 잘못이라고만 하겠는가?)

2) 백문식, 『우리말 어원 사전』, 박이정, 2014. '개수'는 고대 터어키어 kasïg(사발·공기·접시·술잔)을 중국에서 '家事[갸스]'로 음차(音借)하여 쓰는 것을 우리가 빌린 말이다.

○ 갸ᄉ롤 몯 다 서러 잇ᄂᆞᆺ시 ᄒᆞ얫니 <월석>
○ 갸슈물 洗器水 <1880 한불 138>

## ▮ 벽돌

"벽돌"은 "진흙과 모래를 차지게 반죽하여 틀에 박아서 600~1,100℃에서 구워 만들거나, 시멘트와 모래를 버무려 틀에 박아 건조한 네모진 건축 재료"입니다. "벽와(甓瓦)ㆍ전벽(塼甓)ㆍ전석(塼石)"이라고도 부릅니다. "벽돌"은 "벽(甓)"에 우리말 "돌"이 결합된 것입니다.

## ▮ 기와

"기와"는 지붕을 이는 데에 쓰기 위하여 흙을 굽거나 시멘트 따위를 굳혀서 만든 건축 자재입니다. "와전(瓦塼)"이라고도 합니다. "기와"는 중세에 "디새"라 불렸습니다. "디새"는 '딜'과 "새"가 결합한 것으로 "ㅅ" 앞에서 "ㄹ"이 탈락한 깃입니다. 일부 방언에서는 "ㄹ" 뒤의 "ㅅ"이 "ㅿ"으로 바뀌어 "*딜ᅀᅢ"가 되고, "ㅿ" 앞의 "ㄹ"이 탈락하여 "*디ᅀᅢ"가 되었으며, "ㅿ"이 탈락하여 17세기에 "디애"가 되었을 것으로 추정됩니다. 18세기에의 "지새"는 "ㄷ, ㅌ"이 "ㅣ"나 "ㅣ" 반모음 앞에서 "ㅈ, ㅊ"으로 변하는 구개음화가 일어났습니다. 문헌에는 나타나지 않지만 17세기의 "디애"에서도 이와 같은 구개음화를 겪어 "*지애"가 되었을 것이며 18세기에 "*지애"의 제2음절 "애"는 한자 "와(瓦)"에 이끌려 "와"로 나타나고, 제1음절의 "지"는 "기"가 구개음화를 겪은 것으로 잘못 이해하여 "기"로 과도 교정하면서 "기와"로 나타나게 되었습니다. 18세기에 "지새, 기와" 등이 공존하다가 "기와"가 정착하면서 현재에 이르렀습니다.3)

○ ᄒᆞᆫ 디샛 지벽을 가져(取―瓦礫) <圓覺 上―之二62> (한 기왓접시를 가져)

---

3) <네이버> 기와(우리말샘 역사정보).

○ 굿난 아히 빗복 쩌러딘 거슬 새 디애 우희 노코 숫불로 스면을 둘러 스로
되 <17세기 두경 4> (갓난애의 배꼽 떨어진 것을 새 기와위에 놓고 숯불
로 사면을 둘러 사로되)
○ 瓦頭 지새 <1775 역보 13>
○ 담과 벽과 기와와 돌 스이의 빅가디 버러지 업된 배니 <1758 종덕 상:22>
(담과 벽과 기와와 돌 사이에 백가지 벌레 엎딘 바이니)

## ▌기둥

"기둥"은 "건축물에서, 주춧돌 위에 세워 보·도리 따위를 받치는 나무.
또는 돌·쇠·벽돌·콘크리트 따위로 모나거나 둥글게 만들어 곧추 높이
세운 것"을 말합니다. 한자 "주(柱)"도 받친다는 뜻입니다. 중세에 "기동,
긷"이라 했어요 "긷"은 "긷다"와 동원어휘라 봅니다. 이 두 단어는 "들어
올리거나 받치다"란 의미에서 "위로 향하는 힘"이란 공통성이 있습니다.

○ 긷 爲柱 <1446 훈해 50>
○ 브 르맷 箏은 玉 기동애셔 불이고 <1481 두시-초 6:28> (바람에 箏은 옥기
둥에 붙었고)
○ 기동 듀: 柱 <訓蒙 中 6>
○ 아히 井華水를 긷ᄂ니(兒童汲井華) <初杜解 9:21>

## ▌주춧돌

"주춧돌"은 "기둥 밑에 기초로 받쳐 놓은 돌"입니다. 이 말은 한자어
"주초(柱礎)"와 "돌"의 결합에서 온 것입니다.

## ▌지붕

"지붕"은 집의 맨 꼭대기 부분을 씌우는 덮개입니다. "옥개(屋蓋)"라고도
합니다. "지붕"은 "집"에 "위"를 뜻하는 "웋"이 결합된 것입니다. 그리하
여 "집웋 > 지부에 > 집웅 > 지붕"으로 변화되었습니다.

○ 집우희 올아 넉슬 브르고 <1466 구방 상:36> (지붕에 올라 넋을 부르고)
○ 집우희 홀연히 오르며 <16세기 장수 66> (지붕에 홀연히 오르며)
○ 쏘 집우에도 올나가나 <1896 심상 2:22> (또 지붕에도 올라가니)
○ 故로 그 簷牙와 집웅도 장춫 허러질 터이 되야 <1896 심상 1:17> (고로 그 처마와 지붕도 장차 헐어질 터가 되여)

## ▌변소

"변소"는 대소변을 보도록 만들어 놓은 곳입니다. "정방(淨房) · 청측(圊廁) · 측실(廁室) · 측청(廁圊) · 혼측(溷廁) · 회치장(灰治粧)" 등으로 이름 지었습니다. 다른 말로 "뒷간(뒷間)", "측간(廁間)"이라 하며 지어 어음이 변화된 "칙간, 똥칙간"이라고도 했습니다. 물론 지금은 문화적으로 "화장실, 세면실"이라고도 하지요. "변소"는 물론 한자어 "변소(便所)"입니다. "편리(便利)"한 곳이라 "변소(便所)"라 불렀습니다. 옛날 "편리(便利)"란 "똥 · 오줌을 누는 일"을 말했습니다.

## ▌창고

"창고(倉庫)"를 "지교(地窖)" 또는 "곳간", "고방", "광"이라고 했습니다. "곳간"은 한자어 고간(庫間)에서 온 말이고 "고방"도 한자어 "고방(庫房)"이며 이것이 축약되어 "광"으로 되었습니다.

## ▌헛간

"헛간"은 "막 쓰는 물건을 쌓아 두는 광"인데 흔히 문짝이 없이 한 면이 터져 있습니다. "허(虛)"와 "간(間)"의 합성입니다.

## ▌푸줏간

"푸줏간"이란 소나 돼지 따위 짐승을 잡아서 그 고기를 파는 가게를 말합니다. "푸주"는 원래 가게를 뜻하는 한자 "鋪子"의 중국어 발음 [pù zǐ]를 그대로 차용하면서 "고깃간"으로 뜻이 변한 말입니다.

▌**몸채**

"몸채"란 "여러 채로 된 살림집에서 주가 되는 집채"입니다. 여기서 쓰는 "채"는 한자어 "채(寨)"라고 봅니다. 이 채(寨)는 집을 세는 단위로도 쓰입니다.

▌**굴뚝**

"굴뚝"의 옛말인 "굴ㅅ독"은 17세기 문헌에서부터 나타납니다. "굴ㅅ독"은 "구덩이"를 의미하는 "굴"과 관형격 조사 "ㅅ", 그리고 한자어 "독(匵)"이 결합한 것이지요. "굴뚝"을 함경북도에서는 "구새, 구새통"이라고도 하지요. "구새, 구새통"은 기실 "속이 썩어서 구멍이 생긴 통나무"입니다.

▌**내**

"내"는 "물건이 탈 때에 일어나는 부옇고 매운 기운"이라 하는데 함경도방언에서는 "내굴"이라고도 하지요. 이 말은 기실 중세의 "내"[臭]에서 온 말입니다. 한자 어휘로 "연기(煙氣)"라고도 말합니다. "내[臭]+ㅁ 새(접미사)"가 결합되어 "냄새"로 되었습니다.

○ 煙온 니라 <1459 월석 10:47>
○ ᄯᅩ 안개 가지며 닉 ᄭᅵ여 잇는 푸른 대와 <1510년대 번박 상:70> (또 안개 지며 내 끼어 있는 푸른 대와)
○ 내 ᄎᆔ 臭 <訓蒙 下13>

## ▌구유

"구유"는 "소나 말 따위의 가축들에게 먹이를 담아 주는 그릇"으로서 흔히 큰 나무토막이나 큰 돌을 길쭉하게 파내어 만듭니다. "사조(飼槽)·죽통(粥筒)"이라고도 합니다. "구유"를 중세에 "구슈, 구싀"라고도 했어요. 지금 함경북도방언에서 "구유"를 "구시"라고도 하지요. 이를 테면 "돼지구시(돼지구유)", "쇠구시(소구유)"라고 말한답니다. "구유"는 "구새"와 같은 어원으로 봅니다. "구새"란 "구멍이 새다"란 뜻으로 속이 썩어서 구멍이 생긴 통나무를 이릅니다. 실제로 함경도에서 옛날에 "구새"로 "굴뚝"으로도 쓰고 "구유"로도 사용했습니다. "구새 > 구슈 > 구유 > 구유"로 된 것입니다.

○ 槽 구슈 조 <1576 신합 상:27>
○ 馬槽 물 구유 <1690 역해 상:19>
○ 게여론 아희들히 홈씌 귀유에 ㄱ득이 여물을 주고 <1677 박언 상:21> (게으른 아이들이 한 번에 구유에 가득 여물을 주고)

## ▌오두막

"오두막"이란 "사람이 겨우 들어가 살 정도로 작게 지은 막이나 또는 작고 초라한 집"을 말합니다. "오두막"을 "오막"이라고도 합니다. 이 말은 "움"으로 한 "막(幕)"이란 뜻이지요. 즉 "움막 > 옴막 > 오막"으로 변화된 것입니다.

## ▌용마루

"용마루"는 "지붕위의 마루"를 말합니다. "마루"를 중세에 "ᄆᆞᄅᆞ"라고 했는데 "산마루"에서처럼 "가장 꼭대기 등성이"를 가리켰습니다. "용마루"는 지붕에 용의 형상으로 한 마루를 말합니다.

○ 곳 모ᄅ 준 準 <訓蒙 上 26>
○ 등모ᄅ 쳑 脊 <訓蒙 上 27>
○ 모ᄅ 종 宗 <訓蒙 上 32>

## ▌처마

"처마"는 "지붕이 도리 밖으로 내민 부분"을 말하는데 한자어 "첨하(檐下)"가 어음 변화된 말입니다. "첨하 > 첨아 > 처마"로 되었습니다.

○ 앏 쳠하로브터 집 中霤의 올라 <1632 가언 5:2> (앞 처마로부터 집 중류에 올라)
○ 滴水簷 쳠하 <1690 역해 상:18>
○ 簷 쳠하 <1778 방유 유부:19>

## ▌기스락

"기스락"이란 "초가의 처마 끝"입니다. "기슭"과 같은 어원입니다. "기슭 > 기슬+악(접미사) > 기스락"으로 된 것입니다.

○ 기슭 쳠 簷 기슭 밍 甍 <訓蒙 中 5>

## ▌뙤창

"뙤창"은 "방문에 낸 작은 창문"으로서 "뙤약볕이 들어오는 창문"이라는 뜻입니다. "뙤약볕"이란 "여름날에 강하게 내리쬐는 몹시 뜨거운 볕"을 말하는데 "뙤약"은 "따갑다"란 전라도방언입니다. "땡볕, 불볕"이라고도 합니다.

## ▌지게문

"지게문"은 "옛날식 가옥에서, 마루와 방 사이의 문이나 부엌의 바깥문"

을 가리키는데 "지게를 지고 드나드는 문"이란 뜻입니다. 중세에 "지게"라 불렀습니다.

○ 지게 호 戶 <石千 21>
○ 간밤의 지게 여던 ᄇᆞ룸 <古時調. 尹善道> (간밤에 지게문 열던 바람)

## ▌우릿간

"우릿간"은 "소, 돼지를 먹이고 키우는 집"이라 할 수 있어요. 이 말은 "울타리, 울바자"의 한자어 "울(鬱)"과 "간(間)"이 결합된 것으로 봅니다. 즉 "울+간 > 우리+간 > 우리+ㅅ+간 > 우릿간"으로 되었습니다.

○ 울 爲 籬 <訓正解例. 用字例>
○ 욼ᄀᆞ쉬 므른 城으로 向ᄒᆞ야 흐르ᄂᆞ다(籬邊水向城) <杜解 10:2>

## ▌가게

"가게"는 본래 자체로 만든 한자 어휘 "가가(假家)"로서 임시로 지은 집을 말하였으나, 뜻이 번져서 자그마한 규모로 물건을 벌여 놓고 파는 집으로 되었습니다. 옛날에 주로 관청에 물자를 공급하기도 했는데 규모가 큰 것을 "전(廛)", 그 다음을 "방(房)"이라 하고 "가게"는 제일 규모가 작은 것이었답니다. 지금 조그마한 창문을 내고 물건을 팔기에 "구멍가게"라고도 합니다.

## ▌이엉

"이엉"은 "초가집의 지붕이나 담을 이기 위하여 짚이나 새 따위로 엮은 물건"을 말하는데 "잇다"와 "구덩, 시렁" 등에 쓰인 "-엉" 접미사가 결합된 것을 봅니다. 즉 "짚으로 이어놓다"란 뜻입니다.

**▌장지문**

"장지문"은 "지게문에 장지 짝을 덧들인 문"입니다. "장지"란 한자어 "장자(障子)"가 어음 변화된 것을 봅니다.

**▌다락**

"다락"은 "주로 부엌 위에 이 층처럼 만들어서 물건을 넣어 두는 곳"을 말합니다. "달다"[懸]와 "기스락, 안악, 뜰악" 등에 쓰이는 "-악" 접미사가 결합된 말입니다.

　　○ 樓는 다라기라 <1447 석상 6:2>
　　○ 樓 다락 루 <1527 훈몽 중:3>

**▌시렁**

"시렁"은 "물건을 얹어 놓기 위하여 방이나 마루 벽에 두 개의 긴 나무를 가로질러 선반처럼 만든 것"을 말합니다. 중세에 "실에"라 했는데 "싣다"와 어원을 같이 합니다. "싣다→실으니"처럼 "실어 > 실에 > 실엉 > 시렁"으로 되었습니다.

　　○ 실에롤 바라 書帙을 ㄱ즈기ᄒ고(傍架齊書帙) <杜解 7:6>
　　○ 架 실에 가 <1527 훈몽 중:7>
　　○ 시렁을 혼 디 아니ᄒ야 <1588 소언 2:50>

**▌마당**

"마당"이란 "집의 앞이나 뒤에 평평하게 닦아 놓은 땅"입니다. 중세에 "맏, 맡"이라 했습니다. "마당"은 "맏+앙"의 결합으로 봅니다. 지금 "머리맡"의 "-맡"이 잔재로 쓰입니다.

　　○ 맏 댱: 場 맡 보: 圃 <訓蒙 上 7>

○ 마톨 다오매 굼긔 개야밀 어엿비 너기고(築場憐穴蟻) <杜解 7:18>

# ▌동네

"동네"는 18세기 문헌에서부터 "동니"로 나타납니다. "동니"는 자체 한자 어휘 "동내(洞內)"에서 온 말입니다.

○ 정권은 쥰의 동니의 잇고 니셰현도 쏘 근동의 잇는 줄 아느이다 <1756 천의 4:61>
○ 동니에서 곡식을 눈호는 일이 이시되 <1783 유함경도윤음 2>
○ 동내 洞內 <1895 국한 83>

# ▌절

"절"은 승려가 불상을 모시고 불도(佛道)를 닦으며 교법을 펴는 집입니다. 그러나 절을 한 마디로 말한다면, "붓다 랜드", 즉 부처님 나라라고 할 수 있습니다. 한자말로는 "불국토"이지요. "각원·감우(紺宇)·감원(紺園)·금지(金地)·범우(梵宇)·범찰(梵刹)·법동(法棟)·불가(佛家)·불사(佛寺)·불찰(佛刹)·사문(寺門)·사사(寺社)·사우(寺宇)·사원(寺院)·사찰(寺刹)·선궁(禪宮)·승방(僧坊)·승사(僧舍)·승원·정궁(淨宮)·정사(精舍)·정찰(淨刹)" 등 다양한 이름이 있습니다. 그 중 "절"은 제일 보편화된 우리말 명칭입니다. 중세에 "뎔"이라 했습니다. 절(寺)의 어원은 상가람마[Sao-ghā-rā-ma]로서, 교단을 구성하는 출가한 남자[比丘]와 출가한 여자[比丘尼], 재가(在家)의 남자신도[淸信男]와 여자신도[淸信女]의 사중(四衆)이 모여 사는 곳이라는 뜻입니다. 이것을 한역(漢譯)하여 승가람마(僧伽藍摩)라 하였고, 줄여서 가람이라 표기하게 된 것입니다. 우리말에서 사원을 "절"이라 부르게 된 이유는 확실하지 않으나 몇 가지의 설이 있습니다. 신라에 불교가 처음으로 전해질 때, 아도(阿道)는 일선군(一善郡: 지금의 善山郡) 모례(毛禮)의 집에 머물렀다고 합니다. 그것이 우리말로는 "틸레의 집"이 되어, 그 "틸"이 "뎔→절"로 바뀌었다는 설이 있습니다. 속설로는 절을 많이 하는 곳이라고 해서 "절"로 되었다고도 하나 확실하지는 않습니다. 일본에서는 절을 "데라"라고 하는데, 팔리어(Pali語) 테라(Thera)에서 왔다는 설과 "틸레의 집"에서 연유된 것이 일본으로 전해졌다고 보는 두 가지 설이 있습니다.[4] 그런데 주의를 일으키는 것은 "사(寺)"의 상고음이 (黃侃系統: 心母 咍部; 王力系統: 邪母 之部) [\*ziə]이며 월어(粤語 廣府片增城)에서 [tsei]라 하는 곳이 있답니다. 그런즉 "절"은 가능하게 "寺"의 상고음 [\*ziə]가 우리말에 직접 차용되었을 가능성이 있습니다. 그러나 우리말에서 고대나 중세에 구개음화, 즉 "지, 치"를 발음 할 수 없어 중세에 "뎔"이라 불렀다가 후에 "절"로 변한 것으로 추정합니다. 즉 "[\*ziə] > 뎌 > 져 > 졀 > 절"로 되었다고 봅니다.

○ 뎔 爲佛寺 <訓正解例. 用字例>
○ 뎔 암 庵 뎔 ᄉ 寺 뎔 찰 刹 <訓蒙 中 10>

## ▌탑

"탑"은 여러 층으로 또는 높고 뾰족하게 세운 건축물을 통틀어 이르는 말입니다. 주로 석가모니의 사리나 유골을 모시거나 특별한 영지(靈地)를 나타내기 위하여, 또는 그 덕을 기리기 위하여 세운 건축물을 가리킵니다. 인도어 [Budhhist pagoda]를 중국에서 받아드리면서 한자 "塔"으로 표기했습니다. "塔"의 상고음이 [tʰɑp]이었습니다. 이것이 그대로 우리말에 들어와 "탑"으로 되었습니다. 인도나 중국은 전탑(塼塔: 벽돌로 만든 탑), 일본은 목탑(木塔), 조선과 한국은 "돌탑"이 많습니다.

## ▌성황당

"성황당"은 "서낭신을 모신 집"입니다. "선왕당 · 서낭당 · 국사당(國師堂) ·

---

4) <네이버 지식백과> 절(한국민족문화대백과, 한국학중앙연구원).

국소당·성왕당·할미당·천황당" 등 이름이 있습니다. 서낭신은 토지와 마을을 수호하는 신입니다. 서낭당은 보통 신수(神樹)에 잡석을 쌓은 돌무더기나, 신수에 당집이 복합되어 있는 형태로 고개 마루, 길옆, 부락입구, 사찰입구에 위치하고 있습니다. 서낭당은 서낭신의 봉안처인 동시에 거소가 됩니다. 이 신은 천신과 산신의 복합체로 보입니다. 서낭신의 신앙에는 내세관이나 인간 정신세계의 이상(理想) 같은 것이 없고 현실적인 일상생활의 문제가 중심을 이룹니다. 한자어 "성황당(城隍堂)"에서 온 말입니다.

## ▌무덤

"무덤"은 송장이나 유골을 땅에 묻어 놓은 곳입니다. 흙으로 둥글게 쌓아 올리기도 하고 돌로 평평하게 만들기도 하는데, 대개 묘석을 세워 누구의 것인지 표시합니다. "구묘(丘墓)·구분(丘墳)·구총(丘塚)·만년유택(萬年幽宅)·묘지(墓地)·분묘(墳墓)·분영(墳塋)·유택(幽宅)·총묘(塚墓)" 등 다양한 이름이 있습니다. "무덤"은 15세기 문헌에서부터 나타나 현재까지 이어집니다. "무덤"은 "묻[埋]+엄(접미사)"가 결합한 것입니다.

○ 밦中 後에 범과 일히둘히 무덤 여러 주거믈 먹거늘 <1459 월석 10:25>
　(밤중 후에 범과 이리들이 무덤 여러 주검을 먹거늘)
○ 무덤 겨틱 믈 업서 우므를 네 길나마 포터 므리 업거늘 <1514 속삼 효:1>
　(무덤 곁에 물 없어 우물을 가 길으니 포에 물 없거늘)

## ▌묘지

"묘지(墓地)"란 결국 무덤을 한자어로 표시한 것입니다. 한자 "묘(墓)"는 무덤을 평평하게 하고 나무를 심지 않은 것을 말합니다. 함경도방언에서 "모"[墓]라고도 합니다. 기실 이 말은 그저 막 부른 것이 아니라 "묘(墓)"의 상고음이 (黃侃系統: 明母 鐸部; 王力系統: 明母 鐸部) [mò]였습니다. 그런즉 "모"[墓] 역시 상고음 발음입니다.

# ▌길

"길"은 인류 역사와 같이한다고 할 수 있습니다. 생존 투쟁을 위해 부지런히 대자연에서 먹을 것을 찾아내고 발굴하고 안전한 곳을 찾아다녀야 했기에 길이 나게 되었습니다. 한 사람, 두 사람 점차 사람들이 다니게 되면 길이 생기고 여기저기 멀리로 뻗어져 나갑니다. 이렇게 "길어지게" 되니 "길다 > 길"이란 말이 생겨났다고 봅니다.

○ 뒤헤는 모딘 도족 알픠는 어드본 길헤 업던 번게를 하늘히 불기시니 <1447 용가 30> (뒤에는 모진 도적 앞에는 어두운 길에 없던 번개를 하늘이 밝히시니)

# ▌성

"성"은 한자 "성(城)"이며 성벽을 가리킵니다. 중국의 중원지대는 평원이므로 고대부터 성벽을 쌓고 도시를 세웠습니다. "성"을 우리말로 중세에 "잣"이라 했어요 이 말은 아주 오랜 것으로 일찍부터 씌었는데 "잣"은 "城"과 "재"[嶺]을 가리켰습니다. 이 말의 뜻인즉 먼 옛날에 산지가 대부분인 우리 조상들이 일반적으로 성을 쌓으면 산을 의지하여 높은 령 마루에 건축했다는 사실을 알 수 있습니다. 따라서 "잣"의 어원은 결국 "재"와 같다는 것을 짐작할 수 있습니다.

○ 잣 뫼: 城山 <龍歌 1:52>
○ 잣안핸 十·萬戶ㅣ어니와(城中十·萬戶) <杜解 7:7>
○ 牛岑郡一云首知衣 <三國史記 券37>
○ 재 느려 티샤 <龍歌 36章>

# ▌나루

"나루"란 "강이나 내, 또는 좁은 바닷목에서 배가 건너다니는 일정한 곳"입니다. 한자 "진"[津]은 강을 건너는 곳입니다. 중세에 "ᄂᆞᄅ"로 나타납니다. 이 말의 어원은 "ᄂᆞ리다(내리다)"와 같이 한다고 봅니다. 나룻터란 배에서 오르고 내리는 곳이니깐요. 물론 "나르다"[搬]와도 어원상에 관련된다고 봅니다.

○ 고마 ᄂᆞᄅ : 熊津 <龍歌 3: 15>
○ 광 ᄂᆞᄅ : 廣津 <龍歌 3:13>

## ▌징검다리

"징검다리"란 "개울이나 물이 괸 곳에 돌이나 흙더미를 드문드문 놓아 만든 다리"를 말하지요. "징검다리"의 옛말인 "딩검ᄃᆞ리"는 17세기 문헌에서부터 나타난다고 합니다. 이 말은 "딛고 건너는 다리"란 뜻이지요. "딩검"은 후에 구개음화 되어 "징검"으로 되었습니다.

○ 跳過橋 딩검ᄃᆞ리 <1690 역해 상:14>
○ 진흙 속에 튼튼호 징검ᄃᆞ리를 노앗스나 <1894 천로 상:11>
○ 징검다리(徒杠) <1810 몽유 상:21>

## ▌고을

"고을"은 조선시대에, 주(州)·부(府)·군(郡)·현(縣) 등을 두루 이르던 말입니다. "성읍(城邑)"이라고도 합니다. 한자 "읍(邑)"의 갑골문은 위의 "口"은 지역경계이고 아래는 사람이 꿇은 형상으로서 고을을 말합니다. 즉 백성을 다스린다는 뜻입니다. 중세에 "ᄀᆞ볼, ᄀᆞ옳, ᄀᆞ올, 골"이라 했습니다. "고을"의 어원은 "ᆰ다(나란히 하다)"입니다. 즉 "구획을 나란히 경계를 짓다"는 뜻입니다. 그리하여 "ᆰ올 > ᄀᆞ볼 > ᄀᆞ옳, ᄀᆞ올 > 고을"로 되었습니다.

○ 아ᄆᆞ란 ᄆᆞ술히어나 자시어나 ᄀᆞ올히어나 나라히어나 빈 수프리어나 <1447 석상 9:40> (아무 마을이거나 성이거나 고을이거나 나라거나 빈 수풀이거나)

○ 제 아ᄃ리 ᄆ양 그 디경에 드러도 각 고올히 아디 몯ᄒ더니 <1518 번소 10:12> (자기 아들이 매양 그 지경에 들어도 각 고을이 알지 못하더니)

○ 徐氏ᄂ 豐基 사ᄅ미니 思達의 ᄯ리라 ᄒ 고을 잇ᄂ 사ᄅ 都雲奉이 어론ᄒ 힝 ᄆ니 죽거늘 <1514 속삼 열:12> (서씨는 풍기 사람이니 사달의 딸이라 한 고을 있는 사람 도운봉이 결혼 한 해만에 죽거늘)

## ▌시골

"시골"은 도시에서 떨어져 있는 지역입니다. 중세에 "스ᄀᄫᆞᆯ, 스ᄀ올"로 나타납니다. "스ᄀᄫᆞᆯ"은 "스+ᄀᄫᆞᆯ"의 결합이며 "ᄀᄫᆞᆯ"은 "고을"이란 뜻입니다. "스"는 "사이 間, 후미질 僻, 멀 邈" 등 의미를 나타냅니다. 그리하여 "스ᄀᄫᆞᆯ/스ᄀ올 > 스골 > 싀골 > 시골"의 변화를 가져왔습니다. "시골"의 어원은 "고을과 떨어진 곳"입니다.

○ 스ᄀᄫᆞᆲ 軍馬ᄅᆯ 이길씨(克彼鄕兵) <龍歌 35章>
○ 스ᄀ올 노하보내야시든(乞放歸田里) <三綱. 忠臣>
○ 셔울 스굴히 엇뎨 ᄃᄅ리오(而華野何殊) <永嘉 下 113>

## ▌마을

"마을"은 주로 시골에서, 여러 집이 모여 사는 곳입니다. "교리(郊里)·동리(洞里)·방리(坊里)·방촌(坊村)·이락(里落)·이항(里巷)·촌(村)·촌락·촌리·향보(鄕保)" 등 여러 이름이 있습니다. 한자 "촌(村)"은 시골사람들이 모여 사는 곳입니다. "마을"을 중세에 "ᄆᆞᅀᆞᇡ, ᄆᆞᅀᆞᆯ"이라 했습니다. "마을"의 어원은 "마실(이웃에 놀러 다니다)"이라고 봅니다. 한 곳에 살므로 서로 이웃을 하고 마실 다닐 수 있는 곳을 "마을"이라 했습니다. 지금도 강원, 경상, 충청 방언에서 "마을"을 "마실"이라 한답니다. 그러므로 "ᄆᆞᅀᆞᆯ > ᄆᆞᅀᆞᇡ/ᄆᆞᅀᆞᆯ > ᄆᆞᅀᆞᇡ > ᄆᆞ올 > ᄆᆞᅀᆞᇚ > ᄆᆞ을 > 마을"로 변화되었다고 봅니다.

○ 聚落온 ᄆᆞᅀᆞᆯ 져재라 <1461 능엄 4:34> (聚落은 마을 저자라)

○ ᄆᆞ올과 권당들로 더블어 그 주신 거슬 ᄒᆞᆫ가지로 안향ᄒᆞ야 ᄡᅥ <1588 소언 6:83ㄴ-84> (마을과 권당들로 더불어 그 주신 것을 한가지로 안향하여 써)

○ 內ᄡᅡᆫᄂᆞᆫ 貴ᄒᆞᆫ 사ᄅᆞᆷ이라 ᄆᆞ을ᄒᆡ 들거든 ᄆᆞ을 ᄭᅡ온대 늘근이들히 다 ᄃᆞ라 들어 숨거늘 <1588 소언 6:8> (내사는 귀한 사람이라 마을에 들거든 마을 가운데 늙은 이들 다 달아 들어 숨거늘)

○ 그 적의 趙雲이 동녁 마을 앏ᄒᆡ ᄒᆞ처ᄒᆞ여서 <1703 삼역 10:9> (그 적에 조운이 동녘마을 앞에 하처해서)

## ▌두메

"두메"란 도회에서 멀리 떨어져 사람이 많이 살지 않는 변두리나 깊은 곳을 말합니다. "두메산골・두멧골・변읍(邊邑)・산벽소・산협・협(峽)・협중(峽中)" 등으로 말합니다. 삼국시기의 지명들에는 땅, 산을 가리키는 말로 한자음의 "도/두"를 대치시킨 것들이 많습니다. 고조선의 산 "개마대산(蓋馬大山)"을 "가마도"라 하였고 "장 산(獐山)"도 "노로도"라고 하였습니다. 지금도 좀 높이 솟아있는 땅들을 "둔덕, 두렁, 둑"과 같이 말합니다. "두메"는 두 마디의 말이 다 산을 가리키는 말입니다. 산이 많은 데라는 것을 강조하여 나타내게 됨에 따라 높은 산들이 있는 고장을 가리키게 되었습니다.[5]

○ 산협 둠에 고을이란 말숨이라 <1783 유호남윤음 4> (산협 두메골이란 말이라)
○ 두메 峽中 <1895 국한 86>

---

[5] 안옥규, 『어원사전』, 동북조선민족교육출판사, 1989, 116면.

# 8. 음식

## ▌밥

"밥"은 비교적 오래전부터 쓰인 단어로서 고유어로 인식되고 있습니다. 한자어로 "반식(飯食)"이라고도 했습니다. 한자 "반(飯)"은 먹는다는 뜻입니다. "밥"을 중세에 "뫼"라고도 했습니다. 사발에 뫼처럼 볼록하게 담긴 모습을 말한 것 같습니다. 『鷄林類事』에서 "밥"을 "朴擧"라 했는데 "밥"과 비슷한 발음이라 하겠습니다. 한자 "반(飯)"의 상고음은 (黃侃系統: 並母 寒部; 並母 寒部; 王力系統: 並母 元部; 並母 元部) [bhiæn] 혹은 [bhiæ̀n]이고 북방관방말(北方官話)에 [fæ̃]라 했는데 "밥"과 역시 비슷한 발음입니다. 고유어로 어원을 밝히기 어렵지만 한자 "반(飯)"의 상고음 혹은 입말이 차용되어 점차 발음이 변했을 수 있습니다. <송강가사>의 "조반"이란 명확히 "朝飯"을 가리키고 있었지요. 그러면 "[bhiæn] / [bhiæ̀n] / [fæ̃] > 반 > 밥"으로 될 수도 있었습니다.

○ 밥 爲飯 <1446 훈해 57>
○ 밥 고리 : 食籮 <訓蒙 中 籮字注>
○ 文王이 ᄒᆞᆫ번 뫼 좌셔든(文王─飯) <小學 4:12>
○ 반 좌샤몰 ᄆᆞᄎᆞ시고(飯食訖) <金剛 上 14>

## ▌죽

"죽"은 『鷄林類事』에서 "謨做"라고 했는데 신통한 해석이 없습니다. 중세에 "쥭"이라 했어요. 한자어 "죽(粥)"을 그대로 차용했다고 생각합니다.

> ○ 粥 조반 朝夕 뫼 녜와 ᄀ티 셰시ᄂᆞᆫ가 <松江. 續美人曲> (죽 朝飯 조석 밥 예전과 같이 올리시는가)

## ▌고두밥

"고두밥"이란 "아주 되게 지어져 고들고들한 밥"입니다. "곧(다)+우+밥"이라 해석하는데[1] "고두밥"이란 이름 그대로 "고들고들한 밥"이라고 이렇게 부른 것 같습니다.

## ▌콩밥

"콩밥"은 "쌀에 콩을 섞어서 지은 밥"이지요. 그런데 예전에 교도소에서 지급하던 식사에 콩이 많이 들어 있었던 데에서 "감옥살이를 하다"의 뜻으로 쓰이기도 합니다.

## ▌떡

"떡"을 "ᄯᅥᆨ"이라 표기했어요. 이 말은 "ᄢᅵ다(찌다)"에서 기원했습니다. "ᄢᅵ다 > ᄢᅵ기 > 띠기 > 떠기 > 떡"으로 되었다고 봅니다. "떡"이란 말은 "찌다"의 옛말 "ᄢᅵ다", "ᄢᅵ다"에 접미사 "-어기"의 결합으로 된 "ᄢᅵ(ᄢᅵ)+어기 > 찌+억 > ᄯᅥᆨ > 떡"의 과정으로 변해왔다고 봅니다.[2] 그리고 옛날 평안북도 심마니들의 은어로 "떡"을 "시더구"라고도 했습니다. 이는 중세의 "ᄯᅥᆨ"이라

---

1) 안옥규, 『어원사전』, 동북조선민족교육출판사, 1989, 32면.
2) 김인호, 『조선어어원편람』(상), 박이정, 2001, 90면.

고 한 표기와 관계됩니다.

○ 쩍 병: 餠 <訓蒙 中 20>
○ 삘 증 蒸 <訓蒙 下 8>

**■ 찰떡**

"찰떡"은 "찹쌀 따위의 차진 곡식으로 만든 떡"이기에 "찹쌀떡"이라고
도 하지요. 중세에 "출쩍"이라 했는데 "출"이란 본래 "근원(根源)"이란 뜻입
니다. "찰떡"이란 "근원으로 되는 떡"이니까 아마 우리 민족의 제일 오래
된 떡이라고도 할 수 있습니다. 중세에 "출기장, 출벼, 출발" 등과 같이
"차진 곡식"을 "출(찰)"이라 말했습니다. 지금도 "찰떡궁합"이라든가 "차지
다"하는 말에서 그 본래 의미를 알 수 있습니다.

○ 胡餠은 출쩍이오 <金三 3:51>
○ 믈출히 믈ㄱ니(泉源冷冷) <杜解 5:36>
○ 츳발 나 糯 <訓蒙 上 12>

**■ 빈대떡**

"빈대떡"이란 "녹두를 물에 불려 껍질을 벗긴 다음 맷돌 따위로 갈아
번철에 부쳐 전병처럼 부쳐 만든 음식"입니다. "빈자떡"이라고도 하는데
중국말 "빙즈"(餠子: [bingzi])가 그대로 차용되면서 "빙즈떡 > 빙자떡 > 빈
자떡 > 빈대떡"으로 음의 와전되었다고 봅니다.

**■ 밴세**

"밴세"는 함경도방언으로서 멥쌀가루를 반죽하여 얇게 민 다음 돼지고
기, 부추, 양배추 따위를 섞어 만든 소를 넣고 둥글게 빚어 쪄 먹는 음식입
니다. 중국의 "편식(扁食)[bianshi]"이란 중국음식 교자(餃子), 혼돈(餛飩)을 말합

니다. "밴세"란 이름도 중국말 발음 그대로 차용하여 변화된 것입니다. 즉 "bianshi > 밴스 > 밴세"로 되었습니다.

## ▮ 가래떡

"가래떡"은 중세에 "굴리썩"이라 했어요 "굴리(가르다)"와 "썩(떡)"이 결합한 것입니다. 떡의 모양새가 "가랑이" 같다고 이름을 단 것입니다.

## ▮ 개떡

"개떡"은 "노깨, 나깨, 보릿겨 따위를 반죽하여 아무렇게나 반대기를 지어 찐 떡"을 말하는데 본래 어원은 "겨떡"이라고 봅니다. 발음이 비슷하여 아예 "개떡"으로 이름이 바뀌었다고 봅니다. 쑥에 보릿가루와 쌀가루를 넣어 찐 것을 쑥개떡이라고 하고, 보릿겨, 보릿가루로 만든 것을 보리개떡이라고 합니다. 그리고 "개떡"은 "못생기거나 나쁘거나 마음에 들지 않는 것을 비유적으로 이르는 말"로도 쓰이게 되었지요

## ▮ 웃기떡

"웃기떡"은 "흰떡에 물을 들여 여러 모양으로 만든 떡"입니다. "웃게 하는 떡"이란 데서 생긴 이름입니다.

## ▮ 수제비

"수제비"란 "밀가루를 반죽하여 맑은장국이나 미역국 따위에 적당한 크기로 떼어 넣어 익힌 음식"입니다. 이 이름은 "수(水)"에 "제비"가 결합한 말로 "국물에 제비가 날아드는 형상"에서 왔다고 봅니다. "칼로 썰어서 만든 것"은 "칼제비"라고도 합니다.

## ▌송편

"송편"은 멥쌀가루를 반죽하여 팥, 콩, 밤, 대추, 깨 따위로 소를 넣고 반달이나 모시조개 모양으로 빚어서 솔잎을 깔고 찐 떡으로 흔히 추석 때 빚어 먹습니다. 그 이름은 "솔잎을 깔고 찐 떡"이라고 부릅니다. 이 이름은 자체로 만든 한자 어휘 "송편(松䭏)"에서 온 것입니다.

## ▌설기

"설기"를 "백설기"라고도 하는데 "멥쌀가루를 켜가 없게 안쳐서 쪄 낸 시루떡"입니다. 이 이름을 "백설고(白雪餻)"에서 왔다는 견해도 있지만 기실 중세문헌에서 보이다시피 시루떡을 만들 때의 "시루"를 "섥(설기)"라고 하였던 것입니다. 다시 말하면 "설기"란 음식 만드는 도구 이름으로 부른 것입니다.

○ 섥 협 篋 섥 亽 笥 <訓蒙 中 13>
○ 섥 柳箱 <朴解 中 11>
○ 설긔 얼거두믈 오래ᄒᆞ야(緘之篋笥久) <杜解4: 35>

## ▌인절미

"인절미"란 "찹쌀을 쪄서 떡메로 친 다음 네모나게 썰어 고물을 묻힌 떡"입니다. 인절미는 吏讀로 인절병(印切餅), 인절병(引切餅), 인절미(引截米) 등으로 불리어 지는데, "잡아 당겨 자르는 떡"이라는 의미에서 생긴 이름이라 합니다. 『증보산림경제』, 『임원십육지』, 『성호사설』에서는 콩고물을 묻힌 인절미가 기록되어 있으며 『周禮』에는 인절미를 떡 중에서 가장 오래된 것이라고 하였습니다.[3] 문헌 자료를 분석해 보면 "인절미"란 자체 한자어 "인절미(引切米)"에서 온 말이라 봅니다. 하여튼 이 이름으로부터 "임서방

---

3) <네이버 지식백과> 인절미(한국의 떡, 2003.2.28, 정재홍).

이 만든 떡이란 뜻에서 온 말로 절미란 떡을 자른다"는 민간 어원이 있는가 하면 "화장을 두껍게 한 여자"를 칭한다고 합니다.

## ▌ 엿

"엿"은 아주 오래된 음식이지만 이 이름은 중국에서 전해 왔다고 봅니다. "엿"이라는 한자 "이(飴)"는 "米糱煎也"<說文解字>(쌀과 누룩을 달인다)란 뜻이고 상고음으로 (黃侃系統: 影母 咍部; 王力系統: 餘母 之部) [jǐə]입니다. "엿"을 "이어나는, 늘어나는" 뜻인 "이엇 > 엿"으로[4] 해석하기도 하지만 설복력이 약합니다. 한자 "이(飴)"의 뜻과 발음이 직접 차용된 것으로 봅니다. 즉 한자 "飴"의 상고음 "[jǐə] > 여 > 엿"의 변화로 된 이름입니다.

○ 엿 爲 飴 <訓正解例. 用字例>
○ 엿 이 飴 엿 당 糖 <訓蒙 中 21>

## ▌ 꿀

"꿀"은 꿀벌이 꽃에서 빨아들여 벌집 속에 모아 두는, 달콤하고 끈끈한 액체입니다. 그 성분은 대부분 당분(糖分)이며 식용하거나 약으로 씁니다. "벌꿀·봉밀(蜂蜜)·청밀(淸蜜)"이라고도 합니다. 한자 "밀(蜜)"은 벌이 채집해온 꽃의 단 즙입니다. "꿀"을 중세에 "뿔, 쑬"이라 했어요. 이 말은 "굴"에서 기원했다고 봅니다. 그 이유는 자연 속의 꿀벌은 나무구멍 또는 바위틈 등 "굴"속에서 서식하면서 벌집을 만듭니다. 선조들이 꿀을 처음 발견할 때 무조건 이런 꿀벌집입니다. 따라서 이런 굴속의 맛있는 "꿀"을 그대로 "굴"이라 하다가 다른 동음어와 구별하기 위해 경음인 "뿔, 쑬"로 발음하게 되었다고 봅니다.

---

4) 김인호, 『조선어어원편람』(상), 박이정, 2001, 107면.

○ 그저긔 짯 마시 뿔ㄱ티 둘오 비치 히더니 <1459 월석 1:42> (그적의 땅맛
　이 꿀같이 달고 빛이 희더니)
○ 蜜 뿔 밀 <1527 훈몽 중:11>장

## ▌과줄

"과줄"이란 "꿀과 기름을 섞은 밀가루 반죽을 판에 박아서 모양을 낸
후 기름에 지진 과자"인데 17세기부터 나타난다고 합니다. 당시 "과즐"이
라 했는데 "과자(菓子)"의 어음변형으로 봅니다. 북반부에서는 "한과(漢菓),
즉 밀가루를 꿀이나 설탕, 엿에 반죽하여 납작하게 만들어서 기름에 튀겨
물들인 것"을 "과줄"이라 하며 흔히 잔칫상이나 제사상에 놓습니다.

## ▌사탕

"사탕"은 15세기 문헌에서부터 나타나며 중국어 입말 "砂糖"[shatang]에
서 온 말입니다. 즉 "shatang > 사탕"으로 된 것입니다.

○ 사탕올 므레 프러 츠닐 머그면 즉재 됸ㄴ니라 <1466 구방 하:64> (사탕을
　물에 풀어 찬 것을 먹으면 즉시 나으니라)
○ 사탕 砂糖 <1895 국한 163>

## ▌과자

"과자"란 "밀가루나 쌀가루 등에 설탕, 우유 따위를 섞어 굽거나 기름에
튀겨서 만든 음식"으로서 역시 한자어 "과자(菓子)"에서 온 말입니다.

## ▌꽈배기

"꽈배기"란 "밀가루나 찹쌀가루 따위를 반죽하여 엿가락처럼 가늘고 길게
늘여 두 가닥으로 꽈서 기름에 튀겨 낸 과자"입니다. 즉 "두 가닥으로 꽈서"

만들었다고 지은 이름입니다. 중국 조선어에서는 "타래떡"이라 합니다.

## ▌ 김치

"김치"는 소금에 절인 배추나 무 따위를 고춧가루, 파, 마늘 따위의 양념에 버무린 뒤 발효를 시킨 음식으로서 재료와 조리 방법에 따라 많은 종류가 있습니다. 어찌 보면 민족을 대표하는 음식이라 할 정도입니다. 중국에서 고대에 "水草之菹"(수초의 절임)<禮記 · 祭統>란 기록이 있습니다. "저(菹)"와 "저(䐆)"는 같은 뜻입니다. 한자 "저(菹)"를 "酢菜也"<說文解字>(신 채)라 했어요. <三國志魏志東夷傳>에 고려(高麗)사람들이 발효음식을 잘 만든다는 기재가 있으며 북위(北魏) 가사협(賈思勰)의 『濟民要術』에도 김치에 대한 묘사가 있습니다. 李奎報의 『東國李相國集』에는 "엄지(腌漬)"라고 했습니다. 16세기의 문헌인 『辟瘟方』과 『訓蒙字會』에 "딤치"[沈菜]가 출현합니다. 그러므로 "김치"는 "딤치 > 짐치 > 김치"의 변화를 했다고 할 수 있습니다.

- ○ 딤치 조: 菹 <訓蒙 中 22>
- ○ 외짐치(苽菹) <痘瘟方 13>
- ○ 쉰 무 딤치국을 집안 사롬이 다 머그라 <救急辟瘟: 辟瘟 5> (신 무김치국을 집안사람이 다 먹으라)

## ▌ 장아찌

"장아찌"란 "오이, 무, 마늘 따위의 채소를 간장이나 소금물에 담가 놓거나 된장, 고추장에 박았다가 조금씩 꺼내 양념하여서 오래 두고 먹는 음식"을 말하지요. "장지(醬漬)"라고도 합니다. 중세에 "쟝앳디히"로 나타나는데 "쟝(醬)"과 처격조사 "애", 관형격조사 "ㅅ", 명사 "디히(김치)"가 결합된 합성어입니다. 이 말은 "쟝앳디히 > 쟝앗디이 > 쟝앗찌이 > 쟝엣지 > 장아찌"로 변화되었습니다.

○ 다만 됴흔 쟝앳디히 밥흐야 먹다가(只着些好醬瓜儿就飯吃) <初朴通事 上55>
○ 醬苽子 쟝앗디이 <1748 동해 하:4>
○ 醬瓜子 쟝앗찌이 <1790 몽해 상:47>

## ▌짠지

"무짠지"라고도 하는데 "무를 통째로 소금에 짜게 절여서 묵혀 두고 먹는 김치"입니다. 이 말은 한자어 "장지(醬漬)"가 어음 변화된 말입니다. 즉 "장지 > 잔지 > 짠지"로 되었습니다.

## ▌김장

"김장"이란 "겨우내 먹기 위하여 김치를 한꺼번에 많이 담그는 일"을 말합니다. 이 말의 어원을 "진장(陳藏)" 또는 "침장(沈藏)"이라고 보는데 물론 다 그로서의 일리가 있습니다. 어음 변화 이론에서 보면 "진장(陳藏)"이 "김장"으로 될 가능성이 더 많지요. 비슷한 실례로 "기름 > 지름"에서 "ㄱ > ㅈ" 구개음화 된 것과 반대로 "진장 > 김장"이 되었지요.

## ▌된장

"된장"은 "메주로 간장을 담근 뒤에 장물을 떠내고 남은 건더기"의 "장" 이지요. 여기의 "장"은 더 말할 것 없이 한자어이고 "된"의 "되다"는 "반죽이나 밥 따위가 물기가 적어 빡빡하다"의 뜻입니다.

## ▌메주

"메주"란 "콩을 삶아서 찧은 다음, 덩이를 지어서 띄워 말린 것"으로 간장, 된장, 고추장을 만드는 원료입니다. 『鷄林類事』에서 "密祖"라 하고 중세에 "며주, 메조"로 나타납니다. "메주"는 중세의 "미수(요리)"와 "미시(미

숫가루)"와 같은 어원이라 봅니다. 우리 민족 음식에서 가장 중요한 요리가 "장(醬)"이라 할 수 있습니다. 그러므로 메주로 장을 담그는 일은 특별히 정성들여 했습니다. 김영황은 "메주"가 일본어의 "미소(ミソ)"와 대응 되는 것으로 우리 음식문화의 전파 도를 보여주는 것이라 했습니다.[5] 뿐만 아니라 만주어에서도 "장(醬)"을 [misun]이라 합니다.[6] 이러고 보면 "메주"로 한 "장(醬)"이 만주와 일본에 전파되어 "미순" 또는 "미소"로 된 것입니다.

○ 醬曰密祖 <鷄林類事>
○ 며주 醬麴 <訓蒙 中 21麴字注>
○ 메조롤 올히 어들디 업더니(醬麴今年沒處尋) <朴解 中 17>
○ 첫 미수에 양 므르 고으니와 蒸捲 썩과(第一道爁羊蒸捲) <初朴通事 上 6>
○ 미시 구 糗 미시 후 糇 <訓蒙 中 21>

## ▌소금

"소금"은 인간생활에서 없어서는 안 될 조미료일 뿐 아니라 필수 성분 이지요. 우리 조상들이 당연히 아주 오래 전부터 먹었을 것입니다. 중세에 "소곰"으로 나타나는데 옛 지명에도 염주(鹽州)가 있는 걸 보아 알 수 있습니다. "소금"의 어원은 "소기다(속이다)"에서 왔습니다. 어떤 산해진미의 음식이든지 소금이 없으면 맛이 나지 않고 또 쉽게 부패해집니다. "소금"은 또 반드시 음식 속에 용해되어야 맛이 납니다. 옛날 사람들은 소금의 용도를 발견하고 "맛을 속이다, 속에 스며들다"란 의미에서 "소곰(소금)"이라 했다고 봅니다. 그리하여 "*속임 > 소곰 > 소금"이 되었습니다.

○ 소곰 사 醝 소곰 염 鹽 <訓蒙 中 22>
○ 소길 광 誑 소길 잠 賺 <訓蒙 下 20>

---

5) 김영황, 『민족문화와 언어』, 과학백과사전출판사, 2006.
6) 羽田亨 編, 『滿和辭典』, 今泉誠文社, 昭和47年7月, 308면.

## ▌간장

 "간장"을 중세에 "ᄀᆞᆼ, ᄀᆞᆼ쟝"이라 했어요. 이 말은 "음식물에 짠맛을 내는 물질로서 소금, 간장, 된장 따위를 통틀어 이르는" 말입니다. 한자어 "가릴 간 揀"과 한자어 "장(醬)"이 결합된 것입니다. 여기의 "간(揀)"은 본래 "(맛이) 짠 정도"를 뜻했는데 지금은 "간장"도 말합니다.

 ○ ᄀᆞᆼ쟝 醬油 <訓蒙 中 21>
 ○ 됴흔 ᄀᆞᆼ을 올힝 ᄆᆞᄎᆞᆷ내 어들더 업더니(好淸醬今年竟沒處尋) <朴新解 2:26>

## ▌기름

 "기름"을 지금은 동물지방, 식물지방, 석유 등을 통틀어 말하지만 옛날에 주로 동물과 식물 지방을 일컬었습니다. 한자 "유(油)"는 중국의 옛날 강 이름인데 강이 너무 혼탁하여 이 이름으로 동물이나 식물의 기름도 가리켰습니다. "기름"을 『鷄林類事』에 "畿林"이라 했습니다. 중세에 "기름, 기름"으로 나타났는데 "골, 고름"과 어원이 같다고 봅니다. "골"은 두뇌를 말하며 "고름"은 피부나 조직이 썩어 생긴 물질이고 "기름"도 지방이니 부패하면 "고름"이 되지요.

 ○ 油曰畿林 <鷄林類事>
 ○ 모메 香기름 ᄇᆞᄅᆞ며 <釋譜 6:10>

## ▌누룽지

 "누룽지"는 "솥 바닥에 눌어붙은 밥"에서 이름 진 것입니다. "가마치"는 함경방언 "가마의 티"에서 난 이름이고 평안, 함남의 "밥과질"은 "과줄처럼 된 밥"이며 "소솥치"는 "솥훑이"란 뜻입니다.

## ▎숭늉

"숭늉"은 밥을 지은 솥에서 밥을 푼 뒤에 물을 붓고 데운 물입니다. "숭늉"의 어원은 자체 한자 어휘 "숙랭(熟冷)"에서 온 말입니다. 18세기의 시조집 『靑丘永言』에는 "익힌 숙늉"이라고 쓴 예가 있으며 19세기의 책 『物名攷』에는 "숙닝"이라고 나타납니다.

○ 드순 슉룅(熟冷)애 두 돈만 프러 머그라 <1489 구간 2>
○ 鍋巴水 슉닝 <1790 몽해 상:45>

## ▎국

"국"이란 고기, 생선, 채소 따위에 물을 많이 붓고 간을 맞추어 끓인 음식입니다. "갱탕(羹湯)"이라고도 합니다. "국"이란 말은 한자 "찔 국(焗)"에서 온 것이라 봅니다. "焗"은 중국에서 닭고기 같은 것을 찌는 요리의 한가지로 소개되는데 광동방언에서 [guk]이라 합니다. 이 요리 이름이 우리말에 들어와서 "갱탕(羹湯)"을 가리키면서 오래 사용되다 보니 고유어로 여깁니다.

○ 湯 국 <1790 몽해 상:47>
○ 국 깅 羹 <1781-1787 왜해 상:47>

## ▎국수

"국수"는 밀가루·메밀가루·감자 가루 따위를 반죽한 다음, 반죽을 손이나 기계 따위로 가늘고 길게 뽑아낸 식품이나 또는 그것을 삶아 만든 음식입니다. "면(麵)·면자(麵子)·탕병(湯餠)"이라고도 했습니다. 18세기 <동한역어>에서는 국수를 자체 한자 어휘 "麴鬚(국슈)"라 했습니다. "국수"는 "국물"이란 "국(焗)"에 "탕(湯)"이란 "수(水)"가 결합된 것이라 봅니다. 『鷄林類事』에 의하면 "탕(湯)"을 "수(水)"라고 한다고 했습니다.

○ 湯曰水 <鷄林類事>

○ 우리 고렷사ㄹ문 즌 국슈 머기 닉디 몯ㅎ얘라 <1510년대 번노 상:60> (우리 고려사람은 진 국수 먹기 익숙하지 못하여라)

## ■ 묵

"묵"이란 "도토리, 메밀, 녹두 따위의 앙금을 되게 쑤어 굳힌 음식"이지요. 묵이란 말의 어원은 <名物紀略>에 의하면 "녹두가루를 쑤어서 얻은 것을 삭(索)이라 한다. 俗間에서는 이것을 가리켜 묵(纆)이라 한다"고 했습니다. 또 『事類博解』에서는 "묵을 두부의 일종으로 보았는지 녹두부(綠豆腐)라고 하였다" 합니다.[7] "묵"은 "묵다(오래되다)"와 동원어휘라 봅니다. 한자어 "묵(纆)"과 상관없이 "앙금을 오래 둔 것"이란 의미에서 온 말입니다.

## ■ 젓

"젓"은 새우·조기·멸치 따위의 생선이나, 조개·생선의 알·창자 따위를 소금에 짜게 절이어 삭힌 음식으로서 양념을 넣어서 만들기도 하고 먹기 전에 양념을 하기도 합니다. 이 말의 어원은 "졎"[乳]과 같이한다고 봅니다.

## ■ 얼간

"얼간"이란 "소금을 약간 뿌려서 조금 절인 간"을 말합니다. "담염(淡鹽)·반염장(半鹽醬)"이라고도 합니다. "얼간"의 "얼-"은 "덜된, 모자란"이란 뜻을 더하는 접두사이고 "간"은 "음식물의 짠 정도"를 말합니다. 이로부터 "됨됨이가 변변하지 못하고 덜된 사람"을 "얼간이"라 부릅니다.

---

7) <네이버 지식백과> 묵(한국민족문화대백과, 한국학중앙연구원).

## █ 누룩

"누룩"은 "술을 빚는 데 쓰는 발효제"입니다. 누룩이 처음에 만들어진 것은 중국 춘추전국시대로 알려져 있고 한국에서는 삼국시대 이전으로 봅니다. 중세에 "누룩, 누룩, 누륵"으로 씌었습니다. 그 이름은 색갈이 "누르다"[黃]고 "누룩"이라 했다고 봅니다.

○ 길헤 누룩 시른 술위롤 맛보아둔(道逢麴車) <初 杜解 15:40>
○ 누룩 국 麴 <訓蒙 中 21>

## █ 술

"술"은 알코올 성분이 들어 있어 마시면 취하는 음료입니다. 한자 "주(酒)"는 "所以就人性之善惡。"<說文解字>(이로써 인성의 선악을 이룬다)고 했어요. 그러니 여느 글자와 달리 술 마신 후의 효과에서 기원된 이름입니다. 우리말 "술"을 12세기 『鷄林類事』에서 "酥孛"로 표기했습니다. 중세어로 말하면 "수블, 수을, 수볼"로 되지요. 이미 15세기에 "술"이라 불렀어요. "술"은 범어의 쌀로 빚은 [sura](酒)에서 왔다는 설이 있습니다. 하지만 우리말 어원은 한자 "酒"의 어원처럼 술 마신 후에 "수위다(쉬다)" 또는 "수으다(떠들다)"는 행위로 이름 지었다고 생각합니다. 술은 과거 귀한 음식이니까 부자들이나 자주 마시고 백성들은 명절이나 쉬는 날에 겨우 마셨을 것이지요. 그러다보니 마시고 나면 흥분되어 떠들기도 자주 했겠지요.

○ 酒曰酥孛 <鷄林類事>
○ 樓 우희셔 수을 먹고(樓頭喫酒) <杜解 8:27>
○ 누른 새논 됴흔 소리롤 수으놋다(黃鳥宣佳音) <重杜解 1:46>

## █ 다모토리

"다모토리"란 "큰 잔으로 소주를 마시는 일, 또는 큰 잔으로 소주를 파는 집"이라 합니다. 순우리말로 "(부사)다만+털다"가 결합한 것이라 봅니다. "털다"에는 "자기가 가지고 있는 것을 남김없이 내다"란 뜻이 있으니이 말은 "다만+털다 > 다만+털이 > 다만톨이 > 다모토리"의 변화로 되었다 봅니다.

## ▍감주

"감주"는 엿기름을 우린 물에 밥알을 넣어 식혜처럼 삭혀서 끓인 음식입니다. "단술"이라고도 합니다. 한자어 감주(甘酒)에서 온 말입니다.

## ▍막걸리

"막걸리"는 우리 민족의 고유한 술로서 맑은술을 떠내지 아니하고 그대로 걸러 짠 술로 빛깔이 흐리고 맛이 텁텁합니다. "탁료(濁醪)·탁주(濁酒)"라고도 했습니다. "막걸리"의 옛말인 "막걸이"는 19세기 문헌에서부터 나타나는데 "마구"의 의미인 "막"과 "거르다"가 결합한 "*막거르-"와 명사파생 접미사 "-이"가 결합한 것입니다.

○ 막걸이 濁酒 <1895 국한 106>

## ▍강술

"강술"은 "안주 없이 마시는 술"입니다. 한자어로 된 접두사 "강-(强)"은 "억지로" 또는 "다른 것이 섞이지 않고 그것만으로 이루어진" 등의 뜻입니다.

## ▍귀밝이술

"귀밝이술"이란 음력 정월 대보름날 아침에 마시는 술로서 이날 아침에

찬술을 마시면 귀가 밝아지고 귓병이 생기지 않으며 한 해 동안 좋은 소식을 듣게 된다고 합니다.

## ▌대폿술

"대폿술"이란 큰 술잔으로 마시는 술입니다. 한자어 "대포(大砲)"와 "술"의 결합된 말입니다.

## ▌동동주

"동동주"란 맑은 술을 떠내거나 걸러 내지 아니하여 밥알이 "동동 뜨는" 막걸리를 말합니다.

## ▌마주보기, 홀림이

"마주보기", "홀림이"란 심마니들이(산삼채취인) 술을 부르는 말입니다. 이들은 깊은 산속에 가서 많은 단어들을 기피하여 다른 은어로 표시합니다.

## ▌소나기술

"소나기술"이란 "보통 때에는 마시지 아니하다가 입에만 대면 한정 없이 많이 마시는 술"입니다. 또 "벼락술, 쎅술, 겁술, 도깨비술" 등 다른 이름도 많습니다.

## ▌아랑주

"아랑주"란 "소주를 고고 난 찌꺼기로 만든, 질이 낮고 독한 소주"입니다. 자체로 만든 한자 어휘 "아랑주(餓狼酒)"라고 봅니다.

## ▌ 해장술

"해장술"이란 "전날의 술기운으로 거북한 속을 풀기 위하여 마시는 술"입니다. 한자어 "해정(解酲: 숙취를 풀다)"과 "술"의 합성어입니다. "해정(解酲)"은 중국에서 들여온 한자어입니다.[8]

## ▌ 안주

"술안주"라고도 하는데 "술을 마실 때에 곁들여 먹는 음식"입니다. 중국에서 들어온 한자어 "안주(按酒: 술을 누르다)"에서 온 말입니다.[9]

## ▌ 수라

"수라"란 "궁중에서, 임금에게 올리는 밥을 높여 이르던 말"입니다. 20세기 초 이능화, 주시경은 이 말이 고려 말에 몽골에서 들어온 궁중용어였다고 합니다. 12세기의 『元朝秘史』에서는 국(湯)을 "슈렌"[Sülen]이라 하고 만주어에서 [suran]을 "米のとぎ水"[10](쌀뜨물)이라 합니다. 그러니 "슈렌" 또는 "수란"이 우리말에 들어와 "수라"로 될 수 있습니다. "설렁탕"의 "설렁-"도 여기서 기원했다고 봅니다.

## ▌ 담배

"담배"의 옛말인 "담바"는 18세기 문헌에서부터 나타납니다. 포르투갈어 [tabaco]가 일본에 들어가 [tabako]가 되었는데, 이것이 수용되어 변화되면서 "담바"로 나타난 것입니다. 사투리로 "담바구, 담바우"라고도 하는데

---

8) 《后漢書 · 第五倫傳》: "三輔論議者, 至云以貴戚廢錮, 当夏以貴戚洗濯之, 犹解酲当以酒也。"(三輔 논의 자 貴戚으로 파면하니 貴戚을 회복하여 복귀하면 해정으로 술 하기보다 더 낫다.)
9) 宋 梅堯臣, 《文惠師贈新笋》詩: "煮之按酒美如玉, 甘脆入齒馋流津。"(끓인 안주 맛있기 그지없어 향기롭고 고소함이 군침을 흐리게 하노라.)
10) 羽田亨 編, 『滿和辭典』, 今泉誠文社, 昭和47年7月, 390면.

임진전쟁시기 남부로부터 들어 온 것으로 봅니다.

## ▋ 도시락

"도시락"을 중세에 "도슭"이라 했어요. 본래는 "동고리(키버들로 동글납작하게 만든 작은 고리로서 주로 옷을 넣어 두는 데 쓰는 물건)"를 말했는데 후에 "도스락 > 도시락"으로 발음되며 "밥을 담는 작은 그릇"을 통틀어 말합니다. 중국 연변의 사투리로 일본어 "辨當"[bentô] "벤또"라고도 합니다.

> ○ 點心 도슭 부시이고 곰방더롤 톡톡 써러 <古時調 논밧 가라 靑丘> (점심 도시락 씻어 이고 곰방대를 톡톡 털어)

## ▋ 매나니

"매나니"는 본래 "반찬 없는 맨밥"을 가리킵니다. 그리고 또 "무슨 일을 할 때 아무 도구도 가지지 아니하고 맨손뿐인 사람"도 말합니다. "맨손, 맨발" 등에 쓰이는 접두사 "맨-"과 "난이(나온 것, 나온 사람)" 결합된 것으로 봅니다.

## ▋ 진지

"진지"란 "윗사람에게 올리는 밥"이라 합니다. 중세에 이미 썼었는데 다른 말로 "뫼"라고도 했어요. "진지(進旨)"란 말은 당나라 때 유종원(柳宗元)의 《위왕경조하우표일(爲王京兆賀雨表一)》에 "臣昨日面奉進旨。"(신이 어제 황제 면전에서 진지를 받들었다)로 썼었습니다. 즉 본래 성지(聖旨)를 가리켰는데 우리말에 들어와서 "윗사람에게 올리는 밥"으로 되었습니다.

> ○ 文王이 훈번 뫼 좌셔든 <小解 4:14> (문왕이 한번 밥 잡숫거든)
> ○ 王季 진지를 도로 흥신 후에사 <明宗版 小解 4:12> (왕계 진지를 다시 하신 후에야)

## ▌ 곱창

"곱창"이란 "소의 작은 창자"라 합니다. 기실 이 말은 "곱"[脂肪]과 "창"[腸]이 결합된 말입니다. "창자"란 말은 중국말 "장자(腸子)"의 입말 발음 [cháng zi]를 그대로 받아들인 말입니다. 그러니 "곱+창[腸]"의 합성어입니다.

## ▌ 새참

"새참"이란 "일을 하다가 잠깐 쉬면서 먹는 음식"으로서 "간식(間食)", "샛밥", "곁두리", "군음식"이라고도 합니다. "새"란 "사이, 틈"이란 말로 "어느새, 틈새" 등의 말에도 쓰입니다. "참"은 "찬(餐)"의 잘못된 발음으로 봅니다. "새+찬 > 새참"으로 된 말입니다. "군음식"의 "군-"은 "군소리, 군음식, 군손님, 군더더기" 등에 쓰이는 "쓸데없는"의 뜻입니다.

## ▌ 해장국

"해장국"이란 "전날의 술기운으로 거북한 속을 풀기 위하여 먹는 국"을 말합니다. 이 말은 한자 어휘 "해정(解酲)"과 "국(羹)"이 결합한 것입니다. 다른 말로 "성주탕(醒酒湯)"이라고도 합니다.

## ▌ 곰국

"곰국"이란 "소의 뼈나 양(胖), 곱창, 양지머리 따위의 국거리를 넣고 진하게 푹 고아서 끓인 국"을 말합니다. 이 말은 "고다 > 고음 > 곰"과 "국(羹)"이 결합한 말이지요. 다른 말로 "곰탕"이라고도 하며 "곰"[熊]과 아무런 상관없어요.

## ▌선짓국

"선짓국"이란 "선지를 넣고 끓인 국"이지요. "선지"란 "짐승을 잡아서 받은 피"를 말하는데 만주어에서 [senggi](피)[11]라고 합니다. "선지피"란 말은 여기서 온 것이라 봅니다. "선짓국"은 "senggi+국 > 성기국 > 선짓국"으로 된 것입니다.

## ▌비계

"비계"란 "짐승, 특히 돼지의 가죽 안쪽에 두껍게 붙은 허연 기름 조각"입니다. 이 말은 자체로 만든 한자 어휘 "비개(肥個)"에서 차용한 것이라 봅니다. 또 "비곗살"이라고도 합니다. 즉 "비개 > 비계"로 되었습니다.

## ▌꼬치구이

"꼬치구이"는 "작은 꼬챙이에 꿰어 구운 음식물"입니다. "꼬챙이에 굽는다"고 "꼬치구이"라 합니다. 중국 음식 "양육관(羊肉串)"의 영향으로 특별히 더 많이 유행되고 있다고 합니다.

## ▌순대

"순대"란 "소나 돼지의 창자 속에 여러 가지 재료를 소로 넣어 삶거나 쪄서 익힌 음식"을 말합니다. 문헌에 나타난 기록으로는 『齊民要術』에 양의 피와 양고기 등을 다른 재료와 함께 양의 창자에 채워 넣어 삶아 먹는 법이 있다고 했고 『閨閤叢書』에 "쇠창자찜", 『是議全書』에 "어교순대"와 "도야지순대" 만드는 법이 있습니다.[12] "순대"란 명칭은 우리말 고유어나 한자

---

11) 羽田亨 編, 『滿和辭典』, 今泉誠文社, 昭和47年7月, 366면.
12) <네이버 지식백과> 순대(한국민족문화대백과, 한국학중앙연구원).

어에서 그 어원을 찾기 힘듭니다. 마침 만주어에서 [senggiduha]를 "腸詰め, 血腸"이라 한 것을 봐서 만주어 [senggiduha](성기두하)에서 차용한 후 어음이 변환된 것으로 봅니다.13) 즉 "senggiduha > 성기두하 > 성두 > 순두 > 순대" 등의 변화 과정을 거쳤을 수 있습니다.

○ 슌더 猪腸 <1880 한불 443>

## ▌ 지게미

"지게미"란 "재강에 물을 타서 모주를 짜내고 남은 찌꺼기"를 말합니다. 중세에 "쥐여미, 주여미"라 했어요 그 뜻인즉 "쥐어짤 것"입니다. "쥐여미 > 지어미 > 지거미 > 지게미"의 어음 변화를 했다고 봅니다.

○ 쥐여미롤 **짜** 汁과 즈의와롤 논호도소니(籍精分汁滓) <初杜解 22:20>

## ▌ 차반

"차반"이란 "예물로 가져가거나 들어오는 좋은 음식" 또는 "맛있게 잘 차린 음식"을 말합니다. 중세에 쓰였는데 기실 한자어 "차반(茶盤)"에서 온 말로 본래는 "차를 대접하다"의 뜻이었는데 후에 "좋은 음식"을 가리키게 되었습니다. 그리고 "개차반"이란 말까지 생기어 "개한테나 먹일 음식"이란 의미로도 쓰입니다. 즉 똥을 말합니다.

○ 이베 됴흔 차반 먹고져 ᄒ며 <月釋 1:32> (입으로 좋은 음식 먹고자하며)

## ▌ 자반

"자반"은 "생선을 소금에 절여서 만든 반찬감. 또는 그것을 굽거나 쪄서 만든 반찬"입니다. 중세에도 이 말을 썼다하는데 한자어 "고기 구을 자(炙)"

---

13) 羽田亨 編, 『滿和辭典』, 今泉誠文社, 昭和47年7月, 366면.

와 "반(飯)"이 결합된 말이라 봅니다.

## ▌ 회

"회"는 고기나 생선 따위를 날로 잘게 썰어서 먹는 음식으로서 초고추장이나 된장, 간장, 겨자, 소금 따위에 찍어 먹습니다. "회(膾)" 자는 잘게 썬 고기(肉)를 뜻합니다. 우리말 "회"는 한자 "회(膾)"를 그대로 쓰지만 의미는 많이 달라졌습니다.

## ▌ 전골

"전골"이란 "잘게 썬 고기에 양념, 채소, 버섯, 해물 따위를 섞어 전골틀에 담고 국물을 조금 부어 끓인 음식"입니다. 이 말은 한자어 "전골(煎骨)"에서 왔다고 봅니다. "전(煎)"이란 "번철에 기름을 두르고 고기, 채소 따위를 밀가루를 묻힌 음식"을 말합니다. 다시 말하면 "전골"은 본래 한자 어휘 의미를 떠나 새롭게 쓰입니다.

## ▌ 쌈

"쌈"이란 "밥이나 고기, 반찬 따위를 상추, 배추, 쑥갓, 깻잎, 취, 호박잎 따위에 싸서 먹는 음식"입니다. "싸서 먹는다"고 만들어진 이름입니다.

## ▌ 이바지

"이바지"란 "혼례 후에 신부 집에서 신랑 집으로 음식을 정성 들여 마련하여 보내 줌. 또는 그 음식"입니다. 중세에 음식을 대접하는 일을 뜻하던 "이받다"라는 말에서 기원됐습니다. "이받"은 "이(齒)"와 "받(獻)"이 결합한 것으로 공궤(供饋)하다는 뜻이라 보고 있습니다.[14] 지금은 "국가나 사회

에 공헌하는 것"도 이렇게 말하지요

   ○ 이바디 연 宴 <訓蒙 下 10>
   ○ 아바님 이받즈롱제(侍宴父皇) <龍歌 91章>

---

14) 참고: <가게저널> 제44권 제10호 "우리말 어원" 이바지.

# 9. 숫자, 방향, 빛깔, 냄새

## ▌하나, 둘, 셋……

"하나, 둘, 셋……" 등 고유어 수사를 12세기의 『계림유사』에서 다음과 같이 표기했었습니다. "一日河屯 二日途孛 三日洒 (斯乃切) 四日迺 五日打戌 六日逸戌 七日一急 八口逸答 九日鴉好 十日噫 百日醯." 이를 김영황은 "ᄒ든, 두볼, 세, 네, 다숫, 여슷, 닐굽, 여듧, 아홉, 열, 온"으로 중세어에 맞춰 해석했습니다.[1] 우리말 고유어 수사의 기원은 손가락에서 시작되었다고 봅니다. 인간의 신체구조는 옛날이나 지금이나 마찬가지이므로 사람들이 셈을 셀 때 가장 원시적인 방법인 손가락을 사용했을 것입니다. 다시 말하면 손가락은 원시인들의 "컴퓨터"라고 해도 과언이 아닙니다. 그러므로 세상의 모든 언어에서 십진법을 사용하고 있지요.

## ▌홀, 홑

"하나"가 고대에 "ᄒ든(一等隱)"이었다면 이는 "홀, 홑"[獨]과 기원을 같이 한다는 증거이지요. 즉 "홀로, 혼자" 등과 같은 기원을 말합니다. "ᄒ든"은

---

1) 김영황, 『조선어사』, 역락, 2002, 115면.

중세에 "ᄒᆞ나"로 표기되다가 지금 "하나"로 되었습니다. 신라향가 <제망매가>에 "一等隱枝良出古 去如隱遽毛冬乎丁"(한 가지에서 나고 가는 곳 모르누나)이라는 말이 있습니다. "하나"는 "홀로 있다"고 해서 생긴 이름입니다.

## ▌ 둘

"둘"은 "두볼"로 중세에 나타나는데 "더블다(더불다)"와 같은 기원을 한다고 봅니다. 손가락 "하나"를 꼽고 "더불어(꼽다)"란 의미입니다.

## ▌ 셋, 넷

"셋, 넷"은 본래 'ㅎ' 말음을 가진 "세 ㅎ, 네 ㅎ"였지요. 당연히 겹모음이 없을 초기에는 "섷, 넣"였을 것입니다. 이상하게 3, 4의 형태가 다른 숫자와 다르지요. "섷(셋)"은 "(손가락) 서다"란 의미이며 "넣(넷)"은 "(손가락) 넣다"란 뜻이 아니었겠는가고 의심합니다.

## ▌ 다섯, 여섯

"다섯, 여섯"은 중세에 "다ᄉᆞᆺ, 여ᄉᆞᆺ"이었는데 역시 이 두 개 숫자가 짝을 이룹니다. "다섯"은 손가락을 모두 닫아서 "다섯", "여섯"은 다시 열기 시작해서 된 말이라 보지요.

## ▌ 일곱, 여덟, 아홉

"일곱, 여덟, 아홉"은 또 다른 한 조를 이루면서 "ㅂ" 받침으로 특징입니다. 이들은 중세에 "닐굽, 여ᄃᆞᆲ, 아홉"으로 표기 되었습니다. "닐굽(일곱)"은 손가락을 "닐궈 곱다(일으켰다고 꼽다)", "여ᄃᆞᆲ(여덟)"은 손가락을 "여닫다(열었다 닫다)"가 어원적 의미라고 추측합니다. "아홉"은 중세의 "아ᄎᆞᆫ(버금, 아직”의 어음변이 형태로 어원적 의미는 “열”이 채 안 된다는 뜻이라 봅니다.

## ▌열, 스물, 마흔, 쉰

“열”은 손가락을 모두 열어서 “열”이라 했다고 해석할 수 있지요. “열, 스물, 마흔, 쉰”은 “하나, 둘, 넷, 다섯”과의 어근의 어음연관성을 보여주지 않습니다. “스물”은 손가락이 “숨다”는 의미에서, “마흔”은 “많다”와 같은 의미에서, “쉰”은 손가락이 “쉬다”는 의미에서 각각 기원되지 않았겠는가 고 추측해 봅니다.

## ▌서른, 예순, 일흔, 여든, 아흔

“서른, 예순, 일흔, 여든, 아흔”은 각각 “셋, 여섯, 일곱, 여덟, 아홉”과 비슷한 어근을 가지고 있다고 볼 수 있습니다. 그러면 이들의 공통 어근은 마땅히 “*서, *엿, *일, *연, *아호” 등을 재구할 수 있습니다.

## ▌백

“백(百)”을 중세에 “온”이라 했어요. “온”은 지금도 관형사 “온 집안, 온 마을, 온 나라” 등에서 여전히 쓰고 있습니다.

○ 온 사룸 다리샤(遂率百人) <龍歌58章>

## ▌즈믄

“즈믄”은 중세에 고유어로 “천(千)”을 말하지요. 이는 “(날이) 져믈다(저물다)”와 동원어휘라 봅니다. 옛날에 숫자 “천(千)”은 엄청난 것으로 인식되었기에 “날이 저물다”에 비유했을 수도 있습니다.

○ 즈믄 뫼곳 홀갓 제 하도다 (千山空自多)百은 오니라 <杜解 5:12>

## ▌셈

"셈"은 수를 세는 일입니다. 중세에 "혬판(수판)"<漢淸文鑑 10:19>와 같이 "혬"이라 했습니다. 이 말은 "혜다(생각하다)"와 어원을 같이 합니다. "혬"의 "ㅎ"가 모음 "에"에 끌려 "ㅅ"로 변하여 "혬 > 셈"으로 되었습니다. "혜다"는 지금 "헤아리다"에 쓰이고 있습니다.

## ▌꼴찌

"꼴지"란 말은 "차례의 맨 끝"이므로 어원은 당연히 "끝"과 연관됩니다. 중세에 "ᄀᆞᆮ"이라 했으며 이는 지금 "바닷가, 강가"에 쓰이는 "-가"[邊]란 뜻을 가진 옛말 "ᄀᆞᆮ"에서 왔습니다. "ᄀᆞᆮ > ᄀᆞᆮ > ᄀᆞᆮ > 끝"으로 되었지요. 중세에 "끝"을 "ᄀᆞᆮ"이라 했어요. "ᄀᆞᆮ"은 또 "ᄀᆞ > 고 > ᄭᅩ"로 될 수도 있어 "ᄭᅩ리(꼬리)"를 만들어 내기도 했습니다. "꼴찌"는 "꼴(이)"에 "-찌"(접미사)가 붙은 것입니다.

## ▌가로, 세로

"가로"를 중세에 "ᄀᆞᄅᆞ"라고 했어요. 그 어원은 당연히 "가르다"에서부터 온것입니다. "가로"가 "왼쪽에서 오른쪽으로 나 있는 횡적(橫的)인 방향"이고 "세로", "세우다"는 뜻으로 종적(縱的)인 방향을 말합니다.

  ○ 긴 ᄇᆞᄅᆞᆷ에 노폰 믌겨리 ᄀᆞᄅᆞ 딜엿ᄂᆞ니(長風駕高浪) <杜解 1:32>

## ▌동서남북

"동서남북"은 옛날에 각각 자기의 고유어가 있었습니다. 『鷄林類事』에서 "東西南北同"이라 한 것으로 보아 이미 아주 오랜 천여 년 전부터 "동서남북"이란 한자 어휘를 사용했습니다. "동(東)" 자는 해 뜨는 곳이고 "서

(西)"는 새가 둥지에 앉은 모습으로 해가 짐을 말합니다. "남(南)"은 본래 악기이름인데 해를 마주하는 쪽을 말하며 "南, 草木至南方有枝任也。"<說文解字>(南은 초목이 가지를 맡기는 쪽이다) "북(北)"은 해를 등진 곳입니다. 그럼 "동서남북"의 우리말 고유어는 어떤 것일까요? "동"은 "새", "서"는 "하늬", "남"은 "마", "북"은 "뒤"라 했습니다. "새"란 "날이 새다"란 의미로 동쪽을 말하고 "하늬"는 "크다"의 뜻인 "한+의"로 되며 "하늬바람(오직 이 단어에 '하늬' 남아 있음)"이란, 즉 "큰바람"이라 해석됩니다. 지리적 위치가 서로 다르기 때문에 곳에 따라 한반도 남부에서는 "서풍"이라고 하고 북부에서는 "북풍" 또는 "서북풍"이라고 합니다. "마"란 고대에 "물"을 가리켰으니 비가 많이 오는 방향도 말할 수 있어요. 그리고 "해를 마주하다"란 뜻도 있습니다. 따라서 "마파람"은 남풍이 되지요. 한반도는 지리적으로 북반구에 있기에 항상 집을 지어도 남향으로 하지요. 그러므로 해를 등지는 "뒤"는 당연히 북쪽으로 됩니다.

○ 塞싱는 東녁 北녈ᄀᅿ라 <金三 2:6>
○ 태죄 드르시고 하 노ᄒᆞ샤(太祖大怒) <三綱. 夢周殞命>
○ 南風謂百之麻卽景風 <星湖.八方風>
○ 뒷심골: 北泉洞 <龍歌 2:32>
○ 뒤 북 北 <訓蒙 中 4>

# ▌오른쪽

"오른쪽"은 한자 "우(右)"로서 "手口相助也"<說文解字>(손과 입으로 남을 돕다)입니다. "오른쪽"을 "바른쪽"이라고도 합니다. 중세에 "올ᄒᆞ녁"이라 했어요. "올ᄒᆞ(오른)"으로부터 "올타(옳다)"란 말이 생겼습니다. 어려서부터 아이들은 오른손으로 밥을 먹거나 무엇을 잡으라고 교육받습니다. 왜냐하면 절대 대부분 사람들은 오른손잡이이기 때문입니다. 따라서 오른손을 사용하면 "옳다"라는 평가를 받게 되었습니다.

○ 右는 올흔녀기라 <訓正解例> (우는 오른 컨이라)
○ 올훈 시 是 <訓蒙 下 29>
○ 올혼 소느로 하눌 フ르치시며 <月釋 2:38> (오른 손으로 하늘 기르치시며)

## ▮ 왼쪽

"왼쪽"은 한자 "좌(左)"로서 "手相左助也"<說文解字>(손 모양. 보좌하다)는 뜻입니다. "왼쪽"을 중세에 "왼녁"이라 했습니다. "올훈(오른)"이 "올타(옳다)"가 되니 당연히 "왼"은 "외다(그르다)"란 뜻이 됩니다. 지금도 "외고집", "왼새끼 꼬다" 등 말에 "그르다, 틀리다"란 의미가 있습니다.

○ 左는 왼녀기라 <訓正解例>
○ 느미 올흐며 왼이룰 잘 결단ᄒ며(能決是非) <呂約 4>

## ▮ 이

"이"란 말하는 이에게 가까이 있거나 말하는 이가 생각하고 있는 대상을 가리키는 지시대명사입니다. "이"는 중세에도 마찬가지 형태였는데 그 어원은 "머리에 이다"의 "이다"라고 봅니다. 이들의 공통의미소가 "앞"이기 때문에 "말하는 이에게 가까운 거리"가 됩니다. 대명사 "이"는 의존명사 "이", 주격조사 "이" 등과 어원적으로 밀접한 관계에 있다고 봅니다.

## ▮ 그

"그"란 "앞에서 이미 이야기하였거나 듣는 이가 생각하고 있는 대상을 가리키는 지시대명사"입니다. 삼인칭 대명사로도 쓰입니다. 중세에도 마찬가지였는데 한자어 "기(其)"에서 왔다고 봅니다. 한자 "其"는 본래 키[箕]를 가리키다가 삼인칭 대명사로 쓰이게 되었습니다. 상고음으로 [ghiə]이였습니다. 객가어(客家語) 등에서 [ki]로 발음됩니다. 그러니 지금 한자음 "기(其)"는 여기서 차용된 것이라 볼 수 있습니다. 우리말 "그"는 "其"의 상고음 [ghiə]와 의미를 그대로 받아들여 썼다고 봅니다. 즉 "其→[ghiə] > 그"로 된 것입니다.

## ▌ 저

"저"란 "말하는 이와 듣는 이로부터 멀리 있는 대상을 가리키는 지시대명사"로 주로 쓰입니다. 중세에 "이와 뎌와"<訓正註解>처럼 "뎌"로 나타납니다. 이 말은 "져기다(돋우다)"에서 기원한 것으로 봅니다. "져기다(돋우다)"는 "젹+이(접미사)+다"로 분석되며 뜻은 "높은 곳"임을 알 수 있습니다. "젹"이 구개음화되기 전에는 "덕"이었을 것이며 이는 지금의 "언덕", "둔덕"의 "덕"에 해당합니다. "뎌(저)"는 이 "덕"에 기원을 두며 의미상에서 "이"와 달리 말하는 이와 또는 듣는 이와도 공간 거리상 떨어져 있을 수 있습니다. 그러므로 "뎌"가 우리말에서 다른 언어에 크게 볼 수 없는 특수한 "말하는 이와 듣는 이로부터 멀리 있는 대상"을 나타내는 말로 되었습니다. 지시대명사 "저"는 또 "자기를 낮추어 가리키는 일인칭 대명사"로도 쓰입니다. 그것은 자기를 물건처럼 비하하여 겸손을 표시하기 때문입니다.

## ▌ 높새

"높새바람"이란 "동북풍"을 달리 이르는 말입니다. 주로 봄부터 초여름에 걸쳐 태백산맥을 넘어 영서 지방으로 부는 고온 건조한 바람으로 농작물에 피해를 준다고 합니다. 지리적으로 한국의 서북쪽이 높은 지대이므로 "높"은 북쪽을 가리키게 됩니다.

## ▍흰색

"흰색"은 우리 민족이 가장 즐기는 색으로 옛날부터 "백의민족"이라고 하고 흰 옷을 즐겨 입고 집에도 흰색의 회칠을 했지요. "희다"는 "해"에서 온 색깔이라 여기고 이를 숭배하면서 불렀다고 봅니다. 한자 "백(白)"의 갑골문도 햇빛이 아래위로 비춰주는 형상입니다. 세계적으로 태양 숭배는 절대 대부분의 민족들의 공통한 원시신앙입니다. 중세의 "희다(희다)"와 "희"[白]는 어원이 같았습니다.

○ 흰 빅 白, 힐 소 素 <訓蒙 中 29>
○ 그제사 히드리 처섬 나니라 <月釋 1:42> (그제야 해와 달이 처음 나니라)

## ▍검은색

"검은색"을 한자 "흑(黑)"이라 하는데 "흑(黑)"은 "火所熏之色也"<說文解字> (불이 그은 색이다)고 했습니다. 우리말 "검은색"을 "검다"라 하고 "가맣다" 라고도 하지요. 이 말은 "감"[黑]이란 말에서 기원했는데 "가마"[釜]와 같은 어원이라 봅니다. 특히 "가마밑굽"의 "그윰"은 물감으로 쓰이기까지 하지요. 중세에 "검더영, 검듸영(검댕이)"이라고 했으며 이로부터 "검정"이란 말도 생겨났습니다. 또 우리말에서 "(눈을) 감다"하는데 이것 역시 "어둡다, 캄캄하다"란 의미로 "검은 색"과 어원이 같다고 생각합니다.

○ 가마미틧 검듸영을(釜底墨) <救急方 上 16> (가마밑의 검댕이를)
○ 오란 브억어귀옛 검더영(百草霜) <東醫.湯藥篇 券一> (오란 부엌어귀의 검댕이)

## ▍노란색

"노란색"인 한자 "황(黃)"은 본래 황충(蝗蟲)을 가리키다가 "地之色也。" <說文解字>(땅 색깔)이라고 합니다. 이는 중국의 중원이 황토지대이기 때문입니다. 지금은 금색(金色) 또는 해바라기 꽃 색이라고 합니다. "노란색"은 우리말 고유어 색깔 표시에서 중요한 색깔입니다. 그 원형에2) 대해 "노른 (노루)" 색깔이라 하거나 구리 색갈이라는 등이 했어요. 하여튼 어원형태면에서 "노르다"와 "노른"는 같고 또 노루 털색이 노란 것만은 사실입니다. 그러나 선뜻 이해되지 않는 것은 "노루"의 털색이 전형적인 황색(黃色)이 아니란 점입니다. 그 보다도 나리꽃이 노란색의 원형이라 주장합니다. 개나리는 물론 전형적인 노란색이지요. 그리고 원추리를 함경도방언에서는 나리꽃이라고도 합니다. 그 중에서 노란 원추리는 봄이 되면 진달래와 같이 한반도 어디에서나 만발합니다. "나리"는 어원적으로 "날이"로 분석되고 "놀이"[黃]와의 동원어휘가 변한 것으로 볼 수 있습니다.

○ 비치 노르고 <月釋 1:44> (빛이 노랗고)

## ▌푸른색

"푸른색"은 두말할 것 없이 "풀색"[草色]에서 왔습니다. 한자 "녹(綠)"과 "남(藍)"은 본래 모두 풀이름을 딴 서로 다른 색깔입니다. 우리말에서 희귀하게도 녹색(綠色)과 남색(藍色)을 모두 고유어 "푸른색"이라 하지요. 우리말 "푸른색"은 이를테면 "푸른 바다, 푸른 하늘, 푸른 곡식"을 다 말할 수 있지요. "파랗다"와 동원어휘입니다. 교통 신호등의 녹등(綠燈)을 우리는 기어코 "푸른 등"이라 합니다. 그것은 처음에 "풀 색깔"로 "푸르다"고 하다가 후에 "남색"도 같은 말로 부르고 꼭 구별이 필요하면 "하늘색, 쪽빛"과 같은 말로 대체했다고 봅니다. 물론 한자어가 대량 들어오면서 색깔 구별의 이런 어려움은 없어졌습니다.

---

2) 원형[archetype, 原型]. 융(C. G. Jung)이 제안한 개념으로 인간의 꿈, 환상, 신화 및 예술에서 계속 반복해서 나타나는 우리 조상의 경험을 대표하는 원시적인 정신적 이미지 혹은 패턴이다.

## ▌ 붉은색

"붉은색"은 세계 어느 언어에서나 기본상 다 있습니다. 중국에서 "붉은색"표시는 비교적 복잡합니다. 한자 "홍(紅)"은 본래 분홍색 실을 가리킵니다. "적(赤)"은 갑골문에서 사람이 불 위에 있는 모습으로 불 색깔을 말하며 "주(朱)"는 속이 붉은 나무를[赤心木] 가리켰습니다. 지금 "붉은 색"의 원형을 중국에서는 "피의 색깔"이라 합니다. 뿐만 아니라 붉은색을 선호하여 명절이나 희사일 경우 꼭 붉은 색으로 단장합니다. 우리말에서 "붉다"는 "불"에서 기원했으며 또 "밝다"란 말도 만들었습니다.

> ○ 블 화 火 <訓蒙 下 35>
> ○ 블근새 그를 므러 <龍歌 7章> (붉은새 글씨를 물어)

## ▌ 보라색

"보라색"이란 "파랑과 빨강의 중간색"이라 합니다. "보라"란 말은 몽골어 [Bora]에서 차용했다고 합니다.

## ▌ 쪽빛

"쪽빛"이란 짙은 푸른빛입니다. 이 말의 어원은 "쪽"[大靑]이라는 식물의 잎을 물감의 재료로 쓰면서 생겼습니다. 중세에 "족"이라 했습니다.

> ○ 족 蓼藍 <四解 下 79>
> ○ 족 남 藍 <訓蒙 上 9>
> ○ 흐르는 므른 파라호미 족 곧도다(流水碧如藍) <南明 下 10>

## ▌ 감칠맛

"감칠맛"이란 "음식물이 입에 당기는 맛"입니다. 도대체 어떤 맛일까요? 사람마다 입맛에 차이가 있으니 무턱대고 "단 맛, 신맛, 고소한 맛" 등이라 결론 내리 힘듭니다. "감칠맛"이란 "감치다"에서 기원된 것이라 봅니다. 중세에 "곰치다(감치다)"라 했어요. "감치다"는 본래 "음식의 맛이 맛깔스러워 당기다"란 의미로도 쓰입니다.

○ 곰치다 집 緝 <漢淸文鑑 11:26>

## ▌단맛

"단맛"의 원형이 우리말에서는 "다래"라고 봅니다. 먼 옛날에는 포도도 없고 꿀 같은 것은 쉽게 구할 수 없었겠으니 산열매가 제일 자주 접촉하는 과일이었습니다. 더구나 "둘다(달다)"와 "둘애"는 형태상 비슷합니다. 중세에 또 "둘다"는 "매달리다"[懸]의 뜻도 있는 다의어였습니다. 그러니 "달다"란 말은 "다래"에서 기원했다고 봅니다.

○ 둘애 첨 黇 <訓蒙 中 27>
○ 하늜 가온더 볼근 드리 둘엿ᄂᆞ니(中天懸明月) <杜解 5:31>
○ 둘 감 甘 둘 텸 甛 <訓蒙 下 14>

## ▌쓴맛

"쓴맛"의 "쓰다"는 "쓸개"에서 기원했습니다. 쓸개즙은 아주 쓰기로 유명하지요. "쓰다"[苦]는 중세에 "쁘다(쓰다)"라 했어요.

○ 쁜 바ᄀᆞᆫ 불휘조차 쁘니라(苦胡連根苦) <金三 2:50>

## ▌신맛

"신맛"은 "시큼한 맛"이지요. "음식이 쉬다"의 "쉬다"에서 변형되어 "시다"[酸]로 되었다고 봅니다. 결국 음식이 쉰 맛이나 "신맛"은 다 같이 시큼한 맛으로 됩니다.

# ■ 맵다

"맵다"란 말은 중세에 "밉다(맵다, 사납다, 맹렬하다)"에서 기원되었습니다. "매우니까 당연히 사나울 정도"로 참기 힘들었겠지요. 고추가 한반도에 들어온 역사는 임진왜란과 같이한다고 모두들 인정하지요. 물론 그 이전에 "후추"[胡椒]가 향신료로 중국에서 들어왔지만 그리 보급되지 못했습니다. "맵다"로부터 파생된 단어들인 "매서운 (바람)", "매우" 등 말들을 지금 쓰고 있습니다.

○ 미올 엄 釅 미올 신 辛 <訓蒙 下 14>
○ 미올 랄 辣 미올 렬 烈 <訓蒙 下 25>
○ 미올 맹 猛 미올 무 武 <訓蒙 下 26>

# ■ 고소하다

"고소하다"를 중세에 "고ᄉᆞ다(고소하다, 향기롭다)"라 했어요. "향기롭다"는 의미는 이 말이 "곳(꽃)"에서 기원했음을 말해줍니다. 꽃향기니까 "고소하다"했고 나아가 "구수하다"란 말도 있지요 지금은 한자어 향기(香氣)가 쓰이면서 "고소하다"는 "볶은 깨, 참기름 따위에서 나는 맛이나 냄새"로 의미 축소되었지요.

○ 고ᄉᆞ 수리 ᄢᆞᆯ그티 ᄃᆞ닐 노티 아니호리라(不放香醪如蜜甛) <杜解 10:9>

# ■ 짜다

"짜다"를 중세에 "ᄧᆞ다, 짜다"[鹹]라 했어요. 이 말은 "ᄧᆞ다, 짜다"[搾]과 동음이의어로 됩니다. 그러므로 이들의 어원은 같다고 봅니다. 즉 몹시 굳어 물이 스며 들 곳이 없으니 당연히 짜고 또 인색하다 할 수 있지요. 그러니 본디 이들은 동음이의어가 아니라 같은 말의 다의어였다고 봅니다. 한자 염(鹺)의 상고음이 [dzɑ]라 합니다. 우연이 아니라 염(鹺)의 상고음 [dzɑ]

가 직접 차용되어 "빠다"로 발음되었으며 지금의 "짜다"가 되었다고 추정합니다.

○ 뿔 함 鹹 <訓蒙 下 14>
○ 쪼 기름 빠는 殃 과 말 저울로(亦如壓油殃斗秤) <法華 7:119>

## ▌고린내

"고린내"는 "발가락 같은데서 나는 역한 냄새 혹은 썩은 풀이나 썩은 달걀 따위에서 나는 냄새"라 합니다. 기실 "내"는 중세에 "닉(내)"라 했는데 "물건이 탈 때에 일어나는 부옇고 매운 기운"을 가리켰습니다. 그러니 "고린내"는 "곪은 내"에서 온 말이라 하겠습니다. 이 말이 변형되어 "구린내"는 "똥이나 방귀 냄새"를 말합니다.

## ▌군내

"군내"란 "본래의 제 맛이 변하여 나는 좋지 아니한 냄새"입니다. "군-"은 "쓸데없는"의 뜻을 더하는 접두사로서 "군소리, 군식구, 군손님" 등에 쓰입니다. 이 말은 한자 "궁해질 군(窘)"에서 기원했습니다. 즉 "군+내(접미사)"의 결합입니다. 함경도방언에 "군숙하다"란 말이 있는데 "무슨 일이 막히다"는 뜻입니다. 즉 "군색하다(窘塞)"의 잘못된 발음이지요

○ 군홀 군 窘 <類合 下 29>

## ▌쉰내

"쉰내"는 "음식 따위가 쉬어서 나는 시큼한 냄새"입니다. 이 말은 "(음식이) 쉬다"에서 온 말입니다.

## ▌노린내

"노린내"란 "짐승의 고기에서 나는 기름기 냄새나, 고기 또는 털 따위의 단백질이 타는 냄새처럼 역겨운 냄새"입니다. 이 말은 "노리다"[羶]에서 기원했습니다. "노래기"란 이런 노린내가 많은 벌레를 말합니다.

## ▌비린내

"비린내"란 "날콩이나 물고기, 동물의 피 따위에서 나는 역겹고 매스꺼운 냄새"입니다. "비리다"[腥]란 말에서 기원되었습니다.

## ▌구린내

"구린내"란 똥이나 방귀냄새를 말합니다. 중세에도 마찬가지로 씌었어요. "구리다"[穢]에서 온 말입니다. "고리다"와 같은 어원입니다. "구무(밑구멍)"에서 기원되었습니다. "고리다"는 "구리다"와 동원어휘입니다.

## ▌지린내

"지린내"는 "오줌 냄새"를 말하는데 중세의 "즐히다(지리다)"에서 기원된 말입니다. "즐히다(지리다)"는 "즈츼다"[泄瀉: 지치다]와 어원적으로 연관되어 똥과 같은 고약한 냄새를 이르는 말입니다.

> ○ 새 무상이 졋머근 똥 즐히는 쟈는(新駒妳瀉者) <馬解 下 3>

## ▌암내

"암내"란 "암컷의 몸에서 나는 냄새"로서 발정기에 수컷을 유혹하기 위한 것입니다. 그리고 "체질적으로 겨드랑이에서 나는 고약한 냄새"도 가리킵니다. 그 어원은 "암"[雌]과 "내"의 결합입니다.

## ▌단내

"단내"란 "높은 열에 눋거나 달아서 나는 냄새" 또는 "몸의 열이 몹시 높을 때, 입이나 코 안에서 나는 냄새"를 말하는데 "(쇠가) 달다"에서 온 말입니다. 감기에 걸리면 "곳불"(콧불→고뿔)이라 하는 것과 같습니다.

# 10. 기물, 도구

## ▍가마

"가마"는 아주 크고 우묵한 솥입니다. "가마"를 중세에도 지금과 마찬가지로 말했어요. "가마"란 이름은 "검다"의 이형태인 "감다"에서 그대로 온 것이라 봅니다. 즉 "감다 > 감아 > 가마"로 되었다고 추정합니다. 우리말에서 흑색(黑色)의 기원을 "가마"로부터 시작했다고 보지요. 왜냐하면 가마 밑의 그을음은 검은 물감으로 사용하기도 했지요.

## ▍가마뚜껑

"가마뚜껑"을 지금도 함경도방언에서 "가마두베(가마덮개)"라 합니다. "두베"는 "둡다(덮다)"에서 온 말입니다. "가마뚜껑"은 "가마두베 > 가마두뻬 > 가마두에 > 가마뚜껑"의 변화 과정을 거쳤다 봅니다.

   ○ 가마두에 덥고(鍋子上蓋覆了) <老解 上 19>

## ▍솥

"가마"를 다른 말로 "솥"이라고도 합니다. 『鷄林類事』에 "鬲曰宰(솥)"이라 하고 중세에 "숕"이라 했어요. "쇠"[鐵]의 원시 형태를 "소"라고 보면[1] "숕"은 "쇠 가마"가 있게 되면서 생긴 것입니다. "숕"의 어원은 "숟가락" 과 마찬가지로 "무엇을 싣거나 퍼내는" 뜻을 나타내는 "솓/숟/싣"과 동원 어휘라 봅니다.

○ 숕 뎡 鼎, 숕 확 鑊, 숕 내 鼐 <訓蒙 中 10>

## ▌숟가락

"숟가락"은 고유어로서 고려와 중세에 "술"로 씌었어요. 지금도 "밥술" 등에 쓰이지요. "술"은 어원적으로 "싣다"와 연관된다고 봅니다. 물론 "숟" 과 "-가락"의 합성어입니다.[2]

○ 匙曰 戌 <鷄林類事>
○ 金 ㅅ 수레 樂올 슬허셔 브라노라(悵望金匙樂) <杜解 9:2>
○ 술비 匕 술시 匙 <訓蒙 中 11>

## ▌젓가락

"젓가락"도 한자 "저(箸)"에 "-가락"이 붙은 말입니다. 저(箸)의 상고음은 (王力系統: 端母 魚部) [djhiù]입니다. 그리고 『鷄林類事』에서 "箸"를 "折"이라 한다고 기록했어요. 현대어 "젓가락"과 발음이 비슷합니다. 우연한 일치인 지 몰라도 "젓다"와도 어음 의미적으로 상관된다고 봅니다. 여기서 우리 조상들은 젓가락을 아주 오래전부터 썼다는 것을 알 수 있지요 "젓가락"

---

1) 류렬, 『세나라시기의 리두에 대한 연구』(37면)에서 고구려시기 고장 이름 "素邢"를 "金川" 으로 고친데 대해 "金"은 "소", "川"은 "나"라 해독했다.
2) 김인호, 『조선어어원편람』(상), 박이정, 2001, 137면에서 "《술》의 원형 《숟》은 솥이나 어떤 그릇안의 것을 퍼내거나 퍼먹는 행동을 할 때 쓰는 도구로서 단어 《숟》의 《오/우》모음교 체로 이루어진 말로 추정된다. 《숟》은 퍼먹는 도구를 나타내며 퍼먹는 행동과 관련하여 생긴 말이다"고 해석했다.

은 "저(箸)+ㅅ(속격관형형)+가락(접미사)"이 결합입니다. "젓다"는 "젓가락"
과 동원어휘라 봅니다.

- ○ 箸曰 折 <鷄林類事>
- ○ 구리 져로 조조 눗 가온디 디그라 <1466 구방 하:40> (구리 저로 자주 눈
  가운데 찍으라)
- ○ 젓가락 그테 <1466 구방 상:42> (젓가락 끝에)
- ○ 筯 箸 져 뎌 <1576 신합 상:27>

## ▌사발

"사발"은 사기로 만든 국그릇이나 밥그릇입니다. "사발"의 어원은 한자
어 "사발(沙鉢)"의 차용입니다. "사발"은 본래 중의 밥그릇이었습니다. 중국
청나라 때부터 "沙鉢"이란 말이 나타납니다.[3]

- ○ 믈 두 사발애 싱앙 혼 량 사흐로니와롤 흔더 글혀 <1489 구간 1:4> (물
  두 사발에 생강 한냥 태운 것을 같이 끓여)
- ○ 혼 사발만 밥 담고 권즈애 탕 쩌 가져 <1510년대 번노 상:43> (한 사발만
  밥 담고 권자에 탕 떠서 가져)

## ▌주걱

"주걱"이란 "음식을 저어 섞는 데 쓰는 도구를 통틀어 이르는 말"합니
다. "밥을 푸는 도구"는 "밥주걱"이라 합니다. 중세에 "쥬게"로 나타납니
다. 이 말은 "줍다(줏다)"에 어원을 두고 있다고 봅니다. 즉 "밥줍+억(접미
사) > 밥죽억 > 밥주걱"의 변화를 했다고 봅니다.

- ○ 놋쥬게 銅杓 <譯語 下 13>
- ○ 나모 쥬게 樉杓 <朴解 中 11>

---

3) 청(淸)의 조인(曹寅)의 <和孫子魚食薺詩寄二弟>에서 "沙鉢窮家活皇天莒此徒"(사발이 가난
   한 집에 있으니 황천이 이 무리에서 돈는다).

## ▋국자

"국자"는 "국이나 액체 따위를 뜨는 데 쓰는 기구"를 말합니다. 『한불자전』(1880년)에 "갱저(羹箸)"로 표기했습니다. "국자"의 어원은 "국"이란 의미로 쓰인 한자 "국(焗)"과 "저(箸)"의 합성인 자체 한자 어휘 "국저(焗箸)"라 봅니다. 사용과정에서 "국저 > 국자"의 변화를 했습니다.

○ 국자 羹箸 <1880 한불 205>
○ 국자 羹匙 <1895 국한 39>

## ▋바가지

"바가지"란 "박을 두 쪽으로 쪼개거나 또는 나무나 플라스틱으로 그와 비슷하게 만들어 물을 푸거나 물건을 담는 데 쓰는 그릇"입니다. "바가지"는 "박"과 "-아지" 접미사의 결합입니다.

○ 쵸은 닐온 동牢예 박잔이니 혼 박으로써 分호야 두 박아지롤 밍글믈 닐온 쵸이니 <1632 가언 4:20> (쵸은 이른바 동노의 박잔이니 한 박으로써 쪼개어 두 바가지를 만드는 것을 쵸이니)
○ 박아지 匏子 <1880 한불 296>

## ▋접시

"접시"는 중세에 "뎝시"라 했는데 『鷄林類事』에서도 "楪至"라 했어요. 이는 중국말 발음 "楪子"[diezi]에서 직접 차용했다고 봅니다. "접시"를 함경도방언에서 "사라"라고도 하는데 이 말은 『鷄林類事』에도 "紗羅"라고 나타납니다. 이로 보아 아주 오랜 말입니다. "접시"는 "diezi > 뎨즈 > 뎝시 > 졉시 > 접시"로 변화했습니다.

○ 楪曰 楪至 紗羅曰 戌羅 <鷄林類事>
○ 옷 칠혼 뎝시 : 漆楪子 <老解 下 30>

○ 뎝시 뎝 : 楪(文王 飯) <小學 4:12>
○ 네 먹고 이 아희를 사발 뎝시 주워 가져가게 ᄒ라 <1510년대 번노 상:45>
(네 먹고 이 아이를 사발 접시 주어 가져가게 하라)
○ 鷄子도 ᄒ나히 不足ᄒ고 접시도 數內예 一枚 不足ᄒ니 <1748 개수첩해신
어 2:13> (鷄子도 하나 부족하고 접시도 數內에 하나 부족하니)

## ▌ 대야

"대야"는 중세에 "다야"로 표기하면서 "주전자"[匜]나 "바리"[盂]를 가리
켰습니다. 지금은 "세숫대야" 등으로 쓰이며 그 이름도 "다야 > 대야"로
변했습니다. 『鷄林類事』에 "盆曰雅數耶"라 했지만 이 보다 "盂曰大耶"의
"大耶"가 "대야" 표기라 봅니다. 다시 말하면 "바리"[盂]를 『鷄林類事』에서
"다야"라 한 것은 한자어 "이(匜)" 앞에 "大"가 붙어 된 것입니다. "匜"가
상고음으로 [jĭe]이니 "대(大)+[jĭe](匜) > 대야"로 되었습니다.

○ 盂曰 大耶 盆曰雅數耶 <鷄林類事>
○ 다야 爲 匜 <訓正解例. 用字例>
○ 다야 爲 盂 <訓蒙 中 19>
○ 대야 소래며 火爐ㅣ며 酒食의 그릇슬 <1632가언 1:22>

## ▌ 소래

"소래"란 "대야의 방언"으로서 제주도와 함경도방언에서만 있다고 합니
다. 그런데 이 말이 바로 『鷄林類事』에서 "紗羅", "戌羅"라고 나옵니다. 이
에 대해 안병호는 중국조선어에서 말하는 "소래(대야)"를 가리킨다고 했습
니다.[4] 중세에는 "소라"라고 나타나고 "紗羅/戌羅 > 소라 > 소래"로 되었
습니다.

○ 紗羅曰 戌羅 <鷄林類事>

---

4) 안병호, 『계림류사와 고려시기 조선어』, 흑룡강 조선민족출판사, 1985, 309면.

○ 놋소라 銅盆 딜소라 瓦盆 <譯語 下 13>
○ 아기를 소랏므레 노하든(着小兒盆子水里放着) <初朴通事 上 56>

## ▋ 보시기

"보시기"를 중세에 "보ᅀᅳ, 보ᅌᅳ"라고 했어요. 한자어 "보(簠: 祭器의 일종으로서 쌀그릇으로도 썼음)"를 차용하여 변화된 것이라 봅니다. 즉 "보(簠) > 보ᅀᅳ > 보ᅌᅳ > 보+시기(접미사) > 보시기"로 된 것입니다.

○ 甌 보ᅀᅳ 구 <1527 훈몽 중:7>
○ 스나히 오좀 세 보ᅀᅳ애 섯거 달히니 <1542 분문 20> (사내 오줌 세 보시기에 섞어 달이니)
○ 甌子 보ᅌᅳ <1690 역해 하:13>

## ▋ 종지

"종지"란 간장 · 고추장 따위를 담아서 상에 놓는, 종발보다 작은 그릇을 말합니다. "소완(小盌)"이라고도 합니다. "종지" 역시 중국어 입말 "盅子"([zhongzi]: 작은 술잔)이 그대로 차용되어 "중즈 > 증지 > 종지"로 변화된 것으로 봅니다.

## ▋ 함지

"함지"란 "나무로 네모지게 짜서 만든 그릇"입니다. 또 "함지박"이라고 하는데 "통나무의 속을 파서 큰 바가지같이 만든 그릇"입니다. "함지"란 이 말은 한자어 "함자(函子)"가 변형되어 쓰인 것입니다. "함지박"은 특히 중국 연변지역에서 목재가 풍부했기에 예전에 많이 썼습니다. 즉 "함자 > 함지"로 되었습니다.

## ▌이남박

"이남박"이란 "안쪽에 여러 줄로 고랑이 지게 돌려 파서 만든 함지박으로서 쌀 따위를 씻어 일 때에 돌과 모래를 가라앉게 하는 그릇"입니다. 이 이름은 "쌀을 이는 박"이란 뜻입니다. 함경도, 강원도에서 "쌀남박"이라고도 합니다.

## ▌등잔불

"등잔불"은 한자어 "등잔(燈盞)"에 "불"이 결합한 형태입니다. "등잔(燈盞)"은 "기름을 담아 등불을 켜는 데에 쓰는 그릇"인데 "화등잔(火燈盞)"이라고도 했습니다.

> ○ 燈盞 블 그므러 窓틱 집고 드는 님과 <古時調.類聚> (등잔불 꺼지어 창틱 짚고 드는 님과)

## ▌남포등

"남포등"이란 석유를 넣어 불을 켜는 등입니다. 석유가 수입되면서 사용하기 시작한 "등(燈)" 기구 중 하나로서 조선조후기에 청(淸)이나 그 밖의 다른 나라에서 램프가 수입되어 궁중이나 귀족을 비롯한 부유층 사회에 보급되었습니다. "남포"는 영어의 [lamp]에서 유래된 말입니다. 즉 "lamp+등 > 남포등"으로 된 것입니다.

## ▌부싯돌

"부싯돌"이란 부시로 쳐서 불을 일으키는 데 쓰는 석영(石英)의 하나로서 아주 단단하고 회색, 갈색, 검은색 따위의 돌입니다. 성냥이 귀할 때 주로 담뱃불을 붙이는데 썼습니다. 돌과 쇳조각을 마찰시켜 튀는 불꽃이 뜸쑥에 옮도록 하여 불씨를 만듭니다. "수석(燧石) · 화석(火石)"이라고도 합니다. 이 단어는 "불쇠"와 "돌"의 합성어이며, "불쇠"는 다시 "불"과 "쇠"의 합성어입니다. 즉 "(불+쇠)+돌 > 부쇠돌 > 부싯돌"로 되었습니다.

○ 火鎌 부쇠 火石 부쇳돌 火絨 부쇳깃 火繩 부쇳깃 <1690 역해 하:18>
○ 打火鎌 부쇠 치다 火鎌 부쇠 火石 부쇠ㅅ돌 火絨 부쇠ㅅ깃 <1778 방유 해 부:10>

## ▌부지깽이

"부지깽이"란 "불을 피울 때 불을 뒤집거나 불을 조절할 때 쓰이는 막대기"입니다. "화곤(火棍) · 화장(火杖)"이라고도 불렀습니다. "가을 메는 부지깽이도 덤벙인다"는 속담이 있을 정도로 옛날 부엌에 불을 지필 때 필수적인 도구였습니다. 이 말은 "부짓(불을 젓다)"과 접미사 "-깽이"가 결합된 것입니다.

○ 撥火棍 부지ㅅ대 <1748 동해 하:16>
○ 撥火棍 부짓대 <1775 역보 43>

## ▌책상

"책상"은 한자어 책상(冊床)에서 온 것입니다. 여기의 "상(床)"은 음식이나 책 따위를 올려놓는 가구지요. "밥상"도 역시 "밥"과 "床"의 합성이지요. "걸상"은 아마 "걸터앉는 상"이란 뜻인 같아요 『鷄林類事』에 탁자를 "식상(食床)"이라는 기록이 있습니다.

○ 卓子曰 食床 <鷄林類事>

## ▌서랍

"서랍"은 책상, 장롱, 화장대, 문갑 따위에 끼웠다 빼었다 하게 만든 뚜껑이 없는 상자입니다. 18세기 문헌에 "셜합"이 나타납니다. 이 말은 한자어 "셜합(舌盒)"에서 온 것입니다. 중국에서 "셜합(舌盒)"은 "문이 닫히게 하는 맞춤구멍이나 종이박스의 서로 엇물리는 덮개"를 말합니다.

○ 抽替 셜합 <1775 역보 44>
○ 혈합 舌盒 <1895 국한 355>

## ▌개다리소반

"개다리밥상"이라고도 하는데 "상다리 모양이 개의 다리처럼 휜 막치소반"이라서 이름 진 것입니다.

## ▌귀때그릇

"귀때그릇"이란 "주전자의 부리같이 그릇의 한쪽에 바깥쪽으로 내밀어 만든 구멍이 있어 액체를 따르는 데 편리하도록 만들어진 그릇"입니다. "귀처럼 생긴 것이 달려 있는 그릇"이란 뜻입니다.

## ▌궤짝

"궤짝"에서 "궤"는 한자어 "궤(櫃)"에서 온 것이고 "-짝"은 "짐짝" 등에 쓰이는 접미사이지요. 키 버들의 가지나 대오리 따위로 엮어서 상자같이 만든 물건을 "고리짝"이라 합니다. 중세에 이런 궤를 "골"이라고도 했어요.

○ 櫃曰 枯孛 <鷄林類事>
○ 골독 : 櫝 <訓蒙 中 10>

## ▌독, 도가니

"독", "도가니"는 한자어 "독(櫝, 匵)"에서 왔다고 봅니다. 이들은 본래

"나무로 짠 상자나 함"을 말하는데 우리말에 들어와서 "오지독" 또는 "쌀독, 김칫독, 장독" 등으로 불리게 됐습니다. 중세에 키 버들의 가지나 대오리 따위 만든 "골독"도 있었어요. "도가니"는 "독+안[內]이"의 결합으로서 "쇠붙이를 녹이는 그릇"을 말하지요.

> ○ 골독: 櫝 <訓蒙 中 10>

## ▌ 항아리

"항아리"는 아래위가 좁고 배가 부른 질그릇입니다. 한자어 "항(缸)"에 접미사 "-아리"가 결합한 말입니다.

> ○ 하나 져그나 항의 녀코 흙으로 구디 박르고 <1489 구간 1:112> (크나 작으나 항아리에 넣고 굳게 바르고)
> ○ 缸 항 항 <1576 신합 상:27>
> ○ 壜 항아리 담 <1527 훈몽 중:7>

## ▌ 뚝배기

"뚝배기"란 "찌개 따위를 끓이거나 설렁탕 따위를 담을 때 쓰는 오지그릇"입니다. 이 말은 한자어 "독(櫝)"과 "그런 물건"의 뜻을 더하는 접미사 "-배기"가 결합된 것으로서 "독배기 > 둑배기 > 뚝배기"의 변화를 했다고 봅니다.

## ▌ 동이

"동이"란 "흔히 물 긷는 데 쓰는 것으로 보통 둥글고 배가 부르고 아가리가 넓으며 양옆으로 손잡이가 달린 질그릇"입니다. 중세에 "동히"라 했습니다. 이는 한자어 "동(垌: 항아리, 단지)"이 그대로 사용됐다고 봅니다. 한자 "垌"은 <玉篇·土部>에 "垌, 缶垌。"(垌: 항아리 동 缶 액체를 담는 그릇)으로 나타납니다. "동이"란 예전에 흔히 "물동이"를 말했습니다.

○ 동히로 둡고(以盆蓋之) <救急簡易方訓 1:112>
○ 동히 분: 盆 <類合 上 27>

## ▌배뚜리

"배뚜리"란 "주로 부엌에서 쓰는, 밑이 좁고 아가리가 넓은 항아리"입니다. 이 말은 "배가 뚱뚱하다"는 그 모양새를 따라 부른 것이라 봅니다. "배둘이 > 배뚤이 > 배뚜리"로 된 것입니다. 어원적 의미는 "배 두른 것"입니다.

## ▌키

"키"는 곡식 따위를 까불러 쭉정이나 티끌을 골라내는 도구입니다. 키 버들이나 대를 납작하게 쪼개어 앞은 넓고 평평하게, 뒤는 좁고 우긋하게 엮어 만듭니다. 중세에 "킈"로 나타나는데 한자어 "기(箕)"의 상고음 (黃侃系統: 見母 咍部; 王力系統: 見母 之部) 王力 [kǐə]거나 혹은 閩語 입말 [ki]를 차용한 것이라 봅니다. 함경북도방언에서는 "소보치", "삼태기"라고도 합니다.

○ 키 긔 箕 <訓蒙 中 11>

## ▌체

"체"를 중세에도 "체"라고 했어요. "사(篩)"의 상고음이나 중고음과는 거리가 멉니다. 객가어(客家語)의 월대(粤台)지방에서 [tsʰei]라고 한답니다. 그러므로 객가어 [tsʰei]가 직접 차용됐다고 볼 수 있어요. 왜냐하면 주로 쌀밥을 먹는 조상들은 이런 가루를 치는 "체" 같은 도구를 그리 일찍부터 사용했을 가능성이 적습니다. 다른 대부분 가정기물과 마찬가지로 중국에서 수입된 것들이 많았습니다. "錢"의 객가어 발음이 [cien]인 것과 중세에 "천량(錢糧)"이라 한 것과 일치합니다. 그러니 옛날 언젠가 중국 남방 객가 지역과 무역내왕하면서 이런 말들이 수입된 것으로서 "체"도 "篩[tshei] > 체"를 직접 차용한 것이라 봅니다.

○ 체 爲 麗 <訓正解例. 用字例>
○ 체 싀 篩 체 라 籮 <訓蒙 中 10>

## ▌ 삿자리

"삿자리"는 "삿"이 "자리"와 어울려 이룬 말입니다. 중세에는 "삿"으로 나타납니다. "삿"[簟]은 본래 "대자리"를 말하는데 후에 "갈대"[蘆]로 엮은 것도 "삿자리"라 가리켰습니다. 중세에 "삿"은 "새끼", "새끼"[繩]와 동음이의어였습니다. 이들이 동원관계였다는 것을 보여줍니다. 다시 말하면 짐승이 새끼를 날 때 삿자리, 새끼줄 등이 항상 같이 쓰였을 수 있습니다.

○ 삿근 업거니와(席子沒) <老解 上 23>
○ 딥지즑과 삿글 가져다가 <老解 上 23> (짚 기직과 삿자리 가져다가)

## ▌ 광주리

"광주리"는 중세에 "광조리"라 했어요 이는 한자 "광(筐)"에 "조리"가 결합된 말인데 "조리"는 중세에 "조리다(줄이다)"에서 왔다고 봅니다.

○ 광조리 광: 筐 <訓蒙 中 13>
○ 조릴 싱: 省 <類合 下 30>

## ▌ 가마니

"가마니"는 "곡식이나 소금 따위를 담기 위하여 짚을 돗자리 치듯이 쳐서 만든 용기"입니다. 일본어 "かます"[kamasu]에서 차용한 것입니다.

## ▎구럭

"구럭"은 "새끼를 드물게 떠서 물건을 담을 수 있도록 만든 그릇"입니다. 이 말은 "굴(窟)+억(명사조성접미사)"가 합성된 말로 봅니다. 다른 말로 "망태기"라고도 합니다. "망태기"는 한자어 "망탁(網槖: 그물자루)"의 차용어가 변한 것입니다.

○ ᄇᆞᄅ매 거롓는 구러겟 果實을 옮겨 오고 아히 블러 술몬 고기롤 섯거 이받노라 <1481 두시-초 22:11> (벽에 걸려있는 구럭에 과실을 옮겨오고 아이 불러 삶은 고기를 섞어 이바지하노라)

○ 구럭 綱槖 <1880 한불 209>

## ▎삼태기

"삼태기"는 흙이나 쓰레기, 거름 따위를 담아 나르는 데 쓰는 기구입니다. 중세에 "산태"로 나타납니다. 한자어 "산(簅)"과 "구럭 탁(槖)"의 합성어로 봅니다. 즉 "산탁 > 산탁이 > 산태기 > 삼태기"로 되었습니다.

○ 蕢 산태 궤 俗呼糞斗 <1527 훈몽 중:10>

○ 糞斗 삼태 <1690 역해 하:19>

○ 삼태 궤 簣 <1781~1787 왜해 하:15>

## ▎다래끼

"다래끼"는 아가리가 좁고 바닥이 넓은 바구니로서 대, 싸리, 칡덩굴 따위로 만듭니다. "다래끼"는 산열매를 따거나 낚시질 할 때 항상 몸에 걸쳐 메거나 옆구리에 달고 다니는 도구입니다. 중세에 "ᄃᆞ라치"로 나타나는데 "항상 몸에 달고 다니다"는 사용 특점으로 이름 진 것입니다. 함경도에서 여전히 "다라치"라 합니다. "돌아+치(접미사)"로 분석됩니다. "ᄃᆞ라치 > 다래끼"로 되었습니다.

○ 드라치 람 籃 <訓蒙 中 13>
○ 드리치에 담아가니(籃子裏盛將去) <朴解 中 56>

## ▌바구니

"바구니"란 대나 싸리 따위를 쪼개어 둥글게 결어 속이 깊숙하게 만든 그릇입니다. 중세에 "바고니, 바구레, 바굴레"라 했어요. "바구니" 특징은 무엇이나 필요한 것을 쉽게 "쳐 박아 넣다"는 것이지요. "박온+이(접미사)" 또는 "박을+이(접미사)"로 분석됩니다.

○ 바구레 籠頭 <老解 下 27>
○ 바고니 단 簞 <訓蒙 中 6>
○ 바굴레 籠頭 <朴解 中 11>
○ 바고니 광 筐 <新類 上:28>

## ▌단지

"단지"를 중세에 "단디"라고 했어요 이 말은 오래 전에 중국말 발음 "壇子"[tán·zi]를 직접 차용한 것입니다. "탄즈 > 탄디 > 단지"로 되었습니다.

○ 금단디예 쇠줄의(金罐兒鐵携兒) <初朴通事 上 41>
○ 단디 관 罐 <訓蒙 中 12>

## ▌자루

"자루"란 "속에 물건을 담을 수 있도록 헝겊 따위로 길고 크게 만든 주머니"입니다. 중세에 "쟈릭, 쟐"로 씌었습니다. 이 말은 "쟈락(자락)"과 같은 어원으로서 "길게 늘어진 헝겊"이란 뜻이라 봅니다.

○ 갓 쟐에 똥 담고(革囊盛糞) <龜鑑 下 55>
○ 쟈릭 딕 袋 <訓蒙 中 13>

○ 압자락 前襟 <譯語 下 6>

## ▌주머니

"주머니"란 "자질구레한 물품 따위를 넣어 허리에 차거나 들고 다니도록 만든 물건"입니다. 중세에도 마찬가지로 썼었습니다. 이 말은 "줌+어니(접미사)"로 분석됩니다. "줌에 찰 정도의 물건을 넣다"란 뜻이라 봅니다.

## ▌칼

"칼"을 중세에 "갈"이라 했고 지금도 "갈치" 같은 말에 남아 있습니다. 『鷄林類事』에서 "割"이라 기록했습니다. "갈"이란 말은 "가르다"에서 기원했다고 봅니다. "갈"은 15세기 후에 "칼"로 격음화된 것입니다.

○ 刀子曰 割 <鷄林類事>
○ 白帝 흔 갈해 주그니(白帝劍戮) <龍歌22章>
○ 出家혼 사르미 外典 비호논 디 칼로 흙 베흄 フ트니 흙곤 쓸 디 업고 칼히 제 히여디ᄂᆞ니라 <1569 선가 49> (출가한 사람이 외전 배우는 것은 칼로 흙을 베는 것 같으니 흙은 쓸데 없고 칼이 제절로 망가 지니라)

## ▌노끈

"노끈"은 실, 삼, 종이 따위를 가늘게 비비거나 꼬아서 만든 끈입니다. "끈"은 중세에 "긴"이라 했어요. "노끈"이라는 말은 한자어 "실 노(繩)"와 "긴"[系]의 합성어입니다. 후에 발음이 변하여 19세기에는 "노쓴"으로 표기하다가 지금의 "노끈"이 되었습니다. 즉 "노긴 > 노쓴 > 노끈"으로 되었습니다.

○ 긴 계 系 <訓蒙 上 32>
○ 노쓴 繩 <1880 한불 287>
○ 노끈 繩紉 <1895 국한 61>

## ▌줄[繩]

"줄"은 노, 새끼 따위와 같이 무엇을 묶거나 동이는 데에 쓸 수 있는 가늘고 긴 물건을 통틀어 이르는 말입니다. 이 단어는 "줄"[菰]이란 식물의 이름으로부터 본뜬 말입니다. "줄"의 잎은 도롱이, 차양, 자리를 만드는 데에 썼습니다. 그리하여 "줄"[菰]이라고 이름을 그것을 재료로 하는 도구도 불렀으며 이러면서 "줄기"란 새 단어도 생겨났다 할 수 있습니다.

○ 그저 줄드레로 믈을 깃ᄂᆞ니라(只着繩子拔水) <老解 上 28>

## ▌바

"참바"라고도 하는데 삼이나 칡 따위로 세 가닥을 지어 굵다랗게 드린 줄입니다. "밧줄"이라고도 말하는데 "바라다(의지하다)"와 같은 어원이라 봅니다. 밧줄은 무엇을 동여매는 도구로서 당연히 무엇이든지 의지하여 고정시켜야 하지요.

○ 繩索都好 바돌 다 됴ᄒᆞ야 잇다 <1510년대 번노 하:36>
○ 緝繩 바곳비 <1690 역해 하:20>

## ▌새끼

"새끼"란 짚으로 꼬아 줄처럼 만든 것입니다. "새끼줄"이라고도 하지요. 중세에 "솟, 숫"이라고 했어요. "삿기(삿자리)"와 같은 어원이라 봅니다. "새끼"는 "솟+기(접미사)"의 결합입니다. 즉 "솟기 > 삿기 > 새끼"로 된 것입니다.

○ 노히나 ᄯᅴ나 솟치나 깁으로 ᄢᅥ(用繩帶素帛) <無怨錄 2:14>
○ ᄉᆞ츠로 두 소ᄂᆞᆯ 미야ᄫᅡ 長子ㅣ 손ᄃᆡ 닐어늘 <月釋 8:98> (새끼로 두손을 매여 와 장자한테 이르거늘)

## ▌ 올가미

"올가미"란 "새끼나 노 따위로 옭아서 고를 내어 짐승을 잡는 장치"입니다. 동사 "옭다"에서 기원된 말입니다. 중세에 "올긔"라 했습니다. 함경도방언에서 "옭노"라고도 합니다. "올긔 > 올감이 > 올가미"의 변화를 해 왔습니다.

○ 趙州의 올긔롤 자바둔 <1472 몽법 12> (조주의 올가미를 잡거든)
○ 사ᄅᆞ미게 믜욘 고돌 올긔 자보리니 <1517 몽산-고 법:3> (사람에게 미운 곳을 올가미로 잡으리니)
○ 活扣子 올감이 <1748 동해 하:12>

## ▌ 활

"활"의 한자 "궁(弓)"은 활모양을 본뜬 것입니다. "활"을 중세에도 같은 표기로 했습니다. 활의 어원에 대한 기록은 없지만 <三國史記. 高句麗本紀 始祖 東明王>편에 "夫餘俗語 善射爲朱蒙(부여 세속말로 활을 잘 쏘는 사람을 '주몽'이라 한다)"이라 하며 "鄒蒙, 鄒牟, 東明"이라고도 했다는 기록이 있습니다. 이에 대해 류렬은 모두가 '도모/두무'라는 '활을 잘 쏜다'는 뜻을 가진 하나의 이름[5]이라고 분석했습니다. "활"의 어원을 "발"에서 기원됐다고 봅니다. 고대에 "발"과 "팔"이 같은 이름이었습니다. 후에 분화되어 "팔"이란 말이 생기고 또 활의 모양이 팔을 벌린 상태와 비슷하기 때문에 "활"도 가리키게 되었다고 봅니다.[6]

○ 활고재 소 弰 <訓蒙 中 28> (활의 두 끝)
○ 네 활기 몯 쓰며(四肢不收) <救急簡易方 1:14>

---

5) 류렬, 『세나라시기의 리두에 대한 연구』, 과학백과사전출판사, 1983, 18면.
6) 김인호, 『조선어어원편람』(하), 박이정, 2001, 148면.

## ▌총, 개머리

"총"은 화약의 힘으로 그 속에 든 탄환을 나가게 하는 무기로서 권총, 소총, 엽총 등이 있습니다. "총"이라 하면 모두 고유어처럼 느껴지지만 기실 한자 어휘 "총(銃)"에서 온 말입니다. "개머리"는 "개머리판"이라 하여 총의 아랫부분을 말합니다. 그 모양새가 "개머리" 같다고 이름 지었습니다.

## ▌방아쇠

"방아쇠"는 "방아+쇠"의 합성어로 봅니다. "방아"는 "물레방아"의 "방아"로서 "올렸다 내렸다"하는 형상과 "당겼다 말았다"하는 행위의 유사성으로 이름 진 것입니다.

## ▌창

"창"은 예전에, 긴 나무 자루 끝에 날이 선 뾰족한 쇠 촉을 박아서 던지고 찌르는 데에 쓰던 무기입니다. "과모(戈矛)·과수(戈𥔲)"라 했습니다. "창"도 마찬가지로 한자 어휘 "창(槍)"에서 온 말입니다.

## ▌남포

"남포"란 도화선 장치를 하여 폭발시킬 수 있게 만든 다이너마이트입니다. 자체 한자 어휘 "남포(燸砲/爥砲)"입니다.

## ▌시치미

"시치미"란 "매의 주인을 밝히기 위하여 주소를 적어 매의 꽁지 속에다매어 둔 네모꼴의 뿔"입니다. 옛날 달아났던 매는 다시 인가로 찾아들며찾은 사람은 이를 보고 수할치(매 임자)에게 알려줍니다. 그러나 매를 탐내

는 사람은 시치미를 떼어 버리고 자기 것으로 만들지요. "자기가 하고도 아니한 체, 알고도 모르는 체하는 태도"를 "시치미를 떼다"는 말은 이에서 나왔습니다. "시치미"는 만주어 [seci](若說, 語れば: 말하면, 말하자면)에서[7] 차용하여 "seci > 세치 > 세치+ㅁ(접미사) > 세침 > 시침 > 시치미"로 됐다고 봅니다.

## ▌방울

"방울"은 얇은 쇠붙이를 속이 비도록 동그랗게 만들어 그 속에 단단한 물건을 넣어서 흔들면 소리가 나는 물건입니다. "영탁(鈴鐸)·탁령(鐸鈴)"이라고도 했습니다. 그리고 "방울"은 "작고 둥글게 맺힌 액체 덩어리"도 말합니다. 중세에 "방올"로 나타납니다. 물론 "(물)방올"에서 기원했다고 봐야 합니다.

○ 노르샛 바오리실써 물 우희 니어 티시나 二軍 鞠手쌘 깃그니이다 <1447 용가 44> (놀음의 방울이므로 말 위에서 이어 치시나 이군 국수만 기뻐합니다)
○ 鈴 방올 령 <1527 훈몽 중:8>
○ 鷹銃子 매 방올 鷹鈴子 매 방올 鷹鋭子 매 방올 <1690 역해 하:26>

## ▌도마

"도마"를 "칼도마"라고도 하지요. 옛날 나무토막으로 만들어 썼기에 "도마(토막)"이라 불렀습니다. 함경도방언에서 "토매, 토마구, 토매기"라고도 합니다.

○ 도마애 올이니 누른 柑子ㅣ 므겁고 <1481 두시-초 10:38>
○ 도마 궤 机 <訓蒙 中 10>

---

7) 羽田亨 編, 『滿和辭典』 今泉誠文社, 昭和47年7月, 362면.

## ▌가위

"가위"는 옷감, 종이, 머리털 따위를 자르는 기구입니다. "교도(交刀)·전도(剪刀)·협도(鋏刀)"라고도 합니다. "가위"를 『鷄林類事』에서 "割子盖"라 했고 중세에 "가이, ㄱ새"라고 했습니다. 지금도 함경도방언에서 "가새"라 합니다. 이 말은 동사 "ᄀᆞᆺ다(끊다)"에서 기원 된 것으로 봅니다. "ᄀᆞᆽ애 > ㄱ새 > ㄱ애 > 가이 > 가의 > 가위"의 변화를 했습니다.

> ○ 剪刀曰 割子盖 <鷄林類事>
> ○ 剪 ㄱ새 젼 <1527 훈몽 중:7>
> ○ 剪子 가이 裁刀 가이 <1690 역해 하:15>
> ○ 싹ᄂᆞᆫ 칼 一百 가의 一百 송곳 一百 <1790 몽노 8:18>
> ○ 가위 剪刀 <1880 한불 121>

## ▌빗

"빗"은 머리털을 빗을 때 쓰는 도구입니다. 대나무, 뿔이나 금속 따위로 만들며 참빗, 얼레빗, 면빗, 음양소 따위가 있습니다. "머리빗"이라고도 합니다. 『鷄林類事』에서 "芯"이라 했습니다. 중세 16세기부터 지금까지 줄곧 "빗"으로 씌었습니다. "빗다"[梳]와 어원을 같이합니다.

> ○ 梳曰 芯音必 <鷄林類事>
> ○ 梳 빗 소 <1576 신합 상:25>
> ○ 빗 쇼(梳) <1664 유합-칠 15>

## ▌문발

"문발"은 문에 치는 발입니다. 『鷄林類事』에서 "箔"이라 했습니다. 중세에도 "발"이라 했습니다. "발"[足]과 동원어휘라 봅니다. 즉 "문(門)+발[足]"의 합성어입니다.

○ 帘曰箔 <鷄林類事>
○ 발 렴 簾 발 박 箔 <訓蒙 中 14>

## ▌솔

"솔"은 먼지나 때를 쓸어 떨어뜨리거나 풀칠 따위를 하는 데 쓰는 도구입니다. 어원은 "솔"[松]의 솔잎의 모양과 비슷하다고 그 이름을 본뜬 것으로 봅니다. 중세에도 "솔"이라 했습니다.

○ 솔로 빗기면 <月釋 1:27>

## ▌우산

"우산"은 지금 한자어 우산(雨傘)에서 온 말입니다. 『鷄林類事』에서 우리말로 "聚笠"이라 했고 중세에 "슈룹"으로 나타납니다. 지금은 사라진 말이지만 옛날 우산이 들어오기 전에 만들어 쓴 비를 막는 도구였다고 봅니다.

○ 傘曰聚笠 <鷄林類事>
○ 슈룹 爲雨繖 <訓正解例. 用字例>
○ 傘 우산 산 <1527 훈몽 중:7>
○ 우산 산 傘 <16세기 중엽 이후 백련-동 4>

## ▌비누

"비누"는 때를 씻어 낼 때 쓰는 물건으로서 물에 녹으면 거품이 일며 보통 고급 지방산의 알칼리 금속염을 주성분으로 합니다. 그러나 "비누"의 가장 원시적인 형태는 "잿물"이었습니다. 중국에서는 석감(石鹼)이라 하여 잿물에 응고제인 여뀌 등의 풀 즙과 밀가루를 섞어 만든 것을 썼습니다. 지금도 일본어에서 "石鹼せっけん"을 쓰고 있습니다. 비누가 우리 민족에게 널리 보급된 1930년대에도 비누를 석감이라고 하였답니다. 본격적으로

비누가 이용된 것은 20세기 초 이후부터입니다. 그런데 17세기에 이미 "비노"란 말이 나타납니다. "비누"를 중국말로 "비죠(肥皂)"라 합니다. 우리말에서는 "하인 죠(皂)"와 비슷한 의미인 "종 노(奴)" 자를 써서 "비(肥)+노(奴)"라 불렀다고 봅니다. 여기서 "비노"는 "노비"를 가리켰으며 이 이름으로 후에 "석감(石鹼)"이 나오니 마찬가지로 불렀습니다.

○ 大王을 블러 비노 잇ᄂᆞ냐 날을 주어 머리 곱게 ᄒᆞ라 <1677 박언 하:23>
(대왕을 불러 비노 있느냐 나를 위해 머리를 감게 하라)
○ 皂角 비노 <1690 역해 상:48>
○ 膩子 비노 <1790 몽해 상:42>

## ▮ 돋보기

"돋보기"는 작은 것을 크게 보이도록 알의 배를 볼록하게 만든 안경입니다. "노안경(老眼鏡)·노인경·돋보기안경·원경(遠鏡)"이라고도 합니다. "돋보기"란 이름은 "돋보이게 한다"는 뜻으로 이름 지었습니다.

## ▮ 허수아비

"허수아비"란 곡식을 해치는 새, 짐승 따위를 막기 위하여 막대기와 짚 따위로 만들어 논밭에 세우는 사람 모양의 물건입니다. "허수(虛受)+아비"의 합성어로 봅니다. 중세에 "정회아비"라고도 했어요. 뜰에 있는 허수아비란 뜻인 "정허(庭虛)"와 "아비"의 합성입니다. "정회아비"는 후에 소실된 말입니다.

○ 草偶 정회아비 或云 庭虛子 <農家月俗>

## ▮ 사슬

"사슬"을 보통 "쇠사슬"이로고도 합니다. 15세기 『四聲通解』에 "사슬"

로 나오고 17세기 『同文類解』에 "사슬"로 보입니다. 이 말은 "쇄(鎖)"와 "슬"의 결합으로 봅니다. 중세에 "鎖"는 "솨"로 발음됐습니다.[8] 즉 "쇄슬 > 솨 > 사슬"로 되었습니다.

○ 사슬 <박통사언해(1677)>

## ▌톱

"톱"은 중세에도 마찬가지로 불렀는데 "손톱, 발톱"의 "톱"과 기원을 같이한다고 봅니다. 본래 뜻은 무엇을 긁거나 허비는 등 역할을 한다는 말이지요. 기능의 유사성으로 이렇게 이름 지었다고 봅니다.

○ 톱 爲鉅 <1446 훈해 57>
○ 방하와 매와 톱과 쯸와 쟉도와 钁湯과 <1459 월석 21:45> (방아와 메와 톱과 끌과 작두와 확탕과)

## ▌도끼

"도끼"는 한자 "부(斧)"로 내리찍는 도구입니다. 『鷄林類事』에서 "烏子盖"라 했으며 상고음으로 [*qo *tziə̆ kɑi]로 됩니다. 그런데 중세에 "도최, 도치, 도칙" 또는 "돗귀, 돗긔"라 했어요. "烏子盖"와 아무런 어음적 연관성이 보이지 않습니다. 강헌규는 "'돗기(斧)'는 '돗'과 '긔'로 형태소 분석을 할 수 있다. '돗'은 선학들의 설대로 그 뜻이 [ta](石: 터키어)임에 대하여 찬성한다. 그러나 후행요소 '-긔'에 대하여는 언급한 이가 없다. 이 '-긔'는 '도끼/돗기'의 '도-/돗-'이 터키어 'ta'(石) 기원어임과 같이 '-긔'도 터키어 [k l ç](刀)에서 유래하였다고 본다. 'ta'(石)+'k l ç(刀)'=totk j(斧: 돗긔) 따라서 한국어 '도끼(돗긔)'란 '돌칼(石刀)'이란 의미를 가진 말이라고 생각된다."[9]고

---

8) 참조: <가게저널> 제44권 제11호.
9) 강헌규, "도끼 [斧]의 어원", 『국어국문학』, 한국언어문학교육학회, 2005.

했습니다. 하지만 "烏子盖"의 상고음과 대조해 보면 약간의 실마리가 보이지요. 중세에 "처디다(떨어지다)"란 말이 있었는데 지금도 쓰입니다. 도끼의 도구 특징이 "떨어지면서 내리 찍는 것"입니다. 그런즉 원래 고려 말에 도끼를 "烏子盖"[*qo *tzi˧ kɑi]("*처지개"로 재구함)란 말이 있었지 않았을까 생각됩니다. 그리고 "도끼"의 어원은 "도최, 도츼, 도ᅕ"는 "돌+朶"의 결합으로, "돗귀, 돗긔"는 "돌+器"의 결합으로 추정합니다. 우연인지 몰라도 어음이나 의미로 보아 "돗가비(도깨비)"와도 연관되는 것 같습니다. 왜냐하면 남부방언에 "도채비"란 바로 "도깨비"를 말하기 때문이지요. 혹시 "돗가비"가 "돗귀"를 즐겨 사용했을 수 있습니다.

○ 劍樹와 劍輪과 도최와 鉞와 鎗와 톱쾌 잇ᄂᆞ니 <1461 능엄 8:85>
○ 一千 돗귀와 一萬 돗긔로(千斧萬斧) <月釋 上 一之一 112> 器 朶
○ 도치 월: 鉞 <訓蒙 中 25>

# ▌자귀

"자귀"란 나무를 깎아 다듬는 연장의 하나이지요. 나무 줏대 아래에 넓적한 날이 있는 투겁을 박고, 줏대 중간에 구멍을 내어 자루를 가로 박아 만듭니다. 아마 이 도구로 나무를 깎으면 "자국"[痕]이 난다고 이름 진 것 같아요. "자국"은 "발자국, 칼자국, 손자국" 등에 자주 쓰이지요. 중세에 "자괴"라 했어요. "짐승의 발자국"도 "자귀"라 합니다. 역시 동원어휘입니다.

○ 자괴 <역해유해(1690)>
○ 즉재 돗귀 메오 자괴 바다가니 버미 ᄒᆞ마 비브르 먹고 누웟거늘 <三綱. 妻们> (즉시 도끼 메고 자국 따라가니 범이 이미 배부르게 먹고 누웠거늘)
○ 자괫믈 줌 涔 <訓蒙 上 5>

# ▌끌

"끌"은 망치로 한쪽 끝을 때려서 나무에 구멍을 뚫거나 겉면을 깎고 다듬는 데 쓰는 연장입니다. "끌"을 중세에 "쯀, 쓸"이라 했는데 이는 "(얼음을) 끄다"의 "끄다"에서 기원했습니다.

○ 톱과 쓸와 쟉도와 鑊湯과 <1459 월석 21:45>
○ 鑿 뚤 착 <1527 훈몽 중:8>

## ▌대패

"대패"란 "나무의 표면을 반반하고 매끄럽게 깎는 데 쓰는 연장"입니다. 중세에 "딘파, 딘패"라고 했습니다. 정약용의 『雅言覺非』에서 한자 어휘 "퇴포(推鉋)"에서 온 말이라 했습니다. "推鉋"의 상고음으로도 [tuəi bau]이니 비슷한 소리로 발음됩니다. "[tuəi bau] > 대보 > 대패"로 되었을 수 있습니다.

○ 딘파 推鉋 <訓蒙 中 16 鉋字注>
○ 딘패 산: 鏟 <類合 下 42>

## ▌모루

"모루"란 "대장간에서 불린 쇠를 올려놓고 두드릴 때 받침으로 쓰는 쇳덩이"입니다. "쇠모루 · 철침(鐵砧)"이라고도 했습니다. 17세기부터 "모로"로 나타났다가 "모루"로 되었습니다. 도구의 사용 특징으로 보아 "모서리"의 "모"와 같은 어원입니다. "모+로(조사) > 모루로 되었다고 봅니다.

○ 마치 집게 모로 도관 준 연장과 瀝青을 가져다가 예셔 셩녕ᄒᆞ라 <1677 박언 하:29> (마치 집게 모루 도관 작은 연장과 역청을 가져다가 여기서 手工하라)
○ 鐵砧子 모로 <1790 몽보 25ㄴ>
○ 모루 冶鐵 <1880 한불 246>

# ▌먹

"먹"은 일찍이 중국에서 들어온 한자어입니다. 한자 "묵(墨)"은 본래 그림 그리는 검은색 물감입니다. 지금은 "墨"을 우리말 한자음으로 "묵"이지만 "墨"의 (黄侃系統: 明母 德部; 王力系統: 明母 職部) 상고음이나 (明母 德韻 入聲) 중고음이 [mək]이었습니다. 이런즉 "먹"은 "墨"의 상고음을 차용한 말입니다. "墨"을 "민어(閩語)"(閩東區 福宁 片柘榮) 방언에서 [muk]이라 말한답니다. 그런즉 "墨"의 한자음 "묵"은 중국 남방의 복건방언에서 들어온 말입니다.10)

○ 墨 먹 <능엄경언해(1461)>

# ▌붓

"붓"을 중세에 "붇"이라 했습니다. 한자 "필(筆)"은 진나라 이전에는 "율(聿)"이라 하고 한 손으로 붓을 잡고 글 쓰는 형상이었습니다. 진나라부터 "참대 죽(竹)"을 보태어 "필(筆)"로 씁니다. 지금은 간체자 필(笔)도 쓰지요. "붓" 역시 "筆"의 상고음 (黄侃系統: 幫母 沒部; 王力系統: 幫母 物部) [*byit]을 차용한 말입니다. 지금의 "筆"의 한자음 "필"은 중고음 (幫母 質韻 入聲) [pĩet]이나 혹은 "민어(閩語)" 방언[pit]과 아주 비슷합니다. 그런즉 결론부터 말하자면 "붓"은 "筆"의 상고음을 [*byit]을 차용한 말이고 "필"은 중국의 남방 방언 [pit]을 차용한 후 어음 변화를 한 것입니다. 『설문해자』에 "筆"을 "燕謂之弗"(연나라에서 '弗:불'이라 한다)고 기재했습니다.11) "弗" 자의 상고음도

---

10) '筆'은 한국 한자음으로는 '필'이라고 읽지만 고대 중국에서는 '붇'과 비슷하게 발음이 되었습니다. 따라서 '붇'은 사물과 함께 국어에 그대로 수입되고, '筆'은 한문에서 '필'로 정착하면서 전혀 다른 모습을 띠게 된 것입니다. 이와 같은 경로를 밟은 단어이면서 일찍부터 중국어 차용어로 알려진 단어로 '먹'이 있습니다. 이 단어는 '墨'이라고 적은 단어에서 온 중국어 차용어입니다. '벽창호'의 어원 '붓'의 어원 '레미콘'의 어원과 뜻 <네이버>.

11) 【說文】 楚謂之聿, 吳人謂之不律, 燕謂之弗, 秦謂之筆。(楚는 聿이라 하고 吳人은 不律이라

(黃侃系統: 幫母 沒部; 王力系統: 幫母 物部) 王力 [pǐwət]이므로 역시 "붓"과 비슷한 음입니다.

　○ 붇 爲筆 <訓正解例.用字例>
　○ 붇 필 筆 <訓蒙 上 34>

## ▌ 종이

　"종이" 역시 붓이나 먹과 같이 차용된 역사가 아주 오랩니다. 중세에 "죠히"라 했습니다. 종이의 한자어 "지(紙)"는 상고음 (黃侃系統: 端母 齊部; 王力系統: 章母 支部) [jiĕ]이고 중고음은 (照章母 紙韻 上聲) [tɕiĕ]입니다. 이로 보아 "죠"는 상고음 쪽에 더 가깝다고 할 수 있습니다. 마찬가지로 "지(紙)"는 중고음 [tɕiĕ]와 지금의 "월어(粤語)" 방언 [tsI]와 비슷합니다. 같은 이유로 "종이"는 "紙"의 상고음 [jiĕ]을 차용한 후 어음 변화한 형태이고 "지"는 중고음 [tɕiĕ]을 차용한 말이라 할 수 있습니다. 종이는 중국 후한시기 환관 채륜(蔡倫)이 발명했습니다. 그 전에는 참대나 나무판, 명주 등에 글을 썼는데 글을 쓴 명주를 실사변이 들어간 "紙" 자로 썼으며 그 후 종이가 발명되어도 여전히 같은 "紙"로 표시했습니다. 그런즉 "죠(종이)"는 "글을 쓰는 명주"의 발음이었다고 추정합니다.

　○ 紙曰垂 <鷄林類事>
　○ 紙 着必 <朝鮮館譯語 器用 門訓>
　○ 죠히 爲紙 <訓正解例.用字例>
　○ 죠히 지 紙 <訓蒙 上 34>

---

하며 燕은 弗이라 하고 秦은 筆이라 했다.)【古今注】古之筆, 不論以竹以木, 但能染墨成字, 卽謂之筆。秦吞六國, 滅前代之美, 故蒙恬得稱於時。蒙恬造筆, 卽秦筆耳。以枯木爲管, 鹿毛爲柱, 羊毛爲被, 所謂蒼毫也。形管赤漆, 史官記事用之。(옛날 筆은 대나 나무나 묵을 묻여 글을 쓰면 筆이라 했다. 秦이 6국의 통일 후 전 시대의 미를 소멸했다. 고로 蒙恬이 이 기회에 筆을 만들었다. 枯木을 대로 하고 鹿毛을 柱로 羊毛를 被로 蒼毫라 하였다. 形管赤漆하여 史官이 記事에 쓰도록 했다.)

## ▌ 벼루

"벼루"를 중세에 "벼로, 벼루"라고 했어요. "벼루"의 한자음 "연(硯)"은 상고음 (黃侃系統: 疑母 寒部; 王力系統: 疑母 元部) [ngèn]이나 중고음 (疑母 霰韻 去聲) [ŋien]가 비교하면 중고음에 더 가깝습니다. 그런즉 문방사보(文房四寶) 중에 "벼루"가 유일한 우리말입니다. "벼루"는 "벼르다"와 어원을 같이 한다고 봅니다. 먹을 가는 과정이 바로 글을 쓰기 위해 벼르는 과정이지요. 그리고 문방사보 가운데 한자음 "묵(墨), 필(筆)"은 중국의 남방방언 "[muk]묵, [pit]지"를, "지(紙), 연(硯)"은 각각 그들의 중고음인 "[tɕǐe]지, [ŋien]연"을 차용했다고 할 수 있습니다.

○ 벼로 爲硯 <訓正解例.用字例>
○ 죠히 먹 붇 벼루 가져오라(拿紙墨筆紙來) <初朴通事 上 60>

## ▌ 책

"책"이란 "종이를 여러 장 묶어 맨 물건"입니다. 한자 "책(冊)"은 고대에 종이 아직 발명되기 전에 죽편에 글을 써서 노끈에 꿴 것을 말합니다. 상고음으로 [tʃʰæk]이라 했습니다. 그런즉 "책"은 한자 "冊"의 상고음과 뜻을 차용해 쓰는 것입니다.

## ▌ 북

"북"은 타악기의 하나로서 나무나 쇠붙이 따위로 만듭니다. 둥근 통의 양쪽 마구리에 가죽을 팽팽하게 씌우고, 채로 가죽 부분을 쳐서 소리를 냅니다. "고(鼓)·태고(太鼓)"라고도 합니다. 중세에 "붊, 붑"으로 나타납니다. "북"의 어원은 "부풀다"와 같이합니다. 가죽을 잔뜩 부풀게 하기 때문에 "붊"이라 했습니다. "붊"은 첫소리와 받침소리가 및 모음까지 입술소리이기에 받침소리를 "ㄱ"으로 교체하여 "북"이 되었습니다.

○ 제 간올 뎌리 모롤씨 둘희 쏜 살이 세 낟 붊싼 뻬여디니 <1447 월곡 15>
  (자기 간을 저러 모르므로 둘이 쏜 살이 세 개의 북만 꿰여 떨어지니)
○ 鼓 붑 고 鼖 붑 비 <1527 훈몽 중:14>

## ▌ 사다리

"사다리"는 "높은 곳이나 낮은 곳을 오르내릴 때 디딜 수 있도록 만든 기구"로서 17세기 문헌에서부터 나타난다고 합니다. 이 단어는 한자 어휘 "사(斜)"와 "다리"의 뜻인 "드리"가 결합한 것으로 봅니다. 즉 이 도구를 사용할 때 반드시 비스듬히 무엇에 기대여 놓아야만 하기에 "비낄 사 斜"가 들어갔다고 판단됩니다. 또 "사닥다리"라고도 합니다.

○ 梯子 사드리 <1690 역해 상:14>
○ 모든 덕이 승텬ᄒᆞ눈 사다리로더 겸덕이 뎨 일 층이 되니 <1892 성직 6:118>
  (모든 덕이 승천하는 사다리로되 겸덕이 제 일층이 되니)

## ▌ 비계

"비계"란 "높은 곳에서 공사를 할 수 있도록 임시로 설치한 가설물"입니다. 이 말은 자체 한자 어휘 "비계(飛階)"에서 왔습니다.

## ▌ 맷돌

"맷돌"은 곡식을 가는 데 쓰는 기구로서 둥글넓적한 돌 두 짝을 포개고 윗돌 아가리에 갈 곡식을 넣으면서 손잡이를 돌려서 갑니다. "돌매·마석(磨石)·매·석마(石磨)·연애(碾磑)" 등의 이름이 있습니다. "맷돌"은 18세기부터 후부터 나타나는데 그 이름은 한자 마(磨)와 "돌"이 결합된 것입니다. 즉 "맛돌 > 맷돌"의 변화 과정을 이루었습니다.

○ 매돌 磨石 <1880 한불 216>

○ 조흔 흿콩을 볏혜 말니와 미돌에 투셔 츤물에 담갓드가 거피ᄒᆞ야 <1869 규합 20> (깨끗한 해콩을 볕에 말리어 맷돌에 타서 찬물에 담갔다가 去皮 하여)

## ▌물레

"물레"란 "솜이나 털 따위의 섬유를 자아서 실을 만드는 간단한 재래식 기구"입니다. 한자 어휘로 "방차(紡車), 도차(陶車), 선륜차(旋輪車)" 등의 이름 이 있으며 적어도 청동기시대부터 사용했다고 봅니다. 하지만 그때 뭐라 고 불렀는지 알 수 없습니다. "물레"란 이름은 중국에서 목화씨를 전래한 문익점(文益漸)의 손자 "문래(文萊)"가 목화씨에서 실을 자아내는 틀을 발명 했다고 해서 문래라 부른 것이 변이되어 물레가 되었다고 전해집니다.

○ 물레 <역해유해(1690)>

## ▌방아

"방아"는 곡식 따위를 찧거나 빻는 기구나 설비를 통틀어 이르는 말입 니다. 물방아, 디딜방아, 물레방아, 연자방아, 기계 방아, 쌍방아 따위가 있 습니다. "방아"를 중세에 "방하"라고 했습니다. "방아깨비"의 뒷다리가 매 우 크고 길어서 끝을 손으로 쥐면 방아처럼 끄덕거리는 형상에서 "방하(방 아)"의 이름이 생겼다 합니다.[12] 하지만 이보다 "들었다 내려놓다"는 의미 로 자체 한자 어휘 "방하(放下)"에서 기원됐다고 봅니다.

○ 방핫 소리는 집마다 나고 나모 뷔는 놀앳소리는 <1481 두시-초 10:32> (방아소리는 집마다 나고 나무 베는 노랫소리는)
○ 방하 디: 碓 <訓蒙 中 11>

---

12) [문화] 조항범 교수의 어원 이야기. 게재 일자: 2019년 8월 16일(金), <네이버>.

## ▌ 물레방아

"물레방아"란 "떨어지는 물의 힘으로 바퀴를 돌려 곡식을 찧거나 빻는 기구"입니다. "물레"와 "방아"의 합성어입니다.

## ▌ 연자방아

"연자방아"는 연자매를 쓰는 방아로서 둥글고 넓적한 돌판 위에 그보다 작고 둥근 돌을 세로로 세워서 이를 말이나 소 따위로 하여금 끌어 돌리게 하여 곡식을 찧습니다. "돌방아"라고도 했습니다. 한자어 "연자마(研子磨)"에서 차용된 "연자매", 즉 "연자"와 "방아"의 합성어입니다.

## ▌ 절구

"절구"란 사람의 힘으로 곡식을 찧거나, 양념을 빻을 때, 또는 메주를 찧거나 떡을 찧을 때에 쓰는 용구입니다. 중세에 "절고"라고 했습니다. 이 말은 한자어 "저구(杵臼)"를 차용한 것입니다. "저구 > 절고 > 절구"로 어음이 변화되었다고 봅니다.

　　○ 杵 절고공이라 <無怨錄 1:38>

## ▌ 베틀

"베틀"은 삼베, 무명, 명주 따위의 피륙을 짜는 틀입니다. 중세에 "뵈틀"로 나타납니다. 이 단어는 "뵈(베)"와 "틀"의 합성어입니다. "뵈틀 > 베틀"로 되었습니다.

　　○ 다론 뵈우틔를 ᄀ라닙고(更著短布裳) <飜小學 9:59>
　　○ 뵈틀 괴온 돌홀 묻고져 ᄒ노니 <1481 두시-초 13:30> (베틀 괸 돌을 묻고자 하노니)

○ 機 뵈틀 긔 <1576 신합 상:27>
○ 뵈 뿔 직 織 <類合 下 7>

## ▌풀무

"풀무"는 불을 피울 때에 바람을 일으키는 기구입니다. 중세에는 "불무"
라 했어요. 이 말은 "블(불)+무"로 분석되며 "무"는 "무우다(흔들다)"에서 온
말입니다. 그런즉 "풀무"란 "불길을 움직이는 기구"란 말이라 봅니다.

○ 불무 야 冶 <訓蒙 下 16>
○ 元良올 무리라(慈搖元良) <龍歌 71 章>

## ▌방망이

"방망이"를 중세에 "방츄"라고도 했어요. 후에 "방치"로 변했는데 이는
중국말 [bangzi](棒子)의 발음을 차용하면서 "방츄(방치)"로 되었다고 봅니다.
즉 "방즈 > 방츄 > 방치"로 되었습니다. "방망이"는 한자어 "방치"의 "방"
에 "-맹이"("돌맹이" 등에 쓰이는 접미사)가 붙은 것으로 봅니다. 그리하여 "방
맹이 > 방망이"로 되었습니다.

○ 머구리 밥과 부듯 방취오(是浮萍薄棒) <初朴通事 上 70>
○ 방맹이 퇴 推 <1895 국한 134>

## ▌막대기

"막대기"란 가늘고 기다란 나무나 대나무의 토막을 말합니다. 흔히 지
팡이로 많이 사용합니다. 중세에 "막대, 막디, 막다히" 등으로 나타납니다.
"목(木)"이 모음 변화하여 "막"으로 된 후 접미사 "-대/디"가 결합한 것입
니다. 그리하여 "막대 > 막다히 > 막대기"로 되었습니다.

○ 도트랏 막대 딥고 물근 フ술히셔 브라오니(杖藜望淸秋) <杜解 9:3>

## ▌몽둥이

"몽둥이"란 조금 굵고 기름한 막대기로 주로 사람이나 가축을 때리는 데에 씁니다. "간봉(杆棒)·목봉(木棒)"이라고도 합니다. "몽둥이"는 "목(木)+동이(접미사)"의 결합으로 봅니다. 그리하여 "목동이 > 몽동이 > 몽둥이"로 된 것입니다.

○ 몽동이 椎 <1657 어록-초 2>
○ 木棒 몽동이 <1790 몽해 상:37>

## ▌채찍

"채찍"을 중세에 "채"라고 했어요. 이 말은 중국말 발음 "鞘"[qiào]이나 "월어(粤語)" 방언 [tsʰiu]가 입말을 통해 들어 온 것으로 봅니다. "쵸(鞘)+찍(접미사) > 채찍"으로 되었다고 봅니다.

○ 채 爲 鞭 <訓正解例. 用字例>
○ ᄆᆞᄅᆞᆯ 채텨 뵈시니(策馬以示) <龍歌 36章>

## ▌지팡이

"지팡이"는 18세기 문헌에서부터 "집팡이"로 나타납니다. "지팡이"는 "짚다"의 뜻을 가진 "짚-"과 접미사 "-앙이"가 결합된 것입니다.

○ 拐杖 집팡이 <1748 동해 하:13>
○ 성인이 ᄒᆞᆫ 집힝이를 주샤 <1865 주년 95> (성인이 한 지팡이를 주서)

## ▌말뚝

"말뚝"이란 땅에 두드려 박는 기둥이나 몽둥이입니다. 중세에 "말(말뚝)"로 썼습니다. "말(말뚝)"은 "말다(止)"와 같은 어원이라 봅니다. "말(말뚝)"

은 소나 말을 멈춰서 있게 하기 때문입니다. 17세기에 "말"에 "쏙"이 더 결합되어 지금의 "말뚝"으로 되었습니다. 여기의 "쏙"은 "팔뚝" 등에 쓰이는 접미사 "-뚝"입니다. 즉 "말쏙> 말쏙 > 말뚝"이 되었습니다.

○ 믈 말 양 柳 <訓蒙 中 19>
○ 橛子 말쏙 <1690 역해 상:17>

## ▌두레박

"두레박"은 줄을 길게 달아 우물물을 퍼 올리는 데 쓰는 도구로서 바가지나 판자 또는 양철 따위로 만듭니다. "드레박"이라고 19세기 문헌에서부터 나타나는데 "드레(들다)"와 "박"이 결합한 것입니다.

○ 드레박 轆轤瓶 드레박질ㅎ다 <1880 한불 480>

## ▌조롱박

"조롱박"은 호리병박으로 만든 바가지입니다. 호리병박이란 "호로병박(葫蘆瓶瓜)"의 어음 변화된 형태입니다. 중세에 이 박을 "죠롱"이라 불렀습니다. 아마 박이 달린 모습이 "조롱조롱하다"는 뜻에서 부른 이름인 것 같습니다.

○ 뿐 죠롱박瓝롤 디허 <1489 구간 二.4>
○ 瓠 죠롱 호 <1527 훈몽 상:4>

## ▌조리

"조리"는 쌀을 이는 데에 쓰는 기구로서 가는 대오리나 싸리 따위로 결어서 조그만 삼태기 모양으로 만듭니다. 중세에 "죠리"라 했어요. 한자어 "조리(笊籬)"에서 온 말입니다.

○ 죠리 죠 笊 죠리 리 籬 <訓蒙 中 13>

○ 笊篱 죠리 <1690 역해 하:13>

## ▌ 똬리

"똬리"란 "짐을 머리에 일 때 머리에 받치는 고리 모양의 물건"입니다. "쏘아리"라고 19세기 문헌에서부터 나타납니다. 이 말의 어원은 "쁘로다, 쓰로다"와 연관됩니다. 그러므로 "똬리"의 어원은 "쏘(隨)＋아리(접미사)"의 결합으로 되었습니다. 뜻인즉 "따라서 쓰는 물건"입니다. 일부 방언에서는 "따발, 따바리"라고도 합니다. 부사 "또(又)"도 "쁘로다, 쓰로다"에서 왔다고 봅니다.

○ 頂圈子 쏘애 <1748 동해 하:15>
○ 일긔가 츠면 방에 두되 싥기로 쏘아리을 만달아 고이고 <1869 규합 3>
  (일기가 차면 방에 두되 새끼로 똬리를 만들어 고이고)

## ▌ 홍두깨

"홍두깨"란 홍두깨는 옷감을 감아서 다듬을 때 쓰이는 도구로 빨래의 구김살을 펴고 옷감 특유의 광택과 촉감을 살리고 풀기가 옷감에 골고루 배어들게 하는 다듬이질을 위한 도구로서 주로 박달나무를 재료로 합니다. 『규합총서』의 비단 도침법(搗砧法)에도 홍두깨의 사용이 나와 있습니다. 중세에 "홍돗개"라 했어요. 홍두깨에 푸새를 한 옷감이나 홑이불 같은 것을 감아 홍두깨틀 위에 올려놓고 1~2사람이 마주앉아 다듬이 방망이로 두들기면 홍두깨가 빙빙 돌며 구김살이 펴진다는 사용설명을 통해 어원을 캘 수 있습니다. 이 말의 어원은 고증할 수는 없지만 자체 한자 어휘 "넓을 홍(弘)"과 "다듬이질 할 도 (搗)"의 합성어 "홍도"에 접미사 "개"가 결합한 것으로 봅니다. "홍도(弘搗)"는 "넓게 골고루 다듬이 한다"는 뜻입니다. 그리하여 "홍도＋ㅅ(사잇소리)＋개(접미사) > 홍돗개 > 홍두깨"로 된 것입니다.

소의 볼기에 붙은 살코기도 모양새가 비슷하다고 "홍두깨"라 합니다.

   ○ 홍돗개 <역해유해(1690)>

## ▌망치

"망치"는 "몽치"의 어음 변화 형태로 생겨났으며 의미도 바뀌게 되었다고 봅니다. 다른 말로 "마치"라고도 부릅니다. 즉 "몽둥이"의 "몽"에 접미사 "-치"가 결합하여 "몽치 > 망치 > 마치"로 되었습니다. 그리고 이 "몽치, 망치, 마치" 세 단어는 여전히 다 쓰고 있습니다.

## ▌메

"메"는 묵직하고 둥그스름한 나무토막이나 쇠토막에 자루를 박아 무엇을 치거나 박을 때 쓰는 물건입니다. "종규(椿楑)"라고도 합니다. "메다"와 기원을 같이하며 지금도 "떡메", "쇠메" 등에 쓰입니다.

   ○ 椰頭 메 <1690 역해 하:15>

## ▌쐐기

"쐐기"란 물건의 틈에 박아서 사개가 물러나지 못하게 하거나 물건들의 사이를 벌리는 데 쓰는 물건입니다. 나무나 쇠의 아래쪽을 위쪽보다 얇거나 뾰족하게 만들어 사용합니다. 중세에 "쇠야미, 쇠야기"라 했습니다. "쇠[鐵]+아기(접미사)"의 합성어로 봅니다. 그리하여 "쇠아기 > 쇠야기 > 쐐기 > 쐐기"로 변화되었습니다.

   ○ 轄온 술윗 軸근 쇠야미라 <1463 법화 서:21>
   ○ 楔 쇠야기 설 <1527 훈몽 중:9>

# ▌고무래

 "고무래"란 "곡식을 그러모으고 펴거나, 밭의 흙을 고르거나 아궁이의 재를 긁어모으는 데에 쓰는 'ㄒ자 모양의 기구. 장방형이나 반달형 또는 사다리꼴의 널조각에 긴 자루를 박아 만든다"고 했습니다. "고무래"의 어원에 대해 조항범은[13] '밀개'류와 '고밀개'류로 나뉘고 '*밀개'는 동사 어간 '밀-[推]'에 도구의 접미사 '-개'가 결합된 어형이며 '*고밀개'는 '*고'와 '*밀개'로 분석할 수 있으나, '*고'의 어원은 알기 어렵다고 했습니다. "고무래를 사용하는 동작이 당기거나 미는 방식이기 때문에 지방에 따라 '당그레'·'당길래'·'당글개' 또는 '밀개'·'미래'라고도 부른다. 예전에는 '고미래'(『사류박해』·『해동농서』) 또는 '고미레'(『물보』)라 했고, 한문으로는 朳(『해동농서』·『임원경제지』·『물보』)·把撈(『농사직설』·『고사신어』)·檈(『색경』·『천일록』·『임원경제지』)라고 적었다"[14]라는 소개에서 알 수 있듯이 "고무래"의 처음 출현할 때의 기능이 무엇인가 따져 보면 금방 답이 나옵니다. "고무래"는 "아궁이의 재를 긁어모으는 데에 쓰는" 기능도 있습니다. 이것이 처음 만든 목적이고 따라서 어원도 여기로부터 밝혀야 합니다. "고무래" 중의 "고"는 "구들 골"을 말합니다. "고무래"는 "아궁이의 재를 긁어모으는 것"이지만 그 보다 구들 골을 훑을 때 이것으로 안에 쌓인 재를 끌어당깁니다. 때문에 "'당그레'·'당길래'·'당글개'"란 이름도 있습니다. 그런즉 "고무래"는 "골+밀+개(접미사)"의 합성이라 봅니다. "골밀개 > 고밀게 > 고미레 > 고무래"로 변화된 것입니다.

 ○ 把撈鄕名推介 <農事直說> (1439)
 ○ 平板 杷楞 밀게 <事類博解 下:5> (1885)
 ○ 米盪子 고미레 <方言類釋 3:12> (1778)

---

13) 조항범 "'고무래[ㄒ]' 관련 어휘의 어원과 그 역사적 변화", 「우리말글」 62권, 2014.
14) <네이버 지식백과> 고무래(한국의 농기구, 2001.6.25, 박호석, 안승모).

## ▌초

"초"란 "촛불"을 켜는 초입니다. 이 말은 비교적 우리말에 들어 온 시간
이 긴데 한자어 "촉(燭)"이 변한 것입니다. "燭"은 상고음으로 [*jiok], 중고
음으로 [tɕiwok]입니다. 그런데 "강회관방말(江淮官話)"에서 [tɕyo]라 한답니
다. 그러면 "燭"의 한자음 "촉"의 말음이 떨어졌거나 중국의 남방입말에서
[tɕyo]가 들어와 "쵸"라고 했을 수 있습니다.

○ 쵸 촉 燭 <訓蒙 中 15>

## ▌초롱불

"초롱불"은 촛불이 바람에 꺼지지 않도록 겉에 천 따위를 씌운 등입니
다. 중세에 "쵸롱"이라 했습니다. 이 말은 한자어 "촉(燭)+롱(籠)"의 합성어
입니다. 역시 "초"에 대한 설명과 같이 "촉롱 > 쵸롱 > 초롱"으로 된 것입
니다.

○ 쵸롱 구 篝 <訓蒙 中 15>

## ▌성냥

"성냥"은 한자 어휘 "석류황(石硫黃)"을 차용한 것입니다. 중세부터 이 말
은 "석류황 > 석뉴황 > 셕냥 > 성냥"의 발음 변화를 가져왔습니다. 육진
방언에서는 러시아어 "비지깨"[Спичка]라고도 합니다.

## ▌낚시

"낚시"는 미끼를 꿰어 물고기를 잡는 데 쓰는 작은 쇠갈고리로서 흔히
끝이 뾰족하고 꼬부라져 있습니다. 줄낚시와 대낚시가 있습니다. "낚시"의
한자 "조(釣)"는 고기를 낚는다는 뜻입니다. "낚시"를 중세에 "낛"이라 했

어요. 이 말은 "낫다(낚다)"와 같은 어원입니다.

○ 나쓸 됴 釣 <訓蒙 下 9>
○ 飄零히 둔뇨매 쏘 고기 낫는 낛주를 쓰노라(飄零且釣絲) <杜解 6:31>

## ▌반두

"반두"는 양쪽 끝에 가늘고 긴 막대로 손잡이를 만든 그물입니다. 이것으로 주로 얕은 개울에서 물고기를 몰아 잡습니다. "조망(罩網)·족산대"라고도 합니다. 중세에 "반도"라고 했어요. "반도"란 이 그물을 이용해 고기를 잡는 행동을 본떠 만든 이름입니다. 즉 "끌어당길 반(扳)"과 "꺼낼 도(搯)"로서 자체로 만든 한자 어휘 "반도(扳搯)"입니다. "반도(扳搯)"가 "반두"로 되었습니다.

○ 撈網 반도 <1690 역해 상:23>

## ▌그물

"그물"의 한자 "망(网)"은 고기, 새 등을 잡는 그물 모양입니다. "그물"은 노끈이나 실, 쇠줄 따위로 여러 코의 구멍이 나게 얽은 물건으로서 날짐승이나 물고기 따위를 잡는 데 씁니다. 그 사용 역사는 거의 인류역사와 맞먹는다 할 수 있습니다. "그물"이란 말은 "거미"의 "그물"로부터 그 이름을 본떴다고 추정합니다. 그리고 "그물"이란 말은 벌레가 걸리기만 하면 "그믈다(끝나다)"로 되기에 "그물"의 어원을 "그믈다(꺼지다, 끝나다)"라 합니다.

○ 그믈 망 網 그믈 고 罟 그믈 중 罾 그믈 져 罝 <訓蒙 中 17>

## ▌작살

"작살"은 물고기를 찔러 잡는 기구입니다. "섬(銛)·어차(魚杈)"라고도 합니다. 이 말은 한자어 "작살(斫殺)"에서 왔습니다. 물론 의미의 차이는 좀 있지만 큰 문제로 되지 않습니다. 지금도 "작살나다"란 말도 쓰고 있어요.

## ▌미끼

"미끼"란 낚시 끝에 꿰는 물고기의 먹이입니다. 중세에 "밋"이라 했어요. 어원은 "밑에 있는 먹이"라는 뜻입니다. "끼"는 지금도 "끼니"란 말에 먹는다는 의미가 있습니다.

> ○ 고기 밋글 貪ᄒ면 제 몸 주글똘 모ᄅᄂ니이다 <月釋 7:18> (고기 미끼를 탐하면 제 몸 죽는줄 모릅니다)

## ▌주낙

"주낙"이란 긴 낚싯줄에 여러 개의 낚시를 달아 물속에 늘어뜨려 고기를 잡는 기구입니다. 이 말은 "줄낚시"가 줄어든 것이라 봅니다.

## ▌투망

"투망"이란 "그물을 둥글게 쳐 물고기를 잡는 방법"입니다. 한자 어휘 "투망(投網)"에서 온 말입니다.

## ▌후리질

"후리질"이란 후릿그물로 물고기를 잡는 일을 말합니다. 이 말은 "후리다(휘몰아 채거나 쫓다)"에서 온 것입니다. "후리＋질(접미사)"의 결합입니다.

## ▌통발

"통발"이란 가는 댓조각이나 싸리를 엮어서 통같이 만든 고기잡이 기구입니다. 이 말은 한자어 "통(桶)"과 "받다"에서 변형된 접미사 "-발"이 결합된 말입니다.

## ▌창애

"창애"란 짐승을 꾀어서 잡는 틀의 하나입니다. 그 어원을 한자 어휘라 보면서 어렸을 적 기억에 의하면 함경도방언에서 "착기"라 불렀었습니다. 일부 방언에 "차깨"라 한다는 걸 봐서 한자어 "착기(捉機: 잡는 기구)"라고 추측합니다. "착기 > 차기 > 차이 > 창애"로 받침이 탈락되면서 변화되었다고 추측합니다.

## ▌덫

"덫"은 짐승을 꾀어 잡는 기구입니다. 덫의 종류는 다양하여 사냥감·지역·계절에 따라서 여러 형태가 있습니다. 덫의 종류는 짐승의 발목이나 목을 옭아매는 코와, 짐승이 치이도록 하여 포획하는 틀로 크게 나뉩니다. 코 종류에는 올무·물코·지게코·하늘코·함정코 등이 있고, 틀 종류에는 통방이·벼락틀 따위가 있습니다. 그리고 금속으로 만든 찰코·창애도 있는데, 이것은 근래에 고안된 덫입니다. "덫"의 어원은 "덮다"와 연관이 있어 보입니다. 물론 표기로 "덧" 또는 "덫"으로 나타나지만 그 원시 형태는 여전히 "둪다, 덮다(덮다)"입니다. 왜냐하면 "덫"의 가장 원시형태가 "덮다"이기 때문입니다.

　　○ 反車子 덧 <1690 역해 하:19>

## ▌배

"배"는 한자 "쥬(舟)"인데 갑골문에서 보면 배의 모양입니다. "배"를 중세에 "빅"라 했는데 "빅다"[孕]와 어원을 같이 한다고 봅니다. 기실 "배"

[舟]도 역시 물에서 사람이나 물건을 싣고 다녀야 합니다. 그러니 "비다" [孚]와 모종의 의미 어음상 연관이 있습니다. 아래에 김삿갓의 "배"[舟]의 일화를 소개합니다. 어느 한 번 김삿갓이 나룻배를 타게 되었습니다. 마침 사공이 여인인 것을 보고 김삿갓은 "여보게, 내가 댁의 배를 올라탔으니 댁은 나와 무슨 사이가 되는고?"라고 희롱했습니다. 여인은 아무런 대꾸도 하지 않고 노만 저어 대안에 이르러서야 한마디 대꾸했습니다. "손님이 내 배안에서 나왔으니 나를 뭐라 불러야 할까요?" 김삿갓은 무안하여 아무말 도 못했답니다.

- ○ ᄀᆞᄅᆞ매 비 업거늘(河無舟矣) <龍歌 20章>
- ○ 비 쥬 舟 비 션 船 비 뎡 艇 비 함 艦 비 박 舶 <訓蒙 中 25>

## ▌노

"노"란 배에서 물을 헤쳐 배를 나아가게 하는 기구입니다. 한자어 "노 (櫓)"에서 차용한 말입니다.

- ○ 百丈은 비 그스는 노히라 <初杜解 10:45> (백장은 배 끄는 노라)
- ○ 놋 노 櫓 <訓蒙 中 25>

## ▌닻

"닻"은 배를 한곳에 멈추어 있게 하기 위하여 줄에 매어 물 밑바닥으로 가라앉히는, 갈고리가 달린 기구입니다. 중세에 "닫"이라 했습니다. "닿다" 와 어원을 같이한다고 봅니다.

- ○ 닫 뎡 碇 <訓蒙 中 25>
- ○ 구룸 찐 남기 새배 서르 하늘해 다햇도다 <1481 두시-초 11:41> (구름 낀 나무 새벽 서로 하늘에 닿았도다)

## ▌ 돛

"돛"은 배 바닥에 세운 기둥에 매어 펴 올리고 내리고 할 수 있도록 만든 넓은 천으로 바람을 받아 배를 가게 합니다. 중세에 "돐"이라 했어요. "돐"은 본래 돗자리를 가리키던 것이 "돛"도 말합니다. 그것은 재료의 공통성에서 기원된 말이라고 봅니다.

○ ᄇ롭이 급피 니러나니 위셩이 ᄇ롭을타 돗글 둘고 밧비나가거늘 <太平廣記1:3>

## ▌ 삿대

"삿대"란 배질을 할 때 쓰는 긴 막대인 "상앗대"의 준말입니다. 중세에 "사화ㅅ대, 사횟대"라 했습니다. 어원상 "사호다(싸우다)"와 연관된다고 봅니다. 왜냐하면 삿대질은 상앗대를 써서 배를 밀어 가야 하니까 싸울 때 서로 밀고 당기는 동작과 비슷한 점이 많습니다. "사호+ㅅ(사잇소리)+대(접미사) > 사횟대 > 삿대"로 되었습니다.

○ 사횟대 고 篙 <訓蒙 中 25>

## ▌ 키

"키"란 배의 방향을 조종하는 장치입니다. "방향키 · 방향타(方向舵) · 타(舵)"라고도 합니다. "타수(舵手)"를 "키잡이"라고도 합니다. "舵"를 일본한자음으로 [KAJI]라 한답니다. 중국 남방의 월어(粤語), 객어(客語)에서 [th] 라 합니다. 우리말『훈몽자회』의 "치"와 유사하므로 가능하게 이런 경로로 차용했을 수 있습니다.

○ 치 <훈몽자회(예산 문고본 1527)>

## ▌떼

"떼"란 나무나 대나무 따위의 일정한 토막을 엮어 물에 띄워서 타고 다니는 것입니다. 중세에 "뗴"라 했습니다. 어원상 "뜨다(떠다)"와 같이 한다고 봅니다. "떼를 짓다"도 여기에서 파생된 의미입니다.

○ 뗴 벌 筏 <訓蒙 中 25>
○ 나그내는 혼 뗏는 말왐 곧도다(客一浮萍) <杜解 21:40>

## ▌개잘량

"개잘량"이란 털이 붙어 있는 채로 무두질하여 다룬 개의 가죽입니다. "개잘량"이란 말은 "개"와 "검은담비의 털가죽"이라는 "잘"[獤], 한자 "모양 양(樣)"이 합성된 것으로 분석됩니다. 어원적 의미는 "개가죽 털 모양"이란 뜻입니다. "개잘양 > 개잘량"으로 되었다고 봅니다.

○ 貂鼠下頦 돈피 쟈할 <한청 11:14>

## ▌뿌다구니

"뿌다구니"란 물체의 삐죽하게 내민 부분입니다. "뿔"의 "ㄹ" 받침이 "ㄷ"로 변한 다음 "뿓+아구니(접미사)"의 결합입니다.

## ▌허드레

"허드레"란 그다지 중요하지 아니하고 허름하여 함부로 쓸 수 있는 물건입니다. "허름하다"의 변형으로 "허들"에 접미사인 "-에"가 결합된 것입니다.

## ▌거울

"거울"은 중세에 "거우로, 거우루"라고 했습니다. 이 말은 동사 "거우다 (대적하다)"에서 기원했다고 봅니다. "마주하다, 대면하다"라는 뜻으로서 거울을 사용하는 방법으로 이름 진 것이라 봅니다.

○ 거우루 감 鑒 <石千 30>
○ 제 반ᄃ시 나ᄅᆞᆯ 거오리라ᄒᆞ여 <三譯解 4:10> (자기가 반드시 나를 대적하리라 하여)

# 11. 육지동물

## ▌짐승

"짐승"은 불교 용어인 한자어 "즁싱(衆生)"으로서 본래 "살아 있는 모든 무리"를 가리켰습니다. 후에 사람도 "짐승" 무리에 같이 취급한다는 것 자체가 이상하다고 느껴서인지 인간은 제외한 동물로 되었고 "즁싱 > 즘싱 > 즘승 > 짐승"으로 발음도 변화되었지요. 중세에는 "즘싱, 즘승"으로 많이 썼습니다.

○ 뒤헤는 모딘 즁싱 알픽는 기픈 모새 열본 어르믈 하ᄂᆞᆯ히 구티시니 <1447 용가 30> (뒤에는 모진 짐승 앞에는 깊은 못에 엷은 어름을 하늘히 굳게 하시니)
○ 하ᄂᆞᆯ히 치워 새와 즘싱이 굿브렛ᄂᆞ니 서리와 이슬왜 픐 불휘예 와 잇도다 <1481 두시-초 8:59> (하늘이 추워 새와 짐승이 구부리고 있나니 서리와 이슬이 풀위에 와 있도다)
○ 獸 즘승 슈 <1757 천자-광 19>
○ 시와 짐승도 디체 다 셩품과 명이니 <1883 명셩경 21> (새와 짐승도 대체로 다 성품과 명이니)

## ▌뿔

"뿔"을 중세에 "쓸"이라 했어요. 어원을 깊이 따지면 "불휘(뿌리)", "부리"[嘴]와 동원어휘라 할 수 있습니다. 이들의 공통점은 "몸이나 물건의 머리 부분이나 표면에서 불쑥 나온 부분"입니다.

> ○ 한 쇼롤 내니 몸 크고 다리 크고 두 쌸이 갈곧 눌캅고 <月曲 59> (큰소를
> 내니 몸 크고 다리 크고 두 뿔이 칼같이 날카롭고)
> ○ 쌸 각 角 <訓蒙 下 5>

## ▍꼬리

"꼬리"는 동물의 꽁무니나 몸뚱이의 뒤 끝에 붙어서 조금 나와 있는 부분입니다. 한자 "미(尾)"는 몸 아래에 털이 있습니다. 즉 꼬리를 말합니다. "꼬리"는 짐승에 따라 조금씩 모양이 다릅니다. 중세에 "쏘리"로 나타납니다. "꼬리"의 어원은 다음과 같이 분석됩니다. 중세에 "끝"을 "곶"이라 했어요. "곶 > 궂 > 귿 > 긑 > 긑 > 끝"으로 되듯이 "곶"이 "ㄱ(가: 바닷가, 강가)"로 되기도 하고 "곶 > ㄱ > 고 > 쏘"로 될 수도 있습니다. 나무의 끝을 "초리"라 하는데 이 말은 한자 "초(梢)"에 "-리(접미사)"가 결합된 것입니다. 이와 같이 "쏘"에 "-리(접미사)"가 붙어 "쏘리 > 꼬리"가 되었습니다.

> ○ 象寶는 고키리니 비치 히오 쏘리예 구스리 뻬오 <1459 월석 1:28> (상보
> 는 코끼리니 빛이 희고 꼬리에 구슬을 꿰고)
> ○ 尾 쏘리 미 <1527 훈몽 하:3>
> ○ 개도 손 드러오기를 죠하ᄒᆞᆫ지 꼬리 치고 아론 체ᄒᆞ니 아니 奇特ᄒᆞ온가
> <1790 인어 1:18> (개도 손님 들어오는 것을 좋아하는지 꼬리치고 아는
> 체 하니 아니 기특한가)

## ▍새끼

"새끼"는 낳은 지 얼마 안 되는 어린 짐승을 말합니다. 중세에 "삿, 삿기"라고 했습니다. "새끼"란 말은 "샷(사이, 사타구니)"과 어원이 같다고 봅니다. 어미의 다리 사이에서 태어났다는 뜻입니다. "샷/삿+기(접미사) > 삿

기 > 새끼"로 변화되었습니다.

○ 녀르미여 겨스리여 흔 말도 아니코 안잿거시든 머리예 가치 삿기 치더니
   <1447 석상 3:38> (겨울이며 여름이며 겨울이며 흔 마디도 안하고 앉아계
   시더니 머리에 까치 새끼를 치더니)
○ 羊 양 양 羔 삿기 고 <1527 훈몽 상:10>
○ 버미 무덤 겨틔 와 삿씨 치거늘 <1617 동신속 효:7> (범이 무덤 곁에 와
   새끼 치거늘)
○ 새씨손가락 小指 <1895 국한 171>

## ▌개

"개"를 한자로 "狗, 犬也。大者爲犬, 小者爲狗"<說文解字>(狗란 犬이다. 큰
것을 犬이라 하고 작은 것을 狗라 한다)고 했어요. "견(犬)" 자는 개 생김새를 본
뜬 글입니다. 옛 기록에서 보면 "犬曰 家稀"<鷄林類事>라 했습니다. 중세에
도 "가히"란 기록들이 있습니다. 우리 조상들은 유목민족이 아니다 보니
개를 기른 역사가 아주 오래되었다고 볼 수 없지요. 그저 개를 돼지나 닭
과 같이 집짐승에 불과하다고 봤지요. 따라서 유목민족처럼 반드시 있어
야 할 짐승도 아니었지요. 그러므로 지금도 개고기를 먹는 습관과 개를 제
일 천한 대상으로 취급하는 언어표현들이 있지요. 유목민족들은 일찍부터
개를 집식구로 여겼기에 이런 습관이 있을 수 없지요. 이런 이유에서 개는
고유한 집짐승이 아니라 수입한 짐승이라 추측할 수 있지요. 한자의 "狗"
의 상고음은 (黃侃系統: 見母 侯部; 王力系統: 見母 侯部) [gǒu]입니다. 옛 기록에
"狗"를 "家稀" 또는 "가히"라 한 것은 "狗" 상고음 [gǒu]를 차용해 쓴 것이
라 봅니다. "家稀"라는 표기는 "집에 있는 희한한 (짐승)"이란 뜻으로 해석
됩니다. 그러므로 "개"의 어원은 "[gǒu] 가우 > 가히 > 가이 > 개"로 되
었다고 봅니다.[1]

---

1) 안옥규, 『어원사전』, 동북조선민족교육출판사, 1989, 64면에서 "개"가 짖는 소리로부터 유

○ 狗는 가히라 <1459 월석 21:42>

○ 犬 개 견 狗 개 구 <1576 신합 상:14>

○ 딕답ᄒ여 갈오샤디 아히의 썩올 가이롤 주ᄂ 거시 올치 안타 ᄒ니 <1887 예수 마태15:26> (대답하여 가라사대 아이의 떡을 개를 주는 것이 옳지 않다 하니)

## ▌돼지

"돼지"의 한자 "시(豕)"는 돼지 형상입니다. "저(猪)"는 본래 새끼돼지입니다. "돼지"를 『鷄林類事』에서 "突"이라 하고 중세에 "돈, 돝"이라 했어요. 사실 "돼지"만큼 먹이 때문에 다투는 짐승이 드뭅니다. 그러니 그 어원은 "ᄃ토다(다투다)"라 할 수 있지요. 그리하여 "ᄃ토 > 도투 > 돋"으로 변화했다고 봅니다. 지금도 함경북도방언에서 "도투새끼(돼지새끼)", "도투굴(돼지굴)"이라고 하지요. "돼지"는 "돝"에 "-아지"가 결합되어 "도야지 > 돼지"로 됐습니다. "ᄃ토다(다투다)"란 말도 이로부터 생겨났을 수 있습니다. "여우"로부터 "엮다", "슭"으로부터 "슬기롭다" 등과 마찬가지로 동물의 생활특징으로부터 이런 어휘가 생겨났다고 봅니다.

○ 猪曰 突 <鷄林類事>

○ 돋 시: 豕<訓蒙 上 19>

○ 玄武門 두 돋이 ᄒ살에 마ᄌ니(玄武門兩豝 一箭俱中) <龍歌 33章>

○ 모양이 사롬 ᄀᆮ고 왼 몸의 터럭이 도야지 ᄀᆮ고 <1852 태상 1:46> (모양이 사람 같고 온 몸의 털이 돼지 같고)

○ 競은 ᄃ톨씨오 <月釋 序 2>

## ▌소

"소"의 한자 "우(牛)"는 소머리 형상입니다. "소"를 『鷄林類事』에서 "燒"라

---

래되었다고 했다.

하고 중세에 "쇼"라 했어요. 소유격을 표시할 때 "쇠"라고도 했지요. "소"
는 가축 가운데서 제일 힘이 셌지요. 그리고 농사에서 없어서는 안될 주요
역축이었기 때문에 "쇠힘(쇠심)", "쇠나기(소나기)"라는 말도 있었으며 "쇠"
에는 "몹시, 심히"라는 뜻도 있지요. 지금도 "(힘이) 세다"라고 하는데 이
"세다"의 어원은 "소"와 같다고 보아야 할 것입니다. 다시 말하면 "쇠"가
"소이"로 되고 다시 "쇠"로 되어 "쇠"[鐵]도 가리키게 되었으며 비슷한 발
음인 "세다"란 말도 있게 되었지요. 또 "쇼"가 홑 모음화 되어 "소"로 되었
어요.

> ○ 牛曰 燒 <鷄林類事>
> ○ 쇼 爲 牛 <訓正解例. 用字例>
> ○ 牛頭는 쇠머리라 <月釋 1:27>
> ○ 오소정의 아돌이 잇시니 일홈이 환이라 일즉 쇠고기 먹기를 됴하ᄒ더니
>   <1852 태상 53> (오소정의 아들이 있으니 이름이 환이라 일찍 쇠고기를
>   먹기 좋아하더니)

## ▌황소

"황소"는 큰 수소를 말합니다. 중세의 "한쇼"는 "크다"의 의미를 지닌
형용사 "하–"에 관형사형 어미 "–ㄴ", 명사 "쇼"가 결합한 합성어입니다.

> ○ 몰 우흿 대버믈 ᄒ 소ᄂ로 티시며 싸호는 한쇼를 두 소내 자ᄇ시며 <1447
>   용가 87> (말 위의 큰 범을 한 손으로 치시며 싸우는 큰소를 두 손에 잡으
>   시며)
> ○ 한쇼 蟒牛 <訓蒙 上 19>
> ○ 황소 牡牛 <1880 한불 103>

## ▌겨릿소

"겨릿소"는 겨리를 끄는 소입니다. 오른쪽에 맨 소는 마라소, 왼쪽에 맨

소는 안소입니다. "겨리"란 소 두 마리가 끄는 쟁기를 말합니다. 즉 "겨리
＋소"의 합성어입니다.

## ▌하릅송아지

"하릅송아지"란 나이가 한 살 된 송아지입니다. "하릅"은 예전에 "나이
가 한 살 된 소, 말, 개 따위를 이르는 말"이었습니다. 이는 "하릅＋송아지"
의 합성어입니다. "하릅"의 뜻을 모르고 지금 "하루 강아지 범 무서운 줄
모른다"라고 속담을 고쳐 쓰는 경우도 있습니다.

## ▌말

"말"의 한자 "마(馬)"는 말의 형상입니다. "말"은 『鷄林類事』에서 "末"이
라 하고 중세에도 같은 표기로 나타나지요. 농경민족인 우리말에서 "말"도
수입된 짐승으로서 그 이름 역시 "마(馬)"에서 왔다고 봅니다. "마(馬)"는 상
고음에서도 여전히 (黃侃系統: 明母 模部; 王力系統: 明母 魚部) [ma]라고 했습니
다. 만주어에서 "말"을 [morin]이라 하는데[2] 한자 "마(馬)"와 어떤 관계인
지는 모르겠지만 우리말 "말(馬)"과 비슷합니다. 그러므로 "馬"의 상고음
[ma]가 우리말에 들어오면서 서사 문자에서는 한자어에 "마"로 굳어지고
입말에서는 "몰(말)"로 되었거나 만주어 [morin]이 차용되었을 수 있다고
봅니다. 말의 새끼를 "망아지"라 하는데 이는 "강아지, 송아지" 하는 "－아
지(접미사)"가 "말"에 붙은 것입니다. "강아지, 송아지"는 접미사를 빼면
"강(개), 송"으로 되지만 "말"은 설명할 수 없습니다. 그러니 오직 "마＋ㅇ
아지(접미사)"로 해석이 가능합니다. 관용구 "걸음마 타다"에서 "마"는 "타는
말(馬)"로 해석되므로 "마(馬)"에서 온 "말"의 잔재현상입니다.

---

2) 羽田亨 編, 『滿和辭典』, 今泉誠文社, 昭和47年7月, 312면.

○ 馬曰 末 <鷄林類事>
○ 象과 물왜 흰 삿기롤 나흐며 <1459 월석 2:45ㄱ> (상과 말이 흰 새끼를 나며)
○ 우리 각각 져그나 자고 돌여 니러 브즈러니 물 머기져 <1510년대 飜老 상:25> 우리 각각 조금 자고 다시 일어나 부지런히 말 먹이자)
○ 쥬인이 제 말을 보고 디희ᄒ여 왈 이 말을 일헌 지 오러더니 <1852 태상 1:33> 주인이 자기 말보고 대희하여 말하기를 잃은 지 오래더니)

## 가라말

"가라말"은 털빛이 온통 검은 말입니다. 중세에 "가라물"이라 했습니다. "黑"을 의미하는 몽골어 [gara]의 차용어 "가라"와 "물"이 결합한 것입니다.

○ 가라물 黑馬 <老解 下 8>

## 간자말

"간자말"이란 이마와 뺨이 흰 말입니다. 제주방언에서 온 단어인데 역시 몽골어 차용입니다.

○ 간쟈물 破臉馬 <老解 下 8>

## 고라말

"고라말"은 등에 검은 털이 난 누런 말입니다. 몽고어 [qula]에서 차용된 "고라"와 명사 "물"이 결합한 것입니다.

○ 고라물 土黃馬 <老解 下 8>

## 구렁말

"구렁말"은 털 빛깔이 밤색인 말입니다. 역시 "구렁"은 몽골어의 차용입니다.

○ 구렁물 栗色馬 <老解 下 8>

## ▌부루말

"부루말"은 흰말입니다. 이 말은 몽골어 차용어인 "부루"에 "물"이 결합하여 이루어진 합성어입니다.

## ▌서라말

"서라말"은 흰 바탕에 거뭇한 점이 섞여 있는 말입니다. 몽골어 "서라"와 "물"이 결합하여 이루어진 합성어입니다.

## ▌절따말

"절따말"은 몸 전체의 털색이 밤색이거나 불그스름한 말입니다. 몽골어 "절다"와 "물"이 결합한 단어입니다.

○ 절다물 赤馬 <老解 下 8>

## ▌조랑말

"조랑말"은 몸집이 작은 종자의 말입니다. 한국의 재래종으로서 키 작다고 "과하마(果下馬)"라고도 했답니다. "조랑"은 제주방언으로 작다는 뜻인 것 같습니다.

## ▌염소

"염소"를 "고력(羖䍽)·산양(山羊)"이라고도 합니다. 『조선관역어』에는 "羊 曰揜"이라 하고 중세에 "염, 염쇼"라 했어요. 이는 한자어 "염(髯: 구레나룻)"과 "쇼(소)"가 합성된 말로서, 즉 옛날 사람들은 산양(山羊)을 "수염 있는 소"

라고 말했다고 봅니다.

○ 심혼 지위예 나롤 프른 염의 갓오술 주ᄂ다 <1481 두시-초 19:26> (심한 추위에 나를 푸른 염소의 가죽옷을 주더라)

○ 羔 염 고 羊 염 양 <1575 천자-광 9>

○ 羖 수양 고 羖䍽山羊卽 염쇼 羝 수양 뎨 <1527 훈몽 하:4>

○ 염소 고 羔 <1895 국한 217>

# ▍고양이

"고양이"는 원래 아프리카의 리비아살쾡이를 길들인 것으로, 턱과 송곳니가 특히 발달해서 육식을 주로 합니다. 발톱은 자유롭게 감추거나 드러낼 수 있으며, 눈은 어두운 곳에서도 잘 볼 수 있습니다. 애완동물로도 육종하여 여러 품종이 있습니다. 한반도에 10세기 전에 중국과 왕래하면서 들어온 것으로 봅니다. "고양이"의 한자 "묘(猫)"는 "苗"의 소리에 "犭"을 붙여 만들었습니다. "고양이"를 중세에 "괴"라 했고 그 보다 더 오래된 문헌에서 "고이" "方言爲猫謂高伊"(猫를 방언에서 '고이'라 한다)<高麗史>라 했어요. 『鷄林類事』에서는 "猫謂鬼尼"(猫왈 괴니)라고도 했어요. 중세에 "괴"라고 한 점을 보아 그 옛날에 "고이"였을 가능성이 많지요. 옛날 사람들이 고양이를 키우는 목적은 지금처럼 애완동물이 아니라 쥐를 막기 위한 "곳간지기"였지요. 몇 십 년 전까지만 해도 고양이를 농촌에서 쥐잡이 목적으로 키웠습니다. 그러므로 "고이"는 "곳집 고(庫)"에 명사조어 접미사 "-이"가 붙어 생긴 말이고 "고양이"는 "고(庫)"에 "기를 양(養)"의 합성으로 된 이름이라 생각합니다. 방언에 따라 "괴, 괭이, 고냥이" 등으로도 부릅니다. 또 다른 해석을 하자면 중세에 "괴다"[愛]란 말이 있었지요. 옛날에 집짐승가운데 고양이만큼 대접을 받는 동물은 없었으니 "사랑을 독점"했다는 뜻으로 "괴+앙이(접미사)"의 결합일 수 있습니다. 그러므로 "고양이" 어원은 "고(庫)+양(養)+이(접미사)"거나 혹은 "괴+앙이(접미사)"의 결합입니다.

○ 괴 <능엄경언해(1461)>
○ 괴 쥐 자봄 ᄀ티 ᄒ며(如猫捕鼠) <法語>
○ 괴 爲 猫 <訓蒙 上 18>
○ 나ᄒ나 졈어있고 님ᄒ나 날 괴시니 <松江. 思美人曲> (나하나 젊어있고 님 하나 날 사랑하시니)

■ 당나귀

"당나귀"는 말과 비슷한데 몸은 작고 앞머리의 긴 털이 없으며 귀가 깁니다. 털빛은 대부분 누런 갈색 · 잿빛 황색 · 잿빛 흑색이며, 어깨 · 다리에 짙은 줄무늬가 있고 허리뼈가 다섯 개입니다. 병에 대한 저항력이 강하여 부리기에 적당합니다. "나귀 · 여마(驢馬)"라고도 합니다. 중세에 "라귀"라 했습니다. "당나귀"란 "당(唐)"에 한자어 "라구(騾驢)"가 붙은 말입니다. 즉 "당라구 > 당라귀 > 당나귀"로 변화된 것입니다.

○ 騾는 라귀라 <月釋 21:75>
○ 당나귀 驢 <1880 한불 458>
○ 당나귀 唐驢 <1895 국한 70>

■ 노새

"노새"는 암말과 수나귀 사이에서 난 잡종인데 중세에 "로새"라 했어요. 한자어 "라사(騾駄)"에서 온 말입니다. 즉 "라사 > 나사 > 노사 > 노새"의 변화로 생각합니다. 몽골어 [lausa]에서 온 말이란 주장도 있는데 아직 어느 것이 먼저 있은 말인지 분간하기 어렵습니다.[3]

○ 로새 라 騾 <月釋 21:75>
○ 쇠 로새롤 티오ᄂ니 <月釋 21:82> (쇠 노새를 키우나니)

---

3) 백문식, 『우리말어원사전』, 박이정, 2014, 118면.

## ▌버새

"버새"는 수말과 암탕나귀 사이에서 난 일대(一代) 잡종입니다. 외모는 당나귀와 비슷하지만 노새보다 몸이 약하고 성질이 사나워 실용 가치가 거의 없습니다. 수컷은 번식력이 전혀 없고 암컷은 간혹 수태하나 새끼는 매우 허약합니다. "거허(駏驢)·결제(駃騠)"라고도 합니다. "노새 다음가는 잡종"이란 뜻에서 "버금+노새"가 축약되어 "버새"라 부르게 되었습니다.

## ▌범, 호랑이

"범", "호랑이"는 모두 한자 "호(虎)"를 가리키는 우리말이지요. "호(虎)" 자는 범의 이빨과 털 무늬를 형상한 글입니다. 중세에도 "갈범, 범"이라고 여전히 쓰였지요. "범"의 어원에 대해 "웡웡"하는 울음소리를 모방했다는 설,4) 한자어 '虎狼'에서 유래했다는 설과 몽고어 [harbir]에서 유래했다는 설, "호(虎)"의 상고 중국어음에서 '호랑이'가 유래했을 가능성5)을 제기하는 등 다양합니다. "범"이란 이름은 울음소리 모방설이 일리 있다고 봅니다. 그리고 "갈범(葛범)"은 "칡범"이라고도 하는데 "몸에 칡덩굴 같은 어룽어룽한 줄무늬가 있는 범"을 말합니다. "호랑이"란 말은 중국에서의 한자어 "호랑(虎狼)"을 차용한 것입니다. "호랑(虎狼)"은 처음에는 "범과 이리"를 가리키던 데로부터 점차 의미 폭이 줄어들어 "범"만을 말하게 되었다고 봅니다. 이 표현이 우리말에 들어와서 초기에는 잘 지켜질 수 있지만 대부분 사람들이 한문지식이 없기 때문에 어원의식이 없어 아예 "범"을 가리키는 말로 굳어졌습니다.

> ○ 及朝, 則曰: 彼虎狼也. <左傳·哀公六年> (조정에 와서는 말했다. "저들은 호랑이와 이리 같은 자들입니다")

---

4) 안옥규, 『어원사전』, 동북조선민족교육출판사, 1989, 186면.
5) 金泰慶, "호랑이의 어원 고찰", 『中國語文學論集』 61호, 2010.

○ 心如虎狼, 行如禽獸. <荀子·修身> (마음은 호랑이와 이리 같고, 행동은 금
수 같다)
○ 虎狼 獅子ㅣ며 一切 毒害롤 맛나도 <월인석보 21:17>
○ 識이 龍鳳人 모매가니 威嚴으로 虎狼이 都邑을 平定ᄒ시니라 <두시언해
6:23>
○ 범 爲 虎 <訓正解例. 用字例>

## ▍승냥이

"승냥이"를 "인도들개"라고도 합니다. "승냥이"란 말은 한자어 "시랑(豺
狼)"이 우리말에 들어와 어음과 의미가 변화되었습니다. 중세에 "숭량이"
<훈몽자회(예산 문고본 1527)>라고 했습니다. "시랑(豺狼)"은 서로 다른 두 가
지 동물이지만 흔히 암수가 짝을 지어 같이 생활하기에 사람들은 같은 동
물로 보고 이렇게 부르기도 했습니다. 우리말 "승냥이"는 "랑(狼)"을 말하
는데 이리보다 작고 특징이 무리지어 활동합니다. 쥐나 토끼부터 노루 멧
돼지, 심지어 곰까지 공격하여 사냥합니다.

○ 豺狼從目 往來侁侁些 <楚辭·招魂> (시랑이 흉악한 눈빛으로 무리지어 다
니다)
○ 숭량이 <훈몽자회(예산 문고본 1527)>

## ▍이리

"이리"는 몸의 길이는 120cm, 꼬리는 35cm, 어깨높이는 64cm 정도입니
다. 몸과 꼬리는 대개 검은색이 섞인 누런 갈색이나, 서식지에 따라 색깔
의 변이가 다양합니다. 개와 비슷한데 머리가 가늘고 길며 앞다리가 짧고
뒷다리가 깁니다. 귀는 짧고 쫑긋하며 가슴이 좁습니다. 육식성으로 10여
마리가 떼 지어 생활합니다. "말승냥이·늑대"라고도 합니다. 중세에 "일
히"라 했습니다. "일벗다(훔치다)"에서 기원된 것 같습니다. 무리를 지어 대

방을 공격하면서 방어가 약한 부분을 물어뜯습니다. 그리하여 "일벗다 →
일버ᅀᅡ → 일버아 → 일허 > 일히 > 이리"로 변화되었습니다.

  ○ 모딘 象과 獅子와 범과 일히와 곰과 모딘 ᄇᆞ얌과 <釋詳 9:24>
  ○ 狼迹은 일횟 자최라 <月釋 4:27>
  ○ 狼 일히 랑 <訓蒙 上:10>
  ○ 그윗거슬 일버ᅀᅥ <月釋 1:6>

## ▍스라소니

 "스라소니"는 고양잇과의 동물로서 "토표(土豹)", "대산묘(大山猫)"라고도
합니다. 조선과 중국조선어에서는 "시라소니"라고 합니다. 이 말은 만주어
[silun](猞猁猻)에서 차용한 것으로 봅니다.6) 그리고 만주어에서 [sanyanyarha]
은 "백표(白豹)"라 합니다. 만주어 [silun+sanyanyarha]의 합성어로 [silun san]
이 우리말로 "스라소니"가 된 것입니다.7) "silun san > 시룬산 > 시라손 >
스라소니"로 변화된 것입니다.

## ▍여우

 "여우"를 중세에 "엿, 엿"이라고 했어요. 이 말은 동사 "엿다(엿보다)"와
기원을 같이 한다고 봅니다. 여우는 사냥꾼한테 쫓기면 한참 달아나다가
도 뒤돌아보군 합니다. 다시 말하여 "엿보기"를 좋아하지요.8) 그래서 "엿"
또는 "여시"라 이름 지었다고 봅니다. 우리말에서 "총명하다"를 "엮다"고

6) 羽田亨 編, 『滿和辭典』, 今泉誠文社, 昭和47年7月, 373면.
7) 김인호, 『조선어어원편람』(상), 박이정, 2001, 224면. 《시라소니》는 동사 《싣다》의 상황어
  형 《실어/실아》와 《손이/산이》가 결합되어 이루어진 말이다. 그 뜻을 보면 《실리여 사는
  자》, 《얹히여 사는 자》라는 뜻이다. 《손이》는 지난날 《이》로도 쓴 것으로서 《산이》, 즉 사
  는 자, 사는 놈을 가리키는 말이다.
8) 『漢書 · 文帝紀』。注: "狐性多疑, 每渡冰河, 且听且渡, 故言疑者称狐疑。"(여우는 본성이 의심
  이 많다. 얼음 강판을 건너면서 한편 엿들으며 한편 건넌다. 그래서 옛날부터 의심이 많은
  자를 狐疑라 한다.)

하는데 같은 어원이라 생각됩니다. "엿 > 여ᅀᅳ/여스 > 여ᅌᅳ/여으 > 여오/여우"의 변화 과정을 거쳤습니다.

○ 엿이 獅子ㅣ 아니며 <月釋 2:76>
○ 雪山애셔 盜賊 여ᅀᅥ보며 <杜解 21:3>
○ 각시 ᄯᅩ 가온딘 가히 엇게엔 ᄇᆞ얌 여ᅀᅳ 앞뒤헨 아히 할미러니 <1447 월곡 25> (각시 또 가운데 개 어깨에는 뱀 여우 앞뒤에는 아이 할머니)
○ 엿의 갗 爲狐皮 <1446 훈해 42>
○ 올ᄒᆞᆫ녀귀 엿의 머리 ᄃᆞ외오 가온딘 가히 머리 ᄃᆞ외오 <1447 월석 4:7> (오른켠은 여우머리 되고 가운데는 개 머리 되고)
○ 狐 여으 호 <1527 훈몽 상:10>
○ ᄒᆞᆫ 여오 갓오시 셜흔 ᄒᆡ오 <1772 십구 2:11> (한 여우가죽 옷이 서른 해오)
○ 여우와 산미란 말이라 <1882 척사윤음 6> (여우와 산 매란 말이라)

## ▌고라니

"고라니"의 특징은 암수 모두 뿔이 없으며 송곳니는 밖으로 나와 있습니다. "牙獐", "보노루" 또는 "복작노루"라고도 부릅니다. "고라니"란 송곳니[牙]의 어원입니다. 즉 "고라니"는 "송곳니(노루)"라는 의미입니다.

## ▌곰

"곰"은 몸이 비대하며 다리가 굵고 짧고 꼬리는 털에 가려져 보일 듯 말 듯 합니다. 털은 갈색, 검은색 따위가 있으며 길고 거칩니다. 깊은 산이나 북극 지방에 살며 나무에 잘 오르고 잡식성으로 대부분 겨울에는 굴속에서 겨울잠을 잡니다. 대부분 북반구에 분포합니다. 중세에 "고마, 곰"으로 나타납니다. 이 말은 "고마ᄒᆞ다(높이다, 존경하다)"와 어원을 같이 합니다. 단군신화에서도 나오다시피 조상들의 토템은 "곰"과 "범"이었습니다. 이들을 숭배한 원인은 이 두 동물이 제일 사납기 때문이었습니다. 그 중에서 사람을 잘 해치는 "범"보다 사람을 주동적으로 해치지 않는 "곰"을 더 좋아했으며 "곰"을 지껄여 화를 입지 말고 높이 모시라고 이름을 "고마(곰)"라 했습니다. 그리고 "고마"는 "고몰(고물, 배 꼬리)", "고마(뒤)"처럼 "뒤"라는 뜻도 있습니다. "뒤"는 우리말에서 "북쪽"을 가리키기도 하는데 그것은 곰이 대부분 북반구에 분포하기에 "고마"라 했습니다. 김인호는 "우리 선조들이 곰을 '거머'(검)이라고 부른 것은 이 동물이 검은 색을 가진 동물이였기 때문이라고 볼 수 있다"고 했습니다.[9]

○ 고마 ᄂᆞᄅ 熊津 <1447 용가 3:15>
○ 熊 곰 웅 <1527 훈몽 상:10>
○ 부톄 마조 나아 마ᄌᆞ샤 서르 고마ᄒᆞ야 드르샤 <釋譜 6:12> (부처 마중나와 맞이하시어 서로 공경하여 들어서게 하시고)

## ▌ 약대

"약대"란 중세에 "낙타"를 부르던 말입니다. "닉타(駱駝)"의 상고음으로 [lɑk*dhɑ]인 즉 "약대"란 "駱駝"의 상고음으로 부르던 이름이고 "낙타"는 지금의 한자음으로 부르는 이름입니다. 즉 "[lɑk*dhɑ] > 약대"라 봅니다.

○ 블근 약대의 고기롤 프른 가매애 술마 내오(紫駝之峯出翠釜) <杜解 11:17>
○ 약대 타 駝 <訓蒙 上 19>

## ▌ 담비

"담비"는 족제빗과의 하나로서 몸은 45~50cm, 꼬리는 20cm 정도인데 일반적으로 고급 모피로 인정받고 있습니다. 중세에 "담뵈"라고 했어요. 후에 "담뵈 > 담뷔 > 담븨 > 담비"의 변화를 가져 왔습니다. 이 말의 어원은 한자어 "수달 달(獺)"과 "가는 털 비(毧)"의 합성으로 되었다고 봅니다.

9) 김인호, 『조선어어원편람』(상), 박이정, 2001, 217면.

"辈"의 중국말 발음이 [fēi]입니다. 그러므로 즉 "달(獺)+fēi(辈) > 달뵈"로 되며 이것이 다시 "달뵈 > 담뵈 > 담븨 > 담비"로 변화되었다고 추정합니다.

○ 天爲拯民호샤 天才룰 ᄂᆞ리오시니 藪中 담뵈룰 스믈 살 마치시니 <1447 용가 32> (천위극민하샤 천재를 내리시니 수중 담비를 스므 살 마치시니)
○ 貒肉 담뷔 고기 <1613 동의 1:56>
○ 膘鼠皮 담븨 <1690 역해 하:34>

## ▌원숭이

"원숭이"는 "노유(猱狖)·목후(沐猴)·미원(彌猿)·미후(獼猴)·원후(猿猴)·호손(猢猻)" 등 여러 가지 이름이 있습니다. 한자어 "원성(猿狌)"에서 온 말입니다. 즉 "원성(猿狌) > 원숭이"로 된 것입니다. "猿狌"은 전설에 나오는 사람 비슷한 동물입니다.

○ 원승 猿 <1880 한불 62>
○ 猿狌 원싱이 <1895 국한 243>

## ▌잔나비

"잔나비"는 중세에 "납"이라 했습니다. 17세기에 "진"이 앞에 붙어 "진납 > 진납이 > 존나비 > 잔나비"로 현재처럼 변화했습니다. 원숭이의 처음 우리말 이름은 "납"이었습니다. "진(잰-)"은 "잰 걸음, 잰솜씨" 등에 쓰이는 "빠르다"는 뜻입니다. 조선과 중국조선어에서 "잰나비"라 합니다.

○ 心猿온 ᄆᆞᅀᆞ미 샏ᄅᆞ며 뮈요미 납 곧홀시라 <1482 남명 上:58> (심원은 마음이 빠르며 움직임이 납 같으니라)
○ 납 미 獼 납 손 猻 납 원 猿 납 호 猢 납 후 猴 <訓蒙 上 18>
○ 獼猴 진납 <1613 동의 1:57>
○ 믌 몰히 ᄆᆞᆰ고니 짓나비 소리 섯겟고 <1632 두시-중 5:36> (물이 맑으니

잔나비 소리 섞어있고)

○ 猴 진납이 <1790 몽해 하:32>

○ 猴兒 즌나비 <1748 동해 하:39>

○ 간사혼 쟈나비 엿보듯 흐야 <1883 이언 3:39>

## ▌삵

"삵"은 식육목에 속하며 고양이처럼 생겼으나 고양이보다 몸집이 크고 불분명한 반점이 많습니다. 먹이는 주로 쥐 종류와 작은 동물, 꿩 새끼, 멧토끼, 청설모, 다람쥐, 닭, 오리, 곤충 등입니다. "들고양이·야묘(野貓)"라고도 합니다. 중세에 "숡"이라 했습니다. 이 이름은 "슬갑다(슬기롭다)"와 동원어휘라 봅니다. "삵"의 사냥물을 보면 인차 이해될 수 있지요. 그리고 함경도방언에서 "슭"이라고 부릅니다.

○ 쏘 버믜 뼈나 시혹 숡긔 뼈나 디허 ㄱㄴ리 처 혼 돈올 므레 프러 머그라 <救方 上:49> (또 범의 뼈나 혹시 삵의 뼈나 찧어 가늘게 처 한 돈으로 물에 풀어먹으라)

○ 狸 숡 리 <訓蒙 上:10>

○ 野猫 숡 <譯解 下 33>

## ▌토끼

"토끼"를 중세에 "톳기, 톳기"라 했거든요. 이 말은 한자 "토(兎)"에 명사조어접사 "-끼"가 결합되었다고 볼 수 있지요. 이를 테면 "장끼(수컷 꿩)"의 "-끼"와 같다고 할 수 있죠.

○ 세 가짓 즁싱이 므를 걷나디 톳기와 물와는 기픠롤 모롤씨 미 곧흐니라 <1459 월석 2:19> (세 가지 짐승이 물을 건너되 토끼와 말은 깊이를 모르므로 미 같으니라)

○ 톳기 토: 兎 <訓蒙 上 19>

## ▌노루

　"노루"를 중세에 "놀"이라 했어요. "놀라ㅎ다(놀라다)"에서 생긴 이름이라고 봅니다. 속담에 "노루 제 방귀에 놀란다"란 말도 있습니다. 안옥규는 "노랗다"는 색깔 때문에 "놀"이라 지었다고 했습니다.[10]

> ○ 쥴애山 두 놀이 흔사래 ᄢᅦ니 <龍歌 43章> (쥴애산 두 노루가 한 살에 꿰니)
> ○ 아비 병드러 놀릐 고기를 먹고져 ᄒᆞ니 <東國新俗三綱. 孝子圖> (아비 병들어 노루 고기 먹고자 하니)

## ▌사슴

　"사슴"의 한자 "녹(鹿)"은 사슴뿔과 네다리를 그렸습니다. 즉 사냥물을 묘사한 것입니다. 우리말 "사슴"을 중세에 "사슴"이라 했어요. 『鷄林類事』에 "鹿曰鹿"이라 한걸 봐서 이미 한자어 "녹(鹿)"을 당시에도 썼다는 것을 알 수 있습니다. "사슴"은 옛사람들 사냥의 제일 좋은 먹잇감으로 되었지요. 더구나 중세에 "화살"을 "사술"이라 부른 것도 하나의 방증(傍證)으로 될 수 있어요. 옛날 사람들은 식량이 항상 부족했기에 동물이든지 식물이든지 먹잇감으로 만드는 것이 첫째 수요였습니다. 그러므로 "사슴"이 "사술(화살)"의 주요 사냥 대상이었기에 "사슴(사슴)"이 이름으로 되었다고 봅니다.

> ○ 사슴 ᄋᆞᆯ鹿 <1446 훈해 57>
> ○ 노로 머리오 사슴 귀 ᄀᆞᆺᄐᆞ면 일홈을 츄풍이라 ᄒᆞ고 <17세기 마경 상:5> (노루 머리이고 사슴 귀 같으면 이름을 츄풍이라 하고)
> ○ 사술 첨 籤 사술 듀 籌 <訓蒙 下 22>

## ▌족제비

　"족제비"의 몸은 누런 갈색이며 입술과 턱은 흰색, 주둥이 끝은 검은 갈

---

10) 안옥규, 『어원사전』, 동북조선민족교육출판사, 1989, 88면.

색입니다. 네 다리는 짧고 꼬리는 굵으며 길고 적에게 공격을 받으면 항문샘에서 악취를 냅니다. 털가죽은 방한용 옷에 쓰고 꼬리털로는 붓을 만듭니다. "서랑(鼠狼)·유서(鼬鼠)·황서(黃鼠)·황서랑(黃鼠狼)"이라고도 합니다.

족제비는 한반도 어디에서나 흔히 볼 수 있는 작은 동물이며, 산림지대의 바위와 돌이 많은 계곡에서 주로 생활합니다. 17세기 문헌에서부터 "족져비"로 보이는데 19세기까지도 "쪽져비, 족졉이, 족져비"로 씌었습니다. "족제비"는 야행성으로서 먹이는 뱀·개구리·조류·둑중개 등 외에 귀뚜라미·메뚜기·여치 등의 곤충이나 쥐·토끼 등 입니다. 성질이 극히 사나워 필요 이상으로 사냥감을 죽이고 닭장 등에 침입하여 닭을 죽이는 일도 있지만 쥐 같은 해로운 동물을 없애는 데 이용하기도 합니다. 그러므로 괘씸하기도 하지만 그 정도는 참을 수 있다는 뜻으로 "족제비"의 어원은 "작다"는 의미인 접두사 "족"과 "졉다(용서하다)"의 결합으로 봅니다. "족+졉+이(접미사) > 족져비 > 족제비"로 된 것입니다.

○ 족졉이 : 鼠狼 <農歌月俗>
○ 黃鼠 족져비 <1613 동의 1:58>

## ▌너구리

"너구리"는 낮에는 굴속에서 잠을 자고 밤에 활동하는 야행성입니다. 5~6월에 4~5마리의 새끼를 낳고 모피는 방한용으로 쓰입니다. 중세에 "러울, 너고리"라 했습니다. "너구리"는 "너기"(생각하다)와 "울"(접미사)의 결합으로 "지혜롭다"는 의미라 봅니다. 산짐승치고 너구리만큼 총명한 짐승은 드물거든요. 때문에 "매우 능청스럽고 음흉한 사람"을 "너구리"에 비유합니다. "너구리"는 "러울 > 넝우리 > 넉우리 > 너구리"로 변화되었습니다.

○ 러울 爲獺 <1446 훈해 55>
○ 獺 넝우리 달 <1527 훈몽 상:10>

○ 山獺 넉우리 <1690 역해 하:33>
○ 山獺 너구리 <1778 방유 해부:15>

## ▌오소리

"오소리"의 몸은 땅딸막한 몸매에 쐐기 모양이고 네 다리 특히 앞다리
가 크고 강합니다. 발에는 큰 발톱이 있어 땅굴 파기에 알맞습니다. 항문
위에 취선(臭腺)의 개구부가 있어 황색의 악취가 나는 액체를 분비합니다.
또 이것을 행동권 내의 돌이나 나무의 밑동 같은 곳에 발라서 통로의 표적
으로 삼습니다. 이러는 과정에 다니는 길이 생겨 오솔길이란 말도 있게 되
었습니다. "오소리"를 중세에 "오스리, 오수리"라 했어요. 이 말의 어원은
"외"[獨]와 "술이(살다)"가 합성된 말입니다. 밤낮 고독하게 살며 지정된 길
로 다니기에 "외술이 > 오살이 > 오소리"로 되었습니다.

○ 獤 오수리 단 <1527 훈몽 상:10>
○ 獾子 오스리 <1748 동해 하:39>
○ 오소리 단 獤 <1781 왜해 하:23>

## ▌쥐

"쥐"의 한자 "서(鼠)"는 쥐 생김새를 본뜬 글입니다. "쥐"를 『鷄林類事』에
서 "쥐"를 "자(觜)"라고 했는데 "쥐"와 비슷한 발음입니다. 중세어에 "쥐"
로 나타납니다. 안병호[11]는 알타이 여러 언어들과 비교한 후 다만 서장어
[tsitsi]와 약간 비슷하다고 했습니다. "쥐"의 이름은 "직-직"하는 그 울음소
리를 모방했다고 봅니다.

○ 鼠曰觜 <鷄林類事>
○ 두디 쥐 鼢 <訓蒙 上 19>

---

11) 안병호, 『계림류사와 고려시기 조선어』, 흑룡강 조선민족출판사, 1985, 163면.

## ▌두더지

"두더쥐"는 중세에 "두디쥐"로 나타났습니다. "두디쥐"는 "뒤지다"의 의미를 지닌 동사 "두디-"와 "쥐"가 결합한 말입니다. "쥐"와 모양이 비슷하다는데서 이런 이름을 달았다고 봅니다.

○ 두디 쥐 鼢 <訓蒙 上 19>

## ▌다람쥐

"다람쥐"를 중세에 "ᄃᆞ라미"라 했습니다. 숲속에서 어디에나 막힘없이 달아 다닌다고 "ᄃᆞ람+쥐"의 합성으로 이런 이름을 지었습니다.

○ ᄃᆞ라미 오 鼯 ᄃᆞ라미 셩 鼪 <訓蒙 上 19>
○ ᄃᆞ라미 松鼠 <同文解 下 39>
○ 그 ᄃᆞ롬을 보고(見其走) <東國新續三綱. 孝子圖 6:60>

## ▌박쥐

"박쥐"를 중세에 "붉쥐"라 했어요. "박쥐"의 어원에 대해서 하나는 "밝다"의 "붉"에서 왔다고 보는 것과 다른 하나는 "밤쥐", 즉 "밤에만 활동하는 쥐"라는 뜻이라 봅니다. 물론 "붉+쥐"의 합성어로 보지만 그 해석이 원만치 못하며 "밤쥐"는 어음과 의미상 "붉쥐"와 거리가 너무 멉니다. "붉쥐"를 "밤에도 밝게 본다"란 뜻에서 이름 지었다고 봅니다.

○ 붉쥐 蝙蝠 <四解 上 4>
○ 붉쥐 편 蝙 붉쥐 복 蝠 <訓蒙 上 22>

## ▌생쥐

"생쥐"는 6~10cm 정도로 아주 작은 쥐입니다. "정구(鼩鼩)·혜서(鼷鼠)"

라고도 합니다. "생쥐"는 "새앙쥐"가 줄어서 된 것인데 "새앙-"은 아주 작다는 뜻입니다.

○ 새앙쥐 小鼠 <1880 한불 367>

## ▌고슴도치

"고슴도치"를 중세에 "고솜도티, 고솜돝"이라 했는데 이는 "고솜"과 "돝"의 합성어로 된 이름입니다. 김인호는 "'고솜도티'는 '가시'의 옛날 말 '가시', 뒤붙이 'ㅁ', '돋다'의 줄기 '돋'에 뒤붙이 '이'가 결합한 것"이라 했다.[12] 이 보다 "가시+ㅁ(접미사)+돝(돼지)+이(접미사)"의 합성으로 보는 것이 더 타당합니다. 왜냐하면 "돋/돝"은 "돼지"의 옛말입니다. "가싐돋이 > 가슴돋이 > 고슴도디 > 고슴도치'로 변하였습니다.

○ 고솜돝 위 蝟 <訓蒙 上 19>
○ 고솜도티 쥐 굼긔 드로미니라(蝟入鼠宮) <修行章 19>

## ▌코끼리

"코끼리"를 중세에 "고키리"라 했어요. "코가 길다"란 형상을 그대로 이름으로 했어요. 중세에 "코"를 "고ㅎ"라고 했거든요.

○ 象兵은 ᄀᆞᄅᆞ쳐 싸호매 브리는 고키리오 <1459 월석 1:27> (상병은 가르쳐 싸움에 부리는 코끼리오)
○ 象 고키리 샹 <1527 훈몽 상:9>
○ 象 코키리 <1690 역해 하:33>
○ 고키리 샹 象 <類合 安心寺版 7>

---

12) 김인호, 『조선어어원편람』(상), 박이정, 2001, 221면.

## ▌기린

"기린"을 중세에도 같은 말로 했어요. 여기에 흥미를 끄는 것은 중국에서 "기린(麒麟)"은 "성인이 이 세상에 나올 징조로 나타난다고 하는 상상 속의 짐승"으로 지금도 쓰고 있는데 우리말에서는 현실적인 동물인 "장경록"(長頸鹿 학명: Giraffa camelopardalis)을 "기린(麒麟)"이라 부릅니다. 이는 옛날 중국고전문헌에 나오는 상상 속의 동물이름을 새로 접촉한 동물한테 붙인 데서 생긴 현상입니다.

## ▌용

"용"은 중국과 마찬가지로 전설적인 동물로서 역시 숭배의 대상이었지요. 한자 "용(龍)"은 고대 전설 속에 나오는 수염이 있고 비늘도 있으며 구름과 비를 몰고 다니는 신비한 동물을 형상한 것입니다. "용"을 우리말로 "미르"라고 했답니다. 혹시 부사 "미리"와 어원이 같을 수도 있습니다. 지금은 이미 사라지고 만 이름입니다. 이런 전설적인 동물은 적지 않은데 이를테면 "봉황새(鳳凰)"도 마찬가지이지요.

○ 미르 진 辰 <訓蒙 上 1>
○ 미르 용 龍 <訓蒙 上 20>

## ▌뱀

"뱀"의 한자 "사(蛇)"는 "虫" 자변에 기는 짐승을 형상했습니다. "뱀"을 중세에 "ᄇᆡ얌"이라 했어요. 이는 아마 "배로 밀며 다니다"라는 생활 습성으로 이름 진 것이라 봅니다. "ᄇᆡ얌 > 비암 > 비얌 > 바얌 > 배암"으로 변화되었습니다.

○ ᄇᆡ얌 爲蛇 <1446 훈해 56>
○ ᄯᅩ 비얌 믄 ᄃᆡᆯ 고툐ᄃᆡ 사ᄅᆞ미 ᄯᅩᆼ을 둗거이 ᄇᆞᄅᆞ고 <1466 구방 하:79> (ᄯᅩ

뱀이 문 곳을 고치되 사람의 똥을 두껍게 바르고)

○ 뎌 龍돌히 하눓 形色올 일코 비야미 形色올 現ᄒ며 <1459 월석 11:26> (저
용들이 하늘 형색을 잃고 뱀의 형색을 나타내며)

○ 막대와 매와 바얌과 일히과 개와 <1762 지장 상:21> (막대와 매와 뱀과
이리와 개)

○ 배암 사 蛇 <1895 국한 136>

## ▌도마뱀

"도마뱀"을 중세에 "도마비얌, 도마ᄇ얌"이라 했어요. "도마뱀"은 도망
갈 때 자기 꼬리를 자르고 달아납니다. "도마"란 "토막"의 옛말로서 "토막
토막 끊어지는 뱀"이란 뜻입니다.

○ 도마비얌 원 蚖 도마ᄇ얌 영 蝶 <訓蒙 上 23>

## ▌구렁이

"구렁이"는 몸의 길이는 110~120cm 정도이며 180cm에 달하는 것도 있
습니다. 등은 녹색을 띤 황갈색으로, 가운데에서부터 흑갈색의 가로무늬가
발달하여 뒤쪽으로 갈수록 뚜렷해집니다. 배는 황색이며 검은색 점무늬가
퍼져 있습니다. 독이 없고, 쥐나 개구리 등을 먹습니다. 하지만 구렁이에
대한 전설이 많고 "구렁이 담 넘어가듯" 같은 속담도 있지요. "구렁이"이
란 이름은 "굴+엉이(접미사)"의 결합으로 봅니다.

○ 구렁이 믈여든 두리뼷니풀 므르디허 도틱기름에 섯거 엷게 ᄒ야 브티라
<1489 구간 6:54> (구렁이한테 물리거든 두리깻잎을 찧어 돼지기름에 섞
어 엷게 하여 부치라)

○ 蟒 구령이 망 <1527 훈몽 상:11>

○ 구렁이 망 蟒 <1781-1787 왜해 하:26>

# 12. 조류

## ▌새

"새"의 한자 "죠(鳥)"는 새의 형상을 본뜬 글입니다. "새"란 말은 아주 오래전부터 있은 고유어입니다. 이 말은 동사 "(날이) 새다"에서 유래되었다고 봅니다. 새의 습성은 날이 밝으면 제일 먼저 잠에서 깨어 지저귀거든요. 그래서 이런 이름을 지었다고 봅니다. 그리고 날이 새면 해가 뜨게 되고 해 뜨는 쪽을 "새"[東]라 불렀거든요. 이를테면 "샛별, 샛바람" 따위의 말들이 생겨났지요. 따라서 "해가 뜨는 시각"부터 "새"[東]는 방위만 나타낸 것이 아니라 "새"[新]란 의미도 가지게 되었습니다. "새롭다, 새집"의 "새"[新]는 이렇게 왔다고 봅니다. 그리고 "새"[茅]와도 연관됩니다. 우리말에서 "새밭"과 "풀밭"은 동의어이며 "새밭"은 대부분 새들의 보금자리도 됩니다. 그래서 "새밭에 산다"고 "새"라 했을 수 있습니다. 주의를 끄는 바는 새[鳥]와 새[茅], 그리고 "(날이) 새다"가 중세에 모두 "점이 둘인 상성 표기"를 한 것입니다. 즉 이 세 단어가 표기뿐 아니라 발음, 성조까지 같았습니다. 그러므로 이 세 단어는 동원어휘라 할 수 있습니다.

○ 雀曰 賽斯內反 <鷄林類事>
○ 수프리 기스면 새 가미 잇고 므리 기프면 고기 모도몰 아느니 <1481 두시─

초 3:58> (수풀이 무성하면 새 감이 있고 물이 깊으면 고기 모임을 아나니)

○ 새 금 禽 새 됴 鳥 <訓蒙 下 3>

○ 언제 새어든 부텨를 가 보ᅀᆞᄫᅵ려뇨 <釋譜 6:19> (언제 새거든 부처를 가 뵈려노)

○ 새지블 지쎗도다(結茅屋) <杜解 9:8>

## ▌알

　"알"의 한자 "난"[卵]은 젖으로 키우지 않는 모든 난자(卵子)를 형상했습니다. 우리말 "알"은 중세에도 마찬가지로 쐬었어요. "알"이 "아기"의 어원과 일치하다고 볼 수 있지요. "아기"를 "알디(閼智)"라고도 불렀다면 "알"은 "어미 배속의 생명"이란 의미로 볼 수 있지요. 신라 건국신화의 알에서 나온 혁거세 등과 같은 난생설(卵生說)은 다른 민족들에게서도 자주 등장합니다. 개국시초를 생명의 시작인 "알"에 비유하는데서 생긴 인류문명의 공통점이지요.

○ 閼智卽鄕言小兒之稱也 <三國遺事> (알지 즉 세속말로 어린애를 말한다)

○ 卵은 알히오 濕은 저즐 씨라 <1459 월석 12:20> (난은 알이고 습은 젖은 것이라)

○ 卵生은 알 빠 날 씨오 <1447 석상 19:2> (난생은 알 까는 것이라)

○ ᄀᆞᅀᆞᆯ 알홀 뵈야흐로 흔갓 먹노라(秋卵方漫喫) <杜解 17:12>

## ▌깃

　"깃"은 새의 날개나 죽지와 꽁지의 긴 털을 말합니다. 이 말은 가축의 우리나 둥지에 깔아 주는 짚이나 마른풀을 가리키는 "깃"과 옷깃의 준말 "깃" 그리고 보금자리 "깃"과 "깃브다(기쁘다)"와 동원어휘입니다. 보통 새의 보금자리는 자기의 깃털을 뽑아서 따뜻하게 만듭니다.

○ 깃 爲 巢 <訓正解例 用字例>

○ 깃 시 搩 깃 소 巢 깃 과 窠 <訓蒙 下 17>

## ▌날개

"날개"를 중세에 "놀애"라 했습니다. "놀다"[飛]와 동원어휘이지요. "놀
+애(접미사) > 놀+개(접미사) > 날개"로 되었습니다. "나래"는 "놀+애(접미
사) > 느래 > 나래"로 된 말입니다.

○ 예서 놀애롤 드러 두세번 붓츠면은 <古時調 鄭澈> (여기서 날개를 들어
두세번 부치면)
○ 迦樓羅논 金 놀개라 혼 ᄠᅳ디니 두 놀개 쓰ᅀᅵ 三百三十六萬里오 <1459 월석
1:14> (迦樓羅는 금날개라 하는 뜻이니 두 날개 사이 삼백삼십육만리오)
○ 王喬ㅣ 鶴의 놀개롤 조차 ᄃᆞ니놋다 <1481 두시-초 6:20> (王喬가 학의 날
개를 따라 다니는구나)

## ▌부리

"부리"란 새나 일부 짐승의 주둥이를 말합니다. 이런 주둥이는 길고 뾰족
하며 보통 뿔의 재질과 같은 딱딱한 물질로 되어 있습니다. "뿔"과 같은 어
원에서 왔다고 봅니다. "부으리 > 부우리 > 부리"의 변화를 하였습니다. 한
자 "훼(喙)"도 새부리를 형상한 것입니다.

○ 나못 거프를 들우며 서근 ᄃᆡᆯ 디구메 부으리 무딀 둣ᄒᆞ니 <1481 두시-초
17:6> (나무껍질을 뚫으며 썩은 데를 찍으며 부리 무딜 듯하니)
○ 아ᄎᆞ 비치 돍 부우리로 혼 창이 들여늘 <1481 두시-초 22:1> (아침 빛이
독수리부리로 한 창에 들어오거늘)
○ 捷叔迦논 옛말로 鸚鵡寶ㅣ니 블구미 그 부리 ᄀᆞ홀ᄊᆞ니라 <1459 월석 18:
73> (捷叔迦는 옛말로 鸚鵡寶 이니 붉음이 그 부리 같으니라)
○ 새 부리 훼 喙 <1527 훈몽 하:3>

## ▌ 보금자리

"보금자리"란 새가 알을 낳거나 깃들이는 곳을 말합니다. "둥지"라고도 하지요. 17세기 문헌에서부터 "보곰자리"로 나타납니다. 이 말은 "보다"의 활용형 "보고+ㅁ(접미사)+자리"의 합성으로 분석합니다. "둥지"는 "둥근 곳"이란 뜻으로 그 모양을 본떠 부른 것입니다.

○ 土浴 닭 보곰자리 타다 鷄抱窩兒 닭 보곰자리 타다 <1690 역해 하: 24>
○ 鷄舊土 닭 보곰 자리치다 <1790 몽보 30>

## ▌ 참새

"참새"의 특징은 인가 근처에 사는 것입니다. "빈작(賓雀) · 새 · 와작(瓦雀) · 의인작(依人雀) · 황작(黃雀)"이라고도 합니다. "참새 방앗간 지난다"와 같은 속담이 있을 정도입니다. 이처럼 우리말에서 "참새"를 "진짜 새답다"라는 뜻으로 접두사 "참"을 붙였습니다. "참"은 한자어 "眞"의 상고음 [tɕĭĕn]의 차용어이며 "참치, 참취, 참깨, 참외" 등과 같은 "썩 좋다, 진짜"라는 의미로 많이 쓰입니다.

○ 춤새 數十·이 지븨 ᄂᆞ라 드니라 <1460년경 삼강-런던 효:17> (참새 수십 마리 집에 날아 드니라)
○ 참새알 (雀卵) <1799 제중 8:19>

## ▌ 황새

"황새"는 몸의 길이는 1m, 편 날개의 길이는 66cm 정도이고 백로와 비슷하나 훨씬 더 크며, 다리와 부리가 깁니다. "관(鸛) · 관조(鸛鳥) · 백관(白鸛) · 부금(負金) · 조군(皁君) · 흑구(黑尻)" 등으로 부릅니다. "황새"란 말은 본래 "한새"로서 "큰새"란 뜻이었습니다. 마치 "한쇼 > 한소 > 항소 > 황소"로 변하듯이 "한새 > 항새 > 황새"로 되었어요

○ 鸛 한새 관 <1527 훈몽 상:8>
○ 황새(鸛鳥) <1810 몽유 상:16>

# ▌까마귀

"까마귀"의 몸은 대개 검은색이 특징입니다. "오아(烏鴉)·자오(慈烏)·취세아·한아(寒鴉)·한조(寒鳥)"라고도 합니다. 중세에 "가마괴, 가마귀, 가마기"라고 불렸어요. 이 이름은 "까마귀"의 털색이 "가맣다"란데서 부른 것이라 봅니다.

○ 鴉曰打馬鬼 <鷄林類事>
○ 여슷 놀이 디며 다섯 가마괴 디고 <1447 용가 86> (여섯 노루 떨어지며 다섯 까마귀 떨어지고)
○ 鵠이 희오 가마귀 검고 대 이ᄀ티 프르며 <1459 월석 11:101> (鵠이 희고 까마귀 검고 대 이같이 푸르며)
○ 가마기와 간치왜 구븐 가지예 ᄀᆞᄃᆞ기 안자셔 <1632 두시-중 16:37> (까마귀와 까치 굽은 가시에 가득이 앉아서)
○ 가마구 오 烏 가마구 암수 뉘 알쏘(誰知烏之雌雄) <1895 국한 2>
○ 까마귀는 송쟝을 먹으나 비둘기야 엇지 송쟝을 먹으리오 <1894 천로 2:157>(까마귀는 송쟝을 먹으나 비둘기야 어찌 송쟝을 먹으리오)

# ▌까치

"까치"가 울면 반가운 손님이 온다 하여 길조(吉鳥)로 여깁니다. 그래서 "희작(喜鵲)"이라고도 합니다. 중세에 "가치"라고 했는데 울음소리를 본떠 "가"와 동물에 붙이는 접미사 "-치"의 결합이라 봅니다.

○ 鵲曰渴則寄 <鷄林類事>
○ ᄇᆞ야미 가칠 므러 즘겟 가재 연즈니 <1447 용가 7> (뱀이 까치를 나뭇가지위에 얹으니)
○ 가마기와 가치왜 구븐 가지예 ᄀᆞᄃᆞ기 안자셔 <1632 두시-중 16:37> (까마귀와 까치 굽은 가지에 가득이 앉아서)

○ 집 앓희 나무 우희 깃드리는 갓치 잇더니 <1852 태상 5:50> (집앞에 나무 위에 깃들어 있는 까치 있더니)

## ▌소쩍새

"소쩍새"는 낮에는 나뭇가지가 무성한 곳에서 자고 밤에 활동하여 벌레를 잡아먹습니다. "소쩍소쩍" 또는 "소쩍다 소쩍다"하고 우는데, 민간에서는 이 울음소리로 그해의 흉년과 풍년을 점치기도 합니다. "시조(時鳥)·정소조(鼎小鳥)·제결(鷤鴂)"이라고도 합니다. 중세에 "솟적다시"라 했는데 역시 새 울음소리를 본떠 이름 지었습니다.

○ 草堂 뒤에 와 안저 우는 솟적다시야 <古時調 類聚> (초당 뒤에 와 앉아 우는 소쩍새야)

## ▌접동새

"접동새"를 "두견(杜鵑)"이라고도 합니다. 계모에게 학대받던 처녀가 죽어서 접동새가 되었다는 내용의 설화도 있습니다. 중국에도 촉나라 망제(望帝)가 나라가 멸망하여 죽은 후에 "두견새"가 되어 밤이면 슬피 운다고 하는 전설이 있습니다. 여름새로 스스로 집을 짓지 않고 휘파람새의 둥지에 알을 낳아, 휘파람새가 새끼를 키우게 합니다. "귀촉도(歸蜀道)·杜鵑새·杜鵑이·두백(杜魄)·두우(杜宇)·불여귀(不如歸)·사귀조(思歸鳥)·시조(時鳥)·자규(子規)·주각제금·주연(周燕)·촉백(蜀魄)·촉조(蜀鳥)·촉혼(蜀魂)·촉혼조(蜀魂鳥)" 등 다양한 이름이 있습니다. 그러나 공통적으로 밤에 우는 새의 처량한 울음소리를 본떠 지은 이름입니다.

## ▌제비

"제비"라 하면 고전 소설 <흥부전>에서 제비가 보은박씨를 물어 온 옛말을 모르는 사람이 없습니다. 중세에 "져비"라 했어요. "사연(社燕)·연을(䴏鴳)·연자(燕子)·월연(越燕)·을조(乙鳥)·의이(鶷鴯)·현조(玄鳥)"라고 합니다. 어떤 이는 "지지배배"라고 운다고 그 울음소리를 줄여 본뜬 것이라 보지만 그보다 "접다(용서하다)"의 "접+이(접미사) > 져비 > 제비"로 된 것이 더 해석이 통합니다. 제비는 인간과 가까이 지내는 새로서 봄에 남방에서 날아와 처마 밑에 집을 짓고 살다가 가을에 다시 날아갑니다. 그래서 "용서하여 화목하게 지내는 새"란 뜻에서 부른 이름이라 봅니다.

○ 져비 爲 燕 <訓正解例 用字例>
○ ᄆᆞᅀᆞᆷ 져버볼 셔 恕 <訓蒙 下 25>

## ▌종달새

"종달새"를 "운작(雲雀)"이라고도 합니다. 참새보다 조금 크고 등은 연한 갈색 바탕에 짙은 갈색 무늬가 있고 배는 황갈색이며 머리에 댕기 깃이 있습니다. 중세에 "죵다리/죵달이, 노고지리"라 했습니다.[1] 17세기 『노걸대언해』 표기 "죵다리"는 "죵+다리(새)"로 분석됩니다. "죵"은 "작다, 적다"의 "쟉-, 젹-, 죡-[小]"과 동원어휘다. 종달새의 어원적 의미는 "작은 새"입니다.[2]

○ 샛별 디쟈 죵다리 떳다 <古時調 李在>

---

1) 네이버에서 다음과 같은 설명을 찾았다.; 종달새 [명사][동물] =종다리. 한반도에 [달, 도리, 조리;鳥]를 사용하던 선주부족이 있었는데 북방에서 [새;鳥]를 사용하던 부족이 청동기 문명을 갖고 내려와 정복하여 [달;鳥]의 이름이 있음에도 같은 어원인 [종달+새]로 합성된 것으로 추정된다. 노고지리 새는 4개 이상의 부족의 말이 이음동의어로 합성된 말이다. [달, 도리;鳥]를 사용하던 부족은 일본으로 도망갔을 것으로 추정되는 중요한 단어이다.

2) 백문식, 『우리말어원사전』, 박이정, 2014, 438면. 백문식은 "17세기 <노걸대언해> 표기 '죵다리'는 '죵+다리(새)'로 분석된다. '죵'은 '작다, 적다'의 '쟉-, 젹-, 죡-[小]'과 동근어다. 종달새의 어원적 의미는 '작은 새'다. '노고지리'에서 '*지리(<디리<딜)'는 '닭'의 고어형으로 보인다. '노고'는 놋쇠나 구리로 만든 작은 솥인 '노구-솥'과 같은 말로 '노란 색깔'을 뜻한다"고 해석했습니다.

## ▌ 할미새

할매새는 "옹거(雝渠)·척령(鶺鴒)·척령새"라고도 합니다. 물가에서 생활하며, 앉아 있을 때 꼬리를 아래위로 잘 흔들며, 파도모양으로 날아다닌다 합니다. 너무 그 행동이 이랬다저랬다 변화가 많아서 "할미"라는 이름을 가지게 되었는지는 모르겠으나 유머적으로 지었다 봅니다. 중세부터 줄곧 이렇게 부릅니다.

○ 鶺 할미새 척 鴒 할미새 령 <1527 훈몽 상:8>
○ 할미새 老嫗 <1880 한불 80>

## ▌ 도요새

"도요새가 조개와 다투다가 다 같이 어부에게 잡히고 말았다"는 뜻으로 "방휼지쟁(蚌鷸之爭)"이란 옛말이 있을 정도로 유명합니다. 도요새는 항상 물가에서 생활하면서 무척추동물이며 땅 위나 갯벌 속 또는 물 위에서 먹이를 찾습니다. 그 먹이를 찾아 물속에 뛰어드는 모습을 한자어 "도약(跳躍)"이라 하고 "도약+새 > 도야새 > 도요새"로 되었다고 봅니다.

○ 도요 鷸 鷸 <訓蒙 上 15>
○ 水札子 도요새 <1690 역해 하:27>

## ▌ 뻐꾹새

"뻐꾹새"는 "뻐꾸기"라고도 합니다. 초여름에 남쪽에서 날아오는 여름새로 "뻐꾹뻐꾹"하고 구슬프게 우는 것이 특징입니다. "곽공(郭公)·길국·뻐꾹새·시구(鳲鳩)·포곡(布穀)·포곡조·획곡(獲穀)"이라고도 합니다. 중세에 "버국새"라 했는데 마찬가지로 울음을 본뜬 이름이지요

○ 鳲 버국새 시 鳩 버국새 알 鵴 버국새 국 <1527 훈몽 상:9>
○ 버국새논 곧마다셔 봀 곡식 심고믈 뵈아느다 <1632 두시-중 4:19> (뻐꾹

새는 곳마다에서 봄 곡식 심음을 재촉한다)

○ 布穀 벅국새 <1613 동의 1:40>
○ 뻑국새 鵓鵼鳥 布穀 鳲鍾 <1895 국한 41>

## ▌뜸부기

"뜸부기"를 "듬복이" 또는 "듬북이"라고도 하였으며, 한자로는 "등계(鶐鷄)", "계칙(鸂鷘)"이라고 합니다. 부리와 다리가 길며 호수나 하천 등지의 갈대숲이나 논에서 살며 "뜸북뜸북" 하고 운다고 울음소리를 본떴습니다.

○ 鸂 믓둙 계 本國又呼 듬부기 계 <1527 훈몽 상:9>
○ 칙 폿둙 一名 듬부기 <1690 역해 하:28>
○ 뜸북이 水鷄 <1880 한불 477>

## ▌따오기

"따오기"는 한자어로 "주로(朱鷺)" 또는 "홍학(紅鶴)"이라 합니다. 몸은 희고 부리는 검습니다. 부리는 아래로 구붓하며 머리 뒤쪽의 깃털은 길어 도가머리를 이룹니다. "따옥따옥" 하고 울며 참나무와 밤나무 따위의 큰 활엽수 가지에 덩굴로 둥지를 튭니다. 한 배에 2~3개의 알을 낳으며, 개구리 · 민물고기 · 게 따위의 동물성 먹이를 주로 먹습니다. "따오기"란 이름은 "따옥따옥" 하는 울음소리를 본떴습니다. 방언에서 "딱새"라고도 합니다.

○ 牧鳥 다와기 목 <1527 훈몽 상:8>
○ 紅鶴 다와기 <1690 역해 하:27>
○ 다오기 野鶩 <1810 몽유 상:16>

## ▌무당새

"무당새"는 되샛과의 산새로서 5~7월에 관목 숲이나 잡목 등의 나뭇가지에 둥지를 틀고 3~5개의 알을 낳습니다. 먹이로 곤충과 풀씨를 먹는답니다. 아마 털색무늬가 무당(巫堂)의 옷맵시와 유사한 점이 있어 "무당새"라 한 것 같습니다.

### ▌ 무덤새

"무덤새"는 발톱이 강하여 수컷이 부식토나 마른 잎 따위를 모아 큰 무덤 모양의 무더기를 만들고 그 위에 암컷이 알을 낳는다고 합니다. 그래서 "무덤새"라 듣기 좋지 않은 이름을 가진 것 같습니다.

### ▌ 물총새

"물총새"는 물가에 사는 여름새로 강물 가까운 벼랑에 굴을 파고 사는데 민물고기를 잡아먹고 삽니다. 수면에서 1~1.5m의 높이에 자리를 잡고 기다렸다가 수면에 물고기가 지나가면 물속으로 뛰어들어 큰 부리로 잡아챕니다. 그 속도가 물총처럼 빨라 이런 듣기 좋은 이름을 가졌어요. 전라도에서는 "촉새"라고도 합니다.

### ▌ 바람개비

"바람개비"를 "쏙독새"라고도 합니다. 낮은 산지 숲이나 덤불에 사는 흔한 여름새지요. 낮에는 어두운 숲속이나 우거진 나뭇가지에 숨어 있고 보호색을 띠고 있기 때문에 언뜻 보기에 새인지 나뭇가지인지 알아보기 어렵습니다. 주로 야행성이며 어두워질 무렵에 공중에 날아다니는 곤충을 잡아먹습니다. 긴 날개와 꽁지, 빠른 비행이 특징적이고 바람을 잘 타서 "바람개비"라 했습니다.

### ▌ 박새

"박새"는 "백협조(白頰鳥)·사십작(四十雀)·임작(荏雀)"이라고도 합니다. 나무 구멍, 처마 밑, 바위틈 등지에 둥지를 틀고 4~7월에 한 배에 6~12개의 알을 낳습니다. 해충을 잡아먹는 텃새로 보호새입니다. "세다"는 의미인 접두사 "박"과 "새"의 결합으로 되었습니다.

## ▌방울새

"방울새"는 울음소리가 매우 곱고 여러 가지 새의 울음소리를 잘 흉내 낸다고 이런 이름을 지어주었습니다.

○ 방울새 鈴鳥 <1880 한불 301>

## ▌뱁새

"뱁새"는 중세에 "볍새"라고 했어요. "작고 가늘게 째진 오목눈" 때문에 이런 이름을 가졌어요. 그렇지만 "뱁새가 황새를 따라가면 다리가 찢어진다"든지 "뱁새는 작아도 알만 잘 낳는다"와 같은 속담도 적지 않습니다.

○ 흘러 가는 히예 귓돌와미 우로매 ᄀᆞ노니 物을 體ᄒᆞ야서 볍새의 안자쇼믈 幸히 너기노라 <1481 두시-초 20:47> (흘러가는 해에 귀뚜라미 울음과 같나니 物을 體하여서 볍새의 앉아있음을 幸이 여기노라)
○ 鷦 볍새 쵸 鷯 볍새 료 <1527 훈몽 상:9>
○ 鷦鷯 뱁새 <1748 동해 하3:5>

## ▌벌새

"벌새"를 "꿀새"라고도 하는데 나는 힘이 강하여 고속으로 날고 공중에 정지한 상태로 꿀을 빨아 먹으며 곤충, 거미 따위도 먹습니다. 벌처럼 작고 꿀을 먹는다고 "벌새"라 했습니다.

## ▌두루미

  "두루미"를 한자로 "학(鶴)"이라 합니다. 중세에 "두로미, 두루미"라 했어요. "두르다(휘두르다)"와 어원을 같이한다고 봅니다. 두루미의 특징이 여기저기 휘둘러보기 좋아하기 때문입니다. "노금(露禽)·백두루미·백학(白鶴)·선금(仙禽)·선어(仙馭)·선학(仙鶴)·야학(野鶴)·태금(胎禽)·학(鶴)" 등 다양한 이름이 많습니다.

> ○ 白鶴은 힌 두루미라 <1459 월석 7:66>
> ○ 두루미 즈 鷥 <1527 훈몽 상:9>
> ○ 두로미 鷲鶬 <四解 下 23 上 鶬字注>

## ▌꿩

  "꿩"은 우리한테 아주 익숙한 새입니다. 유명한 고전작품 <장끼전>도 있고 민요 <까투리타령>도 있지요. 중세에 "꿩"으로 표시했어요. 이 이름은 꿩의 울음소리를 본 따서 불렀다고 봅니다. 『鷄林類事』에서 말한 "치새(雉賽)"는 사라진 이름으로 봅니다. "산계(山鷄)·야계(野鷄)·제주꿩·화충(華蟲)"이라고도 합니다.

> ○ 雉曰雉賽 <鷄林類事>
> ○ 구븐 쒀을 모더 누이시니 <龍歌88章> (숨어있는 꿩을 반드시 날리며)

## ▌장끼, 까투리

  "꿩"의 수컷을 "장끼"라 하는데 이는 그 형상을 그대로 묘사하여 자체로 만든 한자어 "長雉"가 변한 말로 짐작됩니다. "꿩"의 암컷 "까투리"를 중세에 "가토리"라 했어요. 최창렬은 "까투리"는 "걷(울음소리)+올+이"이며 "장끼"는 "長+꿩"에서 왔다고 추정했습니다.[3] 암꿩은 천적의 침입을

---

3) 최창렬 "우리말 시간 계렬어의 어원적 의미", 「한글」 제188호, 1985.

받으면 새끼를 보호하기 위하여 일부러 부상당한 체하여 위험을 면하는 습성이 있습니다. 이러한 행위는 꿩·종다리·물떼새 등 지상에 알을 낳는 조류에 발달되어 있답니다. "까투리"란 이름은 봄에 알 낳이를 할 때 "(상한 것) 같을 이"란 뜻에서 "같올이 > 가톨이 > 가토리 > 까투리 > 까투리"로 되었다고 추정합니다.

○ 매게 휘조친 볼가토리 안과 <古時調 나모도 돌도> (매한테 쫓기는 봄 까투리 안과)
○ 싸투리 雌雉 <1880 한불 137>
○ 깟투리 雌雉 山梁 <1895 국한 15>

# ▌비둘기

"비둘기"는 성질이 온순하여 길들이기 쉽고 귀소성(歸巢性)을 이용하여 통신에 사용하며 평화를 상징하는 새입니다. "발고(勃姑)·이성조(二聲鳥)"라고도 합니다. 중세에 "비둘기, 비도리, 비두리, 비도로기"라고 불렀어요. "비도로기"를 "빛이 나는 닭"이라 해석하기도 합니다.[4] "비둘기"의 어원을 다음과 같이 해석합니다. "비둘기"의 "비"는 한자 "비(飛)"입니다. "-도리/두리, -도로기/둘기"는 "돌아오는 (새)"란 뜻으로 봅니다. 그런즉 "비둘기"는 "날아서 돌아오는 새"란 의미라고 봅니다. 그러므로 "비둘기"란 이름은 "귀소성(歸巢性)" 특징을 표현한 것으로 봅니다.

○ 鴿曰弼陀里 <鷄林類事>
○ 毗首羯摩는 비두리 드외오 <1459 월석 11:3ㄴ-14ㄱ>
○ 鵤 비둘기 구 <1576 신합 상:11>
○ 白鴿 흰 집비둘기 鷞鴿 흰 묏비둘기 <1613 동의 1:38>
○ 鴿子 비돌기, 鵓鴿 비돌기 <1690 역해 하:25>
○ 민 기름에 지진 닭과 제믈에 쵸훈 데육과 비둘기 알 살믄 이와 <1677 박언

---

4) 참조: <가게저널> 제44권 제5호.

상:5> (맨 기름에 지진 닭과 제물에 담근 돼지고기와 비둘기알 삶은 것과)

## ▌비오리

"비오리"는 겨울에는 남하하여 겨울을 보내는데 기후에 크게 좌우되어 불규칙적으로 이동합니다. "계압(溪鴨)·계칙(鸂鶒)·수계(水鷄)·자원앙(紫鴛鴦)" 이라고도 합니다. 중세에 "비올"이라 했는데 역시 "비(飛)＋올(오리)"의 합성 어라 봅니다. "비오리"는 "겨울에는 남하하여 겨울을 보내는" 후조이기 때 문에 일반 오리가 아니고 "비(飛)오리"라 했습니다.

○ 올하 올하 아련 비올하 <樂詞 滿殿春> (오리야 오리야 가련한 비오리야)
○ 鶋 빗올히 틱 <1576 신합 상:11>
○ 鸂鶒 비올히 <1613 東醫 1:39>

## ▌솔새

"솔새"는 주로 소나무와 같은 침엽수림에서 곤충을 잡아먹으며 유럽 북 쪽, 시베리아 동쪽에 분포합니다. "솔새"란 소나무 숲에 잘 모여 든다고 이런 이름을 지었습니다.

## ▌쑥새

"쑥새"는 울 때 머리의 깃을 세우는 것이 특징입니다. 아시아 동북부에 서 번식하고 한국, 일본, 중국, 몽골 등지에서 겨울을 보냅니다. "수꾸머리 새"라고도 합니다. 쑥밭에서 산다고 이름을 이렇게 지었습니다.

## ▌메추리

"메추리"를 중세에 "뫼츠라기, 뫼초라기"라고 했어요. "츠라기"의 어원 은 "츠리다(찾다)"입니다. 즉 "메추리"는 "뫼(山)"와 "츠라기"가 결합된 말로서 "뫼에서 (먹이) 찾는 새"란 말입니다. 즉 "뫼＋츠라＋기(접미사)"로 된 말입니다. 강원도에서는 "콩새"라고도 한답니다.

- 뫼츠라기 鵪肉 <東醫 湯藥篇 券…>
- 뫼초라기 노롯ᄒ고(耍鵪鶉) <朴解 上 17>

## ▌독수리

"독수리"는 머리 꼭대기와 목덜미가 벗어져 살이 드러나 보이고 목에 테를 두른 것처럼 솜털이 나 있는데, 나무나 절벽 따위에 집을 짓고 살며 주로 죽은 동물을 먹습니다. "독수리가 병아리 채 가듯"이란 속담도 있습니다. "독취(禿鷲)"라고도 합니다. 이 이름은 한자어 "독(禿)"과 "수리"가 결합된 말입니다. 중세에는 "독수리"를 그저 "수리"라고 했어요. "수리"는 "높이 떠있는 새"란 말입니다.

- 수리 됴: 雕 <訓蒙 上:8>
- 독슈리 鷲 <1880 한불 486>
- 아모 곳에 죽임이 잇스매 뎌긔 독슈리 모히리라 <1892 성직 7:121> (아무 곳에 죽어도 저기 독수리 모이리라)
- 독수리 <1895 국한 81>

## ▌솔개

"솔개"는 다른 매보다 온순하고, 시가지·촌락·해안 등지의 공중에서 날개를 편 채로 맴도는데 들쥐·개구리·어패류 따위를 잡아먹습니다. "소리개" 또는 "수리개"라고도 합니다. 중세에 "쇠로기"라고 했습니다. "쇠로기"는 "수리개", 즉 "수리"로서 "높이 떠있는 새"란 말입니다. "솔개"는 "쇠로기 > 쇼로기 > 소로개 > 솔개"로 변화되어 왔습니다.

- 彈子ᄂᆞᆫ 쇠로기 ᄀᆞᆮᄒᆞᆫ 새ᄅᆞᆯ 디놋다 <1481 두시-초 3:14> (彈子는 솔개같은 새를 떨군다)

○ 鳶 쇠로기 연 鴟 쇠로기 치 <1527 훈몽 상:9>

○ 사ᄅᆞ미 믜ᄋᆔᄆᆞᆯ 원슈와 피뎍ᄀᆞ티 너기며 아쳐로ᄆᆞᆯ 쇼로기와 온바미ᄀᆞ티 너기리니 <1518 번소 8:30> (사람이 미움을 원수와 적같이 여기며 싫어함을 솔개와 올빼미같이 여기리니)

○ 彈子ᄂᆞᆫ 쇠로기 ᄀᆞᆮᄒᆞᆫ 새ᄅᆞᆯ 디놋다 <1632 두시-중 3:14>

○ 여러 가지 연이 이시니 쇼로기 연 머유기 연 <1677 박언 상:17> (여러가지 연이 있으니 솔개 연 메기 연)

○ 소로개 鷲 소리개 솔개 <1880 한불 429>

## ▌부엉이

"부엉이"를 "목토(木兔)·부엉새·치효(鴟鴞)·휴류(鵂鶹)"라고도 합니다. 중세에 "부헝"이라고 했는데 그 울음소리를 본떠서 지었습니다.

○ 부헝 爲鵂鶹 <1446 훈해 56>

○ 鵂 부훵이 휴 鶹 부훵이 류 鴞 부훵이 효 <1527 훈몽 상:8>

○ 鵂鶹 부헝이 <1690 역해 하:27>

○ 부엉이 鵂 <1880 한불 338>

## ▌올빼미

"올빼미"는 부엉이를 달리 부르는 말입니다. 또 "계효(鷄鴞)·산효(山鴞)·치효(鴟梟)·토효(土梟)·효치(梟鴟)·훈호(訓狐)" 등 이름도 있습니다. "올빼미"를 중세에 "옷밤이, 온바미"라고도 했어요. 그 뜻은 "밤에 오는 새"란 말이지요. "온바미 > 올빰이 > 올빼미"의 변화를 해 왔습니다.

○ 아쳐로ᄆᆞᆯ 쇼로기와 온바미 ᄀᆞ티 너기리니 <1518 번소 8:30> (싫어함을 솔개와 올빼미같이 여기리니)

○ 鵂 옷바미 휴, 鶹 옷바미 류 <1576 신합 상:12>

○ 뎌 놈들은 그저 옷밤이오 强盜ㅣ 아니라 <1677 박언 중:35>

○ 올빰이 효 梟, 올빰이 눈 밤에 밝다 夜蛔最瓜 <1895 국한 221>

## ▌딱따구리

"딱따구리"는 삼림에 살며 날카롭고 단단한 부리로 나무에 구멍을 내어 그 속의 벌레를 잡아먹습니다. "탁목(啄木)·탁목조(啄木鳥)"라고도 합니다. 중세에 "뎌고리, 뎌구리, 닷뎌구리" 등으로 표기 했어요. 이 말은 "뎌기다"[搰: 제기다]와 어원을 같이 한다고 봅니다. "제기다"는 "팔꿈치나 발꿈치 따위로 지르다. 자귀 따위로 가볍게 톡톡 깎다"란 뜻이지요. 그러니 딱따구리의 벌레를 잡아먹는 동작을 보고 "(나무를) 톡톡 지르는 새"라고 이름 지었지요. "닷뎌구리"는 접두사 "닷-"이 더 붙은 형태이며 후에 어음 변화하여 "딱따구리"로 되었지요. "댓뎌구리/뎌고리/뎌구리 > 닫뎌구리 > 닷뎌구리 > 짯뎌구리 > 딱따구리"로 된 것입니다.

○ 啄木鳥 뎌고리 有山啄木鳥 댓뎌구리 <1613 동의 1:39>
○ 啄木官 뎌구리 <1690 역해 하:27>
○ 닫뎌구리 렬 鴷 <1781-1787 왜해 하:21>
○ 啄木官 닷뎌구리 <1790 몽해 하:29>
○ 짯적구리 啄木鳥 <1895 국한 74>

## ▌꾀꼬리

"꾀꼬리"는 눈에서 뒷머리에 걸쳐 검은 띠가 있으며 꽁지와 날개 끝은 검습니다. 5~7월에 알을 낳고 울음소리가 매우 아름답습니다. "창경(鶬鶊)·황금조(黃金鳥)·황리(黃鸝)·황앵(黃鶯)·黃鶯아·황작(黃雀)·황조(黃鳥) 등 다양한 이름이 있어요. 이는 두말할 것 없이 새의 울음소리를 본뜬 말이지요. 일부 방언에서 "피죽새"라고도 합니다. "곳고리 > 굇고리 > 꾀쏘리 > 꾀꼬리"로 변화되었습니다.

○ 숨利는 넚 곳고리라 혼 마리라 <1459 월석 7:66>
○ 鸎 鶯 굇고리 잉 <1576 신합 상:11>
○ 百舌鳥 괴쏘리 <1613 동의 1:40>

○ 굇고리 잉 鶯 <1781 왜해 하:21>
○ 黃鸝 묏고리 <1778 방유 해부:11>
○ 黃鸝 쇠꼬리 <1790 몽해 하:29>

## ▌ 고니

"고니"는 몸이 크고 온몸은 순백색이며, 눈 앞쪽에는 노란 피부가 드러나 있고 다리는 검습니다. 물속의 풀이나 곤충 따위를 먹으며 떼 지어 삽니다. "백곡(白鵠)·백조(白鳥)·천아(天鵝)·천아아(天鵝兒)·황곡(黃鵠)" 등으로 부릅니다. 중세에 "곤"이라 했는데 한자어 "곤(鵾)"에서 온 것입니다.

○ 스믈아홉차힌 거름 거루미 곤 ᄀ티시며 <1459 월석 2:57> (스물아홉째는 걸음 걸이가 고니 같으시며)
○ 天鵝肉 곤이 <1613 동의 1:39>

## ▌ 기러기

"기러기"를 "삭금(朔禽)·신금(信禽)"이라고도 합니다. 관용구 "기러기 한평생" 또는 "기러기 부르다" 등이 있는 것처럼 관심이 많습니다. 중세에 "그력"이라 했는데 역시 울음소리를 본떠 만든 이름입니다.

○ 雁曰哭利弓儿 <鷄林類事>
○ 그력 爲鴈 <訓解 57>
○ 太子ㅣ 本國에셔 힌 그려기를 치샤 더브르샤 노니더시니 <1459 월석 22:17> (태자가 본국에서 흰 기러기를 치시어 더불어 노시더니)

## ▌ 왜가리

"왜가리"는 몸의 길이가 90~100cm이고 다리와 부리가 길뿐 아니라 목이 특별히 깁니다. 오죽하면 "왜가리 새 여울목 넘어다보듯"이란 비유적인 말도 있겠습니까? "노사(鷺鷥)·사금(絲禽)·설객(雪客)·용서(舂鋤)·창계(鶬鷄)·

창괄(鶬鴰)·창로(鶬鷺)” 등 다양한 이름이 있습니다. 평북방언에서는 “왁새”라고도 합니다. 이 이름은 왜가리의 울음소리 “왝-왝, 왁-왁”을 본뜬 것입니다. 중세에 “오가리, 오과리”라 했습니다.

○ 오가리 靑鶬 <四解 下 38 鶬字注>
○ 오과리 챵 鶬 <訓蒙 上 15>

## ▌갈매기

“갈매기”를 중세에 “굴며기”라 했어요. 갈매기의 생활 특성이 배를 따라 다니거나 해안에서 사람들 주위에 먹이를 찾아 갈마들기 좋아하지요. 즉 물갈퀴가 있어 헤엄을 잘 치고 물고기를 잡아먹습니다. “백구(白鷗)·수효(水鴞)”라고도 하지요. “갈매기”란 이름은 “갈마드는 새”라고 이름 진 것 같습니다.

○ 굴며기 놀라디 아니ᄒᆞ얏도다(不驚鷗) <朴詩 9:24>
○ 鷗 굴며기 구 <1527 훈몽 상:9>
○ 두 발로 굴마드려 뛰노라(雙腿換跳) <漢淸文鑑 6:60>

## ▌오디새

“오디새”를 “후투티”라고 합니다. 머리와 깃털이 인디언의 장식처럼 펼쳐져 있어서 인디안 추장처럼 보이는 새인데 여름철새로 뽕나무밭 주변에 주로 서식하기 때문에 “오디새”라고도 불린답니다. 중국말로 “호발발(呼哱哱)”이라고 부르고 한자로 “임(鵀)”으로 표시합니다.

## ▌울새

“울새”는 참새보다 조금 큰데 몸의 길이는 14cm 정도이고 편 날개의 길이는 6.5cm 정도이며, 등은 감람빛의 갈색, 꽁지는 밤색, 배 부분은 흰색,

부리는 어두운 갈색입니다. 우는 소리가 높고 맑아서 "울새"라 합니다.

## ▌칼새

"칼새"는 해안 암벽이나 높은 산의 암석지대, 굴 또는 오래된 높은 건물에서 집단으로 번식하는 여름새이지요. 높이 날면서 먹이를 찾고 대개는 큰 무리를 이룹니다. 번식지에서는 예리한 소리를 내면서 날아다니는데, 공중에서 교미하고 날아오르는 속도가 빠릅니다. 새의 민첩한 행동을 형상적으로 비유하여 "칼새"라 부릅니다.

## ▌크낙새

"크낙새"는 딱따구릿과의 새로서 몸의 길이는 46cm 정도이며 검은색입니다. 배, 허리, 날개깃 끝이 흰색이고 수컷은 머리 꼭대기가 진한 붉은색이지요. 부리로 나무를 찍는 소리가 아주 요란한 것이 특징이기에 이런 이름을 지었습니다. "큰+악(樂)+새"의 합성으로 되었다고 봅니다.

## ▌해오라기

"해오라기"를 "교청(鮫鶄)·벽로(碧鷺)·푸른백로·푸른해오라기·백로(白鷺)"라고도 합니다. 중세에 "하야로비, 하야루비"라 했습니다. 이 이름은 "하야(白)+로비[鷺]"의 합성어로 된 것입니다. "하야+로비 > 히아로비 > 히오라비 > 히오락이 > 해오라기"로 되었습니다.

○ 鷺子ᄂᆞᆫ 舍利弗의 어미 누니 붉고 조ᄒᆞ야 하야로비의 누니 ᄀᆞᆮᄒᆞᆯᄊᆡ 鷺子ㅣ라 ᄒᆞᄂᆞ니라 <1459 월석 11:96> (鷺子는 사리불의 어미의 눈이 밝고 깨끗하여 해오라기의 눈 같으므로 鷺子라 하느니라)

## ▌파랑새

"파랑새"는 털빛이 파란 빛깔을 띤 새입니다. 영조(靈鳥)로서 길조(吉兆)를 상징하지요. 당연히 파란 털색갈로 이름을 부릅니다.

## ▌피리새

"피리새"는 머리와 턱밑은 검정색이고 등은 푸른빛이 도는 회색, 허리는 흰색, 아랫면은 회색입니다. 그리고 꽁지와 날개는 검정색이며 날개에 흰색 띠가 있고 목은 장밋빛이 도는 붉은색입니다. "멋쟁이새"라고도 부릅니다. 그 울음소리가 피리소리처럼 듣기 좋다고 이렇게 부릅니다.

## ▌휘파람새

"휘파람샛과"에는 휘파람새, 개개비, 북방개개비, 산솔새, 숲새 따위가 있습니다. 휘파람새는 몸의 길이는 13cm 정도로 참새만 하며 등은 녹갈색, 배는 흰색입니다. 암수가 같은 색이나 암컷이 훨씬 작고 부리도 가늘지요. 이로운 새로 울음소리가 고와 집에서 기르기도 합니다. 울음소리가 휘파람 같다하여 지은 이름입니다.

## ▌개개비

"개개비"란 휘파람샛과에 속하는 새로서 번식기인 초여름에 갈대밭에서 '개개개' 하고 시끄럽게 운다고 이렇게 부릅니다.

## ▌닭

"닭"의 한자 "계(鷄)"는 "知時畜也(시간을 아는 짐승)"<說文>이란 뜻입니다. "닭"을 중세에 "돍"이라 표시했는데 기본상 같은 발음입니다. 이 이름은

"둘오다(뚫다)"에서 기원했다고 봅니다. 먹이를 쪼아 먹는 습성에서 "뚫는 짐승"이라고 "둙"이라 했습니다. 그래서 "둘오기 > 둘기 > 둙 > 닭"으로 되었다고 봅니다.

- ○ 鷄曰啄音達 <鷄林類事>
- ○ ᄆᆞᄉᆞᆯ히 盛ᄒᆞ야 둘기 소리 서로 들여 <月釋 1:46> (마을이 흥성하여 닭의 소리 서로 들려)
- ○ 즁의 앗고 둘 울 ᄢᅦ예 머그면 이틋나래 얼읜 피롤 ᄂᆞ리우면 즉재 됻ᄂᆞ니 <1466 구방 하 30> (모양을 앗고 닭 울때에 먹으면 이튿날에 엉킨 피를 나오게 하면 즉시 좋나니)
- ○ 닭 계(鷄) <1884 정몽 7>
- ○ 둘올 쳔 穿 <訓蒙 下 19>

## ▌ 병아리

"병아리"를 중세에 "비육"이라 했어요. 이는 병아리의 울음소리를 그대로 본뜬 이름입니다. "비육+아리(접미사) > 비유가리 > 비유아리 > 병아리"로 변화되었다고 봅니다.

- ○ 비육 爲鷄雛 <1446 훈해 56>
- ○ 鷄雛 병아리 <1778 방유 해부:12>

## ▌ 오리

"오리"의 한자 "압(鴨)"은 새 변에 울음소리로 이름 진 것입니다. "오리"는 중세에 "올"이라고 했어요. 이 이름은 "오르다"와 같은 기원이라 봅니다. 오리는 물위에 떠올라 있는 행위가 바로 가장 기본 생활 습성이라 할 수 있지요. 이리하여 그 행위 특징으로 이름 지었다고 봅니다.

- ○ 鳧는 올히라 <月釋 8:24>
- ○ 沐浴ᄒᆞ는 올히와 ᄂᆞ는 하야로비는 나조희 悠悠ᄒᆞ도다 <初杜解 9:38> (목

욕하는 오리와 나는 해오라기는 저녁에 유유하도다)

○ 鴨 집올이 野鴨 뫼ㅅ오리 <1778 방유 해부:12>
○ 오리 고기 鴨肉 <1799 제중 8:19>

## ▌거위

"거위"의 한자 "아(鵝)"는 거위의 울음소리입니다. "거위"는 기러기를 식육용으로 개량한 변종으로, 밤눈이 밝아서 개 대신으로 기르기도 합니다. "가안(家雁)·당거위·당안(唐雁)·백아(白鵝)·서안(舒雁)·아조(鵝鳥)" 등 이름이 있습니다. "거위"를 중세에 "거유"라 했어요. "거위"도 그 울음소리를 이름으로 한 것 같아요[5]

○ 도티며 羊이며 거유 올히며 둙 가히롤 만히 사다가 <月釋 23:75> (돼지며 양이며 거위 오리며 닭 개를 많이 사다가)
○ 거유 아 鵝 <訓蒙 上 16>

---

5) 안옥규, 『어원사전』, 동북조선민족교육출판사, 1989, 68면에서 "'게사니'의 '게'는 '꽥'의 옛날말로서 의성의태어이다"고 했다.

# 13. 수산물

## ▌ 고기

  "고기"의 한자 "어(魚)"는 물고기 형상입니다. "고기"란 말은 아주 오래 됐는데 『鷄林類事』에서 "魚肉皆曰姑記"라고 했어요. 다시 말해서 우리는 어(魚)와 육(肉)을 다 "고기"라 하지요. 구분이 필요할 때에 "돼지고기, 물고 기"와 같이 앞에 말을 보탭니다. 그런데 "고기"란 말은 원래는 물고기를 가리킨 것 같아요. 그 후에 육(肉)도 가리키게 되었다고 봅니다. 그 근거는 우리 민족은 유목민족이 아니고 농경민족이며 또 반도민족이라는 이유입 니다. 그러니 짐승보다 물고기를 더 자주 잡아먹었습니다. 지금도 "고기" 하면 당연히 "물고기"라고 모두 인식하지요. "고기"의 어원은 "곧다"와 관 련 됩니다. 왜냐하면 모든 물고기는 곧게 갈뿐 뒷걸음치거나 모로 갈 수도 없습니다. 그래서 "곧이 > 고지 > 고기"의 어음 변화로 되었다 봅니다.

  ○ 龍온 고기 中에 위두훈 거시니 <月釋 1:14> (용은 고기중에 위두한 것이니)
  ○ 늘그늬 머글 盤앳 바볼 눈화 더러 시내앳 고기게 멋게 ㅎ노라(盤飧老夫食分 減及溪魚) <初杜解 10:31>

## ▌가오리

"가오리"란 홍어목에 속하는 바닷물고기의 총칭으로서 한자어로는 분어(鱝魚) · 가불어(加不魚) · 가올어(加兀魚) · 가화어(加火魚) 등으로 표기하였다 합니다. "가오리"란 말은 한자어 "가올어(加兀魚)"에서 온 것으로 봅니다.

○ 鯕魚 가오리 <1613 동의 2:4>
○ 湘洋魚 가오리 <1690 역해 하:37>

## ▌고래

"고래"는 수중 생활에 적응된 포유류로 뒷다리는 퇴화하였고 앞다리는 지느러미 모양으로 변하였습니다. 털은 퇴화하였고 피부에는 두꺼운 지방층이 있습니다. "경어(京魚) · 경어(鯨魚) · 경예(鯨鯢)"라고도 합니다. 한자 "경(鯨)"은 고기의 왕입니다. 옛날 사람들은 고래를 물고기라고 생각했습니다. "고래"를 중세에 "곪, 골애, 고릭"라 했습니다. 우리말 "골"[洞]에 접미서 "－애"가 붙은 것으로 짐작됩니다. 확실히 고래가 한 번 물을 들이킬 때는 엄청난 양의 바닷물이 큰 골에 빨려 들어가는 것과 같으니 이렇게 이름을 진 것은 아주 형상적이라 할 수 있습니다. 강한 자들끼리 싸우는 통에 아무 상관도 없는 약한 자가 중간에 끼어 피해를 입게 됨을 비유하여 "고래 싸움에 새우 등 터진다"는 속담이 있습니다.

○ 고래 <분류두공부시언해(초간본)(1481)>

## ▌가자미

"가자미"는 "몸이 납작하여 타원형에 가깝고, 두 눈은 오른쪽에 몰려 붙어 있으며 넙치보다 몸이 작은 물고기"를 말합니다. "가어(加魚) · 접어(鰈魚) · 판어(板魚) 또는 비목어(比目魚)"라 합니다. 중세에 "가잠이, 가줌이"라고 했어요. 방언으로 "가재미, 까재미, 가지미, 납새미" 등이 있습니다. 고기의 생김새가 "잠을 자는 모양"이기에 "가(假)+잠[眠]이"의 합성으로 봅니다.

○ 比目魚 가자미 <1613 동의 2:3>
○ 鏡子魚 가자미 <1690 역해 하:38>
○ 比目魚 가잠이 <1790 몽해 하:34>
○ 가즈미 比目魚 <1799 제중 8:20>

## ▌고등어

"고등어"란 "청어(鯖魚)"를 우리말로 부르는 이름이지요. 그러나 어쩐지 어감상 고유어 같지 않아요. 일부 한자 어휘 "고도어(高刀魚, 高道魚, 古刀魚)"라고 표기하기도 하지만 이름의 발음대로 "고등어(高等魚)"일 가능성이 많습니다. 왜냐하면 고등어자반은 예로부터 "밥도둑"이라 불릴 정도로 소문난 고급 요리였습니다.

## ▌상어

"상어"를 "교어(鮫魚)·사어(沙魚)"라고도 합니다. "상어"란 이름은 한자 어휘 "사어(鯊魚)"에서 차용되어 어음이 변화된 말입니다.

○ 鯊 상엇 사 <訓蒙 上:11>
○ 鯊魚 상어 <譯解 下:37>
○ 鮫魚皮 사어피 <東醫 2:2>

## ▌명태

"명태"는 대구과의 바닷물고기입니다. "명태"란 이름의 유래는 19세기 초 헌종 때 벼슬을 지낸 이유원(1814~1888)이 쓴 『임하필기』에서 전해집니다. 이에 따르면 조선 인조 때 함경도 관찰사가 명천군(明川郡)에 초도순시를 했을 때 반찬으로 내놓은 생선이 담백하고 맛이 좋아 이름을 물었다고 합니다. 이에 주민들은 명천에 사는 태(太)씨 성의 어부가 처음으로 잡아온 고기라는 말을 전했고, 이에 관찰사는 명천의 명자와 어부의 성인 태를 따 명태(明太)라는 이름을 지어주었다고 합니다. "명태"는 잡는 계절, 가공방법, 잡히는 위치 등에 따라 "동태, 노가리, 황태, 북어" 등의 수많은 이름을 가집니다.

○ 명태 明太 並魚 朝鮮魚名 <1895 국한 114>
○ 명틱 明鮐 북어 <1880 한불 236>
○ 명틱 北魚 <1868 의종 40>

## ▌주꾸미

"주꾸미"를 『玆山魚譜』(1814년 丁若銓이 魚譜)에서 "웅크릴 蹲" 자를 써서 준어, 속명을 죽금어(竹今魚)라고 기록했답니다. "크기는 4~5치에 불과하고 모양은 문어를 닮았으나 다리가 짧다"고 설명했습니다. 옛날부터 소라껍질 속에 웅크리고 살아 준어라고도 했습니다. "쭈크리다"는 뜻인 "죽금어" 는 "주꾸미"의 어원입니다. 전라도와 충청도에서는 '쭈깨미', 경상도에서 는 '쭈게미'라고도 하지만 흔히 '쭈꾸미'로 부른답니다. 그러니 "주꾸미"이 의 이름은 "쭈크리는 고기"란 뜻입니다.

## ▌오징어

"오징어"는 참오징어, 물오징어, 쇠갑오징어, 귀꼴뚜기 따위가 있습니다. "남어·묵어(墨魚)"라고도 합니다. "오징어"를 중국말로 "오적어(烏賊魚)"라고 합니다. 이에 대해 말 그대로 풀이하면 오징어는 까마귀 도적이 됩니다. 오징어가 까마귀를 잡든지 말든지 상관없이 "오징어"란 이름은 한자 어휘 "오적어(烏賊魚)"에서 차용되어 어음이 변한 것입니다.

○ 烏賊魚骨 오증어 뼈 미긔치 <1613 동의 2:2>

○ 오적어 烏賊魚 <1880 한불 58>
○ 오적어 烏賊魚 <1895 국한 219>

## ▌낙지

"낙지"를 한자어로는 보통 석거(石距)라 하고, 소팔초어(小八梢魚)·장어(章魚)·장거어(章擧魚)·낙제(絡蹄)·낙체(絡締)라고도 하였답니다. 방언에서는 "낙자·낙짜·낙쭈·낙찌·낙치"라고 한답니다. "낙지"란 말은 "헌 솜같은 발굽"이란 의미로 자체 한자어 "락제(絡蹄)"에서 온 것입니다.《韓國文集叢刊》에서 "俗名文魚。小八梢者。俗名絡蹄是也。此魚凡二十四脚。左右各十有二枚。脚各有黏蹄二十四點。"(속명으로 문어, 소팔초어라 하고 락제라고도 한다. 이 고기는 다리가 24개이며 좌우에 12개씩 있다. 다리에 점제 24점씩 있다)고 설명했어요. 재미있는 일은 한국에서 "낙지"를 조선에서는 "오징어"라 부르고 "오징어"를 "낙지"라 합니다.

○ 小八梢魚 낙디 <1690 역해 하:36>
○ 小八梢魚 낙지 <1778 방유 해부:19>
○ 낙지 絡締 <1810 몽유 상:17>

## ▌밴댕이

"밴댕이"는 청어과의 바닷물고기로서 몸의 길이는 15cm 정도로 전어와 비슷하며 등은 청흑색, 옆구리와 배는 은백색입니다. 한국, 일본 등지에 분포합니다. "반초어·소어(蘇魚)"라고도 합니다. 『자산어보(玆山魚譜)』 권1 린류(鱗類) 도어조(魛魚條)에 반당어(伴倘魚), 『난호어목지(蘭湖漁牧志)』 「어명고(魚名攷) 해어류(海魚類)」 늑어조(勒魚條)에 반당이, 『물명고(物名考)』 권2 유정류(有情類) 개충조(介蟲條)에 반당이, 『송남잡지(松南雜識)』(林氏本) 권木比 지리류(地理類) 가오리조(嘉五里條)에 반당(伴當)으로 기록되어 있습니다. 따라서 밴댕이는 이상의 반당어, 반당이, 반당에서 공통된 음절인 "반당"에 접미사 "이"

가 붙은 후 모음동화의 과정을 거쳐 "밴댕이"로 정착된 것으로 보입니다. 밴댕이는 성질이 하도 급해서 그물에 잡히자마자 파닥거리다 죽어버립니다. "밴댕이 소갈머리"란 "아주 좁고 얕은 심지(心志)를 비유적으로 이르는 말"입니다.

○ 蘇口魚 반당이 <1690 역해 하37>
○ 밴댱이 蘇魚 밴댱이 속 所見極小 <1895 국한 138>

## ▌병어

"병어"란 몸의 길이는 60cm, 높이는 45cm 정도로 납작하고 둥그스름하며, 흰색이고 등은 파란색을 띤 은백색입니다. 입이 아주 작고 온몸에 떨어지기 쉬운 잔 비늘이 있으며 배지느러미는 없습니다. 다른 말로 "편어(扁魚)"라 합니다. 결국 "병어"란 "편어(扁魚)"의 차용어가 어음이 변한 것으로 볼 수 있습니다. 중국에서는 "편구어(偏口魚)"라고 부릅니다.

## ▌숭어

"숭어"에 대하여 아래와 같이 소개하고 있습니다. "숭어는 우리나라에 서식하는 물고기 중 방언과 속담을 가장 많이 가진 어종이다. 방언의 대부분은 숭어가 성장함에 따라 다른 이름이 붙여진다 해서 출세어 라고도 하는데 그 종류만도 100개가 넘는다. 서남해안가에서는 큰 것을 숭어, 작은 것을 '눈부럽떼기'라고 부른다. 크기가 작다고 무시해서 "너도 숭어냐" 했더니 성이 난 녀석이 눈에 힘을 주고 부릅떠서 붙은 이름이라 한다. 이외에도 6cm 정도의 작은 것을 모치라하고, 8cm 정도면 동어라 한다. 크기가 커짐에 따라 글거지, 애정이, 무근정어, 무근사슬, 미패, 미렁이, 덜미, 나무래미 등으로 불리며 그 외에도 걸치기, 객얼숭어, 나무래기, 댕기리, 덜미, 뚝다리, 모그래기, 모대미, 모쟁이, 수치, 숭애, 애사슬, 애정어, 언지 등의 이름을 가지고 있다.

숭어와 관련된 속담을 살펴보면 선조들의 관찰력과 해학을 엿볼 수 있다. 숭어는 빠르게 헤엄치다 꼬리지느러미로 수면을 쳐서 1m 가까이 뛰어 오르는 습성이 있다. 그런데 다소 천시 대접받던 망둥이도 갯벌에서 '풀쩍풀쩍' 뛰어 오른다. 선조들은 숭어와 망둥이가 뛰는 꼴을 비유해 남이 하니까 분별없이 덩달아 나선다는 의미의 '숭어가 뛰니까 망둥어도 뛴다'라는 속담을 만들어냈다. 숭어는 다소 흔한 편이었지만 한자 표기어 '崇魚'나 또 다른 이름인 '秀魚'에서 짐작할 수 있듯이 만만하게 대접받던 물고기는 아니었다. 외모만 보아도 미끈하고 큼직한 몸매에 둥글고 두터운 비늘이 가지런히 정렬되어 있어 퍽이나 기품 있다. 외모에다 금상첨화로 맛 또한 좋으니 제사상, 잔칫상의 단골 메뉴가 되었을 뿐 아니라 임금님 수라상에도 올랐다."[1] 그러므로 "숭어"의 어원은 자체 한자 어휘 "숭어(崇魚)"라고 봅니다.

○ 鯔 슈어 <1517 사해 상:14>
○ 鯔魚 슝어 <1613 동의 2:3>
○ 슈어 一名 秀魚(鯔魚) <1868 의종 부여:39>
○ 슈어 鯔魚 슝어 <1880 한불 438>

## ▌쏘가리

"쏘가리"는 몸은 작은 둥근 비늘로 덮여 있으며, 지느러미에는 날카로운 가시가 있습니다. "쏘가리"를 "궐어(鱖魚)", "금린어(錦鱗魚)"라고도 합니다. 중세에 "소가리, 소과리"라고 했습니다. "쏘가리"의 어원은 지느러미의 날카로운 가시가 쏘기 때문에 이런 이름을 지었습니다. 물론 "쏘다"를 중세에 "소다(쏘다)"라고 했지요.

○ 소가리 鱖 <方藥 49>

---

1) <네이버 지식백과> 숭어-봄 바다의 향연(이미지 사이언스, 박수현).

○ 鱖 소과리 궐 <1527 훈몽 상:11>
○ 鱖魚 소가리 <1613 동의 2:2>
○ 스싀로 소는 벌어지(白足蝎) <初 杜解 10:28>

## ▌조기

"조기"를 "종어(鱶魚)"라고도 합니다. "조기"라는 이름에 대하여 『華音方言字義解』에는 "우리말 석수어(石首魚)는 곧 중국어의 종어(鱶魚)인데, '종어'라는 음이 급하게 발음되어 '조기'로 변하였다"고 하고, 『송남잡지』에서도 "종의 음이 조기로 변하였다"고 했습니다.

○ 조기 머리옛 바득 フ튼 돌홀 フ놀에 フ라 <1489 구간 3:112> (조기 머리의 바둑 같은 돌을 잘게 갈아)
○ 鱶 조긔 종 <1527 훈몽 상:11>
○ 石首魚 조긔 <1613 동의 2:3>

## ▌뱅어

"뱅어"를 『松南雜識』에는 "뱅어[白魚]를 멸조어(鱶魚)·회잔(鱠殘)·왕여어(王餘魚) 종류라 하고, 세상에서 전하기를 뱅어는 왕기(王氣)가 있는 곳에 나므로 한강·백마강에만 뱅어가 있다"고 합니다.[2] 뱅어류는 한자어로 백어(白魚)라고 쓴다고 하니 "백어(白魚)"의 잘못된 발음이라고 봅니다.

○ 麵條魚 비어 <1690 역해 하:37>
○ 빙어(鰷魚) <1810 몽유 상:18>
○ 빅어 白魚 빙어 <1880 한불 309>

## ▌멸치

"멸치"를 "말자어·멸아(鱴兒)·멸어(蔑魚)·이준(鮧鱒)·추어(鰍魚)·행어(行魚)"

---

[2] <네이버 지식백과> 뱅어(한국민족문화대백과, 한국학중앙연구원).

라고도 합니다. "멸치"라는 말은 한자어 "멸(鱴)+치(접미사)"가 결합된 말이라고 봅니다. 우리말에 접미사 "-치"가 붙은 물고기 이름들이 아주 많아요. "-치"는 한자어 "치(鯔: 숭어 혹은 물고기의 범칭)"에서 온 것입니다.

## ▌망둑어

"망둥이"라고도 하는데 몸길이 6~10cm 정도이고, 머리가 둥글고 크며 눈이 머리 위로 튀어나와 있습니다. "난호어·망동어(望瞳魚)·망어(鮖魚)·탄도어(彈塗魚)라고도 합니다. 이 이름은 한자어 "망(鮖/鰰)+둥이/둑이(접미사)"가 결합된 것입니다.

## ▌준치

"준치"를 "시어(鰣魚)·전어(箭魚)·조어(助魚)·준어(俊魚)·진어(眞魚)"라고도 합니다. 정약전(丁若銓)의 『자산어보(玆山魚譜)』에는 "준치를 시어라 하고, 그 속명(俗名)을 준치어(蠢峙魚)라고 하였다"고 했습니다. "준치"를 또 준어(俊魚)라고 하는 걸 봐서 "준(俊)+치(접미사)"로 된 이름으로 추정합니다.

○ 쥰티 륵 鰳 <訓蒙 上 20>

## ▌곰치

"곰치"란 몸의 길이는 60cm 정도이며, 누런 갈색 바탕에 검은 갈색의 불규칙한 가로띠가 있고 뱀장어처럼 가늘고 길지만 살이 많으며 두껍고 비늘이 없습니다. 날카로운 이가 발달하였고 탐식성이 있는 바닷물고기입니다. 이 이름은 고기 머리가 "곰" 모양 같이 생겼다고 "곰치"라 하였습니다.

## ▌꽁치

"꽁치"란 몸의 길이는 30cm 정도이고 옆으로 약간 납작한 원통형이며,

등은 검은 청색, 배는 은빛 백색입니다. 네이버에서 인용을 하면 다음과 같습니다. "『임원십육지』에 보이는 공어(貢魚)는 오늘날의 꽁치를 설명한 것으로 여겨진다. 그 이름을 한글로는 '공치'라고 기록하고, "동·남·서해에 모두 이것이 있다. 모양이 갈치 같으며, 길이가 1척 정도이고 넓이는 거의 그 10분의 1이다. 등은 청색이고 배는 미백색(微白色)이다. 비늘이 잘고 주둥이가 길다. 두 눈이 서로 가지런하다. 속칭 공치어(貢侈魚)라 한다. 대개 침어류(鱴魚類:학꽁치류)에 속하는 것이다." 여기서 알 수 있는바 "꽁치"란 말은 결국 한자어 "공(貢)+치(접미사)"가 결합된 것입니다. 중국에서 "추도어(秋刀魚)"라고 합니다.

## ▌쥐치

"쥐치"란 몸의 길이는 25cm 정도이고 마름모 모양이며, 옆으로 납작한 바닷물고기입니다. 역시 쥐처럼 생겼다고 이름을 지었습니다.

## ▌날치

"날치"는 가슴지느러미가 커서 날개 모양을 이루어 바다 위를 2~3m 날아오릅니다. 그래서 "날치"라 부릅니다. "문요어(文鰩魚)·비어(飛魚)"라고도 합니다.

## ▌넙치

"넙치"의 몸의 길이는 60cm 정도이고 위아래로 넓적한 긴 타원형이며, 눈이 있는 왼쪽은 어두운 갈색 바탕에 눈 모양의 반점이 있고 눈이 없는 쪽은 흰색입니다. "광어(廣魚)·비목어(比目魚)·비파어(琵琶魚)"라고도 합니다. "넙치"란 이름은 넓적하다고 붙였습니다.

○ 넙치 廣魚 <1880 한불 275>

## ▌누치

"누치"란 잉엇과의 민물고기입니다. 잉어와 비슷하나 입가에 한 쌍의 수염이 있으며, 성질이 매우 급합니다. "누치"를 "눌치"라고도 하는데 한자어 "눌어(訥魚)"에서 온 말이라 봅니다. 즉 "눌(訥)+치(접미사)"의 결합으로 봅니다. "눌치 > 누치"로 되었습니다.

○ 重唇魚 눗티 狗嘴魚 눗티 <1690 역해 하:37>
○ 重唇魚 눗치 <1790 몽보 33>
○ 鱖魚 누치 <1880 한불 201>

## ▌우럭

"우럭볼락"이라고도 하는데 김려(金鑢)가 진해에서 저술한 『牛海異魚譜』에는 빛깔이 옅은 자주빛이라고 보라어라는 이름으로 소개되었습니다. 민간에서는 보락(甫鮥)이라 부르고 혹은 볼락어(乶犖魚)라고 한답니다. "우럭볼락"이라 함은 "우럭조개처럼 생긴 고기"라는 의미입니다.[3]

## ▌노래미

"노래미"의 몸의 길이는 30~60cm이며, 누런빛이 도는 갈색에 어두운 갈색의 불규칙한 무늬가 있습니다. 색깔이 노랗다고 "노래미"라 했습니다. 중국에서 "황어(黃魚)", "황석반어(黃石斑魚)"라 부릅니다.

## ▌농어

"농어"를 중세에 "로어"라 했어요 이는 한자어 "로어(鱸魚)"의 한글 표기이지요 지금은 어음이 변하여 "농어"가 되었습니다. "거구세린(巨口細鱗)·

---

3) <네이버 지식백과> 볼락(한국민족문화대백과, 한국학중앙연구원).

노어"라고도 합니다.

○ 로어 로: 鱸 <訓蒙 上 21>
○ 鱸魚 롱어 <1690 역해 하:37>
○ 노어 鱸 <1880 한불 286>
○ 농어 鱸魚 <1810 몽유 상:17>

## ▌도미

"도미"에 관하여 "조선시대의 『경상도지리지(慶尙道地理志)』에 의하면 고성현(固城縣)의 토산 공물 가운데 도음어(都音魚)가 들어 있으며, 읍지들에도 도미어(道味魚, 到美魚)라는 이름이 많이 실려 있는데, 이는 주로 참돔을 가리키는 것으로 생각됩니다.『난호어목지(蘭湖漁牧志)』에서도 독미어(禿尾魚)라고 하여 도미에 관한 설명이 보이고 있다"고 설명했어요. 그런즉 "도미"란 말은 한자어 "都音魚, 道味魚, 到美魚, 禿尾魚"들 중에서 온 것만은 사실입니다. 중국에서 "해즉(海鯽), 가길어(加吉魚)라고 합니다.

○ 家鷄魚 도미 <譯解 下:38>

## ▌도루묵

"도루묵"이란 "은어"를 말합니다. 고기이름을 "도루묵"이라 한데는 다음과 같은 전설이 있습니다. "임진왜란 당시, 피난길에 오른 국왕 선조가 처음 보는 생선을 먹게 되었다. 그 생선을 맛있게 먹은 선조가 고기의 이름을 물어보니 '묵'이라 했다. 맛에 비해 고기의 이름이 보잘것없다고 생각한 선조는 그 자리에서 '묵'의 이름을 '은어(銀魚)'로 고치도록 했다. 나중에 왜란이 끝나고 궁궐에 돌아온 선조가 그 생선이 생각나서 다시 먹어보니 전에 먹던 맛이 아니었다. …… 그 맛에 실망한 선조가 "도로 묵이라 불러라" 하고 명해서 그 생선의 이름은 다시 '묵'이 될 판이었는데, 얘기가 전해지는 와중에 '다시'를 뜻하는 '도로'가 붙어버려 '도로묵'이 되었다.
이리하여 잠시나마 '은어'였던 고기의 이름이 도로묵이 되어버렸고, 이것
이 후대로 오면서 '도루묵'이 되었다고 한다."[4]

## ▌붕어

"붕어"는 "부어(鮒魚)·즉어(鯽魚)"라고도 하는데 중세에 "부어"라 했습니
다. 한자 어휘 "부어(鮒魚)"가 어음이 변한 것입니다.

○ 부어 부: 鮒 부어 즉: 鯽 <訓蒙 上 20>

## ▌잉어

"잉어"를 "백기(白驥)·백리(白鯉)·적리(赤鯉)·적휘공(赤輝公)·황리(黃鯉)"라
고도 합니다. 중세에 "링어"라 했는데 한자어 "리어(鯉魚)"에서 온 말입니
다. 후에 앞의 자음이 떨어져 나면서 "리어 > 이어 > 잉어"로 되었지요.

○ 리어 리: 鯉 <訓蒙 上 21>

## ▌미꾸라지

"미꾸라지"를 "당미꾸라지·습어(鰼魚)·위이·위타(委蛇)·이추(泥鰍)·추어
(鰍魚)"라고도 하며 중세에 "믯구리"라 했어요. 남부방언에서는 "미꾸리, 미
꾸래미, 미까랑댕이, 미꾸랑지, 미꾸랭이"라 하며 중부에서는 "미리", 평안
북도에서는 "종가니, 말종개", 함경북도에서는 "돌종개, 강종개, 종개미"라
고 합니다. "믯구리"란 이름은 "미끌미끌하다"는 고기껍질의 특징으로 이
름 진 것이라 봅니다.

---

4) <네이버 지식백과> 도루묵(뜻도 모르고 자주 쓰는 우리말 어원 500가지, 2012.1.20, 이재
   운, 박숙희, 유동숙).

○ 뭿구리 츄: 鰍 <訓蒙 上 20>

## ▌메기

"메기"는 입이 특별히 커서 아무거나 막 삼킵니다. 그러므로 "메우다(채우다)"에서 기원된 말입니다. 입을 닥치는 대로 메운다는 의미에서 "메기"라 했습니다. 즉 "메욱+이(접미사) > 메유기 > 메기"로 된 것입니다. 한자어로 "언어(鰋魚)·점어(鮎魚)"라고도 합니다.

○ 메유기 <번역박통사(1517)>
○ 머유기 鯰 <四解 上 82 鯰字注>

## ▌가물치

"가물치"는 숭어와 비슷한데 몸의 길이는 60cm 정도이며, 등 쪽은 어두운 갈색, 배는 잿빛 흰색입니다. 옆구리에 검은 갈색의 얼룩무늬가 있으며 입은 크고 눈은 작습니다. "뇌어(雷魚)·동어(鮦魚)·여어(鱺魚)·예어(鱧魚)·화두어(火頭魚)·흑례(黑鱧)·흑리(黑鯉)·흑어(黑魚)" 등 여러 가지 이름이 있습니다. 중세에 "가모티, 가몰티"라 했어요. 이 말은 "가문"('가는' 細)에 물고기에 붙는 접미사 "-치"가 결합되었다고 봅니다. 우리말에서 "ㄷ, ㅌ"는 모음 "ㅣ" 앞에서 "지, 치"로 변하는 현상이 있는데 이런 변화는 17세기부터 시작되었지요. 그러니 "가몰티"도 "가물치"로 되었던 것입니다.

○ 가모티 火頭魚 <四解 上 28>
○ 가모티 례: 鱧 <訓蒙 上 20>

## ▌버들치

"버들치"를 "유어(柳魚)"라고도 하는데 버들방천에 많이 모인다고 나온 이름입니다. "버들치"란 "버들+치(접미사)"의 결합입니다. 우리말에 접미사 "-

치"가 붙은 물고기 이름들이 아주 많아요. 예를 들면 가물치, 참치, 꽁치, 갈치, 버들치 등이지요. "버들치"를 방언으로 "버들개, 버드락지"라도 합니다.

## ▌ 종개

　"종개"는 종갯과의 민물고기로서 몸의 길이는 20cm 정도이며 누런 갈색으로 배는 엷고 옆구리에서 등 쪽에 이르기까지 어두운 갈색의 구름무늬가 있습니다. 5월 무렵에 산란하며 한국, 일본, 중국, 시베리아, 사할린 등지에 분포합니다. "종개"를 곳에 따라 "미리, 돌종개, 강(江)종개, 말종개" 등으로 부릅니다. 네이버에서 "미꾸라지"의 함경도방언이라고도 합니다. 중국어 학명으로 "북방조추(北方條鰍)"라 합니다. "종개"란 이름은 한자어 "조(條)"에 물고기를 표시하는 접미사 "-개"가 결합된 것입니다. "종개"의 나뭇가지 같은 생김새 때문에 한자 "조(條)+개(접미사) > 종개"로 불렀다고 봅니다.

## ▌ 둑중개

　"둑중개"는 둑중갯과의 민물고기로서 몸의 길이는 14cm 정도이며, 등은 잿빛을 띤 갈색, 배는 연한 회색입니다. 몸은 길쭉하고 아래턱이 위턱보다 짧으며 비늘이 없고 등지느러미가 두 개입니다. 눈 위에 더듬이가 있으며 콧구멍 옆에 작은 가시가 있습니다. 압록강, 두만강, 대동강, 한강 등지에 분포합니다. 냉수성 어류로서 물이 맑고 여름에도 수온이 20℃ 이상으로 올라가지 않는 하천의 상류에 서식합니다. 돌 밑에 잘 숨으며, 육식성으로 곤충과 갑각류 등을 먹습니다. 생김새나 생활습성이 종개와 비슷한데 자세히 보면 종개는 수염이 있고 둑중개는 수염이 없습니다. 중국말로 "두부어(杜父魚)"라 합니다. "둑중개"란 이름은 "제방 둑"이란 "둑"과 "종개"의 합성입니다. 즉 "둑종개 > 둑중개"로 된 것입니다. "둑중개"를 연변에서

"뽀돌치"라 하는 것 같습니다. "뽀돌치"는 "돌종개"와 비슷하면서 몸의 길이 7~8cm 정도이며 비늘이 없고 몸체가 갈치처럼 납작합니다. 주둥이가 뾰족하다고 이렇게 부른 것 같습니다. 희귀종으로 산림 벌채와 수질오염에 의하여 그 수가 계속 줄어들고 있습니다.

## ▌모래무지

"모래무지"를 "사어(沙魚)·타어(鮀魚)"라고도 합니다. 중세에 "모래므디"라고도 했는데 "모래에 묻혀 산다"고 이름 지은 것입니다. 방언으로 "모래모치, 모래무치"라고도 부릅니다.

○ 沙骨落 모래므디 <1690 역해 하:38>
○ 穿沙魚 모래무지 <1778 방유 해부:19>

## ▌송사리

"송사리"는 한반도에서 가장 작은 민물고기로서 물웅덩이, 늪 같은데서 온도·염도·수질·오탁·산소함량 등 환경 변화에 대한 내성이 강합니다. 몸길이는 3cm이고 눈이 크며 입이 작은데 조금 위로 향하였습니다. "송사리"란 어원은 "작고 못생길 송(凇)" 자에 "-살이(접미사)"가 결합한 것입니다. "송사리"는 "고기는 안 잡히고 송사리만 잡힌다"라 할 정도로 물고기 취급도 못 받습니다. 너무 보잘 것 없는 고기라고 "권력이 없는 약자나 하찮은 사람을 비유적으로 이르는 말"로도 쓰입니다.

## ▌꺽저기

"꺽저기"를 방언에 따라 "꺽지, 걱주기, 뚝지" 등으로 부릅니다. "꺽저기"는 작은 고기들을 갑자기 덮쳐 꿀꺽 삼키는 재간이 있거든요. 그러니 아마 "잔고기를 꿀꺽한다"고 "꺽저기"라 한 것 같아요.

## ▌뚝지

"뚝지"는 꺽짓과의 민물고기입니다. 꺽지와 비슷한데 다소 작으며, 갈색 바탕에 붉은 가로줄이 있습니다. "뚝지"라고 함경도에서 말하는데 "고기 대가리가 굵다"고 부른 이름입니다. "뚝지다(굵다, 크다)"는 함경도방언에 자주 쓰는데 이를 테면 "어벌뚝지"란 대담하다는 뜻이지요.

## ▌칠성고기

"칠성고기"의 몸길이는 63cm 정도로 뱀장어와 비슷하게 생겼으며, 등 쪽은 연푸른 갈색에 배는 흰색이고 아가미구멍은 일곱 쌍입니다. 한국 동 남해로 흐르는 강과 일본 홋카이도 서해로 흘러드는 강 등지에 분포합니 다. 두만강에도 봄이면 산란하러 상류로 거슬러 올라옵니다. 표준어에서 "칠성장어"라 하는데 "아가미구멍은 일곱 쌍" 때문에 지은 이름입니다.

## ▌송어

"송어"란 연어과의 바닷물고기입니다. 몸의 길이는 60cm 정도이며, 등 은 짙은 푸른색, 배는 은백색입니다. 옆구리에 검은 밤색의 잔 점이 많고 눈알에 검은 반점이 흩어져 있습니다. 여름철 산란기에 강으로 올라와 알 을 낳습니다. "등은 짙은 푸른색"이 있다고 "송어(松魚)"라 합니다.

## ▌야레

"야레"는 잉엇과의 물고기로서 청어와 비슷하고 몸의 길이는 15~30cm 이다. 몸은 은백색에 등은 연한 갈색, 지느러미는 붉은색이고 꼬리와 등지 느러미의 가장자리만이 검은색입니다. 압록강·두만강, 중국의 황하, 요하, 일본 등지에 분포합니다. 네이버에서 "야리"는 "야레"의 함북방언이라 했 습니다. 또 다른 "야리"의 설명에서는 "송어"의 함북방언이라 했습니다.

이 설명대로 하면 "야레/야리"는 "송어"도 되고 또 "잉엇과의 고기"도 됩니다. 그런데 만주어에서 "사어(鮻魚)"를 [Yaru]라 한다고 했습니다.[5] 그러면 "사어(鮻魚)"는 "멸치"에 해당되며 회유성 바닷물고기입니다. 결국 같은 "야레/야리"가 "잉엇과의 고기", "사어(鮻魚)", "송어"의 세 가지 물고기를 지칭하게 됩니다. 기실 "야레/야리"란 이름은 만주어 [Yaru]에서 기원됐으며 중국말로 "雅羅魚"(Leuciscus waleckii)라 하는 멸치도 아니고 "송어"도 아닌 고기라 봐야 합니다.

## ▌임연수어

"임연수어"는 쥐노래밋과의 바닷물고기입니다. 쥐노래미와 비슷한데 몸의 길이는 45cm 정도이고, 몸의 색깔은 누런색 또는 잿빛을 띤 누런색이며 줄무늬가 있습니다. 꼬리자루가 가늡니다. 한국, 일본, 알류샨 열도 등지에 분포합니다. 『난호어목지(蘭湖漁牧志)』(서유구, 1820년)에는 "임연수(林延壽)라는 사람이 이 고기를 잘 낚았다고 하여 그의 이름을 따서 임연수어(林延壽魚)라 적었다"고 합니다. 이를 소리대로 적은 "이면수, 이민수"는 올바른 표기가 아닙니다.

## ▌세치/쇠치

두만강에서 "세치/쇠치"라는 고기를 흔히 "이면수, 이민수"라 부르기도 하는데 같은 종류가 아닙니다. "세치/쇠치"는 등이 검푸르며 배는 흰색입니다. 줄무늬가 없고 잔 비늘이 있습니다. 바닷고기가 아니고 강에서 월동합니다. 큰 것은 80~100cm 가량 됩니다. 중국말로 "화리고즈(花梨羔子)", 학명으로 "화고홍점해(花羔紅点鮭)"라고도 하는데 우리말로 연어의 일종입니다. "세치/쇠치"란 이름은 "큰물고기"란 뜻입니다. 두만강 상류 사람들은

5) 羽田亨 編, 『滿和辭典』, 今泉誠文社, 昭和47年7月, 473면.

"세지/쇠지"라고 불렀습니다. 애석하게도 지금은 거의 멸종되었습니다.

## ▌산천어

"산천어"는 연어과의 민물고기로서 몸은 송어와 비슷하여 몸의 길이는 40cm 정도이며 등 쪽은 짙은 청색, 옆구리는 엷은 적갈색에 타원형의 얼룩무늬가 있습니다. 초복 때 강 상류에 알을 낳습니다. "산천어"란 이름은 깨끗한 강물의 상류에만 산다고 자체로 만든 한자어 "산천어(山川/泉魚)"입니다.

## ▌세치네

"세치네"를 네이버에서 "송어"(함경, 중국 길림성), "민물고기"의 (함북)방언이라 했습니다. 도리대로 하면 "민물고기"의 함경북도방언이 더 맞습니다. "세치네"란 응당 "세치[三寸]+어(魚)"의 합성으로 연변에서 "작은 민물고기를 통틀어 이르는 말"이라 하겠습니다.

## ▌조개

"조개"는 "부족강(斧足綱)"에 속하는 연체류 동물이요. 중세에 "죠개"로 나타납니다. "조개"의 생활 특성상 조가비를 열었다 닫았다 한다는 데서 "조리다(줄이다)"와 어원을 같이 한다는 주장도 있습니다. 그런데 어음론적으로 "졸이"가 "죠개"로 변화된 과정을 설명하기 어렵습니다. "조개"란 말은 한자어 "족(足)"과 접미사 "-애"가 결합된 것입니다. 조개는 머리와 치설은 없고 도끼 모양의 부족(斧足)이라는 발이 있습니다. 옛사람들은 "조개"의 생활 습성을 세심히 관찰하고 이런 형상적인 이름을 지었다고 봅니다. 조개는 밖에 발을 이용하여 이동합니다. 그래서 "족애 > 조개"라 합니다. 조개껍질을 "조가비"라 하는 것은 "조개+아비"의 결합입니다.

○ 죠개 蛤 죠개 蜊 <訓蒙 上 20>

## ▌우럭조개

"우럭조개"은 연체동물로서 껍데기는 두꺼운 달걀 모양으로 단단하고 겉면은 연한 밤색입니다. 연안 일대의 바닷이 드러나는 개펄 모래판에 삽니다. 중국말로 "합리(蛤蜊)"[géi]라 합니다. 조개의 색깔이 "연한 밤색"이기에 "황흑색 울(黝)+억(접미사)"의 결합이 "울억조개 > 우럭조개"로 되었습니다.

## ▌소라

"소라"는 밤에 해초를 먹고 여름에 녹색 알을 낳습니다. 살은 식용하고 껍데기는 자개, 단추, 바둑돌 따위를 만드는 데 씁니다. "나패(螺貝)·소라 고둥·해라(海螺)"라 했습니다. "소라"를 『鷄林類事』에서 "盖慨"라 했어요. "소라"란 이름은 그 껍데기로 "소리를 불어서 낼 수 있다"는 데서 붙인 것입니다.

○ 螺曰盖慨 <鷄林類事>

## ▌거북

"거북"을 "휴귀(蠵龜)"라고도 합니다. 한자 "귀(龜)"는 거북의 모양을 본뜬 것입니다. 옛 문헌에 따르면 "거북 또는 남생이는 '귀(龜)'라 하고, 자라는 '별(鼈)'이라 하였다. 거북 또는 남생이를 현의독우(玄衣督郵)·현령성모(玄靈聖母)·원서(元緖)·청강사자(清江使者)·강사(江使)·동현선생(洞玄先生)·녹의여자(綠衣女子)·옥령부자(玉靈夫子)·현부(玄夫)·현갑(玄甲)·장륙(藏六) 등으로도 표현했다"고 하며 『물명고(物名考)』에서는 "거북은 머리·꼬리 및 네 발을 한꺼번에 감출 수 있으므로 장륙이라 하였고, 우리말로는 거북·거복(居福)·남성(南星)이라 하였다"[6]고 소개합니다. 중세에 "거붑, 거복"이라 했어요. 옛날 사람들은 거북을 장수하는 동물로 여겨 아주 신성시했거든요. 그러므로 자체로 만든 한자 어휘 "거복(居福)"에서 온 이름입니다.

○ 고기와 새와 거붑과 비얌괘(魚鳥龜蛇) <楞解 7:79>
○ 거복 龜(魚鳥龜蛇) <詩解 物名 17>

## ▌자라

"자라"는 몸의 길이는 30cm 정도로 거북과 비슷하나 등딱지의 중앙선 부분만 단단하고, 다른 부분은 부드러운 피부로 덮였으며 알갱이 모양의 돌기나 융기된 줄이 있습니다. 딱지는 푸르죽죽한 회색이고 배는 흰색입니다. 꼬리는 짧고 주둥이 끝은 뾰족합니다. 『鷄林類事』에서 "團"이라 했습니다. "자라"를 또 "단어(團魚)·수신(守神)·하백사자(河伯使者)·왕팔(王八) 또는 별(鼈)·각어(脚魚)"라고도 하였습니다. 중세에 "쟈래, 즈라"라고 했어요. 생김새가 "쟈릇"(袋 자루)처럼 생겼다고 해서 이런 이름을 지었다고 봅니다.

○ 鼈曰團 <鷄林類事>
○ 쟈래 별 鼈 <訓蒙 上 20>
○ 쟈릇 대 袋 <訓蒙 上 20>

## ▌개구리

"개구리"는 "누괵(螻蟈)·장고(長股)·전계(田鷄)·좌어(坐魚)" 등 이름이 있습니다. 중세에 "기구리"라고 했는데 이는 두말할 것 없이 그 울음소리를 본떠 이름 지은 것입니다.

○ 蛙 琨 개고리 와 <1576 신합 상:15>
○ 蝦蟆 개고리 <1613 동의 2:10>

---

6) <네이버 지식백과> 거북[turtle, tortoise](한국민족문화대백과, 한국학중앙연구원).

## ▌악머구리

"악머구리"란 잘 우는 개구리라는 뜻으로, "참개구리"를 이르는 말입니다. "머구리"란 옛날에 개구리의 울음소리가 "머굴머굴"한다고 지은 이름입니다. 중세에도 "머구리"라 했고 방언에서도 "머구리, 머구락지, 멕장구"라고 합니다. "악머구리"는 "악(諤)+머구리"의 합성어로 "잘 우는 개구리"란 뜻을 나타낸다고 봅니다. 지금도 "악마구리 끓듯"이란 표현으로 여러 사람이 소란스럽게 함부로 지껄이거나 소리를 내는 것을 형용하여 말합니다.

○ 머구리 와 蛙 <訓蒙 上 22>
○ 머구리 하 蝦 <訓蒙 上 24>

## ▌두꺼비

"두꺼비"의 모양은 개구리와 비슷하나 크기는 그보다 크며 몸은 어두운 갈색 또는 황갈색에 짙은 얼룩무늬가 있습니다. 등에는 많은 융기가 있으며 적을 만나면 흰색의 독액을 분비합니다. "나흘마(癩疙瘩)·섬여(蟾蜍)·풍계(風鷄)"라고도 합니다. 중세에 "둗거비, 두텁"이라 했어요 이 말은 "두텁다/둗겁다(두껍다)"에서 기원되었습니다. "둗거비"는 "둗겁다"에서, "두텁"은 "두텁다"에서 각각 생겨 난 말입니다.

○ 둗거비 蟾蜍 <四解 上 32>
○ 두텁 爲 蟾蜍 <訓正解例 用字例>

## ▌새우

"새우"를 중세에 "사비", "시오, 새요"라 했어요. 함경도방언에서 "새비"라고도 합니다. "새우"라는 말은 "숣다(사뢰다)"에서 기원했습니다. "새우"의 특징이 몸을 사뢰는 것입니다. 즉 "숣이 > 사비 > 새비 > 새우"로 된 것입니다.

○ 사비 爲 蝦 <訓正解例 用字例>
○ 시오 鰕 <方藥 51>
○ 새요 하 蝦 <訓蒙 上 20>

# ▌게

　"게"를 "방해(螃蟹)"라고도 합니다. "게"의 한자어 "해(蟹)"를 상고음으로 (黃侃系統: 匣母 錫部; 王力系統: 匣母 錫部) [ɣai]라 했습니다. 『鷄林類事』 "橄"라 했고 중세에도 "게"로 나타납니다. 그런즉 "게"란 말은 결국 고유어가 아니라 "해(蟹)"의 상고음 [ɣai]을 이어받아 "[ɣai] > 가이 > 거이 > 게"로 된 것으로 봅니다.

○ 蟹曰橄 <鷄林類事>
○ 쏘 게 먹고 毒 마즈닐 고튜뒤 <1466 구방 하:58> (또 게 먹고 독 맞은 자를 고치되)
○ 螃 게 방 <1527 훈몽 상:10>
○ 蟹 게 히 <1576 신합 상:14>

# ▌가재

　"가재"를 "가잿과의 하나. 게와 새우의 중간 모양인데 앞의 큰 발에 집게발톱이 있다. 뒷걸음질을 잘하며 폐디스토마를 옮긴다"고 했습니다. 다른 말로 "석차와(石次蛙)·석해(石蟹)"라고도 했습니다. 안옥규는 "가짜 게"란 뜻에서 "가계 > 가졔 > 가재 > 가재"로 변화되었다고 주장합니다.[7] 그보다도 "갗+애(접미사)"의 결합으로 보는 것이 더 옳다고 봅니다. 즉 "갗(껍질)"이 딴딴한 데서 이런 이름을 지었다 봅니다.

○ 게 방 螃 게 히 蟹 가재 오 螯 <訓蒙字會>
○ 石蟹 가재 <1613 동의 2:8>

---

7) 안옥규, 『어원사전』, 동북조선민족교육출판사, 1989, 7면.

## ▌불가사리

"불가사리"는 전설에서 쇠를 능히 먹으며 요사를 물리친다고 한 가상적인 짐승입니다. 몸은 곰의 몸, 코는 코끼리의 코, 눈은 물소의 눈, 꼬리는 소의 꼬리, 다리는 범의 다리와 비슷하게 생겼다고 합니다. 『松南雜識』(조선 후기 趙在三)에는 "어떤 괴물이 있었는데, 쇠붙이를 거의 다 먹어버려 죽이려고 하였으나 죽일 수가 없었다. 그러므로 '불가살(不可殺)'이라고 이름하였다. 불에 던져 넣으면 죽지도 않고 온몸이 불덩어리가 되어서 인가(人家)로 날아들어 집들이 또한 다 불에 타버렸다"는 기록이 나옵니다. 지금은 중국말로 "해성(海星)"이라고 하는 바다의 불가사리강의 극피동물을 통틀어 이르는 말로 되었습니다.

## ▌김

"김"은 홍조류 보라털과의 조류입니다. 몸의 길이는 30cm 정도이며, 가장자리는 밋밋하나 주름이 져 있습니다. 검은 자주색 또는 붉은 자주색을 띠고 바닷속 바위에 이끼처럼 붙어 자라는데 식용합니다. "감태(甘苔)·청태(靑苔)·해의(海衣)"라고도 합니다. "김"이란 이름은 "논밭에 난 잡풀"인 "김"을 본떠 붙인 것입니다.

○ 파리 靑苔 김 <1880 한불 353>
○ 김 海衣 <1895 국한 49>

## ▌다시마

"다시마"는 갈조류 다시맛과의 하나입니다. 길이가 2~4m이고 몸이 누르스름한 갈색 또는 검은 갈색이며, 바탕이 두껍고 미끄럽습니다. 다른 말로 "해대(海帶)"라 하며 중세에 "다스마"라 했습니다. "다숨(거짓 것)+아(호격조사)"의 결합이라 봅니다. "다숨"은 "다숨아비(의붓아비)", "다숨어미(의붓어

미)"에서 보여주다시피 진짜가 아닌 대신한다는 뜻입니다. "다시마"를 처음
접촉했을 때 사람들은 가짜 미역이라 생각하여 "다숨(거짓 짓) 아"라고 불렀
겠다고 추측합니다. 이것이 나중에 이름으로 돼 버렸을 수 있습니다.

> ○ 다ᄉ마 머육 두 량을 시서 ᄯᆫ 맛 업게 ᄒᆞ고 <救簡 2:80> (다시마 미역 두
> 냥을 씻어 짠 맛 없게 하고)

## ▍미역

"미역"의 잎은 넓고 편평하며, 날개 모양으로 벌어져 있고, 아랫부분은
기둥 모양의 자루로 되어 바위에 붙어 있습니다. 예로부터 식용으로 널리
이용하였으며 요오드, 칼슘의 함유량이 많아 발육이 왕성한 어린이와 산
부(産婦)의 영양에 매우 좋습니다. 중세에 "머육"이라 했습니다. 즉 "머육
> 메육 > 메역 > 미역"의 변화를 했습니다. "머육"이란 "믈+육(肉)"의 합
성이라 추정합니다.

> ○ 다ᄉ마 머육 두 량을 시서 ᄯᆫ 맛 업게 ᄒᆞ고 <救簡 2:80> (다시마 미역 두
> 냥을 씻어 짠 맛 없게 하고)
> ○ 잇다감 머육과 ᄡᆞᆯ과 香을 가져다가 주더라 <續三 孝:24> (이따금 미역과
> 쌀과 향을 가져다가 주더라)

# 14. 곤충

## ▌벌레

"벌레"의 간체자 "충(虫)"은 본래 독사를 가리키고 번체자 "충(蟲)"은 모든 벌레를 가리켰습니다. "벌레"를 중세에 "벌에, 벌어지"라고 했어요. 이 말은 "벌다(벌려있다)"란 "벌"과 어린 새끼를 나타내는 접미사 "-어지"가 결합된 것이라 봅니다. 모든 벌레는 무리를 져 벌려 있기에 이런 이름이 생겼다 봅니다. 후에 "벌어지 > 벌에 > 벌레"의 변화를 했다고 봅니다. 함경북도방언에 "벌거지"라고 합니다.

- ○ 각시 쏘 비엔 큰 벌에 骨髓엔 효근 벌에 미틔논 얼읜 벌에러니 <1447 월곡 25> (각시 또 배에 큰 벌레 골수에 작은 벌레 밑에는 얼운 벌레더니)
- ○ 孫行者ㅣ 변호여 혼 닥정버리 되여 <1677 박언 하:21> (손행자가 변하여 한 딱정벌레 되어)
- ○ 흑한병과 밋 꼬리눌 벌레 먹눈 병을 고티느니 <17세기 마경 상:68> (흑한병과 밋 꼬리를 벌레 먹는병을 고치니)

## ▌각다귀

"각다귀"의 모양은 모기와 비슷한데 크고, 다리가 길고 가늘며 등에 얼룩무늬가 있고 날개에는 구름무늬가 있으며, 물 속, 땅 위 또는 축축한 썩은 식물 따위에 삽니다. 다른 말로 "꾸정모기 · 대문(大蚊) · 알락다리모기"라고도 합니다. "각다귀"란 말은 "다리가 긴" 것을 보고 "각(脚)+다귀(접미사)"라 한다고 봅니다.

## ▌개미

"개미"를 중세에 "가야미, 개야미, 개여미"라 했어요. 또는 "가얌 벌게"라고도 했어요. 아마 "가[去]+얌(접미사)"이란 개미의 "분주히 다니는 모습"을 보고 이름을 지었다고 봅니다.

> ○ 그듸 이 굶긋 개야미 보라 <1447 석상6:36> (그대 이 구멍의 개미 보라)
> ○ 이는 南閻浮提예셔 가야미며 벌에를 그지 업시 주기던 사루미니 <1459 월석 23:79> (이는 南閻浮提에서 개미며 벌레를 그지없이 죽이던 사람이니)
> ○ 개암이 蟻 <1880 한불 120>
> ○ 개미허리 《蟻腰 <1895 국한 13>

## ▌개똥벌레

"개똥벌레"를 "반딧불"이라고도 합니다. 중세에 "반도, 반되, 반되블, 반대블" 등으로 불렀습니다. "반딧불"이란 이름은 중세의 "반득반득 ᄒ다(반짝반짝하다)", "반둘원둘(번쩍번쩍)"의 "반득, 반둘"과 어원을 같이합니다. 즉 "반둣+블 > 반딧불"로 된 것입니다. "개똥벌레"란 "개똥무지에서 산다"고 인식하고 의식적으로 천하게 이름 진 것으로 봅니다.

> ○ 반득반득 ᄒ도다(灼然灼然) <金三 2:28>
> ○ 솔션 門엔 드믄 그르메 반둘원둘 ᄒ도다(松門耿疎影) <杜解 9:14>
> ○ 반도 형 螢 <訓蒙 上 21>
> ○ 腐草所化爲螢 俗訓狗屎虫 … 我東訓盤大弗 <五洲衍文 券三 氣候>

## ▍거미

"거미"를 "지주(蜘蛛)"라고도 합니다. 중세에 "거믜"라고 했어요. "검다"가 어원이라 보기도 하지만 "거다(걸다)"가 더 적합하다고 봅니다. 항상 줄에 걸려 있으니 "거다→검 > 거미"라 불렀고 이로부터 "거미줄"과 비슷한 것을 "그물"이라 불렀다고 봅니다.[1]

○ 또 거믜 므러든 雄黃ㅅ 굴올 브티라 <救方 하:81> (또 거미 물거든 웅황가루 부치라)
○ 거믜 디: 蜘 거미 듀: 蛛 <訓蒙 上 21>

## ▍곰보하늘소

"곰보하늘소"의 몸빛은 갈색과 흰색, 검은색 등이 뒤섞여 나무 색과 비슷하며, 딱지날개 끝이 양쪽으로 갈라졌습니다. 어른벌레는 죽은 활엽수에 날아와 짝짓기를 하고 알을 낳습니다. 남부지방에서 주로 관찰됩니다. "곰보하늘소"란 벌레의 모양을 보고 지은 이름입니다.

## ▍구더기

"구더기"란 파리의 애벌레인데 차차 자라 꼬리가 생기고 번데기가 되었다가 파리가 됩니다. 중세에 "구더기"로 나타나 현재까지 그대로 이어집니다. "구덩이"를 뜻하는 "굳+어기(접미사)"가 결합한 것입니다.

## ▍굼벵이

"굼벵이"는 "제조(蠐螬)·지잠(地蠶)"이라고도 합니다. 중세에 "굼벙, 굼벙이"이라 했어요. 땅속에서 번식하여 나오는 애벌레이니 아마 땅 구멍과 연

---

1) 김인호, 『조선어어원편람』(상), 박이정, 2001, 235면. 《검》에 명사를 만드는 뒤붙이 《의》가 붙어서 《검은것》이란 뜻으로 이루어진 말이다.

관 되어 생긴 말로 봅니다. 즉 "굼+벙이(접미사)"의 결합입니다.

○ 굼벙 爲蠐螬 <1446 훈해 58>
○ 쏘 굼벙이롤 ㄱ라 가시 우희 브티면 믄득 나ᄂ니라 <1466 구방 하:6> (또 굼벵이를 갈아 가시 위에 부치면 믄득 낫니라)
○ 굼벙이 제 蠐 굼벙이 조 螬 <訓蒙 上 21>

## ■ 귀뚜라미

"귀뚜라미"를 "귀뚜리 · 실솔(蟋蟀) · 청렬(蜻蛚) · 촉직(促織)"이라 합니다. 중세에 "귓돌아미, 귓돌아미, 귓돌와미" 등으로 불렀습니다. 그 울음소리를 본떠 이름 지었다 봅니다. 김인호는 "귀로써 도는것, 귀로써 도는 벌레"라고 해석하고 있습니다.[2]

○ 흘러가는 ᄒᆡ예 귓돌와미 우로매 ᄀᆞᆺ노니 <1481 두시-초 20:47> (흘러가는 해의 귀뚜라미 울음 같나니)
○ 무리 能히 길흘 알며 치윗 그려기와 귓돌와미 類예 니르리 曆數를 븓디 아니ᄒᆞ야 <1461 능엄 8:122> (말이 능히 길을 알며 추위에 기러기와 귀뚜라미 類에 이를 이 曆數를 붇지 아니하여)
○ 귓도라미 蟋 蟋蛚今俗呼促織兒 <1517 사해 하:51>

## ■ 나나니

"나나니"란 구멍벌과의 곤충으로서 몸의 길이는 2~2.5cm이며, 검은색입니다. 날개는 투명하고 누르스름하며 허리가 가늘고 두 마디로 되어 있습니다. 자벌레나 밤나방의 유충을 잡아 애벌레의 먹이로 합니다. 다른 말로 "과라(蜾蠃) · 나나니벌 · 세요봉(細腰蜂) · 열옹(蠮螉) · 포로(蒲盧)"라고 합니다. 19세기에 "나날이"이라 했습니다. "나나니"의 어원은 그 이름대로 "나날이 바삐 보낸다"는 뜻입니다.

---

2) 김인호, 『조선어어원편람』(상), 박이정, 2001, 237면.

○ 나날이 蝶蠃 蜂也 蛦蛉 <1895 국한 55>

## 나방

"나방"이란 나비와 비슷하나 몸이 더 통통하고 몸에 인분이 덮여 있습니다. 더듬이는 채찍, 깃, 빗살 모양이며 주로 밤에 활동합니다. "나방이"라고도 하는데 이 이름은 "나비"에서 기원했습니다. 즉 "나비＋앙(접미사) > 나방"으로 된 것입니다.

## 나비

"나비"를 "접아(蝶兒)·협접(蛺蝶)"이라고도 합니다. 중세에 "나뵈, 나뷔"라 했어요. 이 말은 "나뷜나뷔디(나붓나붓이)"와 같은 어원이라 봅니다. 지금 의태부사 "나풀나풀"이나 "나부끼다"도 같은데서 온 말이라고 봅니다.[3]

○ 몰애 더우니 ᄇ라맷 나뵈 ᄂ즉ᄒ고(沙暖低風蝶) <初杜解 23:20>
○ 고온 노는 나비는 겨른ᄅᆞ윈 帳으로 디나가고 <初杜解 11:11> (곱게 노는 나비는 한가로이 帳으로 지나가고)
○ 蛺 나비 협 蝶 나비 뎝 蛾 나비 아 <1527 訓蒙 上:11>

## 노래기

"노래기"는 노래기강의 절지동물을 통틀어 이르는 말입니다. 몸의 길이는 3~28mm로, 몸은 원통형으로 길며, 등은 붉은 갈색에 한 마디에 두 짝의 짧은 발이 있습니다. 건드리면 둥글게 말리고 고약한 노린내를 풍기며, 햇볕을 싫어하고 주로 습기가 많은 낙엽 밑이나, 초가지붕에 많이 삽니다. "마륙(馬陸)·마현(馬蚿)·망나니·백족충(百足蟲)·장지네·향랑각시·환충(環

---

3) 김인호, 『조선어어원편람』(상), 박이정, 2001, 234면. 나비는 《납죽하다》는 뜻을 가진 말 《납 다》의 《납》에 명사를 만드는 뒤붙이 《의》가 붙어 《납죽한것》이란 뜻에서 이루어졌다.

蟲)"이라고도 합니다. "놀여기 > 노라기 > 노래기"로 변화되어 왔습니다. "노래기"란 이름은 고약한 노린내를 풍긴다고 지었습니다. "염치도 체면도 없이 행동함을 핀잔하는 말"로 "노래기 회도 먹겠다"는 속담까지 있습니다.

- ○ 蝍螺 놀여기 <1690 역해 하:35>
- ○ 노라기 蚰蜒 <1810 몽유 상:19>
- ○ 노략이 穢臭蟲 <1880 한불 290>

## ▌ 노린재

"노린재"의 몸은 작고 납작하며 거의 육각형인데 몸에서 고약한 "노린 냄새"가 난다고 이런 이름을 지었습니다. 다른 말로 "수과(守瓜)"라 합니다.

## ▌ 누에

"누에"는 13개의 마디로 이루어졌으며 몸에는 검은 무늬가 있습니다. 알에서 나올 때에는 검은 털이 있다가 뒤에 털을 벗고 잿빛이 됩니다. 네 번 잠잘 때마다 꺼풀을 벗고 25여 일 동안 8cm 정도 자란 다음 실을 토하여 고치를 짓습니다. 고치 안에서 번데기가 되었다가 다시 나방이 되어 나옵니다. "상잠(桑蠶)·잠아(蠶兒)"라고도 합니다. 누에는 뽕잎을 먹고 고치를 짓는 벌레입니다. "누에"는 "눕다"의 옛날 말 "눟다, 누볓다"에 어원을 둔 것으로서 옛날에는 "누볘, 누뵉"라고도 하였습니다. 후에 "누볘 > 누에"로 변화되었습니다.

- ○ 누에 爲蚕 <1446 훈해 57>
- ○ 蠶은 누웨라 <1459 월석 25:42>
- ○ 누에 좀 蚕 <訓蒙 上 22>
- ○ 안ᄌ며 누볓며 호미라 <蒙法 15> (앉으며 누우며 함이라)

## ▌ 달팽이

"달팽이"를 "산와(山蝸)·여우(鑫牛)·와우(蝸牛)"라고도 합니다. 중세에 "둘 파이, 돌팡이"라고 했습니다. "팽이를 달고 다닌다"고 형상적으로 묘사한 이름으로 봅니다. 방언으로 "골팽이, 골뱅이"라고도 부릅니다.

- 또 둘파니롤 눌러 汁 내야 믄 싸해 춫들이면 <1466 구방 하77> (또 달팽 이를 손으로 눌러 즙을 내 문 곳에 떨구어)
- 둘팡이롤 소ᄂ로 눌러 므를 ᄣᅡ 믄 듸 처디여 <1489 구간 6:60> (달팽이를 손으로 눌러 물을 짜 문 곳에 떨구어)
- 綠桑螺 뽕나모 우희 인는 둘팡이 <1613 동의 2:9> (綠桑螺 뽕나무 위에 있 는 달팽이)
- 달펭이는 등에 혼 썹질을 가지고 잇스니 <1896 심상 2:21> (달팽이는 등 에 한 껍질을 가지고 있으니)

## ▌ 등에

"등에"의 몸빛은 대체로 누런 갈색이고 온몸에 털이 많으며 투명·반투 명한 한 쌍의 날개가 있습니다. 주둥이가 바늘 모양으로 뾰족하고 겹눈이 매우 큽니다. 다른 말로 "망충(蝱蟲)·목망(木蝱)·비망(蜚蝱)"이라고도 합니 다. 특히 소 같은 짐승의 "등에 앉아 피를 빨아 먹는다"고 이렇게 부르는 것 같습니다.

- 둥의 蝱온 둥위라 <능엄경언해 9:68 (1461)>
- 둥의 밍 蝱 <訓蒙 上 22>

## ▌ 딱정벌레

"딱정벌레"를 중세에 "닥졍버리"라 했습니다. "닥쟝"은 "딱지"를 일컫 습니다. "딱정벌레"는 "딱지"와 "벌레"의 합성입니다. "딱정벌레"의 특징 은 딴딴한 껍질이 있는 것입니다. 그리하여 "갑충(甲蟲)"이라고도 합니다.

방언에서도 "딱정이"이라 말합니다.

> ○ 孫行者ㅣ 변호여 혼 닥정버리 되여 ᄂ라 <朴諺 下:21> (손행자가 변하여
> 한 딱정벌레 되어 날아)
> ○ 焦苗虫兒 닥쟝벌레 <1690 역해 하:35>
> ○ 磕頭虫 닥쟝버레 <1790 몽보 33>

## ▌말똥구리

"말똥구리"를 "쇠똥구리"라고도 합니다. 중세에 "ᄆᆞᆯ쏭구우리"라 했습니다. 말똥이나 쇠똥을 굴려 굴로 가져다 먹이로 하기에 이런 이름을 붙였습니다.

> ○ ᄆᆞᆯ쏭구우리 여러 가짓 벌에 그 우희 모ᄃᆞ며 <1463 법화 2:110> (말똥구리
> 여러 가지 벌레 그 위에 모이며)
> ○ 蜋 ᄆᆞᆯ쏭구으리 량 <1527 훈몽 상:11>
> ○ 糞蜋 말똥구을이 <1690 역보 49>
> ○ ᄆᆞᆯ쏭구리 蜣螂 <1880 한불 230>

## ▌매미

"매미"를 "조당(蜩蟷)"이라고도 부릅니다. 방언으로 "매롱이, 억시기" 등 이름이 있습니다. 중세에 "미야미"라고 했어요. 전형적인 그 소리를 본뜬 이름입니다.

> ○ 니피 측측ᄒᆞ니 우는 미야미 하도다 <1481 두시-초 22:4> (잎이 빽빽하니
> 우는 매미 많도다)
> ○ 秋蟬兒 ᄆᆡ얌이 <1690 역해 하:34>
> ○ 秋蟬 ᄆᆡ얌이 <1778 방유 해부:17>
> ○ 매암이 션 蟬 <1895 국한 110>

## ▍메뚜기

"메뚜기"를 "부종(阜螽) · 사종(斯螽) · 송서(蚣蝑) · 저계(樗鷄) · 책맹(蚱蜢) · 청메뚜기 · 황남(蝗蝻)" 등으로 부릅니다. 중세에 "묏도기"로 나티납니다. "뫼"에서 뛰어다닌다고 "뫼(山)＋ㅅ(관형격조사)＋뛰기"의 결합입니다. "메뚜기"는 "묏뛰기/묏또기 > 메또기 > 메뚜기"로 되었다고 봅니다.

○ 螞 묏도기 마 蚱 묏도기 자 蝗 묏도기 황 <1527 훈몽 상:12>
○ 螞蚱 묏독이 <1790 몽해 하:35>
○ 산벌의 꿀과 메뚝이로 음식을 삼고 <1865 주년 58>

## ▍모기

"모기"를 중세에 "모긔"라 했습니다. 이 이름은 "목"에서 기원했다고 봅니다. 옛사람들은 모기의 주둥이를 "목"이라 착각하고 부른 것 같습니다.

○ 有情이 오시 업서 모긔 벌에며 더뷔 치뷔로 셜버ᄒ다가 <釋詳 9:9> (유정이 옷이 없어 모기 벌레며 더위 추위로 서러워하다가)
○ 蚊 모긔 문 <訓蒙 上:11>

## ▍무당벌레

"무당벌레"는 몸의 길이는 7mm 정도이고 달걀 모양으로 약간 도도록하며 아래쪽은 편평합니다. 겉날개는 붉은 바탕에 검은 점무늬가 있습니다. 다른말로 "병충 · 천도충(天道蟲) · 표충(瓢蟲)"이라고 합니다. 벌레의 모양이 무당의 형상을 연상시킨다고 이렇게 부릅니다.

## ▍물방개

"물방개"는 들판이나 야산의 연못이나 개천에 살며, 성충은 연중 볼 수 있고, 밤에는 불빛에 날아옵니다. 성충이나 애벌레 모두가 강한 육식성이어서 물속의 작은 동물은 물론 작은 물고기까지 잡아먹습니다. 궁둥이 끝에서 거품 모양으로 드나들며 물속에서 산소를 얻다가 다시 새 공기를 들여 마시기 위해서 수면 위로 떠오르기도 합니다. 경북방언에서 "방구"를 "방개"라고 하고 강원도에서 "방귀벌레", "먹방개"라 합니다. "물방개"의 특징이 궁둥이 끝으로 공기를 흡수하는 것입니다. 그래서 "물에서 방구 낀다"는 의미로 "물방구 > 물방개"가 된 것이라 봅니다.

## ▌물여우

"물여우"는 날도랫과 곤충의 애벌레입니다. 몸의 줄기는 높이가 2~6cm이며, 분비액으로 원통 모양의 고치를 만들어 그 속에 들어가 물 위를 떠돌아다니며 작은 곤충을 잡아먹습니다. 여름에 나비가 됩니다. 다른 말로 "계귀충(溪鬼蟲)·단호(短狐)·사공(射工)·사슬(沙蝨)·사영(射影)·수노(水弩)·수호(水狐)·포창(抱槍)·함사(含沙)"라고도 합니다. 여우처럼 꾀 많다고 "물여우"랍니다.

## ▌민충이

"민충이"는 몸이 비대하고 뒷다리가 짧으며, 앞가슴 쪽 등 밑에 있는 날개는 짧고 둥급니다. 민충이가 겨우 쑥대에 올라가 장한 체하듯 한다는 뜻으로, 보잘것없는 자가 별것도 아닌 일을 해 놓고 잘난 듯이 우쭐대는 모양을 비꼬는 말로도 쓰입니다. 그러므로 "민충이"라 이름은 자체로 만든 한자 어휘 "가엾을 민(憫)"과 벌레 "충(蟲)"의 합성이라 봅니다.

## ▌바구미

쌀바구미라고도 합니다. 낱알 속에서 겨울나기를 하며 어른벌레와 애벌레는 딱딱한 먹이를 즐기는 습성이 있어서 쌀·보리·밀·수수·옥수수

등의 저장 곡물에 피해를 끼칩니다. "쌀에 박혀 피해를 주는 벌레"라는 의미로 "박음이 > 박굼이 > 바구미"로 되었습니다.

## ▌바퀴벌레

"바퀴벌레"는 무엇이든지 닥치는 대로 먹으며 낮에는 주방을 중심으로 한 으슥한 곳에 숨어 있다가 밤에 주로 활동합니다. 바퀴 자체가 직접적인 문제를 일으키지는 않고 질병의 전파체로서 주요 역할을 합니다. "바퀴"란 말은 "박혀있다"에서 기원되었다 봅니다. 낮에 어느 틈이든지 박혀 있다가 밤이면 나와 활동하기에 "박혀 > 바키 > 바퀴"라 부른다고 추정합니다.

## ▌방귀벌레

"방귀벌레"를 "폭탄먼지벌레"라고도 합니다. 심지어 두꺼비와 물두꺼비가 삼킨 폭탄먼지벌레가 탈출하는 행동을 보고한 논문도 있다고 합니다. 그러니 "방귀벌레"의 방귀는 위력이 엄청 대단합니다.

## ▌방아깨비

"방아깨비"는 메뚜깃과의 곤충인데 뒷다리가 매우 크고 길어서 끝을 손으로 쥐면 방아처럼 끄덕거립니다. 다른 말로 "계종(蟿螽)·번종(𧎂螽)·용서(舂黍)"라고도 합니다. "방아 찧는 형상"이라 이렇게 부릅니다.

## ▌방울벌레

"방울벌레"는 귀뚜라밋과의 하나입니다. 흙 속에서 알로 겨울을 보내고 수컷은 가을에 날개를 비벼 고운 방울 소리를 냅니다. 다른 말로 "금종충(金鐘蟲)"이라고도 합니다. "고운 방울 소리"를 내니까 당연히 "방울벌레"이지요.

## ▌ 번데기

"번데기"는 완전 변태를 하는 곤충의 애벌레가 성충으로 되는 과정 중에 한동안 아무것도 먹지 아니하고 고치 같은 것의 속에 가만히 들어 있는 몸을 말합니다. "귀용·번데·회용(蛹蛹)"이라고도 합니다. 중세에 "번도기"라 했습니다. "번디티다(번드치다)"에서 기원했다고 봅니다. "번데기"가 때가 되면 몸을 "번드쳐야" 성충이 되거든요. 그리하여 "번도기 > 번데 > 번데기"로 되었습니다.

○ 흐다가 누엣 본도기를 머그면 이 毒氣 또 發ᄒᆞ야 <救方 下:72> (만일 누에 번데기를 먹으면 이 독기 또 發하여)
○ 가온대는 니르러 몸을 번디텨 믈의 싸뎌죽다 <東國新續三綱. 烈女> (가운데 이르러 몸을 번져쳐 물에 빠져 죽었다)

## ▌ 벌

"벌"을 중세에 "버리"라고 했는데 이 말은 "벌+이", 즉 "벌고 있는 이"란 뜻입니다. 사실은 꿀벌만큼 부지런한 벌레는 없다고 봅니다. "(돈을) 벌다"란 말도 이로부터 기원되었습니다.

○ 正月 버리를 서르 보노니(正月蜂相見) <杜解 13:49>
○ 蜂 벌 봉 <訓蒙 上:12>

## ▌ 범나비

"호랑나비"라고도 합니다. 나비의 무늬 형상이 호랑이 가죽무늬와 비슷하다고 "범나비"라 부릅니다.

## ▌ 베짱이

"베짱이"는 "낙위(絡緯)·등불베짱이·사계(梭鷄)·홍낭자(紅娘子)·회화아(繪

畵兒)" 등으로 부릅니다. 중세에 "뵈짱이"이라 했습니다. "베짱이"란 이름
은 "베짱이"의 동작으로부터 "베를 짜"는 형상과 같다고 "뵈[布]+짱이(짜
다)"라 이름 지었습니다.

○ 뵈짱이 甚히 죠고마훈 거시로러 슬픈 소리는 즈모 사룸믈 感動히ᄂ다 <初
   杜解 17:37> (베짱이 심히 조고만 것이로되 슬픈 소리는 자못 사람을 감동
   시킨다)
○ 九月에 태티기 ᄒ고 뫼초라기 노롯ᄒ고 뵈짱이 싸홈 브티고 <朴諺 上:17>
   (구월에 태치기하고 메추리 놀음하고 베짱이 싸움 부치고)

# ■ 벼룩

"벼룩"은 세계적으로 널리 분포하고 사람에 주로 기생하나 가축을 위시
한 다른 포유류에서도 발견되었습니다. 주로 사람의 주택 안에서 발견되나,
축사 특히 돈사 주변에도 많습니다. 사람이나 기타 숙주를 찔러서 흡혈하
며, 흑사병의 매개에도 관여합니다. 『物名攷』에서는 조(蚤)를 "벼룩"이라 하
고 동의어로 흘조(吃蚤)·벽록(壁鹿)을 들었습니다. 『物譜』에서는 흘슬(吃蝨)을
"벼룩"이라 하고 동의어로 도슬(跳蝨)·벽록(壁鹿)을 들었습니다.[4] 그러니 자
체로 만든 한자 어휘 "벽록(壁鹿)"이 "벼록 > 벼룩"으로 되었습니다.

   ○ 벼룩 조 蚤 벼룩 걸 蛣 <訓蒙 上 23>

# ■ 빈대

"빈대"는 고약한 냄새를 풍기고 집 안에 살며, 밤에 활동하여 사람의 피
를 빨아 먹습니다. "노비(蟖蟕)·취슬(臭蝨)·취충(臭蟲)"이라고도 합니다. "빈
대"란 말은 한자 "빈대 비(蟕)"와 "미워할 대(懟)"가 결합된 자체로 만든 한
자어일 가능성이 많습니다. 그리하여 "비대(蟕懟)"가 "ㄴ" 음 첨가로 "빈대"

---

4) <네이버 지식백과> 벼룩(한국민족문화대백과, 한국학중앙연구원).

로 되었다고 봅니다.

○ 臭虫 빈대 壁虱 빈대 <譯解 下:35>

## ▌ 진드기, 진득하다

"진드기"란 진드깃과에 딸린 몸의 크기가 0.1~7mm정도인 작은 벌레로서 몸은 주머니 모양으로, 머리·등·배의 구별이 분명하지 않고, 촉수는 짧습니다. 개, 소, 사람 등에 붙어서 피를 빨아먹습니다. 중세에 "진뒤 비蟲"<訓蒙 上 23>라 했습니다. 이 말은 "지다(떨어지다)"와 "뒤(後)"의 합성어입니다. "진뒤+억(접미사) > 진득이 > 진드기"로 되었습니다. "진드기"는 산속의 나뭇잎 같은데 붙어 있다가 짐승이나 사람을 발견하면 떨어져 붙습니다. 벌레 자체가 너무 가볍고 작기에 몸에 붙을 당시에 발견하지 못하고 한참 지나서 피부를 뚫고 피를 빨아먹기 시작한 후에야 감각을 느낍니다. 어떤 경우에는 피부 속에 깊이 파고 들 때까지 발견 못할 때가 많습니다. 진드기뇌염 바이러스에 감염된 진드기에 쏘이면 전염병에 걸려 생명의 위험도 있을 수 있습니다. 이로부터 검질기게 달라붙으면서 못살게 구는 것 또는 그런 사람을 비겨서 "진드기"라 하며 "진득하다, 진득거리다, 진득진득하다" 등 말들도 생겨났습니다.

## ▌ 거머리

"거머리"란 논이나 늪에서 서식하면서 사람이나 동물에 달라붙어 피를 빨아먹는 벌레입니다. 중세에 "거머리, 거마리"로 나타납니다. 이 말은 "검[黑]+-어리(접미사)"의 결합으로 분석됩니다.

○ 거머리 셜흔 나출 봇가 갔간 노르게 ᄒ고 <1466 구방 上:85> (거머리 서른 개 볶아 노랗게 하고)
○ 蛭 거머리 딜 蟥 거머리 황 <1527 훈몽 上:12>

○ 거말이로 피 쓸리면 됴ᄒ리라 ᄒ야ᄂᆞᆯ <1581 속삼-중 효5> (거머리로 피 빨리면 좋으리라 하거늘)

## ▍사마귀

"사마귀"를 "거부(拒斧)·당랑(螳螂)·현우(懸疣)" 또는 "버마재비"라고도 합니다. 중국에서는 "당랑포선(螳螂捕蟬)", "당랑거철(螳螂拒轍)"이라는 전고가 있을 정도로 유명합니다. 우리말 방언으로 "오줌싸개"라 하는 것은 사마귀를 손으로 잡으면 황갈색 액체를 배설하는데서 유래했으며 "버마재비"는 "범+아재비(아저씨)"라는 의미입니다. "사마귀"란 이름은 사마귀[黶]가 난 자리에 사마귀를 잡아다 대가리를 들이대면 사마귀가 사마귀[黶]를 뜯어 먹기 때문에 붙인 것입니다.

## ▍삽사리

"삽사리"는 메뚜기과의 곤충인데 산지의 덤불이나 풀밭에서 서식하면서 주로 벼과식물을 먹습니다. "삽살개"는 덤불이나 풀밭을 잘 뛰어다닌다고 "숲 살이 개"라 지은 이름입니다. 이것이 "숲+살이 > 삽살이 > 삽사리"로 되었으며 "삽사리"는 "삽살개"의 이름을 본떴다고 봅니다.

## ▍박각시

"박각시"의 앞날개에는 짙은 회갈색의 무늬가 있고 뒷날개는 회색에 검은 줄무늬가 있으며 배의 각 체절에는 흰색, 붉은색, 검은색 가로띠가 있습니다. 애벌레는 고구마나 나팔꽃의 해충입니다. "박각시나방·박쥐나비·편복아(蝙蝠蛾)"라고도 합니다. 박꽃에서 화려한 날개를 펼치고 꿀을 빨아먹는다고 "박+각시 > 박각시"라 합니다. 조선에서 "박나비"라 부릅니다.

## ▌ 버마재비

"버마재비"를 중세에 "당의야지"라고 했어요. 이 말은 "당(螳: 사마귀)"에 "-야지"('아지'와 같은 뜻임)가 붙은 말이라고 봅니다. "버마재비"를 "사마귀"라고도 합니다. 기실 "사마귀"는 몸에 나는 "痣, 黶"를 말합니다. "버마재비"는 "범"과 "아재비(叔)"의 합성으로 됩니다.

○ 당의야지 당: 螳 당의야지 랑: 螂 <訓蒙 上 22>

## ▌ 쓰르라미

"쓰르라미"를 "쓰름매미"라고도 합니다. 18세기 문헌에 "쓰르렁이"가 나타납니다. 이는 울음소리를 본뜬 "쓰를+엉이(접미사)"가 결합된 것입니다. 그 후 "쓰르렁이 > 쓰르라미"의 변화를 했습니다.

## ▌ 안타깨비

"안타깨비"란 쐐기나방의 애벌레입니다. 몸은 짧고 굵으며, 독침이 있어 쏘이면 몹시 아프기에 "안타깝(다)+이(접미사) > 안타깨비"라 부른다고 봅니다.

## ▌ 잠자리

"잠자리"를 중세에 "준자리"라고 했어요. "자주 자리에 앉았다 말았다" 한다고 이렇게 이름 진 것입니다. "준[頻]+자리[座]"의 결합입니다. 어원적 의미는 "자주 자리를 바꾸는 것"입니다. 방언에 여러 가지 이름이 있는데 "소곰재"(함북), "철랭이, 자마리, 나마리"(중남부) 등입니다. 한자어 "청령(蜻蛉)"이 변화된 형태도 많지요.

○ 준자리 령 蛉 준자리 청 蜻 <訓蒙 上 21>

## ▌ 장구벌레

"장구벌레"란 모기의 애벌레입니다. 머리·가슴·배 세 부분으로 니뉘며, 갈색 또는 검은색인데 물속에서 삽니다. "길궐(蛣蟩)·연현(蜎蠉)·적충(赤蟲)·정도충·혈궐(孑孒)"이라고도 합니다. 장구(長鼓)처럼 생겼다고 붙인 이름입니다.

## ▌ 제비나비

"제비나비"는 호랑나빗과의 곤충으로서 제비형상처럼 생겼다고 붙인 이름입니다. 호랑나비라고도 합니다.

## ▌ 지네

"지네"는 지네강의 절지동물을 통틀어 이르는 말입니다. 몸은 가늘고 길며, 여러 마디로 이루어져 그 마디마다 한 쌍의 발이 있습니다. 머리에는 한 쌍의 더듬이와 독을 분비하는 큰 턱이 있고 눈은 없거나 네 개의 홑눈만을 가지고 있습니다. 축축한 흙에 살고 작은 벌레를 잡아먹는데 전 세계에 2000여 종이 분포합니다. "오공(蜈蚣)·즉저(蝍蛆)·천룡(天龍)·토충(土蟲)"이라고도 합니다. 중세에도 "지네"라 했습니다. "축축한 곳에 산다"고 "질다(濕)"란 말에서 기원되었다고 봅니다. 즉 "질에 > 지레 > 지네"로 되었습니다.

　　○ 지네 <월인석보(1459)>

## ▌ 지렁이

"지렁이"는 암수한몸으로 재생력이 강하고 흙 속이나 부식토에서 삽니다. "곡선(曲蟮)·구인(蚯蚓)·완선(蜿蟮)·지룡(地龍)·지룡자·지선(地蟮)·토룡(土

龍” 등 다양한 이름이 있습니다. 중세에 “디룡이”라 했는데 한자어 “지룡
(地龍)”에서 온 말입니다. 중국 연변의 사투리에서 “지네”라고 합니다.

○ 쏘 디룡이롤 소곰 불라 노가 믈 되어든 흙 업게 흐고 머그라 <1542 분문
  24> (또 지렁이를 소금 발라 물 되거든 흙 없게 하고 먹으라)
○ 蚯蚓 디룡이 地龍 디룡이 蛐蟮 디룡이 <1690 역해 하:35>
○ 蚯蚓 지룡이 <1790 몽해 하:35>

## ▌큰멋쟁이

“큰멋쟁이나비”라고도 합니다. 양편 날개의 길이는 5.8cm 정도이다. 앞
날개는 검은색에 바깥쪽에 몇 개의 흰 작은 무늬가 있고 가운데에 폭이 넓
은 불규칙한 구름 모양의 가로띠가 있으며, 뒷날개는 어두운 갈색입니다.
화려한 모양 때문에 “큰멋쟁이”라 부릅니다.

## ▌톡토기

“톡토기”의 몸 길이는 1.5mm 정도이고 공 모양이며, 어두운 자주색에
등황색의 작은 점 또는 무늬가 줄지어 있습니다. 채소나 토마토 따위의 해
충입니다. 날개는 없지만 점프할 수 있는 도약 기관이 있어 “톡톡 뛴다”고
붙인 이름입니다.

## ▌투구벌레

“투구벌레”란 “장수풍뎅이”라고도 합니다. 그 모양이 투구를 쓴 장수 같
다고 지은 이름입니다.

## ▌파리

“파리”를 중세에 “풀, 프리”라 했습니다. “파리”는 어디에 앉으나 앞발

로 헤비면서 파헤치기를 좋아합니다. 그래서 그 이름은 "푸다(파다)"에서 기원했다고 봅니다.

○ 폴 爲蠅 <訓解 55>
○ 포리는 업게 흐리로다 <初杜解 16:58>
○ 파리 蠅 <1880 한불 353>
○ 포개 호 屛 <訓蒙 中 25>

## ▌풍뎅이

"풍뎅이"의 몸 길이는 1.7~2.3cm이고 둥글넓적하며, 등은 광택이 나는 검은 녹색이고 아랫면은 검은 갈색입니다. 애벌레인 근절충은 땅속에서 식물의 뿌리를 갉아 먹습니다. "金龜子 · 금귀충 · 황병(蟥蛢)"이라고도 합니다. "풍덩이"란 이름은 나는 모양이나 소리를 본떴다고 봅니다.

## ▌하늘가재

"하늘가재"란 사슴벌렛과의 딱정벌레를 통틀어 이르는 말입니다. "하늘에서 나는 가재"란 의미입니다.

## ▌하늘소

"하늘소"란 몸의 길이는 수 mm에서 15cm에 이르는 것까지 있습니다. 대개 갸름하며, 딱지날개가 단단하고 더듬이가 깁니다. 입의 좌우에 날카로운 큰턱이 있어 작은 가지 따위를 잘라 낼 수 있습니다. 애벌레는 나무의 해충입니다. 네눈박이하늘소, 뽕나무하늘소, 삼하늘소, 참나무하늘소, 톱하늘소, 포도나무하늘소 따위의 많은 종이 있습니다. "발절충 · 저천우(楮天牛) · 천우(天牛)"라고도 합니다. 한자어 "천우(天牛)"를 우리말로 "하늘소"라 했습니다.

# 15. 수목

## ▌나무

"나무"를 한자로 "수목(樹木)"이라 하지요. "수(樹)" 자는 나무를 키운다는 뜻이고 "목(木)"은 나무가 뿌리박은 형상입니다. "나무"를 중세에 "나모, 낡" 이라고 했어요. 지금도 함경도방언에서 "남기"라 말하지요. 『鷄林類事』에서도 "南記"라고 하고 『조선관역어』에는 "那莫"라 기록했어요. 당시 "나모" 는 "木"을 가리키고 "즘게"가 "樹"를 말했어요. "나무"의 어원은 "남다(넘다)"에서 왔다고 봅니다. "나무"의 특징이 해마다 무럭무럭 자라서 어느새 사람의 키를 넘습니다. 그래서 옛사람들은 "나마가다(넘어가다)"란 의미로 "나모" 또는 "남기"라 했다고 봅니다. 몽골어에 [namiya](가지; 枝), 만주어에 [namu](生柴)라고 합니다. 우리말 "나무"와 어떤 친족관계가 있다고 봐야 하겠습니다.

○ 나모 아래 안ᄌᆞ샤 諸天이 오ᅀᆞ뵈며 <1447 월곡 43> (나무 아래 앉으니 제천이 오며)

○ 불휘 기픈 남ᄀᆞᆫ(根深之木) <龍歌2장>

○ 즘게 남ᄀᆞᆯ 樹王이라 ᄒᆞᄃᆞᆺ ᄒᆞ야 <月釋 1:24> (즘게 나무를 수왕이라 하듯)

## ▌뿌리

"뿌리"란 식물의 밑동으로서 보통 땅속에 묻히거나 다른 물체에 박혀 수분과 양분을 빨아올리고 줄기를 지탱하는 작용을 히는 기관입니다. 한자 "근(根)"은 초목의 뿌리입니다. "뿌리"를 중세에 "불위, 불휘"라고 했어요. 이 말은 "붇다(불어나다)"에서 기원했다고 봅니다. "뿌리"는 땅속에서 뻗어야 영양을 흡수합니다. 이 과정을 뿌리가 불어난다고 할 수 있지요. 그리하여 "불휘 > 불회 > 쑤리 > 뿌리"의 변화를 해 왔습니다.

○ 諸根온 여러 불휘니 눈과 귀와 고과 혀와 몸과 뜯패라 <1447 석상 6:28>
   (제근은 여러 뿌리니 눈과 귀와 코와 혀와 몸과 뜻이라)
○ 또 숫근 나모 불회를 마그며 믈이며 개야미롤 최오고 <1632 가언 7:23>
   (또 썩은 나무 뿌리를 막으며 물이며 개미를 치우고)

## ▌잎

"잎"의 한자 "엽(葉)"은 초목의 잎입니다. "잎"을 중세에 "닢"이라 했어요. 이 말은 "닙다(입다)"와 어원적으로 같다고 봅니다. 일반적으로 대부분 온대 식물은 겨울이면 잎이 떨어지고 봄이면 새잎이 돋아나 마치 새 옷을 입는 것과 같다고 할 수 있지요.

○ 花눈 고지오 葉은 니피라 <月釋8:10> (花는 꽃이오 葉은 잎이라)
○ 禮服 니브시고 <月釋 8:90>

## ▌싹(芽)

"싹(芽)"은 식물의 새로 난 잎이나 줄기입니다. 중세에 "삭, 삸"이라 했습니다. 이 말은 "삿/숫(사이)"에서 기원했습니다. 즉 "삸 > 삭 > 싹"으로 변화된 것입니다.

○ 삸과 삸괘 삐롤 브터 나고 <1465 원각 상1-2:14> (싹과 싹이 씨로부터 나고)

○ 神足은 삭 남 곧고 <1465 원각 상2-2:118> (신족은 싹 나는 것 같고)

## ▌ 소나무

"소나무"를 중세에 우리말로 "솔"이라 했지요. 그런데 『鷄林類事』에는 "松曰鮓子南"이라고 했거든요. 안병호는 "잣나무"로 해석했습니다. 하여튼 "자자(鮓子)"와 "잣"은 약간의 비슷한 발음이 될 수 있습니다. 우리말에서 "송수(松樹)"를 본래 "잣남기"라 불렀습니다. 한자 어휘 "송(松)"의 상고음은 (黃侃系統: 心母 東部; 王力系統: 邪母 東部) [*ziong]이며 중고음이 (王力系統) [ziwoŋ]입니다. 중원음(中原官話)에서 오히려 [soŋ]이라 했습니다. 그러니까 "송(松)"은 이 발음을 받아들였습니다. 이러면서 "송(松)나무"가 생기고 사용과정에서 점차 'ㅇ' 받침이 떨어져 "소나무"로 되었습니다. 따라서 "잣나무"는 그 중의 한 품종으로 전락되고 오히려 "송(松)"이 절대적인 종개념으로 쓰이게 되었습니다. 그리고 "소나무"는 또 "솔", "솖바올(솔방울)", "솖진(송진)" 등에서 "ㄹ" 받침을 쓰고 있습니다. 만약 조선 학자들의 주장대로 "물"은 고대의 "마"에서 왔다면 "솔"도 "소나무"에서 "ㄹ" 음 첨가 가능성이 충분합니다. 이처럼 역사적으로 한자음에 "ㄹ" 음 첨가는 이 외에도 "마(馬) > 말, 寺[*ziə] > 절" 등이 있습니다. 모아말하면 "소나무"는 "松"[soŋ] 음을 발음한 것이며 고유어로 본래 "잣나무"였다고 할 수 있습니다.

○ 松曰鮓子南 <鷄林類事>
○ 솖바올 닐굽과(松子維七) <龍歌 89章>

## ▌ 잣나무

"잣나무"는 소나뭇과의 상록 교목입니다. 열매는 긴 타원형으로 10월에 열리며 씨는 '잣'이라고 하여 식용합니다. 재목은 건축, 가구재 따위에 쓰고 정원수로 재배합니다. "과송(果松)·백목(柏木)·백자목·송자송(松子松)·

오렵송(五鬣松) · 오립송(五粒松) · 오렵송(五葉松) · 유송(油松) · 해송(海松)" 등 이름이 있습니다. "잣"은 옛날에 "城" 또는 "재"[嶺]를 말했습니다. 그러니 "잣나무"의 어원은 "재"[嶺]에서 자라는 나무란 뜻입니다. 따라서 이런 곳에 보통 성벽을 쌓기 때문에 "잣"은 성(城)도 가리키게 되었습니다.

　　○ 錦官 ㅅ 잣밧긔 잣남기 森列ᄒ더로다(錦官城外栢森森) <初 杜解 6:1>

## ▌자작나무

　"자작나무"는 깊은 산 양지쪽에서 자라는데 높이 20m에 달하고 나무껍질은 흰색이며 옆으로 얇게 벗겨지고 작은 가지는 자줏빛을 띤 갈색이며 지점(脂點)이 있습니다. 나무껍질이 아름다워 정원수 · 가로수 · 조림수로 심습니다. 목재는 가구를 만드는 데 쓰며, 한방에서는 나무껍질을 백화피(白樺皮)라고 하여 이뇨 · 진통 · 해열에 씁니다. 천마총에서 출토된 그림의 재료가 자작나무껍질이며, 팔만대장경도 이 나무로 만들어졌습니다. 중세에 "ᄌᆞ작나모"라 했습니다. 이 말의 어원은 껍질이 불에 타면 화약에 불붙든 삽시간에 "자작자작" 소리를 내며 탄다는 데서 "자작나무"라 했다고 합니다. 다른 하나는 "작은 가지가 자줏빛"을 띠기에 "ᄌᆞ주나모 > ᄌᆞ작나모"로 될 수도 있습니다.

　　○ 沙木 ᄌᆞ작나모 <1690 역해 하:42>

## ▌봇나무

　"봇나무"란 "자작나무"를 조선과 중국에서 일컫는 말입니다. "자작나무"는 여러 종류가 있기에 일반적으로 그 중에서 껍질이 두꺼운 나무를 "봇나무"라 부릅니다. "봇나무"를 "화목(樺木)", "백화수(白樺樹)"라고도 하며 중세에 "봇"이라 했어요. "봇나무" 껍질은 "화피(樺皮)"라고도 했는데 잘 썩지 않고 질기기 때문에 옛날 활, 다래끼, 장례(葬禮) 등에 광범히 사용했습니다. 그리기 때문에 "화피"를 벗기는 일을 아주 중시하였으며 "나무껍질을 벗기다"는 의미로 이름 지었다고 봅니다. 그리하여 "벗나무 > 봇나무"로 된 것으로 봅니다.

○ 봇 화 樺 <訓蒙 上 10>
○ 屍帳을 벗겨다가(抄錄屍帳) <無怨錄 1:3>

## ▌가래나무

"가래나무"를 추자목(楸子木)이라고도 하고 열매를 추자(楸子), 핵도추(核桃楸) · 산핵도(山核桃) · 호도추(胡桃楸)라고도 합니다. 나무의 변재는 회백색, 심재는 회갈색으로 질이 치밀하고 질기며 뒤틀리지 않아 가구재 · 기계재 · 총대 · 조각재로 쓰입니다. 수피를 채취하여 말린 것을 추피(楸皮)라 약재로 하며 열매는 날 것으로 그냥 먹거나 요리하여 먹고, 기름을 짜서 먹기도 합니다. 중세에 "ᄀ래나모, ᄀ래남기"라 하고 열매를 "가룻톳"이라 했습니다. 조선이나 중국에서는 "가래토시나무"라 합니다. 넙다리 윗부분의 림프샘이 부어 생긴 멍울인 "가래톳"과 비슷한 열매가 열린다고 "가래토시"라 합니다.

○ 가룻톳 便毒 <救急簡易方 目錄 3>
○ 梓 ᄀ래나모 지 <1527 훈몽 상:6>

## ▌가문비

"가문비" 또는 "감비나무"라고도 합니다. 한자어로는 가문비(假紋榧) · 당회(唐檜) · 어린송(魚鱗松) · 삼송(杉松) · 사송(沙松) · 가목송(假木松) 등으로 부릅니다. 입고병에 매우 약하여 생태적으로 추운 곳이 아니면 양묘에 성공할 수 없습니다. 잎이 작고 치밀하여 분재로 많이 사용하고, 또한 목재의 재질이 연하고 부드러우며 결이 곱기 때문에, 산촌에서는 토막집을 짓고 문틀을 만드는 데 많이 사용합니다. 이 말은 한자 어휘 "가문비(假紋榧)"에서 왔습니다. 뜻인즉 "문비(紋榧)나무와 비슷한 문양이 있다는 의미에서 온 이름입니다.

## ▌고로쇠나무

"고로쇠나무"는 단풍나뭇과의 낙엽 교목입니다. "고로쇠"란 이름은 한 자어 "골리수(骨利樹)"를 사용하는 과정에서 발음이 변화된 것입니다.

## ▌고추나무

"고추나무"는 고추나뭇과의 낙엽 활엽 관목입니다. 5~6월에 흰 꽃이 원 추(圓錐) 화서로 가지 끝에 피고, 열매는 달걀 모양의 삭과(蒴果)로 10월에 익습니다. 잎은 식용하고 목재는 젓가락이나 땔감으로 씁니다. 나무의 흰 꽃이 고추 꽃과 비슷해서 지은 이름으로 봅니다.

## ▌국수나무

"국수나무"를 수국(繡菊)이라고도 합니다. 장미과의 작은 키나무로 가느 다란 줄기가 무더기로 올라와 키 1~2m 정도로 비스듬히 자랍니다. 가지 가 많이 나오며 긴 덩굴처럼 땅 위로 축축 늘어져서 전체가 둥그스름한 덤 불처럼 되는데 긴 가지가 국수 가락처럼 축축 늘어진다 하여 붙여진 이름 입니다.

## ▌까마귀밥나무

"까마귀밥나무" 또는 "가마귀밥여름나무 · 가마귀밥나무 · 까마귀밥여름 나무"라고도 합니다. 열매는 장과로 둥글고 9~10월에 붉게 익으며 쓴맛 이 납니다. 까마귀가 잘 먹는다고 붙여진 이름입니다.

## ▌까마귀베개

"까마귀베개"를 "푸대추나무·헛갈매나무·까마귀마개"라고도 합니다. 열매는 긴 타원형 핵과로 8~10월에 노란색에서 검은색으로 익습니다. 열매모양이 아마 베개처럼 생겼다고 붙여진 이름인 것 같습니다. 중국에서는 "猫乳(고양이 젖)"이라 부릅니다.

## ▌까치밥나무

"까치밥나무"란 깊은 산 숲 속에 자라는 낙엽 떨기나무입니다. 까치도 당연히 자기의 밥 나무가 있어야지요. 꽃대와 꽃줄기에 잔털이 있으며, 꽃받침 잎은 도란형으로 연한 녹색이고 열매는 장과, 둥글다고 합니다. 까치가 먹는다는 밥은 도대체 꽃인지 열매인지는 잘 모르겠습니다만 열매일 수 있습니다.

## ▌나도밤나무

"나도밤나무"는 밤나무는 아니지만 밤나무와 매우 비슷하다는 데서 생긴 이름입니다. 물론 여기에 재미있는 민간어원도 있지만 일제의 강점아래 『조선식물명휘(朝鮮植物名彙)』(1921)이 편찬되면서 자기 민족의 식물학자나 언어학자들이 부족한 상황에서 동식물 이름을 전면 조사 등기하다보니 적지 않게 모를 이름은 이처럼 어처구니없이 지었다고 여겨집니다. 하지만 우리말 명칭에서 해학적인 일면도 충분히 보여줍니다. 그리하여 우리말의 식물이나 동물 이름에 "나도"란 말을 붙여 이르는 것이 적지 않아요. 식물이름에는 "나도국수나무, 나도개암버섯, 나도냉이, 나도다시마, 나도바랭이, 나도방동사니, 나도싱아, 나도하수오, 나도송이버섯"이 있습니다.

## ▌ 너도밤나무

"너도밤나무"도 참나뭇과의 낙엽 활엽 교목입니다. "나도밤나무"한테 이름을 지어 주고 나서 또 밤나무와 비슷한 나무를 발견하니 이번에는 "너도밤나무"구나 하고 지어주었습니다.

## ▌ 노각나무

"노각나무"는 아름다운 줄기 때문에 금으로 수놓은 나무라는 뜻의 금수목(錦繡木)이라고도 불리고 "녹각나무, 금사슬나무"라고도 합니다. 목재가 단단하여 장식재나 고급 가구재로 사용되며, 특히 제사를 지낼 때 사용하는 목기 재료로 이용됩니다. 이 나무의 이름을 "녹각나무"라고도 하는데 나뭇가지가 사슴뿔리 같다고 한자어 "녹각(鹿角)"에 "나무"가 결합하여 된 것입니다. 그래서 "녹각나무 > 노각나무"로 되었습니다.

## ▌ 녹나무

"녹나무"를 "향장목(香樟木) · 장뇌목(樟腦木) · 장수(樟樹)"라고도 합니다. 재목 · 가지 · 잎 · 뿌리를 수증기로 증류하여 얻은 기름이 장뇌인데, 향료 · 방충제 · 강심제를 만드는 원료로 씁니다. 나무의 색과 결이 고와 건축의 내장재 · 가구재 · 완구재 등으로 쓰며 사찰의 목어를 만들기도 합니다. 나무 이름의 유래를 잘 알 수 없지만 대담하게 추측컨대 너무도 사용가치가 많아 "복 록(祿)"을 달아 "녹(祿)나무"라 불렀을 것으로 추정합니다.

## ▌ 느릅나무

"느릅나무"는 한자어로는 분유(枌楡) · 가유(家楡)라고 합니다. 용재수(用材樹)로 많이 이용되고 있습니다. 떡느릅나무의 어린잎은 밀가루나 콩가루에 버무려 떡을 만들어 먹을 수 있으며, 열매는 옛날에 사용했던 얇은 동전과 닮아 유전(楡錢) 또는 유협전(楡莢錢)이라고 부릅니다. 중세에 "느릅나모"라 했는데 "느리다"에서 기원했습니다. 즉 나무 가지가 늘어진 모습으로 이름을 달았습니다.

○ 느릅나모 유 楡 <訓蒙 上 10>

## 느티나무

"느티나무"는 한자어로는 "괴목(槐木)·규목(槻木)·궤목(樻木)·거(欅)"라고도 합니다. 지난날 우리 민족의 마을들에는 대개 큰 정자나무가 있었는데 정자나무로서 가장 뛰어난 기능을 발휘한 것이 느티나무였습니다. 이 밖에 느티나무의 목재는 결이 곱고 단단해서 밥상·가구재 등으로 쓰였고, 불상을 조각하는 데에도 쓰였습니다. 중세에 "느틔, 느틔"라 했습니다. "느츠다(늦추다)"에서 기원된 것이라 봅니다. 보통 느티나무는 몇 백 년씩 된 오랜 나무들이 마을을 지키고 있었거든요. 그러니 세월을 늦추는 나무란 의미로 봅니다.

○ 대 우희 셧는 느틔 멋히나 즈란는고 <古時調.鄭澈> (대 위에 서있는 느티 몇해나 자랐는고)

## 능금나무

"능금나무"는 장미과의 낙엽 활엽 교목으로서 높이는 10m 정도이며, 잎은 어긋나고 타원형인데 톱니가 있습니다. 4~5월에 흰 꽃이 짧은 가지에 피고 열매는 여름부터 가을에 걸쳐 붉은색 또는 누르스름한 이과(梨果)를 맺습니다. 열매는 사과보다 작고 맛이 덜합니다. "능금나무"를 조선임금(朝鮮林檎) 및 화홍(花紅)이라고도 합니다. 능금이라는 이름은 이두로 표기한 임금(林檎)에서 유래한 것입니다.

## ▌ 닥나무

"닥나무"를 저상(楮桑)이라고도 합니다. 옛날부터 닥나무 껍질을 벗기어 이것을 그대로 말린 것을 흑피(黑皮)라 하고, 흑피를 물에 불려서 표피를 긁어 벗긴 것을 백피(白皮)라 했습니다. 흑피는 하급지의 원료로 쓰이고 백피는 창호지·서류용지·지폐 등의 원료로 썼습니다. "닥나무"란 이름은 한자 "저(楮)"에서 왔습니다. 楮의 상고음으로 (黃侃系統: 透母 模部; 王力系統: 透母 魚部) [tu]가 되니 "닥"이란 이름과 비슷합니다. 다시 말하면 "[tu] > 두 > 닥"으로 "닥나무"가 되어 결국 "楮나무"라고 할 수 있습니다.

## ▌ 담쟁이

"담쟁이"는 포도과에 속하는 넌출성 식물로서 돌담이나 바위 또는 나무 줄기에 붙어서 살기에 주로 미관을 위하여 건물이나 담 밑에 심습니다. 담에 붙어산다고 "담쟁이"라 부릅니다.

## ▌ 대나무

"대나무"의 한자 "죽(竹)"은 참대 잎과 줄기 모양입니다. "대나무"는 중국이 원산지며 한반도에 전해진지도 무척 오래될 것입니다. 竹의 상고음으로 (王力系統: 端母 覺部) [*djiuk]이고 중고음으로 (知母 屋韻 入聲) [ţjiuk]이며 복건(閩南潮州) 말에서 지금도 [tek]이라 합니다. 이로부터 알 수 있는바 "대"란 말은 상고음에서 받아들여 받침소리가 약화된 것이고 "죽"은 중고음을 받아들인 결과입니다. "대"란 말을 쓴 지 너무 오래되기에 고유어로 착각하게 되었습니다.

○ 대쪽 멸 篾 <訓蒙 下 16>
○ 簡은 대짜개니 네는 죠히 업서 대롤 엿거 그를 쓰더니라 <月釋 8:96> (簡은 대쪽이니 옛날 종이 없어 대를 엮어 글을 쓰더라)

## ▌떡갈나무

"떡갈나무"의 재목은 단단하여 침목, 선박 재, 기구 재 따위로 쓰고 나무껍질의 타닌은 물감 또는 가죽을 다루는 데 쓰며, 열매는 주로 묵을 만들어 먹습니다. "갈·갈나무·갈잎나무·견목(樫木)·곡목(槲木)·대엽력(大葉櫟)·대엽작·도토리나무·부라수·소파납엽·역목(櫟木)·작목(柞木)·착자목(鑿子木)·참풀나무·청강수(青剛樹)·포목(枹木)·해목(檞木)" 등 이름이 있습니다. "갈나무"는 나뭇잎이 "갈마들다"는 "갈"에서 기원했으며 어린잎으로 떡을 싸 먹는다 하여 "떡갈나무"란 이름이 붙여졌습니다. 함경도방언에서 "가둑나무"라고도 하고 일부 방언에서 "갈, 갈나무"라고도 합니다. 중세에 "가랍나모"라고도 했습니다. "가랑잎"은 본래 "떡갈나무의 잎"을 가리키던 데로부터 "모든 활엽수의 마른 잎"을 말합니다.

○ 櫟 덥갈나모 륵 <1527 훈몽 상:6>
○ 가랍나무 柞 <訓蒙 上 10>

## ▌두릅나무

"두릅나무"를 한자로 "총목(摠木)"이라고도 합니다. 어린잎은 식용하고 나무껍질과 뿌리는 약용합니다. 봄에 잎줄기가 무성하게 나와 위쪽이 넓은 장막 같게 되지만 겨울에는 엉성합니다. "두릅나무"의 어원은 가지가 적고 잎이 무성하게 나무를 둘러있다고 "두릅"이라 했습니다.

## ▌마가목

"마가목" 열매는 작은 사과모양이며 둥근모양이고 끝부분에 남아 붙은 꽃받침잎은 안쪽으로 약간 구부러졌으며 10월에 붉은색으로 익습니다. 열매를 "마가자(馬家子)"라 하며 나무 이름은 한자어 "마아목(馬牙木)"에서 온 것입니다.

○ 丁公藤 마가목 <1613 동의 3:42>
○ 마가목 一名 南藤 丁公藤 <1868 의종 20>

## ▌물푸레나무

"물푸레나무"의 열매는 시과이고 길이가 2~4cm이며 9월에 익습니다. 열매의 날개는 바소 모양 또는 긴 바소 모양입니다. 목재는 가구재·기구재로 이용하고, 나무 껍질은 한방에서 건위제(健胃劑)·소염제·수렴제(收斂劑)로 사용합니다. 가지를 물에 담그면 물이 푸르게 변하기 때문에 "물푸레나무"라고 부릅니다.

## ▌바늘까치밥나무

"바늘까치밥나무"는 "까치밥나무"와 비슷하면서 줄기에 붉은색 가시가 많이 돋아나 있어 "바늘"을 더 붙여 이름 지었습니다.

## ▌박달나무

"박달나무"는 자작나뭇과의 낙엽 활엽 교목으로서 나무질이 단단하여 건축재나 가구재로 씁니다. 우리 민족은 예로부터 박달나무를 신성시하여 건국신화에도 단군왕검이 박달나무 아래서 신시를 열었다고 전해집니다. 단군(檀君)의 "단"도 박달나무라는 뜻입니다. 또한 박달나무는 물에 거의 가라앉을 정도로 무겁고 단단하여 홍두깨·방망이로도 많이 이용되었습니다. 이밖에 가구재·조각재·곤봉·수레바퀴 등으로 이용됩니다. 이 나무의 이름은 "세게"라는 뜻을 더하는 접두사 "박-(차다)"을 결합하여 "박(접두사)+단(檀)+나모"로 이루어졌다고 봅니다. 즉 "박단나모 > 박달나무"로 되었다고 봅니다.

○ 牛筋木 박달나모 曲理木 박달나모 <譯解 下:42>

## ▎박쥐나무

"박쥐나무"과의 낙엽 활엽 관목입니다. 나뭇잎이 마치 박쥐가 날개를 편 모양과 닮았다하여 박쥐나무라 합니다.

## ▎버드나무

"버드나무"는 옛 날부터 정수작용이 있어서 우물가거나 개울가에 정원 수로 많이 심어왔습니다. 버드나무는 습지에 잘 자라고 번식이 빠릅니다. 봄에 웬만한 수분이 있는 땅에 가지를 꽂아도 금방 살아나지요. 게다가 가지가 가늘게 실과 같이 늘어지는 까닭에 아름다운 여성을 비유하기도 하지요. 가지의 색이 진한 붉은색이면 수양(垂楊)버들이고 누른 녹색을 띠면 능수버들입니다. 이 나무 이름은 "뿌리가 쉽게 뻗어 나간다"고 "버드나무"라 했습니다. "벋어+나무 > 버드나무"로 된 것입니다. 고구려 시조 동명성왕(東明聖王) 주몽(朱蒙)의 모친 이름이 유화(柳花)였다고 전해지고 있습니다.

○ 버드나모 션 믌 ᄀᆞᅀᆞ로 디나(過楊柳渚) <初杜解 15:10>

## ▎보리밥나무

"보리밥나무"는 주로 바닷가에서 많이 자랍니다. 작은 가지에 은백색 및 연한 갈색 비늘털[鱗毛]이 있고, 능선이 있으며 줄기는 길게 벋습니다. 열매는 타원형으로 길이 15~17mm이고, 흰색 비늘털이 있으며 먹을 수 있습니다. 흰색 비늘털이 있는 열매가 보리밥알 같게 생겼다고 지은 이름입니다.

## ▎보리나무

"보리나무"는 보리수나뭇과의 상록 활엽 덩굴성 관목입니다. 석가가 그 아래 앉아 대도(大道)를 깨달았다는 나무입니다. 한자 어휘 보제수(菩提樹)에서 온 말이 변형되어 불립니다. 그 원인은 "보제(菩提)"의 한자 상고음 (王力系統) [budhei]이 산스크리트어(梵語)의 각(覺)·지(智)·지(知)·도(道)란 뜻인 "보디"[Bodhi]를 음역한 말로서 우리말에 들어와 "보리"[菩提]로 된 것입니다.

## ▌사시나무

"사시나무"는 다른 나무에 비하여 어릴 때부터 빨리 자라 다 크기까지 오래 걸리지 아니하는 나무입니다. 나뭇잎은 바람이 살짝 불어도 몹시 떨기에 몸을 몹시 떠는 모양을 사시나무 떨 듯 한다고 비유합니다. 이름은 사계절 자란다고 "사시(四時)나무"라 한 것 같습니다.

## ▌사철나무

"사철나무"는 경기도, 강원도 이남의 바닷가 산기슭에서 높이 2~3m정도 자라는 키가 작은 상록수입니다. 항상 사철 푸르다고 지은 이름입니다.

## ▌신나무

"신나무"는 단풍나뭇과의 낙엽 소교목입니다. 중세에 "신"은 단풍나무를 가리켰습니다. 즉 "신[楓]+나모 > 신나무"의 변화 과정을 거쳤습니다. 본래 "신" 하나만으로도 "단풍나무"의 의미를 나타낼 수 있지만 의미를 보다 분명하게 하기 위해 "낢/나모"를 덧붙인 것입니다. "신"의 어원은 "시들다"입니다. 나뭇잎이 시들어 단풍잎으로 되는 자연현상을 과학적으로 반영했습니다.

○ 신 爲楓 <訓解 58>
○ ᄯᅩ 신남굿 버슷 먹고 <救方 下:48> (또 신나무 버섯 먹고)
○ 民常 病ᄒᆞ야 시드러 음담 몯ᄒᆞ고 <釋譜 9:29> (늘 병으로 고달파 음담 못하고)

## ▌싸리

"싸리"는 좋은 밀원식물(蜜源植物)이며 겨울에는 땔감으로 씁니다. 잎은 사료, 줄기에서 벗긴 껍질은 섬유자원으로 이용하기도 합니다. 새로 자란 줄기는 농촌에서 여러 가지 세공을 하는 데 쓰고 비도 만듭니다. 17세기 문헌에서 "쁘리"가 나타납니다. 이 말은 "쁘다"[包]에서 기원한 것으로 봅니다. "싸리"는 그 자라는 형상이 둘러싸인 모습입니다. "쁠이 > 쁘리 > 싸리"로 되었습니다.

○ 쁘리 莉條 <四解 下 47>
○ 쁠 포 包 <類合 下:57>

## ▌아재비과줄나무

"아재비과줄나무"란 낙엽 활엽 소교목으로서 수피는 흑갈색 또는 암회색으로 매끈매끈하며 사마귀 모양의 피목이 많고 가지가 퇴화한 가시가 있습니다. 과실은 현저히 좁고 길며 약간 굽고 비틀리지 않는데 과실 및 가시는 약용으로 쓰입니다. "과줄나무"와 비슷하여 이런 희귀한 이름을 가졌습니다.

## ▌오갈피나무

"오갈피나무"는 두릅나뭇과의 낙엽 활엽수입니다. 관목뿌리나 줄기의 껍질은 오갈피라고 하며 약용합니다. 이 나무 이름은 "오가피(五加皮)"라는 약재이름에서 왔습니다.

## ▌오리나무

"오리나무"를 오리목(五里木), 적양(赤楊), 유리목(楡理木) 등으로 부릅니다. "오리나모"의 최초 기재는 1728년 『청구영언』에서 "오리남기"가 나타납니다. 19세기 초 『物名考』에서 유리목(楡理木)이라 하고 20세기 초에 오리목(五里木)이라 표기하기도 했습니다. "오리나무"가 사는 저습지에는 오리를 포함한 수많은 물새들이 반드시 살고 있다고 이렇게 부릅니다.

## ▌옻나무

"옻나무"를 "칠목(漆木)"이라고도 합니다. 나무껍질에 상처를 내어 뽑은 진은 옻칠의 원료로 쓰고, 목재는 가구재(家具材)나 부목(副木)을 만드는 데 씁니다. 옻칠의 원료이기에 옻나무라 합니다. "색칠, 칠하다" 등 말은 이에서 왔습니다.

○ 옻나모 칠 漆 <訓蒙 上 10>

## ▌잎갈나무

"잎갈나무"는 소나뭇과(科)에 속한 낙엽 교목으로 "낙엽송(落葉松)"이라고도 부릅니다. 해발고가 1000m 좌우에서 자랍니다. 소나뭇과에서 유일하게 겨울에 잎이 떨어지고 봄에 새잎이 납니다. 그래서 나무의 이름을 "잎을 가는 나무"라고 "잎갈나무" 또는 조선과 중국조선어에서 "이깔나무"라 부릅니다.

## ▌이팝나무

"이팝나무"는 4월에 흰 꽃이 취산(聚繖) 화서로 피고 열매는 핵과(核果)로 가을에 까맣게 익으며 정원수나 풍치목으로 재배합니다. 민속적으로 보면 나무의 꽃 피는 모습으로 그해 벼농사의 풍흉을 알 수 있다고 하여 치성을 드리는 신목으로 받들어지기도 하였습니다. "쌀나무"라고도 하는데 나무에 핀 흰 꽃이 쌀밥과 생김새가 비슷하다고 하여 붙은 이름입니다.

## ▌ 자귀나무

"자귀나무"는 부부의 금실을 상징하는 나무로 "합환수(合歡樹)·합혼수(合婚樹)·야합수(野合樹)·유정수(有情樹)"라고도 합니다. 이런 연유로 산과 들에서 자라는 나무를 마당에 정원수로 많이 심습니다. 자귀대의 손잡이를 만드는데 사용되는 나무였기 때문에 자귀나무라고 하며 소가 잘 먹는다고 "소쌀나무"라고 부르는 곳도 있습니다.[1]

## ▌ 전나무

"전나무"를 젓나무라고도 합니다. 젓나무라는 표기는 한국의 식물학자인 이창복이 전나무에서 젖(우유)이 나온다고 해서 전나무를 젓나무로 고친데서 비롯되었습니다.[2]

## ▌ 조팝나무

"조팝나무"는 산야에서 자랍니다. 높이 1.5~2m이고 줄기는 모여 나며 밤색이고 능선이 있으며 윤기가 납니다. 꽃핀 모양이 튀긴 좁쌀을 붙인 것처럼 보이기 때문에 조팝나무라고 부릅니다.

## ▌ 쥐똥나무

"쥐똥나무"는 물푸레나뭇과의 낙엽 활엽 관목입니다. 검은 쥐똥 같은 열매가 겨울에도 달려 있어 이렇게 부릅니다.

---

1) <네이버 지식백과> 자귀나무 [silk tree, mimosa, cotton varay](두산백과).
2) <네이버 지식백과> 전나무(두산백과).

## █ 딱총나무

"딱총나무"는 인동과에 속한 낙엽 활엽 관목입니다. 높이는 3m 정도이며, 잎은 마주나고 겹잎인데 톱니가 있습니다. 말린 가지나 꽃은 약재로, 어린잎은 식용으로, 심재(心材)는 공업용으로 씁니다. "딱총나무"란 어원은 나무의 심재(心材)를 뽑아내면 속이 비어 예전에 아이들의 장난감 "딱총"을 만들 수 있었기 때문입니다.

## █ 참나무

"참나무과"에 속하는 낙엽활엽수의 총칭입니다. "진짜" 또는 "진실하고 올바른", "품질이 우수한"의 뜻을 더하는 접두사 "참-"에 "나무"의 결합입니다. "참나무"는 우리 민족의 오랜 역사에서 특별한 인연이 있는 나무입니다. 나무재목으로부터 땔나무, 도토리, 밤 등이 모두 이 참나무에서 얻어온 것입니다.

## █ 칡

"칡"은 콩과의 낙엽 활엽 덩굴성 식물입니다. 뿌리의 녹말은 식용하고 뿌리는 약용합니다. 이 이름은 "츠다"[舞: 추다]와 동원어휘라 봅니다. "칡" 덩굴이 위로 올라 뻗을 때 춤추듯 하늘거리며 붙잡을 대상을 찾습니다. 그러다 어느 나무줄기라도 잡으면 칭칭 휘감기거든요. 아주 춤추는 동작과 유사하다고 할 수 있습니다. 그리고 칡과 등나무가 서로 얽히는 것과 같이, 개인이나 집단 사이에 목표나 이해관계가 달라 서로 적대시하거나 충돌하는 것을 "갈등(葛藤)"이라고 합니다. 그런즉 "칡"은 "츠다"[舞: 추다]와 어원이 같습니다.

　　○ 츩 갈 葛 <訓蒙 上 9>
　　○ 겨으리 티우니 또 ᄀᆞᄂᆞᆫ 츩오술 닙노라(冬暖更織綌) <重杜解 3:6>

## ▌팽나무

"팽나무"는 한자 憉木(팽목), 朴樹(박수) 등에서 유래한다고 합니다. 팽나무는 영육의 생명 부양 나무로 다산과 풍요 그리고 안녕을 보살피는 민속적 관계로부터 설명될 수 있습니다. 이 이름은 "팽목"의 "팽(憉)"과 "나무"의 합성어입니다.

## ▌피나무

"피나무"를 가목(椵木)·단목(椴木)이라고도 합니다. 재목은 가구재로 사용되며, 나무껍질은 섬유용으로 특히 예전에 밧줄을 꼬거나 다래끼 등을 만들었습니다. 그리하여 이 나무 이름을 "껍질 피 皮" 자를 붙여 "피(皮)나무"라 불렀다고 봅니다.

## ▌황철나무

"황철나무"란 버드나뭇과의 낙엽 활엽 교목입니다. "백양나무·백양목"이라고도 합니다. "황철나무" 재목은 펄프용, 성냥개비 제조에 쓰는데 황색으로 되었다고 한자어 "황철(黃鐵)"이라 부른 것 같습니다.

## ▌홰나무

"홰나무"를 "회화나무, 괴목(槐木), 괴화(槐花)나무"라고도 합니다. 한자 "괴(槐)"의 상고음은 (黃侃系統: 匣母 灰部) [hiəi]거나 (王力系統: 匣母 微部) [huɛi]입니다. 어느 것이나 "홰"와 아주 비슷한 발음입니다. 그런즉 "홰나무"의 이름은 "槐"의 상고음 "[hiəi]/[iɛi] > 홰"를 그대로 부른 것이라 봅니다.

## ▌진달래

"진달래"를 두견(杜鵑)·두견화(杜鵑花)·산척촉(山躑躅)·진달래꽃 등으로 부릅니다. 이 이름은 "돓오다(뚫다)"와 연관된다고 봅니다. 겨울눈을 뚫고 제일 먼저 한반도의 전 지역에서 피어나기 때문에 중세에 "돌외, 진둘러" 라고 불렀다고 봅니다. 즉 "진(眞)+돌외/돌위 > 진돌외 > 진둘러 > 진달래"의 변화를 했습니다. 다른 한 가지 가능한 해석은 "杜鵑"의 상고음이 [*dhǒ*guen]으로 되니 "돌외/돌위"는 이 상고음을 차용한 것이 오랜 세월 가운데 변모되었다고 볼 수 있습니다. 좀 더 자세히 말하자면 [*dhǒ*guen] 의 발음은 유성음으로 되므로 아주 쉽게 "두연"과 비슷한 소리로 될 수 있습니다. 이 "두연"은 점차 와전되면서 "돌외/돌위"로 될 수 있고 여기에 "진(眞)"이 다시 붙어 "진달래"가 될 수 있습니다. 지금 보면 오히려 한자음 "두견(杜鵑)"이 중고음[dʰu kiwen]과 더 가까운 점도 이런 추측의 가능성을 뒷받침해 줍니다. 함경도방언에서 "진달래"를 "천지꽃"이라 합니다. 이는 백두산 천지 일대에 많이 자란다고 "천지(天池)꽃"이라 부른 것입니다.

○ 三月 나며 開혼 아으 滿春 둘읫고지여 ᄂᆞ미 브롤 즈슬 디녀 나샷다 <樂範. 動動> (삼월 나며 핀 아으 만춘 진달래꽃이여 남의 부러워할 모양을 지니 고 나시였다)

○ 진둘의 羊躑躅 <訓蒙 上 7 躑字注>

## ▌개나리

"개나리"는 물푸레나뭇과의 낙엽 활엽 관목입니다. 이른 봄에 잎보다 먼 저 노란 꽃이 피고 9월에 삭과(蒴果)인 열매를 맺는데, 옴·여드름·종기· 연주창 따위에 약재로 쓰입니다. 흔히 울타리용으로 재배합니다. "개나리" 를 망춘(望春)·연교(連翹)·영춘(迎春) 등으로 부릅니다. 봄에 제일 먼저 피는 꽃이지만 "개(접두사)-"('야생 상태의' 또는 '질이 떨어지는')를 붙이니 억울합니

다. "나리꽃"은 "백합화(白合花)" 외떡잎식물로서 백합목 백합과의 여러해
살이풀이지요. 기실 19세기 초의 『물명고』에서는 백합의 일종인 "권단(卷
丹)"을 "개나리"라 했습니다. 무슨 원인인지 몰라도 원래 "개나리"는 풀인
데 나무인 "연교(連翹)"도 "개나리"라 했습니다. "개나리"는 접두사 "개"와
"나리"의 결합이며 "나리"는 본래 "놀(노랗다)"에서 온 것입니다. 그러니
"나리"의 어원은 "노란꽃"이라 볼 수 있습니다.

## ▌참꽃

"참꽃"이란 먹는 꽃이라는 뜻으로, "진달래"를 먹지 못하는 개꽃, 즉 "철
쭉"에 상대하여 이르는 말입니다. 식량이 어려운 옛사람들이 동식물을 판
단하는 첫째 기준은 먹을 수 있는지 없는지 하는 것이었습니다.

## ▌찔레

"찔레"를 들장미·야장미(野薔薇)·찔레꽃이라고 합니다. 찌르는 가시가
많다고 "찔레"라 부릅니다.

## ▌철쭉

"철쭉"은 진달랫과의 낙엽 활엽 관목입니다. 먹지 못한다고 "개꽃"이라
고도 부릅니다. 한자어 "척촉(躑躅)"이 어음 변화된 이름입니다.

## ▌팥꽃나무

"팥꽃나무"를 조기꽃나무·이팥나무라고도 합니다. 바닷가 근처에서 자
라는데 "팥꽃"과 비슷한 꽃이 핀다고 이름 진 것 같습니다.

# 16. 화초

## ▌꽃

　"꽃"의 한자 "화(華)"는 꽃이 핀 모양을 본떴습니다. "꽃"을 『鷄林類事』에서 "骨"이라 했습니다. 중세에 는 "곳, 곶, 곷"이라 했으며 동사 "곶다(꽂다)"와 기원상 연관이 있어 보입니다. 대부분 꽃들을 자세히 보면 줄기와 잎사귀에 "꽂혀있는" 형상으로 보이거든요. 그리고 이로부터 "곱다"란 말도 생겨났을 수 있으며 "곳겨집(첩)", "곳갈(고깔)", "곳답다(향기롭다)" 등 어휘들도 있게 되었지요.

　　○ 花曰骨　<鷄林類事>
　　○ 곳 됴코 여름 하ᄂᆞ니 <樂軌 5:6> (꽃 아름답고 열매 많나니)
　　○ 곳 화 花 <訓蒙 下 4>

## ▌풀

　"풀"은 중세에 "플"이라 했습니다. 양순음 "ㅁ, ㅂ, ㅍ, ㅃ" 아래에서 모음 "ㅡ"가 "ㅜ"로 바뀌는 원순모음화가 일어나 17세기에는 "플 > 풀"로 바뀌었습니다. 중세의 "프르다(푸르다), 프ᄅᆞ다(파랗다)"와 동원어휘입니다.

○ 곳과 果實와 플와 나모와롤 머그리도 이시며 <1447 석상 3:33> (꽃과 과
실과 나무와 풀을 먹을 이도 있으며)
○ 草 플 초 卉 플 훼 <1527 훈몽 하:2>

## ▌함박꽃

"함박꽃"은 작약(芍藥)을 우리말로 부른 이름입니다. 이 말은 "크다는 '한'"
과 "박꽃"이 결합하여 "한박꽃 > 함박꽃"으로 된 것입니다. 이 "함박"은
또 "함박눈", "함박웃음" 등 어휘도 만들었습니다.

○ 芍藥鄕名 大朴花 <月令.二月> (芍藥을 鄕名으로 한박꽃이라 한다)
○ 함박곳 <급간이방언해(1489)>

## ▌열매

"열매"를 중세에 "여름, 여름"이라 했어요. 이 이름은 동사 "(열매) 열다
(結)"에서 왔다고 봅니다. "열음/음 > 여롬/여름 > 여르매 > 열매"로 된 것
입니다.

○ 곳 됴코 여름 하ᄂᆞ니 <樂軌 5:6>
○ 여롬 여는 거시여(結子) <杜解 上 36>

## ▌가시

"가시"는 중세에 "ᄀᆞᄉᆞ라기, ᄀᆞᅀᆞ라기"(까끄라기)와 어원을 같이 한다고
봅니다. 중세에 "가시, 가ᄉᆞ"라고 했습니다.

○ 棘草ᄂᆞᆫ 가시와 프성귀왜라 <1459 월석 10:117> (棘草는 가시와 푸성귀라)
○ 嗓子閣刺 목에 가ᄉᆞ 걸리다 <1690 역해 하:53>
○ 가시 荊棘 荊榛 <1895 국한 3>
○ 것보리롤 ᄀᆞᄉᆞ라기 업시ᄒᆞ고(皮麥去芒) <新救荒撮要 8>

## ∎ 각시취

"각시취"는 국화과의 여러해살이풀입니다. 높이는 120cm 정도이고 녹색에 자주색을 띠며 많은 세로줄이 있습니다. 잎은 버들잎 모양에 깊은 톱니가 있고 8~10월에 자주색 두상화가 핍니다. 어린잎은 봄에 산나물로 먹으며 산의 음지에서 자랍니다. 전체 꽃모양이 각시처럼 아름답다고 붙여진 이름 같습니다.

## ∎ 갈

"갈"은 옛날 우리 민족 생활에서 없어서는 안 될 대상이었는데 주로 삿자리를 겯는 데 사용되었습니다. 가을에 갈대를 베여 삿자리를 겯를 수 있도록 납작하게 두드립니다. 연후에 삿자리를 겯를 때 주의해야 할 점은 갈피를 잘 가려 제자리에 엮어 들어가야 합니다. 그런즉 이 이름은 "굴히다(가리다)"에서 기원했다고 할 수 있습니다.

  ○ 굴 위 葦 굴 노 蘆 <訓蒙 上 8>
  ○ 굴홀 버히고 ᄒᆞ여곰 ᄀᆞ초리라 <東國三綱忠臣圖> (칼을 베고 하여금 갖추라)
  ○ 이러트시 種種 音聲을 굴ᄒᆞ요디 <月釋 序 5> (이렇듯이 종종 음성을 분간하되)

## ∎ 강아지풀

"강아지풀"은 볏과의 한해살이풀입니다. 줄기는 높이가 20~70cm이며, 뭉쳐납니다. 대침 모양이고 여름에 강아지 꼬리 모양의 연한 녹색 또는 자주색 꽃이 줄기 끝에 핍니다. 그래서 "강아지풀"이라 합니다.

## ∎ 개구리갓

"개구리갓"은 미나리아재빗과의 여러해살이풀입니다. 줄기는 높이가 10~

25cm입니다. 조선에서는 "개구리바구지"라 하고 중국에서는 "고양이발풀" [猫爪草]이라 합니다. 서로 같은 풀을 이름 짓는데 착안점이 다릅니다. "개구리가 쓰는 갓"이란 뜻입니다.

## ▌ 개구리발톱

"개구리발톱"이란 미나리아재빗과의 여러해살이풀입니다. 풀잎모양을 보고 "개구리발톱"이라 합니다. 또 "개구리망"이라고도 합니다.

## ▌ 개구리밥

"개구리밥"은 개구리밥과의 여러해살이 수초(水草)로서 부평초(浮萍草)라고도 합니다. 개구리가 사는 곳에서 자라고, 올챙이가 먹는 풀이라고 개구리밥이라 합니다.

## ▌ 개구리참외

"개구리참외"란 푸른 바탕의 열매껍질은 개구리의 등처럼 얼룩점이 많고 골이 있으며 울퉁불퉁한 참외를 말합니다.

## ▌ 개똥쑥

"개똥쑥"은 길가, 냇가, 들에 자라는데 "개똥(접두사)"은 "보잘 것 없거나 천하거나 엉터리인 것을 비유적으로 이르는 말"로 썼습니다. "개똥쑥"은 어디에나 흔한 쑥이라는 뜻입니다.

## ▌ 개불알풀

"개불알풀"은 현삼과의 두해살이풀입니다. 5~6월에 엷은 붉은 보라색 꽃이 하나씩 피고 열매는 개 불알 모양의 삭과(蒴果)로 잎겨드랑이에 하나씩 달립니다. 그래서 듣기 좋은 이름을 가졌습니다.

## ▌개불알꽃

"개불알꽃"이란 난초과의 여러해살이풀인데 높이는 25~40cm이며, 잎은 어긋나고 긴 타원형입니다. 5~6월에 붉은 보라색 꽃이 개의 불알 모양으로 줄기 끝에 한 개씩 핍니다.

## ▌개풀

"개풀"은 갯가에 난 풀입니다. 강아지와 아무 연관도 없이, 즉 "거(渠)풀"이었는데 후에 어음이 변하여 "개풀"이라 합니다.

## ▌거북꼬리

"거북꼬리"란 쐐기풀과의 여러해살이풀로서 줄기는 1m 정도의 높이로 뭉쳐나며, 잎은 3개로 갈라지며 가운데 조각은 거북의 꼬리처럼 됩니다.

## ▌고깔제비꽃

"고깔제비꽃"이란 이른 봄에 잎이 올라오며 고깔처럼 말립니다. 4~5월에 자줏빛의 꽃이 잎 사이의 꽃줄기 끝에 한 개씩 피고 열매는 삭과(蒴果)를 맺습니다. 꽃 모양이 제비를 닮아서 제비꽃이라고 부른다는 설과, 제비가 돌아올 때 꽃 핀다고 하여 이름이 유래됐다는 설이 있습니다. 다른 이름으로 오랑캐꽃, 참제비꽃, 장수꽃, 외나물 등이 있습니다.

## ▌ 고비

"고빗과"의 여러해살이풀입니다. 어린잎과 줄기는 식용하고, 뿌리와 줄기는 약용합니다. 줄기의 어린잎이 "곱다"[曲]고 "고비"라 했습니다.

## ▌ 고사리

"고사리"는 이른 봄에 싹이 뿌리줄기에서 돋아나는데 꼭대기가 꼬불꼬불하게 말리고 흰 솜 같은 털로 온통 덮여 있습니다. 어린잎은 식용하고 뿌리줄기는 녹말을 만듭니다. "궐채(蕨菜)"라고도 합니다. "고사리 같은 손", "고사리는 귀신도 좋아한다", "고사리도 꺾을 때 꺾는다" 등 관용구나 속담이 있을 정도로 우리 민족의 생활과 친근합니다. "고사리"란 말은 오래 전부터 씌었는데 "곱다"[曲]와 "국수, 새끼, 실 따위를 동그랗게 포개어 감은 뭉치"를 일컫는 "사리"가 결합된 것입니다. 그리하여 "곱+사리 > 고사리"로 되었습니다.

> ○ 고사리를 먹고 구틔여 녀나몬 것 아니호리라 <初杜解6:40> (고사리를 먹고 구태어 더 다른 것 아니 하리라)
> ○ 고사리 궐蕨 <訓蒙 上 8>

## ▌ 고슴도치풀

"고슴도치풀"의 줄기는 높이가 1m 정도이며, 몸 전체에 가는 털이 나 있습니다. 잎은 어긋나고 달걀 모양 또는 긴 타원형으로 뭉툭한 톱니가 있습니다. 8~9월에 노란 꽃이 취산(聚纖) 화서로 피고, 열매는 둥근 모양의 삭과(蒴果)를 맺는데 "갈고리 같은 가시"가 있어 다른 물체에 잘 붙습니다. 그래서 "고슴도치풀"이라 합니다.

## ▎ 고추나물

"고추나물"의 어린잎은 식용하고 줄기와 열매는 약용합니다. 어린싹이 고추포기와 비슷하다고 이름 진 것입니다.

## ▎ 곰취

"곰취"는 국화과의 여러해살이풀입니다. 높이는 1m 정도이며, 잎은 큰 심장 모양이고 날카로운 잔 톱니가 있습니다. 어린잎은 식용합니다. 나물 잎이 엄청 크기에 "곰[熊]취"라 합니다. 이 이름은 "곰[熊]+취[菜]"의 합성 어입니다.

○ 곰취 熊蔬 香蔬 <1895 국한 30>

## ▎ 긴잎곰취

"긴잎곰취"는 국화과의 여러해살이풀입니다. 높은 산지대의 진펄이나 강 가 습기 있는 곳들에서 자랍니다. 여름과 가을에 꽃이 피고 열매를 맺는데 산나물로 합니다. "곰취"보다 잎이 더 길쭉하다고 "긴잎곰취"라 합니다. 중 국 연변에서 "참취"라 합니다.

## ▎ 청취

"청취"는 중국말로 "황추탁오(黃帚橐吾)" Ligularia virgaurea(Maxim.)라 합니 다. 잎은 계란형 또는 타원형 장원상피침형(長圓狀披針形)이며 매끌매끌합니 다. 마치 담뱃잎처럼 생겼습니다. 식용할 수 있는데 맛이 약간 떫고 쓰며 노린내가 있습니다. 해발 2600~4700m의 습지, 음지에 자랍니다. 중국에 는 청장(靑藏)고원 등지에 있으며 연변에는 장백산 일대에 조금 분포합니 다. 우리말로 표준어 명칭이나 학명을 찾지 못했는데 연변에서 "청취"라 합니다. "청취"란 이름은 이 나물의 색갈이 청색(靑色)이기 때문입니다.

## ▌ 광대나물

　"광대나물"은 가늘고 긴 줄기에 잎으로 층을 이루고, 한 다리는 줄 위에 딛고 한 다리는 머리와 몸을 젖힌 수평의 묘기를 하고 있는 광대 모양의 꽃이 보입니다. "코딱지가 붙어 있는 것 같다" 하여 "코딱지 나물"이라고도 하지만 묘기를 부리고 있는 광대 꽃을 찬찬히 살펴보면 윗입술과 아랫입술을 벌린 입모양입니다. 입술 모양이라 하여 "순형화(脣形花)"라고 부르기도 합니다.

## ▌ 구름떡쑥

　"구름떡쑥"이란 국화과의 여러해살이풀입니다. 높은 산에 나는데 제주도 한라산에 분포한답니다. 높은 산에서 자란다고 "구름떡쑥"이라 합니다.

## ▌ 구름제비꽃

　"구름털제비꽃"이라고도 하는데 7~8월에 노란 꽃이 줄기 끝에 핍니다. 높은 산에서 자라는데 한반도의 북부 지방에 분포합니다. 역시 고산지대 식물인데서 "구름제비꽃"이라 합니다.

## ▌ 금붕어꽃

　"금붕어꽃"은 금어초(金魚草)라고도 하는데 꽃 모양이 금붕어처럼 생겼다고 붙인 이름입니다.

## ▌꼭두서니

"꼭두서니"를 한자어로는 천(茜)이라 하는데 어린잎은 식용하며 뿌리는 약재나 염료로 쓰입니다. 이두 향명으로는 '우읍두숑(牛邑豆訟)'·'고읍두송(高邑豆訟)'으로 불리었습니다. 중세에 "곡도숑, 곡도손"으로 나타납니다. "꼭두서니"를 "과산용(過山龍)"이라고도 하는데 이로부터 그 어원을 추정하면 줄기가 "곱아[曲] 돋다"는 뜻으로 "곡(曲)+돋+순[芽]"의 결합으로 볼 수 있습니다. 이것을 이두로 "고읍두송(高邑豆訟)"으로 발음하게 되었습니다. 그리하여 "곡도손 > 곡도손이 > 꼭두서니"로 되었습니다.

> ○ 곡도숑 믈 드린 블근 비체 털 조처 드려 쁜 비단과 <飜老解 下:50~51> (꼭두서니 물 들인 붉은 빛에 털 다시 들여 짠 비단과)

## ▌꽈리

"꽈리"는 여름에 노르스름한 꽃이 잎겨드랑이에 하나씩 피고 열매는 둥근 모양의 붉은 장과(漿果)를 맺습니다. 다른 말로 등롱초·산장(酸漿)·왕모주·홍고낭(紅姑娘)·홍낭자(紅娘子)라고도 합니다. 중세에 "꼬아리"라 했으며 일부 방언에서 "꽁알"이라고도 합니다. 열매를 먹기도 하지만 껍질이 질기어 씹으면 "까드득 까드득"하는 소리가 납니다. 남이 잘 알아듣지 못하게 혼자 말하는 "꽁알 꽁알"하는 소리와 같다는 뜻에서 "꼬아리"라 했습니다. 처녀애들이 즐겨 씹는다고 중국에서 홍고낭(紅姑娘)·홍낭자(紅娘子)라 부릅니다.

> ○ 酸漿은 꽈리라 <救方 上:63>
> ○ 紅姑娘 꼬아리 <동해 하:5>

## ▌꿩의다리

"꿩의다리"는 미나리아재빗과의 여러해살이풀인데 어린잎과 줄기를 식용합니다. 산기슭의 풀밭에서 자라는데 줄기는 속이 비었고 곧게 서며 가지를 치고 높이가 50~100cm이며 털이 없고 분처럼 흰빛을 띱니다. 줄기의 모양을 보고 "꿩의다리"라 부릅니다.

## ▌꿩의밥

"꿩의밥"은 5~6월에 검붉은 이삭 모양의 작은 꽃이 긴 꽃줄기 끝에 뭉쳐 피고 열매는 삭과(蒴果)를 맺습니다. 열매를 꿩이 즐겨먹는다고 지은 이름입니다.

## ▌나도냉이

"나도냉이"는 십자화과의 두해살이풀입니다. 어린잎은 식용합니다. "냉이"와 비슷하다고 "나도냉이"라 부릅니다.

## ▌나리꽃

"나리꽃"은 산과 들에서 자라고 관상용으로 재배하기도 합니다. 나리는 백합(百合)의 순수한 우리말로 장미, 국화와 함께 우리 민족뿐만 아니라 전 세계적으로 사랑받는 꽃입니다. 고려 때 이두로 "개나리꽃(犬乃里花)", "큰개나리(大角那里)"라 했습니다. 『物名攷』(19세기 초)에서 "'흰날이'는 향기로운 흰 백합을 말한다, 또한 '산날이'는 붉은 꽃이 피는 산단(山丹)을 가리키며 '개날이'는 붉은 꽃에 검은 반점이 있는 권단(卷丹)을 말한다. 뿌리는 쪄서 먹는다"고 하였습니다. "나리"란 말은 처음에 "개나리"거나 "노란원추리"의 꽃이 "노랗다"고 "*놀"이라 부르던 것이 어음이 변하여 "나리"로 되었다고 봅니다. 또 "나리"들이 즐긴다고 "나리"라 하였단 주장도 있습니다. 전통미술품에 등장하는 나리는 주로 책가도에서 찾아 볼 수 있습니다. 학문에 정진하여 관직에 오르기를 기원하는 마음을 담아 그렸던 책가도에

나리꽃이 자주 등장하는 것은 나리꽃의 상징의미가 벼슬과 관련되어 있기 때문이라 추정됩니다. 나리꽃의 나리는 당하관(堂下官)의 벼슬아치를 높여서 부르던 호칭인 나리와 같습니다. 이런 까닭에 나리꽃이 벼슬아치라는 상징을 갖게 되었고 벼슬길에 오르기를 기원하는 의미의 문양으로 채택되었던 것이 아닌가 생각됩니다.[1] 그러나 이는 민간어원에 불과합니다.

○ 犬伊日 <鄕藥採取月令> (1431년)
○ 介伊日伊 <鄕藥集成方> (1433년)
○ 개나리불휘 <東醫寶鑑> (1610년)

## ▌나비나물

"나비나물"은 어린잎과 줄기는 식용합니다. 꽃은 8월에 붉은 빛이 강한 자주색으로 피는데, 꽃받침은 통 모양이고 끝이 5개의 줄 모양 조각으로 갈라지며, 화관은 나비 모양입니다.

## ▌낙지다리

"낙지다리"는 초여름에 누르스름한 작은 꽃이 이삭 모양으로 줄기 끝에 피고 열매는 삭과(蒴果)로 익으면 갈라집니다. 어린싹은 식용합니다. 줄기 끝에 낙지 다리처럼 가지가 사방으로 갈라져 발달한 총상꽃차례를 이루기에 "낙지다리"라 부릅니다.

## ▌냉이

"냉이"는 어린잎과 뿌리는 식용하며 들이나 밭에 자라는데 전 세계에 널리 분포했습니다. "제채(薺菜)"라고도 합니다. 중세에 "나시, 나싀"라고 했습니

---

1) <네이버 지식백과> 나리꽃(문화콘텐츠닷컴 (문화원형백과 우리꽃 문화의 디지털 형상화 사업), 2010, 한국콘텐츠진흥원).

다. "나솟다(솟아나다)"에서 기원된 말입니다. "냉이"는 봄에 제일먼저 돋아나는 나물이기에 아주 환영을 받습니다. 함경도방언에서 지금도 "나시"라고 합니다. "나시 > 나싀 > 나히 > 나이 > 냉이"의 변화 과정을 거쳤습니다.

> ○ 뉘 엿귀롤 쓰다 니르ᄂ뇨 드로미 나싀 굳도다 <初杜解 8:18> (누가 여뀌를 쓴다 이르뇨 다름이 냉이 같도다)
> ○ 나싀 졔 薺 <訓蒙 上 7>
> ○ 薺菜 나이 <東醫 2:30>

## ▌바람꽃

"바람꽃"은 높은 산지에서 자라는 미나리아재비목의 여러해살이풀입니다. 그늘지고 습기가 많은 곳에서 잘 자랍니다. 바람이 잦은 고산지대에서 자란다고 지은 이름입니다.

## ▌너도바람꽃

"너도바람꽃"도 역시 산지에서 자라는 미나리아재비목의 여러해살이풀입니다. 산지(山地)의 약간 응달진 곳에서 자라는데 "바람꽃"과 비슷하다고 붙인 이름입니다.

## ▌너삼

"너삼"을 "도둑놈의지팡이, 고삼(苦蔘), 뱀의정자나무"라고도 합니다. 뿌리를 말린 것을 고삼이라 하는데, 맛이 쓰고 인삼의 효능이 있어 소화불량 · 신경통 · 간염 · 황달 · 치질 등에 처방합니다. "너삼"은 쓴너삼(苦蔘)과 단너삼(黃芪)을 통틀어 이르는 말인데 중세에 "너삼"이라 했습니다. "넙다"와 삼(蔘)의 결합입니다. "고삼"이라는 이름은 맛이 몹시 쓰기 때문에 붙여진 이름이고, "도둑놈의 지팡이"라는 이름은 뿌리의 형태가 흉측하게 구부러져 있어서 붙여진 것입니다.

○ 돈 너슴 黃芪 <方藥 1>
○ 쓴 너슴 불휘 苦蔘 <方藥 7>

## ▌노루귀

"노루귀"란 미나리아재빗과의 여러해살이풀로서 잎은 뿌리에서 나고 세 갈래로 갈라집니다. 갈라진 잎은 달걀 모양이고 끝이 뭉뚝하며 뒷면에 솜털이 많이 나서 "노루귀"라 부릅니다.

## ▌노루오줌

"노루오줌"은 관상용으로 쓰이며 어린순은 식용, 뿌리를 포함한 전초와 꽃은 약용으로 이용됩니다. 이 품종은 뿌리를 캐어 들면 오줌 냄새와 비슷한 냄새가 난다고 하여 "노루오줌"이라 붙여진 이름입니다.

## ▌달맞이꽃

"달맞이꽃"은 남아메리카 칠레가 원산지인 귀화식물이며 물가·길가·빈터에서 자랍니다. 뿌리를 월견초(月見草)라는 약재로 쓰는데, 감기로 열이 높고 인후염이 있을 때 물에 넣고 달여서 복용하고, 종자를 월견자(月見子)라고 하여 고지혈증에 사용합니다. 꽃은 황색이고 여름에 잎겨드랑이에 1개씩 "밤에 펴서 다음 날 아침에 진다"고 "달맞이꽃"이라 부릅니다.

## ▌달래

"달래"의 높이는 20~50cm이고 땅속에 둥근 모양의 흰 비늘줄기가 있으며, 잎은 긴 대롱 모양입니다. 파와 같은 냄새가 나고 매운맛이 있으며 식용합니다. 역사기재에 의하면 아주 오래전부터 식용한 것으로 알려집니다. 중세에 "둘뢰, 둘릭"라고 했습니다. 마늘쪽 같은 뿌리 맛이 달콤하다고 "둘뢰, 둘릭"(달래)라 했다고 봅니다.

○ 둘뢰 小蒜 <訓蒙 上 7>
○ 小蒜 둘릭 <譯解 上:52>

## ▌더덕

"더덕"은 초롱꽃과의 여러해살이풀입니다. 줄기는 2m 이상이고 덩굴져서 다른 물건에 감겨 올라갑니다. 뿌리는 약재로 쓰며 식용으로도 합니다. 더덕 주위에는 약냄새가 진동하며 뿌리는 "더데 붙은 모양"으로 터덜터덜합니다. 다른 말로 "사삼(沙蔘)"이라고도 합니다. "더덕"이란 이름은 "더데" 붙은 것 같다고 지은 것으로 봅니다.

○ 더덕을 디허 브티라 <救簡 3:30> (더덕을 찧어 부치라)
○ 더덕 숨 蔘 <訓蒙 上 7>

## ▌도라지

"도라지"는 초롱꽃과의 여러해살이풀로서 뿌리는 통통하고 줄기는 한 대 또는 여러 대가 뭉쳐납니다. 7~8월에 흰색이나 하늘색 꽃이 피고 열매는 삭과(蒴果)이며 뿌리는 식용하거나 거담이나 진해의 약재로 씁니다. "더덕"과 마찬가지로 환영을 받아왔으며 "도라지" 민요까지 전해지고 있습니다. "도라지"란 이름은 "돋다"의 "돋앗(돋았다)"에서 기원됐다고 봅니다. 일반적으로 "도라지"는 심산의 바위틈에 돋아나서 꽃이 피면 이채를 돋위 줍니다. 그런 즉 "돋앗 > 도랏 > 도랒 > 도라지"의 변화 과정을 거쳤다 봅니다.

○ 道羅次 刀△次 <鄕藥救急方>
○ 도랏 ᄀ론 ᄀ릭 <1489 구간 1:52> (도라지 가루 갈아)

○ 길경 桔梗 도라지 <1880 한불 174>

## ▌도깨비바늘

"도깨비바늘"은 8~10월에 노란 꽃이 원추(圓錐) 화서로 피고 열매는 삭과(蒴果)이며, 갓털은 거꾸로 된 가시가 있어 다른 물체에 잘 붙습니다. 그래서 "도깨비바늘"이라 합니다.

## ▌도깨비부채

"도깨비부채"를 "산우(山芋)·작합산·수레부채"라고도 합니다. 깊은 산에서 자라며 뿌리줄기는 크고 굵습니다. 잎은 손바닥 모양 겹잎으로 어긋나고 잎자루는 길며 3~6개로 갈라지는데 잎 모양을 보고 "도깨비부채"라 하는 것 같습니다.

## ▌돌꽃

"돌꽃"은 돌나물과의 여러해살이풀입니다. 높이는 10cm 정도이고 뿌리줄기는 통통하며, 잎은 촘촘하게 어긋납니다. 7~8월에 붉은 누런색에 흰빛을 띤 꽃이 방산상(房繖狀) 취산(聚繖) 화서로 줄기 끝에 피고 열매는 삭과(蒴果)를 맺습니다. 깊은 산의 바위틈에서 자란다고 "돌꽃"이라 붙인 이름입니다.

## ▌돌부채

"돌부채"는 높은 산에서 자랍니다. 잎은 뭉쳐나고 뿌리줄기는 굵으며 앞쪽이 마른 잎자루로 덮여 있습니다. 잎의 모양이 부채 같고 높은 산에서 자란다고 "돌부채"라 했습니다.

## ▌두루미꽃

"두루미꽃"은 백합과의 여러해살이풀입니다. 꽃이 두루미 머리와 목을 닮고, 잎과 잎맥 모양이 두루미가 날개를 넓게 펼친 것과 비슷해서 "두루미꽃"이라 부릅니다.

## ▌두메취

"두메취"는 줄기는 높이가 40cm 정도이며, 잎은 어긋나고 긴 달걀 모양입니다. 7~8월에 붉은 자주색의 두상화(頭狀花)가 피고 열매에는 회갈색의 깃털이 있습니다. 깊은 산에 나는데 백두산 등지에 분포합니다. "두메+취"의 합성으로 되었습니다.

## ▌둥굴레

"둥굴레"는 백합과의 여러해살이풀입니다. 땅속줄기는 약용하거나 식용하며 어린잎도 먹습니다. 다른 말로 선인반(仙人飯)·위유(萎蕤)·토죽(菟竹)이라 합니다. "둥굴레"의 잎, 꽃, 열매 등 모든 부위가 모나지 않고 둥글둥글하다고 하여 둥굴레로 불렀다고 봅니다.

> ○ 둥구레룰 무룻과 숑피과 고아 먹느니라 <1660 신구 보유:20> (둥굴레를 쌀풀과 송피와 고와 먹으니라)

## ▌등에풀

"등에풀"는 논밭과 습지에서 자랍니다. 열매는 삭과(朔果)로 둥글고 길이 3mm 내외이며 마치 등에의 눈처럼 생겼기 때문에 등에풀이라고 합니다.

## ▌띠

"띠"는 옛날 지붕의 이영을 이는 데 많이 썼습니다. "삘기"라고 하는 어린 꽃이삭은 단맛이 있어 식용하고 뿌리는 모근(茅根)이라 하여 약용합니다. 은백색 꽃이 피기에 다른 말로 "백모(白茅)·모자(茅茨)·모초(茅草)"라고도 합니다. "삘기"라는 말은 "빨다"에서 온 말이고 "띠"는 "띠다"에서 온 말입니다. 왜냐하면 이영을 이면 바람에 나려가는 것을 막기 위해 띠를 둘러 감싸야 합니다.

○ 뒤 爲茅 <訓解 55>
○ 뫼햇 나그내의 뛰로 니윤 지비 젹고 녀름 짓ᄂᆞᆫ 지븨 남기 ᄂᆞ죽ᄒᆞ도다 <初杜解 8:51> (산에 나그네의 띠로 이은 집이 작고 농사짓는 집의 나무 나직하도다)
○ 白茅根 흰 뛰ㅅ 불휘 三兩到 <救簡 3:111>
○ 뛰 모 茅 <訓蒙 上:5>

## ▌마름

"마름"은 진흙 속에 뿌리를 박고, 줄기는 물속에서 가늘고 길게 자라 물 위로 나오며 깃털 모양의 물뿌리가 있습니다. 잎자루에 공기가 들어 있는 불룩한 부낭(浮囊)이 있어서 물 위에 뜨며 여름에 흰 꽃이 피고 열매는 핵과(核果)로 식용합니다. 중세에 "말밤, 말밦, 말암, 말왐"이라 했습니다. "말+밤(栗)"의 합성어로 봅니다. "말밤 > 말밦 > 말왐 > 말암 > 마름"의 변화 과정을 거쳤다 봅니다. "말-" 접두사는 "큰"의 뜻을 더해 줍니다. 함경도방언에서 "말배"라고 합니다.

○ 菱實鄕名末栗 <月令 十二月 採>
○ 藻ᄂᆞᆫ 말와미니 <愣嚴 9:56>
○ 말왐 기 芰 말왐 룽 菱 <訓蒙 上:6>

## ▌매미꽃

"매미꽃"은 여름에 노란 꽃이 피고 열매는 삭과(蒴果)로 끝에 긴 부리가 있습니다. 매미가 울 무렵에 꽃이 핀다고 "매미꽃"이라 지었다고 합니다.

## ▌맨드라미

"맨드라미"는 7~8월에 닭의 볏 모양의 꽃줄기에 붉은색, 노란색, 흰색 따위의 아름다운 꽃이 피고 열매는 개과(蓋果)입니다. 꽃이 흡사 수탉의 벼슬과 같다고 하여 계관화(鷄冠花) · 계관(鷄冠) · 계관초(鷄冠草) · 계관화 · 계두(鷄頭)"라고 합니다. 이 꽃의 우리말 이름은 "닭의 볏"[鷄冠]과 상관없이 중세에 "만ᄃ라미, 만도라미, 민ᄃ라미, 민도라미, 민드람이" 등으로 불렀습니다. 이두로는 백만월아화(白蔓月阿花) · 백만월아비(白蔓月阿比)로 표기되었습니다. "白蔓月阿比"는 "蔓"(음역: 만/믄)과 "月"(의역: 둘), "阿比"(음역: 아비)로서 "믄둘다(만들다)"와 "아비"의 합성어, 즉 "아비를 만들다"는 뜻입니다. 그것은 왕관과 같은 모양의 꽃이기 때문입니다. 그리하여 "믄둘아비 > 믄둘암 > 민ᄃ라미 > 민드람이 > 맨드라미"로 되었습니다. "흰독말풀"을 "만다라화"라고도 합니다. 혹시 "맨드라미"와 이름이 바뀌었을 수 있습니다.

○ 흰 만ᄃ라미를 하나 져그나 ᄀᄂ리 사ᄒ라 디허 ᄀ라 <1489 구간 2:95ㄴ –96ㄱ> (흰맨드라미를 크나 작으나 가늘게 썰어 찧어 갈아)
○ 계관화 鷄冠花 민드람이 <1880 한불 151>

## ▌메뚜기피

"메뚜기피"는 볏과의 여러해살이풀인데 실새풀이라고도 합니다. "메뚜기+피(稗)"의 합성어입니다.

## ▌며느리밑씻개

"며느리밑씻개"는 줄기와 잎자루에 가시가 많아 다른 것에 잘 감기고 아래로 향한 날카로운 가시가 있습니다. "최초 한글명 '며누리밑씾개'란 이름은 마마꼬노시리누구이(継子の尻拭い)란 일본명의 본질적 의미에 빗대서 의붓자식을 며느리로 대신한 것에 지나지 않습니다. 1921년의 『朝鮮植物名 彙』에서 며느리배꼽에 해당하는 옛 이름 '사광이풀'이란 한글명만이 또렷 하게 기재되어 있었습니다. 그런데 느닷없이 1937년에 사광이풀이란 한글 명을 무시하고, 며느리배꼽이란 이름이 생겨났으며, 동시에 며느리밑씻개 란 명칭도 함께 생겨난 것입니다."[2] 조선에서는 "가시덩굴여뀌, 사광이아 재비"라고 합니다.

## ▌며느리배꼽

"며느리배꼽"은 어린잎을 식용으로 하며 신맛이 있습니다. 잎은 어긋나기 하고 긴 엽병이 잎밑에서 약간 올라붙어 있어 배꼽이라는 이름이 생겼으며 턱잎이 며느리밑씻개에 비해서 크고 배꼽 같아서 며느리배꼽이라 합니다.

## ▌명아주

"명아주"는 "청려쟝, 명아줏대, 능쟁이" 등 지방마다 다양한 이름이 있 습니다. 어린잎을 살짝 데쳐서 나물로 먹었고, 다 큰 줄기로는 지팡이를 만들어 썼다고 합니다. 뿐만 아니라 명아주를 태운 재[灰]를 "려회(藜灰)" 또 는 "동회(冬灰)"라 하며, 피부에 생긴 병을 고치기 위해 바르는 데 사용했다 고 합니다. 17세기 문헌에 "명화직"가 나타나는데 『物譜』에 "灰藋(회조)"를 "명회"라 한 것을 봐서 "직"는 "재"[灰]를 중복한 표기입니다. "명회직"가

---

2) <네이버 지식백과> 며느리밑씻개 [Prickle tearthumb, ママコノシリヌグイ, 刺蓼](한국식물 생태보감 1, 2013.12.30, 김종원).

"명화지"로 변하고 나중에 "명아주"로 되었습니다. "명회지"는 요임금 때 나타났던 상서로운 풀이름인 "명(蓂)"과 "회(灰)＋지(재)"의 합성어입니다. 그러니 "명아주"의 어원은 "명협(蓂莢)풀을 태운 재"에서 왔습니다. 중세에 "명아주"를 "도틋랏"이라고도 했는데 이는 "돼지풀"이란 의미입니다. 함경도에서는 "명아주"를 돼지가 잘 먹는다고 "돼지풀"이라고 부릅니다.

   ○ 도틋랏 례 藜 <訓蒙字會>
   ○ 灰菜 명화지 <1690 역해 하:41>
   ○ 명아쥬 藜 <1895 국한 114>

## ▌ 모시풀

"모시풀"은 줄기의 껍질에서 섬유를 뽑아 여름 옷감, 선박의 밧줄, 어망 따위를 만듭니다. 다른 말로 "모시 · 저마(苧麻)" 등으로도 불립니다. 잎 뒷면에 흰털이 있는 백모시가 섬유가 세미(細美)하고 품질이 우량합니다. 고려시대에 충청도사람이 중국 중부지방에서 모시뿌리를 가져다가 충청남도에서 재배하였다고 하며, 고려 경종 때에 지금의 전라북도 정읍시에서 처음 모시를 재배하였다고도 합니다. 그 당시 중국 조정에 세공(歲貢)으로 바친 고려저마포는 품질이 우량하여 이름이 널리 알려졌다고 합니다.[3] "모시"라는 이름은 자체로 만든 한자어, 즉 "잎 뒷면에 흰털이 있다"고 "毛"와 "명주 같다"는 의미에서 "깁 시(絁)"를 결합한 말이라 추정합니다.

## ▌ 모싯대

"모싯대"는 초롱꽃과의 여러해살이풀. 줄기는 높이가 1m 정도이고 뿌리는 굵으며, 잎은 어긋나고 심장 모양 또는 넓은 피침 모양으로 톱니가 있습니다. 8~9월에 종 모양의 자주색 꽃이 원추(圓錐) 화서로 핍니다. 뿌리

---

3) <네이버 지식백과> 모시풀(한국민족문화대백과, 한국학중앙연구원).

는 해독제, 거담제로 쓰고 어린잎과 함께 식용합니다. "게로기·제니(薺苨)"라고도 합니다. 고려시대의 이두향명으로는 장의피(獐矣皮: 노루갖)·저의화차(猪矣和次: 돝의갗)라 하였고, 조선시대에는 계노지(季奴只)라 하였습니다.『동의보감(東醫寶鑑)』·『훈몽자회(訓蒙字會)』·『촌가구급방(村家救急方)』 등에는 '계로기'로 기록되어 있습니다. "모싯대"란 이름은 "모시풀"과 비슷하다고 부릅니다. 중국 연변에서는 "닥지싹"이라 하는데 이 말은 "모싯대의 싹"을 가리킨다고 합니다.

○ 계로기 薺苨 <訓蒙 上 14 薺字注>
○ 계로기 薺苨 <方藥 2>

## ▌미꾸리낚시

"미꾸리낚시"는 냇가나 습지에서 자랍니다. 줄기는 밑 부분이 옆으로 벋으며 뿌리를 내리고 길이가 20~100cm이며 밑으로 향한 잔가시가 빽빽이 있어 다른 물체에 잘 붙습니다. 잎은 어긋나고 길이 5~10mm의 바소 모양이며 끝 부분이 뾰족하고 밑 부분은 심장 모양이며 뒷면의 맥에는 잎자루와 함께 밑을 향한 가시가 있습니다. 줄기와 잎에 낚시 같은 가시가 많아서 "미꾸리낚시"라 부릅니다.

## ▌미나리

"미나리"는 한반도의 자생식물로 주로 봄·가을에 들판이나 개울에 자랍니다. "수근(水芹), 수영(水英)"이라고도 합니다. 달면서도 맵고 서늘한 맛이 있어 식용으로 재배도 하고 약재로 쓰입니다. 그래서 "맛이 좋을 미(美)"와 "나리"[百合]의 합성어로 봅니다.

## ▌ 민들레

"민들레"의 잎은 식용하고 꽃 피기 전의 뿌리와 줄기는 한방에서 땀을
내게 하거나 강장(强壯)하는 약으로 씁니다. 씨는 수과(瘦果)로 흰 갓털이 있
어 바람에 날려 멀리 퍼집니다. 다른 말로 "포공영(蒲公英)"이라고 하며 중
세에 "므은드레, 므음둘네"라 했고 함경도방언에서 "므슨들레"라고도 합
니다. 이 이름은 "므슴(무엇)"과 "들레(둘레)"의 합성으로 "무엇이든 둘레에
씨를 날린다"의 뜻으로 이름 지었다 봅니다. 그리하여 "므슴둘레 > 믄둘
레 > 민들레"로 되었다고 추정합니다.

> ○ 蒲公草 안즌방이 又名 므은드레 <1613 동의 3:22>
> ○ 안즌방이 又名 므음둘네 蒲公英 <1868 의종 15>
> ○ 門庭에 소니 즈조 오몰 므의노라(門庭畏客頻) <重杜解 7:18>

## ▌ 바늘꽃

"바늘꽃"은 백두산 인근과 강원도 일부지역에 자라는 다년초입니다. 잎
의 모양은 버들잎처럼 생겼고 줄기에 치밀하게 붙어있는데 피침형이며 끝
이 뾰족합니다. 그래서 "바늘꽃"이라 부른 것 같습니다.

## ▌ 바람꽃

"바람꽃"은 한반도 높은 산지에서 자라는 미나리아재비목의 여러해살
이풀로서 그늘지고 습기가 많은 곳에서 잘 자랍니다. 바람이 센 곳에서 자
란다고 붙인 이름이라 봅니다.

## ▌ 박새

"박새"를 중세에 "박싀"라 했어요 "세다"의 뜻을 더하는 접두사 "박"과
"싀(풀)"의 결합으로 봅니다. 즉 "박+싀 > 박새"로 된 것입니다.

○ 박식 : 藜藿 <方藥 20>
○ 새지블지엣도다(結茅屋) <杜解 9:8>

## ▌ 뱀딸기

"뱀딸기"는 15세기 『救急簡易方』에서 한자명 사매(蛇苺)에 대한 "비얌딸기"란 기록으로부터 유래합니다. 뱀딸기는 뱀이 살만한 서식처에서 살지만, 기는줄기[匍匐莖]로 살아가는 형태에서 비롯되는 이름일 것입니다. 열매는 독이 없어 먹을 수는 있지만, 맛이 없습니다. 일본명 헤비이찌고[蛇苺]나 한자명[皺果蛇苺]도 한글명과 같은 의미입니다.

## ▌ 범의꼬리

"범꼬리"라고도 하는데 꽃은 줄기 끝의 1개의 원통형의 이삭 꽃차례에 다닥다닥 붙어 흰색 또는 연홍색으로 핍니다. 꽃차례의 모양이 호랑이 꼬리를 닮았다고 하여 붙여진 이름입니다.

## ▌ 벼룩나물

"벼룩나물"은 어린잎과 줄기는 식용합니다. 밭두렁 같은 곳에 저절로 나는데 "벼룩나물"은 잎이 아주 작고 앙증스러운 데에서 비롯된 명칭일 것입니다. 일본명 노미노후수마[蚤衾]도 잎을 벼룩의 이부자리에 빗대고 있습니다.

## ▌ 병아리풀

"병아리풀"의 높이는 4~15cm이고 털이 거의 없으며 풀밭에서 자랍니다. 작아도 너무 작은 야생화기에 "병아리풀"이라 합니다.

## ▌ 부들

"부들"의 열매이삭은 길이 7~10cm이고 긴 타원형이며 적갈색입니다. 잎은 방석을 만들고, 화분은 한방에서 포황이라 하여 지혈(止血)·통경(通經)·이 뇨제(利尿劑)로 사용합니다. 잎이 부드럽기 때문에 부들부들하다는 뜻에서 "부들"이라고 합니다.

## ▌ 붓꽃

"붓꽃"은 초여름에 푸른빛이 도는 짙은 자주색 꽃이 꽃줄기 끝에 2~3개씩 피고 열매는 삭과(蒴果)입니다. 민간에서는 뿌리줄기를 피부병에 쓰고 관상용으로 널리 재배합니다. 꽃봉오리가 먹을 묻힌 붓 모양이어서 "붓꽃"이란 이름이 붙었습니다.

## ▌ 뻐꾹채

"뻐꾹채"는 국화과의 여러해살이풀입니다. 귀유마(鬼油麻), 누로(漏蘆), 뻐꾹채, 뻑꾹나물, 벌곡대(筏曲大), 북누(北漏), 협호(莢蒿) 등 이름이 있습니다. "뻐꾹+채(菜)"의 합성으로 봅니다.

## ▌ 뽕모시풀

"뽕모시풀"은 일본명 구와쿠사[桑草]에서 유래했습니다. 실제로 뽕모시풀은 뽕나무 밭이나 과수원에서도 자주 관찰되고, 예전에 재배하기도 했던 쐐기풀과의 모시풀 잎과 많이 닮은 것에서도 비롯되었을 것입니다.

## ▌ 사마귀풀

"사마귀풀"의 줄기는 땅 위로 뻗어 나가며 가지가 갈라지고 옅은 자주색을 띠며, 각 마디에 수염뿌리가 나 있습니다. 잎은 어긋나고 선형의 피침 모양이며 잎자루는 칼집 모양입니다. 가축의 사료로 많이 쓰입니다. 생김새가 사마귀와 비슷한 점이 있다고 붙인 이름 같습니다.

## ▌삽주

"삽주"를 어린잎은 식용하고 뿌리는 약용합니다. 산과 들, 언덕에서 납니다. 다른 이름으로 "창출(蒼朮)·마계(馬薊)·산강(山薑)·산계(山薊)·산정(山精)"이라고도 합니다. 중세에 "삽됴/삽듓"라 했습니다. "숲에 돋다"란 의미로 "숩됴"가 "삽됴 > 삽듓 > 삽주"로 되었다고 추정합니다.

○ 삽됴 爲蒼朮菜 <訓解 58>
○ 삽듓 불휘 <救簡 1:40>

## ▌삿갓나물

"삿갓나물"은 백합과의 여러해살이풀입니다. 애순은 식용하나 뿌리에는 독이 있습니다. "우산나물"이라고도 합니다. 생긴 모양새를 보고 부르는 이름입니다.

## ▌새

"새"란 볏과 식물을 통틀어 이르는 말이며 또 구체적인 이름도 있습니다. 즉 "야고초(野古草)(Arundinella hirta)"라고도 합니다. 높이는 30~120cm이며, 잎은 흔히 뿌리에서 나고 선 모양입니다. 여름에서 가을까지 연한 녹색의 작은 이삭으로 된 꽃이 원추(圓錐) 화서로 피고 목초로 쓰입니다. 볕이 잘 드는 초원이나 황무지에서 자랍니다. 중세에도 "새"라 했습니다. 어원은 "새"[鳥]와 동원어휘라 봅니다.

○ 새지블 지엿도다(結茅屋) <杜解 9:8>

○ 이논 즉시 새롤 지고 블을 쁘기 갓흔이라 <三譯解 3:23> (이는 즉 새를지고 불을 끄는 것 같으니라)

## ▌ 소경불알

"소경불알"의 잎은 어긋나는데 곁가지에서는 네 개가 마주나는 것처럼 보입니다. 꽃은 7~9월에 자주색으로 피는데 끝이 다섯 개로 갈라지고 뒤로 다소 말립니다. 열매는 삭과(蒴果)인데 이를 보고 "소경불알"이라 부른 것 같습니다. 뿌리를 식용하는데 얼핏 보기에 만삼과 비슷하지만 뿌리가 길지 않습니다. 그리하여 "만삼(蔓蔘)아재비"라고도 합니다.

## ▌ 속새

"속새"의 줄기는 높이가 30~60cm이고, 가운데가 비었으며 가지는 없으나 마디가 뚜렷합니다. 마디마다 퇴화한 잎이 있으며 홀씨주머니 이삭이 줄기 끝에 맺힙니다. 줄기는 규산염이 들어 있어 뿔, 목재로 만든 기구를 닦는 데에 씁니다. 중세부터 같은 이름으로 줄곧 부릅니다. "속이 새다(비다)"고 "속새"라 합니다.

○ 속새롤 굴올 밍글라 <救簡 6:18> (속새를 가루 만들어)

## ▌ 솜방망이

"솜방망이"를 구설초(拘舌草)라고도 합니다. 높이 20~65cm까지 자라는데 원줄기에 흰색 털이 빽빽이 나고 자줏빛이 돕니다. 전체가 거미줄 같은 흰 털로 덮여 있어 솜방망이라고 부릅니다.

## ▌ 토필

"토필"의 땅위줄기에는 홀씨를 형성하지 않는 줄기와 형성히는 줄기가 있는데 홀씨를 형성하는 어린 줄기는 "뱀밥"이라고 하여 식용하고 홀씨를 형성하지 않는 줄기는 민간에서 이뇨제로 씁니다. 20세기 초에는 "빕밥", "존솔"로 불리었습니다. 다른 이름은 "쇠뜨기, 뱀밥, 필두채(筆頭菜), 마초(馬草), 공방초, 준솔, 토마황" 등이 있습니다. "토필"이란 이름은 꽃줄기의 모양이 필두(筆頭)와 같다고 붙인 것입니다.

## ▌ 수세미외

"수세미외"는 열매가 여릴 때 식용할 수 있고 성숙하면 열매 속의 섬유로는 설거지할 때 그릇을 씻는 데 쓰는 수세미를 만들고 줄기의 액으로는 화장수를 만듭니다. 중국에서 "사과(絲瓜)"라 합니다. 자체 한자 어휘 "수세(水洗)"와 "외"의 결합으로 "수세+미(접미사)+외"로 된 것입니다.

## ▌ 싱아

"싱아"는 줄기와 잎에서 신맛이 납니다. 위에서 가지가 갈라지고, 자잘한 꽃이 모여 핍니다. 잎은 뾰족하고 가장자리에 물결 모양 톱니가 있습니다. 어린잎은 다른 산나물과 데쳐서 무칩니다. 생으로 쌈 싸 먹기도 하고, 무치거나 샐러드를 만들어 먹습니다. 연한 줄기를 찔레처럼 꺾어 먹기도 합니다. 줄기와 잎에서 신맛이 난다고 "싱아"라 한 것 같습니다. "신+아(호격조사) > 싱아"로 된 것으로 봅니다.

## ▌ 쐐기풀

"쐐기풀"은 7~8월에 연두색 꽃이 수상(穗狀) 화서로 잎겨드랑이에 피고 열매는 수과(瘦果)를 맺습니다. 잎은 먹을 수 있고 섬유용 식물이기도 합니다. 몸 전체에 쐐기 모양의 가시털이 있어 "쐐기풀"이라 합니다.

## ▌쑥

"쑥"은 단군신화에 나오는 영약입니다. 어린잎은 식용하고 줄기와 잎자루는 약용합니다. "다북쑥·봉애(蓬艾)·봉호(蓬蒿)·애초(艾草)"라고도 합니다. 중세에 "뿍"이라 했는데 이 말은 "뿌츠다(만지다, 부비다)"와 연관된다고 봅니다. "쑥"은 옛날부터 약용했으므로 "쑥을 부벼 뜸을 만들거나 쑥을 달이는 일"로 이름 졌다고 봅니다. 이로부터 부사 "쑥"도 파생되었습니다.

> ○ 굼벙의 부리롤 헌 굼긔 다히고 뿍으로 굼벙의 꼬리롤 쑤디 <1489 구간 6: 80> (굼벵이 부리를 헌 구멍에 대고 쑥으로 굼벵이 꼬리를 뜨되)
> ○ 뿍 번 蘩 뿍 애 艾 <訓蒙 上 9>
> ○ 뎌 쑥을다가 부뷔기롤 ᄀᆞ놀게 ᄒᆞ야 ᄒᆞᆫ 발 우희 三壯식 ᄯᅳ되 <1677 박언 상:35ㄴ> (저 쑥을 부비기를 가늘게 하여 한 발 위에 세장 씩 뜨되)
> ○ 두 솑바다ᄋᆞ로 허공애 서르 뿌츠면(以二手掌於空相摩) <愣解 2:113>

## ▌씀바귀

"씀바귀"의 줄기와 잎에 흰 즙이 있고 쓴맛이 나며 뿌리와 애순은 봄에 나물로 먹습니다. 다른 이름으로 "고채(苦菜)·유동(遊冬)"이라고도 합니다. 쓴맛이 나기에 "씀바귀"라 합니다. 함경도방언에서 "세투리"라고도 합니다.

## ▌아욱

"아욱"의 연한 줄기와 잎은 국을 끓여 먹고, 씨는 동규자(冬葵子)라고 하여 약방에서 이뇨제로 사용합니다. 또 "노규(露葵)·동규(冬葵)"라 합니다. 중세에 "아혹, 아옥"이라 했습니다. 아욱의 이름은 잎이 부드럽고 장(腸)운동을 활발하게 하여 "부드럽다"는 뜻의 [Malva] 프랑스어 단어에서 유래되었습니다.[4)]

○ 아혹올 부유디 소놀 노티 말라 <1481 두시-초 8:32> (아욱을 베되 손을
    놓지 말라)
○ 아옥 규 葵 <訓蒙 上 8>

## ▌ 아주까리

"아주까리"를 "피마자(菌麻子)"라고도 합니다. 열대 아프리카 원산으로서
전세계의 온대지방에서 널리 재배합니다. 원산지에서는 나무처럼 단단하
게 자라는 여러해살이풀입니다. 가지가 나무와 같이 갈라지며 줄기는 원기
둥 모양입니다. 17세기 문헌에서부터 "아줏가리"가 나타납니다. "아줏가리
> 아쥬싸리 > 아주까리"로 변화되었습니다. "아주까리"의 어원은 다음과
같이 추정합니다. 중세에 떡갈나무를 "가랍나무"라고도 했습니다. 일부 방
언에서 "갈, 갈나무"라고도 합니다. "아즈"는 "아저씨"에서처럼 옛말로 "버
금, 다음"이라는 뜻입니다. "아주까리"와 가랍나무, 즉 떡갈나무를 비교해
보면 줄기나 잎도 비슷하고 특히 열매 "피마자" 열매와 "밤송이" 혹은 "도
토리"의 모양이 신통히도 닮았습니다. 그러므로 "아줏가리"란 "아즈+ㅅ(관
형격)+갈(가랍나무)"의 합성으로서 "버금가는 가랍나무"란 뜻입니다.

○ 萆麻子 아줏가리 <1613 동의 3:18>
○ 아쥬싸리 皮麻子 <1880 한불 11>
○ 가랍나무 柞 <訓蒙 上 10>

## ▌ 애기나리

"애기나리"는 백합과의 여러해살이풀인데 깊은 산의 숲 속에서 자랍니
다. 꽃이 작고 귀여워 이렇게 부릅니다.

---

4) 참조: <네이버 지식백과> 아욱(농식품백과사전).

## ▌ 어저귀

"어저귀"의 한자명은 다양하게 기록되고 있으며, 맹마(茴麻), 경마(苘麻), 경마(檾麻), 동마(桐麻), 백마(白麻) 따위입니다. "어저귀"는 단단한 줄기에서 나는 소리에서 유래한 것으로 보입니다. 작은 관목처럼 사람 키 높이를 훌쩍 넘게 자라는 줄기가 밟히거나 채취될 때에 "어적 어적"하는 소리가 납니다. 이것을 뒷받침할만한 명칭 기재가 서기 1900년 초의 기록에서 확인됩니다. "오작의" 또는 "어적위"라는 한글명입니다. 섬유자원이란 사실도 함께 또렷하게 명시하고 있습니다.[5] "어저귀"란 줄기가 밟히면 "어적 어적" 소리가 난다고 지은 이름입니다.

## ▌ 억새

"억새"는 잎을 베어 지붕을 이는 데나 마소의 먹이로 씁니다. 17세기 문헌에서부터 "어윅새, 어욱새"로 나타납니다. "어위"는 "흥(興)"을 말하며 "어위 겨위"는 "흥겹다"란 뜻입니다. 그런즉 "억새"는 "흥겹게 마소 먹이는 새"라는 의미라 할 수 있습니다. "어윅새 > 억새"로 되었습니다.

> ○ 罷王根草 어윅새 <譯解 下:40>
> ○ 어욱새 속새 덥가나무 白楊수페 <松江 將進酒辭> (억새 속새 떡갈나무 백양 숲에)
> ○ 쇼머기는 아희들이 석양의 어위계위 <松江 星山別曲> (소 먹이는 아이들이 석양에 흥에 겨워)

## ▌ 엉겅퀴

"엉겅퀴"의 연한 식물체를 나물로 식용합니다. 곤드레 나물도 엉겅퀴의 한 종류입니다. 꽃 핀 후 성숙한 개체를 말려서 약용합니다. 전초 또는 뿌

---

5) <네이버 지식백과> 어저귀 [Velvetleaf, China jute, イチビ](한국식물생태보감 1, 2013.12).

리를 대계(大薊)라고 하며 약방에 쓰입니다. 15세기 말에 『救急簡易方』에서는 "한거식"로 불리었는데 "큰 가시"를 뜻합니다. 17세기 초 『東醫寶鑑』에서는 "항가시"로 기재되었습니다. 다른 이름으로 "가시나물, 항가새" 등이 있습니다. "엉겅퀴"라고 부르는 현재 명칭은 "한거식"라는 한글명에서 변화되었습니다. 크다는 의미의 '한'이란 접두사의 음운 변화에서 "엉"이 된 것임에 틀림없습니다. 지금도 경북 북부지방에서는 큼직한 가시가 나 있는 식물체를 보면 "엉성스럽다"라고 말합니다. 방언 속에서 찾아볼 수 있는 우리말의 뿌리입니다. 찔레의 방언에 "엉거꿍"이란 명칭도 있습니다. 마찬가지로 "엉겅퀴처"럼 표독스런 가시가 있는 공통점이 있습니다. 표준어를 고집하면서 방언이라고 낮잡아 버렸지만, 우리 문화의 변천사에 대한 확실한 증거가 되는 화석과 같은 존재가 방언인데, 이처럼 식물이름에서도 증명됩니다.[6]

○ 엉것귀 <역해유해(1690)>

## ▌오랑캐꽃

"오랑캐꽃"은 "제비꽃"을 한반도의 전역에서 일상적으로 부르는 말입니다. "오랑캐"란 예전에, 두만강 일대의 중국동북 지방에 살던 여진족을 멸시하여 이르던 말이었습니다. 후에는 "이민족(언어 · 풍습 따위가 다른 민족)"을 낮잡아 이르는 말로 되었습니다.

## ▌우엉

"우엉"의 뿌리와 어린잎은 식용하고 씨는 약용합니다. 중세에 "우웡"이라 했어요. 이 말은 한자어 "우방(牛蒡)"에서 유래했습니다. 즉 "우방 > 우

---

6) <네이버 지식백과> 엉겅퀴 [Korean thistle, Ussuri thistle, カラノアザミ](한국식물생태보감 1, 2013.12.30, 김종원).

왕 > 우웡"으로 된 것입니다.

○ 우웡 불휘 <救簡 1:105>
○ 蒡 우웡 방 卽牛蒡 俗呼芋蒡 <訓蒙 上:8>

## ▌ 율무

"율무"는 볏과의 한해살이풀입니다. 7~9월에 잎겨드랑이에서 꽃이삭이
여러 개 나와 꽃이 피고 열매는 타원형으로 암갈색이며 종자는 식용하거
나 약용합니다. 한자어인 인미(忽米) 혹은 의미(薏米)를 "율믜"라 하고, 그 후
"율무"로 불립니다.

○ 율믜 爲 薏苡 <訓正解例.用字例>
○ 율믜 의 薏 율믜 이 苡 <訓蒙 上:13>

## ▌ 잇꽃

"잇꽃"은 이명(異名)으로는 조선시대에 이포(利布), 그 이전에는 홍람(紅藍)·
홍람화(紅藍花)·황람(黃藍)·오람(吳藍)·자홍화(刺紅花)·대홍화(大紅花)·홍화
채(紅花菜)·연지(燕支)·약화(藥花)·구레나위(久禮奈爲) 등이 있었습니다. "잇꽃"
은 7~9월에 붉은빛을 띤 누런색의 꽃이 줄기 끝과 가지 끝에 핍니다. 씨
로는 기름을 짜고 꽃은 약용하고, 꽃물로 붉은빛 물감을 만듭니다. 잇꽃염
색은 모든 색 중 가장 값이 비싸서 1400년대에는 잇꽃 1근에 쌀 1섬이었
고, 쌀 1섬에 48냥일 때 대홍색 1필당 염색 값만 70냥이나 되었다고 합니
다. 잇꽃은 염료 이외에 의약용과 화장용 입술연지로도 썼습니다. "잇꽃"
을 "이포(利布)"라고도 부른 것을 보면 그 어원은 "이득을 많이 보는 꽃"이
란 의미로 "이(利)+꽃"에서 왔다고 봅니다.

○ 니싀 움과(野紅花苗) <救急簡易方 1:113>
○ 니싓곳(紅藍花) <救急簡易方 1:90>

## ▌잔디

"잔디"는 17세기 문헌에 "쟘뛰"로 보입니다. 18세기 문헌에 "쟌뛰"가 나오는 것으로 보아 "쟌"과 "뛰"[茅: 띠]의 결합으로 봅니다. 즉 "작은 띠풀"이란 의미로 후에 "쟘뛰 > 쟌뛰 > 잔듸 > 잔디"의 변화를 하였습니다.

○ 宮闕엣 젼뛰는 보드라오미 소오미라와 느도다 <1481 두시-초 20:17> (궁 궐의 잔디는 보드라움이 솜보다 더하다)
○ 回軍草 쟘뛰 <1690 역해 하:40>
○ 잔듸 莎草 <1895 국한 248>

## ▌접시꽃

"접시꽃"은 6~8월에 접시 모양의 크고 납작한 꽃이 총상(總狀) 화서로 피고 열매는 평평한 원형입니다. 뿌리는 약용하고 원예 화초로 재배합니다. "규화(葵花)·덕두화·촉규(蜀葵)·촉규화·층층화"라고도 합니다. 접시 모양의 크고 납작한 꽃이 핀다고 "접시꽃"이라 합니다.

## ▌젓가락풀

"젓가락풀"은 논 주변 도랑이나 습지 언저리, 물기가 있는 땅의 약간 부영양(富營養) 수질을 좋아합니다. 줄기의 모양을 보고 이름 진 것이라 봅니다.

## ▌제비꽃

"제비꽃"을 "장수꽃·병아리꽃·오랑캐꽃·씨름꽃·앉은뱅이꽃이"라고도 합니다. 들에서 흔히 자랍니다. 꽃은 4~5월에 잎 사이에서 꽃줄기가 자라서 끝에 1개씩 옆을 향하여 달립니다. 꽃빛깔은 짙은 붉은빛을 띤 자주색이고 꽃받침잎은 바소꼴이나 끝이 뾰족하며 부속체는 반원형으로 가장자리가 밋밋합니다. 꽃잎은 옆갈래 조각에 털이 있으며 커다란 꿀주머니가 있습니다. 꽃모양을 본뜬 이름이라 봅니다.

## ▌ 조개나물

"조개나물"은 5~6월에 보라색 꽃이 총상(總狀) 화서로 피고 열매는 골돌과(蓇葖果)입니다. 줄기와 잎은 약용합니다. 꽃모양이 "조개" 같다고 부른 이름이라 봅니다.

## ▌ 좁쌀풀

"좁쌀풀"의 줄기는 높이가 40~80cm 정도이며 잎은 마주나거나 3~4장씩 돌려나며 피침 모양 또는 좁은 달걀 모양입니다. 6~8월에 노란색 꽃이 원추(圓錐) 화서로 피고 열매는 삭과(蒴果)를 맺습니다. 꽃모양을 본뜬 이름이라 봅니다.

## ▌ 줄

"줄"은 볏과의 여러해살이풀입니다. 높이는 2m 정도이며, 잎은 좁은 피침 모양이고 뭉쳐납니다. 열매와 어린싹은 식용하고 잎은 도롱이, 차양, 자리를 만드는 데에 씁니다. 우리말 "밧줄, 쇠줄" 등의 "줄"이란 단어는 이 "줄"이란 풀이름에서 기원했다고 봅니다.

## ▌ 쥐참외

"쥐참외"를 조선시대에는 서과(鼠瓜)로 불렀는데, 『동의보감』에서는 "쥐춤외불휘", 『임원경제지』에서는 "쥐춤외"로 되어 있습니다. 꽃은 여름에 백색으로 피고 가을에 타원형의 과실을 맺는데 그 크기는 5~10cm입니다. 이 열매는 왕과(王瓜)라 불립니다. "하늘타리"라고도 하는데 해열ㆍ통유작

용이 있어서 치료제로 이용됩니다. 참외 같은 조그만 열매를 보고 붙인 이름입니다.

## ▎쥐털이슬

"쥐털이슬"은 깊은 산의 응달진 습지에서 자랍니다. 잎은 마주나고 길이 1~4cm의 세모난 심장 모양 또는 달걀 모양이며 끝이 뾰족하고 밑 부분이 심장 모양입니다. 잎 표면에 잔털이 있고, 잎 가장자리에 잔털과 함께 뾰족한 톱니가 약간 있으며, 잎자루는 길이가 1~2cm이고 붉은빛이 돕니다. 잎 모양을 보고 지은 이름이라 봅니다.

## ▎질경이

"질경이"의 어린잎은 식용하며 씨는 이뇨제로 씁니다. 들이나 길가에서 자라는데 다른 말로 "부이(芣苢)·차과로초(車過路草)·차전초(車前草)"라 합니다. 17세기 문헌에는 "길경"으로 나타납니다. 어린이들이 방추(紡錘) 모양의 삭과(蒴果)를 맺은 꽃줄기로 여러 가지 장난감을 만들어 놀기도 합니다. 길가에서 자란다고 "길"[路]에 "줄기 莖" 자를 붙인 "길+경(莖)"이라 합니다. "길경이 > 질경이"로 되었습니다.

○ 車前子 길경이 삐 一名 뵈짱이 삐 <東醫 2:41>

## ▎토끼풀

"토끼풀"은 콩과의 여러해살이풀로서 가지는 땅으로 길게 뻗으며, 잎은 드문드문 나고 세 쪽 겹잎인데 톱니가 있습니다. 토끼가 잘 먹는 풀이라는 데서 유래되었습니다.

## ▌파드득나물

"파드득나물"을 반디나물이라고도 하는데다 산지에서 자랍니다. 파드득나물의 긴 줄기를 예쁘게 꼬아 매듭을 지어 장식으로 씁니다. 잎과 줄기 모두 먹을 수 있는데, 어른 식물이 될수록 줄기는 섬세한 연녹색을 띠게 됩니다. 파드득나물의 향미는 열을 가하면 쉽게 파괴되므로, 대부분 날것으로 먹거나 조리의 마지막 단계에 넣습니다. "파드득나물"의 어원은 새가 파드득거리며 날아가는 것처럼 "향미가 열을 가하면 쉽게 파괴"된다는 뜻으로 이름 지었다 봅니다.

## ▌호라지좆

"호라지좆"은 바닷가에서 자라는데 "천문동(天門冬)"이라고도 합니다. "호라지좆"의 뿌리는 성질이 조금 차고 맛이 단 약재로, 허파와 위를 보호하여 허열을 내리며, 해수, 담, 번조에 쓰입니다. "호라지좆"을 "호라비좆"이라고도 합니다.

## ▌홀아비꽃대

"홀아비꽃대"는 산지의 그늘에서 자랍니다. 줄기는 곧게 20~30cm 자라고 밑에 비늘 같은 잎이 달리며 위쪽에 4개의 잎이 달립니다. 꽃은 4월에 피고 양성이며 이삭 모양으로 달리는데 꽃이삭은 원줄기 끝에 한 개가 촛대같이 자라므로 홀아비꽃대라고 합니다.

## ▌황새풀

"황새풀"은 고원지대의 습지에서 자랍니다. 꽃은 6~8월에 피고 꽃줄기 끝에 1개의 꽃이삭이 달립니다. 꽃이삭은 꽃이 필 때는 좁은 달걀 모양이며 긴 삼각형의 막질(膜質: 얇은 종이처럼 반투명한 것) 비늘조각으로 덮여서 잿빛이 도는 검은색이지만 꽃이 핀 다음에는 비늘조각 사이로 길이 2~ 2.5cm 되는 흰털 같은 화피갈래조각이 자라나기 때문에 솜뭉치같이 되는데 황새털처럼 보인다고 이름이 붙여졌습니다.

# 17. 농사

## ▌씨

"씨"를 종자라고도 하지요. 한자 "종(種)"은 "先種後熟也"<說文>(먼저 심고 후에 거둔다)고 설명했어요. "종자"는 한자어 종자(種子)에서 온 말이고 "씨"를 중세에 "삐"라 했지요. "삐"는 후에 "씨"로 표기되었는데 "씨앗"의 "씨"나 "씹"[屍]과 어원이 같다고 봅니다.

- ○ 됴훈 삐 심거든 됴훈 여름 여루미 <1459 월석 1:12> (좋은 씨를 심거든 좋은 열매 열는 것이)
- ○ 種 시믈 죵 삐 죵 <1576 신합 하:7>
- ○ 쉰 무 씨롤 믈에 세 번을 달혀 <1660 신구 보유:7> (쉰 무씨를 물에 세 번 달여)

## ▌밭

"밭"은 "육전(陸田)·전(田)·한전(旱田)·한지(旱地)"라고도 했습니다. 한자 "전(田)"은 뙈기로 된 밭모양입니다. 중세에 "밭, 바탕"이라 했는데 "바탕(일터, 자리)"이 어원이라고 봅니다. 농민들에게 당연히 일터가 "밭"일 수밖에 없었지요.

○ 출하리 바르리 쏭나모 바티 드욀 쑤니언뎡 <1482 남명 下:75> (차라리 바다가 뽕나무 밭이 될지언정)

○ 쏘 조샹앳 바톨 스양호여 륙촌아술 주니 <1518 이륜—옥 16> (또 조상의 밭을 사양하여 육촌아우를 주니)

○ 져근덛 날 됴흔제 바탕에 나가보자 <古時調 尹善道> (잠간 날 좋을 때 밭에 나가보자)

# ▌귀리

"귀리"의 열매는 식용하거나 가축의 먹이로 씁니다. 산지에 심어 가꿉니다. 달리 한자어로 "연맥(燕麥)·이맥(耳麥)·작맥(雀麥)"이라 부릅니다. "귀리"의 옛말인 "귀보리"는 17세기 문헌에서부터 나타납니다. "귀보리"는 "귀"[耳]와 "보리"가 결합한 것입니다. "귀보리 > 귀우리 > 귀리"의 변화를 해 왔습니다. "귀리"란 이름은 열매의 모양을 본뜬 것입니다. 함경도방언에서 "귀밀"이라고도 합니다.

○ 雀麥 귀보리 <1613 동의 3:22>
○ 零大麥 귀우리 <1690 역해 하:9>

# ▌깨

"깨"의 원산지는 인도, 중국입니다. 한반도에는 본래 기름을 짜는 깨가 있었는데, 이것보다 좋은 기름이 많이 나오는 깨가 수입되면서 본래의 것은 들깨, 새로 들어온 것을 참깨라고 부르게 되었습니다. 중세에 "깨"로 나타납니다. 이 이름은 "끼다(깨다)"와 연관된다고 봅니다. 특별히 향이 나고 고소하기에 "사람을 깨울" 정도라고 이런 이름을 붙였다 추정합니다.

○ 듧깨 심 荏 <訓蒙 上 13>
○ 뷔로 쓸면 깨 속읫 기름이 흙 속에 스미여 드러 곳 人形이 되더 <1792 무원 3:94> (비로 쓸면 깨속의 기름이 흙속에 스며들어 곧 인형이 되니)
○ 깨 荏 <1895 국한 15>

## ▌ 낟알

"낟알"은 껍질을 벗기지 아니한 곡식의 알입니다. "곡립(穀粒)·곡식알·입미(粒米)"라고도 합니다. 중세에 "낟"이라고 했어요. 곡식을 모아놓은 것을 "낟가리"라고도 하지요. 그러므로 "낟알"이란 "낟[穀]＋알[卵]"의 합성어입니다.

> ○ 나디라 혼 거슨 人命에 根本이니 <杜解 7:34> (낟알이라 하는 것은 인명에 근본이니)

## ▌ 곡식

"곡식"을 "곡물(穀物)"이라고도 하는데 사람의 식량이 되는 쌀, 보리, 콩, 조, 기장, 수수, 밀, 옥수수 따위를 통틀어 이르는 말입니다. "곡식"이란 말은 중세에 "곡셕"이라고도 했어요. 한자어 "곡식(穀食)"에서 온 말이지요.

## ▌ 짚

"짚"이란 벼, 보리, 밀, 조 따위의 이삭을 떨어낸 줄기와 잎입니다. 중세에 "딮"으로 나타났습니다. 18세기부터 구개음화되어 "짚"으로 되었습니다. "짚"의 어원은 "딮다(짚다)"와 같이 합니다. 이로부터 "지팡이"란 말도 생겨났습니다.

> ○ 또 똔 박 毒 마즈닐 고툐터 기장ㅅ 디플 달혀 汁을 取ᄒᆞ야 두어 잔올 머그면 <1466 구방 하:46> (또 짠 박 독 맞은 자를 고치되 기장짚을 달여 즙을 취하여 두어 잔을 먹으면)
> ○ 이 작되 드디 아니ᄒᆞᄂᆞ다 하나한 디플 어느제 사홀료 <1510년대 번노 상: 19> (이 작두 들지 않는다 많고 많은 짚을 언제 썰겠는가)
> ○ 이 벗아 네 빠흐는 집히 너무 굵으니 즘성이 엇지 먹으료 <1763 노신 1: 24> (이 벗아 네 써는 짚이 너무 굵으니 짐승이 어찌 먹으랴)
> ○ 錫杖 디퍼 <月釋 8:92> (석장 짚어)

# ▌ 김

"김"은 중세에 "기슴, 기슴, 기옴, 기음"으로 나타납니다. "김"은 "논밭에 난 잡풀"을 말합니다. "김매다"란 이런 잡풀을 제거하는 일이지요. 김인호는 "'김을 매다'라고 할 때의 단어 '김'은 동사 '깃다(무성하다)'에서 온 단어"라 했습니다. "깃다"의 줄기 "깃"에 결합모음 "으", 명사를 만드는 뒤붙이 "ㅁ"이 붙어서 "깃-으→기슴" 과정을 거쳤습니다. 지금도 함경도 사투리를 비롯한 일부 지방의 사투리들에서 "김"을 "기슴, 지슴, 기음"이라고 합니다.[1]

○ 아들 저근 지비 盛티 몯ᄒᆞᆯ듯 ᄒᆞ며 노내 기스미 기서 나돌 ᄒᆞ야ᄇᆞ리ᄃᆞᆺ ᄒᆞ니라 <1459 월석 10:19> (아들 적은 집이 성하지 못하듯 하며 논에 김이 무성하여 낫을 헤어버릴 듯 하나라)
○ 기슴 밀 호: 蕿 <訓蒙 下 5>
○ 기으미 셩ᄒᆞ면 곡셔글 해ᄒᆞᄂᆞ니라 <1579 경민-중 11> (김이 성하면 곡식을 해치나라)
○ 三業 기슴을 미오매 百福 바티 茂盛ᄒᆞᄂᆞ니라 <1579 선가 39> (삼업 김을 매오니 백복 밭이 무성하나라)
○ ᄀᆞ믈거든 믈을 다히고 기옴을 ᄌᆞ조 미면 토란이 빅히 나ᄂᆞ니라 <1660 신구 보유:16> (가물거든 물을 대고 김을 자주 매면 토란이 배로 나니라)
○ 기음 蕉草 <1880 한불 173>
○ 김 除草 김 믹다 <1880 한불 173>

# ▌ 수수

"수수"의 옛말인 "슈슈"는 17세기 문헌에서부터 나타난다고 했는데 그보다 더 일찍 16세기에 나타납니다. 리득춘은 중세 중국어 발음 "蜀黍"[shǔshǔ]를 그대로 차용한 것이라 했습니다.[2]

1) 김인호, 『조선어어원편람』(상), 박이정, 2001, 212면.
2) 리득춘, 『조선어 어휘사』, 연변대학출판사, 1987.

○ 슈슈 : 蜀黍 <1527 訓蒙 上 12 黍字注>
○ 뎌의 심근 벼 슈슈 기장 보리 밀 <1677 박언 하.37> (저기 심은 벼 수수
   기장 보리 밀)

## ▌옥수수

"옥수수"는 남아메리카 북부의 안데스산맥의 저지대나 멕시코가 원산지
인 것으로 추정되며 한반도에는 중국으로부터 전래되었다. "옥수수"를 "강
냉이 · 당서(唐黍) · 옥고량(玉高粱) · 옥촉서(玉蜀黍) · 옥출(玉秫) · 직당(稷唐)"이라고
도 불렀습니다. 옥수수라는 이름은 "옥촉서(玉蜀黍)", 즉 "슈슈"에 "옥(玉)"을
더 붙인 형태입니다. "옥수수"는 17세기 문헌에서부터 나타납니다.

○ 玉蜀薥 옥슈슈 <1690 역해 하:9>
○ 玉蜀薥 옥슈슈 <1790 몽해 하:38>

## ▌강냉이

"강냉이"란 말은 중국의 강남지역의 쌀이라는 뜻에서 "강남미(江南米)"라
했는데, 점차 어원 의식이 옅어지면서 "강남미 > 강남이 > 강냉이"로 변
화되어 이루어진 말입니다.[3]

## ▌기장

"기장"은 오곡(五穀)의 하나로서 중국고서 『山海經』에 "扶餘之國에 열성
(列姓)이 서식(黍食)"이라는 말이 나오는데 "서(黍)"가 기장을 말합니다. "깃다
(무성하다)"와 어원상 연관된다고 봅니다. 즉 "깃+앙(접미사)"의 결합으로 봅
니다. 그리하여 "깃앙 > 깇앙 > 기장"으로 되었습니다.

○ 흰 거시 기장뿔 곧ᄒᆞ니 잇ᄂᆞ니 <救方 상:18> (흰 것이 기장 쌀같은 것이

---

3) 김인호, 『조선어어원편람』(상), 박이정, 2001, 176면.

있나니)
- 쥐똥을 브ᅀᅡ 기장쌀만 머고디 <救簡 1:57> (쥐똥을 부셔 기장쌀만큼 먹이 되)
- ᄀᆞᅀᆞᆯ 프리 깃고 쏘 퍼러도다 <杜解 2:68> (가을 풀이 무성하고 또 푸르더라)

## ▌조

"조"는 오곡의 하나로 밥을 짓기도 하고 떡, 과자, 엿, 술 따위의 원료로 씁니다. 동아시아가 원산지로 유럽, 아시아 각지에 분포합니다. 이 이름은 우리말 "작다"와 어원상 연관된다고 봅니다. 가장 작은 것을 "조그맣다"고 할 때 "족"이 어근으로 됩니다. 그런즉 "족"과 "조"[粟]가 같은 어원이라 봅 니다.

- 새 밥 지ᅀᅳ매 누른 조ᄒᆞᆯ 섯놋다 <初 杜解 19:43> (새 밥 지을 때 누런 조 를 섞는다)
- 粟 조 속 <訓蒙 上:7>

## ▌쌀

한자 "미(米)"는 쌀알이 널려 있는 모습입니다. 고대에 "白米曰漢菩薩"<鷄 林類事>라고 기록했고 중세에 "ᄡᆞᆯ"로 표기했습니다. "쌀"을 보살(菩薩)이라 기록한 것은 산스크리트어(梵語)의 [Bodhisatta]을 중국말로 보살(菩薩)이라 하 고 우리말로 "뽕쌀"로 표기 되는 것을 줄여 "ᄡᆞᆯ"로 표기했어요. 이것이 후 에 "쌀"이 되었다고 합니다. "漢菩薩"은 중세어로 말하면 "힌ᄡᆞᆯ(흰쌀)"로 됩니 다. 조선왕조에서 이씨(李氏)일가들이나 먹는 쌀이라 하여 "리(李)" 자(당시 음은 <니>)를 붙이여 "니쌀"로 되었다가 "ㄴ"이 떨어져 나가고 "입쌀"로 되었습 니다. 받침 "ㅂ"은 사이음 "ㅂ"이 끼여 발음되기 때문입니다.[4]

4) 김인호, 『조선어어원편람』(상), 박이정, 2001, 171면.

○ 金바리예 힌 뿔 ㄱᄃ기 다마 <月釋 8:90> (금바리에 흰쌀 가득 담아)
○ 米 色二 <朝鮮舘譯語>

## ▌벼

"벼"를 김원표[5]는 기원 3세기 경에 중국 남방에서 인도로부터 수입하여 재배한 것으로서 한반도에서 삼국시기에 들여온 것으로 봅니다. 그리고 "벼"란 말은 인도말의 간접 차용이라 합니다. 현재 인도-유럽어족의 대부분 언어에서 "벼"('쌀'을 포함)를 부르는 단어의 어원은 모두 고대 범어 [vrīhi]에서 왔다고 합니다. 그러니 우리말 "벼"도 여기서 온 것으로 봅니다.

## ▌피

"돌피"라고도 합니다. 논에서 자라는데 열매는 식용하거나 사료로 씁니다. "피 다 잡은 논 없고 도둑 다 잡은 나라 없다"란 속담이 있을 정도로 농민들에게 익숙합니다. 이 이름은 한자어 "패(稗)"에서 차용한 것입니다.

## ▌메밀

"메밀"은 7~10월에 흰 꽃이 총상(總狀) 화서로 모여 피고 열매는 수과(瘦果)로 검은빛의 세모진 모양이며, 줄기는 가축의 먹이로 쓰입니다. 달리 "교맥(蕎麥)·목맥(木麥)·오맥(烏麥)"이라고도 합니다. 중세에 "모밇, 메밀"이라고 했습니다. "메밀"이란 말은 "모/메[山]+밀(麥)"의 합성어입니다.

○ 이듬히애 모밀히 몯 니거 민가니 가난혼 저긔 댱니 주고 <正俗 二 28>
(이듬해에 메밀이 못 익어 민간이 가난할 적에 長利 주고)
○ 蕎 모밀 교 <訓蒙 上:6>

---

5) 김원표, ""벼(稻)"와 "쌀(米)"의 語源에 關한 考察", 「한글」 13권 2호, 1948.

## ▮ 보리

"보리"를 중세에도 같은 말로 썼는데 아주 오래된 것으로 봅니다. 김원표는 보리의 원산지는 아시아 서북 한대(寒帶)지방으로서 기원전 2천년부터 하(夏)나라 때 재배하기 시작했으며 "보리"란 이름은 중국에서 일찍 불려온 "모리(麰麥)"에서 차용됐다고 했습니다.[6]

　　○ 보리 래 麳, 보리 모 麰 <訓蒙 上 12>

## ▮ 콩

"콩"을 중세에도 "콩"이라 했는데 김인호[7]는 "'콩'이란 말은 '따-히 → 땅', '소히-아지 → 송아지', '조-히 → 종이'와 같이 '고-히'로 이루어진 말이다. 우리말의 많은 'ㅇ' 받침이 뒤마디의 '히'에서 이루어졌다. '히'는 '산이', '사람이'와 같은 주격토 '이'에 결합자음 'ㅎ'이 들어간 형태이며 '고'는 고리, 동그란 것을 가리켰다. 지금 '단추 코', '그물코'에서 쓰는 것과 같이 끈과 같은 동그랗게 매듭지어 놓은 것, 뭉쳐놓은 것은 '고'라고 하였다. 그러므로 농작물의 '콩'이란 말은 '동그란 것, 돋아난 것, 맺힌 것'을 가리키는 뜻에서 '코'와 같은 기원의 말인 '고'에서 유래하였다고 볼 수 있다"고 해석했습니다.

　　○ 콩 爲 大豆 <訓正解例. 用字例>
　　○ 콩 숙 菽 <訓蒙 上 13>

## ▮ 팥

"팥으로 메주를 쑨대도 곧이듣는다"는 지나치게 남의 말을 무조건 믿는 사람을 놀리는 말입니다. 중세에 "ᄑᆞᆺ, 퐃"으로 나타납니다. "ᄑᆞᆺ > 퐃 > 퐅

---

6) 김원표, "'보리(麥)'의 어원(語源)과 그 유래(由來)", 「한글」 14권 1호, 1949.
7) 김인호, 『조선어어원편람』(상), 박이정, 2001, 172면.

> 팥"의 변화를 해 왔습니다. 함경도방언에서 "팻기"라 하는데 중세의 "퐃"의 흔적을 보입니다. "팥"은 "파다(파다하다)"에서 기원한 말이라 봅니다. 팥을 거두어들일 때 도처에 널려 있는 팥의 모습을 이름으로 했다고 봅니다. 중세에 형태가 비슷한 "퐃비리(흔히, 많이)"란 말도 있었습니다.

○ 퐃글 ᄂ로니 시버 알폰 더 브티면 됴ᄒ니라 <救方 下: 21> (팥을 나른하게 씹어 아픈데 부치면 좋니라)

○ 퐃 爲小豆 <訓解 56>

○ 鮮有는 퐃비리 잇디아니타ᄒ논 ᄠᅳ디라 <釋譜 序 2> (선유는 만히 없다는 뜻이다)

## ▌나물

"나물"이란 "사람이 먹을 수 있는 풀이나 나뭇잎 따위를 통틀어 이르는 말"입니다. 이를 테면 고사리, 도라지, 두릅, 냉이 따위가 있습니다. 중세에 "菜 ᄂ믈 치 蔬 ᄂ믈 소"<1527 훈몽 하:2>와 같이 "ᄂ믈" 또는 "ᄂᄆ를"이라 했습니다. 비슷한 말로 "ᄂᄆ새", "ᄂᄆ자기(남새)"도 있었습니다. 그런즉 이들에서 "ᄂᄆ"가 어근으로 된다고 할 수 있습니다. 이 "ᄂᄆ"는 중세의 "나모"와 어음상에서 비슷할 뿐 아니라 의미도 "초목"이란 공통성이 있습니다. 그러므로 "ᄂᄆ"의 어원은 "나무"와 마찬가지로 "남다(넘다, 남다)"에서 왔으며 어음 변화로 의미차이를 나타내어 "먹을 수 있는 풀"을 표시했다고 봅니다. 그리하여 "ᄂᄆ+올/을 > ᄂ믈/ᄆᄆ믈 > 나물"로 되고, "ᄂᄆ+새(접미사) > ᄂᄆ새 > 남새"로 됐다고 봅니다.

## ▌감자

"감자"는 중세에 "감져"라 했는데 한자어 감저(甘藷)에서 왔어요. 이는 본래 고구마를 이르는 명칭이지요. 지금도 중국에서는 "감서(甘薯)·첨서(甛薯)·지과(地瓜)·번서(番薯)·백서(白薯)·홍서(紅薯)" 등으로 다양하게 부르지요. 우리말에서는 "마령서(馬鈴薯)"를 따로 "감자"라 부르고 있지요. 고구마가 한반도에 들어온 것은 1760년경이고, 감자가 들어온 것은 1824~1825년 즈음이라고 알려져 있습니다. "고구마"에 대응하는 형태는 1820년대 문헌에 "고금아"라고 단 한 번 나타나므로, 이 시기 이후에 현대어처럼 "고구마"와 "감자"의 의미가 분화되면서 지시하는 식물도 각각 구별되었을 것으로 보입니다.

- ○ 감ㅈ 蔗 남감ㅈ <1880 한불 126>
- ○ 감자 藷 <1895 국한 9>

## ▌마

"마"는 여름에 자주색 꽃이 피고 열매는 열과(裂果)를 맺습니다. 실눈은 식용하고 뿌리는 "산약(山藥)"이라 하여 강장제로 씁니다. "산우(山芋)·서여(薯蕷)"라고도 합니다. 원산지는 중국이며 한반도에 도입된 경위는 확실하지 않지만 『삼국유사』에 백제 무왕의 아명이 서동(薯童)이었으며 마를 캐어 팔아서 생활하였다는 기록이 있는 것으로 미루어, 삼국시대부터 식용되고 있었음을 알 수 있습니다. 조선시대 구황서(救荒書)에도 구황식품으로 많이 등장하고 있습니다. "薯童謠"에서 애들이 그토록 맛있어 했다는 "마"[薯]의 어원은 "맛"과 연관된다고 봅니다.

- ○ 마 爲薯蕷 <1446 훈해 56>
- ○ 마흘 키여 쪄 먹고 혹 찌허 ㄱ로 면을 밍그라 <1660 신구 3> (마를 캐어 쪄먹고 혹 찧어 가루 면을 만들어)
- ○ 薯蕷 마 <1613 동의 2:41>

## ▌고구마

"고구마"의 원산지는 약 2000년 전부터 중·남아메리카에서 재배한 것으로 추측하고 있습니다. 신대륙을 발견한 당시에는 원주민들이 널리 재배하였는데, 크리스토퍼 콜럼버스에 의해서 에스파냐에 전해졌고 그 뒤 필리핀, 중국의 복건성(福建省)에 전해졌으며 차차 아시아 각국에 퍼졌습니다. "고구마"를 "감서(甘薯)·감저(甘藷)·남감저(南甘藷)·단감자·저우(藷芋)" 라고도 합니다. 신라 때 "薯童謠"가 전해질 정도로 "마"[薯] 재배 역사는 아주 오래되고 중세에도 "마"[薯]가 나타납니다.

"고구마"라는 이름은 일본어의 음차에서 온 것입니다. "名曰甘藷 或云孝子麻 倭音古貴爲麻"(이름은 감저라 하는데 孝子麻라고도 하며 일본 발음은 고귀위마 이다)<海槎日記>(趙曮, 1763~1764)라는 역사 기록이 있고 한글 기록으로는 유희(柳僖)의 『물명고(物名考)』(1824년)에 "고금아"라는 형태가 등장합니다. 이는 쓰시마 방언을 기록한 것으로, 지금도 쓰시마 지방에서는 고구마를 고코이모(孝行芋, こうこいも)라 부릅니다. 이 "고코이모"라는 이름은 가난한 효자가 고구마로 부모를 봉양(孝行)했다는 이야기에서 유래된 것입니다. 이 낱말은 일본의 대마도를 제외한 지역에서는 잘 쓰이지 않으며, 오늘날 일본에서는 고구마를 가리켜 과거 사쓰마 번의 이름을 딴 이름인 '사쓰마이모[薩摩芋]'라고 부릅니다.[8]

○ 마 爲薯黃 <訓解 56>
○ 薯 마 셔 黃 마 여 <1576 신합 상:7>

## ▌ 뚱딴지

"뚱딴지"는 꽃과 잎이 감자같이 생기지 않았는데 감자를 닮은 뿌리가 달려서 "뚱딴지[絶緣子, 瓷甁] 같다"고 뚱딴지라는 이름이 붙었습니다. 뿌리를 사료로 써서 돼지가 먹는 감자라고 "돼지감자"라는 별명도 있습니다.

---

8) <네이버 나무위키> 고구마.

# ▌갓

"갓"을 한자로 개채(芥菜) 또는 신채(辛菜)라고도 합니다. 중국에서는 기원전 12세기 주(周)나라 때 이 종자를 향신료로 사용하였다고 하며, 한반도에서도 중국에서 들여온 채소류로 널리 재배했습니다. "芥"의 상고음은 (王力系統: 見母 月部) [keat]으로 됩니다. 즉 "갓"의 발음과 아주 비슷합니다. 이는 절대 우연히 아니라 중국에서 "芥"[keat]란 채소가 들어올 때 그 발음도 같이 받아들여 왔으며 오래 사용하는 과정에 고유어로 착각하고 있습니다.

　　○ 갓 <동의보감 탕액편(1613)>

# ▌겨자

"겨자"씨는 누런 갈색으로 익는데 양념과 약재로 쓰고 잎과 줄기는 식용합니다. 이 이름은 한자어 "개자(芥子)"에서 기원한 것입니다. 중세에도 "계주, 겨주"로 씌었습니다.

　　○ 우리 聲聞엣 사르몰 如來의 가줄비느니 계주 따굴 須彌山애 견주며 <月釋 4:28> (우리 聲聞에의 사람을 여래께 비기니 겨자 쪽을 수미산에 견주며)
　　○ 파 부치 마늘 댓무수 동화 박 계주 쉿무수 시근치 다스마 <飜老 下:38> (파 부추 마늘 무 동아 박 겨자 쉰무우 시금치 다시마)
　　○ 계좃 개 芥 <訓蒙 上 7>

# ▌고추

"고추"는 여름에 흰 꽃이 잎겨드랑이에서 하나씩 피고 열매는 장과(漿果)이며 잎과 열매를 식용합니다. 남아메리카가 원산지로 온대, 열대에서 널리 재배됩니다. "당초(唐椒)·번초(蕃椒)"란 이름도 있어요. "고추"는 우리 민족이 즐겨 먹는 작물인데 언제부터인지 모르지만 중세에 "고쵸"라고 했어요. 한자어 고초(苦椒)에서 왔다고 봅니다. 평안북도나 함경남도에서 "댕가지"라고도 하는데 이는 "唐+가지"의 결합이라고 생각합니다. "고쵸"는 후에 의미 변화를 가져와 본래 "후추"[胡椒]를 가리키던 데로부터 지금의 "고추"[辣椒]를 말하게 되었지요. 또 이두문헌에서는 "고쵸"[苦草]라고도 표기했었거든요. 이런 변화는 16세기 후부터이니까 매운 음식을 즐겨 먹기 시작한 것도 얼마 안 된다고 할 수 있어요. 栗田英二[9]은 일본사람이 "고쇼"라고 부르던 것이 전해졌다고 주장하기도 합니다.

○ 고쵸롤 フ라 수레 머그라 <1489 구간 1:32>
○ 椒 고쵸 쵸 <1527 훈몽 상:6>
○ 秦椒 예고쵸 胡椒 호쵸 <1778 방유 술부:28>
○ 秦椒 고쵸 <18세기 후반 한청문감 12:41>
○ 고초 辣子 <1880 한불 198>

## ▌ 박

"박"은 박과의 한해살이 덩굴풀입니다. 원통 또는 둥근 호박이나 배 모양의 커다란 액과(液果)로 긴 타원형의 씨가 있는데, 삶거나 말려서 바가지를 만들고 속은 먹습니다. 아시아는 박의 원산지이며 우리 민족은 "박"에 대한 전설도 많았고 바가지는 또 옛날 생활에서 없어서는 안 될 생활도구였습니다. 이 말은 동사 "박다"와 기원을 같이 합니다. "박다"란 "두들겨 치거나 틀어서 꽂히게 하다", "붙이거나 끼워 넣다", "속이나 가운데에 들여 넣다"란 뜻이 있습니다. 중세에도 같은 형태로 나타나는데 이로부터 알 수 있는바 이 말의 어원적 의미는 "(어느) 속으로 들어가다"라 할 수 있습니다. 원시사회에서 우리 민족이 자연에서 얻는 용기로 박이 유일하고 주요한 도구였기 때문이라 봅니다.

○ 박 瓠 瓠犀 <詩解. 物名6>

---

9) 栗田英二, "'고추'(Red pepper)이 어원에 관한 연구", 「人文藝術論叢」 제18집, 1999.

## ▌호로

"호로"를 "호리병박, 조롱, 조롱박, 호로과(瓠盧瓜)"라고도 합니다. "호로"란 이름은 한자 어휘 "호로(葫蘆/壺蘆)"에서 온 말입니다.

○ 瓠 죠롱호 又瓠子·박 形如茱瓜味甘 盧瓜 죠롱로 俗呼瓠盧瓜 又書作胡盧葫蘆 <訓蒙字會 上 4> (용례 호조롱호 또 호자는 박이다. 형체는 채과와 같은데 맛이 달다. 로과.조롱로 세속에서는 호로라고 부른다. 또 글로는 호로, 호로로 쓴다)

## ▌푸성귀

"푸성귀"란 사람이 가꾼 채소나 저절로 난 나물 따위를 통틀어 이르는 말입니다. 15세기 문헌에서 "프성귀"로 나타납니다. "성기게 자란 풀"이란 뜻으로 "플"과 "성긔다(성기다)"의 명사형 "성긔"의 합성어로 분석됩니다. 즉 "플+성긔 > 프성귀 > 푸성귀"로 되었다 봅니다.

○ 草衣ᄂᆫ 프성귀 오시라 <1447 석상 11:25> (초의는 푸성귀 옷이라)
○ 이 사ᄅᆞᆷ 업슨 싸히로소니 프성귀 뷔여 ᄇᆞ릴 잇부믈 사오나온 모물 므던히 너규리라 <1632 두시-중 13:30> (이 사람 없는 땅이로소니 푸성귀 베여 버릴 입음을 사나운 몸을 무던히 여기니라)
○ 푸성귀 草茱物 <1895 국한 333>

## ▌배추

"배추"는 중세에 "비치"라고 했어요. 중국말 "白茱"[baicai]의 발음을 그대로 받아들인 것입니다. 중국말 학명으로 "송채(菘茱)"라고 한답니다. 그리하여 "baicai > 비치 > 배채 > 배추"로 되었습니다.

○ 本草의 비치ᄅᆞᆯ ᄀᆞᄂᆞ리 좁쌀ᄀᆞ티 싸ᄒᆞ라 <1542 온역 9> (본초의 배추를 가늘게 좁쌀같이 썰어)
○ 비치 숭 : 菘 俗呼白茱 <訓蒙 上 14>

○ 白菜 비치 <동문 하:3>
○ 白菜 빈지 <1690 역해 하:10>

## ▌ 양배추

"양배추"는 "배추"에 한자 "양(洋)"이 붙은 외래 채소이며 일부 방언에서
"대두배추"라 하는 것은 생김새에 따라 한자 "대두(大頭)"를 더 붙인 말입
니다.

## ▌ 상추

"상추"는 유럽이 원산지로 전 세계에 분포합니다. "거와(苣蕐)·와거(萵苣)"
라고도 합니다. "상추"는 한자어 "생채(生菜)"를 차용하여 부르면서 발음이
변한 것입니다. 즉 "생채 > 상채 > 상추"로 되었다고 봅니다. 연변 사투리
로 "불기"라고도 하는데 "붉은 상추"를 보고 "붉이"라 부른 것으로 봅니다.

## ▌ 부추

"부추"를 중세에 "부치"라 했는데 중국말 "구채(韭菜)"가 와전 된 말이라
봅니다. 그리고 "염교, 염규"라고도 불렀어요. 함경북도방언에서 "염지"라
고도 합니다.

○ 서리엣 염괴 허여호믈 甚히 듣노니(甚聞霜韭白) <初杜解 7:40>
○ 쏘 부치룰 디허 汁을 取ᄒ야 이베 브스라 <1466 구방 상:25> (또 부추를
   찧어 즙을 취해 입에 부치라)
○ 韭 염교 구 薤 부치 혜 <1527 훈몽 상:7>
○ 부칢(韭菜) <1810 몽유 상:15>
○ 미나리와 계ᄌᆞ와 빗치와 파와 마늘과 부초와 허다ᄒᆞᆫ 치소 일홈이 잇고
   <1894 훈아 6> (미나리와 겨자와 배추와 파와 마늘과 부추와 허다한 채소
   이름이 있고)

## ▎고수풀

"고수풀"은 향신료로서 로마인에 의해 유럽에 소개된 후, 육류의 저장을 위해 이용되었습니다. 오늘날 고수는 세계 각국에서 폭넓게 사용되고 있는데, 특히 태국, 인도, 중국과 유럽에서 많이 사용합니다. 향이 일품이고 비린내를 없애는 데도 효과가 있으며 동양에서는 생것을 선호하고 서양은 씨앗을 사용합니다. 중세에 "고싀(고수)"로 나타납니다. 중국에서는 "향채(香菜)"라 합니다. "고수풀"의 어원은 "고스다(고소하다)"에서 온 말입니다.

○ 고싀 원 芫 고싀 유 荽 <訓蒙 上 13>
○ 고손 수리 뿔マ티 드닐 노티 아니 호리라(不放香醪如蜜甛) <杜解 10:9>

## ▎버섯

"버섯"은 담자균류와 자낭균류의 고등 균류를 통틀어 이르는 말입니다. 주로 그늘진 땅이나 썩은 나무에서 자라며, 홀씨로 번식합니다. 송이처럼 독이 없는 것은 식용하나 독이 있는 것도 많습니다. 중세에 "버슷"이라 했어요. 이 말은 "벗다"에서 유래했다고 봅니다. 즉 "땅이나 나무껍질에서 벗어나오다"는 것을 보고 "버슷(버섯)"이라 불렀다 봅니다.

○ 山中엣 남긧 버슷 毒 마즈닐 고튜터 忍冬草 가지와 불휘와를 달혀 汁을 取
호야 머그라 <救方 下:47> (산중에 나무 버섯 독 맞은 이를 고치되 인동초
가지와 뿌리를 달여 즙을 취하여 먹으라)
○ 木耳 남긧 버슷 <救簡 6:4>
○ 蕈 버슷 션 栮 버슷 싀 蕈 버슷 심 菌 버슷 균 <訓蒙 上:7>

## ▎느타리

느타릿과의 버섯으로서 모양이 조개껍데기와 비슷하며 줄기는 대개 짧으나 긴 것도 있습니다. 갈색 또는 흰색으로 늦가을부터 봄에 걸쳐 삼림

속 활엽수 마른나무에서 자라며, 식용합니다. "느타리"를 함경도방언에서 "늦시리"라고도 합니다. "느타리"란 말은 "늦게 살아난 버섯"이란 의미로 "늘훌이 > 느툴이 > 느타리"로 된 것입니다.

## ▌마늘

"마늘"을 중세에 "마눌"이라 했어요. <단군신화>에 마늘이 나오는 것을 보면 아주 오랜 작물인 것은 틀림없어요. "마눌"이란 말의 "마"는 야생 감자와 같이 덩이진 것을 의미하며 "눌"은 예리하고 뾰족한 것을 의미합니다. 그러므로 "마늘"의 원래 말 "마눌"은 "덩이지고 뾰족한 것"이란 뜻을 나타냅니다. "마눌"은 "바늘 > 바늘", "가올 > 가을"과 같이 뒷마디의 "올"이 "을"로 되는 현상에 의하여 "마늘"로 되었습니다.[10]

## ▌시금치

"시금치"는 잎에 비타민 이(E)나 철분이 많아 데쳐서 무쳐 먹거나 국으로 끓여 먹습니다. "마아초(馬牙草)・적근채(赤根菜)・파릉채(菠薐菜)라고도 합니다. 중세에 "시근치"라고 했는데 한자어 "赤根菜"에서 온 말입니다. "시금치"는 신맛과 아무런 상관이 없는 이름입니다. 즉 "赤根菜 > 시근치 > 시금치"로 되었습니다.

> ○ 마눌 댓무수 동화 박 계ᄌ 쉿무수 시근치 다ᄉ마 <1510년대 번노 하:38>
> ○ 菠 시근치 파, 薐 시근치 룽 <1527 훈몽 상:8>
> ○ 菠薐 시근치 <1613 동의 2:35>
> ○ 시근치 赤根菜 <同文解 下4>

---

10) 김인호, 『조선어어원편람』(상), 박이정, 2001, 180면.

## ▌파

"파"는 중국 서부가 원산지이며 "총(蔥)"이라 합니다. "파"란 이름은 잎
사귀의 색깔이 "파라ㅎ다(파랗다)"고 부른 것입니다. 중세에도 "파"라 했습
니다.

　　○ 파 <훈민정음 해례본(1446)>

## ▌오이

"오이"는 인도가 원산지로 세계 각지에 분포합니다. 중국을 통해 전해
진 것으로 "황과(黃瓜)"라고도 합니다. "오이"의 본래 어형이 "외"이고 이것
이 20세기에 들어 2음절의 "오이"로 변한 것입니다. 중세에 "외"라고 했는
데 "참외"에 대조하여 "외게 생긴 과(瓜)"란 뜻입니다. "참외"에 비하여 달
지도 않고 향기도 없어 이렇게 이름 지었다고 봅니다.

　　○ 차와 외와로 소눌 오래 머물우ᄂᆞ라(茶瓜留客遲) <杜解 9:25>
　　○ 苽 외 과 <訓蒙 上:7>

## ▌호박

"호박"은 18세기 문헌에서부터 나타나 현재까지 이어집니다. 당시 "남
과(南瓜)"를 "호박"이라 했습니다. "호(胡)"는 본래 중국에서 "이적(夷狄)"을
일컫던 말인데 우리말에서는 북방의 여진족을 주로 가리켰습니다. 그러니
"호박"이란 "호박(胡朴)", 즉 "중국에서 들어 온 박"을 말합니다. 관용어로
"뜻밖에 힘을 들이지 아니하고 좋은 일이나 좋은 물건을 차지하다"를 "호
박(을) 잡다"고 말할 정도로 환영받았습니다.

## ▌ 수박

"수박"을 "서과(西瓜)·수과(水瓜)·한과(寒瓜)·시과(時瓜)"라고도 합니다. 아프리카 원산으로 고대 이집트 시대부터 재배되었다고 하며, 각지에 분포된 것은 약 500년 전이라고 합니다. 한반도에는 조선시대『연산군일기』(1507)에 수박의 재배에 대한 기록이 있습니다. "수박 겉 핥기"란 속담이 있을 정도로 유명합니다. 중세에 "슈박"으로 나타난 것으로 보아 자체로 만든 한자어 "수박(水朴)"이라 볼 수 있습니다. 그 뜻인즉 "물이 많은 박"이란 의미이지요.

○ 무론 보도 룡안 례지 술고 슈박 춤외 감즈 <飜老 下:38~39> (마은 포도 용안 여지 살구 수박 참외 감저)

## ▌ 무

"무"를 "나복(蘿蔔)·내복(萊菔)·노복(蘆菔)·청근(菁根)" 등으로 부르고 중세에 "무수"라 했어요. "무우다(흔들다)"란 말이 중세에 있었는데 여기서 기원된 것으로 짐작됩니다. 그것은 무를 뽑을 때 흔들어야 뽑을 수 있기 때문입니다. 그러니 "무"를 뽑는 행동으로 이름 지었다고 봅니다. 연변에서 "노배"라 하는데 이는 중국말 [luobo](蘿卜)의 발음대로 음차한 말입니다.

○ 겨슷 무수는 밥과 봐이니 쇠 히미 나조희 새롭도다 <1481 두시-초 16:70> (겨울 무는 밥과 반이니 소 힘이 저녁에 새롭도다)
○ 무수와 박만ᄒᆞ야 먹더라 <飜小學 10:28> (무가 박만하여 먹더라)
○ 이 둘흘 ᄒᆞ쁴 무위사(此二雙運) <圓覺 上 一之一 110> (이 둘을 함께 움직여야)

## ▌ 홍당무

"홍당무"는 뿌리의 껍질은 붉으나 속은 흰 무입니다. 당근이라고도 합

니다. 일본에서는 "アカダイコン[赤大根]"(붉은 무)이라 하고 중국에서는 "胡蘿 卜"(북방민족의 무) 또는 "紅蘿卜"(붉은 무)라 합니다. 우리말 "홍당무"는 "홍당 (紅唐)＋무"로서 "당(唐)에서 온 붉은 무"라는 뜻입니다.

## ▌ 사과

"사과"를 "빈파(頻婆)·평과(苹果)"라고 합니다. "사과"는 한자어 "사과(沙果)" 에서 온 말입니다. 우리말로 "능금"이라고 하는 것이 있는데 "능금"은 사과 와 비슷한 모양이지만 훨씬 작습니다. 17세기 문헌에서부터 나타납니다.

○ 흐나만 알외여 그 ᄉ과 너출과 손을 달혀 ᄃ시ᄒᆞ야 <1608 언두 상:6> (하 나만 알리여 그 사과 넝쿨과 순을 달여 다시하여)
○ 아모 ᄉ과 검다ᄒᆞ면 노쇼 업시 외다 ᄒᆞ니 <1776 염보-해 44> (아무 사과 검다하면 노소 없이 틀리다 하니)

## ▌ 감

"감"은 한반도를 포함한 동아시아가 원산지입니다. 따라서 옛적부터 즐 겨 먹던 주요 과일입니다. "감"이란 이름은 "감칠맛, 감빨다, 감돌다" 등의 "감"과 같은 어원입니다. 그로부터 "너무 맛있어 전혀 알아챌 수 없을 정도 로 티가 나지 않게 먹어치우는 것"을 "감쪽같이 먹다"라고까지 말합니다.

## ▌ 배

"배"를 중세에 "ᄇᆡ"라 했어요. 『계림유사』에 "敗"라고 기록됐어요. 중국 상고음으로 [bhài]라 발음됩니다. 이 말은 가능하게 "ᄇᆡ다(배다, 스미다)"와 기원을 같이 한다고 봅니다. 옛날에 과일이 흔하지 못한 한반도에서 "배" 는 가장 인기있는 과일의 하나였거든요. 지금은 여러 가지 새로 개발한 품 종이 많지만 그런 기술이 없는 과거세월에 그저 자연적으로 성숙된 과일을 따 먹을수 밖에 없었거든요. 그러니 당연히 돌배 같은 과일을 주로 먹었을 것이고 이런 과일은 가을에 채집하여 독에 쑥과 같이 저장하여 숙성한 후에야 제맛이 나거든요. 이럴 때 그 배 향기는 진동하여 그야말로 온 집안에 퍼지니 "(향기가) 배다"라고 해서 이름 지었겠다고 추측합니다.

○ 梨曰敗 <鷄林類事>
○ 빗곶 爲 梨花 <訓正解例. 終聲解>

## ▌복숭아

"복숭아"를 중세에 "복셩, 복셩화"라고 했어요. 고려시기 "枝棘"이라 불렀다고 하지만 언녕 사라져버렸습니다. 그러나 "복셩"이란 말은 그 구조로 보아 한자어에서 기원한 것 같지만 문헌 증명을 할 수 없거든요. 혹시나 중국문화의 영향으로 복숭아를 "仙桃"라 여겨 듣기 좋은 자체로 만든 한자 어휘 "복성(福星)"이라 하지 않았을가 추측합니다.

○ 桃曰枝棘 <鷄林類事>
○ 대를 심구니 푸른 비치 서르 더으고 복셩을 심구니 고지 爛慢ᄒᆞ얫도다 <1481 두시-초 10:14> (대를 심으니 푸른 빛이 서로 섞이고 복수아를 심으니 꽃이 난만하여라)
○ 桃 복셩화 도 <1527 훈몽 상:6>
○ 桃核仁 복숭화 ᄣᅵ <1613 동의 2:22>

## ▌살구

살구나무는 수천 년 전 중국에서 야생 상태로 자라나기 시작했고 언제 한반도에 전해졌는지는 모르나 비교적 오랜 역사임을 틀림없습니다. 중세에 "술고"라고 불렀어요. 이 말은 "시굴다"와 어원상 연관된다고 봅니다. 살구맛의 가장 특징은 신맛이거든요. 그러니 그 맛으로 이름 지을 가능성이 많습니다. "시다"는 중세에 "싀다"고 했지만 평안도, 함경도방언에 "시굴다"

라고 합니다. 그러니 먼 옛날에 "싀굴다(시다)"가 "*싈구"로 변화했을 수도 있습니다. 그리하여 "*싈구 > 싈고 > 슬고 > 살구"로 되었다고 봅니다.

> ○ 슬고 힝 츙 <訓蒙 上 11>
> ○ 슬고와 잉도와 여러 가지 鮮果롤(杏儿櫻桃諸般鮮果) <朴解 上 6>
> ○ 쉰 술 걸러 내여 밉도록 먹어보세 <古時調.鄭澈> (신 술 걸러내여 밉도록 먹어보세)

## ▌개암

"개암"은 개암나무의 열매로서 모양은 도토리 비슷하며 껍데기는 노르 스름하고 속살은 젖빛이며 맛은 밤 맛과 비슷하나 더 고소합니다. "진자(榛子)"라고도 하며 방언에서 "고욤, 깸" 등으로 부르며 중세에 "개암, 개얌, 개옴" 등으로 나타납니다. "개암"이란 이름은 "뼤다, 빼다(깨다)"에서 왔습니다. "개암"은 "깨뜨려 먹음"이란 의미입니다. 그리하여 "뼤/빼+암(접미사) > 암"으로 되었습니다.

> ○ 개암 푸는 이아 이바(賣榛子的你來) <朴解 下 28>
> ○ 개얌과 잣과 무른 포도와(榛子 松子 乾葡萄) <朴解 中 4>
> ○ 개옴나모 헤오 효ᄌ막에 오니(披榛到孝子廬) <三綱>
> ○ 그듸 이 굼긧 개야미 보라 <釋譜 6:37> (그대 이 구멍의 개미 보라)

## ▌자두

"자두"는 한자어 "자도(紫桃)"에서 왔는데 19세기 문헌에서부터 나타납니다. 옛 이름은 "오얒, 오얏"이었거든요. 함경도방언에서는 "왜지"라고도 하지요. "오얒/오얏"은 "오(온전하다)"와 "-아지"(접미사: '작다'는 의미)의 결합으로 봅니다.

> ○ 블근 오야지 므레 ᄃ마도 ᄎ디 아니ᄒ고(朱李浸不冷) <初 杜解 10:23>

## █ 앵두

"앵두"는 한자어 "앵도(櫻桃)"에서 왔거든요 음이 변화되어 "앵두"로 되었지요 우리말로 산앵두를 "이스라지"라 하거든요 "이스라지"는 "이슬[露]＋아지(접미사)"의 결합으로 되었습니다.

○ 더운 따해셔 미양 이스라줄 니석 進獻ᄒ더니 <初 杜解 15:20> (더운 땅에서 매양 앵두를 이어 진헌하더니)

## █ 밤

"밤"은 아시아가 원산지의 하나로 옛날부터 우리 민족은 밤을 즐겨했습니다. 한자어로 "율자(栗子)·율황(栗黃)"이라고도 했습니다. 한자 "율(栗)"은 밤이 달린 나무 모습입니다. "밤"이란 말은 "밤의다(뒤얽히다)"와 어원을 같이 한다고 추정합니다. 밤송이 속에 밤알이 꼭 쌓여있는 모습으로 이름 지었다고 봅니다.

○ 외토리밤 사론 지 <1489 구간 6:70> (외토리 밤 사른 재)
○ 밤 률: 栗 <訓蒙 上 11>
○ 코헤 뿜기고 눈에 밤읜거슨 이 홍백 荷花러라(噴鼻眼花的是紅白荷花) <朴解 上62>

## █ 도토리

"도토리"는 16세기 문헌에서부터 "도토리"로 나타나 현재까지 이어집니다. "도토리"는 "도톨"에 접미사 "-이"가 결합한 형태입니다. 비슷한 뜻을 가진 "도톨밤, 도톨왐"의 형태로부터 "도톨"을 확인할 수 있기 때문입니다. "도톨"이는 멧돼지를 말하는 "돝"에 "털이"가 결합된 것이라 봅니다. 왜냐하면 멧돼지는 도토리를 특별히 좋아하기 때문에 가을이면 도토리나무 밑에 가서 나무를 주둥이로 뒤져 흔들어 도토리가 떨어지도록 합니다.

그런즉 이 이름은 "멧돼지가 털기 좋아 한다"로부터 생긴 말이라 봅니다. 그 변화 과정은 "돝털이 > 도털이 > 도톨이 > 도토리"으로 되었다고 추측합니다. 또 "도톨도톨"에서 기원했다고 보는 이도 있어요.[11]

○ 힉마다 도톨왐 주수믈 나볼 조차 돈뇨니(歲拾橡栗隨狙公) <初杜解 25:26>
○ 楙 도토리 셔 橡 도토리 샹 梄 도토리 싀 <1527 훈몽 상:6>
○ 묏 果實ㅣ 흑 뎌근 거시 하니 버러 나 도토리와 밤괘 섯것도다 <1632 두시-중 1:3> (뫼 과실이 아주 작은 것이 많으니 벌레 나 도토리와 밤이 섞어 있도다)

## ▌호두

"호두"는 속살은 지방이 많고 맛이 고소하여 식용하며, 약방에서 변비나 기침의 치료, 동독(銅毒)의 해독 따위의 약재로 씁니다. "강도(羌桃)·당추자(唐楸子)·핵도(核桃)"라고도 합니다. "호두"는 한자어 "호도(胡桃)"에서 왔거든요. 17세기부터 문헌에 나타납니다. 이름대로 해석하면 "북방에서 온 복숭아"라 할 수 있습니다.

○ 조긔 광어 전복 성복 마 잣 호도 구은 밤 <17세기 후반~18세기 두경 13ㄴ>
○ 核桃 호도 <1748 동해 하:5>

## ▌가래토시

"가래토시"는 "호두"의 함경도방언이라 하지만 기실 진짜 우리말이며 또 야생하는 재래종을 말합니다. 『鷄林類事』에서 "渴來"라 했는데 중국 상고음으로 [kɑt ləi]입니다. 중세에 "가룻톳"이라 말했어요. "가래토시"란 "양쪽 가랑이에 멍울이 생긴" 것을 가리키는 "가래톳"에서 온 말입니다. 호두알의 모양과 서로 비슷하여 본뜬 이름입니다.

---

11) 참조: <가게저널> 제42권 제8호.

○ 胡桃日渴來 <鷄林類事>
○ 가룻톳 : 便毒 <救急簡易方. 目錄 3>

# ▌다래

"다래"를 중세에 "둘애"라고 했어요. 이 말은 "달(다)＋애(접미사)"로 즉 "달콤한 과실"이란 뜻입니다.

○ 달애 쳡 蘊 <訓蒙 中 27>
○ 梗 ᄃᆞ래 연 <1527 훈몽 상:6>
○ 獼猴桃 ᄃᆞ래 <1613 동의 2:24>
○ 梗棗 ᄃᆞ래 圓棗 ᄃᆞ래 <1690 역해 상:55>

# ▌머루

"머루"는 동북아시아에 해당하는 한국, 중국, 일본 등지를 원산지로 둔 갈매나무목 포도과의 덩굴식물과 그 열매입니다. 중세에 "멀위"라 했어요. 그 이름은 흑자색에 지름 8mm 정도의 열매가 마치 "먼 눈알"처럼 보여 "멀우다(눈을 멀게 하다)"의 "멀우[瞎]＋이(접미사)"로 만들어진 말이라 봅니다.

○ 멀위 포 葡 멀위 도 萄 <訓蒙 上 12>
○ 멀위랑 ᄃᆞ래랑 먹고 <樂詞. 靑山別曲>

# ▌딸기

"딸기"는 지금 나무딸기를 제외하고 야생은 거의 볼 수 없지요. 몇 십 년 전만 하여도 강변이나 마을주변 들판에 야생딸기가 흔했거든요. 그런데 제철을 맞추어 따야지 시기를 놓치면 다 땅에 떨어지고 맙니다. 그러니 "따는 것"이 관건이므로 이름이 "ᄠᆞ다"[摘]에서 기원했다고 봅니다. 중세에는 "ᄲᅩ기"라 했습니다. "ᄠᆞ＋기(접미사)"의 결합입니다.

○ 뿔기 미 莓 <訓蒙 上 2>
○ 뿔덕 摘 <類合 下 46>
○ 뽕 ᄯᆞ물 녀ᄀᆞ티 ᄒᆞ거놀(採桑如古) <內訓 2:104>

## ▌멍덕딸기

"멍덕딸기"는 나무딸기에 비해 잎 뒤에 흰 털이 빽빽이 났습니다. "멍덕"이란 "벌통 위를 덮는 재래식 뚜껑으로 짚으로 틀어서 바가지 비슷하게 만든 것"입니다. "멍덕딸기"의 꽃받침이 길게 뾰족해지고 샘 털이 밀생하여 "멍덕"과 비슷한 모양입니다. 그리하여 지은 이름이라고 봅니다.

○ 蓬蘽 멍덕딸기 <東醫 2:19>

## ▌멍석딸기

"멍석딸기"는 산록 이하의 낮은 지대에서 흔히 자랍니다. 짧은 가시가 있고 열매는 집합과이며 둥글고 7~8월에 적색으로 익으며 맛이 좋습니다. 이 이름은 "멍석[網席]+딸기" 합성어입니다.

## ▌복분자

"복분자딸기"라고도 하는데 열매는 식용하거나, 발기불능(勃起不能) 또는 오줌을 자주 누는 데 약용합니다. 이름은 이것을 먹으면 오줌발이 세서 요강을 뒤엎는 다는 의미에서 한자 어휘 "복분자(覆盆子)"라 했습니다.

## ▌아그배

"아그배"는 모양은 배와 비슷하나 아주 작고 맛이 시고 떫습니다. "아기의+배 > 아그배"로 되었습니다.

## ▌뽕

"뽕"은 중세에 "뽕"으로 표기되었습니다. 그 후 "ㅅ"이 "ㅂ"으로 표기되면서 현재의 "뽕"이 되었습니다. 이 이름은 "빨다"와 어음 의미상 연관 된다고 봅니다. "띠(茅)"의 어린 꽃이삭은 단맛이 있어 빨아먹기에 "삘기"라고 하는 것처럼 "뽕"의 열매도 먹자면 씹을 필요 없이 빨아도 되니깐 "빨"이 후에 "뿔 > 뽀 > 뽕"의 변화된 가능성 있습니다. 속담에 "뽕도 따고 임도 보고"처럼 우리 민족 생활과 밀접했습니다.

○ 쏘 뽕 힌 즙으로 브르면 지극 神驗ᄒ니라 <救方 上:82>

## ▌쟁기

"쟁기"는 날을 물려 논밭을 갈게 한 농기구입니다. 고려가요의 <청산별곡>에 "장글"이라 했으며 윤선도(尹善道)의 시조에도 "잠기연장 다스려라"라는 구절이 있습니다. "잠기"는 본디 무기를 가리키는 "잠개"의 바뀐 말로, 예전에는 농기구를 무기로도 썼기 때문에 두 가지를 같은 말로 적었던 것입니다. "잠기 > 장기 > 쟁기"로 변화되었습니다. 이 말의 원뜻은 "(흙속에) 잠기다"에서 왔습니다.

## ▌가대기

"가대기"란 밭을 가는 기구로서 보습 날 위에 볏은 없으나 보습 뒤에 분살이 달려 있습니다. 이는 "갈다"와 "대다"가 결합된 말이라 봅니다.

## ▌호미

"호미"는 김을 매거나 감자나 고구마 따위를 캘 때 쓰는 쇠로 만든 농기구입니다. 중세에 "호미"라 했어요 이 말은 한자어 "호(鋤: 김매다"와 "미다

(매다)"가 결합된 말이 라고 봅니다. 이 말은 "燈불"과 같이 한자에 다시 우리말 해석을 붙여 쓴 어휘입니다.

- ○ 호미 爲鉏 <1446 후해 57>
- ○ 호미 위 鋤 <訓正解例. 用字例>
- ○ 鋤 호미 서 鎡 호미 즈 鎮 호미 긔 <1527 훈몽 중:8>
- ○ 겸진니 그제 나히 열여듧이러니 호미롤 가지고 범을 빤로더니 <1617 동신 속 효5:37>
- ○ 기슴 밀 호: 薅 <訓蒙 下 5>

## ▌삽

"삽"은 땅을 파고 흙을 뜨는 데 쓰는 연장입니다. 중세에 "삷"으로 표기했어요. 한자어 "鍤(삽)"에서 온 말입니다.

- ○ 鑱은 이젯 삷 곧흔 거시라 <1481 두시-초 25:26>
- ○ 즈믄 솔옷으로 짜 딜오미 무된 삷브로 흔 번 눌로미 곧디 몯흐니라 <1482 금삼 4:49>
- ○ 삷 삽: 鍤 삷 쵸: 鍬 <訓蒙 中 17>

## ▌낫

"낫"은 곡식, 나무, 풀 따위를 베는 데 쓰는 농기구입니다. 중세에 "낟"이라 했는데 당시 곡식을 "낟(낟알)"이라 했습니다. 그런즉 "낟(낟알)"을 거두어들이는 농기구이므로 그대로 "낟"이라 했다고 봅니다. 그리고 또 옛날에 "낫"과 "낛(낚시)"이 어음적 및 의미적 연관이 있어 보입니다. 마침 두 행위 모두 자기 앞으로 끄러 당기거나 거둬들인다는 점에서 공통점이 있거든요

- ○ 낟 위 鎌 <訓正解例. 合字解>
- ○ 낟 위 穀 <訓正解例. 用字例>
- ○ 올흔소노로 나돌 횟두루며 <1514 속삼 효:9>
- ○ 鎌 낟 렴 <1527 훈몽 중:8>

## ▌괭이

"괭이"는 "땅을 파거나 흙을 고르는 데 쓰는 농기구"입니다. "괭이"를 중세에 "광이"라고도 했습니다. 이 말은 "鎬"의 현대음 [gǎo]의 차용에서 왔다고 봅니다. 즉 "gǎo > 과 > 광이 > 괭이"의 변화를 했다고 봅니다. 함경북도에서는 "곡괭이"라고도 하고 "꽉지"라고도 하지요.

## ▌꽉지, 괭이

"꽉지"란 말은 한자어 "钁子"에서 온 말입니다. "자(子)"가 우리말에 와서 "함자(函子) → 함지, 종자(鍾子) → 종지"처럼 "지"로 되는 현상은 보편적입니다. 그리고 "괭이"는 일본어에서 "钁"을 "구와"라 하는 것처럼 "곽(钁)"의 말음이 떨어져 "과이 > 괘이 > 괭이"로 되었습니다.

## ▌보습

"보습"은 쟁기, 극젱이, 가래 따위 농기구의 술바닥에 끼우는, 넓적한 삽 모양의 쇳조각으로서 농기구에 따라 모양이 조금씩 다릅니다. 중세에 "보십"이라 했어요. 이 말은 "보쇠다/부쇠다"[碎]와 기원을 같이 한다고 봅니다. 땅을 가는 것은 결국 흙을 부시는 행위로 되지요.

○ 보십 犁頭 <訓蒙 中 17 犁字注>
○ 보쇨 탕 蕩 <類合 下 23>
○ 부쇠기를 乾淨히 호야 <朴解 中 30>

## ▌도리깨

"도리깨"는 곡식의 낟알을 떠는 데 쓰는 농구입니다. 긴 막대기 한끝에 가로로 구멍을 뚫어 나무로 된 비녀못을 끼우고, 비녀못 한끝에 도리깻열을 맵니다. 도리깻열은 곧고 가느다란 나뭇가지 두세 개로 만들며, 이 부분으로 곡식을 두드려 낟알을 떱니다. "연가(連枷)"라고도 합니다. 중세에 "도리개, 도리채"라 했는데 "돌리개"란 뜻으로 "돌다"에서 기원을 했습니다. "도리깻열"을 "도리깻아들"이라고 부르기도 했습니다.

　　○ 도리개 <物譜 下>
　　○ 도리채 가 枷 <訓蒙 中 17>

## ▌가래질

"가래질"이란 "가래로 흙을 파헤치거나 퍼 옮기는 일"이며 "흙을 파헤치거나 떠서 던지는 기구"를 "가래"라 합니다. 중세에 "ᄀᆞ래"라 했는데 어원은 "ᄀᆞ래다(가르다)"에서 온 것입니다.

## ▌나래질

"나래질"이란 "나래로 논밭을 고르는 일"입니다. "논빝을 만반하세 고르는 데 쓰는 농기구"를 "나래"라 하는데 그 모양이 "날개"와 비슷하다고 "나래"라 합니다. 중세에 "눌애(날개)"라 했습니다.

## ▌써레질

"써레"란 갈아 놓은 논의 바닥을 고르는 데 쓰는 농기구입니다. 긴 각목에 둥글고 끝이 뾰족한 살을 7~10개 박고 손잡이를 가로로 대었으며 각목의 양쪽에 밧줄을 달아 소나 말이 끌게 되어 있습니다. 16세기 문헌에서부터 "서흐레"가 나타납니다. 다른 말로 "목작(木斫), 초파(鈔杷)"라고도 합니다. "서흐레"란 말은 "서흐다"[剉: 썰다]에서 기원했습니다.

　　○ 서흐레 파 杷 <訓蒙 中:9>
　　○ 剉 서흐다 <吏文輯覽>

## ▌번지질

 "번지질"이란 "번지로 논밭의 흙을 고르는 일"입니다. 번지는 논밭의 흙을 고르는 데 쓰는 농기구로서 보통 씨를 뿌리기 전에 모판을 판판하게 고르는 데 씁니다. 이 말은 우리말 "번지다"에서 왔습니다. 중세에 "번디"라 했습니다.

 ○ 번디 록 礮 번디 독 礴 <訓蒙 中:9>

## ▌풋바심

 "풋바심"이란 "채 익기 전의 벼나 보리를 미리 베어 떨거나 훑는 일"을 말합니다. "바심"이란 곡식의 이삭을 떨어서 낟알을 거두는 일을 타작(打作)을 말하지요. 이 말의 어원은 "부수다"에서 온 것으로 봅니다. "처음 나온", 또는 "덜 익은"의 뜻을 더하는 접두사 "풋-"과 "바시+ㅁ(접미사)"의 결합입니다.

## ▌조바심

 "조바심"은 본래 "조를 터는 일"을 말합니다. 조는 꼬투리가 매우 질겨서 잘 털어지지 않습니다. 또 알이 매우 작아서 밖으로 튀어 나가면 흙속에 묻혀 찾을 수 없습니다. 그래서 한편으로 알곡이 달아날까 조심하고 다른 한편으로는 잘 털리지 않아서 시간에 쫓겨서 안절부절못하는 마음을 "조바심"이라 했습니다.

## ▌거름

 "거름"은 땅을 기름지게 하는 물질입니다. 『삼국사기』의 땅 이름 표기에서 "沃溝"를 "嘉林"이라고 하였습니다. "거름"은 "(땅이) 걸다"의 어간 "걸+

음(접미사)"가 결합한 것입니다. 중세에 "걸움"으로 나타납니다. "걸움 > 걸음 > 거름"으로 되었습니다.

> ○ 녀름지슬 연장을 됴히 ᄒ며 받틔 걸우믈 드릴시 <正俗 二 23> (농사질 연장을 좋게 하며 밭에 거름을 주므로)

## ▌두엄

"두엄"은 풀, 짚 또는 가축의 배설물 따위를 썩힌 거름입니다. 18세기 문헌에서부터 "두험"으로 나타났습니다. 후에 "두험"은 모음 사이에서 "ㅎ"이 탈락하여 19세기에 "두엄"으로 나타나 현재에 이르렀습니다. 이 말은 "두다"[置]의 어간 "두"와 "엄(접미사)", 즉 "두+엄"의 결합입니다.

## ▌마대

"마대"란 굵고 거친 삼실로 짠 커다란 자루로서 양식 같은 것을 담았습니다. 한자 어휘 "마대(麻袋)"에서 온 말입니다.

## ▌되

"되"는 곡식, 가루, 액체 따위를 담아 분량을 헤아리는 데 쓰는 그릇입니다. 지금도 한국에서 부피의 단위로 사용합니다. 곡식, 가루, 액체 따위의 부피를 잴 때 쓰는데 한 되는 한 말의 10분의 1, 한 홉의 열 배로 약 1.8리터에 해당합니다. 한자어로 "승(升)"이라고도 합니다. "되다"에서 기원된 말이라 봅니다.

## ▌말

"말"은 부피의 단위로서 곡식, 액체, 가루 따위의 부피를 잴 때 씁니다. 한 말은 한 되의 열 배로 약 18리터에 해당합니다. 한자어로 "두"[斗]라고도 합니다. 단위명사 "마리"에서 기원됐다고 봅니다.

○ 말 두 斗 <訓蒙 中 11>

## ▌수레

"수레"는 바퀴를 달아서 굴러가게 만든 기구로서 사람이 타거나 짐을 싣는데 사용했습니다. "수레"를 중세에 "술위"라고 했어요. 이는 동사 "싣다"[載]와 어음적인 연관이 있는 것 같아요. 함경도방언에서 "술기"라고 했습니다. "숟(싣다)+위 > 술위 > 수레"로 되었다고 봅니다.

○ 太子ㅣ 羊 술위 튀시고 東山애도 가시며 <1447 석상 3:6> (태자가 양 수레 타시고 동산에도 가시며)
○ 轉은 그울 씨오 輪은 술위떠니 轉輪은 술위를 그우릴 씨니 <1459 월석 1:19>
○ 車 술위 거 輔 술위 량 輻 술위 칙 輧 술위 병 <1527 훈몽 중:13>
○ 駕ᄂᆞᆫ 술위니 <月釋 序17>
○ 시를 지: 載 <類合 上 1>

## ▌굴대

"굴대"란 수레바퀴의 한가운데에 뚫린 구멍에 끼우는 긴 나무 막대나 쇠막대로서 축(軸)입니다. 이 말은 "구르다"의 "굴"과 "-대(접미사)"의 결합이라 봅니다.

## ▌끌채

"끌채"란 수레의 양쪽에 대는 긴 채로서 거원(車轅)이라고도 합니다. 이 말은 "끌다"와 "-채(접미사)"의 결합입니다.

## ▌ 줏대

"줏대"란 수레바퀴 끝의 휘갑쇠입니다. 그 외에 "사물의 가장 중요한 부분"이라든지 "차일을 받치는 중앙의 장대"를 일컫기도 합니다. 이 말은 자체로 만든 한자 어휘 "주대(主臺)"라고 봅니다. 자주 쓰이는 과정에서 어음 의미가 변화되어 지금은 "자기의 처지나 생각을 꿋꿋이 지키고 내세우는 기질이나 기풍"도 말합니다.

## ▌ 고삐

"고삐"란 말이나 소를 몰거나 부리려고 재갈이나 코뚜레, 굴레에 잡아매는 줄입니다. 이 말은 "곳(코)+비(轡: 고삐)"의 합성어입니다. 본래 한자어 "비(轡)"에 고삐라는 뜻이 있지만 "소의 코뚜레"에 맸다고 하여 "곳(코)"을 더 붙여 "고삐"라 합니다.

> ○ 곳믈 농 膿 곳믈 데 洟 <訓蒙 上 29>
> ○ 고티는 법은 곳비로 뒷짜리를 미고 잇쯔러 노폰 언덕의 가 <17세기 마경 하:83> (고치는 법은 고삐로 뒷다리를 매고 이끌어 높은 언덕에 가)
> ○ 轡繩 곳비 <1748 동해 하:20>
> ○ 곳비 轡 <1880 한불 196>

## ▌ 코뚜레

"코뚜레"란 소의 코청을 꿰뚫어 끼는 나무 고리입니다. 18세기 문헌에서부터 "코ㅅ도래"가 나타나는데 "코+ㅅ(관형격 조사)+도래(갈고리)"가 결합된 것입니다.

## ▌ 굴레

"굴레"란 말이나 소 따위를 부리기 위하여 머리와 목에서 고삐에 걸쳐

얽어매는 줄입니다. 중세에 "굴에"라 했습니다. "(못살게) 굴다"의 "굴다"와
어원을 같다고 봅니다. "굴에 > 굴레"로 된 것입니다.

○ 굴에 공 鞚 굴에 륵 勒 굴에 긔 羈 <訓蒙 中 27>
○ 굴 츅 呪 <訓蒙 中 3>

## ▌멍에

"멍에"는 수레나 쟁기를 끌기 위하여 마소의 목에 얹는 구부러진 막대
입니다. 중세에 "머에"로 나타납니다. 이 말은 "메다"에서 기원한 것입니
다. "머에 > 멍에"로 되었습니다.

○ 머엣아래 무야지를 티디말라(莫鞭轅下駒) <初杜解 23:36>
○ 멜 담 擔 <訓蒙 下 23>

## ▌길마

"길마"란 짐을 싣거나 수레를 끌기 위하여 소나 말 따위의 등에 얹는 안
장입니다. 중세에 "기른마, 기르마"라 했어요. "길마"는 "기르(장차)"에서 기
원했습니다. "길 떠날 채비"란 뜻으로 "기르/기른+ㅁ(접미사)+아(호격 형)"
의 결합으로 봅니다. 그리하여 "기름/기롬아 > 기르마/기른마 > 길마"로 되
었습니다.

○ 기른말 밧기시니(解鞍而息) <龍歌 58章>
○ 기르마지홀 피 鞁 <訓蒙 中 20>
○ 기르 크게 도욀 사른문 <飜小學10:11> (장차 크게 될 사람은)

## ▌언치

"언치"란 "말이나 소의 안장이나 길마 밑에 깔아 그 등을 덮어 주는 방
석이나 담요"입니다. 중세에 "어치"라고 했습니다. 이 말은 만주어 [etu](枷

を穿めょ, 着物を着ょ: 칼을 씌우다, 옷을 입다)[12]에서 차용되었다고 봅니다. 즉 "etu > 어투 > 어추 > 어치 > 언치"로 되었다고 봅니다.

○ 어치 뎨 鞢 <訓蒙 中 27>
○ 갓어치 皮替 핫어치 替子 <老解 下 27>

## ▌ 발구

"발구"란 마소에 매워 물건을 실어 나르는 큰 썰매로서 주로 산간 지방 따위의 길이 험한 지역에서 사용했습니다. 발구를 예전에는 "발외"(『훈몽자회』·『역어류해』·『언류석』·『한한청문감』)이라 했고, 한자음으로는 파리(把犁)라 쓰고, 한문으로는 시상(施床)으로 적었습니다. 『북새기략』에 "小車曰跋高"가 있는데 만주어 [fara](눈 위에서 소가 초목을 끄는 기구이다. 소가 끄는 '爬力'이다)[13]에서 온 말로서 중국말로 기록한 "파리(爬犁, 爬力)"의 차용어입니다. "파리(爬犁)"의 기록을 "파리(把犁)"로 잘못 기록하고 "발외"라 불렀다고 합니다. "발외"가 후에 "발구"로 되었습니다. 20세기 70년대까지만 해도 중국 연변에서 "소발구"를 엄청 사용했었습니다.

○ 발외 把犁 발외 似車而 無輪 <譯解 下 23>
○ 曲車 곱장술리 <經國大典 平壤本>

## ▌ 달구지

"달구지"를 중세에 "둘고지"라 했어요. "둘다"[懸]에서 기원한 것으로 봅니다. 즉 "달고 다니는 것"이란 뜻에서 "둘고지"라 했으며 어음 변화하여 "달구지"로 되었습니다.

○ 아기를 다가 둘고지예 엿느니라(把孩兒放搖車) <初朴通事 上 56>

---

12) 羽田亨, 『滿和辭典』, 國書刊行會, 昭和47年, 120면.
13) 羽田亨, 『滿和辭典』, 國書刊行會, 昭和47年, 126면.

○ 둘고지 요 軺 <訓蒙 中 26>

## ▌ 썰매

"썰매"란 얼음판이나 눈 위에서 미끄럼을 타고 노는 기구입니다. 네이버에서는 썰매의 어원을 한자의 "설마(雪馬)"로 보는 설을 부정합니다.[14] 하지만 "썰매"는 자체로 만든 한자 어휘 "설마(雪馬)"에서 온 것으로서 "설마 > 설매 > 썰매"로 되었다고 봅니다.

---

14) <네이버 지식백과> 썰매(두산백과).

# 18. 복장

## ■ 옷

"옷"을 한자어로 "의복(衣服)"이라 합니다. "의(衣)" 자는 갑골문을 보면 저고리 모양입니다. "복(服)"은 옷의 총칭입니다. 우리말 "옷"은 중세에도 쓰였지요. "옷"이란 말은 "옷나모(옻나무)"에서 온 것 같습니다. 왜냐하면 옻나무의 껍질에 상처를 내어 뽑은 진은 옛날에 가구에 칠하는 주요 도료(塗料)로서 "옻칠"이라고도 합니다. 따라서 의복(衣服)도 몸에 걸친다는 공통성에 따라 "옷"이라 불렀다고 생각합니다. 지금 "칠하다"란 말도 옻나무 "칠(漆)"에 "-하다"가 붙은 것입니다.

    ○ ㄴ믹 밧눈 오솔(人脫之衣) <龍歌 92章>
    ○ 옷 칠: 漆 <類合 上 26>

## ■ 입성

"입성(衣)"을 중세에 "닙셩"이라고 했어요. "입성"은 "닙(입다)+셩(成)"의 합성이라고 추측합니다. 그리하여 "닙셩 > 입성"으로 되었습니다. "입다"란 말은 "닙(葉: 잎)"에서 기원한 말입니다. 옛날 사람들은 나무가 잎으로 줄기와 가지를 가리는 것을 보고 자기들의 몸을 가리는 것도 "닙다(입다)"라 했습니다.

- ○ 저희 닙성의 것도 당초예 죽을동 살동 아디 못ᄒᆞ여 <癸丑日記 1:115> (제 입성의 것도 당초에 죽을둥 살둥 알지 못하여)
- ○ 禮服 니브시고 <月釋 8:90>
- ○ 벼개와 삳글 것으며(斂枕簟) <小學 2:5>

## ▌갑옷

"갑옷"이란 "예전에, 싸움을 할 때 적의 창검이나 화살을 막기 위하여 입던 옷"입니다. 한자어 "갑(甲)"과 "옷"의 결합입니다.

## ▌저고리

"저고리"는 옛말인 '져구리'는 16세기 문헌에서부터 나타납니다. 이 말의 어원을 따져 보면 중세에 "뎌고리, 뎌구리(딱따구리)"란 비슷한 말이 있었거든요. 이 새의 특징은 나무껍질을 벗기고 구멍을 뚫어 벌레를 잡아먹지요. 때문에 당시에 "뎌기다(벗기어지다)"란 말도 있었는데 그러면 옷을 "벗다"도 "뎌기다"와 비슷한 말일 수 있습니다. 그래서 윗몸에 입거나 벗는 옷을 "뎌고리/뎌구리"라 했을 가능성이 많지요. "뎌고리/뎌구리"는 구개음화되어 "져고리/져구리"라 불렸다고 봅니다. "저고리"는 우리 선조들이 남녀를 불구하고 윗몸에 입는 옷을 통틀어 가리켰습니다.

- ○ 뎌른 핟져구리와 희무른 비단 비게와 <1510년대 번노 하:50~51> (짧은 핫저고리와 희끄무레한 비단 베개와)
- ○ 小襖子 저구리 옷 <1690 역해 상:45>
- ○ 掛子 긴 져고리 <1775 역보 28ㄱ>
- ○ 저고리 上衣 <1895 국한 255>

## ▌ 치마

"치마"를 중세에 "쵸마, 츄마, 치마"라고 했어요. 이 말은 아마 입성가운데 제일 오랜 이름으로 짐작됩니다. 한자 "치마 상(裳)"은 아래옷 모양으로서 남녀 구분 없이 입었습니다. 옛날 옷의 주요 기능은 몸을 보호하는 것이지요. 그러자면 추위를 막기 위해 몸에 둘러야 하는데 이런 옷을 "추위를 막는다"고 "치마" 했을 수 있지요. 중세에 "춥다"를 "칩다, 칩다"라고도 말했거든요. 그러니 "칩다(춥다)+막다"의 합성으로 "쵸/츄+마 > 쵸/츄마 > 치마"로 되었습니다.

> ○ 그 므리 漸漸 적거늘 훈 아기란 업고 새 나흐니란 치마예 다마 이베 믈오 믈 가온더 드러 도라 <1459 월석 10:24> (그 물이 적어지거늘 한 아기는 업고 갓난애는 치마에 담아 입에 물고 물 가운데 들어돌아)
> ○ 屌 힝ᄌ쵸마 호 <1527 훈몽 중:7>
> ○ 裳 츄마 샹 <1527 훈몽 중:11>
> ○ 裙兒 치마 長裙 긴 치마 <1690 역해 상:45>

## ▌ 행주

"행주"란 그릇, 밥상 따위를 닦거나 씻는 데 쓰는 헝겊입니다. 중세에 "힝ᄌ"라 했어요. 이 말은 "헹구다"와 연관된다고 본다. 가능하게 "헹구는 물건"이라는 뜻일 수 있습니다.

> ○ 힝ᄌ 抹布 <訓蒙 下 20 抹字注>
> ○ 힝ᄌ 쵸마 호 屌 <訓蒙 中 13>

## ▌ 행주치마

"행주치마"란 부엌일 할 때 치마 위에 덧입는 작은 치마입니다. "임진왜란 때 행주산성(幸州山城)에서 부녀자들이 치마에 돌을 나르던 데서 생긴 이름"이라는 민간어원이 있는데 기실 그것은 역사적으로 아무 근거가 없는 말입니다. 앞에서 말한 "힝ᄌ(행주)"와 "쵸마(치마)"의 합성어입니다.

> ○ 힝ᄌ 쵸마 호 帍 <訓蒙 中 13>

## ▌ 꼬리치마

"꼬리치마"란 "허리를 달아 젖가슴에 동이게 된 치마"로서 "풀치마"라고도 합니다. "꼬리처럼 달려있다"는 형상으로 단 이름입니다.

## ▌ 몽당치마

"몽당치마"는 "몽당+치마"로 된 말입니다. "몽당"이란 "물건의 끝이 닳아서 몽톡하게 몽그라지거나 몽그라지게 하는 모양"을 말하는데 이를테면 "몽당연필" 따위를 말합니다.

## ▌ 바지

"바지"를 중세에 "바디"라 했어요. 이 말은 "받다(받다, 받들다, 바치다)"와 어원이 같다고 봅니다. 즉 "(몸을) 받다"라는 의미로 "받+이(접미사)"의 결합이라 봅니다.

> ○ 袴 바디 고 <1576 신유 상:31>
> ○ 衲袴兒 누비바디 甲袴 겹바디 縣袴兒 핫바디 <1690 역해 상:45>
> ○ 뎌 여러 勇士들이 다 아롱 바지에 거믄 靴를 신고 <1765 박신 3:34> (저 여러 용사들이 다 아롱 바지에 검은 신을 신고)
> ○ 奉은 바들씨라 <月釋 序 13>

## ▌ 마고자

"마고자"는 중국옷 "마괘자(馬褂子)"에서 온 말입니다. 그러나 중국옷 그대로가 아니라 우리 민족이 개량하여 만든 옷이며, "마고자"라는 명칭도

이 개량 된 옷을 가리킵니다.

## ▌두루마기

"두루마기"란 우리 민족 고유의 웃옷으로서 주로 외출할 때 입었습니다. 옷자락이 무릎까지 내려오며, 소매·무·섶·깃 따위로 이루어져 있습니다. "주의(周衣)·주차의"라고도 했습니다. "두루마기"의 옛말인 "두루막이"는 18세기 문헌에서부터 나타납니다. "두루막이"는 부사 "두루"와 "막다"의 결합으로 이루어진 것입니다.

> ○ 성긔고 셴 紗 두루막이와 <1795 노언-중 하:47> (성기고 셴 紗 두루마기와)

## ▌고의

"고의"는 아주 오래전부터 씌었지요. 『鷄林類事』에 "袴曰柯背{가배} 褌曰安海柯背{안헤기배}"라 기록했어요. 이 이름은 "柯背(ᄀ뵈) > ᄀ뵈 > ᄀ외 > 괴(고이)"로 변했어요. 또 "옷ᄀ외"라고도 했어요.

> ○ 越ㅅ 겨지븨 블근 ᄀ외 젓고 燕ㅅ 겨지븨 프른 눈서비 시름ᄃ외도다 <1481 두시-초 15:30> (월 계집의 붉은 고의 젖고 연 계집의 푸른 눈썹이 시름하다)
> ○ 裳 고외 샹 <1575 천자문-광주 4>
> ○ 褌 고의 군, 袴 고의 고 <1527 훈몽 중:11>

## ▌적삼

"적삼"은 "윗도리에 입는 홑옷으로서 모양은 저고리와 같다"고 합니다. 중세에 "젹삼"으로 씌었는데 "젹삼"은 "젹다(작다)"의 "젹"과 한자어 "삼(衫)"의 결합으로 봅니다. 중세에 "젹다"는 "작다"[小]와 "적다"[少]의 뜻을 다 가지고 있었습니다.

> ○ 根이 크니 져그니 업시(根無大小) <圓覺 下 一之二 55>

○ 적삼 삼: 衫 <訓蒙 中 22>

## ▌윗도리, 아랫도리

"윗도리"는 본래 "허리의 윗부분"을 가리키는데 "위에 입는 옷"도 말합니다. "아랫도리"는 "아랫도리"는 "허리 아래의 부분"이며 "아래옷"입니다. "-도리"는 "돌다"[廻]에서 기원되었다고 봅니다.

## ▌멱살

"멱살"은 "멱"(목의 앞부분)과 "술(살)"의 결합으로서 본래 "사람의 멱 부분의 살"을 가리키던 데로부터 "사람의 멱이 닿는 부분의 옷깃"도 말합니다.

○ 믄득 도적의 멱 잡고 <東國新續三綱. 孝子圖1:57>

## ▌색동저고리

"색동저고리"란 "옷소매의 동을 여러 가지 층이 지게 만든 저고리"입니다. 여기서 "색동(色動)"이란 "색을 동 달았다"라는 뜻이며, 동이란 한 칸을 의미합니다.

## ▌오지랖

"오지랖"은 "웃옷이나 윗도리에 입는 겉옷의 앞자락"입니다. 이 일 저 일에 관심도 많고 참견도 많이 하는 사람을 가리켜 흔히 "오지랖이 넓다"고 합니다. "오지랖"은 "옷자락"이 어음 변화된 말이라 할 수 있습니다. "자락"은 "옷이나 이불 따위의 아래로 드리운 넓은 조각"을 말합니다.

## ▌옷고름

"옷고름"이란 "저고리나 두루마기의 깃 끝과 그 맞은편에 하나씩 달아 양편 옷깃을 여밀 수 있도록 한 헝겊 끈"입니다. 중세에 "골홈"이라 했는데 "골회(고리)"에서 기원됐다고 봅니다.

　　○ 골홈 及 긴홀 皆曰帶子 <訓蒙 中 23 帶字注>
　　○ 골회 환 環 <訓蒙 中 24>

## ▌갖옷

"갖옷"은 "짐승의 털가죽으로 안을 댄 옷"입니다. 여기서 "갖"은 중세의 "갗"으로 "가죽"이란 뜻입니다.

　　○ 엿의 갗 爲狐皮 <訓正解例>
　　○ 鹿皮ᄂᆞᆫ 사ᄉᆞ미 가치라 <月釋 1:16> (녹피는 사슴의 가죽이라)

## ▌고까옷

"고까옷"은 "어린아이의 말로, 알록달록하게 곱게 만든 아이의 옷"을 이르는 말입니다. "때때옷"이라고도 하고 함경도에서는 "꽃때옷, 고븐우티", 평안도에서는 "고운 닙성"이라 하며 중국연변에서는 "칠색 단 옷"이라고도 합니다. 이런 사투리로부터 "고까옷"의 어원은 "꽃 같은 옷" 또는 "고운 옷"이란 뜻임을 알 수 있습니다. "칠색 단 옷"은 옷감재료로 단 이름입니다.

## ▌우티

"우티"란 "옷"의 함경북도방언입니다. 옛날 마을 노인들에게서 자주 듣던 말입니다. 특히 두만강을 사이 두고 이 지역은 역사적으로 여진족과 접촉이 많았습니다. 때문에 만주어로 된 말들도 적지 않게 차용되었습니다. "우티"란 말은 만주어 [Etuku](의복)를 받아들여 쓰는 과정에 어음이 변한

것으로 봅니다.[1]

## ▋ 까치설빔

"까치설빔"이란 "까치설날을 맞이하여 새로 장만하여 입거나 신는 옷, 신발 따위를 이르는 말"입니다. 기실 "까치설"은 "아촌설"(작은설, 섣달그믐)을 잘못 이해하여 만들어진 이름입니다. "빔"은 중세에 "빗움"(꾸밈, 차림)으로 나타납니다. "빔"은 "비스다"에 명사형 어미 "-움"이 결합하여 하나의 단어가 된 것입니다. "빗움 > 빔"으로 변하여 명절에 입는 옷을 일컫게 되었습니다.

○ 아촌설: 暮歲 <譯語 上 4>
○ 비슬 반 扮 <訓蒙 下 20>
○ 빗난 빗우믈 願티 아니ᄒᆞ고(不願榮飾) <永嘉 上 137>

## ▋ 고쟁이

"고쟁이"란 "한복에 입는 여자 속옷"입니다. "고쟁이"의 옛말인 "고쟈"는 17세기부터 나타나는데 한자 어휘 "고자(袴子)"에서 온 말입니다. 중세에 "고의, 고의밑"이라고도 했습니다.

○ 고의 군 褌 고의 고 袴 <訓蒙 中 23>
○ 고의밑 당 襠 <訓蒙 中 23>

## ▋ 누비옷

"누비옷"이란 "누벼서 지은 옷"이라 합니다. 본래 중들의 입는 장삼 "납의(衲衣)"를 "누벼서 지은 옷"이라고 하여 "누비옷"으로 부르게 되었습니다.

---

1) 羽田亨, 『滿和辭典』, 國書刊行會, 昭和47年, 120면.

○ 比丘ㅣ 누비 닙고 錫杖 디퍼 <月錫 8:92> (비구니가 누비옷 입고 석당 짚어)
○ 누비옷 닙고(穿着衲襖) <朴解 上 33>
○ 누비옷 니브샤 붓그료미 엇뎨 업스신가 <月曲> (누비옷 입으시고 부끄럼
  이 어찌 없으신가)

## ▌단추

"단추"를 중세에 "돌마기"라 했습니다. "단추"는 17세기 문헌에서부터
"단쵸"라고 나타납니다. 이 말은 한자어 "묶을 단(繵)+묶을 초(帕)"의 합성
어라 봅니다. 본래 우리 민족 복장은 "뉴구(紐扣)" 없이 고름이나 띠로 동여
맸었습니다. 그래서 "단초(繵帕)"라는 말을 썼기에 "紐扣"도 여전히 "단초(繵
帕)"라 일컫게 되었습니다. 후에 "단초 > 단추"로 되었지요. "돌마기"는 "뉴
구(紐扣)"를 우리말로 일컬은 것입니다. "돌마기"는 "돌이다(당기다)"에서 기
원된 말입니다.

○ 수돌마기 뉴 紐 암돌마기 구 扣 <訓蒙 中 23>
○ 詔書롤 바도니 옷기슭 돌이요몰 許ㅎ시다(奉詔許牽裾) <杜解 20:43>

## ▌이불

"이불"은 잘 때 몸을 덮기 위하여 피륙 같은 것으로 만든 침구의 하나로
서솜을 넣기도 합니다. 핫이불, 겹이불, 홑이불 따위가 있습니다. "야금(夜
衾)·포단(蒲團)"라고도 합니다. 중세에 "니블"이라 했는데 "닙셩(입셩)"과 같
은 어원으로 다만 사용방식이 다를 뿐입니다. 즉 "닙을 > 니블 > 이블"로
된 것이라 봅니다.

○ 被曰泥不 <鷄林類事>
○ 니블와 버개왜 저즈시니라(衾枕霑濕) <金剛 下 4>

## ▌요

"요"를 중세에 "쇼"라 했는데 이는 고대 중국어음 "褥"[njiok]에서 전한 것으로 봅니다. 본래 "욕(褥)"은 한자어에서 'ㄱ' 입성자(入聲字)이었는데 'ㄱ'이 'ㅎ'으로 약화되었다가 없어졌다고 봅니다. 옛날 우리 민족의 대부분 사람들은 구들에서 생활했습니다. 그러니 구들이 없이 침대 생활을 위주로 하는 남방계 민족들과 달리 "요"가 반드시 필요한 건 아니었습니다. 이런 이유로 "요"는 한자어 "욕(褥)"의 차용이라 주장합니다.

○ 오시며 차바니며 니블 쇼히며 <釋譜 11:22> (옷이며 차반이며 이불 요며)

## ▌포대기

"포대기"는 어린아이의 작은 이불로서 덮고 깔거나 어린아이를 업을 때 씁니다. 한자어 "포단(蒲團)"에서 온 말입니다. "포단"은 "부들방석"을 가리켰는데 후에 "요"를 말하기도 하고 나중에 이불처럼 덮을 때도 쓰는 것도 말하게 됐습니다. 옛날 백성들은 이부자리를 일일이 갖추어 놓고 살 형편이 못 되었습니다. 그러므로 덮으면 이불이고 깔면 요가 되고 아기를 둘러 업으면 포대기가 되었습니다. 표준어로 아직도 "포단"이며 조선과 중국 조선어에서 "포대기"라 합니다.

○ 쇼홀 포 깔오 안ᄌ며(累褥而坐) <三綱.孝子.子路負米>

## ▌괴춤

"괴춤"이란 고의나 바지의 허리를 접어서 여민 사이의 준말입니다. 즉 "고이나 바지를 추어올림"이란 뜻입니다. 일부 방언에서 "호주머니"도 "괴춤"이라 말합니다.

## ▌ 괴나리

"괴나리봇짐"이란 예전에 걸어서 먼 길을 떠날 때에 보자기에 싸서 어깨에 메는 작은 짐을 말합니다. "괴나리"는 "괴춤에 차는 봇짐"이라는 뜻입니다.

## ▌ 보따리

"보따리"란 "보자기에 물건을 싸서 꾸린 뭉치"입니다. "보자기"라고도 합니다. 이 말은 한자어 "보(褓)＋따리(접미사)"의 결합으로 봅니다.

## ▌ 쌈지

"쌈지"란 옛날에 담배, 돈, 부시 따위를 싸서 가지고 다니는 작은 주머니를 말합니다. 이 말은 "싸고 다니는 것"이란 데서 지은 이름이라고 봅니다.

## ▌ 베개

"베개"는 잠을 자거나 누울 때에 머리를 괴는 물건입니다. "베개"를 중세에 "베개, 벼가"라 했어요. 이 말은 "벼다"[枕 베다]에서 기원된 말입니다.

　　○ 벼개와 삳글 것으며(斂枕簟) <小學 2:5>
　　○ 벼개 침 枕 <訓蒙 中 11>

## ▌ 솜

"솜"은 목화씨에 달라붙은 털 모양의 흰 섬유질로서 부드럽고 가벼우며 탄력이 풍부하고 흡습성, 보온성이 있습니다. 가공하여 직물 따위로 널리 씁니다. "솜"을 중세에 "소옴, 소옴, 소음"이라 했어요. 중국에서 "목면(木棉), 반지화(攀枝花), 영웅수(英雄樹)"라 하기까지 했습니다. "솜"이란 말은 "솜

솜ᄒ다(더부룩하다)”에서 기원된 말 같습니다. 본래 “소옴”은 버들개지, 백
양나무 꽃솜 같은 보송보송한 것이나 누에고치를 말했습니다. 면화(棉花)를
중세에 “플소옴, 픗소옴”이라 했습니다. “솜”의 “숩”[裏: 속]과 어원을 같이
합니다.

- ○ 兜羅ᄂᆞᆫ 어르미라 혼 마리오 綿은 소오미니 兜羅綿은 어름ᄀᆞ티 힌 소오미오
  <1459 월석 2:41>(兜羅는 얼음이오 綿은 솜이니 兜羅綿은 얼음같이 흰 솜
  이오)
- ○ 술고ᄢᅵ 솝 검붉게 봇그닐 곱 ᄀᆞ티 디허 소음애 ᄢᅡ 귀예 고조ᄃᆡ <1489 구
  간 1:29> (살구씨 속 검붉게 볶은 것을 곱 같이 찧어 솜에 싸 귀에 꽂되)
- ○ 겨슬에도 소옴 둔 오ᄉᆞᆯ 닙디 아니ᄒᆞ며 <1518 번소 9:32> (겨울에도 솜 둔
  옷을 입지 아니하며)
- ○ 소옴 면: 棉 소옴 셔 絮 늘근 소옴 온 溫 <訓蒙 中 24>
- ○ 플소옴 棉子 <譯語 下 5>
- ○ 纊은 이젯 새 플소옴이라 <家禮解 5:2>

# ▌천

“천”은 실로 짠, 옷이나 이부자리 따위의 감이 되는 물건입니다. “천”은 한
자 “錢”에서 온 말입니다. “전(錢)”은 본래 농기구였는데 후에 교역에 사용되
어 돈으로 되었습니다. “전(錢)”의 상고음은 (黃侃系統: 精母 寒部; 從母 寒部; 王力
系統: 精母 元部; 從母 元部) [*dzhiɐn]이고 중고음은 (王力系統) [tsĭɛn]입니다. 그
러니 한자음 “전(錢)”[*dzhiɐn]은 상고음에서 온 발음이고 “천(錢)”[tsĭɛn]은 중고
음에서 들어온 발음입니다. 중세에 “쳔(錢)”은 “돈, 재물”을 가리켰습니다.
“쳔, 쳔량”은 “체”의 발음이 객가어 [tsʰei]를 직접 차용한 것과 마찬가지로
“쳔”[錢]을 객가어(客家語)에서 [cien]이라 한다고 하니 그곳에서 직접 받아
들였을 수도 있습니다. “쳔”[錢]이 “밑천”과 같이 “돈, 재물”을 가리키다가
후에는 피륙의 뜻인 포(布)로만 쓰이게 되었습니다.

- ○ 나랏쳔 일버ᅀᅡ <月釋 1:2> (나랏 재산 훔치어)

○ 쳔량 줄 회 賄 쳔량줄 賂 <訓蒙 下 21>

## ▌바늘

"바늘"은 옷 따위를 짓거나 꿰매는 데 쓰는, 가늘고 끝이 뾰족 쇠로 된 물건입니다. 한자 "鍼(바늘 침)" 자는 처음에 참대로 바늘을 만들어 옷을 꿰맬 때 썼기에 "箴"라 했습니다. 후에 쇠바늘이 나오면서 "鍼" 자로 바꿨답니다. "바늘"을 『鷄林類事』에서는 "針曰板捺"이라고 하였고 중세에 "바늘"이라 했어요. 이 말은 "비[布]＋눌[刃]"의 합성어로 봅니다.[2] "비눌 > 바늘 > 바늘"로 되었습니다.

○ 바늘 아니 마치시면(若不中針) <龍歌 52章>
○ 바늘 침 鍼 바늘 침 針 <訓蒙 中 14>

## ▌갓

"갓"이란 "예전에, 어른이 된 남자가 머리에 쓰던 의관의 하나"입니다. 중세에 "갇"이라 했습니다. 이 말은 "갇다(걷다, 거두다)"에서 기원했다고 봅니다. 옛날 사내가 결혼 하면 어른 취급을 받고 머리를 땋아 묶던 데로부터 거두어 올려 상투를 해야 합니다. 때문에 "머리를 가두다"란 뜻에서 그 위에 쓰는 것을 "갇(笠)"이라 불렀다고 봅니다. 후에 "갇 > 갓"으로 어음 변화되었습니다.

○ 갇 爲笠 <訓正解例 26>
○ 즈식이 갇 스며 아들 나ᄒᆞ며(初生子旣長而冠) <呂約 26>

## ▌삿갓

"삿갓"은 비나 햇볕을 막기 위하여 대오리나 갈대로 거칠게 엮어서 만

---

2) 김인호, 『조선어어원편람』(상), 박이정, 2001, 140면.

든 갓입니다. "삿"과 "갓"의 합성어입니다. "삿"[簟]은 "대자리"를 말합니다. 그러니 "삿갓"은 본래 "대로 엮은 갓"입니다.

> ○ 벼개와 삿 가지고 수플 幽僻ᄒᆞᆫ듸 들오(枕簟入林僻) <杜詩 9:25>
> ○ 삳갇 : 篛笠 <訓蒙 中 15>

## ▌ 감투

"감투"란 "예전에, 머리에 쓰던 의관(衣冠)의 하나로서 말총, 가죽, 헝겊 따위로 탕건과 비슷하나 턱이 없이 밋밋하게 만들었다"고 합니다. 중세에 "감토"라고 했습니다. "감투"의 어원은 만주어 [kamtu](투구 안에 쓰는 모자)[3] 에서 왔습니다. 자체로 만든 한자 어휘 "감두(坎頭 · 甘頭)"로 표기했습니다. 고려 우왕 13년(1387년)의 관복 개정 때 낮은 계급이 쓰는 감두가 있어 고려 때에도 착용했음을 알 수 있습니다. 조선시대에는 관리가 아닌 평민이 사용했습니다. 지금은 "벼슬이나 직위를 속되게 이르는 말"로도 쓰입니다.

> ○ 옷 고의 감토 휘돌ᄒᆞ란 이 궤 안해 노하 두워 <1510년대 번박 상:52> (옷 고의 감투 신들은 이 궤 안에 놓아 두어)
> ○ 감토: 小帽 <訓蒙 中 22 帽字注>

## ▌ 벙거지

"벙거지"이란 "무관이 쓰던 모자"인데 "전립(戰笠)"이라고도 했어요. 조선시대 궁중 또는 양반집의 군노나 하인이 쓴 털로 만든 모자를 말합니다. 지금은 모자를 속되게 이르는 말로도 쓰입니다. 이 말은 "병(兵)"과 "탈거지, 틀거지, 떨거지"의 명사접미사 "-거지"가 합쳐 만들어진 것이라 생각됩니다. 그리하여 "병거지 > 벙거지"로 되었다고 봅니다.

---

3) 羽田亨 編, 『滿和辭典』, 今泉誠文社, 昭和47年7月, 265면.

## ▍패랭이

"패랭이"란 "댓개비로 엮어 만든 갓으로서 조선시대에는 역졸, 보부상 같은 신분이 낮은 사람이나 상제(喪制)가 썼다"고 합니다. "패랭이꽃"과 모 양새가 비슷하다고 "패랭이"라 불렀다고 봅니다.

## ▍고깔

"고깔"이란 "승려나 무당 또는 농악대들이 머리에 쓰는, 위 끝이 뾰족하 게 생긴 모자"입니다. 중세에 "곳갈"이라 했는데 "곳다(꽂다)"와 "갓"이 결 합된 말이라 봅니다. 즉 "곳갓 > 곳갈 > 고깔"로 되었다고 생각합니다.

○ 곳갈 관 冠 곳갈 면 冕 곳갈 건 巾 곳갈 적 幘 <訓蒙 中 22>
○ 머리예 곳디 아니ᄒ고(不揷髮) <杜解 8:66>

## ▍상투

"상투"란 "옛날 머리카락을 모두 올려 빗어 정수리 위에서 틀어 감아 맨 머리 모양으로서 혼인한 남자의 전통적인 머리모양"입니다. 한자어로 는 "추계(推髻)" 또는 "수계(竪髻)"라고 했습니다. 중국의『史記』에 위만(衛滿) 이 조선에 들어올 때 "추결(魋結)"을 하고 왔다는 기록과『三國志』위서 동이 전 한조(韓條)에 "괴두노계(魁頭露紒)", 즉 관모를 쓰지 않는 날 상투를 하였 다는 기록이 있다고 합니다. "상투"란 말은 자체로 만든 한자 어휘 "상두 (上頭)"에서 왔다고 추정합니다. "상두(上頭)"의 "두(頭)" 자를 중국말 입말의 영향으로 "투"라고 발음하여 "상투"가 된 것입니다. 중국연변의 지명 "두 도(頭道)"를 "투도"라 부르는 것도 같은 도리입니다.

## ▍고수머리

"고수머리"란 "고불고불하게 말려 있는 머리털"을 말하는데 "곱슬머리"

의 변형된 발음입니다.

## ▌ 까까머리

"까까머리"란 "빡빡 깎은 머리"라는 뜻에서 이름을 단 것입니다. 즉 "깎아 머리 > 까까머리"로 된 것입니다.

## ▌ 떠꺼머리

"떠꺼머리"란 "장가나 시집갈 나이가 된 총각이나 처녀가 땋아 늘인 머리"를 말합니다. 즉 머리를 땋아 올려야 할 나이에 못 올렸다고 이름 진 것입니다.

## ▌ 몽구리

"몽구리"란 "바싹 깎은 머리"입니다. "중"을 놀림조로 이르는 말로도 쓰입니다. "뭉구리"라고도 하는데 "새끼 따위를 둥글둥글하게 감은 것"도 가리킵니다. 이로써 비유적으로 쓰인 말입니다.

## ▌ 족두리

"족두리"란 부녀자들이 예복을 입을 때에 머리에 얹던 관으로서 위는 대개 여섯 모가 지고 아래는 둥글며, 보통 검은 비단으로 만들고 구슬로 꾸밉니다. 중세에 "족도리" <계축>이라고 했어요. 이 이름은 "족(簇)"과 "도리"('돌다'의 뜻)의 결합으로 된 것입니다.

## ▌ 댕기

"댕기"란 "여자의 길게 딴 머리 끝에 드리는 헝겊이나 끈"입니다. 댕기의 명칭은 당계(唐紛), 당지(唐只), 단계(檀戒), 단기(檀祺), 단성(澶誠) 등에서 왔다고 하며 한글 표기로는 당게, 당귀, 단기, 당기, 대이, 댕기, 머리띠, 멀때 등 댕기에 다양한 방언도 있다고 합니다. "댕기"란 말은 "당계(唐紛)"에서 유래되어 어음이 변화되었다고 봅니다.

## ▌토시

"토시"란 "추위를 막기 위하여 팔뚝에 끼는 것"과 "일할 때 소매를 가뜬하게 하고 그것이 해지거나 더러워지지 아니하도록 하기 위해서 소매 위에 덧끼는 것" 그리고 "사냥꾼들이 매를 팔에 앉혀 가지고 다니기 위하여 팔뚝에 끼는 물건"을 말합니다. 이 말은 중국에서 전해 진 것으로 어떤 사람들은 "套手"에서 왔다고 합니다. 그러나 이 보다 중국말 "套袖"[taoxiu]의 발음 "토우슈"를 그대로 차용했다고 봅니다.

## ▌품

"품"이란 "윗옷의 겨드랑이 밑의 가슴과 등을 두르는 부분의 넓이" 또는 "윗옷을 입었을 때 가슴과 옷 사이의 틈"을 말합니다. 이 말은 "품다"에서 기원한 말입니다.

## ▌옷깃

"옷깃"이란 "저고리나 두루마기의 목에 둘러대어 앞에서 여밀 수 있도록 된 부분"으로 "옷기슭"이라고도 합니다. 이 말은 중세 자료를 보면 그 어원을 알 수 있어요. "기슭"이란 "처마, 용마루"도 말했습니다. "깃"은 "새 깃"과 같은 어원입니다.

○ 기슭 쳠: 簷(처마) 기슭 밍: 甍(용마루) 기슭 금: 襟(옷깃) 기슭 싐: 袵(옷깃)
　　<訓蒙 中 24>

## ▌옷섶

"옷섶"이란 "저고리나 두루마기 따위의 깃 아래쪽에 달린 길쭉한 헝겊"입니다. 흔히 "옷섶을 여미다"거나 "옷섶을 풀다"라고 말합니다. "옷"과 "섶"[枼]의 결합으로 된 말입니다.

## ▌호주머니

"호주머니"란 "조끼, 저고리, 적삼 따위에 헝겊 조각을 덧 꿰매어 만든 주머니"인데 우리 고유의 옷에는 주머니를 직접 붙이지 않고 따로 주머니를 만들어서 차고 다녔다합니다. 후에 중국에서 들어 온 것이라 하여 "호(胡)"를 붙여 "호주머니"라고 하거나 또 "개화주머니"라고도 했습니다. 여러 가지 방언도 많은데 평안도 "옆차개", 개성지방에서는 "걸낭", 황해도에서는 "갑차개, 갭차개"라 합니다. 함경도에서는 러시아어([карман] 주머니) 차용으로 "거르만"이라고도 하며 한국에서는 영어 "포켓"도 씁니다.

## ▌염낭

"염낭"을 "두루주머니"라고도 하는데 "허리에 차는 작은 주머니"입니다. "옆차개"라고도 합니다. 이 말은 "옆+낭(囊)"의 합성어로 봅니다. 후에 발음 되는대로 "염낭"이라 표기합니다.

## ▌혼솔

"혼솔"이란 "홈질로 꿰맨 옷의 솔기"입니다. 여기서 "혼"은 "홑"이 변한 것이고 "솔"은 가장자리를 뜻하는 "시울"이 변한 말입니다.[4]

---

4) 안옥규, 『어원사전』, 동북조선민족교육출판사, 1989, 360면.

## ▌장갑

"장갑"은 손을 보호하거나 추위를 막거나 장식하기 위하여 손에 끼는 물건입니다. "장갑"이란 말은 한자어 "장갑(掌匣)"에서 온 것입니다. 다른 말로 "수갑(手匣)"이라고도 합니다.

○ 包指 댱갑 <1778 방유 유부:13>
○ 쟝갑 掌甲 <1781-1787 왜해 샹:41>
○ 쟝갑 掌匣 <1895 국한 250>

## ▌버선

"버선"은 『鷄林類事』에서 "襪曰背戌", "布曰背"라 하고 중세에 "보션"이라 했어요. "布曰背"를 당시 경제 발전 수준에서 보면 "포(布)"란 "베"를 표기한 것이 틀림없습니다. 그러므로 "襪曰背戌"이란 "베신", 즉 "베로 만든 신"이 버선의 어원이 됩니다.[5]

○ 袜曰背戌 <鷄林類事>
○ 보션 말: 襪 <訓蒙 中 23>

## ▌양말

"양말"은 맨발에 신도록 실이나 섬유로 짠 것입니다. 역시 한자어 "양말(洋襪)"에서 온 말입니다. "말(襪)"은 버선이고 앞에 "양(洋)" 자는 서구식 외래 물건이란 뜻입니다. 이를테면 "양복", "양탄자", "양잿물" 등입니다.

## ▌신

"신"의 한자 "혜(鞋)"는 본디 갖신 재료였는데 신을 가리킵니다. "신"을 『鷄

---

5) 안옥규, 『어원사전』, 동북조선민족교육출판사, 1989, 184면에서 背戌은 背盛의 誤記로 본다.

林類事』에서 "셩(盛)"이라 하고 중세에도 "신"이라 했어요. 어원은 동사 "신다"에서 왔어요. 아주 오래된 고유어로서 고려가요에도 나오는 말입니다.

> ○ 鞋曰盛 <鷄林類事>
> ○ 샐리 나 내 신고흘 미아라 <樂範 處容歌>

## ▌나막신

"나막신"이란 "나무를 파서 만든 것으로 앞뒤에 높은 굽이 있어 비가 오는 날이나 땅이 진 곳에서 신은 신"입니다. 중세에 "나모신, 나모격지"라 했습니다. 즉 "나모신 > 나무신 > 나막신"으로 변했습니다.

> ○ 나모격지 木屐 <四解 下 48 處容歌>

## ▌다로기

"다로기"란 "가죽의 털이 안으로 들어가게 길게 지은 것으로, 추운 지방에서 겨울에 신는다"고 합니다. 이 말의 어음구성이나 용도를 봐서 만주어에서 들어온 것으로 추측합니다. 만주어에 [talgimbi](이긴 가죽)라고[6] 있는데 이 말이 차용되면서 약간의 어음 변화된 것이라 봅니다. 즉 "talgimbi → 달김비 > 달기 > 다로기"로 된 것입니다.

## ▌미투리

"미투리"란 "옛날에, 삼이나 노 따위로 짚신처럼 삼은 신"을 말합니다. "메트리"라고 16세기 문헌에서부터 나타납니다. 신 모양새가 "머틀머틀ㅎ다(우툴두툴하다)"하여 이런 이름을 지었다고 봅니다.

> ○ 즘싱으로 ㅎ여곰 온몸이 머틀머틀ㅎ며(슈獸渾身疙瘩) <馬解 上 85>

---

6) 羽田亨 編, 『滿和辭典』, 今泉誠文社, 昭和47年7月, 414면.

## ▌구두

"구두"는 주로 가죽을 재료로 하여 만든 서양식 신입니다. "양혜(洋鞋)·양화(洋靴)"라고도 했습니다. "구두"란 이름은 일본어 "靴クツ"[kutsu]에서 차용된 말입니다.

## ▌장화

"장화"는 목이 길게 올라오는 신입니다. 가죽이나 고무로 만드는데 비가 올 때나 말을 탈 때에 신습니다. "장화"란 말은 한자어 "장화(長靴)"에서 온 말입니다. 한자 "화(靴)"가 본래 목이 긴 신입니다.[7] 상고음으로 [xǐuɑ]이니 한자음 "화"는 이를 받아들인 것입니다. "화(靴)"는 우리말에서 "운동화", "단화" 등으로 쓰입니다.

## ▌부채

"부채"의 한자 "선(扇)"은 새의 날개가 여닫는 형상으로 사립문을 가리켰습니다. 후에 같은 재료로 만든 부채를 일컫게 되었습니다. "부채"를 중세에 "부체"라 했어요 "부츠다(나붓기다)"와 어원을 같이 한다고 봅니다. 옛날의 부채는 "새 깃털"로 만들었기에 바람에 쉽게 나부꼈다고 할 수 있습니다.

> ○ 扇曰 孛采 <鷄林類事>
> ○ 부채 션 扇 <訓蒙 中 15>
> ○ 버텅에 서리 딘 버드른 ᄇᄅ매 부치놋다(飄飄委墀柳) <杜解9:21>

## ▌모시

"모시"란 "모시풀 껍질의 섬유로 짠 피륙으로서 베보다 곱고 빛깔이 희

---

7) 甞有人著靴騎驢, 至兆門外。《晉書》(일찍부터 장화를 신은 사람이 나귀를 타고 문 앞에 와 점괘를 봤다.)

며 여름 옷감으로 많이 쓰인다"고 합니다. 『鷄林類事』에도 "毛施背"라 나오고 중세에도 같은 이름을 썼습니다. 모시풀 재료의 이름을 그대로 부릅니다.

○ 苧布日 毛施背 <鷄林類事>
○ 모시 뵈 시 絁 <訓蒙 中 30>

## ▌무명베

"무명베"란 "무명실로 짠 피륙"을 말합니다. "면포(綿布)·명·목면(木棉)·목면포(木綿布)·백목(白木)"이라고도 했습니다. "무명"이란 한자 어휘 "목면(木棉)"으로부터 온 말입니다. "목면 > 무면 > 무명"의 변화 과정을 거쳤습니다.

○ 쏘 굴근 무면 일빅 필와 금으로 짜니와 <1510년대 번역노걸대 하: 273> (또 굵은 무명 일백 필과 금으로 짠 것과)
○ 쏘 굴근 목면 일빅 필과 금으로 짜니와 <1670 노언 하:62> (또 굵은 무명 일백 필과 금으로 짠 것과)

## ▌자투리

"자투리"란 "자로 재어 팔거나 재단하다가 남은 천의 조각"을 말합니다. 이 말은 본래 "자토리"로서 "자"는 "尺"을 말하고 "토리"는 "실을 둥글게 감은 뭉치"인데 이들이 결합되어 새로운 뜻인 "자투리"가 되었습니다. 지금은 "자투리땅, 자투리시간"이라고까지 씁니다.

## ▌실낱

"실낱"은 "실의 오리"입니다. "실낱같다"하면 "아주 가늘다"는 의미로 "목숨이나 희망 따위가 가는 실같이 미미하여 끊어지거나 사라질 듯하다"

로 쓰이지요. 이 말은 중세에 "실낫"으로 나타나는데 "실"[絲]과 "낱"[個]의 결합입니다. 조선과 중국조선어에서는 "실날"이라고 합니다.

## ▌실마리

"실마리"란 "감겨 있거나 헝클어진 실의 첫머리"를 말합니다. 이로부터 "일이나 사건을 풀어 나갈 수 있는 첫머리"도 가리킵니다. 이 말은 중세에 "실머리"이었습니다. 조선과 중국조선어에서는 "실머리"라고 합니다.

## ▌오라기

"오라기"이란 "실, 헝겊, 종이, 새끼 따위의 길고 가느다란 조각"입니다. 이 말은 "(실)오리"와 "-악" 접미사가 결합된 것입니다. 즉 "올+악 > 오락 +이 > 오라기"로 되었습니다.

## ▌족집게

"족집게"란 "주로 잔털이나 가시 따위를 뽑는 데 쓰는, 쇠로 만든 조그 마한 기구"라 합니다. 중세에 "쪽졉개, 족집게, 쏙집째"라 했습니다. 중세 에 "쪽"은 작은 것을 말했습니다. 이를테면 "쪽술(작은 술)" 같은 것입니다. 그러므로 "족집게"란 "작은 것을 집는 것"입니다. 지금 "어떤 사실을 정확 하게 지적하여 내거나 잘 알아맞히는 능력을 가진 사람"을 "족집게"라고 도 부릅니다.

> ○ 쪽졉개 녑 鑷 <訓蒙 中 14>
> ○ 뎌 족집게 가져다가(將那些儿來) <朴解 上 40>

## ▌가락지

"가락지"란 말은 "(손)가락"과 한자어 "지(指)"가 어울려 된 말로 분석됩니다. 우리가 "금가락지, 은가락지" 할 때 "반지(斑指)"의 뜻도 가지고 있습니다.

## ▌고두쇠

"고두쇠"란 "작두나 협도(鋏刀) 따위의 머리에 가로 끼는 것으로, 날과 기둥을 꿰뚫는 끝이 굽은 쇠" 또는 "장 문짝 따위에 꽂아 두 쪽의 장식을 맞추어 끼는 쇠"라고 합니다. 다른 하나의 뜻은 민속에서 "명이 길어진다고 하여 어린아이의 주머니 끈에 은으로 만들어 채우는 장식품"을 말합니다. 17세기 처음 나타날 때 "고도쇠"였답니다. "곧은 쇠"란 의미로부터 온 말이라 봅니다. 그리고 "돈이나 재물 따위를 쓰는 데에 몹시 인색한 사람"을 "구두쇠"라 하는데 "고두쇠"에서 변형된 것이라 생각합니다. 본래 뜻은 "고도쇠"처럼 "고지식한 사람"을 이르다가 어음이 변하니 "인색한 사람"을 가리키게 되었다 봅니다.

## ▌비녀

"비녀"란 "여자의 쪽 찐 머리가 풀어지지 않도록 꽂는 장신구"이지요. "소두(搔頭)·잠(簪)"이라고도 했습니다. "비녀"의 기원은 중국입니다.[8] 문헌기록에 의하면 신라의 홍덕왕 때 "비녀"사용 제한 기록이 있었답니다. 우리 전통 사회에서 혼인한 여인은 치렁치렁한 머리를 곱게 빗어 둥글게 쪽찌었습니다. 이러한 비녀에는 꽂는 이의 넋을 모으는 마력이 있다고 생각했고, 내면세계를 반영하는 화장 기구로 여겼습니다. 그래서 여성이 비

---

[8] 고대의 머리 장식인 "잠(簪)"은 "계(筓)"로부터 왔는데 머리를 올리거나 관을 쓸 때 사용했다. 한무제 (漢武帝)의 이부인(李夫人)이 처음 옥잠(玉簪)으로 머리에 꽂았는데 후에 궁녀들이 따라했다. 《후한서. 여복지(后漢書·興服志)》에 "黃金龍首銜白珠, 魚須擿, 長一尺, 爲簪珥。"(용머리에 흰구슬을 입에 물고 물고기수염을 한 황금으로 만든 길이 한척이 되는 것을 '잠이簪珥'라 한다)는 기록이 있다.

녀를 잃거나 빼면 정절이나 긍지를 잃음을 상징했습니다. 허난설헌의 <효최국보체(效崔國輔體)>에 "비녀는 임과의 정표를 상징했다. 외형상 비녀는 남근을 상징하며, 비녀는 남자를 경험한 여자, 즉 기혼녀만이 꽂을 자격이 있었다. 다만 단옷날에 한해서 처녀도 비녀를 찌를 수 있었고, 부인은 새 비녀를 꽂았다"라 기록했습니다. "비녀"는 신분에 따라 비녀 사용에도 차별이 있었으며 비녀의 명칭도 잠두(簪頭)의 모양에 따라 달랐는데 봉황잠, 용잠, 원앙잠, 매죽잠, 모란잠, 석류잠, 국화잠 등이 있었습니다. 이 같은 잠두의 장식은 대부분 길상을 상징하는 것으로서 특히 부귀와 다남, 장수의 기원을 담고 있었습니다.[9] 일찍 『鷄林類事』에 "頻希"라 표기했습니다. 그리고 중세에 "빈혀"라 했습니다. 이 말은 "(머리) 빗다"와 어원상 연관된다고 봅니다. "빗+혀(引)"의 결합이라 봅니다. 옛날에 여자들이 머리를 빗고 머리를 끌어 당겨야 비녀를 꽂기 때문에 "빗+혀 > 빗혀 > 빈혀 > 비녀"로 변화되었다고 봅니다.

○ 筐曰 頻希 <鷄林類事>
○ 빈혀 줌 簪 빈혀 계 笄 <訓蒙 中 24>
○ 져기 피 나는 디 ᄇᆞᄅ고 시혹 쇠 빈혀를 ᄉᆞ라 굼긔 니기 지지라 <1466 구급방 상:67> (조금 피나는 데 바르고 혹시 쇠 비녀를 달구어 구멍에 익게 지지라)
○ 비녀 잠 簪 <1895 국한 157>

## ▌빨래

"빨래"는 더러운 옷이나 피륙 따위를 물에 빠는 일이지요. 이 말은 중세의 "셜다(빨다)"에서 기원했습니다. "빨+래(접미사)"의 결합으로 봅니다.

○ 옷 셜 한 澣. 浣 <類合 下 7>
○ 셜 탁 濯 澣. 浣 <類合 下 8>

---

9) <네이버 지식백과> 비녀(우리가 정말 알아야 할 우리 규방 문화, 2006.2.20, 허동화)

## ▌세답

"세답"이란 "빨래"의 방언(전남, 제주, 함경)이라고 합니다. 또는 "더러운 옷이나 피륙 따위를 물에 빠는 일"이라고 합니다. 한자어 "세답(洗踏)"에서 온 말입니다. 조선이나 중국조선어에서 "서답"이라 합니다.

○ 조호 세답(月布) <譯語 上 37>
○ 세답흐며 바느질 호디(洗濯紉縫) <家禮解 2:28>

## ▌가방

"가방"은 물건을 넣어 들거나 메고 다닐 수 있게 만든 용구로서 가죽이나 천, 비닐 따위로 만듭니다. "가방"이란 이름은 본래 네덜란드어 'kabas'에서 유래했습니다. 이 네덜란드어 [kabas]를 일본어 식으로 읽은 "鞄 かばん" [kaban]을 차용한 말입니다.

# 19. 생활

## ▌사랑

"사랑"은 "어떤 사람이나 존재를 몹시 아끼고 귀중히 여기"거나 "어떤 사물이나 대상을 아끼고 소중히 여기거나 즐기다" 또는 "남을 이해하고 돕다" 등 뜻으로 쓰입니다. 그러나 처음에는 이처럼 넓은 의미가 아니고 "생각하다"라는 데서부터 점차 "남녀지간 애정" 등 의미로 넓어졌습니다. 이 말은 한자어 "사랑(思量)"에서 온 것입니다. 송휘종(宋徽宗)의 《연산정(燕山亭)》이란 사(詞)에 "知他故宮何處? 怎不思量, 除夢里有時曾去。"(그가 고궁의 어느 곳에 있는지 아느냐? 어찌 생각하지 않으랴, 다만 꿈에서나 가볼 뿐이다)에서 "그립다, 생각하다"란 애정의 의미로 쓰이었습니다.

> ○ 天龍八部ㅣ 큰 德을 ᄉᆞ랑ᄒᆞᅀᄫᅡ 놀애를 블러 깃거ᄒᆞ더니 <1447 월곡 9>
> (天龍八部가 큰 덕을 생각하여 노래를 불러 기뻐하더니)
> ○ 思ᄂᆞᆫ ᄉᆞ랑ᄒᆞᆯ 씨라 <月釋 序 11> (思는 생각하는 것이라)
> ○ 嬖 ᄉᆞ랑ᄒᆞᆯ 폐 寵 ᄉᆞ랑ᄒᆞᆯ 통 偎 ᄉᆞ랑ᄒᆞᆯ 외 愛 ᄃᆞᄉᆞᆯ 이 <1527 훈몽 하:14>
> ○ 다 ᄌᆞ식글 ᄉᆞ랑컨마ᄅᆞᆫ 오직 이 아ᄋᆞᆫ 나디 아니ᄒᆞ여셔 <1518 이륜—옥 12>
> (다 자식을 사랑하건만 오직 이 아우는 나지 아니하여서)

# ▌우리

"우리"의 어원에 대하여 안옥규는 "돼지우리, 울타리"의 "우리"와 어원이 같다는 주장을 합니다.[1] 이렇게 해석하면 아주 원만하게 "우리"의 기원을 설명할 수 있습니다. 즉 "울타리안의 여러 사람들을 가리키는 대명사"로 "우리"가 생겼다고 하는 설명입니다. 하지만 고유어 "우리"와 한자어 "울(鬱)"은 발음이나 뜻에서 비슷한 점이 많습니다. "울(鬱)"은 상고음으로 (黃侃系統: 影母 沒部; 王力系統: 影母 物部) [*ʔiuət]이고 중고음으로 (影母 物韻 入聲 鬱小韻 紆物切 三等 合口; 王力系統) [ʔiuət]입니다. "울(鬱)" 발음은 중고음에 더 가깝습니다. 그러므로 대명사 "우리"가 한자어 "울(鬱)"에서 차용되었다 하면 "우리"란 말은 적어도 고대시기에 없었다는 것으로 해석됩니다. "돼지우리, 울타리"의 "우리/울"은 한자어 "울(鬱)"에서 온 것이 분명합니다. 그러므로 대명사 "우리"는 "울타리"의 "울"과 기원이 다른 원인을 밝혀야 합니다. 일찍 <시경(詩經)>에 "아리(我里)"가 나오는데《정풍(鄭風)·장중자(將仲子)》에 "將仲子兮, 無逾我里, 無折我樹杞。"(둘째 오빠 내말 들으세요 우리 동네 담장 넘지 마시고 우리집 구기자나무도 꺾지 마세요)라는 구절입니다. 고대 중국에서 "里"란 마을 담장을 말했습니다. 중국말로 "린리(隣里)"가 있는데 다섯 집이 하나의 "린(隣)"이고 다섯 "린(隣)"이 하나의 "마을 리(里)"이었습니다. 그리고 "리(里)" 주위에 담장을 쌓아 경계를 표시했습니다. "아리(我里)"는 바로 자기가 속한 "리(里)"이었으니 "우리 마을"란 의미로 지금의 "동네"와 비슷합니다. "아(我)" 자의 상고음이 [ŋa]이지만 명나라 후부터 앞의 성모(聲母)가 탈락하여 중원음에서 [uo]로 발음되었습니다. 그러므로 "우리"는 <시경(詩經)>의 "아리(我里)"가 가능하면 고대 우리말의 표기이며 "아리 > 우리"의 변화로 된 것일 수도 있습니다. 우리말로 "워리"(개를 부를 때 쓰는 말)가 있습니다. "워리"의 발음이 신통히 "我里"[woli]와 같으며 의미도 "내

---

1) 안옥규, 『어원사전』, 동북조선민족교육출판사, 1989, 448면.

집의 (개)"라 생각합니다. 그러니 "워리"는 "我里"[woli]의 발음을 차용한 것이며 "우리"는 의미를 그대로 쓰며 우리말로 발음이 고쳐진 것이라 봅니다.

○ 執杖釋이 닐오디 우리 家門앤 직조 굴히야아 사회 맞느니이다 <1447 석상 3:12> (執杖釋이 이르되 우리 가문에는 재주 가리어 사위 맞습니다)

○ 올흐니 우리 어버싀 나를 흐야 비호라 흐시느다 <1510년대 번노 상:6> (옳아요 우리 어버이 나로 하여금 배우라 하십니다)

## ▌ 나, 너, 남

"나"라는 일인칭 대명사는 모든 어휘들 중에서 가장 먼저 산생한 단어의 하나일 수 있습니다. 인간의 언어는 자신을 "대상의 세계와 구별된 인식"이 있으면서부터 산생하게 됩니다. 그러자면 반드시 자기를 발견하고 표현할 줄 아는 단어가 필요한 것입니다. 한자 "아(我)"는 병장기를 나타냈으며 "자(自)"는 코 모양이었다고 합니다. 우리말 "나"는 동사 "나다"[出]와 어원을 같이한다고 봅니다. 그 이유는 만물의 시작은 "나다"에서 출발하기 때문입니다. 조상들은 자기에 대한 주체의식이 있게 되면서 이로써 "자기"를 표시했다고 생각합니다. 자신을 발견한 "나"로부터 모음을 변화하여 상대방을 지칭하는 "너"를 만들었으며 나아가 타인을 "눔(남)"이라 하는 말도 하게 되었습니다. 물론 중세에도 "나", "너"는 지금과 마찬가지로 쓰였습니다.

## ▌ 당신

"당신"은 듣는 이를 가리키는 이인칭 대명사입니다. 부부 사이에서, 문어체에서 상대편을 높여 이르는 말로 쓰이고 "자기"를 아주 높여 이르는 말로도 쓰입니다. 이 말은 한자어 "當身"인데 본래 "자신"을 가리켰습니다.

당나라 이백(李白)의 《소년행(少年行)》에 "遮莫姻親連帝城, 不如當身自簪纓." (머리를 얹고 제성에서 당신이 결혼하기보다 못하리)란 시에 나옵니다.

### ▌글, 그림, 그림자

"글"은 말을 적는 일정한 체계의 부호를 말합니다. 중세에도 "글"이라 했는데 이 말은 "긋다"에서 기원했습니다. 지금도 인류의 가장 오랜 기록은 암벽에 새겨놓은 그림 따위입니다. 이런 것들의 공동한 특징은 단단한 물건으로 바위에 "그어놓은 것"입니다. 그래서 "그어놓은 것"은 "글"이라 부르고 "형상이 있는 것"은 "그림"이라 불렀습니다. 이로부터 "그립다"란 말도 파생되었고 중세의 "그르메, 그림애, 그림제"(그림자)란 말도 썼었습니다.

○ 學堂은 글 비호싫 지비라 <1447 석상 3:7ㄴ> (학당은 글 배우는 집이라)
○ 너는 高麗ㅅ 사르미어시니 漢人의 글 비화 므슴호다 <1510년대 번노 상: 5> (너는 고려 사람인데 한인 글 배워 무엇하뇨)

### ▌곳

"곳"이란 "공간적인 또는 추상적인 일정한 자리나 지역"을 말합니다. 중세에 "곧(곳)"으로 나타납니다. 이 말은 "곧다"와 어원을 같이 합니다. "곧다"란 공간적으로 "굽거나 비뚤어지지 아니하고 똑바른 것"을 말합니다. 그런즉 이 양자는 모두 "공간적인 상태"를 표시하는 의미가 있습니다.

### ▌식사

"식사"는 끼니로 음식을 먹음. 또는 그 음식이라 합니다. 물론 "식사"는 일본식 한자어 "食事しょくじ"에서 온 말이지요. 그럼 "끼니"란 무엇일까요? 아침, 점심, 저녁과 같이 날마다 일정한 시간에 먹는 밥. 또는 그렇게 먹는 일입니다. "끼"라고도 합니다. 중세에는 "쩌니"라 했습니다. 이 말은

"때"를 의미하는 "ᄢ"와 "미곡(米穀)"을 의미하는 "니"가 결합한 것입니다. "ᄢ" 같은 형태를 어두 자음군이라 하는데 "ㅂ"이 탈락하여 "ᄭ"으로 변하여 "ㄱ"의 된소리가 되었습니다.

> ○ 여슷 ᄢ니는 낫 세 밤 세히라 <1459 월석 7:65> (여섯끼니는 낮 셋 밤 셋이라)
> ○ 時 ᄢ니 시 <1575 천자-광 23>

## ▌잠

"잠"은 중세에 "ᄌᆞᆷ"이라 했어요. 물론 "자다"에서 기원된 말이지요. 이 말은 "ᄌᆞᆷ기다/ᄌᆞᄆᆞ다(잠그다)"와 어원을 같이 한다고 봅니다. 잠을 잘 때에 눈까풀을 "잠그다"로 보고 "ᄌᆞᆷ(잠: 睡)"이란 말이 생겨났습니다.

> ○ 풍류ᄒᆞᄂᆞᆫ 겨집들히 니기 ᄌᆞᆷ 드러 <1447 석상 3:22> (풍류하는 계집들이 익히 잠들어)

## ▌나이

"나이"란 "사람이나 동·식물 따위가 세상에 나서 살아온 햇수"를 말합니다. 중세에 "나히(나이)"로 나타납니다. 이 말은 "낳다"와 같은 어원입니다. 즉 "낳이 > 나이"로 된 것으로서 "태어난 지"란 뜻입니다.

> ○ 그저긔 阿私陁이 나히 一百 스믈히러니라 <1447 석상 3:2> (그적의 아사타이 나이 일백 스물이더라)
> ○ 師의 나ᄒᆞᆫ 닐흔 여스시시고 <1496 육조 하:84> (사의 나이 일흔 여섯이고)

## ▌맏-

"맏-"은 "(친족 관계를 나타내는 일부 명사 앞에 붙어) '맏이'의 뜻을 더하는 접두사" 또는 "(몇몇 명사 앞에 붙어) '그해에 처음 나온'의 뜻을 더하는 접두사"입니다. "맏형, 맏며느리…"의 접두사 "맏…"도 역시 "머리"와 어원을 같이하는 즉 "맨 꼭대기"를 가리키는 뜻에서 왔지요.

○ 姉는 묻누의오 <月釋 21:162>
○ 묻누의 져 姐 묻누의 자 姉오 <訓蒙 上 32>
○ 무른 종 宗 <訓蒙 上 32>
○ 큰 저울 셜흔 무른(秤三十連) <老解 下 62>

## ▌매

"매"는 사람이나 짐승을 때리는 막대기, 몽둥이, 회초리, 곤장, 방망이 따위를 통틀어 이르는 말입니다. 항상 "맞다"와 어울립니다. 어려서 누구나 제일 무서운 게 "매"였을 겁니다. 이 말은 아주 먼 옛날부터 있었을 것입니다. "매"의 어원은 한자 "매(枚)"에서 왔습니다. 한자 "매(枚)"는 "枝干也。可爲杖", "杖可以毃人者也"<說文解字注>(나무줄기이다. 지팡이로 할 수 있다. 지팡이는 사람을 칠 수 있다)고 해석했습니다. "매(枚)"의 상고음은 (黃侃系統: 明母 灰部; 王力系統: 明母 微部) [miĕu]입니다. 그러니 우리말 "매"는 한자 "枚"의 상고음과 뜻을 차용한 단어입니다.

○ 흐다가 有情이 나랏 法에 자피여 미여 매 마자 獄애 가도아 <1447 석상 9:8> (만일 유정이 나랏의 법에 잡히어 매이어 매 맞아 옥에 갇히어)
○ 매 마좀애 니르러는 시러곰 마디 몯ᄒᆞ야 <1588 소언 6:19> (매 맞음에 이르러 능히 마지못하여)

## ▌욕

"욕"은 "욕설(辱說), 즉 남의 인격을 무시하는 모욕적인 말"이나 "아랫사람의 잘못을 꾸짖음" 또는 "부끄럽고 치욕적이고 불명예스러운 일"을 말합니다. "욕(辱)" 자는 본디 "진(辰)"이란 농기구이름인데 "진(辰)" 자 아래에 손(寸)이거나 발(止)을 넣으면 모욕한다는 뜻으로 되었답니다. 우리말 "욕"

은 한자어 "욕(辱)"에서 온 말입니다.

## ▌괄시

"괄시"란 "업신여겨 하찮게 대함"을 말합니다. 한자어 "괄시(恝視)"의 차용인데 청나라 이두(李斗)의 《양주화방녹(揚州畵舫錄)·신성북녹상(新城北錄上)》에 처음 나오는데 "以警世之恝視其親者。"(세상에서 그의 친속을 괄시하지 않도록 경계한다)로 "무시하다. 홀시하다"는 뜻이었습니다.

## ▌회초리

"회초리"는 "때릴 때에 쓰는 가는 나뭇가지로서 어린아이를 벌줄 때나 마소를 부릴 때 쓴다"고 했어요. 주로 싸리나무나 버들가지 같은 것으로 사용했지요. "회초리"는 나뭇가지의 이름입니다. 한자어로 "편태(鞭笞)"라 합니다.

> ○ 鞻 회초리 얼 <1576 신합 하:50>

## ▌냄새

"냄새"는 어근 "내"[味]와 접미사 "-ㅁ새"가 결합된 것이지요. "내"는 미각적으로 "구린내, 내굴" 등에 쓰이지요.

> ○ 니 너희로 이밥로디토의게 물건을 바드미 향가라온 님시니 <1887 성전 빌립보서 4:18> (내 너희 이밥로디토에게서 물건을 받음이 향기론 냄새니)
> ○ 이는 追躡者로 흐야곰 제 님시를 초즐 슈 업게 홈이라 <1895 국민 61> (이는 追躡者로 하여금 제 냄새를 찾을 수 없게 함이라)

## ▌고뿔

지금 감기 걸리면 노인들이 "고뿔감기"라고 하는데 기실 우리말로 옛날에 "곳블"이라 했어요. "고(코)"와 "불"[火]이 결합된 말입니다. 열이 나니 당연히 "코에 불이난다"고 표현했지요. 한자어로 "감기(感氣)"라 해요.

○ 그 집안 사롭둘히 다 그 희 그모도록 곳블도 만나디 아니ᄒ며 다숫 가짓 쟝셕 귓것도 피ᄒ리라 <1542 분문 4> (그 집안사람들이 다 그해 마치도록 고뿔도 하지 않으며 다섯 가지 장석 귀신도 피하리라)

○ 鼻淵 곳블 <1690 역해 상:61>

○ 곳불 感氣 <1880 한불 196>

## ▌기침

"기침을 깇다"의 원형 "기츳(다)+ㅁ(접미사)"의 결합으로 이루어진 말입니다. 중세에 "기츰, 기츰"으로 나타납니다. 함경도방언에서 한자 어휘 "해수(咳嗽)"로 존경의 대상에 씁니다.

○ 큰 기츰 아함이들 良久토록 하온 後에 <蘆溪. 陋巷詞> (큰 기침 한 사람들이 오래도록 한 후에)

○ ᄒᆞᆫ 기츰 ᄒᆞᆫ 彈指예(一醫咳一彈指) <法華 6:111>

## ▌잠꼬대

"잠꼬대"란 잠을 자면서 무의식중에 하는 헛소리이다. 18세기 문헌에 "ᄌᆞᆷ 소대"[夢話]로 나타납니다. "소대(고아대다)"는 함경도방언에서 큰 소리로 시끄럽게 떠드는 것을 "고다, 고아대다"라 하는데 같은 말입니다. 이 말은 "고래고래"의 "고래/골"과 같은 어원이라 봅니다.

○ 夢話 ᄌᆞᆷ소대 <1775 역보 26>

## ▌휘파람

"휘파람"은 입술을 좁게 오므리어 그 사이로 내는 소리입니다. 18, 19세기에 "휴프람, 슈프롬, 쉬파람" 등이 나타납니다. 이 말은 "휴/슈/쉬＋프람"
의 합성입니다. "휴/슈/쉬"는 입으로 내는 거친 숨소리의 흉내이며 휘파람
의 원뜻은 "휘휘 입안에서 내는 바람소리"입니다.

○ 휴프람 소리 하며 <1777 명의 권수상:1>
○ 슈프롭 쇼 嘯 <1781-1787 왜해 상:44>
○ 쉬파람 부다 吹嘯 <1880 한불 437>

## ▌티

"티"란 "시골티, 어른티" 등에서처럼 "어떠한 태도나 기색(氣色)"을 말합
니다. 이 말은 한자어 "태(態)"(모양)에서 온 말입니다.

## ▌근심걱정

"근심걱정"은 "해결되지 않은 일 때문에 속을 태우거나 우울해하다"의
"근심"과 "안심이 되지 않아 속을 태움"의 "걱정"의 합성어입니다. 기실
이 말은 한자어 "근심(謹心)"과 자체로 만든 한자어 "겁정(怯情)"의 합성어라
봅니다.[2] "근심(謹心)"의 본뜻은 마음을 다한다는 것입니다.

## ▌시름

"시름"이란 마음에 걸려 풀리지 않고 항상 남아 있는 근심과 걱정을 말합
니다. 중세에도 마찬가지로 표기되었습니다. "실[載]＋음(접미사)→실음 >
시름"으로 된 것입니다. "실"은 "시들다, 싣다"와 동원어휘이며 "시름"의 원
뜻은 "(마음에) 싣고 있는 것"입니다.

---

2) 宋 · 劉敞 《朝奉大夫通判定州胡及可權知吉州制》: "爾其謹心詔條, 强力民務"(자네 조서대로
근심으로 하고 백성의 일에 힘쓴다)

## ▌ 귀양살이

"귀양살이"는 옛날 귀양의 형벌을 받고 정해진 곳에서 부자유스럽게 지내는 생활입니다. 유배(流配)라고도 했는데 기실 귀양(歸養)이란 "고향에 돌아가 어버이를 보양하는 일"로 좋은 일을 뜻했었는데 언제부터인지 유배형을 가리키기도 했습니다.[3]

## ▌ 개불탕

"개불탕"이란 "부처를 그린 그림"을 말합니다. 기실 이 말은 "괘불탱(掛佛幀)"의 잘못된 발음입니다. "괘불(掛佛)"은 "그림으로 그려서 걸어 놓은 부처의 모습"이며) "탱(幀)"은 불화를 통칭합니다. "탱화(幀畵)"라고도 하는데 지금은 알아듣기 힘들다고 "도(圖)"로 통일해 표기한답니다.

## ▌ 날라리

"날라리"란 나팔 모양으로 된 우리 민족의 고유의 관악기입니다. 나무로 만든 관에 여덟 개의 구멍을 뚫고, 아래 끝에는 깔때기 모양의 놋쇠를 달며, 부리에는 갈대로 만든 서를 끼워 붑니다. "태평소(太平簫)·새납"이라고도 합니다. "악기를 부는 모습이 손가락을 날리는 듯하다"고 지은 이름이라 봅니다. "날라리"란 말은 그 형상의 유사한데서 "낚시찌를 찌고무에 꽂기 위하여 날라리줄로 연결하여 놓은 메뚜기"도 가리키고 날라리를 부는 동작의 빠른 속도에 비유하여 "언행이 어설프고 들떠서 미덥지 못한 사람을 낮잡아 이르는 말"로도 씁니다.

---

3) 《史記 · 魏公子列傳》: "父子俱在軍中, 父歸; 兄弟俱在軍中, 兄歸; 獨子无兄弟, 歸養。"(부자 모두 軍中에 있으면 아비가 귀양하고 형제가 같이 있으면 형이 귀양하고 독자가 형제 없으면 귀양시킨다.)

## ▌ 망태기

"망태기"란 물건을 담아 들거나 어깨에 메고 다닐 수 있도록 만든 그릇으로서 주로 가는 새끼나 노 따위로 엮거나 그물처럼 떠서 성기게 만듭니다. "망태기"의 특점이 쉽게 망가지기에 전혀 쓸모없이 되어 버린 것을 이르기도 합니다. 이 말의 어원은 한자어 "망탁(網橐)"에서 왔습니다. 즉 "망탁+이(접미사) > 망태기"로 되었습니다. 다른 말로 "구럭"이라고도 합니다.

## ▌ 사냥

"사냥"이란 총이나 활 또는 길들인 매나 올가미 따위로 산이나 들의 짐승을 잡는 일입니다. "수렵(狩獵)·엽취(獵取)·전렵(田獵)"이라고도 합니다. "사냥"이란 말은 본래 한자어 "산행(山行)"[4]이었으나 역시 변화되어 "산힝 > 사냥"으로 되었습니다.

○ 洛水에 山行 가 이셔 <龍歌 125章> (낙수에 산행 가서)
○ 산힝 슈: 狩 <訓蒙 下 9>

## ▌ 자국

"자국"이란 다른 물건이 닿거나 묻어서 생긴 자리거나 또는 어떤 것에 의하여 원래의 상태가 달라진 흔적을 말합니다. 중세에 "자곡"으로 나타납니다. 이 말은 짐승의 발자국이나 나무를 깎아 다듬는 연장의 하나인 "자귀"라는 단어와 어원을 같이 합니다. 이들의 공통한 점은 "다른 물건이 닿거나 묻어서 생긴 자리"입니다. 같은 말로 조선에서 "자욱"으로도 쓰는데 이는 "ㄱ"가 모음 뒤에서 탈락한 것입니다.

○ 쇠 자곡과 큰 바른롤 엇데 마초아 혜리오 <1465 원각 하 2-1:64> (소의

---

4) 唐代詩人。杜牧(803-853)의 <山行>이란 시에서 기원한 말이다.

자국과 큰 바다를 어찌 맞추리오)

○ 轍 술윗 자곡 텰 <1576 신합 하:58>

○ 자국 跡 <1895 국한 245>

## ▌채비

"채비"란 "어떤 일이 되기 위하여 필요한 물건, 자세 따위가 미리 갖추어
저 차려지거나 그렇게 되게 함"입니다. 한자어 "차비(差備)"에서 온 것입니다.
중세에 이미 씌었는데 그때는 "하인"을 가리켰습니다.

○ 下人執役者名曰 差備 <中宗實錄11:51> (하인 집역자를 '채비'라 한다)

## ▌돈

"돈"은 물건의 가치를 매겨 예전에는 조가비, 짐승의 가죽, 농산물 따위
를 이용하여 교환합니다. "전문(錢文) · 전폐(錢幣) · 전화(錢貨)"라고도 합니다.
한자 "전(錢)"은 농기구 이름이었는데 교환단위로 씌었습니다. "錢"의 상고
음은 (王力) [dzǐən]입니다. "돈"의 어원에 대해 화폐로 쓰인 "칼 도(刀)"설,
"돌(石)"설, "錢"의 중국 상고음 [dzjan]설, 또는 유통한다는 "돌다(回)"설, "구
리 동(銅)"설, 금속 단위 "돈"설 등 실로 다양합니다. 금속화폐로 처음 등장
한 돈이 동전(銅錢)이니깐 처음에 "동(銅)"이라 불렀을 수 있습니다. 후에 이
손에서 저 손에 "돈다"고 비슷한 발음 "돈"으로 변했다고 봅니다.

○ 三千貫ㅅ 돈으로 아들 羅卜이 一千貫으로 댱스 나가더니 <1459 월석 23:
64> (삼천관의 돈으로 아들 羅卜이 일천관으로 장사 나가더니)

## ▌장사

"장사"는 이익을 얻으려고 물건을 사서 파는 일입니다. 원시시대에서
사고파는 것은 서로 물건을 곡물로 환산해 바꾸었기에 반드시 "시장(市場)"

에서 거래해야 했습니다. 그러므로 "시장 장(場)"과 "일 사(事)"가 결합된 말입니다. 구개음화되기 전의 "댱(場)+사(事)"가 "댱ᄉᆞ > 댱사 > 장사"로 변한 말입니다.

○ 아들 羅卜이 一千貫ᄋᆞ로 댱ᄉᆞ 나가더니 <1459 월석 23:64> (아들 羅卜이 일천관으로 장사 나가더니)
○ 賈 댱ᄉᆞ 고 一啇 가 <1576 신합 하:17>
○ 댱ᄉᆞ질ᄒᆞᄂᆞᆫ 사ᄅᆞᆷ도 각각 그 일을 브즈런이 ᄒᆞ야 <1658 경민-개 11> (장사질 하는사람도 각각 그 일을 부지런하여)

## ▌덤터기

"덤터기"란 "남에게 넘겨씌우거나 남에게서 넘겨받은 허물이나 걱정거리"거나 또는 "억울한 누명이나 오명"을 말합니다. 이 말의 유래는 옛날 장사할 때 나온 말로서 "살 때 받은 손해를 되팔 때 사는 사람에게 씌우는 짓"을 가리켰습니다. 본래 "담타기"라 했는데 "담을 타다"에서 기원되었습니다. 아마 "담 이쪽에서 사고 담을 넘어 저쪽에서 되넘긴다"는 의미인 것 같습니다.

## ▌도거리

"도거리"란 장사치들이 "따로따로 나누지 않고 한데 합쳐서 몰아치는 일" 또는 "되사거나 되팔지 않기로 약속하고 물건을 사고파는 일"을 말합니다. 이 말은 한자 우두머리의 뜻인 "도(都)"와 "거래"란 "거리"가 결합된 말입니다. 즉 "통틀어 거래"란 뜻입니다.

## ▌얼렁장사

"얼렁장사"란 "여러 사람이 밑천을 어울러서 하는 장사"를 말합니다. 다른 말로 "어리장사, 어울이장사, 우오릿장사"를 쓰는 경우가 있으나 "얼렁장사"만 표준어로 삼습니다. 이 말은 "어울린 장사"가 줄어든 것입니다.

## ▌ 단골집

"단골집"의 단골은 한국 호남지방에서 무당을 지칭하는 말입니다. 호남의 단골에게는 각각 단골판이라는 일정한 관할구역이 주어져 있습니다. 이 단골판 안에서의 제의나 사제권은 단골판의 소유권과 함께 혈통을 따라 대대로 세습되고, 이 사제권의 계승에 따라 단골이 됩니다. "단골집"이란 "단골 무당처럼 고정적으로 방문하는 손님" 내지 "그 손님이 고정적으로 이용하는 업체"를 칭할 때 사용하게 되었습니다.

## ▌ 오그랑장사

"오그랑장사"란 "이익을 남기지 못하고 밑지는 장사"를 말합니다. "오그랑장사"는 "예전에, 오그랑죽을 쑤어 팔던 장사"도 가리켰습니다. 그러나 여기서 말하는 "밑지는 장사"는 "옥장사"라고도 하는데 어원은 "오그라드는 장사"에서 온 말입니다.

## ▌ 얌체

"얌체"란 "얌치가 없는 사람을 낮잡아 이르는 말"로서 "염치없는 사람"을 말하는데 한자어 "염치(廉恥)"에서 변형된 말입니다.

## ▌ 어음

"어음"이란 "일정한 금액을 일정한 날짜와 장소에서 치를 것을 약속하거나 제삼자에게 그 지급을 위탁하는 유가 증권"입니다. 얼핏 보면 한자

어휘 같지만 옛날 이두문헌에서 "어음(於音)" 또는 "어험(魚驗)"으로 표기한 것은 의미와 아무 상관없습니다. 중세에 "어험"이라 했는데 "어히다(새기다)"와 연관되어 있다고 봅니다. 문서에 이름이나 손도장을 쓰거나 찍어야 하기에 "어험(새겨 넣음)"이라 하였다고 생각합니다. 지금도 "뼈를 어이는 추위"라고 할 때 "어이다"를 씁니다.

○ 어험 계 契 <類合 下 36>
○ 또 베올 남오 다숫 오리롤 뼈 每 오리에 다숫 곳을 어희되(又用枕木五條每條刻五處) <火砲解 26>

## ▌외목

"외목장사"라고도 하는데 저 혼자 독차지하여 장사를 하는 것을 말합니다. "독장사"라고도 합니다. 이 말은 "외(外)"와 "길목" 등에 쓰이는 "목"의 결합으로 쓰입니다. 그리고 또 자체로 만든 한자어 "외목(外目)"은 "기둥의 바깥쪽"을 가리킵니다. 중국조선어에서 "외목에 나다"는 "고립되다"란 의미로 씁니다.

## ▌외상

"외상"이란 "값은 나중에 치르기로 하고 물건을 사거나 파는 일"을 말합니다. 이 말은 이두로 "외자(外上)"로 표기되다가 한자어 "외상(外償)"으로 인식하고 그냥 사용하고 있습니다.

## ▌흥정

"흥정"이란 물건을 사고팔거나, 물건을 사거나 팔기 위하여 품질이나 가격 따위를 의논하는 것입니다. 중세에 "훙졍"으로 나타납니다. 『이두편람』에 "興成 훙뎡 賣買之稱"이라 하였습니다. 사용하는 과정에서 아예 비슷한 말 "정할 정(定)" 자로 바꾸어 "홍정(興定)"이라 했을 수 있습니다.

○ 그어긔 쇠 하아 쇼로 천사마 홍정ᄒᆞᄂᆞ니라 <1459 월석 1:24> (거기에 소가 많아 소로 돈 삼아 홍정하나니라)
○ 마초아 홍정바지 舍衛國으로 가리 잇더니 <석보 6:15> (마침 상인이 사위국에 갈 이 있더니)

## ▎ 장사아치

"장사아치"는 "장사하는 사람을 낮잡아 이르는 말"입니다. 줄여서 "장사치"라고도 하지요 "-아치"는 "'사람'을 낮잡아 이르는 말"로서 중세에 "벼슬아치, 동냥아치" 등에도 씌었습니다. 지금은 "-치"로 줄여져 "어떠한 특성을 가진 사람, 물건 또는 대상을 낮잡아 이를 때 쓰는 접미사"로 되었습니다. 중세에 "장사아치"를 "홍정바지, 홍정바치, 홍정바지, 홍정아치, 홍정와치"로 나타납니다. "홍정"을 한자어로 본다면 "-바치/-아치/와치/바지" 등은 "홍정붙이다"에서 "붙이 > 부치"가 변한 것이라 봅니다. 즉 "홍정붙이 > 홍정부치 > 홍정바치 > 홍정와치 > 홍정아치"로 되었고 "장사아치"도 만찬가지의 경로를 통해 변한 것입니다.

○ 내 홍정바치 아니라도(我不是利家) <老解 下 24>
○ 홍정아치 賣買人 <漢淸文鑑 5:32>

## ▎ 값

"값"이란 "사고파는 물건에 일정하게 매겨진 액수"를 말하거나 "물건을 사고팔 때 주고받는 돈"을 말합니다. 중세에도 "값"이라 했습니다. 이 말의 어원은 "갚다"와 같이 한다고 봅니다.

○ 아들이 값 주시며 ᄯᆞ리 값 가파시ᄂᆞᆯ 이제ᅀᅡ 안기ᄉᆞᆸ시니 <1459 월석 20:57> (아들의 값 주시며 딸의 값 갚으시거늘 이제야 안기시니)

○ 일훔난 爲頭혼 오시 갑시 千萬이 쓰며 <1459 월석 11:2> (이름남 위두한
옷의 값이 천만이며)

○ 네 간대로 값 쇠오디 마라 <1510년대 번노 하:59-60> (네 함부로 값을 속
이지 말라)

## ▌ 깡패

"깡패"란 "폭력을 쓰면서 행패를 부리고 못된 짓을 일삼는 무리를 속되
게 이르는 말"입니다. 광복이후부터 생겨난 말로서 영어의 [gang]('무리' 또
는 '악한' 등의 일당)과 한자어 "패(霸)"의 결합인 "gang+패"입니다.

## ▌ 패거리

"패거리"란 "같이 어울려 다니는 사람의 무리를 낮잡아 이르는 말"입니다.
한자어 "패(霸)"와 "거리(街)"가 결합된 것으로 역시 현대에 생긴 말입니다.

## ▌ 후레자식

"후레자식"이란 "배운 데 없이 제풀로 막되게 자라 교양이나 버릇이 없
는 사람을 낮잡아 이르는 말"로서 "후레아들"이라고도 합니다. 이 말은
"홀[獨]+의(속격)+자식(子息)" 합성으로 "홀로 키운 자식"이란 뜻에서 온 것
입니다. 즉 "홀의자식 > 호릐자식 > 호래자식 > 후레자식"으로 변했습니
다. 일부 방언에서 "호로자식, 호래자식"이라고도 합니다. 이 말의 뜻은 오
랑캐를 뜻하는 "호노(胡奴)" 또는 "호로(胡虜)"의 자식이란 말입니다. 즉 조
선시대 임진왜란과 병자호란 이후 절개를 잃고 고향으로 돌아온 여성, 즉
"환향녀(還鄕女: 화냥년의 유래)" 낳은 자식이라고 깔보는 말입니다.

## ▌ 동냥아치

"동냥아치"란 동냥하러 다니는 사람을 말하지요. "동냥치"라고도 합니다. 19세기 문헌에서부터 "동녕아치"로 나타납니다. 한자어 "동령(動鈴)"에 접미사 "-아치"가 결합한 것입니다. "동령(動鈴)"이란 원래 불가에서 법요(法要)를 행할 때 놋쇠로 만든 방울인 요령을 흔드는 것을 이르는데 중이 쌀 같은 것을 얻으려고 이 집 저 집으로 돌아다니며 문전에서 방울을 흔들기도 했습니다. 동냥이라는 말은 이렇듯 중이 집집마다 곡식을 얻으러 다니던 데서 비롯한 말입니다. "동냥아치"는 동냥을 전문 하는 사람입니다.

## ▌ 양아치

"양아치"란 "'거지'를 속되게 이르는 말" 또는 "품행이 천박하고 못된 짓을 일삼는 사람을 속되게 이르는 말"입니다. 동냥 구걸을 하는 무리를 가리키는 "동냥아치"가 줄어서 생긴 말입니다. 1937년 9월 15일자 동아일보 기사에서 "양아치"란 말이 쓰이었습니다. 전쟁고아들이 갑자기 많아지면서 이 말이 확산되는 계기가 되었습니다.[5]

## ▌ 멍청이

"멍청이"는 아둔하고 어리석은 사람을 놀림조로 이르는 말입니다. "멍텅구리"라고도 하지요. 이 말은 자체로 만든 한자 어휘 "두려워할 망(忙)"과 "명할 창(愴)", 혹은 "천치 창(壺)"의 결합인 "망창(忙愴/忙壺)"에서 왔다고 봅니다. 쓰이는 과정에 어음이 변화하여 "망창하다 > 멍청하다"로 되었다고 봅니다. "멍텅구리"는 "멍청 > 멍텅"으로 된 후 "-구리(접미사)"가 붙은 것입니다.

---

5) <네이버 나무위키> 비속어 양아치.

### ▌ 머저리

"머저리"는 "말이나 행동이 다부지지 못하고 어리석은 사람을 낮잡아 이르는 말"입니다. "어리보기"라고 하고 방언으로 "모지리, 모저리, 모조리"라고 하며 한자어로 "천치(天痴)"라 부릅니다. "머저리"의 어원은 "모자라다"에서 왔습니다. 어느 한 사람의 지력이 모자라면 당연히 천치취급 받고 "모자라다"고 했을 겁니다. 나중에 이것이 명칭으로 되어 "모지리, 모저리, 모조리, 머저리" 등으로 불리다가 "머저리"가 표준어로 인정받은 것입니다. "머저리"와 비슷한 "어리보기"는 "어려보이다"는 말입니다. 옛날에 "어리다"는 "어리석다, 또는 어리다"의 두 가지 뜻입니다.

### ▌ 바보

"바보" 역시 멍청하고 어리석은 사람을 이릅니다. 이 말은 "밥+보"에서 "ㅂ"이 탈락된 형태입니다. 우리말에서 "그것을 특성으로 지닌 사람의 뜻을 더하는 명사접미사"인 "-보"는 "울보, 겁보, 느림보, 뚱보" 등과 같이 낮춤의 의미로 쓰입니다. 따라서 바보란 말의 원래 의미는 밥만 먹고 하릴없이 노는 사람을 가리키며 "밥통"이라는 속된 표현을 쓰기도 합니다.

### ▌ 병신

"병신"은 "신체의 어느 부분이 온전하지 못한 기형이거나 그 기능을 잃어버린 상태인 사람"을 이릅니다. 즉 "불구자, 신체장애인"을 말하지요. 이 말은 한자어 "병신(病身)"에서 온 것입니다. 지금은 다른 의미로 모자라는 행동을 하는 사람을 낮잡아 이르거나 남을 욕할 때에 씁니다.

### ▌ 똘마니, 또라이

"똘마니"란 범죄 집단 따위의 조직에서 부림을 당하는 사람을 속되게 이르는 말입니다. "똘마니"이란 말은 "똘똘하다"의 "똘"과 "-마니(접미사)"의 결합입니다. "-마니(접미사)"는 "어떠한 일이나 성격, 사물에 붙여 어떠어떠한 사람, 어떠어떠한 일을 하는 사람"을 뜻하는 접미사로서 "심마니, 개장마니, 어인마니, 옹춘마니, 자박마니" 등에 씌었습니다. "똘마니"로부터 "생각이 모자라고 행동이 어리석은 사람을 속되게 이르는 말"인 "또라이"가 파생되었다 봅니다. "또라이"는 "똘+아이"의 합성입니다.

## ▌어벌

"어벌"은 "어벌뚝지", "어벌찌"라고도 하는데 "생각하는 구상이나 배포"로 해석됩니다. 보통 "어벌이 크다"고 관용구로 쓰입니다. 이 말은 조선과 중국조선어에서 쓰이는데 "어벌"은 "어우르다"에서 기원된 말로서 "담 또는 배짱"을 가리킵니다.

## ▌등신

"등신"은 "몹시 어리석은 사람을 낮잡아 이르는 말"입니다. "자기의 키와 같은 높이"란 등신(等身), "떠돌아다니는 못된 귀신"이란 등신(等神), 심지어 "나무, 돌, 흙, 쇠 따위로 만든 사람의 형상"인 등상(等像)도 가리킵니다. 우리말 "등신"의 어원은 "등신(等身)"에서 왔습니다. "등신(等身)"의 본래 뜻은 그 사람의 키와 같은 높이의 저서(著書)가 많다는 말입니다.6) 그러나 후에 사용과정에서 발음이 같거나 비슷한 "등신(等神), 등상(等像)"과도 연계하면서 의미도 달라졌습니다.

---

6) 《宋史 · 賈黃中傳》: "黃中幼聰悟, 方五歲, 玭每旦令正立, 展書卷比之, 謂之等身書, 課其誦讀." (황중이 어려서 총명하여 다섯 살 때부터 玭은 매일 아침 똑바로 서게 하고 자기 키 높이의 책들을 읽게 하였다. 이것을 等身書라 하였다.) 《淸朝野史大觀 · 卷十 · 天南遯叟》: "長洲王子鈴韶又字仲--平生著作等身." (장주왕 자전도의 字는 仲이며 평생 저작등신이다.: 저서가 그의 키만큼 높이 쌓였다는 뜻)

## ▌뚱딴지

"뚱딴지"는 "전선을 지탱하고 절연하기 위하여 전봇대에 다는 기구"입니다. 전봇대가 처음 세워지면서 사람들은 그것이 무슨 작용을 하는지 궁금하기도 하고 이름도 모르니 그 모양이 뚱보처럼 생겼다고 해서 아예 "뚱뚱한 단지", 즉 "뚱딴지"라고 불렀습니다. 그 후로부터 의미가 전이되어 "사실과 다른 엉뚱한 말"이거나 "완고하고 우둔하며 무뚝뚝한 사람을 놀림조로 이르는 말"로도 쓰입니다. 그 외에 이른바 "돼지감자"도 "뚱딴지"라 합니다.

## ▌미치광이

"미치광이"이란 "정신에 이상이 생겨 말과 행동이 보통 사람과 다르게 된 사람"을 말합니다. "미츠다, 미즈다"는 중세에 "미치다"[及]와 "미치다" [狂]의 뜻을 가졌습니다. 그런즉 이들은 동원어휘라 할 수 있습니다. 다시 말하면 "정신상태가 극도에 미치면 결국 이상하게 된다"는 말입니다. "미치광이"는 "미치+광(狂)이(접미사)"의 결합입니다. 접미사 "-狂이"는 "좋지 않은 행위를 나타내는 일부 서술어 어근에 붙어, '그러한 속성을 심하게 가진 사람'의 뜻을 더하여 명사를 만드는 말"이라 합니다. 중국조선어에서 방언으로 "미치광이"를 "새쓰개, 쌔쓰개"라 합니다. 이 말은 "굿할 새(賽)" 즉 "새(賽)를 쓰다"로서 "괴상한 짓"을 한다는 의미로 봅니다.

> ○ 미츨 급 及 <石千 7>
> ○ 도라오매 미천머리 다 셰도다(及歸盡華髮) <杜解 1:5>
> ○ 씌룰 씌요니 미츄미 나 ᄀ장 우르고쵸 시브니(束帶發狂欲大叫) <杜解 10:28>

## ▌곤죽

"곤죽"은 몹시 질어서 질퍽질퍽한 밥이나 또는 그런 땅을 말합니다. 비유적으로 "일을 곤죽으로 만들었다" 또는 "곤죽이 되도록 술을 마시다"라 씁니다. "곤죽"이란 말은 "곯아서 썩은 죽(粥)"을 뜻합니다.

## ▌주정

"주정"은 "술에 취하여 정신없이 말하거나 행동함, 또는 그런 말이나 행동"을 말합니다. 이 말은 자체로 만든 한자어 "주정(酒酊)"입니다. <설문(說文)>에 "酩酊, 醉也。"(酩酊이란 취한 것이다)고 했어요. 그리하여 우리 조상들이 "주정(酒酊)"이란 단어를 만들어 썼습니다.

## ▌녹초

"녹초"란 "맥이 풀어져 힘을 못 쓰는 상태"거나 "물건이 낡고 헐어서 아주 못 쓰게 된 상태"를 말합니다. 관용구로 "녹초가 되다"라고도 하지요 이 말의 원뜻은 불에 타서 "녹아버린 초(燭)", 즉 "녹초(燭)"입니다.

## ▌북새통

"북새통"이란 많은 사람이 야단스럽게 부산을 떨며 법석이는 상황입니다. 이 말은 중국의 한자어 "북새(北塞)"에서 들어 온 것으로 본래 명나라 때 북쪽 흉노와 인접한 변경을 말합니다. 항상 전란이 끝없어 백성들의 어려운 피란 생활하는 곳을 "북새"라 했습니다.7) "북새통"은 "북새+통(접미사)"의 결합으로 된 단어입니다.

## ▌고자

"고자"란 생식 기관이 불완전한 남자로서 옛날에 주로 궁전내의 환관을

---

7) 明 宋訥 《壬子秋過故宮》詩: "北塞君臣方駐足, 中華將帥已离心。"(북새에 군신이 주둔하자 중화장수들 인심 떠나네)

말했습니다. 기실 이 말은 한자어 "鼓子"인데 본래는 춘추 전국시기 고국
(鼓國)의 군주의 이름이었습니다. 후에 어찌되어 엄인(閹人)을 가리키게 되었
습니다.

## ▌ 고자질

"고자질"이란 "남의 잘못이나 비밀을 일러바치는 짓"입니다. 민간어원
해석으로 "고자들이나 하는짓"이란 의미에서 나온 말이라고 하지만 기실
은 역시 한자어 "고자(告者)"에 접미사 "-질"의 결합된 말입니다.

## ▌ 정말

"정말"은 들은 바나 말한 바에 어긋나지 않게 바로 그대로 하는 말입니
다. "정(正)+말[言]"의 합성으로 되었습니다.

## ▌ 엉망진창

"엉망진창"은 "일이나 사물이 헝클어져서 갈피를 잡을 수 없을 만큼 결
딴이 나거나 어수선한 상태"라 합니다. 이 말은 "엉클어진 그물"이란 뜻인
"얽"과 "망(網)"의 결합인 "얽망 > 엉망"이 다시 "땅이 질어서 질퍽질퍽하
게 된 곳"이란 "진창"을 덧붙여 강조를 나타냅니다.

## ▌ 아비규환

"아비규환"이란 여러 사람이 비참한 지경에 빠져 울부짖는 참상을 비유
적으로 이르는 말입니다. 불교에 악한 짓을 한 사람이 죽어서 가게 되는
8대 지옥이 있는데 그 가운데서 아비(阿鼻)지옥과 규환(叫喚)지옥을 가리킵
니다. 아비지옥은 끊임없이 고통을 받게 된다는 곳이며 규환지옥은 죽은

자가 가서 펄펄 끓는 물과 세찬 불길 속에 던져져 견딜 수 없는 고통으로
울부짖고 아우성치는 곳이라 합니다.

## ▌북망산

"북망산 가다"라고 관용구로 쓰이는데 본래 "북망산(北邙山)"은 중국 하
남성 낙양 북쪽에 있는 산 이름입니다. 한나라왕족들의 묘가 이 산에 있었
으므로 북망산은 묘지가 있는 산으로 알려졌습니다.

## ▌주접

"주접"이란 "여러 가지 이유로 생물체가 제대로 자라지 못하고 쇠하여지
는 일"을 말합니다. 관용구로 "옷이나 몸치레가 추레하거나 살림살이에 궁
색한 기운이 돌다"를 "주접이 들다"라 말합니다. 이 말은 한자어 "주접(住接:
몸을 의탁하여 거주함)"에서 기원했는데 후에 뜻이 변해졌습니다.8)

## ▌청승

"청승"은 "궁상스럽고 처량하여 보기에 언짢은 태도나 행동"입니다. 관용
구로 "청승맞다", "청승떨다"로 씁니다. 이 말은 "젊어서 남편을 잃고 홀로
된 여자"란 뜻인 한자어 "청상(靑孀)"에서 온 것입니다. "청상"은 "청상과부"
의 준말입니다.

## ▌가난

"가난"은 살림살이가 넉넉하지 못함을 말합니다. 16세기 문헌에서부터

---

8) 王世子幸溫陽時…令兵曹佐郎 摘奸各司止宿公廨 使不住接民家 (왕세자가 온양에 행차하였
다. … 병조 좌랑으로 하여금 각사를 적간하여 공해에 머물러 자게하고, 민가에 주접하지
못하게 하였다.) [영조실록 권제96, 3장 앞쪽, 영조 36년 7월 18일(경신)]

"간난"으로 나타나는데 한자어 "간난(艱難)"에서 온 것입니다. 본래 "몹시 힘들고 고생스러움"의 의미였습니다.

○ 나는 늘거 가난과 病을 둏히 너기노니 榮華히 둔니느닌 올흐며 외니 잇느니라 <1481 두시-초 10:31> (나는 늙어 가난과 병을 달게 여기노니 榮華히 다니는 이는 옳으며 그름이 있느니라)
○ 집 간난호미 간난이 아니라 길헷 간난이 사롬 근심 히느니라 <1510년대 번박 상:54> (집 가난함이 간난이 아니라 길에 간난이 사람 근심하게 하니라)

## ▌ 가탈

"가탈"이란 "일이 순조롭게 나아가는 것을 방해하는 조건"이나 "이리저리 트집을 잡아 까다롭게 구는 일"을 말합니다. "가탈"은 본래 "말의 빠른 걸음"을 의미하는 몽골어 [qatara-]라는 단어에서 온 것으로 추정됩니다. "가탈"은 16세기 문헌에서부터 나타납니다. 차용되면서 "불편한 걸음걸이", 또는 "불편함"이나 "거북스러움" 등으로 의미의 전이가 일어났다고 봅니다.

○ 셕대 됴흔 물을 셰 가탈호되 그저 준 걸음이 쓰고 <朴諺 上:56> (굴레 좋은 말을 이른 약간 탈탈거리고 걷되 다만 조금 걸음이 느지고)
○ 小走 셰 가탈 <1778 방유 해부:14>

## ▌ 동티

"동티"란 "땅, 돌, 나무 따위를 잘못 건드려 지신(地神)을 화나게 하여 재앙을 받는 일"을 말합니다. 관용구로 "동티나다"로 씁니다. 우리 민족은 옛날부터 "만물은 영혼이 있다"고 믿고 자연을 숭배해 왔습니다. 때문에 집을 짓거나 산소를 정할 때 될 수 있으면 자연 그대로 다치지 않는 원칙을 지켜왔습니다. 그리하여 자연을 함부로 파괴하면 그만큼 벌을 받는다고 여겨왔습니다. "동티"란 한자 어휘 "동토(動土)"의 변화된 발음으로서 "땅을 함부로 다치다"는 의미입니다.

## ▌ 짝짜꿍이

"짝짜꿍이"란 "끼리끼리만 내통하거나 어울려서 손발을 맞추는 일"이거나 그와 반대로 "옥신각신 다투는 일"도 말합니다. 이 말은 "젖먹이가 손뼉을 치는 재롱"에서 온 말입니다.

## ▌ 배짱

"배짱"이란 "마음속으로 다져 먹은 생각이나 태도"거나 "조금도 굽히지 아니하고 버티어 나가는 성품이나 태도"를 말합니다. 이 말은 "배알[腸]+짱[長]"의 합성어입니다. 우리는 "화내다"를 "뱔을 쓰다"라고도 말합니다. 그러니 "배짱부리다"는 "조금도 굽히지 아니하고 버티다"는 의미를 가지게 됩니다.

## ▌ 안달복달

"안달"이란 "속을 태우며 조급하게 구는 일"입니다. 이 말은 "안이 달다"에서 온 말입니다. "안"은 "속", 즉 "마음"을 가리킵니다. 달리 "속이 달다", "속이 타다", 또는 "안타깝다(안이 타다)"라고 표현합니다. 이로부터 "안달복달"이란 말이 생겨났습니다. "복달"이란 말은 여기서 의미를 강조하는 기능밖에 더 없습니다. 가능하게 본래 "안달부달"이라 했다가 변화되었을 수도 있습니다.

## ▌ 안절부절

"안절부절"이란 마음이 초조하고 불안하여 어찌할 바를 모르는 모양입니다. 역시 "안(속, 마음)이 저리다"란 "안절"과 그와 대칭되는 강세를 나타내는 "부절"의 결합입니다.

## ▌흥청망청

"흥청망청"이란 "흥에 겨워 마음대로 즐기는 모양"이거나 "돈이나 물건 따위를 마구 쓰는 모양"입니다. "흥청망청"의 어원은 연산군이 채홍사(採紅 使)를 파견하여 각 지방의 아름다운 처녀를 뽑고 각 고을에서 기생들을 관리하게 하고, 기생의 명칭도 "흥청(興靑)"이라고 칭한데서 기인됩니다. 연산군이 "흥청"들을 모아 놀다가 중종반정(中宗反正)으로 실각한 후에 생겨난 말이랍니다. 자체 한자 어휘 "흥청망청(興淸亡淸)"입니다.9) 이로부터 "돈이나 물건 따위를 조금도 아끼지 아니하고 함부로 쓰는 듯한 모양"을 말하는 "흔전만전"이란 단어도 생겨났습니다.

## ▌얌전

"얌전하다"는 "성품이나 태도가 침착하고 단정하다" 또는 "모양이 단정하고 점잖다"란 말입니다. 이 말은 결국 "음전하다(말이나 행동이 곱고 우아하다. 또는 얌전하고 점잖다)"와 동의어를 이룹니다. "음전"은 자체로 만든 한자어 "음전(陰全)"에서 왔으며 "얌전"은 "염전(廉塼)"이 어음이 변화된 말이라고 봅니다.

## ▌편리

"편리"란 "편하고 이로우며 이용하기 쉬움"을 말하며 "이편(利便)"이라고도 말합니다. 이 말의 어원은 "편할 便"과 "통할 利"가 합성한 한자어 "편리(便利)"에서 왔습니다. "便利"는 본래 "대소변을 편하게 봄"을 말하지요. 지금도 한자어 "변소(便所)"가 있습니다.

---

9) <네이버 지식백과> 흥청망청 [興淸亡淸](한자성어·고사명언구사전, 2011.2.15. 조기형, 이상억).

○ 便利는 오좀 쏭이라 <1459 월석 13:62> (편리는 오줌 똥이라)

## ▮ 비위

"비위"는 지라와 위를 통틀어 이르는 말 한자어 비위(脾胃)입니다. 그런데 그 본래 의미가 변화되어 "음식물을 삭여 내거나 아니꼽고 싫은 것을 견디어 내는 성미"를 이르는 말로도 쓰입니다.

## ▮ 핑계

"핑계"란 내키지 아니하는 사태를 피하거나 사실을 감추려고 방패막이가 되는 다른 일을 내세우거나 잘못한 일에 대하여 이리저리 돌려 말하는 구차한 변명입니다. 한자어 "빙자(憑藉)"는 "남의 힘을 빌려서 의지하거나 말막음을 위하여 핑계로 내세움"의 뜻으로 "빙자하다"라 씁니다. 그리고 "憑藉"의 중국어 발음인 [píng jiè]가 우리말에서 "핑계"로 되었습니다. 지금 중국에서 간체자(簡體字)로 "凭借"를 쓰지만 의미는 한가지입니다.

## ▮ 정나미

"정나미"란 "어떤 대상에 대하여 애착을 느끼는 마음"입니다. 한자어 "정(情)＋남이('나다' 뜻 접미사)"의 합성어입니다.

## ▮ 진저리

"진저리"란 "차가운 것이 몸에 닿거나 무서움을 느낄 때에, 또는 오줌을 눈 뒤에 으스스 떠는 몸짓"이나 "몹시 싫증이 나거나 귀찮아 떨쳐지는 몸짓"을 말합니다. 관용어 "진저리나다"로 "몹시 귀찮거나 싫증이 나서 끔찍하다"를 표현합니다. 이 말은 "진자리"(아이를 갓 낳은 그 자리. 오줌이나 땀 따위로 축축하게 된 자리. 사람이 갓 죽은 그 자리)에서 변화된 것이라 봅니다. "진자리"는 진짜로 "진저리나다" 할 수 있는 자리입니다.

## ▌신바람

"신바람"이란 "신이 나서 우쭐우쭐하여지는 기운"을 말합니다. 이 말은 무당이 이른바 "초인간적인 영적인 존재가 들러붙었다"고 하는 신들림 상태에서 굿을 하는 데서 기원된 것입니다. 보통 관용구 "신바람 나다"로 씁니다.

## ▌심부름

"심부름"은 남이 시키는 일을 하여 주는 일입니다. 한자어로 "청령(聽令)"이라고도 하지요 "심부름"이란 본래 "남의 힘을 부린다"는 뜻입니다. "심"은 "힘"[劦]이 변화한 것으로서 지금도 "심줄"에 남아 있습니다. "ㅎ → ㅅ"의 변화의 예는 아주 많아요 이를테면 "힘 > 심, 힘드렁하다 > 심드렁하다, 혈물 > 썰물" 등의 경우입니다. 그러니 "힘+부림 > 심부림 > 심부름"으로 되었지요

> ○ 심부림군 使喚 <1880 한불 416>
> ○ 심부람꾼 使軍 <1895 국한 200>

## ▌거드름

"거드름"이란 "거만스러운 태도"를 말합니다. 이 말은 "거드럭거리다(거만스럽게 잘난 체하며 자꾸 버릇없이 굴다)"의 "거들-"과 "-음" 접미사의 결합으로 되었습니다. "거들"은 "거덜"이 변화된 발음으로서 "조선시대에 사복시에 속하여 말을 돌보고 관리하는 일을 맡아 하던 종"이 너무 우쭐대고 백성을 해쳤기에 "거만스러운 태도"를 비유한 말입니다. "거들", "거덜"은

모두 "거두다"에서 기원된 것입니다.

## ▌도섭

"도섭"은 "주책없이 능청맞고 수선스럽게 변덕을 부리는 짓"을 말합니다. 이 말은 중세에 "요술부리다"는 뜻인 "도섭"에서 기원한 것입니다. 중국 연변 말에서 "남을 속이거나 사기 치는 일"을 "도섭 쓰다"라 합니다.

　　○ 도섭 환 幻 <類合 下 56>

## ▌게걸

"게걸"은 "염치없이 마구 먹거나 가지려고 탐내는 모양이나 또는 그런 마음"입니다. 이 말은 "거지"라는 한자어 "개걸(丐乞)"에서 온 것입니다.[10] 즉 "개걸 > 게걸"로 되었습니다. "게걸들다", "게걸스럽다"라고도 말합니다.

## ▌방정

"방정"은 찬찬하지 못하고 몹시 가볍고 점잖지 못하게 하는 말이나 행동을 말합니다. 관용어로 "(말이나 행동이) 방정맞고 급한 데가 있다"를 "방정떨다"고 말합니다. 기실 이 말은 한자 어휘 "방정(方正)"에서 왔지만 오히려 그 반대의미로 사용하고 있습니다.

## ▌야살

"야살"이란 "얄망궂고 되바라진 말씨나 태도"입니다. 이런 짓을 하는 아

---

10) 唐·羅隱《讒書·市儺》: "故都會惡少年則以是時鳥獸其形容, 皮革其面目, 丐乞於市肆間, 乃有以金帛應之者。"(옛 도회지 불량소년들이 금수모양의 가죽 탈을 쓰고 거리에서 구걸한다. 그중에는 비단옷을 입은 자도 있다.)

이를 "알개"라 칭합니다. "야살"이란 말은 "야(野)+살스럽다(접미사)"의 결합입니다. 즉 "교양이 없이 자란" 의미로 해석됩니다.

## ▌엄포

"엄포"란 "실속 없이 호령이나 위협으로 으르는 짓"입니다. 관용구로 "엄포를 놓다"고 합니다. 이 말은 자체로 만든 한자 어휘 "언포(言砲)", 즉 "말 대포"란 뜻으로 쓰이는 과정에 어음이 변화되었다고 봅니다.

## ▌하소연

"하소연"이란 억울한 일이나 잘못된 일, 딱한 사정 따위를 말합니다. 이 말은 자체로 만든 한자 어휘 "호소언(呼訴言)"이라 봅니다. 즉 "호소(呼訴)+언(言) > 하소언 > 하소연"의 어음 변화를 했다고 봅니다.

## ▌주변

"주변"이란 "일을 주선하거나 변통하거나 또는 그런 재주"를 말합니다. 이 말은 본래 "계획하여 실시하다"란 한자어 "주변(籌辦)"을 차용하는 과정에 의미가 달라졌다고 봅니다. 부정적으로 쓰일 때 "주변머리 없다"라고도 합니다.

## ▌장만

"장만"이란 "필요한 것을 사거나 만들거나 하여 갖추는 것"을 말합니다. 이 말은 한자어 "장만(藏滿)"에서 왔다고 추정합니다. 중세에 "쟝망"이라 했는데 후에 "쟝만 > 장만"으로 되었다고 봅니다. 滿의 발음을 客家話에서 [mang]이라 합니다. 그런즉 중세에 藏滿을 "쟝망"이라 발음하다가 후에 "쟝만"으로 고쳤을 가능성이 있습니다.

> ○ 닐웨 밤 나줄 八分齋戒 디녀 제 쟝망혼 야ᄋ로 쥬을 供養ᄒ고 <釋祥 9:32>
> (이레 밤낮을 八分齋戒 지녀 자기 장만한 양으로 쥬를 공양하고)

## ▌헤엄

　"헤엄"은 "사람이나 물고기 따위가 물속에서 나아가기 위하여 팔다리나 지느러미를 움직이는 일"을 말합니다. 중세에 "헤욤/헤영"으로 나타납니다. 이 말은 "헤왇다(헤치다)"에서 기원된 것입니다. "물을 헤치는 동작"을 "헤엄"이라 했습니다. "헤+욤(접미사)"의 결합입니다.

> ○ 泅 헤욤 슈 游 헤욤 유 <1527 훈몽 중:1>
> ○ 헤영 游 <才物譜 券一 · 地譜>

## ▌태질

　"태질"이란 세차게 메어치거나 내던지는 짓을 말합니다. <박통사어간 초간>에 "태 티기 하며(打擡)"가 나옵니다. 이 말은 한자 "대(擡)+질(접미사)"의 결합입니다. 한자 "대(擡)"는 "들어 올리다. 두 사람이 메다"를 뜻합니다. 중국말 발음 [tái](타이)를 따라 "태"라 하고 "망치질, 톱질" 등의 접미사 "질"이 결합한 것이다.

## ▌우격다짐

　"우격다짐"은 억지로 우겨서 남을 굴복시키는 행위입니다. "욱다짐"이라고도 합니다. "우격"은 "우기(다)+억(접미사)"의 결합이고 "다짐"은 "이미 한 일이나 앞으로 할 일에 틀림이 없음을 단단히 강조하거나 확인함"의 뜻입니다. "'다지다'에서 온 '다짐'"은 관아에서 죄인을 심문할 때 쓰던 용어로서 "侤音"의 이두발음 "다딤"이었습니다.

## ▌ 어리둥절, 어리벙벙

"어리둥절"이란 무슨 영문인지 잘 몰라서 얼떨떨한 것을 말합니다. "어리둥절"이란 단어는 "얼"과 자체로 만든 한자어 "움직이고 끊어지다"란 뜻으로 "동절(動絶)"을 합성시켰다고 추정합니다. 그리하여 "얼이동절 > 어리동절 > 어리둥절"로 되었을 가능성이 있습니다. 비슷한 단어 "어리벙벙"도 마찬가지로 "얼이 물위에 떠있다"는 뜻으로 "얼이+벙벙(泛泛)"의 결합일 수 있습니다. 이리하여 "얼이범범 > 어리벙벙 > 어리뻥뻥" 등의 말이 생겨났다고 할 수 있습니다. 유감스럽게도 이런 것을 증명할 만한 문헌자료가 없습니다. 입말로 오늘까지 전해져 왔다고 추측할 뿐입니다.

## ▌ 오리무중

"오리무중"이란 짙은 안개가 5리나 끼어 있는 속에 있다는 뜻으로서 무슨 일에 대하여 방향이나 상황을 알 길이 없음을 말하거나 일의 갈피를 잡기 어려움을 말합니다. "오리무중"란 성어의 유래는 다음과 같습니다. <後漢書·張楷傳>에 의하면 중국의 동한(東漢)시기 장해(張楷)라는 도사가 있었는데 항상 찾아오는 사람이 끊임없었습니다. 그의 집근처에 숱한 장사치들이 몰려들 군하여 장해는 여러 번 거처를 옮겨야만 했습니다. 장해는 약재나 팔아 빈궁하게 살면서도 영화(永和)년간(125-144년)에 장릉(長陵: 지금 咸陽시 동쪽) 현령으로 추천받았지만 벼슬길에 나가지 않았습니다. 장해를 따르는 사람이 너무 많아 화산협(華山峽)에 옮겨 갔으나 여전히 장마당처럼 사람들이 모여들어 그는 도술로 5리까지 안개를 일으켜 그 속에 숨어버리곤 했습니다. 이리하여 오리무중(五里霧中)이란 말이 생겨났는데 본래는 "도를 배운다"는 뜻으로 학무(學霧)라고도 했습니다.

## ▌ 얼토당토

"얼토당토않다"로 쓰이면서 "전혀 당치 않다", "조금도 관련이 없다"는 뜻으로 쓰입니다. 이 말은 "옳지도 당(當)치도 않다"는 말에서 이루어진 말이라고 볼 수 있습니다. "옳지도"가 "올토 → 얼토"로 변하였으며 "당치도"가 "당토"로 변하였습니다.[11]

## ▌ 곤두박질

"곤두박질"이란 "몸이 뒤집혀 갑자기 거꾸로 내리박히는 일"을 말합니다. 이 말은 기실 한자어 "근두박질(筋斗撲跌)"의 차용어입니다.

## ▌ 옹고집

"옹고집"이란 억지가 매우 심하여 자기 의견만 내세워 우기는 성미거나 또는 그런 사람을 말합니다. <壅固執傳>(조선 후기의 판소리계 소설)에서 부자이면서 인색하고 불효자인 옹고집이 승려의 조화로 가짜 옹고집에게 쫓겨나 갖은 고생을 하면서, 잘못을 뉘우치고 착한 사람이 된다는 이야기로부터 유래된 말입니다.

## ▌ 엉터리

"엉터리"는 본래 "대강의 윤곽"을 말합니다. 이를테면 "일주일 만에 일이 겨우 엉터리가 잡혔다"의 예입니다. 그러나 지금 "터무니없는 말이나 행동 또는 그런 말이나 행동을 하는 사람"을 일컫는데 많이 씁니다. 그 원인은 "엉터리없다"와 어울려 자주 쓰면서 부정적 의미로 닮아가기 때문입니다. 이 말은 "엉망, 엉성하다, 엉뚱하다" 등에 쓰이는 "대충, 부정확" 등

---

11) 김인호, 『조선어어원편람』(하), 박이정, 2001, 49면.

의 의미인 "엉"과 "틀"의 합성에서 왔다고 봅니다. 즉 "엉성한 틀"이란 뜻
이었는데 "엉틀 > 엉털 > 엉터리"로 된 것입니다.

## ▌자린고비

"자린고비"란 매우 인색하고 이기적인 사람을 비유적으로 이르는 말입
니다. 옛날 한국 충주의 어느 부호가 돌아가신 부모의 제사 때에 쓴 지방
(紙榜)을 매번 불살라 버리기가 아까워서 기름으로 결어 해마다 제사 때면
다시 꺼내 썼다는 이야기에서 "돌아가신 부모한테 너무 인색하다"란 뜻인
한자 어휘 "자린고비(疵吝考妣)"란 말이 생겨났습니다.

## ▌미주알고주알

"미주알고주알"은 "미주알"과 "고주알"이 합쳐진 말입니다. "미주알"은
"항문 근처의 창자의 끝 부분"을 가리키고 "고주알"은 "미주알"과 운을 맞
추면서 "고환"의 "고(睪)"를 일부러 택해서 덧붙인 말입니다. 밑구멍의 끝
인 미주알은 눈으로 보기 어려운데요. 그러니 바로 "끝에 숨어 있는 부분"
까지 속속들이 꼬치꼬치 캐어묻는다는 뜻입니다.

## ▌옥신각신

"옥신각신"이란 말은 "올신 갈신"이라는 말로 "올 때의 열기, 갈 때의
열기"라 는 뜻에서 이루어진 말이라고 볼 수 있습니다. 여기에서 "신"은
"신이 나다"에서 쓰이는 것처럼 "열중하였을 때 일어나는 흥겨운 기분"을
가리키는 말입니다. "올신 갈신"에서 받침 "ㄹ"이 강하게 나면서 "ㄱ"으로
바뀌게 되었습니다.[12]

---

12) 김인호, 『조선어어원편람』(하), 박이정, 2001, 49면.

## ■ 안성맞춤

"안성맞춤"이란 생각한 대로 아주 튼튼하게 잘 만들어진 물건이나 어떤 계제에 들어맞게 잘된 일을 말합니다. 예로부터 경기도 안성(安城) 땅에서 만드는 유기(鍮器: 놋그릇)가 튼튼하고 질이 좋기로 유명했습니다. 그래서 "안성(安城)맞춤"이란 말이 유래되었습니다.

## ■ 함흥차사

"함흥차사"란 "심부름을 가서 오지 아니하거나 늦게 온 사람을 이르는 말"입니다. 조선왕조 태조 이성계가 왕위를 물려주고 함흥에 있을 때에, 태종이 보낸 차사를 혹은 죽이고 혹은 잡아 가두어 돌려보내지 아니하였던 데서 유래합니다.

## ■ 수작

"수작"은 "술잔을 서로 주고받음"이란 뜻인 한자어 "수작(酬酌)"에서 온 말입니다. 후에 "서로 말을 주고받음"이나 "남의 말이나 행동, 계획을 낮잡아 이르는 말"로 쓰입니다. 중세에 "슈작"이라 했는데 낮잡아 말하는 뜻은 전혀 없었습니다.

    ○ 피히 더브러 酬酌홀 거시며 <주언 5:23> (가히 더불어 酬酌할 것이며)
    ○ 슈작 酬酌 <1781-1787 倭解 上:25>

## ■ 보람

"보람"은 "약간 드러나 보이는 표적" 또는 "어떤 일을 한 뒤에 얻어지는 좋은 결과나 만족감"입니다. 이 말은 "보람ᄒ다(표하다)"에서 기원했습니다.

    ○ 녯 성인내 보라몰 보미 맛당컨뎡(宜観先聖標格) <蒙法 20>

○ 네 보람 두라(你記認着) <老解 下 13>

## ▌벽창호

"벽창호"란 고집이 세며 완고하고 우둔하여 말이 도무지 통하지 아니하는 무뚝뚝한 사람을 말합니다. 이는 "벽창우"가 변한 말입니다. "벽창우"는 "碧昌牛"인데, "碧昌"은 평안북도의 "碧潼(벽동)"과 "昌城(창성)"이라는 지명에서 한 자씩 따와 만든 말입니다. 따라서 "벽창우"는 "벽동과 창성에서 나는 소"가 됩니다. 이 두 지역에서 나는 소가 대단히 크고 억세서 이러한 명칭이 부여된 것입니다. "벽창우"가 "벽창호"로 바뀐 데에는 아마 이것을 "벽에 창문 모양을 내고 벽을 친 것"이라는 의미의 "벽창호(壁窓戶)"와 혼동하였기 때문이 아닌가 합니다. 빈틈없이 꽉 막힌 "벽(壁)"과 그러한 속성을 지닌 사람과의 연상이 "벽창우"를 벽창호로 바꾸게 한 것이라고 추정됩니다.[13]

## ▌눈치

"눈치"란 "남의 마음을 그때그때 상황으로 미루어 알아내는 것"이나 "속으로 생각하는 바가 겉으로 드러나는 어떤 태도"를 말합니다. 이 말은 "눈의 치뜸"이란 뜻으로부터 무엇을 제때에 잘 살펴서 알아차리라는 말입니다. 그리하여 "눈치코치 없다", "눈치보다" 등 관용구들이 생겨났습니다.

## ▌안녕

"안녕"은 우리가 매일 하는 인사입니다. 다른 나라의 말들과 달리 우리말의 독특한 인사말입니다. 그것은 우리 민족의 고난의 역사와 관련된다

---

13) <네이버> '벽창호'의 어원 카테고리 어원(출처: 국립국어원 온라인가나다)

고 봅니다. 전하는 바에 의하면 고려시대 최씨 무신 독재 정권 시기 100년 간(1170-1270년)의 난을 겪으면서 생겨 난 말이라 합니다. 하룻밤 사이에 죽고 사는 일이 자주 일어나 즉 밤을 자고 나면 사람들이 관심의 초점이 "안녕(安寧)"여부에 있었기 때문입니다. 한자 어휘 "安寧"이 중국말에서는 "(변방 또는 지방의) 질서가 정상적인 것", "(마음이) 안정된 것"을 말합니다. 그러므로 인사말로 쓰이는 "안녕"은 우리말에서 뜻을 고쳐 쓰는 한자 어휘라 봅니다.

## ▌ 편안

"편안하다"는 "편하고 걱정 없이 좋다"란 의미지요. 이 말이 한자어 "편안(便安)"이라는 것도 누구나 잘 아는 바입니다. 그런데 문제는 "便"은 "편할 편 便"과 "문득, 대소변 변便" 두 가지 발음과 뜻입니다. 중국의 상고음을 보면 (黃侃系統: 並母 寒部; 並母 寒部; 王力系統: 並母 元部; 並母 元部) [*bhiĕn], [bhiɛn] 이들이 구별되지 않았습니다. 그러므로 우리말에 "편안(便安)"이란 말이 들어온 시기는 적어도 이 두 가지 발음이 구별될 때라 할 수 있습니다.

> ○ 사룸마다 히ᅇᅧ 수비니겨 날로 뿌메 便뻔安한킈 ᄒᆞ고져 홇ᄯᆞᄅᆞ미니라 <훈정언해> (사람마다 하여금 쉽게 익혀 날마다 사용함에 편안하게 하고자 할 따름이니라)

## ▌ 아양

"아양"이란 "귀염을 받으려고 알랑거리는 말이나 또는 그런 짓"을 말합니다. 동음이의어 "아양"은 "벙어리 양"이라는 뜻으로서 한자어 "아양(啞羊)"에서 온 단어로서 "흔히 어리석은 사람을 비유적으로 이르는 말"입니다. 고유어 "아양"은 "아얌"에서 유래했습니다. "아얌"은 옛날 겨울에 여자들이 나들이 할 때 추위를 막기 위하여 머리에 쓰는 물건이었는데 위는 터지고 밑에는 털을 둘렀으며 앞에는 붉은 술을 늘이고 뒤에는 넓고 긴 검은 비단댕기를 늘이었습니다. 특별하게 생긴 이 아얌이 떨면 자연히 주변사람들의 주의를 끌 군하였습니다. 이로부터 남의 주의를 끌거나 남에게 돋보이려고 하는 행동을 아얌이 떠는 것에 비유하여 말하게 되었습니다.

## ▌ 기별

"기별"이란 다른 곳에 있는 사람에게 소식을 전하거나 또는 소식을 적은 종이를 말합니다. "기별(奇別)"이란 말은 당나라 시인 양빙(楊憑)이 지은 칠언절구시의 이름에서 기원한 말입니다.

## ▌ 구실

"구실"이란 "자기가 마땅히 해야 할 맡은 바 책임"입니다. 중세에 "그위실, 구위실"이라 했습니다. "그위, 구위/구의"는 관청(官廳) 또는 관직(官職), 관리(官吏)를 일컫는 말이고 "실"은 직(職)·무(務)·사(事)의 뜻입니다. "구위실 > 구실"로 되었습니다. 이 말의 어원은 "그으다(끌다)"에서 왔습니다. 이끄는 곳이니 "그위/구위/구의"(관청)란 의미로 되었습니다.

## ▌ 구정물

"구정물"이란 무엇을 씻거나 빨거나 하여 더러워진 물이나 헌데나 종기 따위에서 고름이 다 빠진 뒤에 흘러나오는 물을 말합니다. 한자어로 오수(汚水)라 합니다. "궂(다)+-엉(접미사)+물"의 합성으로 분석됩니다.

## ▌ 금실

"금실"은 남편과 아내가 서로 이해하며 주고받는 사랑을 말합니다. 한자어 거문고와 비파라는 말인 "금슬(琴瑟)"에서 온 것입니다. 이 두 악기에서 나는 조화로운 소리처럼 "부부가 화합함"을 비유하여 이릅니다. 《시(詩)·주남(周南)·관저(關雎)》에 "窈窕淑女, 琴瑟友之。"(요조숙녀 금슬같은 우정이다)로 나옵니다.

## ▌ 길쌈

"길쌈"이란 실을 내어 옷감을 짜는 모든 일을 통틀어 이르는 말입니다. 중세에 "질쌈"이라 했다가 19세기부터 "길쌈"이라 합니다. "질쌈 > 길쌈"의 변화는 19세기 이후 "ㄱ" 구개음화 현상을 의식한 과도 교정의 결과입니다. 이 말의 어원은 "짇다(짓다)"와 "삼"[麻]의 합성으로 본다. "짇다"의 "짇"은 "질"로 어음 변화되어 쓰이면서 "질드리다(길을 들이다)"란 말도 있습니다. 여기의 "짐승이 부리게 좋게 된 성질"을 말하는 "질(중세에 '길')"은 역시 "짇다(짓다)"와 같은 어원입니다. 그러므로 "길쌈"이란 "베천을 짓다"란 뜻입니다.

○ 績 질삼 적 紡 질삼 방 <1583 천자-석 35>

## ▌ 낭떠러지

"낭떠러지"는 깎아지른듯한 언덕을 말합니다. 19세기 문헌에서부터 "넝써러지, 랑써러지"가 나타납니다. "랑써러지"는 "절벽에서 떨어지다"란 의미로서 "랑"은 "떨어질 락(落)"이 어음 변화된 것입니다. "낭떠러지"는 "락+떨어지"가 결합된 것으로서 "락떨어지 > 랑써러지 > 넝써러지 > 낭떠러지"의 변화를 해 왔습니다.

○ 넝써러지 岸 <1880 한불 275>
○ 랑써러지 絶壁 <1895 국한 92>

## ▌ 멀미

"멀미"란 차, 배, 비행기 따위의 흔들림을 받아 메스껍고 어지러워지는 것을 말합니다. 중세에 "빗멀믜ᄒ다 暈舡"<譯語 下 21>와 같이 "멀믜"로 나타납니다. 이 말은 "멀다"[瞎]와 "믜다, 무이다(흔들리다)"의 합성어입니다. 어지럼증이 나니 "눈이 어둡고 몸이 흔들리다"는 "멀미"의 증상으로 이름 지었습니다.

## ▌ 참

"참"이란 "사실이나 이치에 조금도 어긋남이 없는 것"을 말합니다. 한자 "眞"은 "僊人變形而登天也"(신선이 변형하여 승천한다)<說文>란 뜻입니다. 중세에 "眞 춤 진"<1583 천자-석 17>처럼 "춤"이라 했습니다. 이 말은 한자어 "眞"의 상고음 또는 중고음 (黃侃系統: 端母 先部; 王力系統: 章母 眞) [tɕĭĕn]의 차용입니다. 월어(粵語)에서도 [tsɐn]이라 발음합니다. 그런즉 "眞→[tɕĭĕn]/[tsɐn] > 츤 > 춤 > 참"으로 변화된 것으로 봅니다. 한자음 "진(眞)"은 당대음(唐代音) [*jin]을 차용한 것입니다.

## ▌ 거짓

"거짓"은 "사실과 어긋난 것 또는 사실이 아닌 것을 사실처럼 꾸민 것"을 말합니다. 중세에 "贋 거즛 안"<1527 훈몽 하:9> "거즛"이라 했습니다. 이 말은 한자 "가(假)"와 "즛(짓, 모양)"의 합성어입니다. 한자 "假"는 상고음, 중고음이 [gă]입니다. 그러나 "거즛"의 "거(假)"는 중국 민어(閩南區潮汕片)에서 [ke]라고 발음하는 것을 차용했다고 봅니다. 그리하여 "거즛 > 거짓"으로 되었습니다.

## ▌공

"공"은 "공짜", "球", "零"을 말하는데 모두 한자 "空"에서 기원했습니다. "비다"는 의미로서 아무것도 없다는 "零"을 나타내며 또 속이 빈 운동기구인 "球"도 말했습니다. 그리하여 "공을 차다, 공을 치다" 등으로 표시할 수 있었습니다. 나중에 "아무 힘들이지 않고 얻다"를 "공것, 공짜"라고도 하게 되었습니다.

## ▌공부

"공부"란 "학문이나 기술을 배우고 익힘"을 말합니다. 한자어 "공부(工夫)"에서 왔습니다. 이 말은 동진(東晉)시기 갈홍(葛洪, 284~364)의 <포박자·하람(抱朴子·遐覽)>에서 "藝文不貴 徒消工夫"(귀치않은 예문으로 정력만 허비했다)고 처음 나오고 당(唐)의 한악(韓偓, 대략 842~923)의 <상산도중(商山道中)>에서 "却憶往年看粉本 始知名畫有工夫"(지난 세월 회억하면서 그림초본을 보니 명화는 공부해야 함을 깨닫게 되었다)로 나타납니다. 그러니 "공부(工夫)"는 본래 "시간, 정력"을 나타내다가 후에 "배움"도 나타냈음을 알 수 있습니다. 지금도 중국말에서 "시간, 정력" 의미를 더 씁니다. 우리말에 언제부터 들어왔는지 알 수 없지만 오래된 것은 틀림없습니다.

## ▌덕택

"덕택"이란 베풀어 준 은혜나 도움입니다. 한자어 "德澤"인데 본 뜻이 "은덕, 은혜"를 말합니다. 《한비자·해로(韓非子·解老)》에 "有道之君, 外无怨讎於鄰敵, 而內有德澤於人民."(도의 있는 임금은 밖으로 인접한 원쑤가 없고 안으로 인민에 덕택을 베푼다)란 말이 나옵니다.

## ▌망신

"망신"은 말이나 행동을 잘못하여 자기의 지위, 명예, 체면 따위를 손상함을 말합니다. 이 말은 한자어 "亡身"에서 왔는데 본래는 "살신(殺身), 상신(喪身)"의 뜻이었습니다. 《초사 · 이소(楚辭 · 離騷)》에 처음 씌었습니다. 이로부터 "신패명렬(身敗名裂)"하는 것도 가리키게 되었습니다.

## ▌산책

"산책"은 휴식을 취하거나 건강을 위해서 천천히 걷는 일을 말합니다. 한자어 "散策"인데 본래는 당나라 두보의 시에서 처음 나오는데 "막대를 짚고 천천히 걷다"는 뜻이었습니다.[14]

---

14) 唐 杜甫 《鄭典設自施州歸》 詩: "北風吹瘴癘, 嬴老思散策。" 북풍이 장려에 불고 영로가 산책을 그리노라)

# 20. 기타

## ▌곱다

"곱다"는 모양, 생김새, 행동거지 따위가 산뜻하고 아름다운 것을 말합니다. 중세에도 "곱다"라 했습니다. 이 말은 "괴다(사랑하다)"에서 기원했습니다. "괴다"는 "고이다"에서 온 말입니다. 물 같은 액체가 고이면 괴게 되어 썩게 되는데 이를 발효라고 하지요. 이와 마찬가지로 인간의 사랑하는 감정도 괼 정도가 되어야 "특별히 귀여워하고 사랑"하게 되고 또 그래야만 곱게 보입니다. 그러므로 "곱다", "괴다", "고이다"란 이 단어들은 서로 밀접한 상관관계에 있는 동원어휘입니다.

○ 오술 빗이샤터 七寶로 꾸미실씨 고붕시고 천천ᄒ더시니 마리를 갓ᄀ시고 누비옷 니브샤 붓그료미 엇뎨 업스신가 <1447 월곡 44> (옷을 빛나게 하시되 칠보로 꾸미시므로 고우시고 천천하시더니 머리를 깎으시고 누비옷 입으시어 부끄럼이 어찌 없으신가)

○ 나랏 고ᄫᆫ 겨지블 다 太子ㅅ 講堂애 모도시니 <1447 석상 3:11> (나라의 고운 계집을 다 태자의 강당에 모이시니)

○ 괼 춍 寵 <類合 下 22>

## ▌아름답다

"아름답다"란 "보이는 대상이나 음향, 목소리 따위가 균형과 조화를 이루어 눈과 귀에 즐거움과 만족을 줄 만하다" 또는 "하는 일이나 마음씨 따위가 훌륭하고 갸륵한 데가 있다"임을 말합니다. 즉 "마음에 즐거움과 만족함"을 표시합니다. 이 말은 중세에 "아룸, 아름"으로 나타납니다. "아룸"은 "자기 소유"를 말하며 지금도 "한 아름, 두 아름"의 단위 명사로 쓰입니다. 결국 인간은 옛날에도 마찬가지로 "자기 소유"일 때 "마음에 즐거움과 만족함"이 있게 되어 이른바 "아름답다"고 했던 것입니다. "아룸/아름+답(접미사)+다"의 결합으로 되었습니다.

○ 美는 아름다볼 씨니 <1447 석상 13:9>
○ 아룸 사 私 <類合 下 5>

## ▌밉다

"밉다"는 모양, 생김새, 행동거지 따위가 마음에 들지 않거나 눈에 거슬리는 느낌이 있다는 말입니다. 중세에 "믭다"라 했습니다. 이 말은 "믜다 (미여지다, 찢다)"와 같은 어원입니다. 미워하는 마음이 발기발기 찢어버리고 싶으니 당연히 "밉다"의 기원이 될 만합니다.

○ 즁싱 주겨 夜叉羅刹 等을 이바드며 믜본 사르미 일훔 쓰며 얼구를 밍그라 모딘 呪術로 빌며 <1447 석상 9:17> (짐승 죽여 夜叉羅刹 等을 이마지하며 미운 사람의 이름 쓰며 형상을 만들어 모진 주술로 빌며)
○ 서르 慈心을 내야 믜본 무슨미 업고 곰곰 깃거 서르 饒益긔 흐리라 <1459 월석 9:36중> (서로 자심을 내여 미운 마음이 없고 각각 기뻐 서로 饒益하게 하리라)
○ 惡他 뮈워ᄒᆞ다 喝退 우리쳐 물리치다 厭物 뮈운 것 <1775 역보 20>
○ 밉다 憎 <1895 국한 128>
○ 믜여 딜 널 裂 <類合 下 59>

## ▌무섭다

"무섭다"는 "어떤 대상에 대하여 꺼려지거나 무슨 일이 일어날까 겁나
는 데가 있다"거나 "두려움이나 놀라움을 느낄 만큼 성질이나 기세 따위
가 몹시 사납다"입니다. 중세에 "므싀엽-, 므싀엽-, 므싀여우-, 므셥-, 무
셥-, 무셔우-, 므싀엽-, 므싀여우-" 등으로 나타납니다. 이 말의 어원은
"므슴(무엇)"입니다. 인간의 가장 무서운 것이 "모르는 대상, 사물, 현상, 세
계" 등입니다. 그러니 가장 요해 못하는 "므슴(무엇)"이 무서울 수밖에 없
습니다.

○ 바미 가다가 귓것과 모딘 즁싱이 므싀엽도소니 므스므라 바미 나오나뇨
 <1447 석상 6:19> (밤에 가다가 귀신과 모진 짐승이 무서우니 무엇 때문
 에 밤에 나오나뇨)
○ 믈와 무틔 므싀여운 길헤 어즐ᄒᆞ야 ᄃᆞ니고 <1481 두시-초 19:42> (물과
 뭍에 무서운 길에 어즐하여 다니고)
○ 무셥다 怕, 무셥다 恐懼 <1880 한불 258>
○ 내 ᄯᅩ 므슴 시름ᄒᆞ리오 <月釋 21:49> (내 또 무슨 시름하리오)

## ▌두렵다

"두렵다"는 "어떤 대상을 무서워하여 마음이 불안하다"거나 "마음에 꺼
리거나 염려스럽다"입니다. 중세에 "두리다(무섭게 여기다)"라 했어요. 이 말
의 어원은 "두르다(에워싸다)"입니다. 지금이나 옛날이나 사람들은 적수한
테 "둘러싸이면" 당연히 무서운 마음이 생기게 마련입니다. "두르+업(접미
사)+다(어미)"의 결합으로 "두렵다"가 된 것입니다.

○ 간대옛 禍福을 닐어든 곧 두리본 ᄠᅳ들 내야 ᄆᆞᅀᆞ미 正티 몯ᄒᆞ야 <1447 석
 상 9:36> (함부로 화복을 이르거든 곧 두려운 뜻을 내여 마음이 바르지 못
 하여)
○ 녜 아ᄃᆞᆯ 글ᄅᆞ치미 밧끠ᄂᆞᆫ 두려온 스승과 버디 이시며 <17세기 여훈 하:
 29> (옛 아들을 가르침이 밖에는 두려운 스승과 벗이 있으며)

○ 곤이 굴오딕 내 본딕 병을 두려워 아니ᄒᆞ노라 ᄒᆞ고 <1797 오류 형:19> (곤이 말하되 내 본디 병을 두려워 아니하노라)

○ 行宮에 도ᄌᆞ기 둘어(賊圍行宮) <龍歌 33章>

## ▌고프다

"고프다"란 "배 속이 비어 음식을 먹고 싶다"란 말입니다. 중세에 "골프다, 골프다"로 씌었습니다. 이 말은 "골타(굻다)"에서 기원했습니다. "굻+ᄇ(접미사)+다"로 된 것입니다. "골타(굻다)"는 "골"[谷, 洞]과 같은 어원입니다. 골짜기처럼 배가죽도 꺼져 들어가니 "고프기" 마련입니다.

○ 往生偈ᄅᆞᆯ 외오시면 헌 오시 암ᄀᆞᆯ며 골폰 비도 브르리이다 <1459 월석 8:83> (往生偈를 외우시면 헌 옷이 새옷으로 되며 고픈 배도 부릅니다)

○ 사ᄉᆞᆷ도 삿기 빈 골ᄒᆞᄒᆞ거든 <석보 11:41> (사슴도 새끼 배 곯아하거든)

## ▌부르다

"부르다"란 "(주로 '배'와 함께 쓰여) 먹은 것이 많아 속이 꽉 찬 느낌이 들다"란 말입니다. 중세에 "브르다"로 씌었습니다. 이 말은 "블다(불다)"에서 기원했습니다. "배가 불어나니" 결국 "부르다"가 된 것입니다.

## ▌바쁘다

"바쁘다"란 "일이 많거나 또는 서둘러서 해야 할 일로 인하여 딴 겨를이 없다"는 말이지요 이 말은 중세에 "뵈왓ᄇ다"에서 온 것입니다. 뜻인즉 "뵈아다(재촉하다)"에 "ᄇᆞᆯ"의 결합으로 "재촉받다"란 말이 결국 "바쁘다"가 되었습니다.

○ 나리 못ᄃᆞ록 뵈왓보ᄆᆞᆯ 아노라(日覺死生忙) <杜解 2:42>

○ 꾸ᄆᆞ로 뵈아시니 <龍歌 13章> (꿈으로 재촉하시니)

○ 뵈앗분 거르미 업스ᄂᆞ며(無窘步) <飜小學 10:23>

## ▌ 애달프다

"애달프다"란 "마음이 안타깝거나 쓰라리다"라고 하지요. 이 말은 중세에 "애둟다"라고 했는데 "창자"라는 "애"와 "둟다(뚫어지다)"의 합성어입니다. 비슷한 말로 "이긋다(애긏다)"도 씌었습니다.

○ 憤온 무슴미 애둘올시오 <1482 남명 下:43>
○ 누니 둟게 ㅂ라오물 디느 히룰 當ㅎ오니(眼穿當落日) <杜解 5:5>

## ▌ 애처롭다

"애처롭다"란 "가엾고 불쌍하여 마음이 슬프다"라고 합니다. 이 말은 중세에 "애와텨ㅎ다, 애와쳐ㅎ다(분하여하다, 슬퍼하다)"가 변한 것입니다. 어떤 이는 중세에 "아쳐ㅎ다, 아쳗다(싫어하다)"에서 왔다고 하지만 이는 "애처롭다"와 뜻이나 어음이 완전히 다릅니다. "애처롭다"는 "애와텨롭다 > 애와쳐롭다 > 애처롭다"로 된 것입니다.

○ 거믄고앳 鳥曲소리 애와쳐ㅎ니(琴鳥曲怨憤) <重杜解 3:8>
○ 霜露애 애와텨 더욱 슬허하노라 <月釋 序 16>
○ 莊姜이 아쳐ㅎ더라(莊姜惡之) <小解 4:54>

## ▌ 부끄럽다

"부끄럽다"란 "일을 잘 못하거나 양심에 거리끼어 볼 낯이 없거나 매우 떳떳하지 못하다", "스스러움을 느끼어 매우 수줍다"란 말입니다. 중세에 "붓그럽다"로 나타납니다. 이 말은 "뜸"[肉灸: 뜸]에서 기원된 말입니다. "뜸"[肉灸]은 약쑥을 비벼서 쌀알 크기로 빚어 살 위의 혈(穴)에 놓고 불을 붙여서 열기가 살 속으로 퍼지게 하는 병을 치료하는 방법입니다. "부끄럽다"의 특징이 얼굴이 붉어나며 뜨거워집니다. 때문에 "뜸을 뜨다"란 말로 비유된 것입니다. 그리하여 "붓그+럽(접미사)+다"의 합성으로 "붓그럽다 >

부끄럽다"로 되었습니다.

- ○ 四恩을 지느니 眞實로 붓그럽도다 <1464 영가 상:26> (四恩을 지나니 진실로 부끄럽도다)
- ○ 붓그러우미 더욱 업스니라 <1464 영가 상:26> (부끄러움이 더함 없느니라)

## ▌뽐내다

"뽐내다"란 의기가 양양하여 우쭐거리는 것을 말합니다. 18세기 문헌 『역어유해보』에 "폴 쏌내다(攘臂)"가 나오는데 "뽑다"[拔]와 "내다"[出]의 합성어입니다. 즉 "(팔을 소매로부터) 뽑아내다"란 뜻으로 "우쭐거리다, 자랑하다"를 뜻합니다.

## ▌덥다, 따갑다, 데다

"덥다"는 "대기의 온도가 높다", "몸에서 땀이 날 만큼 체온이 높은 느낌이 있다", "사물의 온도가 높다"로 "높은 온도에 대한 느낌"을 말합니다. 중세에도 "덥다"로 나타납니다. 이 말의 어원은 "덮다"와 같이합니다. 중세에 "덮다"는 "둪다, 둠다, 덮다, 덥다" 등 다양한 형태로 나타났습니다. "덮다"의 결과적으로 "덥다"가 되며 이들은 어음 의미적으로 밀접한 연계가 있습니다. "덥다"로부터 "따갑다, 따스하다, 뜨겁다" 및 "데다, 달다" 등 일련의 "높은 온도에 대한 느낌"을 표시하는 단어들이 생겨났습니다.

- ○ 모미 겨스렌 덥고 녀르멘 츠고 <1459 월석 1:26> (몸이 겨울에는 덥고 여름엔 차고)
- ○ 棺올 도로 두프시니 三千世界 다 드러치고 <1447 석상 23:31> (관을 도로 덮으시니 삼천세계 다 진동하고)
- ○ 느릅 나못 거츠로 더퍼 헌 딜 ᄀ리오디 <1466 구방 하:73> (느릅나무 껍질로 덮어 헌 곳을 가리되)
- ○ ᄭᆞ는 돗골 둗거이 덥게 ᄒᆞ노라 <1463 법화 2:242> (까는 돗자리를 두껍게

덮게 하노라)

## ▌춥다

"춥다"란 "대기의 온도가 낮다", "몸이 떨리고 움츠러들 만큼 찬 느낌이 있다"란 말입니다. 이 말은 "ᄎᆞ다(차다)"에 어원을 둡니다. "ᆞ" 모음이 15세기 후부터 온정되지 못하고 "아, 오, 우" 등으로 변화되었습니다.

- ○ 치버 ᄆᆞ리 어렛다가 더ᄫᆞ면 노가 ᄆᆞ리 ᄃᆞ외ᄂᆞ니라 <1459 월석 9:23> (추위 물이 얼었다가 더우면 녹아 물이 되나라)
- ○ 모딘 龍이 怒ᄅᆞᆯ 더ᄒᆞ니 블이 도라 디고 ᄎᆞᆫ ᄇᆞᄅᆞᆷ 불어늘 <1447 월곡 37> (모진 용이 노하여 더허니 불이 돌아지고 찬바람이 불거늘)

## ▌밝다

"밝다"는 "밤이 지나고 환해지며 새날이 오다" 또는 "불빛 따위가 환하다"란 뜻입니다. 중세에 "ᄇᆞᆰ다"로 나타납니다. 이 말은 "불"에서 기원되었으며 "붉다"와 동원어휘라 할 수 있습니다. 원시인은 처음 불을 사용할 줄 알게 되면서 점차 진화되어 인간으로 되었으며 따라서 주위 세계에 대해 요해하고 인식할 수 있었습니다.

- ○ 火珠는 블 구스리니 블ᄀᆞ티 ᄇᆞᆰᄂᆞ니라" <1447 석상 3:28> (火珠는 불구슬이니 불같이 밝으니라)

## ▌시원하다

"시원하다"란 "덥거나 춥지 아니하고 알맞게 서늘하다"가 기본 뜻입니다. 중세에 "싀훤ᄒᆞ다"라 했습니다. 이 말은 "싀다, 시다"[漏: 새다]와 "훤ᄒᆞ다(훤하다)"의 합성입니다. "구멍이 트이니 유통이 잘 된다"란 뜻입니다. "싀훤ᄒᆞ다 > 싀원ᄒᆞ다 > 시원하다"로 되었습니다. "시리다"도 역시 같은 어원이라 본다.

○ 暢은 쇠횐홀씨오 <1447 석상 24:20>
○ 耶輸ㅣ 이 말 드르시고 ᄆᆞᅀᆞ미 훤ᄒᆞ샤 <1447 석상 6:9>
○ 塗叉屋漏水 지븨 비 신 믈 <1489 구간 6:74>

## ▌점잖다

"점잖다"는 "언행이나 태도가 의젓하고 신중하다"는 뜻입니다. 중세에 "졈다"는 "어리다"[幼]란 뜻입니다. "점잖다"는 "나이가 어리지 않다"에서 온 말입니다.

○ 져믈 유 幼 져믈 티 稚 <訓蒙 上 32>

## ▌예쁘다

"예쁘다"는 중세의 "어엿브다(불쌍하다, 가련하다)"에서 전이된 말입니다. 아마 약자를 동정하는 마음에서 나중에 "예쁘다"는 의미로 된 것 같습니다. 우리 민족은 예로부터 아녀자들에 대해 귀여워하고 예뻐하는 아름다운 전통이 있었습니다.

○ 어엿블 휼 恤 <訓蒙 下 32>
○ 내 百姓 어엿비 너기샤(我愛我民) <龍歌 50章>

## ▌왕청같다

"왕청같다"는 중국 연변에서 많이 쓰고 "왕청되다"는 조선에서 사용하는데 "차이가 생각보다 지나치다"는 의미로 말합니다. 특히 연변에 "왕청"이라는 지명이 있기에 사람들의 오해를 많이 일으킵니다. 이 말의 어원은 "왕창"에서 왔다고 봅니다. "왕창"은 "돈을 왕창 벌다"처럼 부사로서 "엄청나게 큰 규모로"의 뜻입니다. "왕창"이란 말은 "엄청"이 어음 변화한 것입니다. "엄청"의 "엄"은 "엄지"에서처럼 "크다"는 뜻이고 "-청"은 "휘영청"에서 쓰인 것처럼 강조의 접미사입니다. 경상도 사투리에 "엄치(대견하다)", "엄첩다(대단하다)" 등과 어원을 같이 합니다. "왕창"이 조선과 중국조선어에서 "왕청"으로 되어 "왕청같다", "왕청되다"란 관용구로 사용합니다.

## ▎ 좋다

"좋다"란 말은 우리가 일상생활에서 가장 자주 쓰는 단어로서 무엇이나 만족한 마음을 표시할 때 씁니다. 이 말은 중세에 "둏다(좋다)"로 나타납니다. 한자 "호(好)"는 갑골문에서 여인이 애기를 안고 있는 모습입니다. 우리 말 "둏다"는 "相好는 양ᄌᆞ 됴ᄒᆞ샤미라"(상호는 모양이 좋으심이라)<월석 2:4>처럼 "됴ᄒᆞ다"로도 쓰이었습니다. 이는 "됴"가 단음절로서 한자어일 가능성을 시사해줍니다. 그러면 이 "됴"는 어느 한자가 쓰이었을까 의문입니다. "호(好)"는 상고음이나 중고음에서 [*xàu]/[*xǎu]이므로 "됴"와 거리가 멉니다. 발음이나 의미로 봐서 "조(調)"(고르다, 조절하다, 어울리다 등 의미)일 가능성이 많습니다. "調"는 상고음으로 [dieu]였고 중세에 "됴"로 발음되었습니다. 그리고 중세에 "좋다"는 "淨은 조홀씨라"<월석. 서4>처럼 지금의 "깨끗하다"란 뜻이었습니다.

## ▎ 기쁘다

"기쁘다"란 "욕구가 충족되어 마음이 흐뭇하고 흡족하다"란 말입니다. 중세에 동사 "깃다, 깃그다(기뻐하다)"가 있고 형용사 "깃브다(기쁘다)"도 있었습니다. 물론 이들의 어원은 같은 "깃(새집, 보금자리)"에서 왔습니다. 새가 보금자리에 드는 의미로 "기쁘다"를 비유했습니다. "깄"에 형용사 파생 접미사 "-브-"가 결합하면서 "깄-"의 "ㄱ"이 탈락하여 "깃브다 > 기쁘다"로 되었습니다.

○ 諸天이 듣줍고 다 깃거ᄒ더라 <월석 2:17> (諸天이 듣고 다 기뻐하더라)
○ 難陁ᄂᆫ 깃브다 ᄒ논 마리오 <1447 석상 13:7> (難陁는 기쁘다 하는 말이오)

## ▌즐겁다

"즐겁다"란 "마음에 거슬림이 없이 흐뭇하고 기쁘다"란 뜻입니다. 중세에 "즐겁다, 즐겁다"로 씌었습니다. 이 말은 "즐그다(지르다, 질러가다)"에서 기원된 것입니다. 길을 질러가듯이 "마음에 거슬림이 없는" 것을 말합니다. 지금도 "지름길"을 함경도방언에서 "즐그막길"이라 합니다.

○ ᄆᆞᅀᆞ매 훤히 즐겁도다 ᄒ시고 <1447 석상 3:20> (마음에 훤히 즐겁도다 하시고)
○ 이 사ᄅ미 一切 즐거본 거스로 <1447석상 19:4> (이 사람이 일체 즐거운 것으로)
○ 輪廻롤 즐거 벗ᄂᆞ니(經脫輪廻) <龜鑑 下 44>

## ▌슬프다

"슬프다"란 "원통한 일을 겪거나 불쌍한 일을 보고 마음이 아프고 괴롭다"란 말입니다. 중세에 "슬다, 슬ᄒ다, 슬프다"로 여러 가지로 다양하게 씌었습니다. "슬프다"란 말은 "슬다(스러지다, 사라지다)"에서 기원되었습니다. 그리하여 "슬ᄒ다(싫어하다, 슬퍼하다)"란 말이 쓰이고 "슳-"에 형용사 파생 접미사 "-브-"가 결합되어 "슬프다"로 된 것입니다.

○ 도라가는 기약을 슬노라(惜歸期) <杜解 22:18>
○ 鼓角소리 슬프도다 <1481 두시-초 3:2>
○ 그듸는 슬허도 나는 슬티 아니ᄒ노라 <1482 금삼 2:5>
○ 모도아 슬며(倂消) <圓覺 上 一之二 145>

## ▌괴롭다

"괴롭다"란 "몸이나 마음이 편하지 않고 고통스럽다"란 말입니다. 중세에 "苦룹다"로 나타납니다. 이리하여 "苦룹다 > 고롭다 > 괴롭다"로 된 것입니다.

> ○ 겨지븨 우루믄 흘굴ㅇ티 즈모 苦ᄅ외도다(婦啼─何苦) <杜解 4:8>
> ○ 고ᄅ왼 말ᄉ몰 베프노라(陳苦詞) <重杜解 2:55>

## ▌옳다, 외다

"옳다"란 "사리에 맞고 바르다" 또는 "격식에 맞아 탓하거나 흠잡을 데가 없다"란 뜻입니다. 중세에 "올ᄒ다"로 나타납니다. 이 말은 "올흔(오른)"에서 기원되었습니다. 인간은 태어날 때부터 "오른손잡이"가 다수였기에 유아교육부터 오른손을 쓰도록 교육 받으며 자랍니다. 또 이래야만 "옳다"로 평가받은 데서 생긴 말입니다. 따라서 "외다"는 왼손을 쓰기에 생겨난 말입니다.

> ○ 眞實로 올ᄒ니이다 <1459 월석 8:95> (진실로 옳습니다)

## ▌을씨년스럽다

"을씨년스럽다"란 "보기에 날씨나 분위기 따위가 몹시 스산하고 쓸쓸한 데가 있다", "보기에 살림이 매우 가난한 데가 있다"란 말이다. 이 말은 "을사년(乙巳年) > 을시년 > 을씨년"의 변화 과정을 거쳐 이루어진 말이다. 을사년은 일제가 1905년에 이완용 등 을사 오적이라 부르는 친일 고관들을 앞세워 강제로 한국의 외교권을 빼앗고 통감(統監)정치를 실시한 해이다. 형식적으로는 1910년에 경술국치를 당하여 일본에 병합되었지만 실제로는 이미 을사조약으로 인하여 한국이 일본의 속국으로 된 것이다. 따라서 을사년은 한국 민중들에게는 가장 치욕스러운 해다. 이러한 사건으로부터 마음이나 날씨가 어수선하고 흐린 것을 "을사년스럽다"고 하던 것이 지금의 "을씨년스럽다"로 된 것이다.

## ▌마렵다

"마렵다"는 변의(便意)가 있을 때 하는 말입니다. 중세에 "대소변을 보는 일"을 따로 "물보기"라고도 했어요. "대변"은 "큰물보기", "소변"을 "더근 물보기"라 했는데 이 말이 15세기 후에 사라졌어요.

○ 차바눌 머거도 自然히 스러 물보기룰 아니ᄒ며 <月釋 1:26> (음식을 먹어도 자연히 없어져 대소변을 아니보며)
○ 내 요ᄉ이 물보기 어더셔(我這几日害痢疾) <初朴通事 上 37>

## ▌잘

"잘"이란 "옳고 바르게", "좋고 훌륭하게"의 뜻입니다. 중세에 이미 썼었는데 그 어원은 중세의 "잘"[囊, 柄: 자루]과 같이한다고 봅니다. "주머니 囊"은 "좋고 훌륭하게"의 뜻, "자루 柄"은 "옳고 바르게"의 뜻을 각각 가지고 있으며 이 세 가지 모두 같은 형태인 점이 없는 평성인 "잘"로 표시되었습니다. 즉 "잘"[囊, 柄: 자루]로부터 부사 "잘"이 산생되었다고 봅니다.

## ▌못

"못"은 "동사가 나타내는 동작을 할 수 없다거나 상태가 이루어지지 않았다는 부정의 뜻을 나타내는 말"입니다. 중세에 "몯"으로 나타납니다. 이 말은 "몯다, 몯ᄒ다(못하다)"에서 기원했으며 "모르다(모르다)"와 어원을 같이 한다고 봅니다. 어음으로도 "몯"과 "몰"이 서로 비슷하며 뜻으로도 "모르다"와 "할 수 없다"는 거의 같다고 봐야 합니다. 중세에 "몰란다(몰랐는가)"는 "못 알았는가"로 분석됩니다. 따라서 "몯"은 "모르다"와 같은 어원임을 보여줍니다.

## ▌ 차라리

"차라리"란 "여러 가지 사실을 말할 때에, 저리하는 것보다 이리하는 것이 나음을 이르는 말"입니다. "차라리"의 어원은 "츨ᄒ로(근원)"에서 온 것입니다. 중세에 "찰하로, 츨하리, 츨ᄒ로"로 나타납니다.

- ○ 岷江ㅅ 츨ᄒ로 올아가놋다(上岷江源) <初杜解 8:7>
- ○ 太白山 그림재롤 東海로 다마가니 츨하리 漢江의 木覓의 다히고져 <松江. 關東別曲> (태백산 그림자를 동해로 담아가니 차라리 한강의 목멱에 가고 싶다)

## ▌ 부랴부랴

"부랴부랴"란 "매우 급히 서두르는 모양"입니다. "불이야 불이야"가 줄어서 된 말입니다. 즉 불이 났다고 소리치면서 내달리듯이 매우 급한 일로 서두를 때 쓰는 말입니다. "부리나케"라는 말도 같은 이치에서 나왔습니다. 옛날에 불시가 귀할 때 부시를 쳐서 불을 일으키는데 빨리 쳐야 불이 일어나는 데서 생겼습니다. "부리나케"는 "불이나게"가 바뀐 것입니다.

## ▌ 이미

"이미"란 "다 끝나거나 지난 일을 이를 때 쓰는 말"입니다. "벌써", "앞서"의 뜻을 나타냅니다. 이 말은 중세에 "이믜셔, 이믜"로 나타납니다. 뜻은 앞을 나타내는 "임"과 "이셔"의 결합입니다. 즉 "앞에 있어서"입니다. 중세에 "뱃이물"은 배의 앞부분을 가리키고 "니마(이마)"는 "앞에 두드러진 부분"이라는 뜻입니다.

○ 徒衆올 보내요매 이믜셔 長上이 잇고 <1481 두시-초 5:27> (徒衆을 보냄
에 이미 長上이 있고)

○ 이믜 이 둜 초ᄒᆞᆺ날 王京의셔 ᄯᅥ나거니 <1510년대 번노 상:1> (이미 이
달초하룻날 왕경에서 떠났으니)

## ▌ 벌써

"벌써"란 "예상보다 빠르게" 또는 "이미 오래전에"란 뜻입니다. 중세에
"ᄇᆞᆯ셔, ᄇᆞᆯ쎠"로 나타납니다. 이 말은 "ᄇᆞᆯ(팔, 발)"과 "이셔"의 합성으로 뜻은
"팔 또는 발이 있어"입니다. 즉 "준비되어 있다"는 말입니다.

○ 그듸 가 들 찌비 ᄇᆞᆯ쎠 이도다 ᄒᆞ고 <1447 석상 6:35> (그대 가 들 집이
벌써 지었도다 하고)

○ 功夫 ᄒᆡᆼ뎌기 ᄇᆞᆯ셔 부텨의 굷건마ᄅᆞᆫ <1461 능엄 1:37> (공부 행덕이 벌써
부처와 비길만 하지만)

## ▌ 얼른

"얼른"이란 "시간을 끌지 아니하고 바로"란 뜻입니다. 중세에 "彆은 누
네 어른 디날 ᄊᆞᅀᅵ오"<1459 월석 1:月釋序2>(별은 눈에 얼른 지날 사이오)와 같
이 "어른"으로 씌었습니다. 이 말은 "어렵다(미치다)"와 같은 어원입니다.
"미친 듯이" 행동하니까 "얼른"이 됩니다.

## ▌ 문득

"문득"이란 "생각이나 느낌 따위가 갑자기 떠오르는 모양" 또는 "어떤
행위가 갑자기 이루어지는 모양"을 말합니다. 중세에 "믄득, 믄듯"으로 나
타납니다. 이 말은 "믈다(물다)"에서 기원되었습니다. 짐승들이 다른 동물
을 잡을 때 "갑자기 문듯"이란 뜻에서 온 말입니다.

○ 虛空 中에셔 업스면 믄득 짜해 이시며 <1447 석상 21:37> (허공중에 없으

면 문득 땅에 있으며)

○ 豹虎ㅣ 사른물 므느니 두 막대롤 믄듯 일흐면 내 將次ㅅ 누를 조추리오 <1481 두시-초 16:57> (豹虎가 사람을 무나니 두 막대를 문득 잃으면 내 장차 누구를 따르리오)

## ▌ 갑자기

"갑자기"란 "미처 생각할 겨를도 없이 급히"란 뜻입니다. 중세에 "곱작도 이(갑작스레)"로 나타납니다. "곱작"은 한자어 "급작(急作)"에서 온 말입니다. "急"의 상고음은 (黃侃系統: 見母 合部; 王力系統: 見母 緝部) [*gyip]이며 객가어(客家語)에서 [giap]이라 합니다. 그런즉 "急作"이 "곱작"으로 발음될 수 충분합니다. "급작스레"는 한자어 "급작(急作)"을 직접 쓰는 것입니다.

○ 빅성이 곱작도이 주그리 이시면 <家禮解 5:3> (백성이 갑자기 죽는자 있으면)

## ▌ 별안간

"별안간"이란 "갑작스럽고 아주 짧은 동안"을 말합니다. 이 말은 한자어 "별안간(瞥眼間)"에서 온 것입니다. 중국 현대소설가 허걸(許杰, 1901-1993)의 『대백지(大白紙)』(1920년대 작품)에서 처음 씌었다고 합니다. 이러고 보면 "별안간"은 현대중국어에서 차용한 한자어입니다.

## ▌ 불현 듯

"불현 듯"이란 "갑자기 어떠한 생각이 걷잡을 수 없이 일어나는 모양" 또는 "어떤 행동을 갑작스럽게 하는 모양"을 말합니다. "불+현(켜다)+듯" 의 결합으로서 "불을 켜면 갑자기 환해 지 듯이" 어떤 일이나 생각이 느닷없이 이루어질 때 사용하는 말로 되었습니다. 중세에 "(불을) 켜다"처럼 "혀다"라 했습니다.

○ 燃은 블혈씨라 <월석 1:8> (燃은 불 켜는 것이라)

## ▋ 삽시

"삽시"란 "매우 짧은 시간"을 말합니다. 한자어 "삽시(霎時)"에서 온 말입니다. 명나라 풍몽룡(馮夢龍, 1574-1646)의 『東周列國志』에서 처음 쓰인 말입니다.

## ▋ 엉겁결

"엉겁결"이란 미처 생각하지 못하거나 뜻하지 아니한 순간을 말합니다. 다른 말로 "얼결" 또는 "얼떨결"이라고도 합니다. "엉겁결"이란 본래는 "얼[魂]+겁(怯)+결(접미사)"로 합성어인데 쓰이는 과정에서 발음이 변화되어 "엉겁결"이거나 "얼떨결"로 되었으며 축약되어 "얼결"로도 쓰입니다.

## ▋ 아니다, 이다

"아니다"란 "어떤 사실을 부정하는 뜻을 나타내는 말"입니다. 한자 "不"은 갑골문에서 위는 꽃의 자방이며 아래는 화예가 드린 모양입니다. <시경>의 처음 의미는 꽃받침이었습니다. 또 새가 하늘에서 내려오지 않고 나는 모양도 나타낸다고 했습니다. 후에 어음이 가차(假借)되어 부정으로 쓰이게 되었습니다. 우리말 "아니다"는 "안"과 같은 어원으로 봅니다. 긍정을 나타내는 "이다"는 대명사 "이", "이다"의 "이"와 같은 어원으로 본래 "앞"을 말합니다. 그러므로 "이다"가 "앞" 또는 "바깥"을 말하게 되면서 "안"이 점차 부정으로 씌어 "안(內)+이(접미사)"로 되었습니다. 그리하여 "안이다 > 아니다"로 되었다고 봅니다.

## ▌자랑하다

"자랑하다"란 "자기 자신 또는 자기와 관계있는 사람이나 물건, 일 따위가 썩 훌륭하거나 남에게 칭찬을 받을 만한 것임을 드러내어 말하다"입니다. 중세에 "잘카냥ㅎ다/잘가냥ㅎ다(자랑하다)"로 쓰이다가 후에 소실되고 말았습니다. "잘카냥ㅎ다/잘가냥ㅎ다(자랑하다)"는 "잘+ㅎ+양ㅎ다(잘하는 양하다)"로 분석됩니다. "잘카냥ㅎ다/잘가냥ㅎ다 > 잘ㅎ양ㅎ다 > 자랑하다"로 변화되었다고 봅니다.

○ 쇽졀업시 해 드로믈 잘카냥ㅎ야(虛驕多聞) <楞解 1:94> (속절없이 많이 들으믈 자랑하여)

## ▌바람나다

"바람나다"는 "남녀 관계로 마음이 들뜨다" 또는 "한 이성에게만 만족하지 아니하고, 몰래 다른 이성과 연인 관계로 지내다"란 뜻입니다. 이 말의 어원은 "바라나다(곁따라가다, 덧조차 나다)"입니다. 즉 "바라다"[望]의 명사형 "바람"이 의미 전이로 "과분한 이성에 대한 바람"으로 쓰이게 되었습니다. "바라다"[望]에서 온 "바람"이 "바람"[風]으로 오해되었습니다. 그리하여 "바라나다 > 바람나다"로 변한 것입니다. 하지만 어원적으로 "바람"[風]과 같은 기원이라 봅니다.

○ 스나희와 겨집의 욕심이 바라나기 쉽고 막즈ㄹ기 어려온디라(男女情欲 易熾而難訪) <警民編 22>

## ▌족치다

"족치다"란 "견디지 못하도록 매우 볶아치다"는 뜻입니다. 이 말의 어원은 "족(足)+치다"입니다. 예전에 혼례식이 끝나면 신랑을 거꾸로 매달아 발바닥을 때리던 풍습에서 유래된 말입니다.

## ▌당하다

"당하다"는 "해를 입거나 놀림을 받다"거나 "어떤 때나 형편에 이르거나 처하다"로 쓰입니다. 이 말은 한자어 "당(當)"과 "하다"의 합성입니다. 한자 "당(當)"은 "當田相值也.<說文解字>(當은 밭의 값이 서로 대등하다)"입니다. 지금도 중국어에서 "당(當)"은 "대적하다, 맡다, 균형" 등 뜻으로 주로 쓰입니다. 그런데 우리말에서 어떻게 되어서인지 피동으로 사용되고 있습니다.

## ▌앓다, 아프다

"앓다"란 "병에 걸려 고통을 겪다"를 말합니다. 한자 "병(病)"은 "疾加也(괴로움이 더하다)"<說文>라는 뜻입니다. 우리말 "앓다"는 중세에 "알ᄒ다"로 나타납니다. 이 말은 "아리다, 아프다"는 뜻이었습니다. 그러니 "앓다"는 "아리다"와 같은 어원으로 "몸이 괴롭다"는 의미였습니다. 이로부터 "알프다(아프다)"란 말도 생겨났습니다. "알프다"는 "앓+ㅂ(접미사)+다"의 결합입니다.

> ○ 一切 病ᄒ야 알호믈 여희에 ᄒ며 <1463 법화 6:171> (일체 병하여 앓음을 없게 하며)
> ○ 눈망올이 알ᄒ며 목이 쉬며 <辟瘟新方 1> (눈망울이 아리며 목이 쉬며)
> ○ 알풀 통 痛 <훈몽 중 32>

## ▌실랑이하다

"실랑이하다"란 실랑이는 이러니저러니, 옳으니 그르니 하며 남을 못살게 굴거나 괴롭히는 일을 말합니다. 이는 조선시대 과거시험장에서 쓰던 "신래(新來)위"에서 나온 말입니다. 당시 과거에 급제한 사람을 신래라고 불렀는데, 합격증서인 교지를 나눠주는 관리가 발표장에서 신래를 불렀던 구령이 "신래위"였습니다. 이때 "신래위"라고 불러서 나가면 과거에 먼저 급제한 선배들이 얼굴에 먹을 칠하거나 옷을 찢으며 장난을 쳤다고 합니다. 그런데 이렇게 장난치는 모습이 남을 못살게 굴거나 서로 옥신각신하고 다투는 모습과 비슷하다고 해서 지금과 같은 뜻이 되었다고 합니다.

## ▌ 알다

"알다"란 "교육이나 경험, 사고 행위를 통하여 사물이나 상황에 대한 정보나 지식을 갖추다", "어떤 사실이나 존재, 상태에 대해 의식이나 감각으로 깨닫거나 느끼다" 등의 뜻입니다. 인간의 지식은 자신에 대한 인식부터 시작됩니다. "알다"도 마찬가지로 자신에 대해 "깨닫거나 느끼면서" 지식을 쌓게 되어 생긴 말입니다. 중세에 역시 "알다"라 했는데 "알ᄒ다(아리다, 아프다)"와 같은 어원이라 봅니다. 즉 "아픈 느낌"이 제일 처음 알게 된 지식이라 할 수 있습니다.

## ▌ 모르다

"모르다"란 "사람이나 사물 따위를 알거나 이해하지 못하다", "사실을 알지 못하다"란 말입니다. 중세에 "모ᄅ다, 몰르다"로 나타납니다. 이 말은 "몰"과 "올다(알다)"의 결합으로 즉 "못 알다"란 뜻입니다. 중세에 "몰란다(몰랐는가)"란 말이 있었는데 "못 알았는가"란 의미였습니다.

○ 能히 아란다 몰란다 <蒙法 21>

## ▌ 보다

"보다"는 "눈으로 대상의 존재나 형태적 특징을 아는 행위"입니다. 어떤 의미에서 본다는 시각행위는 어떤 물체의 빛이 눈에 배여 이루어지는 과정이지요 그러니 "보다"란 말은 "(몸에) 배다, (냄새가) 배다"의 "배다"와 같은 어원이라 볼 수 있어요.

## ▌듣다

귀의 기능은 "듣다"이지요. 이로부터 "들다"[入]란 말도 있게 되었지요. 즉 "들어오다"의 "들다"와 "듣다"의 공통의미가 바로 "입(入)"이라 할 수 있지요. 그러니 "듣다"는 "들다"와 같은 어원입니다.

- ○ 東海옛 도ᄌᆞ기 智勇올 니기 아ᅀᆞᄫᅡ 一聲白螺ᄅᆞᆯ 듣ᄌᆞᆸ고 놀라니 <1447 용가 59> (동해에 도적이 지용을 익히 알아 一聲白螺를 듣고 놀라니)
- ○ ᄯᅩ 시러 法 드러 ᄒᆞ마 法 듣고 <1463 법화 3:20> (또 능히 법들어 이미 법 듣고)

## ▌걷다

"걷다"는 당연히 발의 주요 기능이지요. 따라서 "걸음"이란 말도 있게 되었지요. 이 "걷다"의 "걷"은 "가롤"의 "갈 > 갇"과 동원어가 됩니다.[1] 또 이로부터 "가다"란 말도 동원어휘라 짐작할 수 있습니다.

- ○ 두 훙졍바지 優鉢羅花ㅅ 줄기로 툐ᄃᆡ 아니 거르며 五百 술윗 쇼도 다 걷디 아니ᄒᆞ며 술윗 연자이 다 ᄒᆞ야디거늘 <1459 월석 4:54> (두 상인이 優鉢羅花 줄기로 치되 아니 걸으며 오백 수레의 소도 다 걷지 아니하며 수레 연장이 다 마사지거늘)

## ▌이기다, 지다

"이기다"란 "내기나 시합, 싸움 따위에서 재주나 힘을 겨루어 우위를 차지하다"란 말입니다. 중세에 "이긔다, 이기다"로 나타납니다. 이 말은 "머리에 이다"란 "이다"와 사역접미사 "기/긔"가 결합된 것입니다. 즉 "이게 되다"란 뜻으로 "머리위로 올라가다"를 말합니다. 따라서 "디다"[負: 지다]는 또 "떨어뜨리다"란 의미도 있었습니다. 이 두 단어는 중세에 서로 대응

---

1) 서정범, 『우리말의 뿌리』, 고려원, 1989, 208면.

되는 반의어였습니다.

○ 中原과 되왜 서로 이긔락 디락ᄒ니(漢虜互勝負) <重杜解 5:34>
○ 딜 락 落 <訓蒙 下 5>

## ■ 떼쓰다

"떼"란 목적이나 행동을 같이하는 무리입니다. 중세에 "뻬"라 했는데 이 단어는 "뻬"[筏]에서 왔다고 봅니다. "뻬"[筏]는 반드시 여러 대의 나무를 묶어야만 완성되며 뗏목이 흐를 때는 그야말로 떼를 지어 내립니다. 이로부터 "떼거지", "생떼", "떼를 쓰다" 등 표현이 만들어졌습니다. 뗏목이 줄지어 내리듯 막을 수 없는 요구거나 고집을 비유한 것입니다.

## ■ 아첨하다

"아첨하다"는 "남의 환심을 사거나 잘 보이려고 알랑거리다"란 뜻입니다. 비슷한 말로 "媚悅하다 · 미첨하다 · 阿媚하다 · 阿諛하다 · 阿從하다 · 諂諛하다 · 諂하다" 등이 있습니다. 이 말은 한자어 "아첨(阿諂)"에서 왔습니다.

○ 쥬인의게 아첨ᄒ야 이웃 밧 도랑 경계ᄅᆞᆯ 침졈ᄒ야 갈지 말며 <1796 경신 65> (주인에게 아첨하여 이웃 밭 도랑 경계를 침점하여 갈지 말며)

## ■ 어리광부리다

"어리광부리다"란 어른에게 귀염을 받거나 남의 마음을 기쁘게 하려고 어린아이의 말씨나 태도로 버릇없이 굴거나 무엇을 흉내 내는 일입니다. 비슷한 말로 "어린 양ᄒ다", "어린 톄ᄒ다"<1880 한불 22>도 있습니다. 이 말은 "어리다"[幼]와 "광(狂)"의 결합입니다.

○ 어리광 부리다 遊成 <1895 국한 210>

## ▌풀다

"풀다"는 묶이거나 감기거나 얽히거나 합쳐진 것 따위를 그렇지 아니한 상태로 되게 하는 것을 말합니다. 중세에 "플다"라 했어요. 그 기원은 "(코) 플다"이라고 봅니다. 그 이유는 인지론의 관점에서 볼 때, 인간이 객관세계를 인식하는 기준이 자신에 대한 요해 및 인식에 기초합니다. 때문에 산을 보면 "산머리, 산허리, 산등성이" 등이라 부르는 것과 마찬가지로 자신의 행위, 동작을 기준으로 주위의 사물과 세계에 대해 묘사하기도 합니다. 그러므로 인간 자신의 행위에 대한 묘사인 "플다"가 다른 주위의 유사한 동작이나 행위도 가리키게 되었습니다.

○ 敢히 코 플며 춤 바트며 지저괴며 브르지지기를 父母 舅姑 겻티셔 말며 <1632 가언 2:7> (감히 코 플며 춤 뱉으며 지정거리며 부르짖기를 父母 舅姑 곁에서 말며)

○ 이런 등 죄범은 가히 풀어 씻기 어려온지라 혹 회심ᄒ면 거의 허물을 면ᄒ리니라 <1796 경신 16> (이런 등 죄범은 가히 풀어 씻기 어려운지라 혹 회심하면 거의 허물을 면하리니라)

## ▌팔다

"팔다"는 값을 받고 물건이나 권리 따위를 남에게 넘기거나 노력 따위를 제공합니다. "팔다"란 말은 "플다(풀다)"와 연관되는 말입니다. 왜냐하면 초기 상업 활동은 물건을 서로 바꾸는 것부터 시작되었습니다. 그러자면 자기의 물건을 풀어헤치던 혹은 풀어주던지 해야 하거든요. 그래서 "팔다"란 말이 생겼다고 봅니다.

○ 衒賣色ᄋᆞᆫ 거지비 ᄂᆞ출 빗어 빈ᄉ게 ᄒ야 풀 씨라 <1447 석상 21:61> (衒賣色은 계집의 낯을 꾸며 비싸게 하여 팔 것이라)

○ 이 사ᄅᆞᆷ둘ᄒᆞᆫ 즁ᄉᆡᆼ 주겨 고기 ᄑᆞ라 옷 밥 어더 사ᄂᆞ니이다 <1459 월석 22: 26> (이 사람들은 짐승죽여 고기 팔아 옷 밥 얻어 삽니다)

○ 혹 밧과 가산을 파라 싱업을 평안치 아니케 ᄒ면 <1783 유경상도윤음 2> (혹 밭과 가산을 팔아 생업을 평안하게 아니 하면)

# 사다

"사다"는 값을 치르고 어떤 물건이나 권리를 자기 것으로 만듭니다. 매매는 반드시 "사고팔아야" 이루어집니다. "사다"의 기원은 "ᄡ다(싸다)"라고 봅니다. 물건을 팔기 위해 풀어야 하는 것처럼 물건을 사면 보자기 같은 것에 "싸가지고" 가야 합니다. 따라서 "물건 값이나 사람 또는 물건을 쓰는 데 드는 비용이 보통보다 낮다"도 "싸다"라고 부르게 되었습니다. 중국 사람들은 매매 활동에서 "賣豆腐"(두부 팝니다)라고 하지만 우리는 "두부사세요"라고 합니다. 이 원인은 가능하게 "사다"의 기원과 관계된다고 봅니다.

○ 즈믄 金으로 몰 기르마롤 사고 온 金으로 갌 머리롤 ᄭ뮤라 <1481 두시-초 5:30> (천 금으로 말 길마를 사고 만금으로 갈기와 머리를 꾸며라)
○ 네 므슴 지조앳 ᄆ롤 사고져 ᄒᄂᆞᆫ다 <1510년대 번박 상:62> (네 무슨 재주의 말을 사고자 하는가)
○ 소곰 두 보ᅀᆞ롤 죠희예 ᄡ고 <1466 구방 상:34> (소금 두 보자기를 종이에 싸고)
○ ᄡ다(價値) <석보상절(1447)>

# 맞장구치다

"맞장구치다"는 본래 "둘이 마주 서서 장구를 치는 일"을 말합니다. 맞장구치자면 반드시 서로 밀접한 호응을 해야 합니다. 지금은 "남의 말에 덩달아 호응하거나 동의하는 일"을 가리키기도 합니다.

# 퇴짜 놓다

"퇴짜"란 조선왕조 시기 상납(上納)하는 포목의 품질이 낮아 "퇴(退)" 자라는 도장을 찍어 도로 물리치던 일에서 유래된 말입니다. 바라는 수준에 이르지 못하여 물리치는 일을 "퇴짜놓다(거절하다)"라 합니다.

## ▌지새다

"지새다"는 "달빛이 사라지면서 밤이 새다"란 말입니다. "온 밤을 지새다" 하면 저녁부터 새벽까지의 시간을 말하는데 "지새다"는 결국 "해가 지다"와 "날이 새다"의 합친 말로 해석됩니다.

## ▌잡숫다

"잡숫다"를 중세에 "좌시다"라 했어요. "좌(座)"와 연관될 수 있다고 봅니다. 존대할 대상에 직접 "먹다"를 쓰면 불경하다고 느껴 그대로 "자리 좌(座)"로 대체했을 수 있었습니다. 우리말에서 옛날 존대법에 직접 존대도 있었지만 객체존대도 있고 에둘러 말하는 간접 존대노 많이 썼습니다. 이를테면 "采女ㅣ 하늜기ㅂ로 太子를 쁘려 안ᄉ바"<월석 2:43>(채녀가 하늘 비단으로 태자를 끌어 안아)에서 태자를 존대하기 위해 "안ᄉ바"라고 존대 대상에 객체존대 "ᄉ"을 사용했습니다. 그러니 "잡숫다"는 "좌(座)시다 > 자시다"로 된 것입니다.

○ 반 좌샤믈 ᄆᄎ시고(飯食訖) <金剛 上 14>

## ▌주무시다

"주무시다"는 "자다"의 보충법으로 쓰인 존댓말입니다. 옛날 우리말에서 한자어 숭배를 엄청나게 했습니다. 무엇이나 한문을 써야 존대한다고 생각했지요. 그러니 높일 대상에 대해 그저 "자다"하면 불경스럽다고 생각하여 한자어 "취침(就寢)"이 있지만 "잠잘 침(寢)"에 "시" 존대어미를 붙여

"(침)寢시다"란 새로운 표현으로 말했다 봅니다. "寢"의 상고음은 (黃侃系統: 清母 覃部; 王力系統: 清母 侵部) [*tsĭm]입니다. 그러니 우리말로 옮기면 "짐"으로 될 수 있지요. 그리하여 "짐[寢]시다 > 짐으시다 > 주무시다"로 되었다고 추정합니다.

## ▌모시다

"모시다"는 웃어른이나 존경하는 이를 가까이에서 받드는 일입니다. 중세에 "뫼시다, 모시다"로 나타납니다. 이 말의 어원은 "뫼"[山]에 "-시다" (존대어미, 종결어미)가 결합된 말입니다. 즉 웃어른은 "뫼"[山]처럼 홀대할 수 없는 대상으로 잘 받든다는 뜻입니다.

- ○ 婇女ㅣ 기베 안ᅀᅡᄫᅡ 어마닚긔 오ᅀᆞᆸ더니 大神들히 뫼시ᅀᆞᄫᅵ니 <1447 월천 9> (채녀가 비단으로 안아 어머님께 오더니 대신들이 뫼시니)
- ○ 내 香水로 브를 ᄢᅳ고 부텻 舍利ᄅᆞᆯ 모셔다가 供養ᄒᆞᅀᆞᄫᅩ리라 <1447 석상 23:46> (내 향수로 불을 ᄭᅳ고 부처의 사리를 모셔다가 공양하오리)

## ▌겁먹다

"겁먹다"란 무섭거나 두려워하는 마음을 가지는 것입니다. 이 말은 한자어 "무서워할 겁(怯)"과 "먹다"의 합성어입니다. "겁(怯)"은 우리말에서 "겁나다, 겁쟁이" 등 말들을 만들었습니다.

## ▌속다

"속다"는 남의 거짓이나 꾀에 넘어가는 것을 말합니다. 중세에 "소길 광誆 소길 잠賺"<訓蒙 下 20>과 같이 역시 같은 형태였습니다. "속다"는 "소금"과 동원어휘입니다. "속다"는 남의 속을 모르기에 생깁니다.

- ○ 소길 광 誆 소길 잠 賺 <訓蒙 下 20>

## ▌거덜나다

"거덜나다"는 (재산이나 살림 따위가) 완전히 없어지거나 결딴나는 것을 말합니다. "거덜"이란 조선시대 사복시(司僕寺)에서 거마(車馬)와 양마(養馬)에 관한 일을 맡아보던 종7품 관직으로서 견마배(牽馬陪)라 했습니다. 말을 거두는 일을 맡아하기에 "거덜"이라고도 했습니다. "거덜"은 임금이 거둥할 때 앞에서 말을 타고 길을 틔우는 일을 주로 하였습니다. 이 때문에 우쭐거리며 몸을 흔들거리게 되어 사람이 몸을 흔들거리는 것을 가리켜 "거덜거린다"하고 몹시 몸을 흔드는 말을 "거덜마"라고 불렀습니다. 지체 높은 지배자의 곁에서 "쉬~ 물렀거라"하고 권마성을 외치는 거덜은 길거리에서 예를 갖추지 못한 백성을 현장에서 바로 발길질하고 치도곤을 하기 십상이었습니다. 따라서 "거들먹거리다", "거덜나다"란 말이 생겨나게 되었습니다.

## ▌얼빠지다

"얼빠지다"는 정신이 없어진 것을 말합니다. 비슷한 말로 "얼없다" 또는 "얼떨하다", "어리벙벙하다" 등이 있습니다. 모두 "얼(혼, 넋)"이 정상적이되지 못한 상태를 말합니다. "얼빠지다"는 "얼＋빠지다"의 합성입니다.

## ▌얼떨하다

"얼떨하다"는 "뜻밖의 일을 갑자기 당하거나, 여러 가지 일이 너무 복잡하여서 정신을 가다듬지 못하는 데가 있다"거나 "골이 울리고 아프다"는 뜻입니다. 이 말은 "얼"[魂]과 "떨다"가 합친 것입니다. "얼떨하다" 보다 좀더 심하면 "얼떨떨하다"고 합니다.

## ▌ 어처구니없다

"어처구니없다"로 쓰이어 "일이 너무 뜻밖이어서 기가 막히다"란 뜻입니다. 어처구니란 한옥의 용마루 끝과 처마 끝에 마무리하는 십장생의 동물형상입니다. 집이 오래되고 수리를 하지 않으면 비바람에 쓸려 그 십장생의 동물형상이 떨어져 나가는 경우가 있는데 이럴 때 "어처구니없다"라 하던 데로부터 유래했습니다.

## ▌ 터무니없다

"터무니없다"란 "허황하여 전혀 근거가 없는 것"을 말합니다. 이 말은 "집터"라는 "터"와 "무늬"[紋]의 합성입니다. "터무니없다"란 뜻인즉 "집터의 흔적조차 없다"입니다.

## ▌ 주책없다

"주책없다"란 일정한 줏대가 없이 이랬다저랬다 하여 몹시 실없는 것을 말합니다. 조항범은 "'주책없다'의 '주책', '채신없다'의 '채신', '별수없다'의 '별수' 등도 있다. '주책'은 본래 '主着(주착)'으로 '일정하게 자리 잡힌 생각'을 뜻하고, '채신'은 본래 '處身(처신)'으로 '몸가짐이나 행동'을 뜻하며, '별수'는 '別手(별수)'로 '특별한 수단'이라는 뜻이다. 그런데 이들이 주로 '없다'와 어울려 쓰이면서 그 의미 가치에 전염되어 각기 '줏대 없이 하는 짓', '가벼운 몸가짐이나 행동', '아무런 수도 아닌 것'이라는 부정적 의미를 덤으로 얻은 것이다"라 설명합니다. 함경북도방언에서 "주책없다"를 "주새없다"라 합니다.

## ▌ 미역국 먹다

"미역국 먹다"란 미역은 미끈미끈하여 미역국을 입에 떠 넣으면 목구멍으로 잘 미끄러져 들어갑니다. 이로부터 어떤 시험에서 불합격되거나 일자리에서 떨어지면 미역국을 먹을 때 미역이 잘 미끄러져 넘어가는 것과 같다는 뜻에서 나온 말입니다.

## ▌어마어마하다

"어마어마하다"란 매우 놀랍고 엄청나고 굉장하다는 뜻입니다. 준말로 "어마하다"라 합니다. "어마"는 "엄[母]+아"로 결합된 말입니다. "엄"[母]이 "엄지, 엄니"에서처럼 "크다"를 뜻하는 말로 되었습니다.

## ▌아우성치다

"아우성치다"는 떠들썩하게 기세를 올려 소리를 지르는 것을 말합니다. 이 말은 "아우(감탄사)+성(聲)"의 결합된 것으로 봅니다.

## ▌주눅 들다

"주눅 들다"란 무섭거나 부끄러워 기세가 약해지는 것입니다. 이 말은 자체로 만든 한자어 "큰 굴레"란 의미인 "주늑(主勒)"에서 왔다고 봅니다. "굴레"를 씌웠으니 당연히 "주눅이 들기"마련이지요. "주눅을 풀다"란 말이 있는 것을 봐서 "주눅"은 씌우는 것이라 봅니다. 물론 "주늑 > 주눅"으로 되었지요.

## ▌내숭떨다

"내숭떨다"의 내숭은 원래 한자어 내흉(內凶)입니다. 말 그대로 마음속이 음흉하면서 겉으로는 그렇지 않은 척 거짓으로 꾸미는 것을 말합니다. "내흉떨다 > 내숭떨다"로 되었습니다.

○ 내흉 內凶 <1895 국한 58>

## ▌ 영문 모르다

"영문"은 본래 한자 어휘 "영문(營門)"으로서 고려나 조선시대에 중앙의 각 "군문(軍門)", "감영(監營)"이나 "병영(兵營)"의 큰 출입문을 가리켰습니다. 그것이 어떻게 이용되며 언제 열리고 언제 닫히는지 도무지 알 수 없다는 데로부터 "영문을 알 수 없다"는 말의 유래가 되었습니다.

## ▌ 바가지 쓰다

"바가지 쓰다"는 손해 보거나 피해를 당하는 것입니다. 19세기말 갑오경장 이후의 개화기에 외국 문물이 물밀듯이 들어오면서 각국의 도박도 여러 가지가 들어왔는데, 그중에 일본에서 들어온 화투와 중국에서 들어온 마작, 십인계(十人契) 등이 대표적인 것이었습니다. 그중 십인계는 1에서 10까지의 숫자가 적힌 바가지를 이리저리 섞어서 엎어놓고 각각 자기가 대고 싶은 바가지에 돈을 걸면서 시작하는 노름입니다. 그런 뒤에 물주가 어떤 숫자를 대면 바가지를 뒤집어 각자 앞에 놓인 숫자를 확인하고 그 숫자가 적힌 바가지에 돈을 댄 사람은 맞히지 못한 사람의 돈을 모두 갖습니다. 손님 중에 아무도 맞히지 못했을 때에는 물주가 모두 갖습니다. 이렇게 해서 바가지에 적힌 숫자를 맞히지 못할 때 돈을 잃기 때문에 손해를 보는 것을 "바가지 썼다"라고 하게 되었습니다.

## ▌ 어기차다

"어기차다"란 "한번 마음먹은 뜻을 굽히지 아니하고, 성질이 매우 굳세다"란 뜻입니다. 예를 들면 "어기차게 반발하다", "어기차게 일을 해치우다" 등입니다. 그런데 조선과 중국 조선어에서 위의 경우도 쓰지만 "(당한 일이) 너무 아름차거나 어이없다"란 뜻으로 더 씁니다. 이를테면 "어기차서 말을 못한다"와 같은 예입니다. "어기차다"란 말은 한자어 "가슴 억(臆)"과 "차다(滿)"가 합성된 말입니다. 즉 "가슴에 꼭 차다"란 형용사로 "굳게 다진 마음"이나 "어이없는 일을 당한 마음"을 묘사합니다.

## ▌대수롭다

"대수롭다"란 "중요하게 여길 만하다"란 뜻입니다. 18세기 문헌에서 "대스롭다"로 나타납니다. 이 말은 "대스+-롭-(접미사)"의 결합으로 되었습니다. 한자어 "대사(大事)"에서 차용된 말로서 "대스+-롭다 > 대수롭다"로 되었습니다.

> ○ 料米는 먹을만ᄒ오되 魚價米는 대스롭지 아니ᄒ니 <1756 천의 2:67>
> ○ 대스롭다 壯貌 <1880 한불 451>

## ▌에누리 없다

"에누리"란 "물건 값을 받을 값보다 더 많이 부르는 것"을 말합니다. "에누리"의 "에"는 동사 "뼈를 에다"에서 쓰인 "에다"로서 중세에 "어히다(새기다)"입니다. 장사에서 저울은 필수적인 것으로 여기의 "에"는 저울에 새긴 눈금을 말합니다. "누리"는 "늘이다"란 뜻으로서 "에누리"란 "저울 눈금을 보태서 말하다"로 해석됩니다. 그러니 "에누리 없다"는 "받을 값보다 더 많이 부르는 값이 없다", 즉 흥정은 상하의 구별이나 친분과 관계없음을 비유적으로 이르는 말입니다.

> ○ 에누리ᄒ다 浮價 <1895 國漢會語>

## ▌객쩍다

"객쩍다"란 행동이나 말, 생각이 쓸데없고 싱거울 때, "객쩍은 소리 그만

하세요"라 합니다. 그러나 이를 "객없는 소리"나 "객없는 생각, 객없는 수 작" 등으로 표현한 것은 잘못입니다. 19세기 문헌에서부터 "객적은 것 客外 事 無用件"<1895 국한 14>로 나타납니다. "객적다"는 명사 "객(客)"과 형용사 를 만드는 접미사 "-적-"이 결합한 것입니다. 조선과 중국에서 "객적다"라 합니다.

## ▍그지없다

"그지없다"란 "마음이나 감정이 끝이 없다" 또는 "이루 다 말할 수 없다" 란 뜻입니다. 중세에 "그지없다"로 나타납니다. 이 말은 맨 마지막을 뜻하 는 "귿(끝)"과 "없다"의 결합입니다. 그리하여 "그디없다 > 그지없다"로 되 었습니다.

## ▍옴니암니 따지다

"옴니암니 따지다"란 아주 자질구레한 일을 가지고 다투는 것을 말합니 다. 이 말은 "엄[牙]+니[齒]+앞[前]+니[齒]"의 합성어입니다. 그리하여 "엄 니앞니 → 옴니암니"로 변화되었습니다. 본래 원 뜻은 "앞니든지 어금니든 지 다 같은 것인데 쓸데없이 따진다"는 뜻입니다.

## ▍기리다

"기리다"란 뛰어난 업적이나 바람직한 정신, 위대한 사람 따위를 칭찬하 고 기억하다는 뜻입니다. 중세에도 "기리다"라 했습니다. 이 말은 "길다"에 사역형 접미사 "이"가 붙어 "길게 하다"로 된 것입니다. 뜻인즉 "(좋은 점을) 오랫동안 칭찬하고 간직하다"란 말입니다.

## ▌조마조마하다

"조마조마하다"란 "닥쳐올 일에 대하여 염려가 되어 불안한 마음"을 말합니다. 이 말은 "근심할 조 懆"와 "마음"의 합성어로 봅니다. 그리하여 "조(懆)+마음"이 축약된 후 "懆마 懆마하다"로 마들어진 말이라 봅니다.

## ▌무시무시하다

"무시무시하다"란 "몹시 무섭다"란 뜻입니다. 이 말은 "무섭다"와 어원을 같이합니다. "무섭다"를 "므스(무엇)"에서 기원했다고 치면 "므스므스 > 무시무시"로 어음 변화하여 "몹시 무섭다"로 된 것입니다.

## ▌거느리다

"거느리다"란 "부양해야 할 손아랫사람을 데리고 있다"거나 "부하나 군대 따위를 통솔하여 이끌다"란 뜻입니다. 중세에 "쎄구름 거ᄂ리고 눈조차 모라오니"(떼구름 거느리고 눈조차 몰아오니)<송강. 성산별곡>, "거ᄂ닐 통 統"<훈몽 하 32>과 같이 "거ᄂ리다/거ᄂ니다"로 나타납니다. 이 말은 중세의 "거느리다(건지다)"와 같은 어원입니다. 즉 "거느리다"는 "구제하거나 건져내"는 과정이라 할 수 있습니다.

## ▌건방지다

"건방지다"란 "잘난 체하거나 남을 낮추어 보듯이 행동하는 데가 있다"는 말입니다. 이 말은 한자어 "건방(乾方)"과 "-지다"가 결합한 것입니다. "건방(乾方)"은 팔괘(八卦)에서 "하늘"을 상징하며 서북쪽입니다. 오행중의 "금(金)"이며 "권리, 관직, 돈"을 나타냅니다. 그러므로 "건방(乾方)"은 모든 방위에서 가장 으뜸으로 되는 상징으로 되고 이로부터 "남을 깔보는 행동"을 "건방지다"라 합니다. "매우 짙고 선명하게"의 뜻을 더하는 접두사

"시–"를 붙여 "시건방지다(시큰둥하게 건방지다)"라고도 합니다.

## ▌배우다

"배우다"란 "새로운 지식이나 교양을 얻다"란 뜻입니다. 중세에 "비호다"라 했습니다. 이 말은 "비다(배다, 스미다)"와 "ᄒᆞ오다(하다)"의 결합입니다. "몸에 배게 하다"란 의미로 "공부"하는 것을 가리켰습니다. 19세기에 모음 사이에서 "ㅎ"이 탈락한 "비오다" 형태가 나타났습니다.

　　○ 學堂ᄋᆞᆫ 글 비호싫 지비라 <1447 석상 3:7>
　　○ 學 비홀 혹 習 비홀 습 <1527 훈몽 하:13, 14>

## ▌일하다

"일하다"란 "무엇을 이루거나 적절한 대가를 받기 위하여 어떤 장소에서 일정한 시간 동안 몸을 움직이거나 머리를 쓰다"란 뜻입니다. 중세에 "일ᄒᆞ다(일하다)"로 나타납니다. 이 말은 "일＋ᄒᆞ다(하다)"의 결합입니다. "일ᄒᆞ다(일하다)"와 "일다(되다, 이루어지다)"의 "일"은 같은 어원으로서 15세기 문헌에서 점이 둘인 상성으로 표시되었습니다. "일"이란 "무엇을 이루기" 위해 하는 것이므로 "일다(되다, 이루어지다)"에서 기원된 말입니다.

　　○ 成ᄋᆞᆫ 일씨라 <訓正註解> (成ᄋᆞᆫ 이룸이라)
　　○ 일 쓰 事 <訓蒙 下 31>

## ▌대접하다

"대접하다(待接하다)"는 마땅한 예로써 대하거나 음식을 차려 접대하는 것을 말한다. 이 말은 《삼국지(三國志)·오지(吳志)·손등전(孫登傳)》에 "登待接寮屬, 略用布衣之禮"(등이 료의 가속을 대접하여 포의지례를 베풀었다)로 처음 나오는데 "손님을 맞이한다"는 뜻이었습니다.

## ▌서울

"서울"이란 본래 "한 나라의 중앙 정부가 있는 곳"이란 뜻입니다. 다른 말로 "경궐(京闕)·경도(京都)·경락(京洛)·경련(京輦)·경부(京府)·경사(京師)·경읍(京邑)·경조(京兆)·도부(都府)·도읍(都邑)" 등으로 다양하게 불렀습니다. "서울"이란 말의 옛 형태는 부여, 백제, 신라 등에서 다 썼었습니다. 『삼국유사』(권 2)에 의하면 부여를 별호로서 "소부리(所夫里)", 백제의 수도 광주도 "소부리(所夫里)"라 하였습니다. "소부리 > 서부리 > 서블 > 서울"로 되었습니다. 『삼국유사』(신라시조 혁거세왕)에서는 나라이름을 "서라벌(徐羅伐)"이라 함은 당시 "서울 경(京)" 자의 뜻을 "서벌(徐伐)"이라고 하였기 때문이며 더러는 "사라(斯羅)" 또는 "사로(斯盧)"라고도 한다고 하였습니다. 이 자료는 부여, 백제에서는 수도를 "소부리", 신라에서는 "서벌"이라고 하였는데 이것은 신라의 경우에 국호를 가리키는 "서라벌", "사라", "사로"라는 말과도 기원상 같은 말이었다는 것을 보여줍니다. 신라의 다른 이름인 "사라", "사로"는 "서라벌"에서 "벌"이 줄어 빠진 형태입니다. 따라서 "서라벌"(지금의 경주)과 그 준말 형태인 "사라/사로/서라"는 다 "동쪽 의 넓은 땅, 평평한 지대"를 가리키는 말이었는데 그 말이 곧 "신라"로 된 것입니다. 이상의 사실들은 서울이라는 말이 본래는 동쪽의 벌방지대를 가리키다가 수도 일반을 가리키는 보통명사로 되었다는 것을 보여줍니다. "서울"의 옛말인 "셔블"은 15세기 문헌에서부터 나타납니다. "셔블 > 셔욿 > 셔울 > 서울"의 변화를 가져왔습니다. "서울"은 "나라의 수도"란 의미에서 17세기 이후부터는 경기도 "한성(漢城)" 조선시대의 수도가 오늘날의 서울이었기 때문에, 특정 지역을 가리키는 지명으로도 쓰이게 되었습니다.

○ 셔블 도즈기 드러 님그미 나갯더시니 <龍歌 49章> (서울에 도적이 들어 임금이 나가있으시더니)
○ 네 서울 므슴 일 이셔 가눈다 <飜老 上:8> (네 서울 무슨 일 있어 가느냐)

## ▮ 평양

"평양"을 고려시기 서쪽에 있는 수도라는 의미에서 "서경(西京)", "서도(西都)"라고 하였습니다. 버들이 우거진 수도라는 뜻에서 "류경(柳京)"이라고도 불렀습니다. "평양(平壤)"이란 말은 본래 "부루나"라는 고유한 말의 이두표기로서 생긴 말입니다. "부루나"란 말은 평평한 곳, 벌판의 땅, 넓은 고장이란 말입니다. "부루"는 "벌판, 벌", "나"는 "땅, 터, 지대"를 의미하는 옛날 말입니다. 즉 "평양"에서의 "평(平)"은 "강을 낀 넓은 지대, 벌판"을 가리키는 고유어 "부루"에 대한 의역이고 "양(壤)"은 "땅, 지대"를 나타내는 말 "나"의 의역입니다. 그러니 "평양"의 원래 이름 "부르나"는 넓고 살기 좋은 땅이라는 뜻입니다.[2]

## ▮ 한라산

"한라산"은 예로부터 부악(釜嶽)·원산(圓山)·진산(鎭山)·선산(仙山)·두무악(頭無嶽)·영주산(瀛洲山)·부라산(浮羅山)·혈망봉(穴望峰)·여장군(女將軍) 등의 많은 이름으로 불려 왔으며, 전설상 삼신산(三神山)의 하나입니다. 두무악(頭無嶽)이란 머리가 없는 산을 의미하는데, 전설에 의하면 옛날에 한 사냥꾼이 산에서 사냥을 하다가 잘못하여 활 끝으로 천제(天帝)의 배꼽을 건드렸는데, 이에 화가 난 천제가 한라산 꼭대기를 뽑아 멀리 던져 버렸다고 합니다. 이 산정부가 던져진 곳은 지금의 산방산(山房山)이며, 뽑혀서 움푹 팬 곳은 백록담(白鹿潭)이 되었다고 합니다. 원산(圓山)이라는 이름은 산의 중앙이 제일 높아 무지개 모양으로 둥글고, 사방 주위가 아래로 차차 낮아져 원뿔 모양을 이루기 때문에 붙여졌습니다. 영주산(瀛洲山)이란 중국의 『사기(史記)』에서 유래합니다. 바다 가운데에 봉래(蓬萊)·방장(方丈)·영주(瀛洲) 등 삼신산이 있는데, 그곳에는 불로불사(不老不死)의 약초가 있어 신선들이

---

2) 김인호, 『조선어어원편람』(하), 박이정, 2001, 262면.

살고 있다고 합니다. 진시황(秦始皇)은 서기 전 200년경 역사(力士) 서복에게
그 약초를 구해 오도록 명하였다고 합니다. 부악(釜嶽)이란 산정의 깊고 넓
은 분화구가 연못으로 되어 있어 마치 솥에 물을 담아 놓은 것과 같다고
하여 붙여진 이름입니다. 이 연못은 성록(聖鹿)인 흰 사슴이 물을 마시는 곳
이라 하여 백록담이라고 하였습니다. 『세조실록』에 의하면 1464년(세조 10)
2월에 제주에서 흰 사슴을 헌납하였다[濟州獻白鹿]고 기록되어 있습니다.

한라산이라는 어원을 한(漢)은 은하수(銀河水)를 뜻하며, 라(拏)는 맞당길
나[相牽引] 혹은 잡을 나[捕]로서, 산이 높으므로 산정에 서면 은하수를 잡
아당길 수 있다는 뜻이라고 해석합니다.[3] "한라산"의 어원을 이처럼 한자
기록에서 추정하는 것은 한낱 아름다운 전설을 믿으려는 심리에 불과할
뿐입니다. 실제로 "한라산"의 어원은 "크다"는 뜻인 "한"과 "산 또는 바
위"라는 뜻인 "나"의 합성어입니다. 제주도의 옛 이름 "탐라(耽羅)"도 "원산
(圓山)"의 소리표기이며 "둥근 산"이란 뜻입니다.[4] "한나"를 한자로 표기하
다보니 "한나(漢拏)"가 되고 또 이로부터 "은하수를 잡아당길 수 있는 산"
이란 민간어원 해석이 나왔습니다. 그리고 "큰 산, 높은 산"이란 말인 "한
나(漢拏)"에 또 "산(山)"을 중복 표기하여 "한나산"이 되었으며 (조선에서 '한
나산'으로 표기함.) 지금은 발음대로 "한라산"이라 합니다.

## ■ 두만강

"두만강"의 어원에 대해 종래로 만주어 기원설은 있었지만 상세한 증거
를 보지 못했습니다. <滿和辭典>에 다음과 같이 기록했습니다. "[tumen]
一萬 [tumenula] 長白山 東南流する河の名 土門江"[5]("[tumen] 일만 [tumenula]
장백산에서 동남으로 흐르는 강의 이름이다. 토문강 '土門江'이라 한다.) 그런즉 "두

---

3) <네이버 지식백과> 한라산 [漢拏山](한국민족문화대백과, 한국학중앙연구원).
4) 류렬, 『세나라시기의 리두에 대한 연구』, 과학백과사전출판사, 1983, 425면.
5) 羽田亨 編, 『滿和辭典』, 今泉誠文社, 昭和47年7月, 434면.

만강"이란 말은 만주어로 "만 갈래의 강"이란 뜻입니다.

## ▌해란강

"해란강"은 중국 길림성 연변의 화룡 인근에서 발원하여, 화룡과 용정을 관통하여 두만강으로 흐르는 강입니다. 두만강의 지류로, 길이는 145km입니다. "해란강" 유역은 옛날 여진인 통치구로서 만주어에서 기원했습니다. "해란"은 만주어로 "[Hailan] 楡"(느릅나무)입니다.[6] 그런즉 연변지역을 개척하기 전에 강 연안에 느릅나무가 우거졌을 수 있습니다.

## ▌부르하통하

"부르하통하"는 중국 연변지역의 중심 도시인 연길(延吉)시를 가로지르는 강입니다. 이 강의 이름에 대해 버들가지통(柳條通)이라는 설이 있지만[7] 그 해석에 동감할 수 없습니다. "부르하통하"란 만주어에서 유래되었다고 하는데 대해 대부분 사람들이 공감하면서도 확실한 증거를 내놓지 못합니다. <滿和辭典>에 의하면 만주어 [Bulhailan]은 "刺楡"인데 우리말로 "시무나무"라 합니다. 시무나무란 건조한 환경에서는 잘 자라지 못하며, 습한 토양을 좋아하여 하천 주변이나 숲 가장자리에 주로 분포합니다. 내습성(耐濕性)이 강하여 물에 잠겨도 피해가 없습니다. 꽃은 4~5월에 피며, 수꽃과 양성화가 한 그루에 같이 핍니다. 열매는 6월에 익어 8~9월까지 붙어 있습니다. 다른 느릅나무 속 식물들에 비해 열매가 비대칭이고 종자에 날개가 한쪽에만 달리며 긴 가시가 있는 것이 특징입니다. 하지만 [Bulhailan]과 "부르하통"은 발음상 차이가 많습니다. 만주어 [Builha]은 중국말로 "황

6) 羽田亨 編, 『滿和辭典』, 今泉誠文社, 昭和47年7月, 191면.
7) 김관웅, 『력사의 강 두만강을 말한다』, 연변인민출판사, 2012에서 부르하통하의 '부르하통(布你哈通)'은 '버들가지통(柳條通)'이라는 뜻으로 사실 버드나무강이라는 말에 가깝다고 한다.

백자등화(黄白刺藤花)"라 하는데[8] 우리말로 "황백가시나무꽃"이라 할 수 있어요. "가시나무"란 학명이 아니고 "가시가 있는 나무를 통틀어 이르는 말"입니다. 그러면 [Builha]란 "시무나무 꽃"을 가리킨다고 할 수 있습니다. 그렇지만 아직도 이 정도 해석으로 부족합니다. [Builha]는 "부르하통"과는 어음 차이가 있습니다. 마침 만주어에 [tun]을 "섬(島)"이라[9] 하니 "부르하통"의 "통"에 해당한다고 할 수 있습니다. 그러면 "부르하통하"란 "부르하(시무나무 꽃)+통(섬)+하(河)"로 결합된 이름이라고 추정할 수 있습니다. 즉 "시무나무꽃섬의 강"이라는 뜻으로 됩니다.

## ▌올기강

"올기강"은 중국 길림성 화룡시 경내에 있는 강입니다. 지도에는 "홍기하(紅旗河)"로 표기되어 있습니다. 화룡시 베개봉[甑峰嶺] 남쪽에서 발원하여 대마록구하(大馬鹿溝河), 소마록구하(小馬鹿溝河)와 합류하여 숭선 고성리에서 두만강에 흘러듭니다. 전제길이가 모두 65.8km입니다. 어려서 올기강에서 밤낮 미역을 감고 고기잡이를 하던 정든 강이건만 그 이름의 유래를 몰랐습니다. 이제 따져 보니 "올기"란 만주어 [ulgiyan](돼지)란 뜻으로 물론 멧돼지를 말하겠지요[10] 그러니 "올기강"이란 이름은 "멧돼지가 많은 강"이란 만주어에서 유래되었습니다. 즉 "ulgiyan+강 > 올기강"으로 된 것입니다.

8) 羽田亨 編, 『滿和辭典』, 今泉誠文社, 昭和47年7月, 55면.
9) 羽田亨 編, 『滿和辭典』, 今泉誠文社, 昭和47年7月, 435면.
10) 羽田亨 編, 『滿和辭典』, 今泉誠文社, 昭和47年7月, 447면.

## 참고문헌

안병호, 『계림류사와 고려시기 조선어』, 흑룡강조선민족출판사, 1985.

안병호, 『조선어발달사』, 료녕인민출판사, 1982.

양주동, 『고가연구』, 박문출판사, 1965.

류렬, 『세나라시기의 리두에 대한 연구』, 과학백과사전출판사, 1983.

김영황, 『조선어사』, 김일성종합대학출판사, 1997.

김영황, 『민족문화와 언어』, 과학백과사전출판사, 2006.

서정범, 『우리말의 뿌리』, 고려원, 1989.

前間恭作, 『雞林類事麗言攷』, 東洋文庫, 대정 14(1925).

리득춘, 『조선어 어휘사』, 연변대학출판사, 1987.

이기문, 『국어사개설』, 태학사, 2006.

심재기, 『국어어휘론』, 집문당, 2000.

이돈주, 『中世國語文選』, 전남대학교출판부, 1994.

최창렬, "우리말 시간 계열의 어원적 의미", 「한글」 188호, 한글학회, 1985.

최창렬, "우리말 계절풍 이름의 어원적 의미", 「한글」 183호, 한글학회, 1984.

조항범, "'돼지'의 語彙史", 「한국어 의미학」 11호, 한국어의미학회 2002.

조항범, "'장마' 관련 語彙의 語源과 意味", 「國語學」 61집, 국어학회, 2011.

조항범, "'거지' 관련 어휘의 語源과 意味", 「우리말글」 61권, 우리말글학회, 2014.

조항범, "'고무래[丁]' 관련 어휘의 어원과 그 역사적 변화", 「우리말글」 62권, 우리말글학회, 2014.

강헌규, "도끼 [斧]의 어원", 「국어국문학」, 한국언어문학교육학회, 2005.

강재철, "오랑캐(兀良哈) 語源說話 研究", 「비교민속학」 22권, 비교민속학회, 2002.

金泰慶, "호랑이의 어원 고찰", 中國語文學論集(第61號).

김원표, "'벼(稻)"와 "쌀(米)"의 語源에 關한 考察", 「한글」 13권 2호, 한글학회, 1948.

김원표, "'보리(麥)"의 어원(語源)과 그 유래(由來)", 「한글」 14권 1호, 한글학회,

1949.

栗田英二, "'고추'(Red pepper)이 어원에 관한 연구", 「人文藝術論叢」 제18집, 대구대학교인문과학예술문화연구소, 1999.

<가게저널> "우리말 어원" 겨레.

王力, 『漢語史稿』, 中華書局, 1980.

郭錫良, 『漢字古音手冊』, 商務印書館, 2010.

남광우, 『고어사전』, 일조각, 1971.

홍윤표 외, 『17세기 국어사전』, 태학사, 1995.

한국학중앙연구원, 『한국민족문화대백과사전』, 1991.

안옥규, 『어원사전』, 동북조선민족교육출판사, 1989.

羽田亨 編, 『滿和辭典』, 今泉誠文社, 昭和47年7月.

백문식, 『우리말 어원 사전』, 박이정, 2014.

김인호, 『조선어어원편람』(상), 박이정, 2001.

김인호, 『조선어어원편람』(하), 박이정, 2001.

장지영, 『이두사전』, 정음사, 1983.

남영신, 『우리말 분류사전』, 한강문화사, 1987.

『조중사전』(재판), 조선외국문도서출판사, 중국민족출판사, 1993.

사회과학출판사, 『조선말대사전』, 2007.

한글학회, 『우리말큰사전』, 1991.

https://www.naver.com/

https://www.baidu.com/

https://baike.so.com/

<漢典> https://www.zdic.net

http://www.hydcd.com/漢語大辭典

http://jiaguwen.shufami.com/甲骨文字典

---

# 찾아보기

염광호(廉光虎)

**소속**  中國 靑島大學 敎授

**경력**  1954년 중국 吉林省 和龍市 출생. 延邊大學 학사, 석사, 박사 졸업. 동 대학교 조문학부 조선어강좌 강좌장 · 교수, 靑島大學 한국어학과 학과장 · 교수 역임. 전임 중국조선어학회 부이사장, 중국한국어교육연구학회 부회장, 일본 교오토대학교 종합인간학부 중국어학과 방문학자, 서울대학교 국어국문학과 방문학자, 서울대학교 한국문화연구소 특별연구원.

**저서 및 논문**  『사회언어학』(延邊大學出版社, 1990), 『언어학개론』(延邊大學出版社, 1997), 『종결어미의 통시적연구』(박이정, 1998), 『韓國語敬語形式的硏究』(遼宁民族出版社, 2003), 『韓國語听力敎程』(1-2)(주필)(北京大學出版社, 2005, 2008), 『한중한자어비교사전』(도서출판 역락, 2006), 『新編韓國語語法』(黑龍江朝鮮族出版社, 2012), 『언어학개론』(黑龍江朝鮮族出版社, 2014), 『한국어통론』(공저)(延邊大學出版社, 2019), 「十五世紀以前朝鮮語敬語表現形式的考察」(『民族語文』, 1998.1) 등 백여 편.

# 우리말 어원 산책

초판 1쇄 인쇄  2021년 11월  5일
초판 1쇄 발행  2021년 11월 15일

지은이 염광호
펴낸이 이대현

책임편집 강윤경 | 편집 이태곤 권분옥 문선희 임애정
디자인 안혜진 최선주 이경진 | 마케팅 박태훈 안현진
펴낸곳 도서출판 역락 | 등록 1999년 4월 19일 제303-2002-000014호
주소 서울시 서초구 동광로46길 6-6 문창빌딩 2층(우06589)
전화 02-3409-2060(편집부), 2058(영업부) | 팩스 02-3409-2059
전자우편 youkrack@hanmail.net | 홈페이지 www.youkrackbooks.com

ISBN 979-11-6742-206-4 93710